Jürgen Friedrichs · Methoden empirischer Sozialforschung

WV studium Band 28

Jürgen Friedrichs

Methoden empirischer Sozialforschung

12. Auflage

Westdeutscher Verlag

CIP-Kurztitelaufnahme der Deutschen Bibliothek

Friedrichs, Jürgen:
Methoden empirischer Sozialforschung/Jürgen
Friedrichs. – 12. Aufl. – Opladen: Westdeutscher
Verlag, 1984.
(WV-Studium; Bd. 28)
ISBN 3-531-22028-4

NE: GT

1.–13. Tausend September 1973
14.–18. Tausend August 1974
19.–25. Tausend Januar 1975
26.–30. Tausend Januar 1976
31.–38. Tausend August 1976
39.–45. Tausend November 1977
46.–53. Tausend Juni 1978
54.–60. Tausend September 1979
9. Auflage 1981
10. Auflage 1982
11. Auflage 1983
12. Auflage 1984

Umschlaggestaltung: Horst Dieter Bürkle, Darmstadt
Satz: Clausen & Bosse, Leck/Schleswig
Druck und buchbinderische Verarbeitung: W. Langelüddecke, Braunschweig
Printed in Germany

ISBN 3-531-22028-4

Inhaltsverzeichnis

VORWORT

Eine Einführung in die Methoden und Probleme der empirischen Sozialforschung hat zwei Aufgaben: zu eigener Forschung anzuleiten und kritische, methodenbewußte Lektüre vorhandener Untersuchungen zu ermöglichen. Es geht sowohl um eine Übersicht über die Methoden empirischer Sozialforschung wie um eine Einführung in die Möglichkeiten, Probleme zu lösen und Entscheidungen zu treffen, die bei einem soziologisch orientierten Forschungsvorhaben auftreten. Daher wird im folgenden die Datenerhebung von der Dateninterpretation nicht streng getrennt, sondern gezeigt, wie die theoretischen Annahmen, die einer Studie zugrunde liegen, jeden Teil der Untersuchung bestimmen, wie also der Zusammenhang von Erkenntnisinteresse, Hypothesen, Methoden und Stichproben in die Konzeptualisierung einer Studie eingehen muß, um zuvor schon jede Phase der Untersuchung festzulegen und eine exakte Prüfung der Hypothesen zu erlauben.

Praktisch anwendbar soll das Buch durch seine vielen Beispiele und Hinweise sein, mit denen die einzelnen Probleme der Forschung erläutert werden. Diese Beispiele lassen dann auch die Schwierigkeiten empirischer Forschung in der Praxis erkennen. Oft besteht nämlich zwischen der fortgeschrittenen Methodologie, den methodischen Standards, zwischen den mathematischen Modellen einerseits und ihrer praktischen Einhaltung bei einer empirischen Untersuchung andererseits eine Diskrepanz. Sie sollte jedoch nicht zu einer vorschnellen Kritik an den Anforderungen führen, sondern zu durchdachteren Forschungsplänen und zu einer Weiterentwicklung der Methoden. Es bleibt nur der mühevolle Weg kritischer Sozialforschung, die sich der Tatsache bewußt ist, einer jungen Disziplin zuzugehören, die ihre gesellschaftliche Bedeutung nur wahrnehmen kann, wenn sie exakter wird. Vielleicht kann das Buch zu dieser Anstrengung beitragen, indem es den Zusammenhang von Verwertung, Problem, Theorie, Methode und Stichproben betont.

Um diesen methodologischen Zusammenhang zu verdeutlichen, werden sowohl die Konzeptualisierung einer Studie wie die Erhebungssituation bei den einzelnen Methoden ausführlich dargestellt.

Von daher erscheint die gerade in der deutschen Soziologie so beliebte Trennung von Theorie und Empirie längst überflüssig und nicht von jener methodologischen Kenntnis getragen, die ihre Vertreter für sich reklamieren.

Viel dringlicher ist das Problem der Verwertung einer Untersuchung, das nicht erst auftritt, wenn die Forschungsarbeit beendet ist, sondern bereits in die Konzeptualisierung eingeht. Noch immer gilt der Satz von Adorno und Dirks: «Trotz allen Erfahrungsmaterials haben die Menschen bis heute ihre eigenen Angelegenheiten nicht mit der gleichen Rationalität ordnen können, mit der sie die Produktions-, Konsum- und Vernichtungsgüter herstellen.» Die Frage nach einer – von historisch jeweils überflüssiger Herrschaft befreiten – sozialistischen Gesellschaft und deren Organisation ist daher auch eine Aufforderung an die sozialwissenschaftliche Forschung.

Eine Schwierigkeit für Bücher dieser Art ist ihr Umfang, das Ausmaß, mit dem auf einzelne Methoden eingegangen werden soll angesichts der zahlreichen Spezialwerke. Um dem Leser eine gezielte weiterführende Lektüre zu erleichtern, werden zahlreiche Literaturhinweise gegeben.

In das Buch sind viele Anregungen und Argumente eingegangen, die ich den Studenten verdanke, die an meinen Vorlesungen und Seminaren teilgenommen haben. Danken möchte ich auch jenen Freunden, mit denen mich seit Jahren die Diskussion über Soziologie und deren Methoden und gemeinsame Forschungsarbeit verbindet, insbesondere Bernd Buchhofer, Rolf Klima, Hartmut Lüdtke und Lieselotte Pongratz. Mein Dank gilt schließlich Margrit Bommer für Kommentare und das Schreiben des Manuskripts.

1. ZUR FUNKTION EMPIRISCHER SOZIALFORSCHUNG

Empirische Sozialforschung ist ein problemlösendes Handeln. Es setzt gleichermaßen die genaue Formulierung eines Problems wie die Kenntnis einer angemessenen Methode zu seiner Lösung voraus. Dabei kann man die Methoden der empirischen Sozialforschung als Kanon von Verfahren begreifen, als eine «box of tools», die unabhängig vom Problem, den Grundlagen und Theoremen der Sozialwissenschaft benutzt werden. Eine derartige Auffassung ist jedoch ungerechtfertigt; sie trifft auch nicht auf die Methoden der Naturwissenschaften zu, auf die man sich fälschlich beruft. Den Sozialwissenschaften ergeht es nämlich nicht anders als den Naturwissenschaften: Ihre Methoden und Instrumente entwickeln sich abhängig von den Problemen der Disziplin, sie entstehen, um bestimmte Fragen untersuchen, bestimmte Probleme lösen zu können. (Was nicht ausschließt, daß sie später in vielen Fällen als Instrumente zur Lösung anderer Probleme übernommen werden.) Dieser Sachverhalt gilt für Galileis Fernrohr, das Verfahren zur Atomspaltung, eine Einstellungsskala oder einen Intelligenztest.

Gerade am letzten Beispiel läßt sich der Zusammenhang von Problem und Methodenentwicklung zeigen: Nachdem sich erwiesen hatte, daß die üblichen Intelligenztests zu sehr sprachliche Fähigkeiten voraussetzen, die aufgrund von Sozialisationsdefiziten bei Arbeiterkindern weniger stark als bei Kindern aus der Mittelschicht ausgeprägt sind, entwickelte man neue Tests, die mehr sprachfreie Subtests enthalten, um den Intelligenzquotienten besser, d. h. schichtenunabhängiger zu messen (z. B. das Leistungsprüfsystem LPS von HORN). Besser heißt hier: den Zielen der Wissenschaft, den gesellschaftspolitischen speziell angemessener. Vor ähnlichen Aufgaben steht die Sozialwissenschaft, beispielsweise bei der Erforschung des Verhaltens von «devianten» Personen in ihrem normalen Lebenszusammenhang (vgl. FRIEDRICHS 1973): Hier kommt es auf die Entwicklung von Verfahren zur Situationsanalyse an; oder auf die Verbesserung des Aufbaus der amtlichen Statistik, um Sekundäranalysen von Daten vornehmen zu können; oder auf die methodologische Integration von unterschiedlichen Methoden, um komplexe Handlungsfelder (z. B. Neubausiedlungen) besser erforschen und planen zu können.

Hiermit ist ein enger Zusammenhang von Problem, den Methoden zu seiner Erforschung, der Theoriebildung als systematisierter Erkenntnis und der Methodologie skizziert. Treffend hat BÖNISCH (1970, S. 20 f.) die *Methodologie* als Metatheorie bezeichnet, die im wesentlichen zwei Probleme behandelt:

«1. Die Analyse der Vorgehensweise bei der theoretisch-erkennenden und praktisch-gegenständlichen Tätigkeit des Menschen einschließlich der diesem Vorgehen zugrundeliegenden Gesetze, Regeln und Normen sowie deren erkenntnistheoretisch-logische Struktur;

2. die Synthese allgemeiner, vielen Methoden gemeinsamer, wesentlicher invarianter Züge, Eigenschaften und Relationen zu einem System von regulativen Prinzipien, Forderungen und Regeln, deren philosophisch-weltanschaulicher und erkenntnistheoretisch-logischer Begründung mit dem Ziel, Extrapolationen zu ermöglichen und die Wirksamkeit spezifischer Arbeits- und Erkenntnismethoden zu erhöhen.»

Demgegenüber kann eine *Methode* definiert werden als «ein spezielles System von Regeln, das die Tätigkeit bei der Erlangung neuer Erkenntnisse und der praktischen Umgestaltung der Wirklichkeit organisiert . . . Für eine Explikation des Begriffs ‹Methode› ist also wesentlich, daß ‹Methode› einen Prozeß kennzeichnet, der auf ein bestimmtes Ziel ausgerichtet ist bzw. ein System von Regeln umfaßt, das diesen Prozeß festlegt» (ibid.).

Die erwähnte praktische Bedeutung liegt in der praktischen Herkunft der Methoden wie der Wissenschaft überhaupt: Wissenschaft ist wie jedes System von Regeln und Zielen ein Teil der Gesellschaft, sie läßt die Institution Wissenschaft als einen organisierten Prozeß zur Beschreibung und Erklärung der Welt zu, zunächst mit der Naturbeherrschung als mittelbarem oder unmittelbarem Ziel. Auch methodologische Regeln sind deshalb keine gesellschaftlich autonomen Inhalte, die nur entdeckt zu werden brauchten, sondern ein verhältnismäßig offener Kanon, der sich mit den Wissenschaften selbst entwickelt, gesetzt von Wissenschaftlern. Hingegen dient die Forderung, sie einzuhalten, der Autonomie der Wissenschaft gegenüber jedem Dogmatismus, sei er auch durch politische Macht legitimiert.

So verfolgt die Wissenschaft zwei Ziele:

1. ein theoretisches: die Realität nach einem System von Regeln nachprüfbar in einem geschlossenen Modell zu rekonstruieren; Maxime des Handelns ist ein wie immer gefaßtes Kriterium der Wahrheit;
2. ein praktisches: mit Hilfe ihrer Ergebnisse ein rationales und humaneres Leben der Menschen zu ermöglichen; Maxime des Handelns ist das Kriterium der Nützlichkeit.

Jeder Versuch, das eine Ziel auf das jeweils andere zu reduzieren, ist problematisch. Wer Wissenschaft in der Praxis aufgehen lassen will, läuft Gefahr, ihre Autonomie gegenüber politischen Aufgaben derart zu verringern, daß sie Aussagen macht, die sich zwar praktisch-ideologisch verwerten lassen, sich aber später als empirisch falsch erweisen. Andererseits ist die Abstinenz von Praxis nicht durch die Annahme legitimierbar, Erkenntnisse zu gewinnen sei bereits inhärent praktisch, die Wissenschaft tendiere sozusagen langfristig auf eine humane Gesellschaft. Treffend hat Horowitz (1967 b, S. 33) hierzu angeführt: «The Enlightenment assumption that people in power need only to be shown the truth in order to do the right thing is unacceptable.» Das Verhältnis beider Ziele bemißt sich nach dem Grad gesellschaftlicher Entwicklung.

Der Zusammenhang beider Ziele tritt auch in der Unterscheidung von Grundlagenforschung und angewandter Forschung auf. Die Irreduzierbarkeit der Ziele aufeinander besagt nichts darüber, welche Beziehung sie jeweils zueinander haben. Welche soziale Funktion ihnen zukommt, bestimmt sich nach dem Entwicklungsstand der Wissenschaft wie der politischen Organisation einer Gesellschaft, speziell dem Niederschlag dieses Zustandes in den Definitionen der Wissenschaft durch die Wissenschaftler.

Um die soziale Funktion der Wissenschaft, speziell der Sozialforschung zu bestimmen, werden die Zusammenhänge von Wissenschaft, Gesellschaftstheorie und Praxis im folgenden näher dargestellt.

1.1. Wissenschaft als soziales und als erkenntnistheoretisches System

Das Verhältnis von theoretischen und praktischen Zielen der Wissenschaft wird besser analysierbar, wenn man nicht von «Wissenschaft» allgemein spricht, sondern sie als einen Prozeß von Interaktionen betrachtet, der soziologisch ebenso beschreibbar ist wie andere Felder der Interaktion. Dieses Handlungsfeld «Wissenschaft» läßt sich als Überschneidung zweier Systeme begreifen: der Wissenschaft als sozialem System und der Wissenschaft als erkenntnistheoretischem System. Die analytische Trennung hebt natürlich nicht den faktisch engen Zusammenhang der Systeme auf.

Wissenschaft als soziales System besteht aus Akteuren, die eine spezielle Sozialisation erhalten haben (z. B. Hochschulausbildung) und deren Interaktionen bestimmten Normen unterliegen. Zu diesen Normen zählen beispielsweise: Publikation von Forschungsergebnissen, Lektüre der Ergebnisse anderer, Zitieren der Quellen, Berücksichtigung der jeweils neuesten Forschungsergebnisse, Vermeidung von absichtlichen Verfälschungen der Forschungsergebnisse, Produktion von Ideen, Beiträge zum Erkenntnisfortschritt, Unbestechlichkeit durch Auftraggeber, Politiker und Kollegen, Akzeptieren methodologischer Regeln. Dieser Katalog ließe sich erweitern, z. B. um Berücksichtigung der Verwertung der Ergebnisse, Erforschung nur gesellschaftlich relevanter Probleme, Ausbildung neuer Wissenschaftler – obgleich über diese Forderungen weniger Einigkeit bestehen dürfte als über die zuerst genannten. Das System von Regeln reicht von methodologischen Kriterien der Formulierung von Hypothesen bis zur Festlegung eines Curriculums beispielsweise für das Studium Soziologie.

Das soziale System Wissenschaft verfügt über eine interne Hierarchie, die sich in den Positionen der akademischen Hierarchie, dem Ansehen aufgrund von Forschung oder der Zahl der Mitgliedschaften in wissenschaftlichen Vereinigungen, der Qualität der Publikationen, der Initiation von Publikationen (Herausgeber), in internationalen Ehrungen etc. ausdrücken kann. Die Skala zur Bestimmung des Status eines Wissenschaftlers ist mehrdimensional.

Das System verfügt über materielle Ressourcen: Forschungsgelder, Laboratoriumsausstattung, Lehrräume, Rechenanlagen etc. Es hat ein spezifisches Kommunikationssystem, dessen wichtigste Elemente Bücher, Fachzeitschriften und Kongresse sind.

Jeder Wissenschaftler ist Teil des ihn umgebenden sozialen Systems. Seine materielle Lage, seine Schichtzugehörigkeit, seine politische Haltung, seine Abhängigkeit von Staat, Auftraggeber o. ä. binden ihn ebenso wie andere Mitglieder der Gesellschaft. Seine materiellen Bedingungen beeinflussen seine Interessen und Ziele, diese seine wissenschaftlichen Handlungen. Diese «Standortgebundenheit des Denkens» ist in der Wissenssoziologie, vor allem seit den Arbeiten von KARL MANNHEIM, ausführlich diskutiert worden, neuerlich von HABERMAS (1968).

Zudem hat jeder Wissenschaftler unterschiedliche Bezugsgruppen, die auf sein Handeln mehr oder minder großen Einfluß haben können. Seine Kollegen, seine Familie, die Öffentlichkeit und politische Gruppen sind für ihn relevant. Die Ziele werden also davon beeinflußt, wie abhängig er von diesen Gruppen ist und für wie wichtig er sie erachtet. Dieser so einfache Sachverhalt ist von großer Bedeutung für die soziologische Forschung, da diese Bezugsgruppen unterschiedliche Erwartungen an jeden Wissenschaftler richten und sich die Ziele des Wissenschaftlers entsprechend verändern.

Wissenschaft als erkenntnistheoretisches System umfaßt die Regeln, nach denen der Gegenstand einer Wissenschaft bestimmt, Begriffe definiert, die logische Struktur für Aussagen oder die Verfahren, Aussagen zu gewinnen, formuliert werden. Ob sich beispielsweise erkenntnistheoretisch das Vorgehen der Sozialwissenschaft grundsätzlich von dem der Naturwissenschaft unterscheidet (wie z. B. RICKERT annahm) oder nicht (wie z. B. die moderne Wissenschaftstheorie), ist eine Festlegung, die bis heute diskutiert wird. Auch die Frage nach der Basis wissenschaftlicher Erkenntnis ist Teil des Systems von Regeln. Diese Regeln der Logik, der Theorie und der Methode unterliegen der Diskussion der Wissenschaftler, sie beruhen auf Übereinkunft oder, um mit HENRI POINCARÉ zu sprechen: auf Konventionen. Wenn z. B. in mehreren Heften der Zeitschrift «The American Sociologist» diskutiert wird, welches Signifikanzniveau in der Soziologie angemessen sei, soll damit eine Konvention gefunden werden. Wenn man in der Medizin ein Signifikanzniveau von .001 oder gar .0001 ansetzt, lautet die Begründung, nur eine sehr geringe Irrtumswahrscheinlichkeit rechtfertige es beispielsweise, eine bestimmte Behandlungsform als erfolgreich zur Heilung einer Krankheit zu betrachten. Da ein solches Kriterium vergleichsweise für die Soziologie in dieser Eindeutigkeit nicht existiert, geht man hier davon aus, ein Signifikanzniveau von .05 sei ausreichend, vor allem wenn man die Qualität der hier bislang erreichbaren Daten berücksichtigt (vgl. dazu Abschnitt 2.4).

Hieran wird deutlich: 1. Beide Systeme beruhen auf Handlungen; 2. das erkenntnistheoretische System entsteht aus den Regelungen der Wissenschaftler, also als Folge des sozialen Systems; 3. das erkenntnistheoretische

System ist nicht statisch, sondern historischen Wandlungen unterworfen, in die die sozialen Veränderungen eingehen (z. B. nationalsozialistische Biologie); 4. unterschiedliche politische oder weltanschauliche Bedingungen, unter denen Wissenschaftler leben, können zu unterschiedlichen Forderungen an die Erkenntnistheorie führen.

Schließlich, und das ist das Entscheidende, wird die Interdependenz beider Systeme erkennbar: Wissenschaft als soziales System ist definiert durch die Sozialisation innerhalb eines erkenntnistheoretischen Systems, das selbst erst durch die Wissenschaft als soziales System entsteht und von ihr getragen wird.

Das Problem gerade der Soziologie ist die Verflechtung beider Systeme bis zur Ununterscheidbarkeit. Konkurrierende theoretische Ansätze wie z. B. Marxismus und Neopositivismus werden als «Hauptströmungen» dargestellt (z. B. HAHN 1968, S. 15), was bereits eine unzulässige Vereinfachung ist, weil die Positionen von ADORNO oder HABERMAS nicht einbezogen sind. Wichtiger ist indessen, daß die theoretischen Ansätze von unterschiedlichen praktisch-politischen Annahmen ausgehen, wobei z. B. die marxistische Position die Trennung von sozialem und erkenntnistheoretischem System im Sinne einer Dialektik aufhebt, während sie für eine Soziologie im Sinne des kritischen Rationalismus versucht werden muß.

KLIMA (1972, S. 83 ff.) hat überzeugend dargestellt, wie die unterschiedlichen sozialen Interessen der Wissenschaftler ihre theoretische Position beeinflussen: Gerade für die Soziologie in der BRD gelten unterschiedliche Bezugsgruppen, grob einteilbar nach ihrer wissenschaftlichen Kompetenz in Experten und Laien, an denen Soziologen sich orientieren. Ob ein Wissenschaftler seine Anerkennung bei der einen oder anderen Gruppe sucht, ist für die Wissenschaft dann bedeutsam, wenn hieraus nicht nur andere theoretische Ansätze entstehen, sondern darüber hinaus ein gemeinsames Kriterium zur Entscheidung über die Ansätze im Pluralismus der Bezugsgruppen unmöglich wird. Die «Widersprüche im Rollen-Set des Soziologen» (KLIMA 1969), als Konsequenz der Unterschiede im sozialen System Wissenschaft, führen ihrerseits zu widersprüchlichen Standards im erkenntnistheoretischen System. Diese können aufgrund des fehlenden gemeinsamen Paradigmas (KUHN 1970) nicht mehr wissenschaftlich ausgetragen werden, sondern nur noch moralisch-politisch. Ob Wissenschaftler ihre Reputation durch Beraterverträge mit einer Publikumszeitschrift, Teilnahme an Demonstrationen oder Aufsätze in Fachzeitschriften begründen wollen oder aber in den beiden erstgenannten Möglichkeiten nur einsetzen, ist dabei von entscheidender Bedeutung für das erkenntnistheoretische System. «The heterogenous, semiprofessional community of sociology, through allowing each member (or at least each school of thought) to be the final judge of the validity and significance of its own products, still has to solve a lot of its own social organization problems, before it will be able to steer the process of cognition in a similarly trustworthy way» (KLIMA 1972, S. 95).

Die konkurrierenden Ansätze müßten nun – gemessen an einer Regel des erkenntnistheoretischen Systems – als unterschiedlich tragfähige Erklärungen fungieren, um anhand der Forschung eine Entscheidung ihrer Brauchbarkeit zuzulassen. De facto verhindert jedoch schon die Uneinigkeit darüber, was eine Theorie überhaupt sei, Regeln zu akzeptieren, welche Theorie eher in der Lage ist, empirische Sachverhalte zu erklären.

Da es keine gemeinsamen Ziele gibt, wozu die Einheitlichkeit des erkenntnistheoretischen Systems gehören müßte, zerfällt die soziologische «scientific community» auf der Ebene des sozialen Systems in zahlreiche Gruppen.

Am Zustand gegenwärtiger Feindbilder vom Typ «bürgerliche Soziologie contra marxistische Soziologie» wird sich vermutlich erst dann etwas ändern, wenn eine verstärkte Berücksichtigung des Verwertungszusammenhangs einerseits und eine intensivere Forschungsorientierung (vgl. Ahlberg 1968) andererseits aufgrund der Resultate zu neuen Diskussionen über die gesellschaftlichen Organisationsprinzipien und ähnliche Probleme des technischen-wissenschaftlichen Fortschritts geführt haben. Das in der Soziologie ohnehin nur unzureichend vorhandene Tertium comparationis des sozialen Systems Wissenschaft in einem erkenntnistheoretischen System wird eher dann erreichbar sein, wenn die Gemeinsamkeiten in den Problemen der Gesellschaft und entsprechende Forschungsbeispiele die Basis hierfür liefern. Betrachtet man unter diesem Aspekt Publikationen zur Forschungsmethodik aus der Sowjetunion oder der DDR (z. B. Autorenkollektiv 1970, Friedrich 1970) sowie Forschungsergebnisse zur Arbeit, Jugend und Familie aus diesen und anderen sozialistischen Ländern (vgl. Kiss 1971), dann erscheint die faktische Differenz geringer, als es die programmatischen Publikationen (gerade in der BRD) nahelegen. – Ob damit eine Konvergenz verbunden ist, steht dahin (vgl. Kiss 1971, Kap. 4, Koschwitz 1970).

1.2. Gesellschaftstheorie und Erkenntnistheorie

Wie im vorangegangenen Abschnitt dargestellt, hängt von den Aufgaben, die man der Soziologie zuschreibt, auch die Beurteilung ihrer Methoden ab; von der Beantwortung der Frage nach ihrer erkenntnistheoretischen Basis wird der Stellenwert der Methoden hergeleitet. Die Diskussion hierüber reicht in Deutschland vom Werturteilsstreit von 1917 über die Kritik der Frankfurter Schule in den 50er und 60er Jahren bis zur marxistischen Kritik. Wenngleich es unmöglich ist, diese Debatte auch nur annähernd zu reproduzieren, sollen doch einige wichtige Argumente geliefert werden, weil hieran der Zusammenhang von Gesellschaftstheorie und Sozialforschung erkennbar wird. Insbesondere lassen sich zwei Probleme nennen: 1. Sind die Methoden der Sozialwissenschaften von denen der Naturwissenschaften dadurch grundsätzlich unterschieden, daß zwischen (beobachtendem) Subjekt und (beobachtetem) Objekt eine kommunikative Beziehung besteht, die den Erkenntnisprozeß prägt? 2. Dient eine an naturwissenschaftlichen Maßstäben orientierte Methodologie unkritisch der Verfestigung bestehender gesellschaftlicher Unterschiede?

«Die Gesellschaft, auf deren Erkenntnis Soziologie schließlich abzielt, wenn sie mehr sein will als eine bloße Technik, kristallisiert sich überhaupt nur um eine Konzeption von richtiger Gesellschaft. Diese ist aber nicht der bestehenden abstrakt, eben als vorgeblicher Wert, zu kontrastieren, sondern entspringt aus der Kritik, also aus dem Bewußtsein der Gesellschaft von ihren Widersprüchen» (ADORNO 1962 b, S. 260). Aus dieser Aufgabe der Soziologie begründet ADORNO das methodische Vorgehen der Soziologie: «Sie muß die Begriffe, die sie gleichsam von außen mitbringt, umsetzen in jene, welche die Sache von sich selber hat, in das, was die Sache von sich aus sein möchte, und es konfrontieren mit dem, was ist. Sie muß die Starrheit des hier und heute fixierten Gegenstandes auflösen in ein Spannungsfeld des Möglichen und des Wirklichen ... Mit anderen Worten, Theorie ist unabdingbar kritisch» (ADORNO 1962 a, S. 208).

Es fällt schwer einzusehen, wie aus der Aufgabe der Kritik, die die Antagonismen der Gesellschaft aufnimmt, eine Möglichkeit entsteht, an den Sachen abzulesen, was sie von sich aus wollen. Weil die Gesellschaftstheorie nur, um es mit MARX zu formulieren, «bestimmte Negation» sein kann, gerät ADORNO in die Schwierigkeit, doch jenes Positivum zu gewinnen, ohne es als subjektive Spekulation auszugeben. Er verlegt es in die Sache selbst – was bedeutet, diese entweder zu ontologisieren oder aber eine subjektive Bestimmung vorzunehmen, die sich nur auf essentielle Qualitäten der Sache beruft. Der Versuch, die gesellschaftskritische Praxis der Soziologie unmittelbar in deren Erkenntnistheorie einfließen zu lassen, wird nochmals an ADORNOS vielfacher Kritik der empirischen Sozialforschung erkennbar, z. B. in folgendem: «Die Dinghaftigkeit der Methode, ihr angeborenes Bestreben, Tatbestände festzunageln, wird auf ihre Gegenstände, eben die ermittelten subjektiven Tatbestände, übertragen, so als ob dies Dinge an sich wären und nicht vielmehr verdinglicht» (ADORNO 1962 a, S. 209).

Eine solche Kritik, wie sie nicht nur ADORNO formuliert hat, unterstellt zum einen, Wissenschaft, zumal positivistische, habe es mit Sachen oder Dingen zu tun. Es geht indessen nicht um Sachen – was zudem zu einer Überbetonung der Begriffe (ALBERT 1964, S. 234) führt –, sondern um Aussagen zur Beschreibung von Sachverhalten. Genau dies ist der entscheidende Unterschied zwischen dem früheren Positivismus und dem logischen Neopositivismus der 30er Jahre. Die Popularität gerade dieser Kritik an der Sozialforschung als «Verdopplung der Realität» steht in keinem Verhältnis zu ihrem sachlichen Gehalt. ADORNO unterstellt nämlich, Aussagen wie «15 % der Bevölkerung haben Abitur» oder «Je höher eine Person in einer Hierarchie steht, desto mehr Handlungen kann sie für die unter ihr stehenden Personen einleiten» seien nicht nur Aussagen über einen zu einem bestimmten Zeitpunkt in einer gegebenen Gesellschaft geltenden Sachverhalt, sondern zugleich darüber, daß dieser Sachverhalt unabänderlich sei. Es gibt jedoch keine wissenschaftstheoretische Begründung dafür, daß die deskriptive Aussage «an der Raum-Zeit-Stelle k gibt es den Gegenstand z» auch eine normative, d. h. präskriptive Aussage sei. In der obenerwähnten Aussage über den Prozentsatz der Abiturienten ist nicht enthalten, daß dieser Prozentsatz vom Forscher gebilligt wurde oder ein letztes Datum der Sozialisationsprozesse in einer Gesellschaft darstellt. Vielmehr gilt der Satz nur unter bestimmten Bedingungen: einem System sozialer Ungleichheit, das sich über Familie und Schule in bestimmten Sozialisations- und schulischen Bewertungsprozessen transformiert.

ADORNO verfährt in seiner Kritik der positivistischen Methodologie ebenso wie in seiner Kritik der HEGELschen Dialektik, z. B. bei Hegels Begriff der «Positivität» (ADORNO 1966, S. 159 ff.): Er verlegt die Kritik an gesellschaftlichen Sachverhalten in die Kritik an den Aussagen über diese Sachverhalte; er nimmt eine moralische Bewertung logischer Strukturen vor. In seiner Konsequenz ist dies Verfahren logisch unhaltbar, denn die logische Struktur derjenigen Aussagen, die die moralische Bewertung stützen sollen, kann keine andere sein als eben die kritisierte. Zudem ist eine vorgängige Gesellschaftstheorie keine hinreichende Basis für ein derartiges Vorgehen. Auch eine kritische Gesellschaftstheorie verlangt die Formulierung von Aussagen über soziale Strukturen und Prozesse, die dann zum Ausgang praktischen Handelns werden. Erst in der Prognose kann letztlich empirisch über die Angemessenheit jener vorgefaßten Gesellschaftstheorie befunden werden.

Es ist letztlich eine Kritik an der Soziologie als Wissenschaft von sozialen Gesetzmäßigkeiten, die für das Individuum als bedrohlich empfunden werden. Für ADORNO sind diese Gesetzmäßigkeiten nur denkbar in einer antagonistischen Gesellschaft, während von einer «befreiten» Gesellschaft nur ausgesagt wird, daß sie Individuation ermöglicht (ADORNO 1962 a, S. 214). Wenngleich sich heute nur spekulativ entscheiden läßt, welche Form das Verhältnis von Gesellschaft und Individuum in anderen Gesellschaften annehmen wird, dürften sich doch keine Gesellschaften ohne derartige Gesetze denken und organisieren lassen. Welchen Geltungsbereich derartige Gesetze haben mögen, ist ein empirisches Problem – daß sie überhaupt bestehen, ist die Prämisse soziologischer Forschung. Diese Prämisse ist durch die bisherige Forschung hinreichend gerechtfertigt, so daß ein derartig emphatischer Begriff von Individualität letztlich nur eine spätbürgerliche Verkennung des Prozesses der Vergesellschaftung ist. Auf diesen Aspekt der Gesellschaftstheorie von ADORNO und HORKHEIMER hat auch die marxistische Kritik hingewiesen; so spricht JOPKE (1970, S. 61) von einer «gedankliche(n) Negation jedes gesellschaftlichen Systems überhaupt».

Eine Aussage gilt demnach nur für einen bestimmten Zusammenhang von Variablen, der selbst an die historisch-soziale Verfassung einer Gesellschaft gebunden ist (wenngleich die Soziologie prinzipiell die Formulierung ahistorischer Gesetzmäßigkeiten anstrebt). Diese Differenz zwischen der (geringen) Menge sozialwissenschaftlich bewährter Aussagen und einer umfassenden, gegenwärtig nur antizipierbaren Gesellschaftstheorie führt zum Begriff der «Totalität». Um diesen *dialektischen Begriff der Totalität*, der von ADORNO, HABERMAS und MARCUSE, aber auch von HAHN verwendet wird, ist eine sehr umfangreiche wissenschaftliche Kontroverse entstanden (vgl. den Sammelband ADORNO u. a. 1969). Ihr Ergebnis erscheint gegenwärtig eine Differenzierung des mit dem Begriff verbundenen methodologischen Vorgehens in eine hermeneutische (z. B. HABERMAS) und eine historisch-materialistische Explikation (z. B. HAHN) zu sein.

«Verglichen mit den zentralen Fragen der gesellschaftlichen Struktur, von denen das Leben der Menschen abhängt, erfaßt die empirische Sozialforschung nur schmale Sektoren. Die Beschränkung auf herausgeschnittene scharf isolierte Gegenstände – also gerade jene Annäherung der empirischen Sozialforschung an die Naturwissenschaften, die aus dem Bedürfnis nach Exaktheit laboratoriumsähnliche Bedingungen zu schaffen trachtet – verwehrt nicht bloß temporär, sondern prinzipiell die Behandlung der Totalität der Gesellschaft» (ADORNO & DIRKS 1956, S. 109).

«Die geforderte Kohärenz des theoretischen Ansatzes mit dem gesamtgesellschaftlichen Prozeß, dem die soziologische Forschung selbst zugehört, verweist ebenfalls auf Erfahrung. Aber Einsichten dieser Art stammen in letzter Instanz aus dem Fonds einer vorwissenschaftlich akkumulierten Erfahrung, die den Resonanzboden einer lebensgeschichtlich zentrierten sozialen Umwelt, also die vom ganzen Subjekt erworbene Bildung, noch nicht als bloß subjektive Elemente ausgeschieden hat. Diese vorgängige Erfahrung der Gesellschaft als Totalität lenkt den Entwurf der Theorie, in der sie sich artikuliert und durch deren Konstruktionen hindurch sie von neuem an Erfahrungen kontrolliert wird» (HABERMAS 1963, S. 476 f.).

Bereits ALBERT (1964) hat auf die Schwierigkeit hingewiesen, den Totalitätsbegriff und eine ihm entsprechende Methodologie zu entwickeln. Soweit sich überhaupt exakt ermitteln läßt, was mit diesem Begriff bezeichnet werden soll, kann man wohl folgende Inhaltsbestimmung zugrunde legen: «Totalität» ist das Insgesamt aller Merkmale und Prozesse in einer Gesellschaft, die sowohl den Stellenwert jedes einzelnen Merkmals wie jeder Aussage wie der Position des Forschers selbst bestimmen. (Bereits die Annahme, «alles hänge mit allem zusammen», bedarf der Überprüfung: Es kann ebensogut Merkmale geben, die in keinem oder nur in einem zufälligen Zusammenhang miteinander stehen. Die Annahme hat also allenfalls heuristischen Wert.)

Nicht der Anspruch einer solchen vorgängigen Gesellschaftstheorie, die Soziologie möge die Grenzen ihrer erfahrungswissenschaftlichen Aussagen erkennen, ist zu kritisieren. Zu kritisieren ist vielmehr, daß eine prinzipielle Insuffizienz jeder Sozialforschung gegenüber jener Gesellschaftstheorie, die ihrerseits eine historische Einheit des sozialen Lebenszusammenhangs liefert, behauptet wird. Jede derartige Theorie der Gesellschaft kann nur die Forschung leiten oder Interpretationsschemata zur Verfügung stellen, die über die Ergebnisse hinausgehen. Sie kann aber weder Prüfstein der Ergebnisse sein noch ihre eigenen Aussagen einer Prüfung entziehen. Eben weil die Einsicht zutreffend ist, daß vorgängige Theorien, oft nicht expliziert, in die soziologische Forschung eingehen, müssen die Regeln des erkenntnistheoretischen Systems so beschaffen sein, daß jene Theorie expliziert und untersuchbar wird.

Ein Beispiel: Die Aussage, die Scheidungsrate habe in der BRD 1960 8,8 ‰ (bezogen auf 10 000 Einwohner) betragen, sagt wenig. Nimmt man hinzu, daß diese Quote in den folgenden Jahren kontinuierlich anstieg und 1970 12,6 ‰ erreichte und daß weiterhin die Quote in den großen Städten und Stadtstaaten besonders hoch ist, sowie die Tatsache, daß sie in der DDR 1970 bei etwa 17,0 ‰ lag, dann bedürfen diese Aussagen fraglos einer Interpretation. Solche Interpretationen bestünden in Aussagen über den Zusammenhang von Familiengröße und Scheidungsquote, Familiengröße und Stadt-Land-Gefälle, staatliche Familienpolitik, über den Zusammenhang von ökonomischer Entwicklung, Emanzipation und Scheidung bis hin zu Aussagen über die historischen Veränderungen der Familienstruktur als Korrelat der sozio-ökonomischen Entwicklung der Gesellschaftsstruktur.

Es entstünden Aussagen, von denen jede für sich genommen wenig zur Beschreibung der Realität hergibt, die aber in ihrem Zusammenhang von größerer Bedeutung sind. Ob sie dem Anspruch der «Totalität» gerecht werden, muß wohl bezweifelt werden, da z. B. HABERMAS hierunter nicht die Menge aller zur Beschreibung der Realität notwendigen Sätze versteht. Dessenungeachtet bleiben doch alle Aussagen, die sich zur Interpretation heranziehen lassen, selbst Aussagen, die sich irgendwann überprüfen lassen müssen, auch wenn dies gegenwärtig nicht möglich sein sollte. Stellen sie sich nicht einem derartigen Kriterium, verbleiben sie im Bereich einer subjektiven isolierten Spekulation.

Die Tendenz zur subjektiven Wendung der erkenntnistheoretischen Basis der Gesellschaftstheorie ist auch bei HABERMAS erkennbar: Die hermeneutische «Explikation von Sinn» soll bei ihm dadurch vor einem Subjektivismus bewahrt bleiben, daß die Explikation sich als «ein der Sache selber angemessener Begriff» (HABERMAS 1963, S. 477) erweisen muß. Kriterium der Richtigkeit ist nicht die prognostische Wendung von Aussagen als Basis einer Handlung, sondern die Angemessenheit an die Sache (vgl. HABERMAS 1967, S. 157 ff.). Da sie als Teil der dialektischen Theorie nur in der «ausgeführten Theorie selber» zu gewinnen ist, steht die empirische Sozialforschung vor der Alternative, die an ihr geübte Kritik solange zu ignorieren, bis jene Theorie ausgeführt ist, oder aber zu konstatieren, es handle sich in der dialektischen Theorie um jenen schrittweisen Prozeß der Erkenntnis der

Realität, der auch der Methodologie beispielsweise des kritischen Rationalismus zugrunde liegt.

Im Rahmen der Wissenschaftstheorie ließe sich der Totalitätsbegriff folgendermaßen fassen: Totalität ist die Menge aller notwendigen Sätze, die einmal erforderlich sind, um als Explanans einer singulären Aussage zu dienen und den Geltungsbereich der Erklärung selber festzulegen. Legt man eine solche Definition zugrunde, wird erkennbar, daß jede sozialwissenschaftliche Erklärung einer doppelten Schwierigkeit ausgesetzt ist: Zum einen ist der Stand derartiger Erkenntnis noch nicht annähernd erreicht. Zum anderen steht jede einzelne Untersuchung vor der gleichen Schwierigkeit, nicht alle erforderlichen Zusammenhänge zu kennen, die noch im Rahmen eines begrenzten Problems zur Erklärung eines seiner Tatbestände erforderlich sind. Zur Wissenschaft im Sinne eines «kritischen Prozesses» (Popper) gehört die Forderung, die Reichweite von Erklärungen anzugeben und durch das Wechselverhältnis von Theorie und Forschung eine immer umfassendere Basis der Aussagen zu finden. Der Totalitätsbegriff kann also kritisch nur gegen diejenige empirische Sozialforschung verwendet werden, die bereits bekannte Sachverhalte bei der Untersuchung eines Problems nicht mit einbezieht oder unzulässige Generalisierungen vornimmt.

1.3. Einige Probleme der Einheit von Gesellschaftstheorie, Sozialforschung und Praxis

Der Begriff der Totalität als eines historisch-strukturellen Zusammenhangs von Gesellschaftstheorie, Erkenntnistheorie, Sozialforschung und Praxis ist auch in der marxistischen Soziologie zentral (vgl. hierzu u. a. Hahn 1968, Narski 1967, von Heiseler, Steigerwald & Schleifstein 1970). Hahn (1968) hat in seiner Darstellung der marxistischen Soziologie zugleich eine Kritik der «kritischen Theorie» wie des Neopositivismus gegeben. Für die Diskussion der Funktionen empirischer Sozialforschung erscheint es unumgänglich, vornehmlich anhand seines Buches einige Probleme herauszugreifen. – Eine ausführliche Auseinandersetzung mit der materialistischen Position kann hier nicht geleistet werden, zumal sich jede derartige Diskussion vor eine doppelte Schwierigkeit gestellt sieht:

1. Die materialistische Kritik des Neopositivismus ist ebensowenig als einheitliche Position auffindbar wie eine neopositivistische selbst. Es müssen vielmehr die Entwicklungen beider Positionen im Verlauf der letzten 50 Jahre berücksichtigt werden.
2. Weder Marx noch Engels haben eine systematische «Erkenntnistheorie» geschrieben; eine solche ließe sich höchstens aus einzelnen Zitaten zusammensetzen sowie aus der Art ihres Vorgehens rekonstruieren. Dabei steht jeder derartigen Interpretation entgegen, daß eben jene Rekonstruktion immanent unstimmig wird, wenn sie etwas wie eine «Erkennt-

nistheorie» isoliert, was bei MARX nur in einem historisch-praktischen Zusammenhang verständlich ist. Es wäre ebenso falsch wie jene Versuche, einen «philosophischen» von einem «ökonomischen» und «soziologischen» MARX zu trennen.

Historischer und dialektischer Materialismus sind eine Gesellschaftstheorie in praktischer Absicht, in der nicht nur die erkenntnistheoretischen Voraussetzungen der Sozialwissenschaft, sondern auch ihre Praxis begründet werden. Die Praxis unterliegt keiner Dezision gesellschaftlicher Kräfte, die selbst nur durch ihre Interessen legitimiert ist, sondern der Einsicht in die historischen Gesetzmäßigkeiten gesellschaftlicher Entwicklung. Ihre Richtigkeit gründet in der Richtigkeit der historischen Analyse des gesellschaftlichen Produktionszusammenhangs. Die Analyse der Entwicklungsgesetze der Geschichte läßt sowohl deren Ziele wie die revolutionären Träger des Geschichtsprozesses erkennen; sie trägt damit zur Überwindung sozialer Antagonismen und zum Fortschritt der Geschichte bei. Sie ist zugleich theoretisch, praktisch und historisch wahr.

1. *Realitätsbegriff.* Grundlage der marxistischen Soziologie ist ein Begriff von «objektiver Realität», deren Materialität der «übergreifende Bestimmungsgrund des Objekts wie des Subjekts soziologischer Erkenntnis» (HAHN 1968, S. 28) ist. Da beide, Subjekt und Objekt, durch die materiellen gesellschaftlichen Verhältnisse bedingt sind, bildet die Erkenntnis dieses Zusammenhangs die Grundlage für eine Abbildung der Wirklichkeit durch die Wissenschaft. «Bewußte Anerkennung eines von der Erkenntnis unabhängig existierenden objektiven Gegenstandes ist also Voraussetzung der Identifizierung praktisch bedeutsamer Objekte der Erkenntnis. Da auch Bewußtseinstatsachen Gegenstand der Erkenntnis sein können, setzt die Wirksamkeit der Erkenntnis die Anerkennung der das Bewußtsein bestimmenden materiellen Außenwelt voraus» (HAHN 1968, S. 24).

«Wir kennen die Naturnotwendigkeit in den Witterungserscheinungen nicht, und insofern sind wir unvermeidliche Sklaven des Wetters. Aber wenngleich wir diese Notwendigkeit nicht kennen, so wissen wir doch, daß sie existiert. Woher wissen wir das? Aus derselben Quelle, aus der wir wissen, daß die Dinge außerhalb unseres Bewußtseins und unabhängig von ihm existieren, nämlich aus der Entwicklung unserer Kenntnisse, die jedem Menschen millionenfach zeigt, daß auf Nichtwissen Wissen folgt, wenn der Gegenstand auf unsere Sinnesorgane einwirkt, und daß umgekehrt Wissen zu Nichtwissen wird, wenn die Möglichkeit solcher Einwirkung aufgehoben wird ...

Solange wir das Naturgesetz nicht kennen, das neben unserem Bewußtsein, außerhalb unseres Bewußtseins existiert und wirkt, macht es uns zu Sklaven der ‹blinden Notwendigkeit›. Soweit wir aber dieses Gesetz, das (wie MARX tausendmal wiederholte) *unabhängig* von unserem Willen und unserem Bewußtsein wirkt, erkannt haben, sind wir Herren der Natur. Die Herrschaft über die Natur, die sich in der Praxis der Menschheit äußert, ist das Resultat der objektiv richtigen Widerspiegelungen der Erscheinungen und Vorgänge der Natur im Kopfe des Menschen, ist der Beweis dafür, daß diese Widerspiegelung (in den Grenzen dessen, was uns die Praxis zeigt) objektive, absolute, ewige Wahrheit ist» (LENIN 1970, S. 186 f.).

Unter materieller Außenwelt ist das Insgesamt jener gesellschaftlichen Verhältnisse zu verstehen, die das Handeln des einzelnen bestimmt. HAHN (1968, S. 79) spricht von einer doppelten Verselbständigung der materiellen gesellschaftlichen Verhältnisse: «Erstens in dem Sinne, daß diese Verhältnisse eine *sachliche* und insofern selbständige Gestalt gegenüber den Individuen und ihren realen Verhaltensweisen annehmen, daß sie sich in Sachen und der Beziehung, der Bewegung von Sachen, von dinglichen Gegenständen verkörpern, materialisieren. Und zweitens in dem Sinne, daß die Individuen die Macht und die Kontrolle über ihre eigenen, über die aus ihrem individuellen empirischen Verhalten hervorgehenden und dieses wiederum bestimmenden Verhältnisse verlieren.»

MARX' Annahme, gesellschaftliche Verhältnisse seien von Individuen produzierte und gleichermaßen ihnen äußerlich, wirkten daher auf sie zurück, ist eine fundamentale Annahme der Soziologie. Sie impliziert erkenntnistheoretisch, daß es möglich sei, gesellschaftliche Verhältnisse wie andere Gegenstände zu behandeln und zu untersuchen, da sie – wie immer vom forschenden Individuum rekonstruiert – ihm äußerlich sind. Weiterhin impliziert die Annahme, inhaltlich auf die Soziologie bezogen, den vergegenständlichten Charakter sozialer Beziehung, ihren objektiven Niederschlag. Ohne eine solche Annahme zerfiele die Gesellschaft in individuelles Handeln, dessen Gesetzmäßigkeit allein aus den Spezifika der Individuen, nicht aber – zu welchem Anteil auch immer – aus den Organisationsprinzipien der Gesellschaft, ihrer Reproduktionsstruktur, erklärbar wäre. Die Soziologie hätte als Wissenschaft kein Objekt.

Beispiel für die Form materialisierter Beziehungen ist MARX' Analyse der Ware im «Kapital». Die Entwicklung des Doppelcharakters der Ware in Gebrauchs- und Tauschwert wird einerseits aus der Arbeitsteilung und der Reproduktionsform der Gesellschaft erklärt, andererseits auf die Veränderungen der Interaktion der Menschen bezogen, wo Gebrauchswert und Tauschwert (in seiner Geldform) Käufer und Verkäufer trennen. Das erkenntnistheoretische Vorgehen von MARX unterscheidet sich wohl gravierend in seiner Komplexität, nicht aber grundsätzlich von der Analyse einer anderen Materialisierung, z. B. einer soziologischen Analyse von Symbolen. Symbole gewinnen gleichermaßen als materieller Gegenstand wie auch als Element eines Handlungszusammenhangs, für den dieser Gegenstand als repräsentativ genommen wird, eine zusätzliche Bedeutung (z. B. ein Arztkittel).

Damit ist angedeutet, daß in dieser Annahme kein Spezifikum der materialistischen Soziologie gesehen werden *muß*, sondern der Soziologie allgemein. Bei aller sonstigen Verschiedenheit ist diese Annahme auch bei EMILE DURKHEIM, MAX WEBER und GEORG SIMMEL zu finden. Als Beispiel sei DURKHEIMS (1961, S. 114) Definition des soziologischen Tatbestandes angeführt: «Ein soziologischer Tatbestand ist jede mehr oder minder festgelegte Art des Handelns, die die Fähigkeit besitzt, auf den einzelnen einen äußeren Zwang auszuüben; oder auch im Bereich einer gegebenen Gesellschaft allgemein auftritt, wobei sie ein von ihren individuellen Äußerungen unabhängiges Eigenleben besitzt.»

Soziologische Forschung richtet sich demnach nicht darauf, individuelles Handeln zu erklären, sondern die gesellschaftlichen Bedingungen des individuellen Handelns zu untersuchen, selbst wenn sie in Teilen ihrer Forschung beim Individuum (z. B. bei einer Befragung) ansetzt. «Wenn das Verhalten als das primäre Datum der Soziologie gesetzt wird, dann werden psychische Prozesse und Gegebenheiten zur Grundlage gesellschaftlicher Erscheinungen erhoben» (Hahn 1968, S. 103). Allgemein: Aus der biologischen und ökonomischen Reproduktionsform der Gesellschaft wird ihre jeweilige soziale Organisation zu analysieren sein; dabei werden gesellschaftliche Konflikte als Ursache kollektiver wie individueller Widersprüche und Probleme zu begreifen sein. Wieweit eine solche Erklärung im Einzelfall reicht, ist Aufgabe der Forschung. Von entscheidender Bedeutung ist dieser Ansatzpunkt der Erklärung für die Anlage des Forschungsvorhabens, von der Hypothesenbildung bis zur Stichprobe und Erhebungseinheit (vgl. Kap. 2).

2. *Erfahrung.* Realität zu erfahren ist nur dann möglich, wenn die «Materialität (der) Außenwelt als Quelle und Gegenstand von Erfahrung und Erkenntnis» genommen wird, wie Hahn (1968, S. 52) unter Verweis auf Narski (1967) schreibt. Genau das könne eine positivistische Erkenntnistheorie nicht leisten, da ihre Methoden subjektiv bleiben: Sie reduziert die Erkenntnis auf die Objektivität der Methode, diese aber nur auf subjektive Sinneswahrnehmungen (Hahn 1968, S. 36 ff.).

In der Tat stimmen die erkenntnistheoretischen Forderungen zahlreicher Wissenschaftstheoretiker darin überein, die sinnliche Erfahrung zum Prüfstein von Theorien zu machen. Das hiermit verbundene Problem ist indessen bereits durch die Diskussion des Wiener Kreises in der Zeitschrift «Erkenntnis» in den 30er Jahren deutlich geworden. Auch Lenins Auseinandersetzung mit Mach, Avenarius und sowjetischen Philosophen ist hier ein Beispiel.

Die Basis jedes wissenschaftlichen Systems liegt nach Carnap (1928, S. 92) im «eigenpsychischen Bereich», in Erlebnissen. Über diese Erlebnisse lassen sich Aussagen machen, die als sogenannte «Protokollsätze» (Carnap, Neurath), «Atomsätze» (Russell) oder «Fundamentalsätze» (Schlick) das Fundament der Erkenntnis (Schlick 1925, 1934) bilden.

Alle weiteren Sätze eines Systems, also der Wirklichkeit selbst, lassen sich aus diesen Sätzen ableiten. Die Protokollsätze sind von der Art: «jetzt Freude», «jetzt hier rot» oder «x hat das Prädikat r_1» (Carnap 1931, S. 438, Whitehead & Russell 1960, S. XV). Dieser konsequente Versuch, Realität in der Sprache habhaft zu werden, unterlag schon innerhalb der Wiener

Schule heftiger Diskussion. Der grundsätzliche Einwand lautete, daß jedes Subjekt aus seinen Protokollen ein eigenes System von Sätzen bilden könne, das wohl sinnvoll sei, nicht aber mit anderen verglichen werden kann. Die Wissenschaft münde in Solipsismus. Es sind, wie WITTGENSTEIN formulierte, zahlreiche «Sprachspiele» möglich. CARNAP (1932/33) hat zunächst die Konsequenz eines «methodischen Solipsismus» akzeptiert und erwidert, die Wissenschaften eines Kulturkreises hätten sich per Konvention auf ein System zu einigen. Wie bereits bei ERNST MACHS Reduktion des Gegebenen auf Einzelempfindungen soll auch hier das Zufälligste zum Ersten erhoben werden.

Um die Sätze nicht vollständiger Willkür anheimfallen zu lassen, wurden erstens die Regeln der Systemsprache einer logischen Klärung in einer logischen Sprache unterworfen und zweitens einem Wahrheitskriterium unterstellt. Wahrheit, und hierüber gingen die Anschauungen erneut auseinander, wäre dann auf zwei Arten möglich: Sie ist entweder die Übereinstimmung eines Satzes mit den anderen Sätzen des Systems und wird daher logisch gesetzt (Kohärenztheorie), oder sie besteht in der Übereinstimmung der Aussagen mit der Realität (Korrespondenztheorie).

Da Gegenstände, wie im Abschnitt 1.2 ausgeführt wurde, nicht unmittelbar, sondern nur mittelbar als Aussagen der Wissenschaft zugänglich sind, ist die seither von der analytischen Philosophie oder der Wissenschaftstheorie des kritischen Rationalismus geführte Diskussion im wesentlichen eine über die Struktur jener Aussagen gewesen, die den empirischen Teil einer Theorie bilden.

POPPER (1966 a) hat in seinem Konzept der «Basissätze» versucht, dem Psychologismus zu entgehen: Basissätze haben die Form singulärer Aussagen («an der Raum-Zeit-Stelle k gibt es x»), wobei diese Sätze intersubjektiv nachprüfbar sein müssen. Die Auswahl der Basissätze wird nun nicht durch Erlebnisse, sondern durch Festsetzung begründet (POPPER 1966, S. 24). Die sinnliche Wahrnehmung ist demnach zwar das Fundament von Basissätzen (oder Beobachtungsaussagen bei ALBERT 1957), aber nicht das letzte Fundament, wie zahlreiche wissenschaftslogische Arbeiten zeigen konnten.

Für die Revision der neopositivistischen Erkenntnistheorie, die zum Teil von ihren Vertretern selbst vorgenommen wurde, waren vor allem zwei Einsichten bestimmend: Zum einen haben POPPER (1963, S. 378 f.), schärfer noch KUHN (1970) und FEYERABEND (1962) darauf hingewiesen, daß Beobachtungen stets durch Theorien interpretiert werden, also neue Erklärungen auch zu kognitiven Veränderungen (Uminterpretationen) von früheren Beobachtungen führen. Die Entwicklung des Erklärungsmodells von Realität einer Wissenschaft ist zwar kumulativ, nicht aber kontinuierlich im Sinne einer Invarianz der Beobachtungsdaten (zu diesen für die Soziologie so wichtigen Problemen vgl. Abschnitte 2.3 und 4.1).

Zum anderen zeigt die Trennung von Objekt- und Metasprache, daß die logische Struktur der Beobachtungsaussagen einer Regelung in einer ihr logisch vorangehenden Sprache, der Metasprache, bedarf. Deutlich wird dies an CARNAPS Revision seiner eigenen erkenntnistheoretischen Konzeption, die in ihrer letzten Fassung (CARNAP 1964) besagt, daß nicht alle Begriffe und Prädikate empirisch überprüfbar sind. Beispiele hierfür sind der Begriff «Elektron» oder ein Dispositionsbegriff wie «löslich». Sie gehen als theoretische Begriffe undefiniert in die theoretische Sprache ein. Im Gegensatz zu den Aussagen der Beobachtungssprache sind sie nur indirekt bestätigungsfähig, entweder über Korrespondenzregeln mit der Beobachtungssprache oder dadurch, daß es wenigstens eine Aussage, in der der theoretische Begriff auftritt, gibt, aus der sich eine Prognose ableiten läßt. Beobachtung und Theorie stehen daher in einem prozessualen Zusammenhang gegenseitiger Veränderung.

BOHNEN (1972, S. 189 f.) hat dies an folgendem Beispiel demonstriert: «Jede Wahrnehmung geht über die unmittelbare Evidenz hinaus, sie erschöpft sich nicht in einer isolierten Feststellung des gerade Gegebenen, sondern enthält immer Vorhersagen darüber, welche *weiteren* charakteristischen Eigenschaften sich an dem beobachteten Sachverhalt feststellen lassen werden. Ein Wasserglas wahrnehmen – um nur ein einfaches Beispiel zu nennen – heißt, einen Gegenstand sehen, der seine Form behalten wird, wenn man ihn mit bestimmten Flüssigkeiten füllt, der springen wird, wenn man ihn stark erhitzt, der zerschellen wird, wenn er auf harten Boden fällt usw. Es ist klar, daß in erster Linie solche Prognosen die Bedeutung dessen bestimmen, was wir sehen. Allgemeiner ausgedrückt: die Art, *wie* wir über das in der Beobachtung Vorliegende hinausgehen, ist entscheidend dafür, *was* wir wahrnehmen...

Kurz: das für jeden Wahrnehmungsprozeß typische Überschreiten des gerade Vorliegenden stützt sich auf *Theorien*, wenn man diesen Begriff nicht zu eng faßt.»

Mit dieser etwas ausführlicheren Darstellung sollte verdeutlicht werden, daß die Kritik HAHNS der Komplexität der gegenwärtigen erkenntnistheoretischen Diskussion in der Nachfolge des Neopositivismus nicht gerecht wird. Hieran wird zweierlei erkennbar: 1. Auch die Soziologie kann nicht auf theoretische Begriffe verzichten, die undefiniert bleiben, aber zur logischen Konstituierung der Wissenschaft erforderlich sind. Ob Begriffe wie Gesellschaft, Freiheit, Wert, Rolle dazugehören oder aber exakt faßbar sind, dürfte gegenwärtig noch ein ungelöstes Problem der Soziologie sein. 2. Es sind mehrere theoretische Vorgriffe möglich, da die empirische Basis sie nur unzureichend einengt. Das Entscheidungskriterium hierfür kann neben der logischen Konsistenz nur durch Beobachtungssätze, d. h. an ihrer prognostischen Bewährung gefunden werden. Der Prüfstein einer Theorie ist ihre prognostische Bewährung an jener konkreten Realität, die sie zu beschreiben und erklären vorgibt.

«Wie alle andern Wissenschaften ist die Mathematik aus den Bedürfnissen der Menschen hervorgegangen: aus der Messung von Land und Gefäßinhalt, aus Zeitrechnung und Mechanik. Aber wie in allen Gebieten des Denkens werden auf einer gewissen Entwicklungsstufe die aus der wirklichen Welt abstrahierten Gesetze von der wirklichen Welt getrennt, ihr als etwas Selbständiges gegenübergestellt, als von außen kommende Gesetze, wonach die Welt sich zu richten hat. So ist es in Gesellschaft und Staat hergegangen, so und nicht anders wird die reine Mathematik nachher auf die Welt angewandt, obwohl sie eben dieser Welt entlehnt und nur einen Teil ihrer Zusammensetzungsformen darstellt – und gerade nur deswegen überhaupt anwendbar ist» (ENGELS 1959, S. 45).

Hier ist HAHN (1968, S. 163) zuzustimmen, wenn er schreibt: «Das Wechselverhältnis von Theorie und Empirie ist nicht zu klären, wenn die Empirie nicht als jenes Glied der wissenschaftlichen Erkenntnis verstanden wird, welches die Theorie mit der objektiven Realität verbindet.» Auch eine nichtmarxistische Soziologie wird das «Allgemeine» aufgrund theoretischer Tätigkeit fassen können, von Erscheinungen zu deren Bedingungen fortzuschreiten, wenngleich HAHN (1968, S. 32, 85) dies negiert (vgl. hierzu Abschn. 2.3).

Die Frage bleibt nur, welche Kriterien für Objektivität die marxistische Soziologie leiten. Der Hinweis, die Soziologie habe sich als «Reflex der objektiven Realität zu begreifen und von dort her auch die Adäquatheit der Methodik zu sichern» (HAHN 1968, S. 41), besagt nur, daß der Forscher als Teil der Gesellschaft sich bei der Erkenntnis der Gesellschaft dieser Tatsache bewußt zu sein habe und daß dieser Sachverhalt die Möglichkeit seiner Erkenntnis begründet.

Das Kriterium einer dialektischen Einheit von Theorie und Empirie ist letztlich die Praxis: «Die gesellschaftliche Praxis ist die übergreifende Quelle der Erfahrung, sie schließt die Erfahrung mittels des wissenschaftlichen Experiments in sich ein, ist keinesfalls auf diese reduzierbar und liefert auch letzen Endes das entscheidende Kriterium für die ‹Bewährung› oder ‹Bestätigung› einer wissenschaftlichen Theorie» (HAHN 1968, S. 38). Auch die Darstellung von NARSKI (1967, S. 511 f.) läßt offen, ob es sich hierbei allein um Prognosen oder zugleich um die Praxis der Theorie als revolutionärer Praxis und «materieller Gewalt» handelt. So schreibt MARX (1966, S. 82) in den Pariser Manuskripten: «. . . man sieht, wie die Lösung der theoretischen Gegensätze selbst nur auf eine praktische Art, nur durch die praktische Energie der Menschen möglich ist und ihre Lösung daher keineswegs nur eine Aufgabe der Erkenntnis, sondern eine wirkliche Lebensaufgabe ist.»

3. *Methodologie.* Die Differenz zu einer in der Nachfolge des Neopositivismus betriebenen Soziologie verringert sich, wenn man HAHNS methodologische Darstellung am Ende seines Bandes betrachtet, die in ihren logischen Regeln mit denen der modernen Wissenschaftstheorie übereinstimmt (vgl. AUTORENKOLLEKTIV Leipzig 1968). Die Behandlung der Methoden der

empirischen Sozialforschung bei HAHN, dem AUTORENKOLLEKTIV (1970) oder FRIEDRICH (1970) zeigt bis in die Rezeption der nicht-marxistischen Literatur die faktische Übereinstimmung. Schließlich lassen die vorliegenden Untersuchungen aus sozialistischen Ländern in Methodologie und Anwendung der Methoden der empirischen Sozialforschung nicht die behaupteten Differenzen erkennen.

Auch eine Fragestellung für ein Projekt der Sozialforschung wie die folgende könnte gleichermaßen einer «bürgerlichen» Forschungsgruppe gestellt sein und von ihr untersucht werden:

«Unlängst wurde im Laboratorium für ökonomisch-mathematische Forschungen der nowosibirsker Staatlichen Universität eine Arbeit auf Vertragsbasis fertig, deren Ziel es war, zu bestimmen, wieviel Wohnungen und welche Typen in Nowosibirsk gebaut werden müssen (unter Berücksichtigung der Amortisationen, des Wohnungsabbruchs, des Wachstums der Bevölkerung, der Veränderung der Familienstruktur), um schon in den nächsten Jahren den Wohnungsfonds rationeller auszunutzen und den Bedürfnissen der Bevölkerung bestmöglichst zu entsprechen. Diese Aufgabe kann nur dann gelöst werden, wenn man weiß, wie sich die Familienstruktur ändern wird und wie sich die zahlenmäßige Zusammensetzung der Familien in der Stadt, sagen wir in fünf Jahren verändern wird. Ebenfalls müssen Erkenntnisse darüber vorliegen, wie wird sich die Stadtbevölkerung durch die Neuzugänge aus dem Dorf vergrößern, wie und in welcher Zeitspanne passen sich die Landbewohner den Bedingungen der Stadt an, d. h. in welcher Zeit wird die Geburtenziffer, die Sterblichkeit, die zahlenmäßige Zusammensetzung der Familien bei ihnen die gleiche sein wie bei den Stadtbewohnern» (AUTORENKOLLEKTIV 1970, S. 24).

4. *Konvergenz?* Es wäre jedoch falsch, aus dieser kurzen Darstellung den voreiligen Schluß einer Konvergenz der Ansätze auf dem Boden des Stellenwertes empirischer Sozialforschung zu ziehen. Weder vermögen die analytische Philosophie oder der kritische Rationalismus eine dialektische Logik aufzunehmen, noch teilen sie die Gewißheit der historischen Analyse marxistischen Denkens als einer Voraussetzung der Forschung. Es geht dabei nicht um den Primat der Theorie, auf dem nicht nur eine marxistische Soziologie besteht (vgl. HAHN 1968, S. 241), sondern um die Gesichertheit ihrer Aussagen. Das bedeutet, es nicht für entschieden zu halten, daß gesellschaftliche Antagonismen allein auf Besitz beruhen, nicht entscheiden zu können, ob der Klassenbegriff zur Analyse der spätbürgerlichen Gesellschaft ausreicht, und offenzulassen, welche in der kapitalistischen Gesellschaft auffindbaren sozialen Gesetzmäßigkeiten auch in einer sozialistischen Gesellschaft vorkommen. Auch ist die Gewißheit der Übereinstimmung von Forschung mit dem historischen Prozeß als Kriterium ihrer Wahrheit selbst als Teil der soziologischen Forschung und Theorie zu begreifen.

Ferner bedeutet der Gedanke einer Parteilichkeit der Wissenschaft als Maxime wissenschaftlichen Handelns, im konkreten Fall zu entscheiden, welches die Interessen der Beherrschten sind, d. h. das idealistische Element der Maxime dadurch aufzuheben, daß die Forschung auf die materielle historische Situation bezogen wird. Soll aus einem historisch-materialistischen Ansatz die Parteilichkeit abgeleitet werden, so impliziert das strenggenommen eine so genaue Kenntnis jener Bewegungsgesetze der Gesellschaft, wie sie beim gegenwärtigen Stand der Sozialwissenschaft gar nicht vorhanden ist, sondern erst durch die Untersuchungen selbst erreicht werden soll. Die Gewißheit, historisch richtig zu handeln, ist geringer, als erforderlich wäre, um die Parteilichkeit völlig zu legitimieren. Die Bestimmung eines historischen Subjekts als Träger sozialer Veränderungen mit dem Ziel einer humanen Gesellschaft (resp. einer Gesellschaft ohne ökonomisch begründete differentielle Handlungschancen) ist Voraussetzung der geforderten Parteilichkeit, weil diesem Subjekt die Forschung zu dienen hätte. «Die Methode der praktischen marxistischen Gesellschaftsforschung existiert in Gestalt der Arbeitsweise der kommunistischen und Arbeiterparteien zur Erfassung der Wirklichkeit. Der Erfolg der Anwendungen dieser Methode ist in den wissenschaftlichen Beschlüssen, die von den führenden Gremien und den Parteitagen der kommunistischen und Arbeiterparteien gefaßt werden, gegeben» (Metzler 1962, S. 847).

Wenn ein solches historisches Subjekt aber nur generell bestimmt werden kann, die Gewißheit dieser Aussage aber noch Teil der sozialwissenschaftlichen Forschung selber ist, dann ist die Parteilichkeit nur eine notwendige, nicht aber hinreichende Maxime, den Wissenschaftsprozeß im einzelnen zu leiten. Ein Konflikt zwischen Parteilichkeit der Wissenschaft und praktischer Parteinahme des Wissenschaftlers, den das Autorenkollektiv Leipzig (1968, S. 304) für ausgeschlossen hält, muß jedoch angesichts dessen und der Tatsache auftreten, daß *eine* Partei über das Interpretationsmonopol verfügt. Die vielfältigen Formen der Macht, beruhend z. B. auf Besitz, Alter, Bildung, Stellung in einer Organisation, verlangen bei einer sozialwissenschaftlichen Untersuchung, alle relevanten Teile einer Struktur zu berücksichtigen, die Frage nach der Parteilichkeit konkret zu stellen und als Teil des jeweiligen Problems zu betrachten. Die Kritik an der Gewißheit einer historischen Gesetzmäßigkeit als Bestimmungsgrund der geschichtlichen Zukunft ist daher einer der zentralen Punkte der Kritik an marxistischer Soziologie (vgl. Albert 1971, Popper 1958, 1965 a, 1965 b).

Damit gerät jede nicht-marxistische Soziologie ihrerseits in die Schwierigkeit, auf die Einheit von sozialem System, erkenntnistheoretischem System und Praxis verzichten zu müssen. Ihre Einheit liegt vielmehr in der Kontrolle wissenschaftlicher Tätigkeit durch die Regeln des erkenntnistheoretischen Systems, d. h. der Methodologie und der Methoden. Ziel dieser Kontrolle ist es, die Wissenschaft in ihren Aussagen vor anderen Einflüssen und anderen Kontrollen zu schützen. Es ist soziologisch einsichtig, daß dieser Mechanismus drei Schwächen hat:

1. Er setzt einen Konsensus der Wissenschaftler, des sozialen Systems Wis-

senschaft, voraus (vgl. Abschn. 1.1).

2. Er ist materiell ohnmächtig gegenüber anderen, mächtigeren Gruppen in der Gesellschaft; gleichzeitig hängt die «Macht» der Wissenschaft von den materiellen Ressourcen ab, die eine Gesellschaft ihr im Hinblick auf die Nützlichkeit der Ergebnisse zur Verfügung stellt.
3. Der Kontrollmechanismus vermag den Entdeckungs- und Verwertungszusammenhang der Wissenschaft (vgl. Abschn. 2.1) nur unzureichend zu lenken.

Sollen Arbeitsteilung und Spezialisierung der Wissenschaft nicht auch arbeitsteilig ihre Ziele und die Verwertung ihrer Ergebnisse einer gesellschaftlichen Dezision anheimfallen lassen, so bleibt nur der Versuch, aus der Einsicht in die vorgefundenen Widersprüche der Gesellschaft politische Zielsetzungen zu entwickeln, die auch den Verwertungszusammenhang der Ergebnisse berücksichtigen, um damit jene Widersprüche und Konflikte tendenziell aufzuheben, ohne sich allerdings der jeweils gefundenen Lösung gewiß sein zu können.

1.4. Sozialforschung und Praxis

Wenn die Sozialwissenschaft also Erkenntnisse über soziale Gesetzmäßigkeiten gewinnen soll, dann muß dieses Ziel mit dem der Nützlichkeit, einer gesellschaftlichen Verwertung der Ergebnisse, in Zusammenhang gebracht werden. So wie jeder Wissenschaftler als Teil der Gesellschaft begriffen wurde, so sind Wissenschaft und Forschung eine Produktivkraft von ständig wachsender Bedeutung für den Reproduktionszusammenhang einer Gesellschaft. Auch die Sozialwissenschaften sind Teil jener technischen Rationalität der Naturbeherrschung, die bereits Francis Bacon als Macht kennzeichnete. «Die zunehmende Komplexität und Kompliziertheit der gesellschaftlichen Erscheinungen und Prozesse erfordert ein wissenschaftliches Methodensystem, das uns in den Stand setzt, gesetzmäßige Zusammenhänge nicht nur zu erkennen, sondern sie auch so zu beherrschen, daß sie im Interesse der sozialistischen Gesellschaft genutzt und planmäßig gestaltet werden können» (Bönisch 1970, S. 18; vgl. Autorenkollektiv Leipzig 1968, S. 10 f., Wissenschaftlicher Rat 1970). Dieser Aufgabe dient auch die Sozialforschung in kapitalistischen Ländern, was keineswegs gradlinig zu dem Vorwurf führen muß, sie sei «systemstabilisierend» oder verschleiere «den Gegensatz von Kapital und Arbeit».

Zugleich steigt mit der Komplexität der Aufgaben und Anforderungen auch die Komplexität der Forschungsprozesse. Es entstehen Großprojekte, in den USA «big science» genannt, die viele Mitarbeiter, einen hohen Etat und lange Laufzeiten haben. Es werden Institute gegründet, die sich speziellen Forschungsproblemen widmen. Die Wissenschaft gerät damit zunehmend in die Abhängigkeit von staatlichen Mitteln; als Teil politischer

Entscheidungsprozesse wird sie selbst Teil staatlicher Macht. (Die Aufwendigkeit wissenschaftlicher Anlagen kann darüber hinaus dazu führen, daß nur noch in sehr wenigen Ländern überhaupt die Möglichkeit besteht, die einmal gefundenen Ergebnisse zu überprüfen; ein Beispiel hierfür ist das Deutsche Elektronensynchrotron.)

Ebenso wie sich Erkenntnisse der Wissenschaft unterdrücken lassen – wie der Fall Galilei zeigt –, lassen sie sich praktisch verwerten, eben um Macht zu gewinnen oder zu erhalten. Man hat behauptet, Wissenschaft ließe sich dann am ehesten treiben und führe zu den besten Resultaten, wenn sie von Anwendungen, von unmittelbaren Verwertungsinteressen frei sei oder zumindest den Schein einer solchen Zweckfreiheit habe. In diesem Zusammenhang wird häufig auf die Naturwissenschaften verwiesen.

Dabei wird nicht nur die Interdependenz der Ziele «Erkenntnis» und «Nützlichkeit» übersehen, sondern auch, daß die Geschichte der Naturwissenschaften zahlreiche Beispiele von unmittelbarer Verwertungs- und Zweckbezogenheit aufweist. Auch sind erst durch jene Möglichkeiten der Verwertung quasi Freiräume geschaffen worden für eine Grundlagenforschung, die sich durch geringen Praxisdruck kennzeichnen läßt. Aber weil man sich der langfristigen, zum Teil nur mittelbaren Anwendung gewiß sein konnte, wurde dieser scheinbare Freiraum sozial und materiell verfügbar – im doppelten Sinne. Die Trennung in Grundlagenforschung und angewandte Forschung, die fraglos sinnvoll ist, kann also nicht dazu herhalten, Forschung dem gesellschaftlichen Verwertungszusammenhang prinzipiell zu entziehen; sie bezeichnet nur die Mittelbarkeit der Verwertung in der Zeit. Um diese Zusammenhänge einsichtig zu machen, bedarf es nicht des Hinweises auf die Atomphysik, sondern, den Sozialwissenschaften näherliegend, auf das Projekt «Camelot», welches im folgenden Abschnitt dargestellt wird.

Aus diesem Beispiel ist zu lernen, daß Forschungsergebnisse nicht Geheimwissenschaft sein dürfen, sondern öffentlich zugänglich sein müssen, damit sie den Betroffenen und auch anderen Wissenschaftlern zur Verfügung stehen, die die Ergebnisse der Kritik unterziehen. Forschung verlangt weiterhin, Fragestellung und Ziele der Untersuchung den Befragten mitzuteilen, sei es auch nur, um ihnen die Chance der Verweigerung zu geben.

Offenlegung der Ziele und Publizität der Ergebnisse sind zweifellos notwendige Bedingungen sozialwissenschaftlicher Forschung; sie reichen indessen nicht hin, den Verwertungszusammenhang der Wissenschaft zu decken. Voraussetzung ist ein Staat, der jene Forderungen zuläßt. Diese Bedingung war beispielsweise während des Nationalsozialismus in Deutschland nicht gegeben, als der Sicherheitsdienst der SS von 1939 bis 1944 sich über Vertrauensleute täglich Lageberichte über die Stimmung im Volk liefern ließ. Sie wurden zunächst zu Monatsberichten, später zu dreitägigen «Meldungen aus dem Reich» von Beamten im Staatssicherheitsdienst zusammengefaßt (Boberach 1968). Es war ein «Meinungsforschungsinstitut der Diktatur», aufgebaut auf Gespräche und Beobachtungen; die Ergebnisse waren geheim. Das Unternehmen wurde im Juli 1944 eingestellt, weil die Ergebnisse der Führung zu «defätistisch» waren. Einen ähnlichen Versuch, mit sozialwissenschaftlichen Methoden die Stimmung der Bevölkerung, vor allem in Betrieben, während des Krieges zu ermitteln, gab es in England in Form der Institution «Mass Observation» (MASS OBSERVATION 1940, 1943); ihre Ergebnisse wurden allerdings publiziert.

Nun ist die öffentliche Zugänglichkeit der Ergebnisse zwar eine Voraussetzung demokratischer Wissenschaft; sie bietet aber keine Garantie für demokratische Verwertung. Hierzu müßten alle Bürger die Ergebnisse lesen und verstehen, was bei den gegebenen Bildungsbarrieren nicht möglich ist. Zudem erscheinen die Forschungsergebnisse in Fachzeitschriften und Fachbüchern nur zu einem Bruchteil in popularisierter Form. Selbst in einer Gesellschaft mit einem geringen Maß an Ungleichheit und folglich geringen Bildungsbarrieren ist die Kontrolle der Forschung anhand der Ergebnisse durch die Bevölkerung schwer vorstellbar. Angesichts der Spezialisierung innerhalb der Wissenschaften erscheint es unsinnig, sich eine Gesellschaft vorzustellen, deren Mitglieder in der Lage wären, quer durch die einzelnen Disziplinen die Ergebnisse zu rezipieren. Denkbar erscheint vielmehr nur eine umfassender gebildete Bevölkerung, die in der Lage ist, zu einer rationalen Bestimmung der Verwertung der Ergebnisse beizutragen.

Die Kontrolle der Verwertung der Forschung ist nur indirekt über die Volksvertretung, sei es eine Partei oder ein Parlament, möglich sowie durch die Verpflichtung des Forschers selber. Die Funktion gerade der empirischen Sozialforschung bestimmt sich nach den Verwertungsinteressen der Gesellschaft und nur begrenzt danach, was der einzelne Forscher mit ihnen beabsichtigt.

Das traditionelle Vorgehen der Wissenschaft besteht darin, ihre Ergebnisse zu publizieren, sie damit einem noch übersichtlichen Markt von Kollegen zu überantworten, aber die Verwertung der Ergebnisse über diesen Teil des Marktes hinaus kaum zu beachten. Das einmal abgelieferte Produkt unterliegt somit eben jenen Mechanismen, die auch sonst die kapitalistische Marktwirtschaft kennzeichnen: Mag als theoretisches Regulativ, in Analogie zu ADAM SMITHS «invisible hand», auch der Begriff der «Wahrheit» fungieren, so ist doch das praktische Regulativ die Nachfrage und Nutzung durch jene, die über die Macht ihrer Verwertung verfügen. Der notwendige Wahrheitsbegriff ist solange unzureichend, solange er ohne Bezug auf faktische Verwertung der Ergebnisse bleibt, ja er hat nachgerade die Funktion, wissenschaftliche Forschung von ihrer Verwertung zu trennen.

Die Fungibilität, die Forschungsergebnisse durch ihre Publikation erhalten, läßt sich – nicht nur in einer antagonistischen Gesellschaft – andererseits auch dann schwerlich umgehen, wenn man auf die Lösung verfällt, nicht zu forschen oder die Publikation nur einer kleinen Gruppe zugänglich zu machen. Beides sind falsche Vorschläge, den Verwertungszusammenhang zu steuern, weil sie das kritische Element der Wissenschaft beseitigen und zudem eine Kritik der Ergebnisse nicht mehr gewährleisten. Man würde dadurch nur die Zahl jener sozialwissenschaftlichen Auftragsstudien, z. B. über ökonomische Entwicklungen, über organisatorische Probleme der Ministerialbürokratie oder die des Städtebaus, vergrößern, die als Manuskripte in den Schreibtischen der Auftraggeber liegen und nicht einmal einer wissenschafts-öffentlichen Kontrolle unterworfen werden können. Auch muß man sich von der Vorstellung lösen, der einzelne Wissenschaftler könne seinen Ergebnissen durch die Art der Darstellung oder durch ein Nachwort eine Art Gebrauchsanweisung mitgeben. Die beiden Publikationen über die September-Streiks in der BRD 1969 von SOFI in Göttingen und vom INSTITUT FÜR MARXISTISCHE STUDIEN in Frankfurt lassen sich nicht nur kritisch in einem politischen Aktionszusammenhang der Arbeiterbewegung verwenden, sondern auch von den Unternehmern. Sind sie deshalb wertlos, d. h. empirisch unzutreffend und/oder nicht entschieden antikapitalistisch?

Sozialwissenschaftliche Studien haben auch die Funktion, Teil des Aufklärungsprozesses einer Gesellschaft zu sein. Insofern sie die Bedingungen des Handelns zeigen und sie letztlich aus den Organisationsprinzipien der Gesellschaft herleiten, stellen sie implizit die Frage, ob unter anderen Bedingungen ähnliche oder andere Strukturen und Verhaltensmuster auftreten. Soziologie ist somit auch «Wissenschaft des sozial Möglichen» (KLAGES 1968). Die Bedeutung einer solchen Selbstinformation einer Gesellschaft ist in ihrer Tragweite noch gar nicht hinreichend erfaßt worden, weil sie etwas historisch Neues ist. Sie ist gerade in Bereichen erkennbar, in denen die Aufrechterhaltung von Normen, seien es juristisch kodifizierte und/oder solche des Alltagshandelns, auch auf der Unkenntnis des Ausmaßes der Normverletzungen beruht. POPITZ (1968)) hat dies als «Präventivwirkung des Nichtwissens» bezeichnet. Unter den von KINSEY und seinen Mitarbeitern publizierten Forschungsergebnissen stand bereits die von ihnen gefundene tatsächliche Häufigkeitsverteilung sexueller Verhaltensformen im Widerspruch zu der in der Bevölkerung gewünschten und – nicht zuletzt deshalb – vermuteten. Die Auswirkung der Publikation war eine öffentliche Diskussion sexueller Normen, wodurch ihre Relativierung vorbereitet wurde – wenngleich sich zunächst nur die Ansichten auf dem Kontinuum restriktiv-freizügig polarisierten (vgl. die Aufsätze in: HIMMELHOCH & FAVA 1955).

Es wird nur in wenigen Forschungsvorhaben möglich sein, die Verwertung dadurch zu bestimmen, daß der Forscher seine Ergebnisse mit den Subjekten der Erhebung diskutiert und sozialpolitisch direkt aktiv wird. Ein solches Vorgehen ist bei organisationssoziologischen Studien in Betrieben oder Studien im Neubaugebiet oder einer Anstalt sinnvoll. Es ist nur keine generelle Lösung des Dilemmas. Ebensowenig ist die Vermengung von Erhebung und Aktion ein brauchbares Rezept: Dadurch, daß im Interview der Interviewer den Befragten aufklärt oder erzieht (ROEDE 1968, S. 19 f.) oder in der teilnehmenden Beobachtung der Beobachter im Feld agitiert (LESSING 1969, S. 203), wird gewiß unter bestimmten Forschungszielen Einsicht in Prozesse der Bewußtseinsbildung gewonnen; unter Umständen wird eine partielle, segmentale soziale Veränderung erreicht. Wenn es jedoch der Soziologie primär um strukturelle Ursachen und auf der Basis solcher Aussagen auch um strukturelle gesellschaftliche Veränderungen geht, schafft ein solches Vorgehen nur wenig vergleichbare und generalisierbare Aussagen, auf denen sich längerfristige Strategien aufbauen lassen.

Selbst wenn es möglich ist, kurzfristig den Forschungsergebnissen eine bestimmte soziale Funktion zu geben, indem man sie in einen politischen Handlungszusammenhang stellt, ist damit keineswegs gesichert, ob diese ursprüngliche Verwertung sich auch über längere Zeit halten läßt. Weder für die Hauptsätze der Thermodynamik noch für die HOMANSschen Regeln über die Struktur von Gruppen kann festgelegt werden, was mit ihnen zu tun sei oder wer allein sie nutzen solle.

Das Problem stellt sich in den Sozialwissenschaften, vor allem den Fächern Soziologie und Politische Wissenschaft, bislang nur noch nicht mit gleicher Schärfe wie in den Naturwissenschaften, weil ihre Ergebnisse nicht annähernd jenen Grad von Exaktheit – und damit Anwendbarkeit – haben. Gleichzeitig erhöht die mangelnde Exaktheit sozialwissenschaftlicher Befunde und Quasi-Gesetzmäßigkeiten die Gefahr vorschneller Anwendung.

So hatte ein Teil der soziologischen Jugendforschung in der BRD in den 50er und 60er Jahren Legitimationsfunktion gerade für Pädagogen, die auf dem Bild der «skeptischen» oder «unbefangenen» Generation aufbauten, sie als integriert und familienorientiert darstellten. Eine weitgehend deskriptive, theorielose Forschung, die nicht einmal jenen Generationsbegriff des Titels theoretisch fundiert hatte, wurde rezipiert, als handle es sich um ein logisches System von empirisch bewährten Hypothesen.

In der Tat setzt Wissenschaft, insbesondere Sozialwissenschaft, eine demokratische Gesellschaft zur Verwertung ihrer Ergebnisse voraus, wie POPPER (u. a. 1962) ausgeführt hat. Er übersieht aber, daß eben diese Voraussetzung nicht einfach gesetzt werden kann, sondern erst geschaffen werden muß, u. a. durch die Wissenschaft selbst. Um das zu erreichen, bleibt es Aufgabe der Forschung, sich solange nicht zu entziehen oder gar angesichts möglicher falscher Verwertung überhaupt zu resignieren, wie die Wahl des Forschungsproblems noch freigestellt und die Verwertung noch beeinflußbar ist. Funktion empirischer Sozialforschung kann nicht allein sein, die Bewegungsgesetze der Gesellschaft zu erkennen, sondern gerade aus der Einsicht in die gesellschaftlichen, materiellen und nicht-materiellen Widersprüche zum Abbau von Herrschaft beizutragen. Sie dient jenen, die daran gehindert werden, die gesellschaftlichen Ursachen ihrer Probleme zu erkennen, sie aber erfahren: seien es Arbeiter, denen die Verfügung über Produktionsmittel nicht gegeben ist, seien es Bürger, denen die Bodenspekulation die Wohnungsmöglichkeit vorschreibt, seien es Insassen einer Strafanstalt, die in herkömmlichen Anstalten mehr deformiert als resozialisiert werden.

1.4.1. Beispiel: Das Projekt Camelot

Das Projekt Camelot war ein sozialwissenschaftliches, interdisziplinäres Forschungsprojekt, das 1964 im Auftrag des nordamerikanischen Army Special Operation Research Office angeboten wurde. Es war der größte Einzelauftrag, der jemals an Sozialwissenschaftler vergeben wurde. Bei einer Laufzeit von etwa vier Jahren sollten insgesamt sechs Millionen Dollar zur Verfügung stehen. Es kam allerdings nie über die Planungsphase hinaus und wurde schon im Sommer 1965 eingestellt.

Ziel des Projektes sollte die Entwicklung eines Systemmodells sein, welches erlaubte, die politischen Aspekte des sozialen Wandels in Entwicklungsländern vorherzusagen und zu beeinflussen. Die genaue Zielsetzung geht aus einem Dokument vom 4. Dezember 1964 hervor, das an ausgewählte Wissenschaftler auch außerhalb der USA vom US-Verteidigungsministerium versandt wurde. Darin heißt es:

«First, to devise procedures for assessing the potential for internal war within national societies;

Second, to identify with increased degrees of confidence those actions which a government might take to relieve conditions which are assessed as giving rise to a potential for internal war; and

Finally, to assess the feasibility of prescribing the characteristics of a system for obtaining and using the essential information needed for doing the above two things» (Horowitz 1967 a, document Nr. 1, S. 47).

Die Legitimation wird aus folgendem Satz erkennbar: «The US Army has an important mission in the positive and constructive aspects of nation building as well as a responsibility to assist friendly governments in dealing with active insurgency problems» (Horowitz 1967 a, document Nr. 1, S. 48).

Durchgeführt werden sollte das Projekt in Ländern, «die von gegenwärtigem und dauerndem Interesse der USA» seien, vor allem in Lateinamerika (Horowitz 1967 a, document Nr. 3). Über einen Mitarbeiter des Projekts, einen Professor der Anthropologie, kam es nach Chile, obgleich dieses Land nicht vorgesehen war. Da er ohnehin in Chile forschen wollte, verhandelte er – ohne offiziellen Auftrag – mit chilenischen Kollegen über die Durchführung des Projekts. Zur gleichen Zeit (Frühjahr 1965) hielt sich J. Galtung vom Osloer Institute of Peace Research auf Einladung der UNESCO in Chile auf. Auch er war zur Mitarbeit aufgefordert worden, lehnte jedoch aus politischen und wissenschaftlichen Gründen ab; diese Gründe sind weiter unten aufgeführt. Teil seines Protestes war es, den Entwurf des Projekts (jenes document Nr. 1) Kollegen in Chile zu zeigen; das führte zu Presseveröffentlichungen, in denen das Projekt einhellig als antidemokratisch und als Spionage verurteilt wurde.

Zur gleichen Zeit fand die Invasion der USA in Santo Domingo statt, was die Reaktionen auf den imperialistischen Charakter des Projekts noch verschärfte. Es folgte eine kritische Anfrage des US-Botschafters in Chile beim Weißen Haus; wenig später erschienen Artikel in der nordamerikanischen Presse sowie kritische Stellungnahmen einiger Senatoren (Juli 1965).

Der sich über das Projekt hinaus anbahnende Konflikt zwischen State Department und Verteidigungsministerium – letztlich also über die Kompetenz zwischen ziviler und militärischer Macht auf außenpolitischem Gebiet – führte zu einer Stellungnahme von DEAN RUSK und ROBERT S. MCNAMARA, in der festgehalten wurde, sich bei zukünftigen Forschungsprojekten im Ausland abzustimmen. Nachdem der US-Botschafter in Chile zusätzlich bekundete, in Chile würde das Projekt auf keinen Fall durchgeführt werden, wurde es am 8. Juli 1965 vom Verteidigungsministerium gestrichen. Dem folgte einen Monat später eine Stellungnahme Präsident JOHNSONS, in der es u. a. heißt: «. . . no Government sponsorship of foreign area research should be undertaken which in the judgment of the Secretary of State would adversely affect United States foreign relations» (HOROWITZ 1967 b, S. 17).

Zweifellos enthielt das Projekt bereits in seinem vorläufigen Forschungskonzept Widersprüche und Unklarheiten: die Vermengung soziologischer und militärischer Sprache, schwer vereinbare theoretische Ansätze, Unklarheiten der Methode. Doch bleibt diese Kritik unwesentlich, weil das Projekt Camelot über die Stufe der Entwürfe nicht hinauskam. Entscheidender ist die politische Kritik, zumal sie nach (!) der Streichung des Projekts zu einer Auseinandersetzung über das professionelle Selbstverständnis der nordamerikanischen Sozialwissenschaftler (insbesondere der Soziologen und Anthropologen) führte. Einen Teil dieser Diskussion, die auch in zahlreichen Fachzeitschriften geführt wurde, findet man in dem bereits zitierten Band von HOROWITZ (1967 a). Die wichtigsten Erkenntnisse über das Projekt und Konsequenzen für die Funktion sozialwissenschaftlicher Forschung sind vor allem von HOROWITZ und GALTUNG formuliert worden, von letzterem schon in seinem Ablehnungsschreiben an das Verteidigungsministerium.

1. Ziele: Der imperialistische Charakter des Projekts drückt sich in der Zielsetzung und Geheimhaltung der Ergebnisse aus. GALTUNG hat dies treffend als «wissenschaftlichen Kolonialismus» bezeichnet, da das Zentrum der Wissensaneignung außerhalb des untersuchten Landes liegt. «Social science knowledge about a small nation in the hands of a big power is a potential weapon and contributes to the asymmetric patterns already existing in the world, because it contributes to manipulation in the interests of big powers» (GALTUNG 1967, S. 299).

2. *Konzept:* Bei aller Vorläufigkeit des Projekts ist seine politische Zielsetzung doch eindeutig in die wissenschaftliche Konzeption eingegangen, die Forschung also auf eine bestimmte Verwertung festgelegt. Der Systembegriff wird einseitig konservativ verwendet; dem stehen alle internen Veränderungen als «insurgency» gegenüber, worüber eine Kontroverse zwischen BERNARD (1967, S. 144 ff.) und anderen Soziologen (u. a. SAHLINS 1967, S. 77) entstand. Sachverhalte wie Oligarchie und Ausbeutung lassen sich mit dem Konzept gar nicht mehr untersuchen. Der Begriff «insurgency» verschleiert, daß hauptsächlich demokratische und kommunistische Bewegungen gemeint sind; das Konzept verhindert die Frage nach den Chancen und der Notwendigkeit solcher Bewegungen gegen bestehende Diktaturen und antidemokratische Regierungen – kurz, die Frage nach dem «Erfolg von Revolutionen» (HOROWITZ 1967 b, S. 32). Es ist jedoch ebenso legitim zu fragen, wie Revolutionen und Agitation gefördert werden können, um die Bevölkerung für eine Aktion zu mobilisieren (BLUMER 1967, S. 161).

Wie zum Teil in der Industriesoziologie oder der Medizinsoziologie ist das Projekt einseitig: Die Sozialwissenschaft übernimmt die Interessen der Manager oder allein den Standpunkt der Ärzte, ohne daß die Interessen der Betroffenen Teil der Untersuchung werden. Camelot war auf zweifache Weise ein asymmetrisches Projekt: «First, it failed to ask all the questions that need to be asked. Second, it did not open to investigation the motives and bias of the sponsoring agencies» (HOROWITZ 1967 b, S. 33).

3. *Auftraggeber:* Die Rolle des Auftraggebers wird dann prekär für den Sozialwissenschaftler, wenn seine Ziele das Projekt determinieren, so daß eine Kritik an Zielsetzung, Untersuchungsumfang, Konzept und Verwertung durch die Auftragnehmer nicht mehr möglich ist – wie in diesem Fall. Die Abhängigkeit der Forscher wird nochmals daraus ersichtlich, daß das Verteidigungsministerium das Projekt ohne Rücksprache mit den Wissenschaftlern kündigte. Zugleich dürfte, wie GALTUNG betont, die US-Armee wohl kaum als Agent des «nation building» angesehen werden können, sondern nach der vorliegenden Erfahrung vielmehr als Agent der Konflikt-Verminderung im Sinne nordamerikanischer Kapital-Interessen oder gar als konfliktfördernd.

4. Das Projekt zeigt letztlich ein Versagen der Kontrolle staatlich finanzierter Projekte durch die Universitäten, hier speziell der AMERICAN UNIVERSITY. So forderte FREDERIC SEITZ, Präsident der National Academy of Science: Die Vergabe von Geldern sollte nicht an einzelne Personen erfolgen, sondern an die Departments der Universitäten, die kollektiv über die Verwendung und die Projekte entscheiden. Damit gewänne die Universität ein Stück jener Autonomie zurück, die sie unter dem System individueller und direkter Mittel-Zuteilung verloren habe (zit. nach NISBET 1967, S. 331).

1.5. Problemwahl, Verwertung und professionelle Ethik

Die beiden Regulative «Wahrheit» und «Autonomie» der Institution Wissenschaft sind angesichts der faktischen Verwertungsmöglichkeiten unzureichend, weil sie den Verwertungszusammenhang unzureichend strukturieren. Was am Projekt Camelot im großen Maßstab als Problem erkennbar ist, gilt bei geringerer Komplexität des Vorgangs für alle Forschung. Zugleich zeigt das Beispiel, daß auf beide Regulative nicht verzichtet werden kann, daß sie vielmehr als notwendiger Kern einer professionellen Ethik zu gelten haben, die die Wissenschaft als soziales und erkenntnistheoretisches System integriert.

So gewinnt zunehmend das Problem des *Datenschutzes* (vgl. Karhausen 1972) an Bedeutung. Mit steigender Zentralisierung der Daten empirischer Sozialforschung in Datenbanken (z. B. Zentralarchiv für empirische Sozialforschung in Köln) wird eine Querverbindung (record linkage) zwischen unterschiedlichem Datenmaterial möglich. Auch wird bei Studien mit speziellen oder homogenen Populationen (z. B. Gemeinden oder Subgruppen der Gesellschaft) eine Identifizierung der Personen leichter. Die mit der Verknüpfung der Daten verbundene größere Erkenntnis liegt in der Zusammenfügung der Ergebnisse unterschiedlicher Untersuchungen auf gleiche Untergruppen (z. B. Stadtgebiete oder Gemeinden), im Grenzfall auf Personen. Hierin liegt ein Machtzuwachs, der im Falle ungehinderten Zugangs zu den Daten zu ihrer unkontrollierten Verwertung führen kann. Die bisherige Diskussion hat zum Entwurf eines Bundesdatenschutzgesetzes geführt, das einen differenzierten Zugang zu sozialwissenschaftlichen und administrativen Daten gewährleisten soll.

Im Bereich der Methoden, vor allem bei Untersuchungen mit der Methode der teilnehmenden Beobachtung, tritt die Frage auf, ob der teilnehmende Beobachter in Studien über diskriminierte Randgruppen der Gesellschaft wie Rocker, Straftäter oder Homosexuelle strafrechtlich belangt werden kann, wenn er Zeuge strafbarer Handlungen wurde, aber nicht bereit ist, hierüber vor Gericht auszusagen. Er bedürfte eines gesetzlichen Schutzes, ähnlich der Schweigepflicht eines Arztes oder eines Pfarrers (vgl. hierzu die Aufsätze von Friedrichs, Haferkamp und Polsky in: Friedrichs 1973). Gleichzeitig ist hiermit das Legitimationsproblem der Sozialforschung aufgeworfen: Soll man mit Rücksicht auf die Betroffenen keine derartigen Untersuchungen durchführen? Eine generelle Antwort ist, die Rechtfertigung der Sozialforschung liege allein darin, daß die Verwertung der Ergebnisse integraler Bestandteil gerade von Studien der obengenannten Art ist und daß die Untersuchung die Diskriminierung der Betroffenen verringern sollte.

Zwei weitere Argumente, Teile einer professionellen Ethik, hat Humphreys (1970) in seiner Antwort auf Erikson (1967) angeführt:

1. Die Probleme diskriminierter Gruppen ignorieren, indem man sie nicht erforscht, trägt zur Diskriminierung mehr bei als die Untersuchung.
2. Moralischer Anspruch gegen die Reaktionen der Gesellschaft auf Mitglieder von derartigen Randgruppen: «Als Wissenschaftler muß ich glauben, daß jede Erweiterung des Wissens, sowenig verzerrt wie möglich durch die verwendeten Methoden, helfen wird, den Aberglauben und die Grausamkeit zu überwinden, die die Reaktionen bisher kennzeichneten» (HUMPHREYS 1970, S. 173).

Im Bereich der Forschung erscheint es für die Analyse des Problems einer professionellen Ethik nützlich, zwei Aspekte zu trennen: die Wahl des zu untersuchenden Problems (Forschungsanlaß) und die Finanzierung der Forschung. Erst der spezifische Zusammenhang beider Aspekte in einem Projekt erlaubt Aussagen über die Stellung des Forschers und den Verwertungszusammenhang. Nur ein geringer Teil sozialwissenschaftlicher Forschung wird durchführbar sein anhand von «theoretischen Problemen», also Lücken des Wissensstandes, finanziert allein durch Mittel der Hochschulen. Je umfangreicher ein Problem untersucht und/oder je exakter die Hypothesen geprüft werden, desto größer der finanzielle Aufwand. Auch die sozialwissenschaftliche Forschung ist zunehmend auf Drittmittel angewiesen, auf Forschungspools, Stiftungen oder Auftraggeber. Dabei läßt sich absehen, daß die Erfordernisse gesellschaftlicher Planung in allen Ländern mit steigender Komplexität zwei Folgen haben: eine Konzentration der Mittel auf bestimmte Forschungsgebiete und eine Koordination der Forschungsgruppen. Damit gerät auch in kapitalistischen Ländern die Forschung in zunehmende Abhängigkeit vom Staat, der ihre Produktionsmöglichkeiten und -ziele de facto über die Vergabe von Mitteln steuert (vgl. hierzu z. B. WEINGART 1970).

Die Verwissenschaftlichung der Politik führt zu mehr Forschungsaufträgen an die Sozialwissenschaften, insbesondere in den Universitäten. Folgt man HOROWITZ' (1967 c, S. 361) Analyse, dann bedeutet dies einen Konflikt zwischen der feudal-strukturierten, praxisfernen Universität und einer antifeudalen, anwendungsorientierten politischen Administration. Es erhöhen sich die Möglichkeit zur Forschung und die politische Verpflichtung der Sozialwissenschaften. Gleichzeitig wird hierdurch die relative Autonomie der Wissenschaft verringert; sie wird im Extremfall durch Auftragsforschung und ideologische Anforderungen ihre kritische Funktion einbüßen und qualitativ schlechtere Forschung leisten.

Spätestens angesichts dieser Tendenzen muß die Sozialwissenschaft eine professionelle Ethik entwickeln, die die Maximen von Wahrheit und Autonomie politisch transformiert in Regeln praktischen Handelns. Die Wahl eines Problems, die Durchführung einer Untersuchung und die Formen ihrer Verwertung können dann ebensowenig unter Berufung auf einen mißverstandenen Freiheitsbegriff beliebig sein wie die Einhaltung der methodologischen Standards. Die Frage, welche Forschungsschwerpunkte zu bilden sind, kann weder nach den praktischen Problemen politischer Entscheidungen noch nach den Forschungsinteressen einzelner Wissenschaftler entschieden werden, zumal schon die Entscheidung selbst sozialwissenschaftlicher Forschung als Grundlage bedarf. Die über materielle Ausstattung geförderten Schwerpunkte der Forschung bedeuten ja stets eine Festlegung der materiellen und personellen Ressourcen der Wissenschaft, durch die andere Probleme im gegebenen Zeitraum vernachlässigt oder gar nicht untersucht werden. Die Gefahr, damit alternative gesellschaftliche Entwicklungen planmäßig zu verhindern, hat GOODMAN (1968) am Beispiel des Konzerns DOW CHEMICALS demonstriert.

Schärfer noch stellt sich das Problem einer professionellen Ethik bei der nicht-staatlichen Auftragsforschung: Studien, bei denen sowohl *finanzielle Mittel* als auch *Problem und Ziel* von Dritten festgelegt werden. Die häufig an derartiger Forschung geübte Kritik richtet sich zumeist gegen den Auftraggeber, gegen Personen oder Institution. Solche Kritik bleibt oberflächlich, weil sie das Problem allein auf die politische Bewertung des Auftraggebers verlegt. Ob eine Studie über die sozialen Konsequenzen von Eigentumswohnungen im Rahmen des sozialen Wohnungsbaus von der «Neuen Heimat», dem Bundesministerium für Wohnungswesen und Städtebau oder dem Mieterbund vergeben wird, ist für sich genommen gleichgültig. (Es sei denn, man bewerte die Tatsache, der Auftraggeber erhöhe sein Ansehen und legitimiere sein Handeln durch eine wissenschaftliche Untersuchung, so gravierend, daß man schon aus diesen Gründen die Untersuchung nicht durchführen will.)

Die Schwierigkeit liegt vielmehr in der Anlage der geplanten Untersuchung. «The question of who sponsors research is not nearly as decisive as the question of ultimate use of such information. Sponsorship is a factor for consideration only insofar as the intended outcomes can be predetermined and the parameters of those intended outcomes tailored to the sponsor's expectations» (HOROWITZ 1967 b, S. 37).

Das Kriterium der Auftragsforschung ist nicht nur ihre Verwertung, sondern bereits die Anlage der Studie, wie am Beispiel des Projekts Camelot deutlich wurde. Es ist dabei Aufgabe des Forschers, durch seine Insistenz auf methodologischen Standards, von der Hypothesenbildung bis zum Stichprobenumfang, zu verhindern, daß der «sponsor bias», die Einseitigkeit des Auftraggebers, auch zur Einseitigkeit der Studie führt (vgl. das Beispiel in Abschn. 1.6). Zur professionellen Ethik gehört es, zu bestimmen, welche Rechte der Wissenschaftler gegenüber dem Auftraggeber hat und/oder durchsetzen muß:

1. Rechte hinsichtlich der sozialwissenschaftlichen Formulierung des zunächst gegebenen Problems, seiner Übersetzung in Hypothesen, Methoden, Stichprobe und Interpretation der Ergebnisse.
   Hierzu gehört auch die Frage, in welchem Maße die methodologische und methodische Qualität der Untersuchung die Reichweite der Aussagen gegenüber ihrer geplanten Anwendung bedingt.

2. Nach der Explikation des Problems muß der notwendige Umfang einer Studie bestimmt werden. Wer die Folgen einer geplanten Sanierung untersuchen soll, kann sich nicht auf die betroffene Bevölkerung beschränken, sondern muß nach den Migrationstendenzen unter den gegebenen ökonomischen Bedingungen, nach alternativen Formen der Sanierung (z. B. Modernisierung der Häuser, d. h. Objekt- statt Flächensanierung) oder nach den Konsequenzen einer weiteren Ausdehnung der Stadt durch immer neue Randsiedlungen fragen. Zweifellos wird sich nur ein Teil des derart umfangreich entwickelten Problems untersuchen lassen; die Einschränkung erfolgt unter Verweis auf die begrenzten Mittel und die begrenzte Zeit. Der einmal entwickelte Umfang des Problems kann nun dazu dienen, den tatsächlich untersuchten Ausschnitt, also den Stellenwert der tatsächlichen Untersuchung, zu bestimmen. (Vgl. hierzu Abschn. 3.1.) Die wissenschaftlichen und praktischen Grenzen der Untersuchung werden klarer.
3. Welche Verwertung der Ergebnisse geschieht durch wen? Werden die Ergebnisse nur selektiv publiziert? Haben die Betroffenen (im obigen Beispiel) ein Mitspracherecht? Können die Ergebnisse (wiederum anhand des Beispiels) nur dazu verwendet werden, die Segregation sozialer Schichten in einer Stadt zu erhöhen, also bestehende soziale Ungleichheiten zu stabilisieren?
4. Zu welchem Zeitpunkt wird der Forscher zur Mitarbeit aufgefordert? Bleibt ihm überhaupt noch Zeit und Möglichkeit, auf die vorgenannten Punkte einzugehen? – Ist das nicht der Fall, so gerät er in die Rolle eines Handlangers vorgefertigter Ziele und Konzepte. Er tröstet sich dann vielfach damit, noch einige «wissenschaftlich relevante» Fragen aus seinem wissenschaftlichen Interesse einbauen zu können.

Der wiederholte Hinweis, den Geltungsbereich von Aussagen anzugeben, erscheint gerade in den Sozialwissenschaften erforderlich, weil Ergebnisse häufig in ihren Interpretationen «überzogen» werden, dann zu Vorschlägen und/oder Anwendungen führen, die sie gar nicht hergeben. In diesem Sinne ist eine methodologisch und methodisch schlechte Untersuchung auch politisch eine schlechte Untersuchung, weil sie Ideologien legitimieren kann. Ein großer Teil der Kritik an der sogenannten bürgerlichen Sozialwissenschaft läßt sich im Grunde als Kritik an ihren methodologischen Mängeln fassen: Mängeln, die auch an Studien aus sozialistischen Ländern nachweisbar sind. Der Grund hierfür ist weniger in der unterschiedlichen politischen Zielsetzung oder Funktion der Sozialforschung als in der im Vergleich zu den Naturwissenschaften noch geringen Exaktheit der Sozialwissenschaft zu suchen.

Die Anwendung sozialwissenschaftlicher Forschungsergebnisse stellt durch die Generalisierung und Transformation der Ergebnisse, vor allem durch die Entscheidung für eine der möglichen Handlungsalternativen, ein Risiko dar, das von den Ergebnissen allein nicht gedeckt ist. Deshalb auf Anwendung der Ergebnisse zu verzichten oder sich der Mitwirkung an politischen Entscheidungen zu entziehen, liefe letztlich auf das hinaus, was Kaplan (1964, S. 402) als «ordinalen Fehler» beschreibt: *Erst* wenn ich alles weiß, *dann* werde ich es als Basis politischer Entscheidungen verwenden. Weil dieser Zustand in absehbarer Zeit nicht – wenn überhaupt je – eintritt, erscheint es sinnvoller, sich im Bewußtsein der Unvollständigkeit des Wissens den Anforderungen zu stellen.

Die Verknüpfung von Wissenschaft und Praxis enthält einen *Rollenkonflikt* für den Wissenschaftler, der um so größer sein wird, a) je größer die Divergenz von Reichweite der Forschungsergebnisse und Reichweite der auf ihnen zu begründenden Anwendung ist; b) je größer der Entscheidungszwang und je schmaler die empirische Basis ist; c) je unterschiedlicher die Sprachspiele von Wissenschaftler und Praktiker/Auftraggeber sind. Einen ausgezeichneten Beitrag zu diesen Problemen liefern die Beispiele in der von LAZARSFELD, SEWELL & WILENSKY (1967) herausgegebenen Aufsatzsammlung «The Uses of Sociology».

Der Rollenkonflikt läßt sich nicht dadurch verringern, daß man ihn nur für die Wissenschaft in einem bestimmten Typ von Gesellschaft, z. B. einer Gesellschaft mit kapitalistischer Reproduktionsform, für möglich hält. Noch läßt er sich durch den Aufruf zu gesellschaftlicher Praxis, aus der die Sozialwissenschaft letztlich ihren Sinn bezieht, überbrücken. Eher können Forschungsstrategien wie die der Aktionsforschung hierzu dienen (vgl. Abschn. 5.13.2.). Die praktischen und die methodologischen Probleme des Verwertungszusammenhangs verweisen auf Schwierigkeiten, die sich nicht länger subjektiv, vom einzelnen Wissenschaftler, lösen lassen. Sie bedürfen eines Konsensus der Wissenschaft als sozialen Systems, entwickelt in ihren professionellen Vereinigungen. Eine solche Entwicklung zeichnet sich gegenwärtig ab. Hingegen dürfte der gerade in den Sozialwissenschaften unternommene Versuch, die Probleme einer professionellen Ethik auf die Ebene des erkenntnistheoretischen Systems der Wissenschaft zu verlagern, den Erkenntnisfortschritt eher lähmen und damit den Einfluß der Sozialwissenschaft auf die politische Praxis verringern.

1.6. PROGNOSE UND PRAXIS

Der Zusammenhang von Verwertung und Konzeption einer Studie ist methodologisch durch das Interesse der Sozialwissenschaft an Prognosen gegeben. Seit COMTES «savoir pour prévoir, prévoir pour prévenir» hat die Soziologie in zunehmendem Maße diese Zielsetzung aufgenommen. *Es ist zudem einsichtig geworden, daß die Unterordnung des Ziels Erkenntnis unter das der Nützlichkeit nur möglich ist, wenn die Erkenntnis zur Voraussetzung der Anwendung gemacht wird.*

Aus wissenschaftlichen Aussagen lassen sich nur mittelbar Formen des Handelns ableiten (obgleich Wissenschaft selbst eine Form des Handelns ist). Es handelt sich um deskriptive Aussagen, nicht um präskriptive. Die Transformation einer deskriptiven Aussage in eine präskriptive bedarf logisch eines weiteren Elements, einer normativen Prämisse, die selbst Teil einer Präferenzhierarchie ist. Zwar lassen sich Theorien in technologische Systeme transformieren, wodurch «Möglichkeiten des tatsächlichen Geschehens in menschliche Handlungsmöglichkeiten» übertragen werden, und zwar in eben dem Maß an Exaktheit, das die Theorien haben (ALBERT 1966 b, S. 192). Die normative Konsequenz mag sein, bestimmte Handlungsalternativen *auszuschließen;* aber eine Entscheidung über die «richtige» Alternative ist damit nicht gegeben. Die Transformation beruht auf der Einsicht, daß das Modell zur Deduktion einer Erklärung mit dem zur Deduktion einer Prognose in seiner logischen Struktur weitgehend identisch ist. (Vgl. hierzu POPPER 1966 b, OPP 1970, S. 67 ff., WATRIN 1972; zu den Einschränkungen HEMPEL 1965, S. 366 ff., KAPLAN 1964, S. 349 f.) Da das Schema ausführlich im Abschn. 2.2 dargestellt wird, sei hier nur das unterschiedliche Vorgehen bei Erklärung und Prognose wiedergegeben (nach OPP 1970, S. 69):

Übersicht 1: *Unterschied zwischen Erklärung und Prognose*

		Erklärung	Prognose
Gesetz		gesucht	gegeben
Randbedingungen	Explanans	gesucht	gegeben
	Explanandum	gegeben	gesucht

Bei einer Prognose wird aus einem oder mehreren Gesetzen und gegebenen Randbedingungen das Explanandum abgeleitet. Das setzt die Kenntnis der Randbedingungen voraus. Überträgt man eine Erklärung vom Zeitpunkt t_1 als Prognose auf den Zeitpunkt t_2 ohne Zuhilfenahme weiterer Gesetze, so muß die Konstanz der Randbedingungen gesichert sein. In den Sozialwissenschaften treten nun die mit einer Prognose verbundenen Probleme der Praxis und der professionellen Ethik in besonderem Maße auf. Das liegt zum einen am höheren Reflexionsgrad der Sozialwissenschaftler aufgrund ihres Objekts: Die meisten Naturwissenschaftler erfahren die gesellschaftlichen Konsequenzen der Anwendung ihrer Ergebnisse nur mittelbar. Zum anderen ist es der Mangel an fundierten, hinreichend geprüften Theorien, der zu entsprechend eingeschränkt gültigen Prognosen führt. Schließlich erschwert das Problem des Wandels sozialer Systeme die Theoriebildung.

Das Problem des Wandels ist in mehrfacher Hinsicht für den «Zeithorizont» einer Prognose bedeutsam. Ihre Anwendung geschieht in der Zeit, so daß sich die Bedingungen, für die sie spezifiziert war, ändern. Handelt es sich um sehr komplexe Prognosen, z. B. die Einführung der Gesamtschule, entstehen aufgrund der Transmissionsverluste der Maßnahmen in den einzelnen Teilen des Systems Verzögerungen. Das gewünschte Resultat tritt nicht oder nur teilweise ein, weil man jene Transmissionsverluste (z. B. Widerstände in der Schulbürokratie) zuvor nicht kannte. Ebenfalls müssen die Wirkungen einer Prognose, ihre Eigengesetzlichkeit, einbezogen werden: Aufgrund der Kenntnis einer Prognose und erst durch sie verändert sich z. B. das Verhalten von Personen, sei es in der prognostizierten Richtung (self-fulfilling prophecy) oder in der entgegengesetzten (self-destroying prophecy). Die eingehende Analyse dieses Problems hat zuerst MERTON (1957, Kap. 11) gegeben. Wie unsicher wir bis heute über die Effekte von Prognosen sind, zeigt die Diskussion über Wahl«prognosen».

Die genannten Probleme werden jetzt an einem Beispiel verdeutlicht. Es behandelt den Zusammenhang von Prognose, Praxis und Ethik für den Forschungsanlaß «Auftrag».

Aller Erfahrung nach ist sich der Auftraggeber über die Verwertung der Ergebnisse einer Studie mehr im klaren als über das Problem und vor allem über eine dem Problem angemessene Konzeptualisierung (vgl. Kap. 3). Das eben angeführte Problem der Umsetzung von Ergebnissen in Handlungen wird in der Auftragsforschung zusätzlich kompliziert, wenn der Auftraggeber ein bestimmtes Ziel erreichen will, die Untersuchung also Mittel liefern soll, wie das Ziel zu erreichen sei. Der Auftraggeber fragt dann nicht, wie sich ein Problem lösen ließe, sondern wie er zu *einer bestimmten* Lösung gelangt. Methodologisch impliziert das zweierlei:

1. Es muß untersucht werden, welche Mittel geeignet sind, das Ziel zu erreichen.
2. Die normative Entscheidung über das Ziel ist bereits gefallen; der Forscher kann entweder das Ziel akzeptieren oder aber nach dessen Rechtfertigung fragen, beispielsweise wenn er es für politisch falsch hält.

Die methodologische Struktur zur Untersuchung beider Fragen ist identisch, bei beiden handelt es sich um Prognosen: Aus einem Explanans wird das Explanandum abgeleitet, wobei das Explanandum (Ziel) gegeben ist.

Angenommen, der Auftraggeber hätte das Ziel, die Scheidungsrate in der BRD zu senken. Um Frage 1 zu untersuchen, wird eine Reihe von Sekundäranalysen der amtlichen Statistik von Bund und Ländern durchgeführt. Dabei lägen u. a. folgende Gesetzesaussagen vor:

G_1 Je höher die Kinderzahl, desto niedriger die Scheidungsquote.

G_2 Wenn nur ein Ehepartner berufstätig ist, dann lassen sich Ehepaare nicht scheiden.

Zudem hat sich in anderen Studien die folgende Hypothese bewährt:

G_3 Wenn Scheidungen mit hohen gesetzlichen Strafen belegt sind, ist die Scheidungsrate niedrig.

Der Auftraggeber, z. B. eine Kommission des Familienministeriums, stellt nun fest, er müsse die in der jeweiligen Wenn-Komponente formulierten Bedingungen herstellen; dazu habe er drei Möglichkeiten. – Für ihn treten nun mehrere Probleme auf:

1. Welche der drei möglichen Bedingungen soll er herstellen?

2. Die erneute Frage, wie z. B. eine hohe Kinderzahl pro Familie zu erreichen sei. Erreicht er dies durch die Zahlung eines Kindergeldes, durch die Verleihung von Mutterverdienstkreuzen oder durch Privilegien für kinderreiche Familien? – Er braucht also weitere Prognosen, d. h. zusätzliche Erklärungen, etwa der folgenden Art: Wenn in einer Gesellschaft das Kindergeld hoch ist, gibt es viele Familien mit mehr als drei Kindern. Mithin bedarf die Umsetzung, eine «technische Anwendung» (Popper 1972, S. 52), selbst weiterer Prognosededuktionen. Diese Anforderung steigt mit der Komplexität des Problems; je umfassender es ist, desto mehr Erklärungen (mithin Gesetze) müssen vorliegen.
3. Die Entscheidung, eine der drei Randbedingungen herzustellen, bemißt sich praktisch nicht nur nach den jeweils verfügbaren materiellen Ressourcen (z. B. Kindergeld) oder ihrer politischen Durchsetzbarkeit, sondern auch nach den Konsequenzen, die diese Handlung für andere Bereiche der Gesellschaft haben kann. Z. B. kann durch eine solche Maßnahme in bestimmten Ländern der Bedarf an Nahrungsmitteln derartig steigen, daß der Staat zu Importen gezwungen ist (was ihm ökonomische Abhängigkeit von anderen Staaten bringen mag). Die Interdependenz der Teile eines sozialen Systems, hier der biologischen und ökonomischen Reproduktion, ist erst dann in der Entscheidung berücksichtigt, wenn sie erkennbar ist. Das setzt eine entsprechende Abbildung der Realität in einer Theorie als einer «Menge von Gesetzen, die durch logische Ableitbarkeitsbeziehungen miteinander verbunden sind» (Opp 1970, S. 50), voraus. Da die Sozialwissenschaft über eine solche Theorie bislang nicht verfügt, bleibt in jeder Entscheidung ein erheblicher Rest Unsicherheit.
4. Die im Beispiel verwendeten drei Gesetze sind wie die meisten in der Soziologie formulierten Gesetzesaussagen nur empirische Regelmäßigkeiten. Mit Albert (1966 a, S. 132) lassen sie sich als «Quasigesetze» bezeichnen; sie «enthalten eine essentielle Beziehung auf ein bestimmtes Raum-Zeit-Gebiet, die Beschränkung ihrer Anwendbarkeit beruht auf der ›historischen‹ Abgrenzung ihres Objektbereiches». Damit ist gesagt, daß sie nur einen begrenzten Geltungsbereich haben, was zugleich ihre Anwendbarkeit einschränkt. Ihre Begrenzung rührt gerade im Falle der Sozialwissenschaften aus der unzureichenden Zahl verschiedener Situationen her, in denen sie geprüft wurden (vgl. Opp 1970, S. 301 f.). Weiter oben wurde bereits auf die Schwierigkeit hingewiesen, die bei der Prüfung von Theorien in den Sozialwissenschaften aufgrund des sozialen Wandels der Gesellschaft, den die Sozialwissenschaften teilweise selbst hervorgerufen haben, entsteht. Es liegen vielfach nur empirische Regelmäßigkeiten vor, so daß beispielsweise die Soziologie gezwungen ist, ihre Quasigesetze zunehmend historisch zu relativieren: Sie gelten nur für bestimmte Zeiträume, Gesellschaften oder Teile einer Gesellschaft, z. B. nur für eine soziale Schicht.

   Die «Historisierung» muß demnach, um einen Erkenntnisfortschritt zu erreichen, durch eine «strukturelle Relativierung» ersetzt werden. Das bedeutet, «daß die Bedingungen, unter denen die in den Quasigesetzen ausgesprochenen Regelmäßigkeiten auftreten, allgemein (d. h. ohne offene oder verschleierte Bezugnahme auf irgendein raum-zeitliches Koordinatensystem) charakterisiert werden» (ALBERT 1966 a, S. 133). Solche dem naturwissenschaftlichen Gesetz entsprechende Gesetze könnten im Falle des obigen Beispiels lauten: «Wenn eine Gesellschaft einen hohen Grad von Arbeitsteilung hat und wenn diese Gesellschaft über die Institution Familie verfügt, dann ist die Scheidungsrate hoch», oder: «Je stärker eine Handlung belohnt wird, desto häufiger tritt sie auf.»

Die Empfehlung des Wissenschaftlers an den Auftraggeber wird demnach recht unvollständig bleiben. Das ist aber nur ein Teil des Problems. Der andere ist die Untersuchung der präskriptiven Aussage, des vorab vom Auftraggeber gestellten Ziels (Satz 2), die Scheidungsrate zu senken. Angenommen, der Forscher (oder die Forschungsgruppe) mißbilligt dieses Ziel. Er könnte dann aus politischen Gründen den Auftrag ablehnen. Läßt man einmal seine Gründe unbeachtet, dann wäre diese Haltung nur sinnvoll, wenn er keine Chance sähe, mit der Untersuchung auch das Ziel zu verändern, möglichst sogar mit seinem eigenen – vielleicht entgegengesetzten – Ziel schließlich übereinstimmen zu lassen. Diese Entscheidung hängt dann von der Macht wie der Offenheit beider ab, wobei die geringere Macht den Forscher nur bei Offenheit des Auftraggebers zur Mitarbeit veranlassen dürfte.

Es bleibt die Dezision des Auftraggebers zu untersuchen, indem gefragt wird, warum er die Scheidungsquote senken will und wem das nützen soll. Wahrscheinlich wird der Auftraggeber die gleiche Frage an den Forscher richten, sofern dieser ein Ziel hat und es dann auch nennt. Da das Verfahren zur Analyse für beide identisch ist, wird im folgenden nur der Auftraggeber berücksichtigt.

Die Begründung des Auftraggebers wird lauten: Das genannte Ziel sei richtig, sinnvoll, sachnotwendig o. ä. Es mögen subjektiv und politisch-administrativ verständliche Begründungen sein – wissenschaftlich sind sie nicht. Man wird seine Aussagen präzisieren müssen auf die (offenen oder verdeckten) Prognosen hin, die sie enthalten. Sie sind erneut jener Form der Überprüfung zugänglich, die oben dargestellt wurde.

Eine derartige Prognose kann lauten: «Wenn man die Scheidungsrate senkt, dann steigt die Stabilität der Familie», oder: «Wenn die Stabilität einer Familie hoch ist, dann werden die in solchen Familien aufwachsenden Kinder nicht kriminell.» Auf diese Weise wäre eine rationale Diskussion der Ziele möglich – wenn es auch selten faktisch so ablaufen mag. Da diese Diskussion aufgrund der Mangelhaftigkeit unseres Wissens ebenso abgebrochen werden müßte wie die oben angeführte über die Wahl der Handlungsalternativen, endet sie faktisch entweder in einem normativen Konsensus von Auftraggeber und Forscher oder in einem Dissens, der durchaus den «vorgängig» bei beiden vorhandenen Zielen (oder Formen von Gesellschaftstheorien) entsprechen mag. Aus drei Gründen ist die Diskussion dennoch sinnvoll für das Verhältnis Auftraggeber–Forscher:

1. Dem Auftraggeber kann das Problem klarer werden, er weiß mehr über die Implikationen und Konsequenzen seiner Zielsetzung.
2. Dem Forscher werden die Interessen und der Verwertungszusammenhang der geplanten Studie klarer, er kann besser als zu Anfang entscheiden, ob er aufgrund seiner Ziele (die zu explizieren er inzwischen ebenfalls genötigt war) den Auftrag annehmen will oder nicht.
3. Die Diskussion kann dazu führen, die geplante Untersuchung zu modifizieren oder, wie im Falle des Projekts Camelot, sie zu unterlassen. Im angeführten Beispiel hätte der Forscher dem Auftraggeber zu sagen, daß dessen in der Begründung des Ziels enthaltene Prognosen nach den bisherigen Erkenntnissen der Sozialforschung unzulässig sind: Die Scheidung ist ein außerordentlich unzureichender Indikator für etwas wie «Stabilität der Familie», ebensowenig kann von der «Stabilität» der Familie hinreichend auf späteres kriminelles Verhalten geschlossen werden. Wenn das tatsächliche Ziel die «Stabilität» der Familie ist, sind alternative Maßnahmen denkbar, zu denen vermutlich eher die Erleichterung der Scheidung oder die Errichtung von Kindergärten gehören. Die Diskussion mündet darin, bestimmte Hypothesen aufgrund vorliegender Forschung zu verwerfen und neue zu formulieren oder schon neue Prognosen zu verwenden.

2. WISSENSCHAFTSTHEORETISCHE BEDINGUNGEN EMPIRISCHER SOZIALFORSCHUNG

2.1. Entdeckungs-, Begründungs- und Verwertungszusammenhang

Im vorangegangenen Kapitel ist mit der Unterscheidung zwischen Entdeckungs-, Begründungs- und Verwertungszusammenhang gearbeitet worden, die nun eingehender erläutert werden soll. Die Unterscheidung der ersten beiden Zusammenhänge geht auf Reichenbach zurück (context of discovery, context of justification); sie ist seither in der Literatur vielfach aufgegriffen worden. Die Überlegungen des vorangegangenen Kapitels dürften gezeigt haben, daß diese Klassifikation der Teile einer Forschung um den Verwertungs- (oder Wirkungs-)Zusammenhang ergänzt werden muß. Auf den Verwertungszusammenhang, nämlich die mangelnde Reflexion der sozialen Funktionen der Wissenschaft, hat insbesondere die marxistische Kritik an der neopositivistischen Soziologie zu Recht hingewiesen (vgl. Autorenkollektiv Leipzig 1968, S. 57 ff.).

Entdeckungs-, Begründungs- und Verwertungszusammenhang bilden eine Einheit im forschungslogischen Ablauf einer empirischen Untersuchung. Diese Teile und ihre Elemente sind in Übersicht 2 in ihrem methodologischen Zusammenhang anhand des zeitlichen Ablaufs einer Forschung wiedergegeben. (Andere Schemata geben Jadov in: Kiss 1971, S. 165, Schrader 1971, S. 12 ff.)

Unter «*Entdeckungszusammenhang*» ist der Anlaß zu verstehen, der zu einem Forschungsprojekt geführt hat. Im wesentlichen gibt es drei solcher Anlässe:

1. Ein soziales *Problem* soll untersucht werden, um durch seine Analyse soziale Veränderungen zu ermöglichen. Beispiele dafür sind: Drogenkonsum von Jugendlichen, die Entleerung der Innenstädte von der Wohnbevölkerung, die Wirkung aggressiver Filme im Fernsehen auf die Zuschauer oder die Frage, warum in der BRD rund 80 % der Insassen von Strafanstalten nach der Entlassung rückfällig werden.
2. Probleme der *Theoriebildung*: Zu einem sozialen Problem liegen Untersuchungen vor, doch lassen die vorhandenen Theorien unterschiedliche Erklärungen zu, oder die Studien kommen zu unterschiedlichen Resultaten. Beispiele hierfür sind die kontroversen Erklärungen aggressiven Verhaltens (als Trieb, Folge einer Frustration oder Modell-Lernens) und abweichenden Verhaltens (ökologische, differentielle Assoziation, illegitime Handlungsmöglichkeiten, labeling-approach u. a.).
3. Anlaß der Forschung ist ein *Auftrag*; ein soziales Problem – zunächst definiert aus der Perspektive des Auftraggebers – soll untersucht werden, um Handlungsmöglichkeiten, unter Umständen zur Lösung des Problems zu gewinnen. In den Abschnitten 1.5 und 1.6 ist dieser Fall ausführlich dargestellt worden.

Übersicht 2: *Forschungslogischer Ablauf empirischer Untersuchungen*

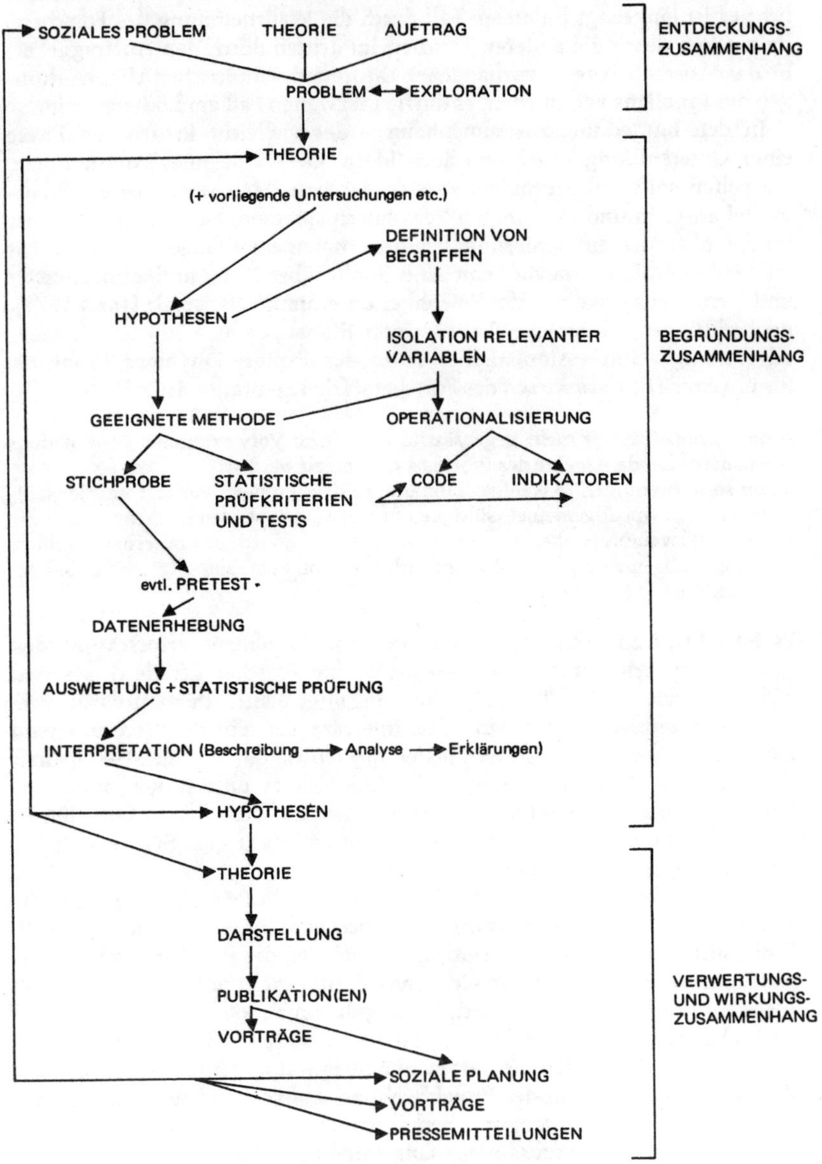

Die Anlässe sind unterschiedlich in ihrem Ausgangspunkt, der zu einer Untersuchung führt. Sie sind dennoch alle inhaltlich auf soziale Probleme bezogen, nur ist a) der Grad der Spezifikation des Problems unterschiedlich: es ist eingeengt im ersten Fall durch die Wahrnehmung des Forschers, im zweiten durch die anderer Forscher, im dritten durch den Auftraggeber; b) das Ausmaß bereits vorhandener theoretisch-empirischer Untersuchungen des Problems verschieden, es dürfte im zweiten Fall am höchsten sein.

In den Entdeckungszusammenhang – der vielleicht kreativsten Phase einer Untersuchung – gehören auch Ideen, Gespräche und Explorationen, die helfen sollen, das Problem zu strukturieren. Man wird sich ein Stadtviertel ansehen und mit einigen Bewohnern sprechen, bevor man mit einer Studie über dessen Sanierung beginnt; in einem Obdachlosenlager für kurze Zeit wohnen, bevor man eine Studie über Kommunikationsmuster und Verhaltensstrategien der Bewohner unternimmt (Beispiel: Haag 1971). Beobachtungen, Gespräche, Lektüre von Statistiken u. a. dienen in mehr oder weniger impressionistischer Form der Exploration eines Problems. Sie erweitern das Vorwissen des Forschers. Die Exploration ist

- um so nützlicher, je mehr gegensätzliche und dem Vorverständnis des Forschers widersprechende Aspekte des Problems gesammelt werden;
- um so notwendiger, je weniger Literatur zu dem Problem vorliegt und je weniger Gesetze von allgemeiner Gültigkeit herangezogen werden können;
- um so relevanter, je eher man vermuten kann, hierdurch das begrenzte Problem auf ein allgemeines, d. h. die speziellen Hypothesen auf allgemeine Gesetze zurückführen zu können.

Es ist schwer zu erklären, warum bestimmte Probleme erforscht werden und andere nicht; ebenso, warum bestimmte Forscher gerade dieses und nicht ein anderes Problem aufgreifen. Im allgemeinen dürften dafür zwei Gründe ausschlaggebend sein: das Interesse des Forschers, resultierend letztlich aus seiner politischen Einstellung (sowie das in einer Gesellschaft durchgesetzte Interesse, bestimmte Bereiche nicht zu untersuchen) und seine Spezialisierung, seine Tendenz, kontinuierlich auf bestimmten Gebieten zu arbeiten, z. B. über abweichendes Verhalten und nicht über Stadtsoziologie. Fraglos hängen beide Gründe zusammen.

Um aus dem Interesse ein Problem zu entwickeln, sind die Fragen wichtig, wessen Problem und warum es überhaupt untersucht werden soll. Schließlich muß entschieden werden, welcher Teil des Problems mit den zur Verfügung stehenden Mitteln sich sinnvoll und exakt untersuchen läßt. Bei vielen Projekten hängt die Durchführung davon ab, ob ausreichende Mittel verfügbar sind. Gerade in den Sozialwissenschaften, die bislang im Vergleich zu den Naturwissenschaften nur über wenig Mittel verfügen, liegt die Gefahr nahe, sich in der Projektwahl an den vorhandenen oder erlangbaren Mitteln auszurichten, um überhaupt forschen zu können.

Unter «*Begründungszusammenhang*» sind die methodologischen Schritte zu verstehen, mit deren Hilfe das Problem untersucht werden soll. Es ist ein methodologisches Vorgehen, bei dem die einzelnen Schritte interdependent sind; Ziel ist eine möglichst exakte, nachprüfbare und objektive Prüfung der Hypothesen. Man wird dazu den Entdeckungszusammenhang, insbesondere bei den Anlässen «soziales Problem» und «Auftrag», transformieren müssen in seine einzelnen Dimensionen, z. B.: Welchen Stellenwert hat das Problem? In welchem größeren Zusammenhang steht es? Was ist unter den Begriffen zu verstehen, d. h. wie sind sie definierbar? Welche Teilprobleme sind erkennbar?

Die Transformation in eine wissenschaftliche Untersuchung beginnt mit der Analyse der Interessen und Aussagen. Man wird prüfen, ob und welche Untersuchungen zu dem Problem schon vorliegen, ob es Theorien oder Hypothesen gibt, die herangezogen werden können. Im Falle des Anlasses «Theorie» wird man die methodologische und methodische Basis der vorliegenden Untersuchungen prüfen, z. B. den Informationsgehalt der Aussagen, die Adäquatheit von Methode und Stichprobe, die statistische Korrektheit, die Tendenz der Interpretation. (Vgl. die Übersichten im Abschnitt 3.1 und 7.1.)

Im Anschluß daran sollte entschieden werden, welchen Teil des Problems man untersuchen will. Aus den vorliegenden Theorien und Hypothesen sowie einer möglicherweise notwendigen Exploration des Problems werden Hypothesen formuliert, was die Definition von relevanten Begriffen und Variablen erfordert. Nachdem die geeignete Methode (oder Methoden) bestimmt wurde, lassen sich die entsprechenden Operationalisierungen der Variablen vornehmen.

Die Entscheidung über Problem und Methode läßt dann eine Entscheidung über die Stichprobe zu, weiterhin über die von der Verwertung her erforderliche Exaktheit eine Entscheidung über die Exaktheit der anzuwendenden statistischen Modelle und Prüfverfahren. Das wiederum erfordert, eine entsprechend exakte Codierung des Materials schon jetzt vorzunehmen oder für die spätere Auswertung zu ermöglichen. Das gleiche gilt für die Indikatorenbildung.

Es folgt die Datenerhebung in der durch die Methoden möglichen und durch sie festgelegten Form. Nach der «Feldphase» wird die Auswertung der Ergebnisse vorgenommen, sofern die Daten nicht erst bereinigt werden müssen, z. B. indem man unvollständige Fragebögen oder Beobachtungsschemata ausscheidet. Die Auswertung der Daten sowie zusätzliche statistische Prüfungen werden zumeist mit Hilfe elektronischer Rechenanlagen vorgenommen; oft lassen sich bereits vorhandene Programme zur Datenanalyse verwenden, z. B. das SPSS, Statistical Package for Social Sciences (vgl. hierzu Allerbeck 1972, Kriz i. Vorb.).

Auswertung, statistische Prüfung und Interpretation der Ergebnisse transformieren Daten in Aussagen, Daten, die ja selbst anhand von Aussagen erhoben und durch Aussagen (z. B. von Befragten) gewonnen wurden. Die Auswertung geschieht nicht planlos, sondern ist geleitet von den Hypothesen. Die Hypothesen differenziert zu prüfen schließt Schritte ein, in denen das Material auch unter anderen als den zunächst für relevant erachteten Zusammenhängen untersucht wird. Beschreibung, Analyse und Erklärungen sind die wichtigsten Teile des Interpretationsprozesses. Die Ergebnisse werden auf die Hypothesen und/oder Theorie(n) bezogen; in vielen Fällen werden neue Hypothesen im Anschluß an die Untersuchung entwickelt.

Unter *Verwertungs- und Wirkungszusammenhang* sollen die Effekte einer Untersuchung verstanden werden, ihr Beitrag zur Lösung des anfangs gestellten Problems. Die Untersuchung hat eine erkenntnistheoretische Funktion, indem sie unser Wissen über soziale Zusammenhänge erweitert, zum anderen zur Lösung des sozialen Problems beiträgt, letztlich also zur Verringerung sozialer Ungleichheit. Demnach sind Entdeckungs- und Verwertungszusammenhang in der Tat nicht zu trennen (vgl. AUTORENKOLLEKTIV LEIPZIG 1968, S. 40, 49), sondern eng aufeinander bezogen – wenngleich Unmittelbarkeit und Festlegbarkeit der Verwertung einer Studie nicht als Garantie gesehen und eindeutig entschieden werden können.

In den Verwertungszusammenhang gehört genaugenommen bereits die Form der Darstellung, da sie über die Zugänglichkeit der Studie auch für Laien entscheidet. Die Darstellung wiederum hängt auch vom Anlaß ab. Zum Verwertungszusammenhang gehört dann weiter die Publikation, die sich je nach Darstellung nur an die engere «scientific community» oder einen größeren Kreis von Lesern richtet.

Eine Verwertung geschieht schrittweise durch ihre Anwendung in der sozialen Planung, mittelbar oder unmittelbar je nach Anlaß der Studie. Sie kann weiterhin durch öffentliche Vorträge, Pressemitteilungen oder Teilnahme des Forschers an den Prozessen gesellschaftspolitischer Verwertung der Ergebnisse erfolgen, z. B. durch Arbeit mit den Betroffenen einer Studie (Gefängnis, Bewohner eines Sanierungsgebietes, Arbeiter im Betrieb). Je exakter die Aussagen der Studie begründet wurden und je mehr die Untersuchung dem Umfang des anfangs formulierten Problems entspricht, desto eher werden sich auch Handlungsmöglichkeiten nennen lassen. Die Exaktheit des Begründungszusammenhangs ist demnach die Bedingung einer begründbaren Verwertung, einer Verwertung, die mehr ist als bloße Legitimation von Interessen durch einige empirische Ergebnisse.

Der forschungslogische Ablauf einer empirischen Untersuchung ist eine Einheit der drei Zusammenhänge. Wo der theoretische Teil der Studie nicht klar expliziert wird, das Problem nicht nach Maßgabe des Wissensstandes formuliert, ist auch kein kontrollierbares Konzept der Studie zu erwarten. *Die Konzeptualisierung einer Untersuchung steuert alle weiteren Entscheidungen über Methode, Stichprobe, Auswertung und bedingt seine Verwertung.* Ein Fragebogen, ein Beobachtungsschema oder ein Experiment lassen sich nicht als Instrumente in beliebigen Zusammenhängen verwenden, schon gar nicht entwickeln, ohne durch den theoretischen Ansatz einer Untersuchung begründet zu sein. Der Fehler vieler sozialwissenschaftlicher empirischer Untersuchungen liegt darin, daß Variablen unbegründet in die Studie eingehen (implizite Gesetze), daß über die Methode eher entschieden wird als über das Konzept, daß Daten erhoben werden und dann erst nach statistischen Prüfkriterien gesucht wird, daß die Auswertung relativ planlos, weil hypothesenlos erfolgt.

Gewiß sind die Methoden der empirischen Sozialforschung noch unzureichend und oft schwer vereinbar mit den entwickelten statistischen Modellen und strengen methodologischen Regeln. Wenn Untersuchungen mangelhaft sind, dann jedoch zumeist nicht wegen dieser Differenzen, sondern wegen der geringen Beachtung der bereits erfüllbaren methodologisch-methodischen Standards. Sie nicht einzuhalten beruht nur zu oft auf ihrer Nicht-Beachtung, was dazu führt, nicht unsere Einsicht in den gesellschaftlichen Reproduktionsprozeß, sondern das soziologische Datengrab zu bereichern. Zudem haben im wissenschaftlichen Sinne schlechte Untersuchungen eher die Folge, das Mißtrauen gegenüber der Soziologie und den Methoden empirischer Sozialforschung als gegenüber den Fähigkeiten des Forschers zu vergrößern.

Das folgende Beispiel zeigt die Interdependenz von Entdeckungs-, Begründungs- und Verwertungszusammenhang sowie ihrer einzelnen Teile. Es ist von der Verfasserin der Studie (PONGRATZ 1964) nach dem in Übersicht 2 angegebenen Diagramm angefertigt worden. Im Anschluß daran werden im Abschnitt 2.2 die Probleme der Konzeptualisierung einer Studie eingehender behandelt.

2.1.1. Beispiel: PONGRATZ 1964

Forschungsablauf der Untersuchung: L. PONGRATZ: Prostituiertenkinder. Umwelt und Entwicklung in den ersten acht Lebensjahren. – Stuttgart 1964.

I. Entdeckungszusammenhang

Auftraggeber	1. Die Jugendbehörde Hamburg hatte in den Jahren 1957 bis 1960 eine zunehmende Zahl von Kindern von Prostituierten zu betreuen; sie wollte mit einer Untersuchung beraten werden, wie Kindern und Müttern zu helfen sei.
Forschungsinteresse des Untersuchers	2. Aus vorangegangenen Untersuchungen an Jugendlichen mit deviantem Verhalten bestand ein Interesse an «Problemkindern», bei denen vor allem die frühkindliche Entwicklung aufgezeichnet oder rekonstruierbar war und somit anhand bestimmter Hypothesen überprüft werden konnte, ob sich die Genese von Verhaltensstörungen schon aus diesem Zeitraum herleiten läßt.

Zugleich sollten solche soziologischen Hypothesen einer Prüfung unterzogen werden, die sich generell auf den Sozialisationsprozeß in der frühen Kindheit beziehen.

Soziales Problem

3. Kinder von Prostituierten sind in dieser Gesellschaft starken Vorurteilen und daraus entstehenden Diskriminierungs- und Stigmatisierungsprozessen ausgesetzt (Peer Groups, Nachbarschaft, Schule, Behörden, Sozialarbeit), die häufig den Lebensweg dieser Kinder entscheidend zu beeinflussen scheinen.

II. Begründungszusammenhang

Theoretischer Bezugsrahmen

Sozialisationstheorien (Goode, Bossard, Kardiner, Bowlby, Erikson, Claessens)

Theorien über die Genese von Verhaltensstörungen (Aichhorn, Bovet, Brauneck, Bennett, Dührssen, Spitz)

Grundhypothesen

1. Die Grunderziehung eines Individuums, mit der ihm die kulturellen Grundverhaltensregeln anerzogen werden, findet in den ersten Lebensjahren statt. Diese Sozialisierung und der nachfolgende Sozialisationsprozeß können noch am ehesten und am günstigsten von der Kernfamilie geleistet werden, wobei der emotionalen Fundierung durch die Mutter-Kind-Beziehung als Voraussetzung für den weiteren Prozeß eine entscheidende Rolle zukommt.
Wenn Kinder diese Aufwuchsbedingungen nicht haben, dann verläuft ihre Sozialisation nicht reibungslos und störungsfrei.

2. Eine hereditäre Schädigung von Kindern einer bestimmten Personengruppe (Trinker, Kriminelle, Prostituierte) hinsichtlich ihrer Verhaltensweisen ist nicht nachzuweisen.
Wenn bei diesen Kindern deviantes Verhalten auftritt, dann liegen Störungen im Sozialisationsprozeß vor und (oder) ein von den gesellschaftlichen Normen und Wertvorstellungen abweichendes soziales Milieu.

Begriffe	*Relevante Variablen*	*Operationalisierung – Code*
Sozialisierungsbedingungen	Individuelle Zuwendung	Betreuung durch Mutter oder Mutterersatzperson Länge des Zeitraumes
	Wechsel von Erziehungsstellen	Häufigkeit radikalen Wechsels
Erziehungsmilieu	Emotionale Einstellung der Eltern	«Affenliebe», warm, ambivalent, kühl
	Erziehungsverhalten der Eltern	bestimmt, stark nachgebend, schwankend, affektiv, überkonsequent
Frühkindliche Entwicklung	Motorische Fähigkeiten	Zeitpunkt von Sitzen, Stehen, Laufen

	Verbale Fähigkeiten	Zeitpunkt des Sprechens von Wörtern, Sätzen
	Sauberkeitserziehung	Zeitpunkt der Sauberkeit (Nässen, Koten)
	Kontaktverhalten	Aktiv suchend, passiv zurückgezogen, keine «Störung» erkennbar
	Neurotische Symptome	Enuresis, motorische Unruhe, Jaktatio, Ängste, Schlafstörungen etc. unterteilt in: Häufigkeit und Rückbildung

Methoden	Auswertung von Aktenunterlagen (Sekundäranalyse) Persönliche Ermittlungen (freie Interviews mit Mutter und Mutterersatzperson, Heimerzieher, Kindern) Fragebogenerhebung (Lehrer) Neurologisch-psychologische Untersuchung (Kinder)
Datenerhebung, Auswertung und Statistische Prüfung	Die Daten der Akten, des Fragebogens und der persönlichen Ermittlungen wurden gemeinsam verschlüsselt und auf Lochkarten übertragen. Die Grundauszählung der Daten und die Anfertigung von etwa 350 Kreuztabellen, in denen die statistische Beziehung einer Variablen (z. B. Zeitpunkt der Sauberkeitsgewöhnung) zu einem zweiten Merkmal (z. B. Häufigkeit des Milieuwechsels) sichtbar wird, wurde mit der elektronischen Rechenanlage IBM 650 durchgeführt. Bei einer kleinen Grundzahl (N = 140 Fälle) wird jede statistische Datenverarbeitung problematisch. Aus diesem Grunde wurde mit der einfachsten statistischen Möglichkeit, nämlich der Häufigkeitsverteilung zwischen zwei oder drei Merkmalen, gearbeitet, die einen Vergleich von Merkmalsgruppierungen gestattet. Zur Prüfung der Abhängigkeit der Merkmale in einer Tabelle wurde der Chiquadrat-Test benutzt. Außerdem wurden zur Auswertung der verschiedenen Lebenswege der Kinder Soziographien benutzt.
Interpretation-Beschreibung-Analyse-Erklärung	1. Wechsel von Erziehungsstellen: An den häufigen Milieuwechseln, denen ein großer Teil der Kinder (zur Hauptsache wegen der Unzuverlässigkeit der Mütter, aber auch aus organisatorischen und sonstigen Gründen der betreuenden Behörde) bereits in den ersten Lebensjahren ausgesetzt waren, wird die Unsicherheit und Unstetigkeit, in der viele Kinder bereits von der Geburt an und dann oft auch in den folgenden Jahren lebten, besonders deutlich. Zur Zeit der Nachprüfung – im Alter von 7 bis 9 Jahren – mußten bei jedem 2. Kind vier oder mehr Wechsel verzeichnet werden.

Wechsel von Erziehungsstellen

Wechsel	bis zum 1. Lj. n	%	bis zum $1^1/_2$ Lj. n	%	bis 7. – 9. Lj. n	%
keinmal	59	42,2	43	30,7	15	10,7
1mal	40	28,6	39	27,9	10	7,1
2mal	22	15,7	27	19,3	22	15,7
3mal	10	7,1	10	7,1	16	11,4
4mal	6	4,3	10	7,1	23	16,5
5mal	2	1,4	5	3,6	20	14,3
6- und 7mal	1	0,7	4	2,9	12	8,6
über 7mal	–	–	–	–	19	13,6
unbekannt	–	–	2	1,4	3	2,1
Summe	140	100,0	140	100,0	140	100,0

2. *Neurotische Symptome und Beziehung zur Familien- und Heimpflege*: Am Ende des 3. Lebensjahres wies jedes zweite Kind mindestens ein neurotisches Symptom auf. Kinder, die gar nicht oder kürzere Zeit im Heim gelebt hatten, zeigten keine oder nur leichtere Verhaltensstörungen; je früher die Einzelpflege einsetzte, desto geringer waren die Verhaltensstörungen. Bei den Kindern, die bis zum Ende des 3. Jahres nicht in Einzelpflege kamen, fanden sich nicht nur die einzelnen Symptome gehäuft, sondern es waren insgesamt auch schwerer gestörte Kinder unter ihnen wie unter denen, die erst zwischen 2–3 Jahren in Familienpflege gegeben wurden, zu beobachten.

Zusammenhang zwischen Verhaltensstörungen insgesamt und dem Aufenthalt während der ersten Lebensjahre

Neurotische Verhaltens-störungen insgesamt	Summe n	%	Einzel-pflege n	%	Heim bis zu 1. od. 2. Lj. n	%	Heim bis zu 3. Lj. n	%	Heim länger als 3. Lj. n	%
keine Störungen	63	51,6	31	81,6	13	61,9	7	36,8	12	27,3
Störungen leichten Grades	39	32,0	7	18,4	8	38,1	7	36,8	17	38,6
Störungen in ausgeprägter Form	20	16,4	–	–	–	–	5	26,4	15	34,1

Hypothesen und Ergebnisse

1. Die sozial-kulturelle Entwicklung der pp-Kinder in den ersten acht Lebensjahren wird primär beeinflußt und geprägt von den jeweiligen Umweltbedingungen, unter denen sie aufwachsen.
2. Hinweise darauf, daß negative Entwicklungsverläufe wesentlich durch hereditäre Schädigung bedingt seien, fanden sich in unserem Material nicht.
3. Die Untersuchung bestätigte vielmehr, daß die Prostitution sich als sozial nachteiliger Faktor auswirkt.
4. Ist die Herkunft der pp-Kinder bekannt, dann reagiert die Umwelt hierauf mit mehr oder weniger starken Vorbehalten.
5. Die Betreuung der Kinder durch die Mutter oder Mutterersatzperson ist nach unseren Ergebnissen für die frühkindliche Entwicklung unersetzlich.
6. Die Institution Familie versagt allgemein in der Sozialisation von älteren Kindern, wenn die sozialen Verhaltensweisen und Wertvorstellungen ihrer Mitglieder von denen der Gesellschaft negativ abweichen.

III. Verwertungszusammenhang

Soziale Planung

Aufgrund der Untersuchungsergebnisse können für die Arbeit an der sozialen Praxis Rückschlüsse gezogen werden, die zur besseren Lösung der am Anfang genannten sozialen Probleme führen.

Die Ergebnisse der Untersuchung legen die Folgerung nahe, daß der Fehlentwicklung vieler Kinder von Prostituierten von vornherein durch bessere Lebensbedingungen begegnet werden könnte. Sie zu schaffen ist nun nicht in allen Fällen möglich. So sind wahrscheinlich die Bedingungen solcher Kinder, die in asozialen Familienverhältnissen der Mütter bzw. der Eltern aufwachsen müssen, kaum günstig zu verändern. Gerade dieser Personenkreis entzieht sich oft jeglicher fürsorgerischen Einwirkung. Hat jedoch der Staat von der Geburt an die Sorge für die von der Mutter verlassenen Kinder übernommen, sollte eine frühzeitige Planung und Einleitung geeigneter Maßnahmen möglich sein. Z. B.

Reduzierung der Kinderheime und Plazierung der Kinder in Familien;

Rekrutierung von neuen Pflegestellen und Vermittlung der Kinder unter anderen Bedingungen als bisher;

«Wert»-freie Adoptionsvermittlung, bei der das Hauptgewicht nicht auf die biologische Abstammung gelegt wird;

Abbau der Mutter-Kind-Ideologie.

2.2. Theorie und Hypothesen

Die Vorstellung darüber, was eine Theorie oder ein theoretischer Ansatz im Bereich der Soziologie zu leisten habe, sind zumeist anspruchsvoll und unrealistisch zugleich. Anspruchsvoll, weil damit der richtige Gedanke verbunden ist, die Erklärung eines Sachverhaltes (z. B. des disproportional niedrigen Anteils von Arbeiterkindern an Hochschulstudenten) müsse aus einer allgemeinen Theorie oder zumindest einer Vielzahl bewährter Aussagen (z. B. Schichttheorie) abgeleitet werden. Unrealistisch, weil eine solche Ableitung aufgrund des Standes der Theoriebildung nur unvollkommen möglich ist. Das notwendige Festhalten an diesem Ziel kann indessen nicht zu dem Schluß führen, den viele Soziologen zu ziehen geneigt sind: sich entweder jeweils selbst eine «Theorie» zu konstruieren oder aber die Sozialforschung solange für wenig ertragreich zu halten, wie sie noch nicht über umfassende Theorien verfügt.

Zur Begründung einer effektiveren und theoriegeleiteten Forschung läßt sich folgendes anführen:

1. Soziologische Theorie und Forschungsmethoden sind eng aufeinander angewiesen. Die Methoden empirischer Sozialforschung setzen in ihrer Anwendung soziologische Gesetze voraus, die teilweise noch gar nicht bekannt sind, aber mit Hilfe der Forschung gewonnen werden sollen. Je mehr wir beispielsweise über die Gesetzmäßigkeiten der Interaktion in bestimmten Situationen wissen, desto genauer wird unsere Kenntnis der Interaktion von Interviewer und Befragtem sein; je mehr wir über gruppendynamische Prozesse wissen, desto eher wird sich in einer Gruppendiskussion der spezielle Effekt des Themas auf den Diskussionsverlauf von den generellen Prozessen der Diskussionsverläufe trennen und feststellen lassen. Wenn wir theoretisch begründet angeben können, welche Merkmale für den Reproduktionsprozeß einer Gesellschaft bedeutsam sind, dann werden sich amtliche Statistiken auch besser als bisher erheben und in ihren Ergebnissen gliedern lassen (z. B. Publikationen des Statistischen Bundesamtes), auf die dann Sekundäranalysen zurückgreifen können. Je genauer sich demnach die methodischen Fehler bestimmen lassen, desto eher ergeben die Untersuchungen auch brauchbare Prüfungen von Hypothesen und produzieren gültige Resultate statt methodische Artefakte.

Mit diesem Problem sind angesichts ihres Entwicklungsstandes die Sozialwissenschaften stärker konfrontiert als die Naturwissenschaften, wenngleich die Interdependenz von Methode und Theorie für jede Wissenschaft gilt. Wie Lakatos (1970, S. 98) darlegt, hat Galilei der Annahme von Aristoteles, die Himmelskörper bestünden aus Kristallkugeln, widersprochen, weil er mit Hilfe seines Fernrohrs Berge auf dem Mond und Flecken auf der Sonne beobachten konnte. Diese Beobachtungen beruhten auf der Zuverlässigkeit des Fernrohrs, dieses wiederum auf der Gültigkeit optischer Gesetze, die Galilei noch gar nicht kannte.

Der Fortschritt der soziologischen Theorie ist demnach ohne einen Fortschritt der Methoden – wenn auch nicht ausschließlich – nicht möglich und umgekehrt. Die Anwendung der Methoden setzt teilweise voraus, was LAKATOS (1970, S. 106 f.) analog zu Galileis Situation «background knowledge» (oder «background ignorance») nennt.

2. Wir können beim gegenwärtigen Stand der Soziologie nur auf Teil-Theorien zurückgreifen, z. B. Systemtheorien, Verhaltenstheorien oder Theorien für einzelne Handlungsbereiche, z. B. abweichendes Verhalten, Bezugsgruppentheorie, Gruppendynamik, ökologische Theorien. MERTON hat hierfür den Ausdruck «Theorien mittlerer Reichweite» geprägt, womit im wesentlichen die auf Bereiche begrenzte raum-zeitliche Gültigkeit (und Anwendungsmöglichkeit) gemeint ist. In anderen Bereichen, z. B. dem der Sexualität, steht eine Vielzahl deskriptiver Untersuchungen relativ unverbunden neben den theoretischen Ansätzen von FREUD, REICH oder den Lerntheorien. Die Untersuchungen wurden in fast allen Fällen nicht durchgeführt, um eine der Theorien oder einzelne ihrer Hypothesen zu testen, sondern um den Handlungsbereich zu beschreiben. Gelegentlich werden dann die Ergebnisse im nachhinein mit Hilfe einzelner Hypothesen aus den vorhandenen Theorien «erklärt». Es handelt sich dann bestenfalls um ex-post-facto- oder um ad-hoc-Erklärungen. (Zur Logik solcher Erklärungen vgl. HEMPEL 1965, S. 428, MERTON 1957, S. 93 ff., NAGEL 1961, S. 456 ff.; ein gutes Beispiel gibt PORTES 1971.)

3. In einem strengen methodologischen Sinne sind einige der genannten Teil-Theorien gar keine Theorien. Es sind vielmehr enorm aufwendige Klassifikationssysteme (z. B. PARSONS' Systemtheorie) oder mehr oder minder klar verbundene Annahmen mit zum Teil uneinheitlich definierten Begriffen (z. B. Bezugsgruppentheorie, ökologische Theorien).

Es fehlt ein Paradigma, d. h. eine vorherrschende Theorie, ein Forschungsprogramm (POPPER 1970, S. 55, 68) oder ein bewährtes und etabliertes Muster zur Problemlösung (KUHN 1972, MASTERMAN 1970, S. 68 f.), wie es für den «normalen» Wissenschaftsprozeß erforderlich ist. Infolgedessen entsteht die Tendenz, nicht anhand eines Paradigmas Aussagen zu testen, um es weiter zu entwickeln, sondern um stets neue Paradigmen zu konkurrieren. Gerade in der Soziologie scheint der Wunsch zu bestehen, ständig das zu treiben, was KUHN «extraordinary science» oder wissenschaftliche Revolutionen nennt, ehe noch eines der vorgeschlagenen Paradigmen überhaupt hinreichend geprüft wurde. Damit erhöht sich die Bedeutung des Entdeckungszusammenhangs derart zuungunsten der Begründung, daß auch eine Verwertung der Ergebnisse kaum oder nur scheinbar möglich wird (vgl. auch Abschn. 1.1.).

4. Angesichts dieser Probleme erscheint es sinnvoller, die Forschung dort, wo formulierte Theorien oder zumindest empirische Regelmäßigkeiten für einen Handlungsbereich vorliegen, auch auf diese zu beziehen. Wo das nicht möglich ist, sollten die Aussagen, die in den bestehenden Ansätzen und/

oder ihren verdeckten Annahmen enthalten sind, expliziert werden, um daraus Hypothesen zu gewinnen. Die Konzeptualisierung einer Studie sollte sich daher jeweils den vorhandenen Untersuchungen und bestehenden Theorien anschließen, um wissenschaftlichen Fortschritt zu ermöglichen. Unsere Einsicht in gesellschaftliche Strukturen und Prozesse vergrößert sich nicht, wenn bereits in die Annahmen die Möglichkeit ihrer Falschheit durch unklare Formulierungen eingebaut wird, sondern gerade durch präzise Hypothesen, die test- und widerlegbar sind. Die Aussage «Die Bodenpreise bedingen die Art der Nutzung eines Stadtgebietes» ist wichtig, hat aber nur orientierende Bedeutung, weil sie auf einen Zusammenhang hinweist; worum es ginge, wäre eine Aussage über die Art des Zusammenhangs und darüber, unter welchen Bedingungen sie welche Form annimmt. Eindringlich hat HOMANS (1967, S. 18) darauf hingewiesen: «We are always getting around to saying something we never actually come out with. But sooner or later a science must actually stick its neck out and say something definite. If there is a change in x, what sort of change will occur in y? Don't just tell me there will be *some* change. Tell me *what* change. Stand and deliver!»

In den folgenden Abschnitten werden Grundzüge der Aussagenformulierung (Abschn. 2.2.1), der Hypothesenprüfung (Abschn. 2.2.2) und der Begriffsbildung (Abschn. 2.3) dargestellt.

2.2.1. Zur Struktur von Aussagen und Erklärungen

Jede Theorie ist ein System von Aussagen. Eine genauere Definition lautet: *Theorie ist eine Menge logisch miteinander verbundener widerspruchsfreier Hypothesen.* Sie enthält eine Reihe unabhängiger Aussagen (Axiome), aus denen weitere Aussagen (Gesetze und Theoreme) mit Hilfe von Regeln abgeleitet werden. Eine sehr plastische Darstellung der wissenschaftlichen Theorie und ihrer Bestandteile hat HEMPEL (1952, S. 36) gegeben, die er mit einem räumlichen Netzwerk vergleicht:

«Ihre Begriffe sind durch Knoten repräsentiert, wobei die sie verbindenden Fäden zum Teil den Definitionen und zum Teil den fundamentalen und den abgeleiteten Hypothesen, die die Theorie enthält, entsprechen. Das ganze System schwebt über der Ebene der Beobachtung und ist in ihr verankert durch Regeln der Interpretation. Diese lassen sich als Bänder bezeichnen, sie sind keine Bestandteile des Netzwerkes, sondern verbinden bestimmte Punkte hiervon mit bestimmten Stellen der Beobachtungsebene. Mit Hilfe dieser interpretativen Verbindungen kann das Netzwerk als wissenschaftliche Theorie funktionieren: Von gewissen Beobachtungsdaten kann man über ein Band der Interpretation zu einem Punkt des theoretischen Netzwerkes aufsteigen, von dort aus durch Definitionen und Hypothesen zu anderen Punkten gelangen, von denen aus ein anderes Interpretations-Band einen Abstieg auf die Ebene der Beobachtung gestattet.»

Bestandteile einer Theorie sind demnach zwei Klassen von Aussagen (Axiome und Gesetze) und zwei Klassen von Begriffen (Grundbegriffe und definierte Begriffe) sowie die Transformations- oder Ableitungsregeln.

Unter Axiome (oder Postulate, Prämissen) lassen sich solche Aussagen fassen, die als generelle Hypothesen einer Theorie zugrunde liegen und selbst *nicht* aus anderen Aussagen ableitbar sind. An sie sind nach Popper (1966, Abschn. 16) vier Anforderungen zu stellen: 1. Die Axiome müssen widerspruchsfrei sein (sowohl in sich wie untereinander); 2. sie müssen logisch unabhängig voneinander sein, kein Axiom darf sich aus dem anderen ableiten lassen; 3. die Menge der Axiome muß hinreichend und 4. notwendig sein, um die anderen Aussagen der Theorie daraus abzuleiten; Axiome dürfen also keine überflüssigen Aussagen enthalten.

Das Kriterium, nur solche Aussagen als Axiome zu bezeichnen, die sich selbst nicht aus anderen Aussagen logisch ableiten lassen, trennt demnach Axiome von den Theoremen oder Hypothesen des Aussagensystems «Theorie». Damit ist noch nicht entschieden, welche Arten von Begriffen diese Axiome enthalten und welchen Realitätsbezug sie haben sollen. Dazu bestehen zwei Vorschläge: Axiome als per Konvention akzeptierte Sätze oder als empirische Hypothesen zu betrachten. Die Diskussion hierüber dürfte gezeigt haben, daß in den axiomatischen Aussagen Begriffe verwendet werden müssen, die nicht oder nur implizit definierbar sind, also nur einen eingeschränkten Gebrauch der Begriffe durch ihre Verwendung in der Aussage festlegen. Durch Ableitungsregeln stehen solche Begriffe in Beziehung zu anderen, die in Hypothesen weniger universeller Art auftreten. Ihr Gebrauch ist methodologisch daher nicht nur einschränkbar, sondern kann auch durch die in den Hypothesen enthaltenen Begriffe einen empirischen Gehalt bekommen. Beispiele hierfür sind Begriffe wie Elektron, Energie, Gesellschaft, Kultur. Vor allem die Arbeiten Carnaps haben gezeigt, daß solche Begriffe notwendig sind, um eine Theorie zu entwickeln. Das schließt im Einzelfall nicht aus, sie im Prozeß der Entwicklung einer Wissenschaft präzisieren zu können.

Die Axiome einer Theorie lassen sich am ehesten durch die Formalisierung aller Aussagen einer Theorie ermitteln (vgl. hierzu Autorenkollektiv Leipzig 1968, Kap. V, Albert 1957, S. 52, Opp 1970, Kap. VII). Die Axiomatisierung einer Theorie hat den Vorteil, die Konsequenzen für die einzelnen Aussagen besser überprüfen zu können, indem man eine logische Ordnung vornimmt und so ihre Widerspruchsfreiheit untersucht (Albert 1957, S. 52). Diese Möglichkeit dürfte aber erst dann sinnvoll sein, wenn genügend Aussagen und entsprechende empirische Untersuchungen vorliegen. Ein Beispiel für die Axiomatisierung einer Theorie ist die euklidische Geometrie oder die Hilberts für Teile der physikalischen Theorie.

Der Aufbau einer Theorie ist abhängig von der Struktur der Aussagen, die in sie eingehen. Folgende Aussagen sollen unterschieden werden:

1. *Existentielle Sätze:* Aussagen der Art «Hier ist ...», z. B. «Dieses ist eine kinderreiche Familie», «Dieser Mann ist ein Arbeiter» oder «Es gibt eine Organisation ohne Hierarchie».
2. *Universale Sätze:* Aussagen der Art «Alle Menschen sind sterblich» und die meisten naturwissenschaftlichen Gesetze.
3. *Singuläre Sätze:* Aussagen der Art «Alle Mitglieder der Organisation haben ein Einkommen über DM 1200,–», «23jährige Facharbeiter sind mit dem erreichten Schulabschluß häufiger unzufrieden als 23jährige un- und angelernte Arbeiter».

Aussagen der ersten Art beziehen sich auf einen bestimmten Sachverhalt, das Prädikat «Arbeiter» wird einer Person zugeschrieben. In den Aussagen der zweiten Art wird ein Prädikat einer unbegrenzten Menge von Individuen zugeschrieben. Aussagen der zweiten Art sind All-Aussagen oder nach POPPER (1966, Abschn. 13) strikt universale Aussagen. POPPER unterscheidet sie von numerisch universalen Aussagen, wie z. B. «Alle Bürger der BRD sprechen deutsch», da letztere Aussage sich auf eine endliche Menge von Personen in einem bestimmten Gebiet bezieht, eine Menge, die sich – wie lange es auch dauern mag – in ihrem Umfang ermitteln läßt. Das ist bei strikt universalen Aussagen nicht möglich.

In allen drei Aussagen werden einem Objekt oder einer Klasse von Objekten ein oder mehrere Merkmale, ein oder mehrere Prädikate, zugeschrieben. Strikt existentielle und strikt universale Aussagen haben keinen Raum-Zeit-Bezug; dieser kennzeichnet die singulären Sätze. Prinzipiell ohne Raum-Zeit-Bezug sind auch kombinierte All- und Existenzaussagen, wie z. B. «Jedes Kind hat einen Vater» (OPP 1970, S. 26). Jedem Objekt können also ein oder mehrere Prädikate zugeschrieben oder nicht zugeschrieben werden; die Zuschreibung kann zudem graduell erfolgen, z. B. das Ausmaß der politischen Aktivität anhand des Besuchs von Parteiveranstaltungen oder einer Indexzahl.

Aussagen, die weder strikt existentielle noch strikt universale sind, haben einen räumlich-zeitlichen Bezug; bei diesen singulären Aussagen wird das Prädikat nur einer räumlich und/oder zeitlich begrenzten Teilmenge der Objekte zugeschrieben. So gilt die Aussage über die unterschiedliche Bewertung des Schulabschlusses bei den beiden Arbeitergruppen (zunächst) nur für 23jährige.

Nach den bisher genannten Kriterien sind also die räumlich-zeitliche Geltung und der Grad, in dem das Prädikat einer Objektmenge zugeschrieben werden kann, entscheidend. Um das zu erreichen, muß eine möglichst genaue Definition der verwendeten Begriffe erfolgen. Dieses Problem wird im Abschn. 2.3 behandelt. Es ergibt sich eine weitere Unterteilung der singulären Aussagen:

a) *Deterministische oder nomologische Aussagen:* Aussagen der Art «Für alle X gilt das Prädikat P», z. B. «Alle Gesellschaften haben ein System sozialer Schichtung».

b) *Statistische oder probabilistische Aussagen:* Aussagen der Art «Für einen Teil von X gilt das Prädikat P», z. B. «Viele Gesellschaften haben ein System sozialer Schichtung» oder «95 % aller Gruppen zerfallen, wenn sie ihr Ziel nicht erreichen können».

Die erste Art von Aussagen ist in den Sozialwissenschaften relativ selten, die zweite relativ häufig. Sie bezieht sich zumeist auf empirische Regelmäßigkeiten, die aufgrund von Forschungsergebnissen formuliert wurden. Verwendet man die eine oder andere Art von Aussagen als Gesetze bei Erklärungen, so hat dies wichtige Konsequenzen für die Erklärungskraft (vgl. den folgenden Abschnitt).

Ziel einer Wissenschaft ist die Entwicklung eines Aussagesystems, das Erklärungen für möglichst viele spezifizierte Objekt- und damit Problembereiche liefert. Die Erklärung geschieht nicht mit Hilfe von Begriffen, indem man beispielsweise ein bestimmtes Verhalten als «Sozialisation» bezeichnet, sondern durch Aussagen, in die die Begriffe eingehen. Erklären heißt eine Begründung geben, warum ein bestimmtes Ereignis auftritt. Diese Begründung kann in deduktiv-nomologischer oder induktiv-statistischer Form erfolgen.

Die Struktur einer *deduktiv-nomologischen* Erklärung läßt sich anhand des nachfolgenden Schemas angeben; es geht auf die Fassung von HEMPEL & OPPENHEIM zurück (vgl. hierzu u. a. HEMPEL 1965, S. 335 ff., OPP 1970, Kap. III, STEGMÜLLER 1969, I, S. 86 ff.).

In dem Beispiel im Abschnitt 1.6 war von Scheidungsquoten die Rede. Anhand der Statistiken ließe sich die singuläre Aussage formulieren: «In der BRD ist die Scheidungsquote hoch.» Erklärt werden soll nun, warum die Scheidungsquote in der BRD hoch, in Italien hingegen niedrig ist. Die oben verwendete Erklärung lautete, daß die Scheidungsgesetze in der BRD nicht streng seien, wofür der Ausdruck «freizügig» verwendet werden soll. Eine korrektere Formulierung der Argumentation würde dann lauten:

In der BRD sind die Scheidungsgesetze freizügig.
Wenn in einem Land die Scheidungsgesetze freizügig sind, dann ist die Scheidungsquote hoch.

Die Scheidungsquote in der BRD ist hoch.

Die Aussage «In der BRD sind die Scheidungsgesetze freizügig» stellt die Antezedens- oder Randbedingung der Erklärung dar, die Aussage «Wenn in einem Land die Scheidungsgesetze freizügig sind, dann ist die Scheidungsquote hoch» ist eine Gesetzesaussage; die Aussage «Die Scheidungsquote in der BRD ist hoch» ist der zu erklärende Sachverhalt. Die Erklärung einer singulären Aussage wird demnach aus zwei anderen Klassen von Aussagen abgeleitet (deduziert). Die allgemeine Struktur einer deduktiv-nomologischen Erklärung gibt Übersicht 3 wieder.

Übersicht 3: *Schema der deduktiv-nomologischen Erklärung*

Antezedensbedingungen	$A_1 \ldots, A_n$	Explanans
Gesetze	$G_1 \ldots, G_n$	
Zu erklärender Sachverhalt	E	Explanandum

Die Gesetzesaussage hat zwei Teile, eine Wenn-Komponente und eine Dann-Komponente (oder Je-desto-Komponenten). Entsprechend lassen sich auch ursprünglich anders formulierte Aussagen transformieren. Die Aussagen, die die Antezedensbedingungen beschreiben, und die Aussagen des jeweiligen Explanandums sind singuläre Sätze.

Die Beziehung zwischen Gesetzesaussage(n) und Antezedens-Aussage(n) besteht darin, daß die Objekte der Antezedensaussage eine räumlich-zeitliche Teilmenge der in der Gesetzesaussage genannten Objektmenge sind (in dem Beispiel oben: Die BRD ist ein Teil der Menge «Länder»). Gesetzesaussage und Explanandum hingegen sind durch die Prädikate verbunden: Die Prädikate in der Gesetzesaussage und in der Explanandum-Aussage müssen entweder identisch sein oder aber das Prädikat der Gesetzesaussage muß im Prädikat der Explanandum-Aussage enthalten sein. Opp (1970, S. 35) erläutert diese Forderungen sehr eingehend; für die zweitgenannte Forderung gibt er das Beispiel, das Prädikat «abweichendes Verhalten» sei umfassender als das Prädikat «kriminelles Verhalten», so daß das letztere im ersteren enthalten ist, nicht aber umgekehrt.

Dieses Schema der Erklärung setzt voraus, daß die Klassen der bezeichneten Objekte und der bezeichneten Prädikate nicht leer sind. Weitere Bedingungen sind (Stegmüller 1969, S. 86):

«B_1. Das Argument, welches vom Explanans zum Explanandum führt, muß *korrekt* sein.

B_2. Das Explanans muß *mindestens ein allgemeines Gesetz* enthalten (oder einen Satz, aus dem ein allgemeines Gesetz logisch folgt).

B_3. Das Explanans muß einen *empirischen* Gehalt besitzen.

B_4. Die Sätze, aus denen das Explanans besteht, müssen *wahr* sein.»

Häufig werden zur Erklärung einer singulären Aussage mehrere Gesetze herangezogen. In dem obengenannten Beispiel ließe sich noch folgende Gesetzeshypothese anwenden: «Wenn eine Religion Scheidungen verbietet und wenn die Mitglieder einer Gesellschaft Anhänger dieser Religion sind, dann ist die Scheidungsquote niedrig.»

Das aufgeführte Schema läßt sich auch dann verwenden, wenn es nicht um die Erklärung einer singulären Aussage geht, sondern um die Erklärung einer Gesetzesaussage mit Hilfe noch allgemeinerer Gesetzesaussagen. In diesem Falle bedarf es keiner Zuhilfenahme von Antezedensaussagen, was die Bedingung B_2 ausdrückt. In dem Ehescheidungsbeispiel wäre dann zu erklären, warum die Gesetzeshypothese gilt, daß bei freizügigen Scheidungsgesetzen die Scheidungsquote hoch ist. (Die empirische Prüfung von Hypothesen und Erläuterung der angeführten Bedingungen erfolgt im Abschnitt 2.2.2.).

Das deduktiv-nomologische Schema der Erklärung legt deterministische Aussagen zugrunde. Demgegenüber ist die *induktiv-statistische* Erklärung durch statistische Gesetzesaussagen gekennzeichnet. Die Erklärung der singulären Aussage «Person X ist gewerkschaftlich organisiert» könnte z. B. folgendermaßen lauten:

Von den Personen, die das Merkmal «Arbeiter» haben, haben 40 Prozent das Merkmal «gewerkschaftlich organisiert».
Person X hat das Merkmal «Arbeiter».

═══════════════════════════════════

Person X ist gewerkschaftlich organisiert.

Es ist offensichtlich, daß diese *statistische Erklärung* nicht hinreichend ist; denn selbst wenn der Prozentsatz organisierter Arbeiter bei 95 Prozent läge, könnte Person X noch immer zu den restlichen 5 Prozent gehören, auf die das Merkmal nicht zutrifft. Die Erklärung mit Hilfe des statistischen Gesetzes ist nur wahrscheinlich. Ebenso verhält es sich mit der folgenden Erklärung:

5,5 Prozent aller lebend Geborenen in der BRD wurden 1970 unehelich geboren.
Person X ist 1970 in der BRD geboren.

═══════════════════════════════════ 5,5 %

Also ist Person X mit 5,5 Prozent Wahrscheinlichkeit unehelich geboren.

Der Prozentsatz neben dem Doppelstrich gibt an, wie groß die Erklärungskraft des Explanans für das Explanandum ist; die *induktive Wahrscheinlichkeit* (Carnap) beträgt in dem Beispiel 5,5 Prozent. In der deduktiven Erklärung war der Schluß vom Explanans auf das Explanandum sicher, da es sich um deterministische Gesetzesaussagen handelte. Im induktiven Schluß enthält das verwendete Gesetz eine *statistische* Wahrscheinlichkeit. Die (davon unterschiedene) *induktive* Wahrscheinlichkeit gibt nun den Grad der Sicherheit oder Bestätigung des Explanandums relativ zu den Aussagen des Explanans an. Der Schluß ist nicht sicher, sondern nur wahrscheinlich.

Derartige Erklärungen können allerdings zu Widersprüchen und Rivalitäten führen. Dieser Fall tritt in den sozialwissenschaftlichen Forschungen relativ häufig auf. Ein Beispiel:

Jugendliche aus Erziehungsheimen werden zu 80 % straffällig.
X ist ein Jugendlicher aus einem Erziehungsheim.

═══════════════════════════════ 80 %

X wird mit 80 % Wahrscheinlichkeit straffällig.

Jugendliche mit Abitur werden zu 80 % nicht straffällig.
X ist ein Jugendlicher mit Abitur.

═══════════════════════════════ 80 %

X wird mit 80 % Wahrscheinlichkeit nicht straffällig.

Die «Mehrdeutigkeit» (HEMPEL) statistischer Erklärungen führt zu Widersprüchen, auch wenn beide Gesetze wahr sind. Es entsteht die Frage, welche der verwendeten Gesetzesaussagen in der Theorie wie deren Anwendungen künftig benutzt werden sollen. Zur Lösung des Problems bietet sich eine Reihe von Vorschlägen an:

1. Man arbeitet zunächst eher mit derjenigen statistischen Gesetzesaussage weiter, die eine größere induktive Wahrscheinlichkeit aufweist. Das löst indessen nicht das Problem bei widersprüchlichen Gesetzesaussagen oder Gesetzesaussagen mit gleicher oder annähernd gleicher Wahrscheinlichkeit.
2. Man spezifiziert anhand einer weiteren statistischen Hypothese die Aussagen für die jeweils engere Bezugsklasse von Objekten (STEGMÜLLER 1969, I, S. 665); in dem Beispiel: Abiturienten mit Heimerziehung, resp. sonstige Jugendliche aus Erziehungsheimen mit Abitur. Diejenige der ursprünglichen Gesetzesaussagen mit der höheren induktiven Wahrscheinlichkeit sollte dann weiter verwendet werden. Dieser Weg wird in den Sozialwissenschaften häufig eingeschlagen, wenn auch nicht immer expliziert.
3. Besteht ein solches Einschlußverhältnis zwischen den Objekten zweier (oder mehrerer) rivalisierender statistischer Gesetzeshypothesen nicht, sollten beide beibehalten werden (STEGMÜLLER 1969, I, S. 666).

Die auf HEMPELS (1969, S. 394 ff.) «Regeln der maximalen Bestimmtheit» zurückgehenden Vorschläge (2) und (3) bieten ein Kriterium zur Annahme statistischer Erklärungen anhand des jeweils vorhandenen Wissensstandes resp. der akzeptierten Aussagen. Strenggenommen handelt es sich nicht um Erklärungen, sondern um induktiv-statistische *Begründungen* (vgl. hierzu die Diskussion der HEMPELschen Regel: STEGMÜLLER 1969, I, Abschn. 13).

Erklärungen mit Hilfe statistisch-induktiver Gesetzesaussagen sind nicht nur in den Sozialwissenschaften sinnvoll (vgl. ALBERT 1957, S. 51, BRAITHWAITE 1953, OPP 1970, S. 48), sondern auch in den Naturwissenschaften, und sogar erforderlich, wie z. B. die MENDELschen Vererbungsgesetze oder die Quantenphysik zeigen. Man sollte sich nur über ihre Begrenzungen im klaren sein.

Auf die Darstellung anderer Formen der Erklärung (u. a. historische, teleologische) sei hier verzichtet; sie sind ausführlich behandelt z. B. bei HEMPEL (1965), NAGEL (1961) und STEGMÜLLER (1969).

2.2.2. Die Prüfung von Hypothesen und Theorien

Die bisherige Darstellung hat sich auf Aussagen als Elemente einer Theorie und auf Erklärungsmodelle bezogen. An ihr wurde erkennbar, daß Theorien zahlreiche Gesetze von unterschiedlicher Allgemeinheit enthalten. Die Forderung nach Widerspruchsfreiheit der Aussagen einer Theorie beinhaltet nicht, wie gelegentlich eingewendet worden ist, nicht auch empirisch widersprüchliche Sachverhalte erklären zu können.

Jede Theorie stellt einen Rekonstruktionsversuch der Zusammenhänge in einem bestimmten Objektbereich oder Realitäts*ausschnitt* dar. (Die Gesetze der Optik erklären nicht das Verhalten in kleinen Gruppen.) Es wäre irrig anzunehmen, Realität existiere nur insoweit, als sie von der Wissenschaft erforscht worden ist, was gleichbedeutend wäre mit dem Satz, die Menge wissenschaftlicher Aussagen bilde die Menge jeweils aller Aussagen über die Realität. In die wissenschaftliche Theoriebildung gehen vielmehr Vorkenntnisse und Vorverständnis der Realität, also nicht-wissenschaftliche Aussagen ein. Worum es in der Wissenschaft geht, ist die systematische Ersetzung des Vorverständnisses durch fundierte Aussagen, durch ein kohärentes Aussagesystem, dessen *Rekonstruktionsregeln* expliziert, nachvollziehbar und kritisierbar sein sollen. Theorien wie einzelne Hypothesen stellen zunächst selbst Vorurteile dar, die sich an der Realität und den logischen Regeln bewähren sollen. Jede Theorie ist insofern ein Forschungsprogramm (oder Paradigma), das den Prozeß der Forschung lenkt und bestimmte Hilfsmittel (z. B. Definitionen, Gesetze) hierfür zur Verfügung stellt. Rekonstruktionsregeln und Forschungsinstrumente entstehen, wie bereits weiter oben angeführt, infolge eines kommunikativen Prozesses zwischen Wissenschaftlern und dem Objekt, das sie konstituieren wollen (z. B. Beobachtungsinstrumente oder Interpretationsregeln).

Der häufige Gebrauch der Bezeichnung «methodologische Regel» verdeutlicht, daß die Wissenschaftstheorie den ständigen Versuch unternimmt, Regeln zur Formulierung von Aussagen und wiederum Regeln für diese Regeln zu geben. Die Anstrengung richtet sich darauf, mit Hilfe logischer Operationen und pragmatischer Vorschläge sowohl bloßer Spekulation wie einem naiven Empirismus zu entgehen.

Gerade angesichts der Erfolge der Naturwissenschaft, deren praktische Verwertung ohne die Gültigkeit ihrer Theorien nicht denkbar wäre, treten zahlreiche Probleme bei der methodologischen Rekonstruktion der Regeln auf, die dem Vorgehen dieser Wissenschaften zugrunde liegen (z. B. die Verwendung statistischer Gesetze). In der Diskussion wird immer deutlicher, daß die methodologische Struktur naturwissenschaftlicher und sozialwissenschaftlicher Erkenntnis gleich ist; zugespitzt: die HEISENBERGsche Unschärferelation und die Verzerrung beim Interview werfen die gleichen erkenntnistheoretischen Probleme auf. Es hat sich längst als ein naiver Fehlschluß erwiesen, die erkenntnistheoretischen Probleme der Naturwissenschaften zu unterschätzen und die der Sozialwissenschaften zu überschätzen.

Akzeptiert man überhaupt das Ziel der Wissenschaft, mit Hilfe intersubjektiv überprüfbarer Aussagen zu Erkenntnissen und von dieser Basis zu begründeter Praxis zu gelangen, dann gibt es keine Alternative zu der genannten Anstrengung – welche Kritik an einzelnen methodologischen Vorschlägen auch immer erforderlich sein mag.

Das Verhältnis von Theorie und Realität hat POPPER (1963, S. 108) in folgender Weise darzustellen versucht:

Übersicht 4: *Verhältnis von Theorie und Realität nach* POPPER (1963)

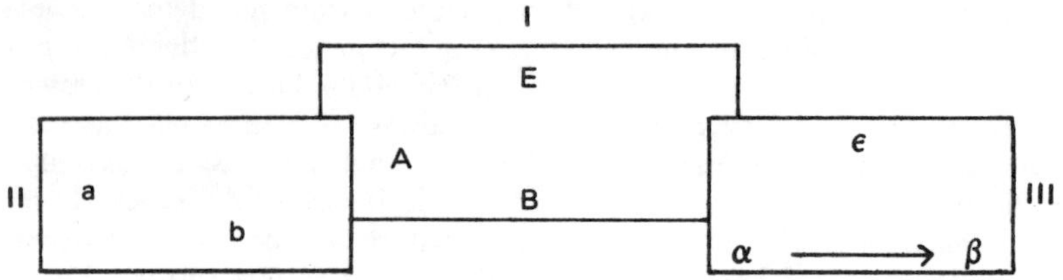

I : Universum der *essentiellen* Realität («Ding an sich»),
II : Universum der *beobachtbaren* Phänomene,
III : Universum der *beschreibenden Sprache* und der *symbolischen Darstellung.*
a, b : isolierte Tatbestände oder Ereignisse (z. B. Gold, Ansehen).
A, B : die korrespondierenden Wirklichkeiten hinter diesen Erscheinungen (z. B. Macht).
α, β : die Beschreibungen oder Darstellungen (Modell).
E : das «Wesen» von A, B, der «wahre» Zusammenhang.
ε : die beschreibende Theorie.

Nun können wir aus ε (Gesetz) und α (Antezedensbedingungen) β ableiten.

Aus dieser Darstellung wird erkennbar, daß Theorien in unterschiedlicher Weise die Realität beschreiben können, da mehrere Erklärungs-(Aussagen-)Systeme möglich sind. Die entscheidende Frage der erkenntnistheoretischen Diskussion, insbesondere der letzten 50 Jahre, war daher, wie Aussagen, Theorien und rivalisierende Theorien geprüft werden können: Welcher Erfahrungsgehalt oder welche empirische Basis sind erforderlich, um eine Aussage zu akzeptieren? – Welches Kriterium gibt es, um zu entscheiden, ob eine Aussage wahr oder falsch ist?

Einige der wichtigsten Argumentationen dieser Diskussion seien hier knapp dargelegt; es handelt sich dabei zum großen Teil um Entwicklungen, die insbesondere auf den Arbeiten des «Wiener Kreises», auf POPPERS (1966) 1934 zuerst erschienenem Werk «Logik der Forschung» und auf CARNAP aufbauen.

1. Es ist nicht möglich, strikt universale Aussagen (All-Aussagen) zu bestätigen. Da diese Aussagen keinen Raum-Zeit-Bezug haben, wäre es notwendig, alle Objekte der in der Aussage enthaltenen Objektmenge ausfindig zu machen, um zu prüfen, ob die Aussage wahr ist. Soll zum Beispiel die Aussage «Alle Gesellschaften haben ein System sozialer Schichtung» eine solche strikte universale Aussage sein, so wäre der Beweis der *Wahrheit* unmöglich, weil man alle vergangenen, gegenwärtigen und zukünftigen Gesellschaften daraufhin zu untersuchen hätte, ob sie ein System sozialer Schichtung haben. (Die *Vorstellung*, es könnte oder sollte eine derartige Gesellschaft geben, wäre indessen auch kein Beweis für die Unwahrheit des Satzes.)

2. Strikt existentielle Aussagen lassen sich nicht als falsch (unwahr) erweisen. Der Aussage «Es gibt eine kinderreiche Familie», die ebenfalls keinen räumlich-zeitlichen Bezug hat, könnte erneut nur nach einem endlosen Suchprozeß widersprochen werden, dessen Resultat zu sein hätte, es gäbe keine solche Familie. Die *Unwahrheit* dieser Aussage kann also nicht bewiesen werden.

3. Es besteht demnach eine *Asymmetrie* (Popper 1966, Abschn. 15) zwischen strikt universalen und strikt existentiellen Aussagen: Universale Aussagen lassen sich nicht als wahr erweisen (verifizieren), existentielle Aussagen nicht als unwahr (falsifizieren). Vielmehr gilt: Universale Aussagen sind falsifizierbar, existentielle Aussagen verifizierbar.

4. Damit ist ein Abgrenzungskriterium (Demarkationskriterium) gewonnen, um universale Aussagen zu überprüfen, nämlich ihre Falsifizierbarkeit. Jede universale Aussage stellt die Behauptung auf, daß ein bestimmtes Prädikat allen Elementen einer bezeichneten Objektmenge zukommt. In dem Beispiel oben lautet die Behauptung, es gäbe *keine* Gesellschaft *ohne* ein System sozialer Schichtung. Läßt sich eine solche Gesellschaft finden (= existentielle Aussage: «Es gibt eine Gesellschaft ohne soziale Schichtung»), so ist die universale Aussage falsifiziert. *Eine nicht-falsifizierte Aussage soll «bewährt» heißen.*

5. Aussagen oder Theorien würden dann dadurch falsifizierbar, daß angegeben wird, unter welchen Bedingungen welche auf Beobachtung beruhenden Aussagen der Theorie widersprechen (Popper 1963, S. 38). Dies führt zu dem Problem des Informationsgehalts von Aussagen und Theorien.

6. Wie sich aus (4) entwickeln läßt, sind singuläre (und intersubjektiv überprüfbare) Aussagen geeignet, Gesetzesaussagen oder einer Theorie zu widersprechen. Es gibt maximal unendlich viele solcher singulären Sätze im Falle der strikt universalen Aussagen für die jeweils genannte Objektmenge (im Beispiel oben: «Alle Gesellschaften ...»). Entsprechend ist der Informationsgehalt (oder: der empirische Gehalt) einer Aussage gleich der Klasse der singulären Aussagen, die sie ausschließt (die sie widerlegen können), d. h. gleich der Klasse ihrer potentiellen Falsifikatoren. Voraus-

setzung der Falsifizierbarkeit ist, daß die Klasse der potentiellen Falsifikatoren nicht leer ist (POPPER 1966, Kap. VI, sowie die Darstellung bei OPP 1970, Kap. VI).

7. Der Informationsgehalt deterministischer Aussagen ist größer als der von statistischen Aussagen, da bei letzteren nur gesagt wird, daß das Prädikat in einer bestimmten Zahl von Fällen (Elementen) dem Objekt (der Objektmenge) zugeordnet ist. Aus diesem Grund lassen sich zunächst statistische Aussagen nicht falsifizieren, da ja von vornherein gesagt ist, daß es Fälle gibt, für die die Aussage nicht zutrifft. Es gibt mithin für die bezeichnete Objektmenge singuläre Sätze, die als Falsifikatoren dienen können, wie solche, die nicht dazu dienen können. Eine methodologische Regel, dennoch statistische Aussagen zu falsifizieren, gibt POPPER (1966, Abschn. 68).

8. LAKATOS (1970, S. 106 ff.) weist unter Berufung auf POPPER auf zwei Schwierigkeiten hin. Zum einen wird nicht zwischen zwei rivalisierenden Erklärungen oder Theorien aufgrund eines Experiments oder einer falsifizierten Existenzaussage sogleich die eine oder andere Theorie fallengelassen. Man wird vielmehr mit «ceteris paribus»-Klauseln arbeiten, d. h. mit einer zusätzlichen Aussage im Explanans derart: Das Gesetz gilt nur, wenn alle anderen Bedingungen konstant sind. Damit wird die Widerlegung einer Theorie erschwert. Zum anderen muß man berücksichtigen, daß in die Forschungsmethode Theorien eingehen (siehe oben) und somit auch in die Interpretation. LAKATOS schlägt deshalb vor, von *«methodologischem Falsifikationismus»* zu sprechen: Wissenschaftler einigen sich darüber, welche singulären (oder Beobachtungs-)Aussagen zur Falsifikation dienen, wobei diese Aussagen gewonnen werden aufgrund der zur Zeit verfügbaren Methoden, so daß jeder, der sie beherrscht, entscheiden kann, ob die Aussagen akzeptierbar sind.

9. Ausgehend von der Möglichkeit unterschiedlicher Erklärungen ist von einigen Wissenschaftstheoretikern ein Programm des «theoretischen Pluralismus» entwickelt worden (FEYERABEND 1968, LAKATOS 1970; vgl. SPINNER 1968): Es gibt konkurrierende Theorien oder «Forschungsprogramme» mit *gleichen* methodologischen Rekonstruktionsregeln, über die erst entschieden werden kann, wenn sie sich hinreichend entwickelt haben.

10. Eine *Theorie* (ein Aussagesystem) läßt sich nicht durch einzelne Beobachtungen falsifizieren, sondern nur durch eine andere Theorie. – Welche Kriterien lassen sich nun zur Entscheidung zwischen rivalisierenden Theorien (T, T') anführen? (Vgl. LAKATOS 1970, S. 116, OPP 1970, Kapitel VIII, POPPER 1966, Kap. VI; zur Kritik vgl. FEYERABEND 1970.)

1. *Exaktheit*: T' ist auf besseren Stichproben, methodisch exakteren Untersuchungen, Reliabilitätstests, Kontrolle der Beobachtungssituationen, valideren Indikatoren etc. aufgebaut.

2. *Axiomatisierung*: Bei der Axiomatisierung beider Theorien stellt sich heraus, daß T' keine oder weniger interne Widersprüche gegenüber T enthält.
3. *Falsifizierbarkeit*: Die Zahl der Falsifikatoren in den Aussagen von T' ist größer als die von T, T' schließt also mehr singuläre Beobachtungsaussagen aus.
4. *Empirischer Gehalt*: Aus (3) folgt, daß der empirische Gehalt von T' größer ist; T' erklärt mehr Sachverhalte als T und/oder Sachverhalte, die T ausschloß.
5. *Einschluß*: T' erklärt ebenfalls alle nicht-falsifizierten Aussagen von T. T' erklärt also auch den «Erfolg» von T.
6. *Verstärkung*: T' ist in der Lage, darüber hinaus weitere Aussagen von T zu bestärken.
7. *Entscheidungsexperiment*: Zwei rivalisierende Erklärungen oder zwei Hypothesen aus rivalisierenden Theorien werden in einer Untersuchung resp. einem Experiment gleichzeitig überprüft («crucial experiment»). Beispiele aus der Geschichte der Naturwissenschaft (LAKATOS 1970) zeigen, daß derartige Entscheidungsexperimente nicht immer oder erst nach einiger Zeit zur Ablehnung einer Theorie führen.

2.3. Begriffsbildung und Operationalisierung

In den vorangegangenen Abschnitten ist wiederholt auf die Bedeutung der Begriffsbildung für die Aussagen der Wissenschaft hingewiesen worden. Begriffe sind Mittel, mit deren Hilfe wir das Chaos von Eindrücken sprachlich ordnen. Am Anfang einer Wissenschaft oder der Erkundung eines einzelnen neuen Bereichs einer Wissenschaft steht daher der Versuch, diesen Ausschnitt der Realität (z. B. «Stadt») in Elemente zu zerlegen, die Objekte und Merkmale zu bezeichnen. Die Zuordnung von bestimmten Merkmalen zu Objekten kann man vereinfacht mit «Definition» bezeichnen. Die Strukturierung aller Objekte anhand aller Merkmale entspricht – wiederum vereinfacht – einer Klassifikation der Erscheinungen des Objektbereichs. Probleme der Begriffsbildung werden in diesem Abschnitt behandelt, während der folgende (2.4) sich Problemen der Klassifikation widmet.

Soll eine Beschreibung anderen Personen übermittelt werden, ist dazu erforderlich, daß die anderen mit den genannten Begriffen möglichst die gleichen Vorstellungen und beobachtbaren Inhalte verbinden wie der Sprecher. Das «Verständnis» der Schilderung ist vollständig, wenn Beschreibender und Zuhörer Aussagen in gleicher Weise konstruieren, die Inhalte mit den gleichen Begriffen verbinden und die Sprache in gleichen Handlungszusammenhängen benutzen. Diese Bedingungen sind im Alltag sehr selten gegeben. Da Wissenschaftler von der Alltagssprache ausgehen, sind sie genötigt, die übernommenen Bezeichnungen begrifflich zu präzisieren, um exakte Aussagen zu formulieren. Nur dann lassen sie sich anderen, die das wissenschaftliche Sprachspiel teilen, mit nur geringen Mißverständnissen übermitteln, und nur dann lassen sie sich genauer überprüfen. Mit der Aussage «Die Gruppe X ist grün» kann man nichts beginnen, mit der Aussage «Die Gruppe X ist klein» hingegen etwas mehr, sofern bekannt ist, was unter «Gruppe» und was unter «klein» verstanden werden soll. Nur dann nämlich kann eine Hypothese wie «Mitglieder kleiner Gruppen verhalten sich solidarischer als Mitglieder großer Gruppen» empirisch überprüft werden. Ungeachtet der Art der Definition ist in einer Wissenschaft zu erwarten, daß Begriffe präzise sind und gleichartig (konsistent) verwendet werden.

Präzision: Ich kann entscheiden, ob Hamburg eine «Weltstadt» ist oder nicht, ob Hamburg also zu den Designaten des Begriffs «Weltstadt» gehört oder nicht. *Gleichartige Verwendung:* Die Entscheidung über die Zuordnung wird bei allen Fachkollegen (oder gar allen Personen) die gleiche sein (vgl. hierzu eingehend OPP 1970, S. 135 ff.). Daß Begriffe extrem unpräzise und inkonsistent in den Sozialwissenschaften verwendet werden, ist oft beklagt worden. Einen Eindruck hiervon vermittelt die Lektüre der von KROEBER & KLUCKHOHN (1952) zusammengestellten Beispiele für den Begriff «Kultur» oder die bei FRIEDRICHS (1968) angeführten Beispiele für den Begriff «Wert».

Begriffe lassen sich nur dann «verstehen», wenn dem Wort eine Reihe von Merkmalen (Designate) mit Hilfe semantischer Regeln zugeordnet werden. Designate sind beobachtbare Ereignisse und/oder Wörter, deren Bedeutung bekannt ist. Eine Definition läßt sich als Festlegung des Sprachgebrauchs eines Begriffs bezeichnen. Welche Möglichkeiten hierzu bestehen und welche am besten geeignet sind, ist in der umfangreichen Literatur teilweise umstritten, obgleich eine ganze Reihe akzeptierter Konventionen bestehen (vgl. u. a. AUTORENKOLLEKTIV LEIPZIG 1968, S. 181 ff., BIERSTEDT 1959, HEMPEL 1952, OPP 1970). Einige der wichtigsten *Formen der Definition* sollen knapp erläutert werden.

Definitionen lassen sich zunächst danach unterscheiden, ob sie explizit, implizit oder partiell sind. Unter *expliziten* Definitionen werden solche verstanden, in denen der zu definierende Begriff (Definiendum) durch einen neuen Ausdruck (Definiens) ersetzt wird: «X ist df. (d. h. Definition), wenn die Merkmale a, b, c erfüllt sind.» Definiendum und Definiens können ausgetauscht werden. Im Gegensatz dazu stellen die impliziten und partiellen Definitionen nur eine teilweise Definition eines Begriffs dar; Definiendum und Definiens sind hier nicht austauschbar.

Die weiteren Unterscheidungen seien der Übersichtlichkeit halber vorweg aufgeführt:

1. Explikation
   1.1. Analytische und synthetische Definition
   1.2. Empirische Analyse
   1.3. CARNAPS Verfahren der Explikation
2. Realdefinition
3. Nominaldefinition
4. Operationale Definition

1. Um einen Begriff (concept) definieren zu können, ist es oft unumgänglich, ihn auf seine Bedeutung hin zu untersuchen. Der Begriff wird expliziert, indem man seinen Inhalt (Merkmale) und seinen Umfang (Objektmenge) oder seine verschiedenen Verwendungen bei Wissenschaftlern in der Umgangssprache o. ä. prüft. Gerade weil sozialwissenschaftliche Begriffe häufig der Umgangssprache entnommen sind, geht die umgangssprachliche Verwendung in die wissenschaftliche ein.

1.1. Diese Explikation kann in zwei Formen gescheheen (HEMPEL 1952, S. 8 f.): Man nimmt eine *Bedeutungsanalyse* vor, in der die einem Begriff zugeschriebenen Designate untersucht werden. Dies entspricht einer *analytischen* Definition, man gibt einem *bekannten* Begriff eine exaktere Fassung mit Hilfe anderer Begriffe. «Siedlung» bedeutet z. B. «ständiges Zusammenleben vieler Menschen». Die Gültigkeit einer solchen Definition besteht nicht in der Zuordnung beobachtbarer Designate, sondern in der semantischen Äquivalenz. Wörterbücher (auch soziologische) nehmen oft derartige Definitionen vor. Wird der neue Begriff mit Hilfe bereits definierter Begriffe oder der Grundbegriffe einer Theorie eingeführt, so spricht man von einer *synthetischen* Definition.

1.2. Man nimmt eine empirische Analyse der beobachtbaren Designate des Begriffs vor. Die Definition ist dann nichts anderes als eine Gesetzesaussage: Z. B. «Siedlung» = df. ständiges Zusammenleben vieler Menschen auf einer begrenzten Fläche. Die behauptete Gültigkeit einer solchen Definition hängt davon ab, ob allein unter diesen genannten Bedingungen tatsächlich eine «Siedlung» gegeben ist.

1.3. Eine strenge Form der Explikation anhand mehrerer Kriterien, die beide Arten des eben genannten Vorgehens verwendet, hat CARNAP (CARNAP & STEGMÜLLER 1950) entwickelt. Dieses Verfahren hat LAUTMANN (1969) für die Begriffe «Wert» und «Norm» angewendet.

2. *Realdefinition.* In einer Realdefinition wird ein Begriff durch ontologische Merkmale, sein «Wesen» oder seine «Natur» bestimmt. Die Definition beansprucht, wahr zu sein. So definiert VIERKANDT (1959, S. 239) «Gruppe»: «Im folgenden ist darunter diejenige Form menschlicher Geselligkeit verstanden, in der die gesellige Natur des Menschen am reinsten ausgeprägt ist (und die demgemäß auch allen geschichtlichen Wandel überdauert).» An einer späteren Stelle des gleichen Artikels schreibt VIERKANDT (S. 241), die Gruppe sei ein «Urphänomen, das in einer entsprechenden Anlage des Menschen begründet ist», die Gruppe sei daher eine «letzte, nicht weiter ableitbare Tatsache». Mit derartigen Definitionen sind wissenschaftliche Aussagen nicht formulierbar; solche Realdefinitionen sind daher unbrauchbar. Oft sind Realdefinitionen aber gar keine «Wesens»-Bestimmungen, sondern analytische oder nominale Definitionen oder empirische Analysen. Dafür ist der bereits erwähnte Artikel von VIERKANDT ein gutes Beispiel; er führt aus: «Es muß sich handeln um kleine Kreise, zwischen deren Mitgliedern durchgängig nähere Beziehungen bestehen.»

Hierbei handelt es sich um eine empirische Analyse der Eigenschaften von Gruppen, d. h. um Gesetzesaussagen. Es sind also explizite Definitionen.

3. *Nominaldefinition.* Unter Nominaldefinition ist die Ersetzung eines neuen Begriffs (Definiendum) durch einen bekannten (Definiens) zu verstehen. Es handelt sich dabei um Konventionen folgender Art: Der Ausdruck A soll synonym sein mit dem Ausdruck A'. Einige Beispiele:

1. Großstadt = df. alle Siedlungen mit mehr als 100 000 Einwohnern.
2. Weltstadt = df. die Großstädte Berlin, Moskau, Paris, New York, Peking, London, Rom, Tokio.
3. Suburbia = df. Siedlung am Stadtrand
4. Kinderreiche Familie = df. jede Familie mit drei und mehr Kindern.
5. Heiratsziffer = df. $\frac{\text{Zahl der Eheschließungen mal 1000}}{\text{Einwohner der BRD}}$

In den Definitionen (1) und (3) geschieht die Einführung des Definiens als Überschneidung der Elemente zweier Klassen (Siedlungen und eine bestimmte Einwohnerzahl resp. räumliche Lage). Dieser klassischen Form der Definition (Angabe des genus proximum und der differentia specifica) müssen jedoch nicht alle Definitionen folgen, wie inzwischen hinreichend erwiesen ist. Definition (4) ist eine *kontextuelle* Definition, das Definiens gibt nur Zusammenhänge der Verwendung des Definiendum an, keine synonymen Ausdrücke wie in den anderen Definitionen. Nominale Definitionen können weder wahr noch falsch sein. In ihnen wird nur ein neuer Ausdruck eingeführt, von dem man annimmt, er sei klarer oder bekannter als das Definiendum. Wie die Beispiele unschwer erkennen lassen, ist dies nicht immer der Fall. Die Ausdrücke «Siedlung» oder «Stadtrand» bedürfen wiederum einer Definition. Es ist daher zwar möglich, einzelne Ausdrücke zu definieren, doch geschieht dies im Grunde nur im Hinblick auf alle Ausdrücke, die zur Beschreibung des Objektbereichs erforderlich sind. Daher lassen sich nominale Definitionen besonders gut im Zusammenhang mit der Klassifikation eines Objektbereiches verwenden.

4. Ein Gegenstandsbereich wie «räumliche Organisation der Menschen» oder «Gruppendynamik» oder «Sexualverhalten» läßt sich nur dann beschreiben, wenn die einzelnen Definitionen aufeinander bezogen sind. Es entstehen Ketten oder Hierarchien von Definitionen. Um einen Regreß ad infinitum zu vermeiden, sind bestimmte grundlegende Begriffe notwendig, aus denen andere abgeleitet werden. Sie werden als «theoretische Begriffe» (Carnap) oder «basic terms» (Hempel) bezeichnet. Begriffe wie «Punkt», «Magnetfeld», «Gesellschaft», «Ich», «Wert» oder «Herrschaft» sind dafür Beispiele. Solche Begriffe sind erforderlich, obgleich sich nur ein Teil von ihnen im Verlauf der Entwicklung einer Wissenschaft wird ersetzen lassen, entweder durch Ausdrücke, denen beobachtbare Designate zugeordnet werden können, oder durch explizite Definitionen, bei denen das Definiens das Definiendum ersetzt. Es werden sich also nicht alle Begriffe einer Wissen-

schaft definieren lassen. Wie weiter oben bereits gesagt, gehören hierzu die in den Axiomen einer Theorie enthaltenen theoretischen Begriffe. Die Definition dieser Begriffe ist nur implizit durch die aus den Axiomen abgeleiteten Theoreme (Hypothesen und andere Aussagen) möglich.

In dem obengenannten Beispiel der Axiomatisierung verwendet ZETTERBERG u. a. die Begriffe «Mitglied», «Verhalten» und den später eingeführten Begriff «Norm» als undefinierte, theoretische Begriffe. Aus den Axiomen, in denen diese Begriffe vorkamen, wurden andere Aussagen abgeleitet. In ihnen treten Begriffe auf, z. B. «abweichende Person», die sich mit Hilfe der Grundbegriffe definieren lassen: «Abweichende Person = df. Mitglied, dessen Verhalten nicht der Norm der Gruppe entspricht.» Hieran läßt sich zweierlei zeigen: Zum einen handelt es sich bei der Definition von «abweichende Person» um eine *synthetische* Definition mit Hilfe der Grundbegriffe einer Theorie. Zum anderen wird erkennbar, daß die theoretischen Begriffe wie «Mitglied» oder «Verhalten» zwar selbst nicht definiert sind, aber eine implizite Definition erhalten durch ihre Verwendung in den axiomatischen Aussagen sowie durch die abgeleiteten Begriffe.

Nun ist es ein ständiges Problem aller Wissenschaften, die Aussagen der Theorie, mithin die verwendeten Begriffe, mit der Beobachtungsebene zu verbinden. Eine Theorie, die keinen empirischen Gehalt hätte, besäße auch nur eine geringe Erklärungs- und Vorhersagekraft. Um die theoretische Ebene mit der Beobachtungsebene zu verbinden, bedarf es offenbar einiger Regeln, die die Beziehung zwischen beiden Bereichen herstellt. Derartige *Korrespondenzregeln* sind sowohl in den Sozial- wie in den Naturwissenschaften (vgl. hierzu ausführlich NAGEL 1961, S. 94 ff.) erforderlich. Die Forschungsoperationen stellen daher entweder eine Interpretation der theoretischen Begriffe oder eine explizite Definition anderer Begriffe dar. Die Begriffe werden, wie man häufig sagt, in Forschungsoperationen «übersetzt» oder «operationalisiert». Hierfür zunächst einige Beispiele:

1. «Wert» : a) für eine Reihe von zuvor als «Wert» bezeichneten Wörtern (Erfolg, Verdienst, Aktivität, Leistung) werden Synonyme gewählt. Personen werden Fragen zu Problemen vorgelegt (z. B. Kriterien der Berufswahl); die vorgegebenen Antwort-Alternativen enthalten je eines der Synonyme. Die Bejahung einer Alternative wird jeweils als Bejahung des Wertes bezeichnet. «Thus a respondent's values are operationally defined by recording his asserted desires or choices among alternatives in a poll situation» (DODD 1950, S. 163). (Weitere Untersuchungen s. ALLPORT, VERNON & LINDZEY 1960.)
   b) Es werden Fragen nach Partnereigenschaften oder besonders geschätzten Bekannten und den Eigenschaften, die die Wertschätzung begründen, gestellt. Die Antworten ergeben eine Eigenschaftsliste, die einzelnen Eigenschaften werden Oberbegriffen subsumiert und als Werte interpretiert (z. B. SCOTT 1959).
2. «Politisches Interesse». Man stellt Fragen nach Parteimitgliedschaft, Häufigkeit der Gespräche über Politik, Informiertheit über politische Ereignisse etc. und

kombiniert diese Antworten zu einem «Index». Der Punktwert auf dem Index gibt das Ausmaß politischen Interesses an.

3. «Aggression»: a) «Nicht-verbale Aggression»: Das Drücken eines Knopfes an einem Apparat, der (vermeintlich) Elektroschocks unterschiedlicher Stärke auslöst. (Zahlreiche Experimente u. a. BUSS 1961, MILGRAM 1963.)
   b) «Verbale Aggression»: Das Aussprechen von Wörtern, die zuvor von unabhängigen Beurteilern als Repräsentation von Aggression klassifiziert wurden, z. B. «gewalttätig» (jüngst z. B. PARKE, EWALL & SLABY 1972).
4. *Soziale Schicht*: a) Subjektive Selbsteinstufung von Personen aufgrund vorgegebener Kategorien (z. B. KLEINING & MOORE 1968).
   b) Einstufung einer Person z. B. aufgrund ihrer Schulbildung, ihres Berufes und ihres Einkommens; Kombination der Ausprägungen dieser Merkmale in einem Index (Punktwerte), Zusammenfassung mehrerer Punktwerte zu «Schichten» (z. B. DUNCAN 1961, EDWARDS 1937, HOLLINGSHEAD 1958, SCHEUCH & DAHEIM 1961, WARNER et al. 1960).
   c) Beurteilung der Ausstattung eines Wohnzimmers oder der Wohnung/des Hauses durch den Beobachter oder Interviewer (z. B. CHAPIN 1938, «Livingroom Scale»).

Derartige Operationalisierungen sind in den Sozialwissenschaften sehr häufig anzutreffen. Ziel einer Operationalisierung ist, den Begriffen einer Wissenschaft größere Präzision zu geben, sie somit empirisch gehaltvoller zu machen. Die Operationalisierung soll eine Definition eines Begriffes dadurch liefern, daß gefragt wird: Was tun wir, wenn wir einen Begriff anwenden? – Die Operationalisierung des Begriffs «Intelligenz» durch Intelligenztests (IQ) ist ein prominentes Beispiel hierfür. Die vor allem von BRIDGMAN (1927) erhobene Forderung, alle Begriffe zu operationalisieren, hat sich inzwischen in mehrfacher Hinsicht als undurchführbar erwiesen; u. a. lassen sich eben jene theoretischen Begriffe einer Wissenschaft nicht operational definieren, sondern nur interpretieren, zudem sind die Forderungen des Operationalismus selbst mehrdeutig (vgl. hierzu BERGMANN 1966, CARNAP 1953, FEIGL 1945, HEMPEL 1965, S. 155 ff., OPP 1970, S. 130 ff.).

Bei näherem Zusehen erweisen sich die Operationalisierungen in mehrerer Hinsicht als uneinheitlich: 1. Es handelt sich entweder um theoretische Begriffe, die nicht explizit definierbar sind, aber durch solche operationalen Definitionen interpretiert werden sollen. 2. Einige Operationalisierungen ließen sich auch als nominale Definitionen, analytische Definitionen oder als empirische Analyse bezeichnen, sofern die Definitionen explizit (vollständig) sind, also ein Objekt nur durch diese Merkmale definiert ist.

3. Die operationale Definition stellt nur eine partielle Definition eines noch ungenau definierten Begriffes dar. Ein Begriff ist unvollständig definiert, wenn nur ein Teil seiner möglichen Designate zugeordnet wird; d. h. eine Objektmenge, z. B. Personen mit politischem Interesse, ist durch eine Reihe von Merkmalen, die jedoch nicht vollständig sind, bezeichnet. Die Operationalisierung ist dann nichts anderes als die Angabe von beobacht-

baren Designaten (Indikatoren) und deren Kombination ein Index, dessen einzelne Punktwerte schließlich das Ausmaß angeben, in dem die Merkmale des Objekts vorliegen. Die Logik des Vorgehens entspricht dann einer *Definition durch Reduktionssätze* (CARNAP; vgl. HEMPEL 1952, S. 29 ff., OPP 1970, S. 117 ff.).

Welches methodologische Vorgehen liegt dem Fall 3 zugrunde? – Die «Operationalisierung» soll eine Verbindung der begrifflichen Ebene und der Beobachtungsebene schaffen. Die Korrespondenz wird durch einen «Indikator» erreicht; vielfach liegt folgende Annahme zugrunde:

X ist a, wenn Y (zum Zeitpunkt t) b ist.

Eine Person ist politisch interessiert, wenn sie (im Januar 1973) auf Fragen nach ihrer Einstellung zur Todesstrafe, zur Mitgliedschaft einer Partei und der Teilnahme an Demonstrationen die Antwortkombination k gegeben hat.

Die Korrespondenz hängt ganz offensichtlich davon ab, ob begründet werden kann, warum gerade dieser Indikator (oder diese Indikatoren) und keine anderen gewählt wurden, sowie davon, ob die gewählten Indikatoren sich nicht im gleichen Maße ändern wie die historisch-materielle Struktur der Gesellschaft selbst. Diese Probleme sollen anhand eines einfachen Beispiels diskutiert werden.

Hypothese: Wenn eine Person einen hohen sozialen Status in einer Gruppe hat, dann wird sie viele Handlungen für andere Mitglieder der Gruppe einleiten (HOMANS).

Angenommen, «Handlungen» und «Gruppe» seien definierte Begriffe, «sozialer Status» hingegen nur unzureichend definiert. In einer Studie mit der Methode der teilnehmenden Beobachtung soll u. a. die obengenannte Hypothese geprüft werden. Dazu wird folgende Operationalisierung von «sozialem Status» vorgenommen: Die Position am Kopfende eines Tisches ist ein Indikator für hohen sozialen Status einer Person. Die Verwendung dieses Indikators setzt u. a. folgende bestätigten Hypothesen voraus:

G 1: Wenn eine Person am Kopfende eines Tisches sitzt, kann sie mehr Anwesende gleichzeitig sehen als irgendeine andere Person am Tisch.

G 2: Wenn eine Person eine Handlung für eine andere Person einleitet, sieht sie die andere Person an.

G 3: Je mehr Anwesende eine Person gleichzeitig sieht, desto mehr Handlungen kann sie für diese einleiten.

Auch wenn diese bei der Wahl des Indikators implizierten Hypothesen empirisch bestätigt sein sollten, ist noch nicht der Indikator «wahr». Es lassen sich andere Hypothesen formulieren, um die Position am Kopfende zu erklären, z. B. die Gebrechlichkeit einer Person, der man diesen Platz gibt, damit sie das Geschehen verfolgen kann, ohne daß sie deshalb einen hohen Status hat oder viele Handlungen einleitet; schließlich kann es auch Zufall sein, daß eine Person am Kopfende sitzt.

Die Wahl eines Indikators setzt demnach nicht nur einen, sondern mehrere «Reduktionssätze» voraus. Diese logisch miteinander verbundenen Sätze sind Gesetzesaussagen, die falsifizierbar sind. Bei der Wahl eines Indikators werden sie als bewährt vorausgesetzt. Die Indikatoren müssen daher aus der Theorie eines Objektbereichs hergeleitet werden, selbst wenn man dies erst im Verlauf der Entwicklung einer Wissenschaft leisten kann. Unter Umständen bedient man sich dabei bewährter Gesetzesaussagen aus einer anderen Theorie, z. B. physiologischer bei der Operationalisierung des Begriffes «Angst» (Schweißsekretion) oder ökonomischer bei der Operationalisierung des Begriffes «Macht» (Konzentration). Die Indikatorenwahl läßt sich von der Begriffsbildung aus einem anderen Grunde nicht trennen: Wir sind genötigt, Begriffe solcher Allgemeinheit zu definieren, damit sie dem historischen Wandel, dem einzelne Indikatoren unterliegen können, weniger ausgesetzt sind, um also nicht die Begriffe einer Wissenschaft ständig neu definieren zu müssen (vgl. hierzu WILLER & WEBSTER 1970, S. 753).

Anhand der Unterscheidung der aufgeführten drei Fälle stellt sich die Frage nach der Operationalisierung, ob bei einem Begriff Fall 1, 2 oder 3 vorliegt. Die Entscheidung ist offenbar in den Sozialwissenschaften schwierig. Gerade aufgrund der Nähe ihrer Definitionen zu alltagssprachlichen Definitionen setzen viele Autoren voraus, es sei für jeden nachvollziehbar, was mit einem Begriff gemeint sei. Eben das ist nicht der Fall: Die Begriffe sind unpräzise und werden inkonsistent verwendet, weil man es unterläßt, eine Bedeutungsanalyse vorzunehmen und ihre Designate zu explizieren. Oft ist nicht einmal klar, ob es sich um eine Definition oder eine singuläre Aussage handelt, z. B. bei dem Satz «Die Familie ist eine Kleingruppe».

Auch die Übernahme von Ausdrücken der angelsächsischen Literatur ist kein Definitionsersatz. Ausdrücke wie «Universalismus», «Evolution», «Akteur» (actor), «Gratifikation» oder «partikularistisch» und andere (latinisierte) Anglizismen sind nicht bereits dadurch definiert, daß sie im Deutschen keine Bedeutung (semantisch: keine Konnotationen) haben und man statt dessen einige Bedeutungen des Ausdrucks in den angelsächsischen Ländern als Definition einführt. (Eine Lektüre der Wörterbücher in den Sozialwissenschaften zeigt – je nach Gebiet – die genannten Probleme.)

Fraglos ist eine Wissenschaft auf derartig unpräzise Begriffe angewiesen; erst im Prozeß der Theorie-Entwicklung lassen sie sich reformulieren und präziser definieren. Aber: Solange keine Entscheidung herbeigeführt wird (oder werden soll), ob für Begriffe wie «Markt», «Aggression» oder «Gruppe» der Fall 1 oder der Fall 2 vorliegt, wird man praktisch immer nur zwischen Fall 2 und Fall 3 schwanken, was dann zu jenen vielen «Grundbegriffen» in der Soziologie führt, die zum großen Teil wahrscheinlich keine theoretischen Begriffe sind. In ihrer Kritik an der Unschärfe soziologischer Begriffe haben DUMONT & WILSON (1967, insbes. S. 989) zudem auf die fehlende Theoriebildung und damit auf die Unzulänglichkeit der vorhandenen Korrespondenzregeln ausdrücklich hingewiesen: Eine implizite Theorie führt zu isolierten abstrakten Begriffen und zu Vermutungen bei der Wahl der Indikatoren. Ein Theorieentwurf enthält immerhin logische und notwendige Verbindungen zwischen den Begriffen, er liefert auch einen Entwurf der Korrespondenzregeln. Erst eine explizite Theorie enthält Begriffe empirischer und logischer Bedeutung, aus ihr lassen sich auch theoretische Begründungen der Indikatorenwahl ableiten. Ein gutes Beispiel für abgeleitete Indikatoren ist die Arbeit von SHEVKY & BELL, das im folgenden Unterabschnitt vorgestellt wird.

Je mehr die Soziologie mit mehreren Methoden gleichzeitig oder nacheinander ein Problem erforscht, desto schärfer stellt sich das Problem der Operationalisierung. Denn: Die Begründung für die Wahl eines Indikators erfolgt strenggenommen durch Erklärungen. Wenn man in einem Interview einen anderen Indikator für «sozialen Status», zum Beispiel einen Index aus den Indikatoren Beruf, Einkommen und Schichtung, verwendet als in einer teilnehmenden Beobachtung (siehe oben), dann hängt die Gültigkeit und Widersprüchlichkeit der Ergebnisse auch von der Indikatorenwahl ab. Entweder treffen die Aussagen mit Hilfe unterschiedlicher Methoden eine unterschiedliche Realität, nimmt man also an, es gäbe eine methodenspezifische Rekonstruktion der Realität. Dagegen spricht allerdings, daß alle Methoden eine sprachliche Basis haben, deren Gemeinsamkeit in der Einheit der jeweiligen Wissenschaftssprache, also der logischen und semantischen Konstruktion ihrer Aussagen liegt. Oder aber die Methoden führen zu unterschiedlichen Ergebnissen, weil u. a. die Wahl der Indikatoren in den einzelnen Methoden nicht über eine gemeinsame Theorie verbunden ist. Im gegebenen Beispiel hätte sie Aussagen über die Zusammenhänge von Schulbildung, Einkommen, Beruf und Sitzordnung zu formulieren und zu prüfen. Mit diesem sehr einfachen Fall ist die tatsächliche Komplexität des hier auftretenden Problems nur angedeutet. Wahrscheinlich wird deshalb eine Multi-Methodenforschung oder die Replikation von Untersuchungen dazu beitragen, die Theoriebildung voranzutreiben.

2.3.1. Beispiel: Indikatorenbildung bei SHEVKY & BELL 1955

Seit der frühen ökologischen Forschung in den 20er und 30er Jahren besteht das Problem, in welcher Form sich städtische Gebiete charakterisieren lassen. Mit dem Begriff «natural area» ist zunächst der auffällige Sachverhalt bezeichnet worden, daß innerhalb einer Stadt verschiedene Arten in sich gleichartiger Gebiete zu finden sind. Die Gleichartigkeit bezieht sich hauptsächlich auf die Art der Bevölkerungszusammensetzung, der Bodennutzung oder der Gebäude. Einen für die spätere Forschung sehr einflußreichen Vorschlag haben SHEVKY & BELL 1949 für die Stadt Los Angeles entwickelt.

Das Ziel war, eine Klassifikation der Stadtgebiete anhand der Merkmale der Bevölkerung vorzunehmen. Das Vorgehen von SHEVKY & BELL gibt Übersicht 5 wieder (SHEVKY & BELL 1955, S. 4). Die Stadt wird von den Verfassern begriffen als Teil und Produkt der gegenwärtigen Gesellschaft; sie gehen daher zunächst von drei grundlegenden Trends in Industriegesellschaften aus. Diese «Postulate» stehen in Spalte 1. Sie werden spezifiziert anhand dreier Gruppen miteinander verbundener Trends: der Verteilung der Arbeitsqualifikationen, der Organisation der Produktion, der Zusammensetzung der Bevölkerung (Spalte 2). Hieraus schließen sie auf drei Bereiche sozialen Wandels, die in Spalte 3 wiedergegeben sind. Hieraus werden drei Begriffe abgeleitet, die den Autoren zentral erscheinen, um die Widerspiegelung der strukturellen Veränderungen bei einzelnen Bevölkerungsgruppen analysieren und beschreiben zu können (Spalte 4). Aus diesen Begriffen werden für die Analyse der Bevölkerung und des Prozesses der Differenzierung drei Begriffe abgeleitet (Begriffe in Klammern). Die in Spalte 4 jeweils zuerst genannten Begriffe ließen sich methodologisch mit «theoretische» Begriffe bezeichnen. In Spalte 5 werden für die Begriffe ökonomischer, familiärer und ethnischer Status Indikatoren aufgeführt. Sie stellen eine partielle Definition dieser Begriffe dar, sind jedoch abgeleitet aus weitgehend bewährten Hypothesen, z. B. über die Auswirkungen der Urbanisierung auf die Zahl verheirateter Personen, die Berufstätigkeit von Frauen oder die Kinderzahl. Die Zusammenfassung der einzelnen Indikatoren zu drei Indizes ist schließlich in Spalte 6 angegeben.

Anhand statistischen Materials über die Bewohner sehr kleiner Einheiten (in Deutschland z. B. Ortsteile) läßt sich die soziale Position der Bevölkerung mit Hilfe der Indizes bestimmen. Dies kann beispielsweise dadurch geschehen, daß man sozialen Rang und Urbanisierung als zwei rechtwinklig aufeinanderstehende Achsen wählt, die jeweiligen Indexwerte einer räumlichen Untereinheit als Koordinaten dieser Untereinheit verwendet. Untereinheiten ähnlicher Lage im Koordinatensystem lassen sich dann zu größeren Gebieten gleicher sozialer Position zusammenfassen oder zusätzlich nach dem Ausmaß der Segregation differenzieren.

Die implizite Hypothese, nach der die drei gewählten theoretischen Begriffe und die Indikatoren für die abgeleiteten Begriffe sowohl ausreichend wie gültig sind, ist später in zwei anderen Studien (BELL 1952, VAN ARSDOL, CAMILLERI & SCHMID 1958) überprüft und bestätigt worden. (Es handelte sich in beiden Fällen um eine Faktorenanalyse der verwendeten Indikatoren. Sie bezog sich auf die Daten mehrerer Städte. Die drei wichtigsten und notwendigen Faktoren bestätigten weitgehend die von SHEVKY & BELL gewählten drei Gruppen von Indikatoren.) Damit ist jedoch keine hinreichende Bestätigung der Theorie verbunden.

Übersicht 5: *Begriffsbildung und Indexkonstruktion bei* SHEVKY & BELL *(1955)*

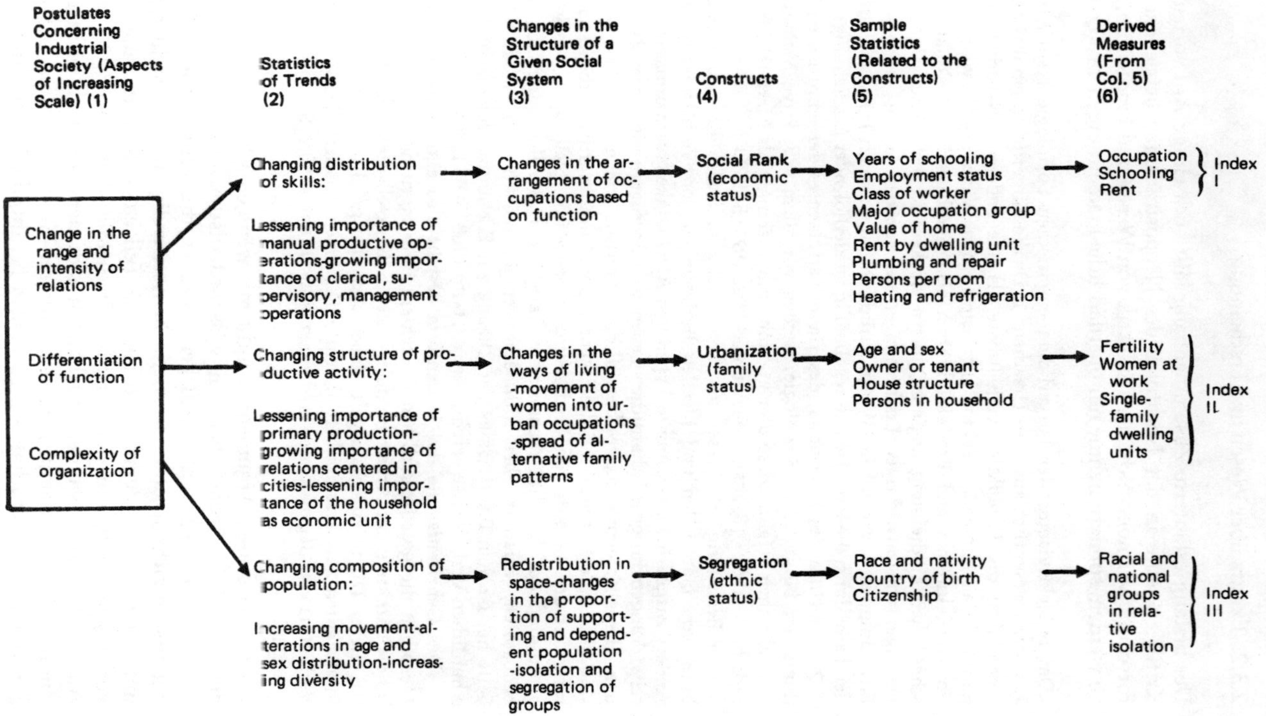

2.3.2. Exkurs über Wesen und Erscheinung

Der bislang erläuterte Zusammenhang läßt auch einige Antworten auf die Kritik zu, eine in der Nachfolge des Neopositivismus betriebene Sozialforschung vermöge nicht der Dialektik von Wesen und Erscheinung gerecht zu werden, sondern nehme nur oberflächliche Erscheinungen als «Daten».

«Der Subjektivismus der bürgerlichen empirischen Soziologie resultiert unseres Erachtens wesentlich aus zwei Ursachen: 1. Da die bürgerlichen empirischen Soziologen nicht die Produktionsverhältnisse als alle anderen gesellschaftlichen Verhältnisse bestimmenden Faktor anerkennen, den Widerspruch zwischen Produktionsverhältnissen und Produktivkräften als grundlegendes Merkmal der gesellschaftlichen Erscheinung negieren, haben sie kein Kriterium zur Unterscheidung wichtiger von unwichtigen Erscheinungen des sozialen Lebens, können sie diese Erscheinungen nicht auf ihr Wesen zurückführen, das nach LENIN nur erfaßt werden kann durch die Analyse sich regelmäßig wiederholender Erscheinungen.

2. Mit Hilfe des Interviews, des Hauptinstrumentes der empirischen Untersuchung der bürgerlichen Soziologie, werden vor allem subjektive Meinungen und Einstellungen erfaßt. Diese dienen dann auch vorrangig als Material für die theoretische Analyse» (BERGER 1964, zit. nach KISS 1971, S. 159 f.).

«Die Beziehung von Wesen und Erscheinung kann also die Gestalt einer Beziehung von materiellen und ideellen Beziehungen von Verhältnissen annehmen. Anders ausgedrückt, bestimmte Typen von Abhängigkeitsverhältnissen und Wechselwirkungen im gesellschaftlichen Leben sind überhaupt nur unter Zuhilfenahme u. a. dieses Kategorienpaares begrifflich-theoretisch zum Ausdruck zu bringen. Sie sind nicht zu erfassen, wenn die Erkenntnis und ihre begrifflich-theoretische Fixierung auf den Bereich von Erscheinungen beschränkt bleibt.» ... «Allgemeinbegriffe sind das Resultat theoretischer Tätigkeit. Das Allgemeine läßt sich nicht beobachten, existiert aber nichtsdestoweniger objektiv-real. Auch von dieser Seite her ist dem Positivismus der Zugang zur Erkenntnis der materiellen gesellschaftlichen Verhältnisse verschlossen» (HAHN 1968, S. 33 f., 84 f.).

«Das Geheimnisvolle der Warenform besteht also einfach darin, daß sie den Menschen die gesellschaftlichen Charaktere ihrer eigenen Arbeit als gegenständliche Charaktere der Arbeitsprodukte selbst, als gesellschaftliche Natureigenschaften dieser Dinge zurückspiegelt, daher auch das gesellschaftliche Verhältnis der Produzenten zur Gesamtarbeit als ein außer ihnen existierendes gesellschaftliches Verhältnis von Gegenständen erscheinen läßt» (MARX 1960, I, S. 77).

Fraglos ist diesen Argumenten nicht mit wenigen Worten gerecht zu werden. Es dürfte jedoch bei den wissenschaftstheoretischen Ausführungen einsichtig geworden sein, daß keine Wissenschaft auf solche «Allgemeinheiten» verzichten kann, sie vielmehr notwendig sind. Versteht man hierunter theoretische Begriffe, so sind sie Teil einer Theorie, eines Systems von Hypothesen, mit deren Hilfe «Erscheinungen», also wohl singuläre Aussagen, erklärt werden. Es handelt sich demnach auch nicht um eine Zusammenfassung empirisch beobachtbarer Merkmale. Daran, daß ein großer Teil der Wissenschaft auf Aussagen beruht, die Begriffe mit beobachtbaren Designaten enthält, wird andererseits wohl keine Wissenschaft vorbeigehen können.

Der Zusammenhang von Verhalten und Verhältnissen ist mit Hilfe der skizzierten Form der Theoriebildung durchaus erforschbar. Die erfragten, beobachteten oder analysierten Reaktionen sind, sofern es sich um Indikatoren handelt, selbst nur theoretisch, durch andere Gesetzesaussagen erklärbar, wie oben gezeigt wurde. Wenn mit «Erscheinungen» Einstellungen, einzelne Verhaltensweisen oder Äußerungen von Befragten gemeint sind, dann wird sich wohl keine soziologische Theorie denken lassen, die allein hierauf beruht. Die Kritik an der zu häufigen Verwendung der Methode der Befragung ist berechtigt, aber undifferenziert: Zum einen wurden immer auch andere Methoden – und das geschieht zunehmend häufiger – angewendet, zum anderen lassen sich mit Hilfe der Befragung auch Angaben über das Verhalten von Personen ermitteln, so problematisch manchmal diese Angaben auch sein mögen.

Kein Soziologe wird beispielsweise innerstädtische Umzüge allein aus Motiven der Bewohner erklären, sondern fragen, wie diese Motive ihrerseits zu erklären seien, und dazu Erklärungen verwenden, die Aussagen über sozio-ökonomische Prozesse enthalten. Ob indessen die allgemeinsten Erklärungen *allein* solche sind, die auf ökonomischen Prozessen basieren, und welche Bedeutung demgegenüber z. B. Lerntheorien, physiologische Erklärungen oder die Einbeziehung der Tatsache, daß die Interpretation, die ein Mensch von seiner Situation vornimmt, ebenfalls – ungeachtet der objektiven Richtigkeit – sein Handeln bestimmt, zukommt – hierüber dürfte wohl Uneinigkeit bestehen. Es sind Fragen, die gegenwärtig auch von Theoretikern der marxistischen Soziologie gestellt werden. Uneinigkeit dürfte auch darüber bestehen, ob sich die historisch-materiellen Veränderungen der Gesellschaft ebenfalls durch ahistorische Gesetze fassen lassen oder aber bereits in die Begriffsbildung derart eingehen müssen, daß damit *alle* Aussagen nur begrenzte räumlich-zeitliche Geltung haben und ihr noch in der Aussagenformulierung verhaftet sind.

Daher ist Korch u. a. (1972, S. 149 f.) zuzustimmen, wenn sie schreiben: «Unser Abbild von der objektiven Realität ist nicht mit dieser absolut identisch. Die objektive Realität ist hinsichtlich ihrer Struktur unendlich und damit nicht identisch mit dem Erkenntnisobjekt, welches durch das Subjekt auf jeder konkret historischen Etappe der Erkenntnisentwicklung praktisch und theoretisch erschlossen wird.»

2.4. Zur Strukturierung des Objektbereichs

Anhand des bisher entwickelten methodologischen Gerüsts lassen sich eine Reihe weiterer für den Forschungsprozeß wichtiger Elemente bestimmen. Ausgangspunkt ist die Unterscheidung von Objekt und Merkmalen, die bei der Begriffsbildung zugrunde gelegt wurde. Die nun weiter unten dargestellten Elemente hängen folgendermaßen zusammen (Übersicht 6):

Übersicht 6: *Elemente der Strukturierung eines Objektbereichs*

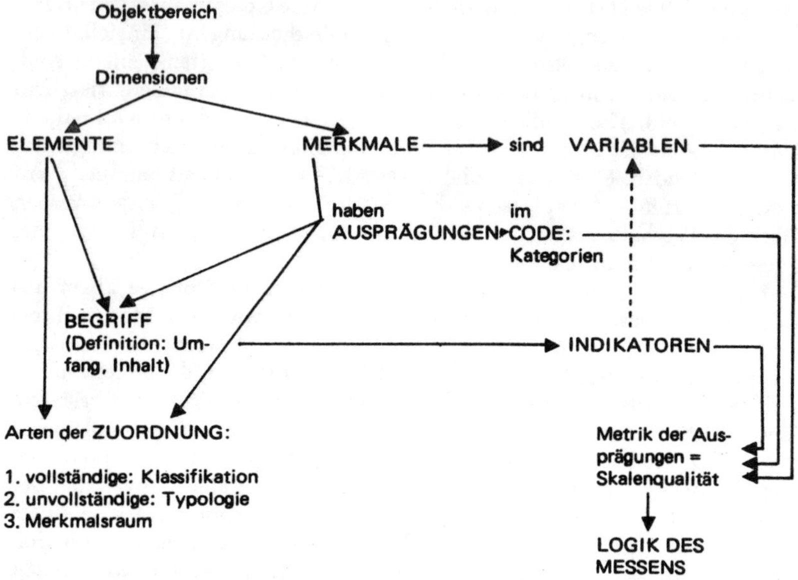

Eine Anwendung der Übersicht 6 auf den Objektbereich «Stadt» findet sich in Übersicht 7.

2.4.1. Qualitative und quantitative Begriffe

Einem Objekt oder einer Klasse von Objekten schreiben wir Prädikate (Merkmale) zu. In der Umgangssprache geschieht das meist durch Prädikate: Eine Stadt ist «enorm groß», sie heißt «Großstadt», eine Sirene ist «schrill». Solche Prädikate und Begriffe heißen klassifikatorische. Wissenschaftliche Untersuchungen beginnen zumeist ebenfalls mit derartigen klassifikatorischen Begriffen. Im Verlauf der Forschung erweisen sich solche Klassifikationen meist als ungenau, weil es sich nicht um ein Entweder-Oder, sondern um ein Mehr-als, um Kontinua handelt. Die qualitativen Prädikate werden zunächst durch komparative (topologische), wie z. B.

Übersicht 7: *Beispiel für die Elemente der Übersicht 6*

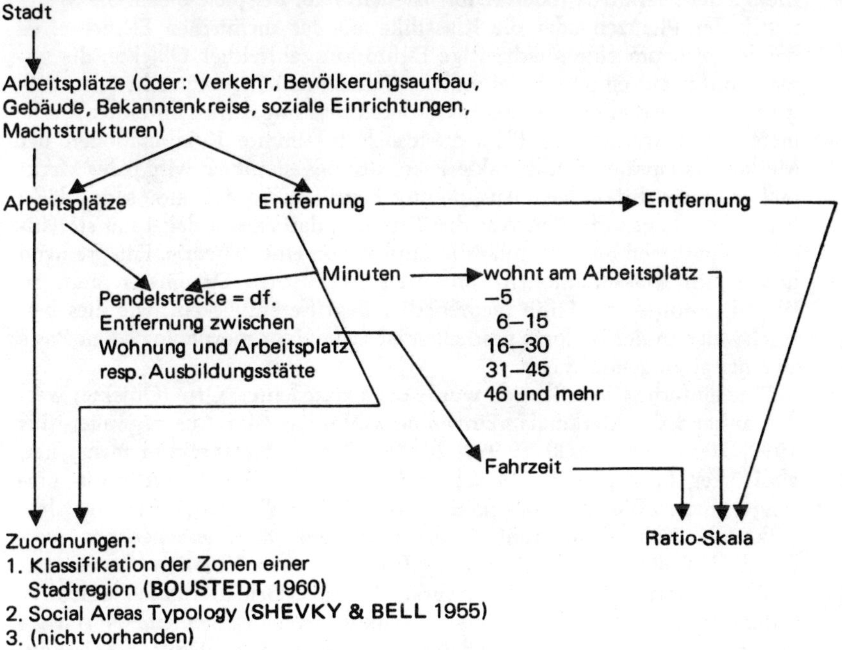

«größer» oder «lauter», ersetzt, dann durch quantitative oder metrische. Die Größe einer Stadt läßt sich dann durch die Einwohnerzahl oder die Ausdehnung in qkm kennzeichnen, der Ton der Sirene in Dezibel und Hertz. Mit der Metrik wird, wie die Beispiele erkennen lassen, auch eine Differenzierung, u. a. durch semantische Analyse der Designate der Prädikate eingeführt: «Groß» und «klein» wird durch Einwohnerzahl und Fläche ersetzbar. Diese metrischen Prädikate lassen sich dann erneut in Klassen zusammenfassen, so daß z. B. Städte bestimmter Einwohnerzahlen nun «Klein-», «Mittel-» oder «Großstädte» heißen.

2.4.2. Klassifikation

Um einen Objektbereich, ein «universe of discourse» zu strukturieren, wird man versuchen, Ordnung in die beobachteten Erscheinungen oder abstrakten Elemente zu bringen. Dabei kann es sich um Personen, um Städte, Normen, Formen sexuellen Verhaltens etc. handeln. Einer Menge von Elementen wird eine Menge von Merkmalen zugeordnet; man nimmt eine Klassifikation vor. Der Umfang der Klassifikation hängt von der Menge der Merkmale (oder «Dimensionen») ab. Beispiele bieten die Systematik der Pflanzen oder die Klassifikation der chemischen Elemente. Es handelt sich um eine gleichzeitige Definition zahlreicher Objekte, die zumeist aufgrund empirisch gefundener Zusammenhänge entsteht (also aufgrund statistischer Hypothesen). Geschieht dies mit Hilfe zahlreicher Merkmale, dann werden die Elemente durch bestimmte Kombinationen der Merkmalsausprägungen charakterisiert. Strenggenommen wird jedes Merkmal in einer dichotomen Ausprägung begriffen, so daß sich sagen läßt: liegt vor – liegt nicht vor. Aus der Tatsache, daß es sich dabei um statistische Hypothesen handelt, folgt die Implikation einer Theorie. Entsprechend ließen sich Klassifikationen von ihren empirischen Designaten auch zu Klassifikationen mit Hilfe theoretischer Begriffe entwickeln, wie dies beispielsweise in der Biologie geschehen ist (von einer morphologischen Basis zu einer phylogenetischen).

Eine einfache Klassifikation wurde oben angedeutet: Orte (Objekte) werden anhand des Merkmals «Einwohnerzahl», das fünf Ausprägungen (bis 1999, 2000–4999, 5000–19 999, 20 000–99 999, 100 000 und mehr) hat, als Dörfer, Land-, Klein-, Mittel- und Großstädte klassifiziert. Etwas umfangreicher ist die von PARSONS & SHILS (1962, S. 77) vorgeschlagene Klassifikation. Anhand von fünf Kriterien, «pattern variables» genannt, werden die Handlungsalternativen einer Person in einer Situation klassifiziert: 1. Affektivität – affektive Neutralität; 2. Selbst-Orientierung – kollektive Orientierung; 3. Universalismus – Partikularismus (allgemeine Normen – spezielle Normen); 4. Zuschreibung (z. B. Alter, Geschlecht) – Leistung; 5. Spezifizität – Diffusität (wird eine andere Person als Inhaber einer speziellen Rolle oder vieler Rollen betrachtet?).

Nach PARSONS läßt sich diese Klassifikation auf soziale Systeme, Wertsysteme oder Rollen anwenden. Sie ist auch seither häufig benutzt worden.

So läßt sich die Rolle des Arztes (und anderer Professionen, z. B. Rechtsanwälte) nach PARSONS (1951, S. 433 ff.) durch folgende Kombination der pattern variables kennzeichnen: Affektive Neutralität, kollektive Orientierung, Universalismus, Leistung, Spezifizität. Die Arztrolle ist affektiv neutral; selbst wo der Arzt in das Privatleben des Patienten eindringt, sind ihm Emotionen versagt. Er ist den Normen der Gesamtgesellschaft verpflichtet, darf daher keine Vorteile aus der Not des Patienten ziehen. Der Arzt betrachtet den Patienten als Fremden, zu dessen Heilung nur die Kriterien der Wissenschaft gelten sollen, also Kriterien von Objektivität und Wahrheit. Der Status des Arztes wird allein durch seine Erfolge und sein Können bestimmt, nicht durch Geschlecht, Aussehen oder Mitgliedschaft in Vereinigungen. Die Arztrolle ist beschränkt auf die spezifische Aufgabe der Heilung; weder Verwandtschaft mit dem Patienten noch Zuneigung des Arztes zum Patienten dürfen für die Beziehungen Arzt–Patient bedeutsam sein.

Eine Klassifikation muß drei Anforderungen genügen: Eindeutigkeit,

Ausschließlichkeit, Vollständigkeit. Sie ist eindeutig, wenn jedem Objekt die Merkmalsausprägung eines Merkmals zugeschrieben werden kann; sie ist ausschließlich, wenn nur eine, also nicht mehrere Ausprägungen eines Merkmals zutreffen; sie ist vollständig, wenn diese Bedingungen erfüllt sind, also kein Objekt ohne eine der Merkmalsausprägungen ist.

2.4.3. Typologien

An dem Beispiel von PARSONS wie an dem oben angeführten Beispiel der Typologie von SHEVKY & BELL wird ein Problem erkennbar, das bei Klassifikationen anhand mehrerer Merkmale auftritt: Sind die Kriterien auch notwendig und hinreichend zur Klassifikation eines Objektbereichs? – In der Literatur ist gegen PARSONS' Klassifikation häufig eingewendet worden, sie reiche nicht aus und bedürfe weiterer Merkmale (vgl. DUBIN 1960). (Ganz abgesehen davon, daß es sich um Kontinua und keine Alternativen handeln dürfte.) Die Entscheidung, ob man bedeutsame und auch eine erschöpfende Zahl von Merkmalen gewählt hat, ist nur durch weitere Forschung und Theoriebildung zu treffen. Außerdem tritt bei einer großen Zahl von Merkmalen die Schwierigkeit auf, nicht immer allen Objekten eine Merkmalsausprägung zuordnen zu können oder mehrere zuordnen zu müssen. Die Klassifikation wird unvollständig.

Derartige Schemata sind Typologien. Eine Menge von Objekten wird mit Hilfe von Merkmalen definiert, von denen man weder weiß, ob sie hinreichend sind, noch, ob man eine vollständige Klassifikation vornehmen kann. Psychologische Typenlehren (z. B. JAENSCH) oder die Typologie von Städten (von MAYR) sind dafür Beispiele. Auch MAX WEBERS «Idealtypen» und die idealtypische Begriffsbildung haben diese Kennzeichen.

Typologien sind ein Vorgriff auf explizite Theoriebildung; sie haben zunächst heuristischen Wert, d. h. sie stimulieren Erkenntnisse und Forschungsprobleme. Eine weitere, von LAZARSFELD & BARTON (BARTON 1955) entwickelte Form, zu Typologien zu gelangen, besteht in der Konstruktion von «Merkmalsräumen».

Ein klassisches Beispiel ist die Typologie, die MERTON (1957, S. 139 ff.) vorgeschlagen hat. Sie bezieht sich auf die Formen des Verhaltens, mit denen sich Individuen ihrer Umgebung anpassen. MERTON geht von den durch die Gesellschaft strukturierten Zielen und den Mitteln aus, die zur Erreichung dieser Ziele institutionalisiert sind (vgl. Übersicht 8). Ein «+» bedeutet Zustimmung, ein «–» Ablehnung, ein «±» Ablehnung der vorherrschenden Ziele und Substitution neuer Ziele.

Übersicht 8: *Typologie der Formen individueller Anpassung* (MERTON 1957)

Formen der Anpassung	Kulturelle Ziele	Institutionalisierte Mittel
I. Konformität	+	+
II. Innovation	+	–
III. Ritualismus	–	+
IV. Rückzug	–	–
V. Rebellion	±	±

Je weniger Klassifikationen und Typologien empirisch überprüft (z. B. durch Faktorenanalysen wie im Falle von SHEVKY & BELL) oder theoretisch ableitbar sind, desto größer ist die Willkür, mit der sie entwickelt werden. Trotz dieses wichtigen Einwands lassen sich einige Vorteile empirisch gehaltvoller Klassifikationen und Typologien nennen:

1. Sie ordnen eine Vielzahl von Objekten in überschaubare Gruppen, z. B. Rollenbegriffe (BIDDLE & THOMAS 1966) oder Normen (MORRIS 1966) (*Strukturierung*).
2. Sie schaffen ein System logisch und/oder empirisch verbundener Definitionen (interdependente Definition). Beruht dieses System auf Hypothesen, dann ist die Klassifikation oder die Typologie Teil der Theorie eines Objektbereichs. Aus ihnen lassen sich weitere Hypothesen ableiten, z. B. über die Zusammenhänge bestimmter Merkmale oder die Suche nach Objekten, die eine bestimmte Merkmalskombination aufweisen (*heuristischer Wert*).
3. Je besser sich Klassifikationen und Typologien empirisch bewähren, desto eher können sie die Basis für Stichproben einer Untersuchung bilden. Eine Klassifikation von Personen nach bestimmten Merkmalen führt zur Konstruktion sozialer Schichten, eine Klassifikation von Situationen in einer Strafanstalt anhand der Merkmale Tageszeit und Ort führt zu einer Klassifikation von Beobachtungseinheiten. Beide Klassifikationen beschreiben die Fälle eines Bereichs; die so gebildeten Einheiten der jeweiligen Klassifikation stellen die Menge unterschiedlicher Einheiten für eine Stichprobe dar (*Basis für Stichproben*).
4. Für spezielle Forschungszwecke lassen sich Stichproben extremer Gruppen der Klassifikation oder der Typologie auswählen, z. B. um Extremgruppenvergleiche von Personen, Organisationen oder Gesellschaften vorzunehmen (*Extremgruppen-Vergleich*).

Klassifikationen und Typologien (oder genauer: die Logik ihrer Konstruktion) bezeichnet man als Taxonomie. (Weiterführende Literatur zu diesem Problem: COHEN & NAGEL 1934, Kap. 12, HEMPEL 1965, VON KEMPSKI 1972, MCKINNEY 1966, 1969.)

2.4.4. Merkmalsraum

Eine Abwandlung des klassifikatorischen Verfahrens ist von LAZARSFELD und BARTON (BARTON 1955) unter dem Namen «property space» entwickelt worden. Es geht hierbei ebenfalls um die Klassifikation von Objekten nach ihren Merkmalen (auch «Dimensionen» genannt): Aus einer Kreuztabellierung mehrerer Merkmale und ihrer Ausprägungen wird ein Merkmalsraum gebildet. Bezeichnet man die Merkmale mit A, B, C... und ihre Ausprägungen mit a_1, a_2; b_1, b_2, b_3; ..., dann hat ein solcher Raum, gebildet aus zwei Merkmalen mit je drei Ausprägungen, folgende Form (Tab. 1):

Tab. 1: *Zweidimensionaler Merkmalsraum*

Merkmal B	Merkmal A				
	a_1		a_2		a_3
b_1	1		2		3
		I			II
b_2	4		5		6
b_3	7	III	8	IV	9

Erweitert man den Raum durch ein oder mehrere Merkmale und deren Ausprägungen, dann entsteht eine umfangreiche Matrix. Um die Zahl der Zellen zu reduzieren, faßt man bestimmte Zellen zusammen, wie in Tab. 1 durch die gestrichelte Linie angedeutet. Diese Zusammenfassungen (I, II, III, IV) ergeben Typen, also Merkmalskombinationen. Die Regel der Zusammenfassung ist entweder die empirische Häufigkeitsverteilung oder eine Hypothese über den vermuteten Zusammenhang der Merkmale. Wäre Merkmal A beispielsweise die Schichtzugehörigkeit einer Person, Merkmal B die ihres Elternhauses, dann ergäbe sich eine Typologie der (vertikalen) Mobilität: Typ 1: geringe Mobilität, Typ 2: Aufsteiger, Typ 3: Absteiger, Typ 4: keine Mobilität. (Evtl. ließen sich Typen 1 und 4 als nicht-mobile zusammenfassen.) Dieses Verfahren verführt zu willkürlicher Typologisierung, je weniger die Wahl der Merkmale aus bewährten Hypothesen abgeleitet wird.

Man kann das Verfahren nun auch umkehren, indem man die Typologie nicht anhand vorgegebener Merkmale *entwickelt*, sondern vorhandene Typologien auf ihre Merkmale *prüft*. BARTON nennt dies «substruction». In der hier entwickelten methodologischen Terminologie wird es genauer als

Bedeutungsanalyse von Typologien zu bezeichnen sein: Eine vorhandene Typologie, in der noch relativ vage jeder Typ anhand einiger Merkmale beschrieben wird, läßt sich mit Hilfe des Merkmalsraums explizieren.

Ein gutes Beispiel ist die Typologie der Führungsstile in Kleingruppen (LEWIN & LIPPITT 1938, WHITE & LIPPITT 1968). Die Autoren sprechen aufgrund ihrer Experimente von drei Führungsstilen: autokratisch, demokratisch, laissez-faire. SODEUR (1972, S. 25) hat nun die Merkmale, die die Autoren zur Beschreibung der Typen durchgängig verwenden, untersucht. Sie lauten: Erfüllung der zielrelevanten Aufgaben, Entwicklungsfreiheit, Sanktionen. Gibt man jedem dieser Merkmale nur zwei Ausprägungen (gut – schlecht oder wenig – viel), dann entsteht ein Merkmalsraum mit $2^3 = 8$ Zellen. In ihm können aufgrund der Merkmalszuschreibungen der Autoren die Typen der Führungsstile lokalisiert werden (Tab. 2).

Tab. 2: *Merkmalsraum zur Typologie der Führungsstile* (nach SODEUR 1972)

	Aufgabenerfüllung			
	gut		schlecht	
(Negative) Sanktionen	Entwicklungsfreiheit viel	Entwicklungsfreiheit wenig	Entwicklungsfreiheit viel	Entwicklungsfreiheit wenig
viel	×	autokratisch	×	×
wenig	demokratisch	×	laissez-faire	×

Von den acht Zellen sind durch Typen von LEWIN, LIPPITT und WHITE nur drei besetzt, fünf bleiben leer. Sie sind logisch ebenfalls noch mögliche Führungsstile. – Gibt es diese Führungsstile nicht? Oder stimmen einige der gegebenen mit den fehlenden überein? Müssen die Typen modifiziert und somit die Hypothesen der Autoren differenziert werden? Welche Effekte haben die drei und weitere mögliche Führungsstile auf hier nicht einbezogene Merkmale des Gruppenverhaltens, z. B. die Erfüllung sozial-emotionaler Aufgaben? An diesen Fragen zeigt sich die heuristische Funktion sowohl der Typologien wie des Merkmalsraums speziell, Hypothesenbildung und Forschungen zu fördern. Eine Überprüfung der mit Hilfe des Merkmalsraums entwickelten Typologien (vgl. MCKINNEY 1969, S. 7) wäre nach entsprechenden Untersuchungen mit Hilfe statistischer Modelle wie der Faktorenanalyse, der Clusteranalyse oder der Diskriminanz-Analyse sinnvoll.

2.4.5. Codierung

Eine der wichtigsten Operationen bei der Auswertung der Ergebnisse, die mit Hilfe von Methoden wie der Befragung, der Beobachtung oder der Inhaltsanalyse gewonnen wurden, besteht in der Codierung oder «Verschlüsselung» von Ereignissen. Dieses Problem wurde in der einschlägigen Literatur bisher vernachlässigt.

Die Antworten auf Fragen, die Handlungen von Personen oder die Wörter eines Textes werden auf ihre Eigenschaften hin untersucht und unter Begriffe subsumiert. Die Frage «Wie alt sind Sie?» oder «Aus welchen Gründen besuchen Sie diese Tagung?» rufen bestimmte Antworten hervor. Die Art, wie Kinder auf einem Spielplatz spielen, läßt sich beobachten. Politische Leitartikel lassen sich auf die in ihnen verwendeten Wörter untersuchen. In all diesen Fällen werden die «Ereignisse» klassifiziert anhand von Wörtern, genauer: Merkmalen mit einzelnen Ausprägungen. Die Frage nach dem Alter meint ein Merkmal, dessen Ausprägungen von der Zahl der zusammengefaßten Altersgruppen abhängt. Die Gründe für einen Tagungsbesuch stellen ebenfalls Ereignisse dar, wobei versucht wird, die unterschiedlichen und mehrdimensionalen Antworten («Fortbildung», «Erholung», «Wissenserweiterung», «Geselligkeit», «Interesse am Thema», «Empfehlung von Bekannten» usw.) zusammenzufassen. Jede Dimension (z. B. «Fortbildung», «Freizeit») hat dann die dichotome Ausprägung Ja – Nein (= wurde genannt – wurde nicht genannt). Gleiches gilt für das Spiel der Kinder; es ließe sich nach dem Begriff Kohäsion untersuchen, dessen Merkmale sein können: Zahl der zusammen spielenden Kinder, Dauer des Spiels in Minuten. *Die Ausprägungen eines Merkmals werden im Code als «Kategorien» bezeichnet.* Sind diese Kategorien, z. B. bei einem Interview oder bei einer Beobachtung, vorgegeben, dann stellt der Code eine Hypothese über die möglichen Ausgänge einer Situation resp. die möglichen Reaktionen auf den Stimulus dar.

Für die Codierung gelten methodologisch die gleichen Kriterien wie für jede Klassifikation: 1. Jedes Ereignis (z. B. Antwort) muß sich einer Kategorie zuordnen lassen; 2. die Kategorien müssen sich gegenseitig ausschließen; 3. der Code darf nur eine Dimension haben. Er muß also vollständig sein. Das ist beispielsweise nicht der Fall, wenn man die Antwortmöglichkeiten «Ja» – «Nein» vorgibt, dann aber eine Antwort «Weiß nicht» gar nicht zuordnen kann.

Die Forderung, der Code solle nur ein Merkmal haben, also eindimensional sein, besagt z. B. bei der Frage nach den Tagungsgründen, daß nicht alle in *einem* Code zu verschlüsseln sind, weil sonst mehrere Zuordnungen möglich sind (Personen, die zwei oder mehr Gründe für den Tagungsbesuch angeben). Jedem Grund entspräche vielmehr jeweils ein Code.

Will man dennoch die Gründe mit *einem* Code erfassen, so stellt dies genau dann eine exakte Klassifikation dar, wenn man das Einteilungsprinzip (fundamentum divisionis) für die Gründe angeben kann: Die angegebenen Gründe sind dann als Ausprägungen eines übergeordneten Merkmals aufzufassen, jenes Merkmal bildet dann das Einteilungsprinzip des Codes. – Wie kann man dazu gelangen? Am ehesten dadurch, daß man die genannten Gründe, die ja Begriffe sind, auf ihre Designate hin untersucht. Die möglichen gemeinsamen Designate der einzelnen Gründe lassen sich wiederum als Dimensionen auffassen. Eine solche Dimension wäre beispielsweise «Lernbereitschaft». Lernbereitschaft wäre das neue Merkmal, dessen Ausprägungen auf einem Kontinuum zwischen Fortbildung und Freizeit liegen sollen, so daß nun jede Antwort (ein Grund oder eine Kombination von Gründen) eindeutig durch sich gegenseitig ausschließende Kategorien klassifizierbar ist (vgl. Kap. 5 und Abschnitt 6.1).

2.4.6. Variable

Unter Variablen ist in manchen Untersuchungen nur der Begriff gemeint, der in einer Hypothese enthalten ist und dann in einer empirischen Untersuchung verwendet wird. In anderen Fällen sind sie das empirisch definierte Merkmal und seine Ausprägungen. Aufgrund der bisherigen Darstellungen bietet sich die Definition von GALTUNG (1967, S. 73) an: *«Variable ist eine Menge von Werten, die eine Klassifikation bilden.»* Jedem Objekt muß sich eine Merkmalsausprägung (Wert) des Merkmals (Variable) zuordnen lassen. Ein Objektbereich wird dann entsprechend als ein unstrukturiertes Universum von Variablen zu verstehen sein. Wenngleich wir seine Struktur unter Umständen nur wenig kennen, nehmen wir doch an, es gebe grobe Gruppen oder Bündel zusammenhängender Merkmale; sie lassen sich als *Dimensionen des Objektbereichs* bezeichnen.

In den Hypothesen einer Untersuchung werden bestimmte Beziehungen zwischen Variablen formuliert. Ähnlich wie bei der Analyse der Beziehungen zwischen Begriffen (Abschn. 2.3) kann man auch Variablen hinsichtlich ihrer Stellung im Aussagensystem klassifizieren. So führt die vermutete Beziehung zwischen zwei oder mehr Variablen erneut zur Frage nach der Kausalität, oder genauer: der Grund-Folge-Relation. Eine wichtige Unterscheidung ist daher die in abhängige, unabhängige und intervenierende Variablen. Mit *unabhängiger Variable* werden dabei die Bedingung, mit *abhängiger* Variable die Folge oder die Effekte bezeichnet. In der Hypothese «Je niedriger das Heiratsalter, desto höher die Zahl der Ehescheidungen» ist das Heiratsalter die unabhängige, die Zahl der Ehescheidungen die abhängige Variable. Von *intervenierenden* Variablen spricht man dann, wenn die zwischen unabhängiger und abhängiger Variablen vermutete Beziehung nicht immer gilt, sondern nur unter bestimmten Bedingungen zutrifft: in dem Beispiel unter Umständen nur deshalb, weil bestimmte Persönlichkeitsmerkmale oder die Zahl der Kinder «intervenierend» die

Wahrscheinlichkeit der Scheidung beeinflussen. Der häufig gebrauchte Begriff intervenierende Variable ist also nur eine Hilfskonstruktion im Forschungsprozeß zur Interpretation widersprüchlicher Ergebnisse. Methodologisch ist es eine Erweiterung der Antezedensbedingungen, der Wenn-Komponente.

Von intervenierenden Variablen zu sprechen ist daher wenig exakt. Die Hypothese müßte nämlich genauer lauten: «Je niedriger das Heiratsalter und je niedriger die Zahl der Kinder, desto größer ist die Zahl der Ehescheidungen.»

Welche Variable als unabhängig und welche als abhängig bezeichnet wird, hängt nicht von der Variablen, sondern von den Hypothesen ab. Lautete die Hypothese «Je höher der sozio-ökonomische Status einer Person, desto später das Heiratsalter», dann wäre Heiratsalter die abhängige Variable. – Diese Trennung der beiden Arten von Variablen kann nur einen sehr groben Überblick über die Art aller verwendeten Variablen anhand der vermuteten Beziehungen geben. Entsprechend werden auch Hypothesen über Zusammenhänge unter den als unabhängig klassifizierten Variablen wie den abhängigen Variablen untereinander auftreten.

Für eine empirische Untersuchung ist es vergleichsweise wichtig, die Variablen daraufhin zu betrachten, auf welche Ebenen von Objekten sie sich beziehen. Wir gehen hier von Zusammenhängen zwischen dem Verhalten oder den Einstellungen einer Person und der sozialen Struktur, der sie angehört, aus. Uns interessieren die Widerspiegelungen und Interpretationen sozialer Realität, ermittelt z. B. durch Antworten im Interview, oder die Zusammenhänge in einer Einheit – wie einer Gruppe im Vergleich zur Struktur der größeren Einheit, von der sie selbst ein Teil ist, z. B. von Gruppen am Arbeitsplatz in Abhängigkeit vom Betrieb. Um in einer empirischen Untersuchung diese Ziele schon in der Phase der Konzeptualisierung (vgl. Abschn. 3.1) herauszustellen, sollte man sich der Klassifikation von Variablen bedienen, die LAZARSFELD & MENZEL (1961) entwickelt haben.

Diese Klassifikation geht von der Beziehung zwischen individuellen und kollektiven Merkmalen aus; sie läßt sich verallgemeinern als eine Klassifikation der Variablen nach der Ebene, der eine Untersuchungseinheit zugehört. Ebenen mit zunehmender Komplexität sind z. B. Individuum, Gruppe, Organisation, Gesellschaft. (Man könnte auch von Stufen der Aggregation sprechen.) Die Klassifikation bezieht sich also einerseits auf Ebenen unterschiedlicher Komplexität, wobei immer eine Ebene mit der nächsthöheren in Beziehung gesetzt wird, andererseits auf die Arten von Merkmalen (vgl. Übersicht 9).

Übersicht 9: *Klassifikation der Variablen nach der Untersuchungsebene* (LAZARSFELD & MENZEL 1961)

Ebene/Einheit	absolute Eigenschaften	Eigenschaften beruhend auf: Verteilungen	Struktur	Zugehörigkeit
E (z. B. Individuum)	absolute	vergleichende	relationale	kontextuelle
E+1 (z. B. Gruppen)	absolute	analytische	strukturelle	kontextuelle

Diese Klassifikation ist zwar sehr komplex, aber weniger kompliziert, als sie zunächst erscheint. Sie zwingt dazu, die Beziehungen zwischen Einzelnem und sozialer Struktur bereits in die Klassifikation der Variablen einer Untersuchung eingehen zu lassen. In den Zellen der Matrix stehen daher die Arten von Variablen, mit denen man eine Einheit (oder Objekt) der jeweiligen Ebene kennzeichnen kann. Die Einheiten sind im gegebenen Beispiel auf der ersten Ebene Individuen, auf der zweiten einzelne Gruppen. Im Kopf der Übersicht ist aufgeführt, durch welche Arten von Merkmalen sich Einheiten klassifizieren lassen: Absolute Merkmale (einfache Kennzeichnungen), Verteilungen (wie häufig tut eine Person/Gruppe etwas?), Strukturen (in welcher Beziehung steht die Person/Gruppe zu anderen?) oder Zugehörigkeit (von welchen Einheiten ist die Person/Gruppe ein Teil?). Dann lassen sich Einheiten mit Hilfe folgender Variablen untersuchen:

1. *Absolute Variablen*: Geschlecht oder Besitz einer Person; Zahl der Mitglieder einer Gruppe.
2. *Vergleichende Variablen*: Stellung einer Person in einer Hierarchie.
3. *Relationale Variablen:* Beziehung einer Person zu anderen, z. B. Bekannten, Kollegen.
4. *Kontextuelle Variablen*: Ist die Person Teil einer größeren Einheit, z. B. einer Gruppe, die auf Ebene 2 in der gleichen Untersuchung einbezogen wurde?
5. *Analytische Variablen:* Häufigkeitsmaße oder Mittelwerte (wie bei 2), z. B. wie oft tun Mitglieder einer Gruppe etwas?
6. *Strukturelle Variablen*: In welcher Beziehung steht die Gruppe zu anderen Gruppen, z. B. zu anderen Gruppen einer Abteilung eines Betriebes?
7. *Kontextuelle Variablen:* Ist die Gruppe Teil einer größeren Einheit, die in der Studie ebenfalls untersucht wurde? (Dies wäre dann Ebene 3.)

Wäre eine weitere Ebene, z. B. die Organisation, der sowohl Gruppen wie Individuen zugehören, einbezogen worden, so träfe die Klassifikation der Variablen erneut zu. Ein Vergleich von Gruppe und Organisation entspräche den Ebenen 1 und 2 in der Übersicht, da die Gruppe dann die niedrigere Ebene bildet. Die Klassifikation hält also zu kontextuellem Denken an, schon um zu überprüfen, wieweit z. B. in einer Untersuchung individuelle Daten und Daten über Gruppen oder über die Organisationen einen größeren Grad von Allgemeinheit haben und wodurch die Variabilität zu erklären ist.

2.4.7. Zur Logik des Messens

Wie erreichen wir, etwas zunächst schwer Festlegbares wie Antworten, Farben, Verhaltensweisen meßbar zu machen? – Die meisten Schritte zur Beantwortung der Frage enthielten bereits die vorangegangenen Abschnitte: Strukturierung eines Objektbereichs, Begriffsbildung, Analyse der Merkmale und ihrer Ausprägungen. War eine Variable definiert als Klassifikation von Objekten mit Hilfe einer Menge von Ausprägungen (Werten), so ist *Messen die systematische Zuordnung einer Menge von Zahlen oder Symbolen zu den Ausprägungen einer Variablen,* mithin auch zu den Objekten. Es gelten daher die gleichen Anforderungen der Eindeutigkeit und der Ausschließlichkeit. *Die Zuordnung (oder genauer: Abbildung) soll so erfolgen, daß die Relationen unter den Zahlenwerten den Relationen unter den Objekten entsprechen.*

Eine Messung kann von unterschiedlicher Genauigkeit sein. Um sie zu bestimmen, bedarf es eines Zwischenschritts. Bei jeder Klassifikation wie auch bei der Definition des Messens wird verlangt, die Ausprägung nur *einer* Variablen zugrunde zu legen, es darf logisch nur ein Einteilungsprinzip geben. Diese Forderung war in der ersten Fassung des obigen Beispiels der Antworten auf die Frage nach den Gründen des Tagungsbesuchs nicht erfüllt.

Das Einteilungsprinzip kann man graphisch mit einer horizontalen Achse abbilden, auf deren Abschnitte dann die Ausprägungen aufgetragen werden. Die Zuordnung wird systematisch, d. h. für alle Merkmale gleich und nach einer gleichbleibenden Zuordnungsregel vorgenommen. Die Achse mit zugeordneten Ausprägungen bildet eine *Skala.*

Die Genauigkeit einer Messung hängt einerseits von der Systematisierung der Zuordnung, andererseits von der Qualität der Skala ab. In der umfangreichen Literatur zum Problem des Messens und der Skalenqualitäten sind zahlreiche Differenzierungen vorgenommen worden (vgl. z. B. Sixtl 1967, Stevens 1951, Torgerson 1958). Die vier wichtigsten Arten von Skalen sind: Nominalskala, Ordinalskala, Intervallskala und Ratio- (oder Verhältnis-)Skala. Sie unterscheiden sich hinsichtlich ihrer mathematischen Eigenschaften und damit der statistischen Operationen, die man mit ihnen durchführen kann.

Nominalskala
Die Ausprägungen schließen sich nur logisch aus. Das Kriterium ist Gleichheit – Verschiedenheit. Beispiel: Ja – Nein, männlich – weiblich.
Ordinalskala
Das Vorhergehende und: die Ausprägungen lassen sich in eine Rangordnung bringen. Das Kriterium ist: größer – kleiner. Beispiel: häufig – selten – nie.
Intervallskala
Alles Vorhergehende und: die Unterschiede zwischen den Ausprägungen sind gleich groß. Das Kriterium ist die Gleichheit der Intervalle (Äquidistanz). Beispiel: Intelligenzquotient.
Ratio-Skalen
Alles Vorhergehende und: die Verhältnisse der Werte sind gleich, zudem hat der Wert Null einen empirischen Sinn. Beispiel: Alter, Gewicht, Zeit.

Jede höhere Skala schließt die niedrigere ein und läßt sich auf ein niedrigeres Niveau verringern. Allerdings lassen sich durch Skalentransformationen auch Ordinalskalen in Intervallskalen umwandeln, sofern die Annahme berechtigt ist, die durch die Rangplätze geordneten Objekte gehörten einer normalverteilten Grundgesamtheit an. (Ein gutes Beispiel gibt Hofstätter 1953, S. 166.) Die Skalenqualität gibt den Informationsgehalt einer Skala an. Entsprechend lassen sich exaktere statistische Verfahren zur Prüfung der Hypothesen durchführen, wie das Beispiel der Kausalanalyse oder der Prüfung der Typologie städtischer Gebiete zeigt. Übersicht 10 führt die Skalenniveaus und einige ihnen angemessene statistische Modelle auf. (Für eine Darstellung der statistischen Verfahren muß auf die einschlägigen Lehrbücher verwiesen werden; in der Reihe rororo studium z. B. auf Kriz 1973.)

Nicht nur die in einer Untersuchung verwendeten Indizes, Einstellungsskalen oder Tests, sondern jeder Code weist demnach eine bestimmte Skalenqualität auf. Gerade hieran gehen viele Untersuchungen vorbei; in ihnen werden die Codes für Antworten auf Fragen, Beobachtungen von Handlungen, Klassifikation von Texten angefertigt, ohne zu bedenken, daß die Skalenqualität des Codes mit entscheidend ist, wie exakt die Hypothesen einer Untersuchung geprüft werden können.

Es ist unschwer zu erkennen, daß die Messungen in den Sozialwissenschaften, vor allem der Soziologie oder Kulturanthropologie, überwiegend auf nominalem oder ordinalem Niveau liegen. Es handelt sich zudem fast durchweg um Messungen, die auf Setzung (measurement by fiat), nicht um Messungen, die auf den theoretischen Begriffen und Gesetzen (z. B. Geschwindigkeit) der Wissenschaft oder Ableitungen aus ihnen beruhen (vgl. Hempel 1952, S. 63 ff.). Zweifellos stellen die zunehmend verwendeten Indizes einen wichtigen Versuch dar, nicht nur Skalen höheren Meßniveaus zu gewinnen, sondern auch die Messungen enger an die Theorie zu binden, wenn die Wahl der Indikatoren aus bewährten Gesetzesaussagen abgeleitet wird. Zu überlegen bleibt die weitere Möglichkeit, nur solche

Übersicht 10: *Informationsgehalt von Skalen und einige geeignete statistische Verfahren*

Meßniveau	Annahme	Beispiel	Statistische Verfahren
Nominal	$A \neq B$	Geschlecht	chi² phi-Koeffizient Kontingenz-Koeffizient lambda (GOODMAN & KRUSKAL) Iterationstest
Ordinal	$A < B < C$	Schulnoten, Index-Rohwerte	Rangkorrelationen (r, tau) Mediantest gamma (GOODMAN & KRUSKAL) Q (YULE) KOLMOGOROFF-SMIRNOW-Test
Intervall	Wenn A, B, C, D aufeinanderfolgen, gilt: $B-A = D-C$	IQ, Standardisierter Index	Produkt-Moment-Korrelation Regressionen WILCOXON-Test t-Test F-Test Faktorenanalyse Varianzanalyse Diskriminanzanalyse
Rational	$A = x \cdot B$	Alter, Einkommen	Variabilitätskoeffizient

Designate von Begriffen aus Variablen zu verwenden, die sich auf einem sehr hohen Skalenniveau befinden, z. B. Zeiten, Häufigkeiten, Einkommen, Mengen, Entfernungen. Hier hätte man es nur mit Ratio-Skalen zu tun. Ein solcher Weg dürfte eher in der Nationalökonomie bei der Strukturierung ihres Objektbereichs eingeschlagen werden. Man muß sich bei diesem Vorschlag auch der Gefahr bewußt sein, Begriffsbildung und Hypothesenformulierung nicht anhand von Problemen, sondern anhand der Meßbarkeit vorzunehmen.

Instrumente zur Messung in den Sozialwissenschaften sind Skalen, Indizes und Tests:

Skalen sind in einer Dimension aufgetragene Merkmale. Der Begriff wird speziell verwendet für bereits eingeführte Einstellungs- und Verhaltensskalen: Skala der sozialen Distanz, Dogmatismus-Skala, Skalen der religiösen Einstellung usw. Die Elemente einer Skala (z. B. Fragen, Sätze) heißen «Items».
Indizes sind Skalen, die aus mehreren einzelnen Indikatoren zusammengesetzt sind. Eine Menge von m Variablen (z. B. Einkommen, Beruf, Schulbildung) und ihren k Ausprägungen (Einkommensklasse, Berufe, Zahl der Schuljahre) wird auf der neuen *eindimensionalen* Variablen I (Sozialer Status) abgebildet. – Der Unterschied zwischen Skalen und Indizes ist in der Forschungsliteratur nicht immer exakt herausgearbeitet.
Tests sind im weitesten Sinne alle systematischen Verfahren, die das Verhalten zweier oder mehrerer Personen erforschen; demnach sind Indizes ebenso wie alle anderen Forschungsmethoden «Tests». Da der Begriff hauptsächlich auf psychologische Verfahren angewendet wird, ist die Definition von LIENERT (1967, S. 7) sinnvoll, Test sei «ein wissenschaftliches Routineverfahren zur Untersuchung eines oder mehrerer empirisch abgrenzbarer Persönlichkeitsmerkmale mit dem Ziel einer möglichst quantitativen Aussage über den Grad der individuellen Merkmalsausprägung».

Beispiele für Skalen und Indizes finden sich in Kapitel 4.

2.4.8. Validität und Reliabilität

Mathematische Operationen, denen die gemessenen Variablen unterworfen werden, sind nur sinnvoll, wenn sie dem untersuchten Problem, den Hypothesen und den Begriffen überhaupt entsprechen. So war eine elementare Forderung an jede Messung, daß die Relationen der numerischen Werte die Relationen zwischen den Objekten angemessen abbilden. Entspricht ein Intelligenzquotient der «wahren» Intelligenz einer Person? Entspricht ein bestimmter Indexwert auf einer Skala religiöser Einstellungen der Religiosität einer Person? – Also: Wie gültig (valide) sind die erhaltenen Ergebnisse?

Die *Validität* einer Messung bezieht sich auf die Frage, ob das gemessen wird, was gemessen werden sollte. Um das zu untersuchen, muß man sich die Schritte vergegenwärtigen, die zu einem Meßwert geführt haben:
1. Definition eines Begriffs durch Zuordnung von Designaten (Merkmalen),
2. Indikatoren für den Begriff,
3. Auswahl eines einzelnen Merkmals mit Ausprägungen (Variablen),
4. Zuordnung von numerischen Werten zu den Ausprägungen des Merkmals.

Es sind demnach folgende Annahmen eingegangen: Bei (1): Die Begriffsbildung war präzise in der Zuordnung der Designate. Bei (2): Der für den Begriff gewählte Indikator oder die Indikatoren lassen sich aus bewährten Hypothesen ableiten; z. B. sind für politisches Interesse Parteizugehörigkeit, Teilnahme an Demonstrationen und Häufigkeit der Gespräche über Politik nicht nur mögliche, sondern notwendige Indikatoren. Dagegen werden z. B. das Lesen einer Tageszeitung oder die Mitgliedschaft in einem Sportklub nicht als Indikatoren angesehen. Bei (3): Die Ausprägungen eines Merkmals sind empirisch gehaltvoll und erschöpfend. Bei (4): Die Zuordnung numerischer Werte erfolgte systematisch, die numerischen Distanzen bilden die tatsächlichen ab.

Die Prüfung einer Hypothese umfaßt alle Schritte; nach der Messung, dem letzten Schritt, wird auf den ersten zurückgeschlossen. *Das zentrale Problem ist, ob die in Schritt 2 und 3 gewählten Variablen aus dem Universum möglicher Variablen richtig gewählt worden sind,* ob also der Schluß von den manifesten, empirisch beobachtbaren Merkmalen auf die latenten Eigenschaften (z. B. politisches Interesse) gerechtfertigt ist. Die Validität der Indikatoren ist eine Voraussetzung der Validität der Messungen. Die Messung verlangt zusätzlich, daß die numerischen Distanzen denen zwischen den Merkmalsausprägungen entsprechen, so daß «wahre» Unterschiede zwischen Objekten ermittelt werden. Das ist weder der Fall, wenn irrelevante oder zu wenige Variable gewählt wurden. Noch ist es der Fall, wenn z. B. die numerischen Werte 1, 2, 3, 4, 5, die gleiche Abstände enthalten, als Schulnoten den Leistungen der Schüler zugeordnet und damit Divisionen vorgenommen werden, weil es sich genaugenommen um Ränge handelt, also Ordinalskalen, die solchen Operationen nicht unterworfen werden können.

Um die Validität einer Skala, eines Index oder eines Tests zu ermitteln, kann man sich u. a. folgender Verfahren bedienen (vgl. APA 1954, CRONBACH 1970, KERLINGER 1964, LIENERT 1967):

1. *Außenkriterium* (concurrent validity): Die Skala wird anhand eines externen Kriteriums validiert, von dem man weiß, daß es in sehr engem Zusammenhang mit dem Merkmal steht, welches die Skala messen soll. Besteht zum Beispiel eine hohe Korrelation zwischen sexuellen Einstellungen und Religiosität, dann ist eine Skala zur Messung sexueller Freizügigkeit gültig, wenn sie bei stark religiösen Personen auch eine geringe sexuelle Freizügigkeit feststellt und umgekehrt.

2. *Vorhersagevalidität:* Man prognostiziert aufgrund der Skalenwerte, die Personen zugeordnet wurden, deren Verhalten. Wurden zum Beispiel Einstellungen gegenüber Gastarbeitern ermittelt, so wird beobachtet oder erfragt, wie sich die Personen gegenüber Gastarbeitern, z. B. im Betrieb oder in einer Gaststätte, verhalten. Dabei müssen einerseits Hypothesen über den Zusammenhang von Einstellungen und Verhalten vorliegen, zum anderen die Zeitspannen zwischen Einstellungsmessung und beobachtetem (oder erfragtem) Verhalten berücksichtigt werden.

3. *Extremgruppen:* Die Skala wird an zwei Stichproben von Personen erprobt, von denen man weiß oder annehmen kann, daß sie extrem niedrige bzw. extrem hohe Werte der zu messenden Einstellung aufweisen. Beispiel: Validierung einer Skala zur Messung der Modernisierung von Gesellschaften anhand einer Reihe hochindustrialisierter Länder einerseits und einer Reihe von Entwicklungsländern andererseits. Die Mittelwerte der Extremgruppen müssen signifikant verschieden

sein; zudem müssen sie sich vom Mittelwert und der Streuung der Gesamtgruppe (alle Länder) signifikant unterscheiden.

4. *Konstruktvalidität* (Cronbach & Meehl 1955, Lienert 1967): Erklärung der Testergebnisse durch Formulierung neuer oder Heranziehen vorhandener Hypothesen einer Theorie. Überprüfung der Hypothese mit Hilfe einer weiteren Untersuchung. Konstruktvalidität ist methodologisch eine Prüfung für die Angemessenheit der operationalen Definition eines Begriffs.

Die Gültigkeit einer Messung setzt ihre Zuverlässigkeit (Reliabilität) voraus. Die Zuordnung der Werte soll systematisch vorgenommen werden; hierauf bezieht sich die *Reliabilität:* auf die Stabilität und Genauigkeit der Messungen sowie die Konstanz der Meßbedingungen. Der Reliabilitätskoeffizient ist der Quotient aus der Fehlervarianz der Messungen und ihrer Gesamtvarianz.

So ist die Codierung von Antworten im Fragebogen oder die Zuordnung von Begriffen zu Wörtern in der Inhaltsanalyse nur dann reliabel, wenn eine Person sie in allen Fällen gleich und eine andere Person ebenfalls die gleichen Zuordnungen vornimmt. Auch sollen wiederholte Messungen mit demselben Instrument zu denselben Resultaten führen.

Im wesentlichen werden drei Verfahren verwendet, um die Reliabilität einer Skala, eines Index oder eines Tests zu prüfen. Sie entsprechen unterschiedlichen Formen der Reliabilität:

1. *Re-Test*: Eine Messung wird bei den gleichen Objekten mit dem gleichen Instrument wiederholt. Die Zeitspanne zwischen erster und zweiter Messung soll möglichst kurz sein. Wendet man dieses Verfahren nicht nur bei Skalen und Indizes, sondern auch zur Prüfung des gesamten Instruments, z. B. eines Fragebogens oder eines soziometrischen «Tests», an, ist zu bedenken, daß für die Personen einzelne Fragen Lernprozesse ausgelöst haben, aufgrund derer sie nun anders über einen Sachverhalt denken. Die Änderungen gehen dann nicht auf eine mangelnde Reliabilität, sondern auf Veränderungen bei den Personen zurück. Die Konstanz des Objektes ist nicht gegeben. – Das Ausmaß der Reliabilität wird anhand der Höhe der Korrelation zwischen den beiden Messungen bestimmt.

2. *Parallel-Test*: Eine Messung wird bei den gleichen Objekten wiederholt mit Hilfe eines anderen äquivalenten Instruments, das also die gleichen Merkmale mißt. Man erhebt z. B. die Kommunikationsstruktur zwischen Mitgliedern einer Gruppe einmal durch einen soziometrischen «Test», dann mit Hilfe eines Interviews. – Reliabilitätsmessung wie bei (1).

3. *Konsistenz*: Geprüft wird die Einheitlichkeit der Teile des Instruments. Das Instrument (z. B. ein Test mit mehreren Skalen oder nur einer Skala mit zahlreichen Items) wird in zwei gleiche Hälften («split-half») geteilt; z. B. werden nach der Numerierung aller Teile jeweils alle geraden und alle ungeraden Teile zusammengefaßt. Die Korrelation zwischen den summierten Werten jedes Teils (über alle Objekte) ist ein Ausdruck für die Reliabilität des Instruments. Dem liegt die Annahme zugrunde, die Items in beiden Hälften seien äquivalente Stichproben aus dem Universum aller Items.

Die hier angeführten Formen der Validitäts- und Reliabilitätsprüfung lassen sich nicht nur auf Skalen, Indizes oder Tests, sondern auch in unterschiedlich starkem Maße auf alle Methoden der empirischen Sozialforschung anwenden. Weitere Probleme der Validität und Reliabilität werden im Kap. 5 ausführlicher behandelt.

2.5. Hypothesenformulierung

Anknüpfend an die bisherigen, insbesondere an die ersten beiden Abschnitte dieses Kapitels läßt sich nun die Struktur von Hypothesen genauer bestimmen. Die Definition eines Begriffs enthielt Zuschreibungen eines oder mehrerer Designate (Merkmale) zu einem Objekt. Bei dem Objekt muß es sich nicht um Personen, Familien, Organisationen etc. handeln; es können auch Eigenschaften wie politisch, abweichend etc. sein. Merkmale, die dem Objekt zugeschrieben wurden, sind im Kontext empirischer Untersuchungen Variablen mit einer bestimmten Zahl von Ausprägungen. Eine Hypothese ist eine Aussage, in der angegeben wird, wie sich eine Menge von Objekten auf zwei oder mehr Variablen und deren Ausprägungen verteilt. Sehr vereinfacht könnte man sagen, es werden Definitionen verknüpft.

Angenommen, der Begriff «Arbeiter» sei definiert durch die Variable Stellung im Produktionsprozeß, und der Begriff «Klassenbewußtsein» sei eine aus mehreren einzelnen Variablen zusammengesetzte neue Variable mit drei Ausprägungen: keines – geringes – starkes. Dann sind vier einfache Formen von Hypothesen möglich:

1. Alle Arbeiter sind stark klassenbewußt.
2. Alle Arbeiter sind klassenbewußt.
3. Die meisten Arbeiter sind stark klassenbewußt.
4. Die meisten Arbeiter sind klassenbewußt.

Die ersten beiden Hypothesen sind deterministische Aussagen, die beiden letzten probabilistische (statistische), wie im Abschnitt 2.2.1 erläutert. Hypothese (1) besagt, daß alle Personen, auf die das Merkmal «Arbeiter» zutrifft, auch die Ausprägung «stark» der Variablen «Klassenbewußtsein» aufweisen. Hypothese (2) besagt hingegen nur, daß alle auf die Ausprägungen «gering» und «stark» verteilt sind. Hypothese (3) besagt, daß ein großer Teil der Personen mit dem Merkmal »Arbeiter» auch die Ausprägung «stark» aufweist, Hypothese (4) schränkt die Allgemeinheit nochmals ein, indem nur behauptet wird, ein großer Teil verteile sich auf die Ausprägungen «gering» und «stark».

Jede der vier Hypothesen schließt eine ungleich große Zahl von Sätzen aus, die sie widerlegen könnten; die Zahl der Falsifikatoren ist bei Hypothese (1) am größten, bei (4) am geringsten. Daher sinkt der Informationsgehalt der Hypothesen (z. B. für eine politische Strategie) von (1) zu (4).

Der Informationsgehalt einer Hypothese ist demnach abhängig von:

1. *der Menge der Objekte* (genauer: der Mächtigkeit der Menge), für die die Hypothese gelten soll: z. B. «alle Arbeiter», «alle Arbeiter in der BRD», «alle Facharbeiter in der BRD», «alle Facharbeiter in der BRD in der Fabrik Y»;
2. *der Zahl der Ausprägungen der Variablen*, z. B. «nicht klassenbewußt – klassenbewußt», «kein – geringes – hohes» Klassenbewußtsein, Index «Klassenbewußtsein» mit zahlreichen Werten;
3. *der Exaktheit, mit der die Verteilung angegeben wird*, z. B. nur «klassenbewußt» oder «stark klassenbewußt»; sowie
4. *der Spezifikation der Randbedingungen*, unter denen die Hypothese gelten soll, also im Grunde eine Spezifikation von (1) und/oder (2) und/oder (3). Die Hypothese gilt z. B. nur unter der Randbedingung einer Gesellschaft mit einer bestimmten ökonomischen Produktionsform, einer bestimmten sozialen Struktur, bestimmten Bedingungen politischer Aufklärung.

Diese Bedingungen lassen sich noch erweitern, wenn die Hypothesen weitere Variablen enthalten. Die Objekte werden dann in einem entsprechend komplexen Raum von Variablen lokalisiert, z. B. bei der Verknüpfung zweier Aussagen zu einer Hypothese: «Je höher der soziale Status der Eltern, desto höher ist der errreichte Schulabschluß ihrer Kinder.» Für die Elemente der Menge «Kinder» wird vermutet, jedem Punkt der Ausprägung der Variablen «sozialer Status» der Variablen «Eltern» entspricht eine Ausprägung der Variablen «erreichter Schulabschluß», mit deren Hilfe sich alle Elemente lokalisieren lassen. Es wird eine lineare Beziehung vermutet: Die Ausprägungen beider Variablen müssen demnach eine ordinale Skalenqualität aufweisen; einem niedrigen Skalenwert auf der einen Variablen entspricht ein niedriger auf der anderen Variablen, dem nächsthöheren ebenfalls ein nächsthöherer auf der anderen Variablen etc. Diese Hypothese hat einen höheren Informationsgehalt, als wenn sie lautete: «Der Schulabschluß eines Jugendlichen ist abhängig von der Schichtzugehörigkeit seiner Eltern», weil in ihr über die Art der Verteilung nichts gesagt wird.

Nicht immer sind Zusammenhänge – wie in dem Beispiel – linear (und zudem monoton ansteigend), obgleich wir oft in der Formulierung der Hypothesen davon ausgehen. So ist in der BRD der Zusammenhang von sozialer Schicht und Kinderzahl nicht linear, sondern kurvilinear: Familien der Unter- und der Oberschicht haben jeweils durchschnittlich mehr Kinder als Familien der Mittelschicht.

An diesem Beispiel wird erkennbar, welche Bedeutung der Zahl der Ausprägungen einer Variablen in der Hypothesenformulierung zukommt. So erhöht sich der Informationsgehalt der Hypothese «Wenn eine Person sehr streng erzogen wird, dann wird sie sich selbst extrem verhalten» dadurch, daß man angibt, welche Form «extremen» Verhaltens sie zeigen wird, z. B. sehr konformes oder sehr rebellisches. Zur Erhöhung des Informationsgehalts einer Aussage trägt weiterhin bei, wie exakt die Begriffe definiert sind, welche Operationalisierungen für sie zur Verfügung stehen, welche Skalenqualität der Code hat, welche statistischen Kriterien sich zur Prüfung der Aussage verwenden lassen. Damit steigen zugleich auch die Anforderungen an die Reliabilität der Messung.

Je komplexer der Zusammenhang zwischen den Variablen und zwischen den Hypothesen wird, desto eher müssen multivariate Analysen zur Prüfung der Hypothese vorgenommen werden, d. h. Prüfungen von Mehrfachzusammenhängen.

Der Informationsgehalt einer Hypothese erhöht sich auch dadurch, daß zwei oder mehrere Hypothesen zu einer allgemeineren zusammengefaßt werden. Objekte und Prädikate der Einzelaussagen werden dann übergeordneten Begriffen subsumiert. In dem obengenannten Beispiel (Abschnitt 2.2.2) ist die Richtung des Vorgehens bereits angedeutet: Lehrer und Richter (= Mittelschichtangehörige) zensieren und verurteilen (= sanktionieren negativ) Arbeiter stärker als Mittelschichtangehörige.

Hypothesen enthalten *Beziehungen zwischen Variablen.* Diese Beziehungen lassen sich anhand mehrerer Kriterien genauer angeben. In Anlehnung an Zetterberg (1967, S. 82 f.) können Beziehungen nachfolgender Art sein:

1. deterministisch (wenn X, dann immer Y) oder statistisch (wenn X, dann wahrscheinlich Y);
2. reversibel (wenn X, dann Y; wenn Y, dann X) oder irreversibel (wenn X, dann Y; wenn Y, dann nicht X);
3. aufeinanderfolgend (wenn X, dann später Y) oder gleichzeitig (wenn X, dann auch Y);
4. hinreichend (wenn X, dann immer Y) oder bedingt (wenn X, dann Y, aber nur wenn Z vorliegt);
5. notwendig (wenn X, dann und nur dann Y) oder substituierbar (wenn X, dann Y; aber wenn Z, dann auch Y).

Anhand dieser Kriterien ließe sich die Aussage «Je unklarer die mit einer sozialen Position verbundenen Sanktionen sind, desto größer sind die sozialen Konflikte des Positionsinhabers» als deterministisch, irreversibel, aufeinanderfolgend, bedingt (weil z. B. Persönlichkeitsmerkmale des Positionsinhabers bedeutsam sein können) und substituierbar kennzeichnen.

Ein letzter methodologischer Aspekt ist folgender: In einer Hypothese wird eine Aussage über eine Objektmenge gemacht, und zwar über alle oder nur einen Teil der Elemente der Menge. Es ist damit zugleich der Bereich von Testsituationen und die Testmenge angegeben, anhand derer die Hypothese überprüft werden soll; z. B. alle Arbeiter, alle Facharbeiter oder alle Mittelschichtangehörigen in bestimmten Positionen oder nur Richter resp. Lehrer. Die Hypothese definiert daher eine Menge von Elementen, die die Basis für alle möglichen *Stichproben* darstellt, die zur Prüfung einer

Übersicht 11: *Hypothesenformulierung, Hypothesenprüfung und methodologische Fehlerquellen*

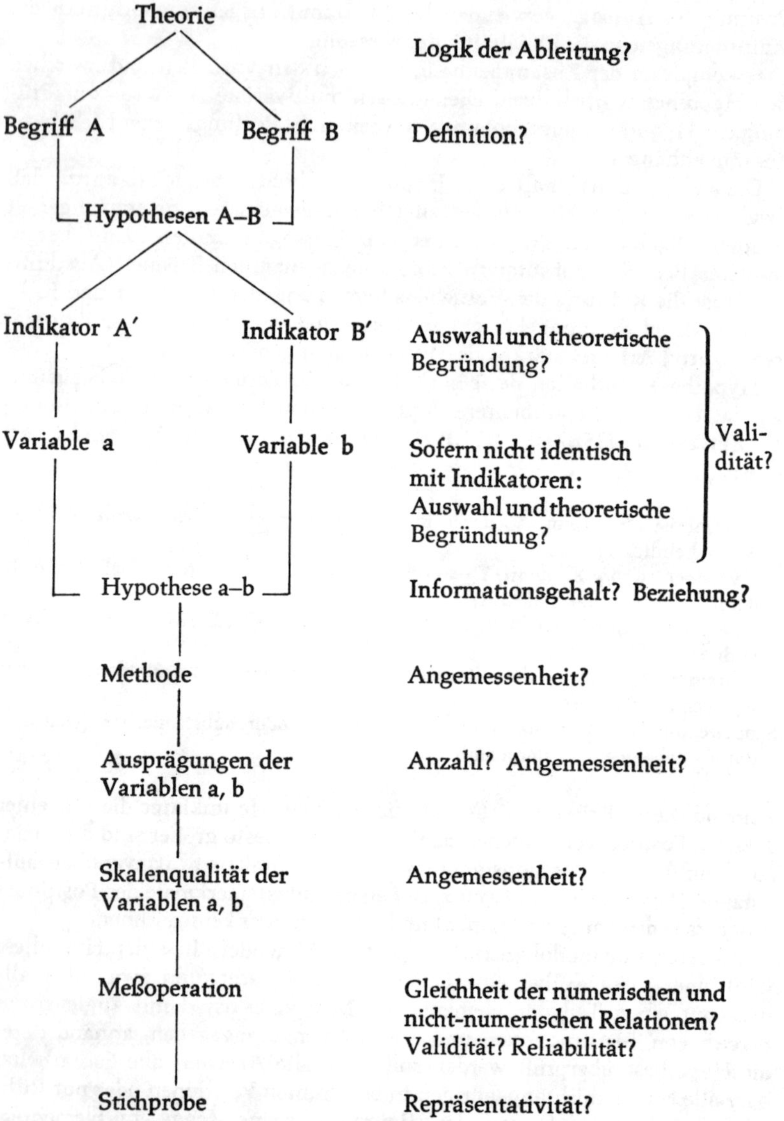

Hypothese gezogen werden können. Lautet die Hypothese: «Alle Arbeiter der BRD . . .», so wäre die hierdurch definierte Menge von Personen in der BRD die Grundgesamtheit, auf die sich die Aussage bezieht. Eine Prüfung der Hypothese anhand einer Stichprobe von Facharbeitern in Hamburg, die die vermutete Beziehung zu dem Merkmal «Klassenbewußtsein» aufweisen, würde zwar die Hypothese plausibler machen, stellte aber keine hinreichende Prüfung dar; denn von dieser Stichprobe auf die in der Hypothese formulierte Grundgesamtheit zu schließen (zu generalisieren) wäre voreilig. Da nicht alle Arbeiter, also alle Elemente der Grundgesamtheit, untersucht werden können, wird man es in den Sozialwissenschaften als eine notwendige und hinreichende Prüfung der Hypothese ansehen, wenn eine repräsentative Zufallsstichprobe von Arbeitern der BRD untersucht wird. Auf den hier nur skizzierten engen methodologischen Zusammenhang von Hypothesenformulierung, Hypothesenprüfung und Stichprobe wird nochmals ausführlich in Kap. 3 eingegangen.

Hypothesenformulierung und Hypothesenprüfung sind demnach außerordentlich eng miteinander verbunden. (Eine ähnliche, noch ausführlichere Darstellung gibt GALTUNG 1970, Kap. II, 4.) Der Zusammenhang und die methodologischen Fehlerquellen sind in Übersicht 11 dargestellt; sie ist eine Ergänzung zu den vorangegangenen Übersichten 2 und 6.

2.6. ZUSAMMENFASSUNG: DIMENSIONALANALYSE UND MODELLKONSTRUKTION

Die in diesem Kapitel abgehandelten Probleme umfaßten vier elementare Schritte wissenschaftlicher Arbeit als Versuch, Realität kontrolliert in Aussagen zu rekonstruieren: 1. Die Analyse eines Objektbereichs auf seine grundlegenden Dimensionen hin, 2. die Isolation einzelner Erscheinungen und ihre Definitionen, 3. Formulierung von Aussagen über die Beziehungen zwischen den so isolierten Elementen und 4. die Formulierung von Regeln, die diesem Vorgehen zugrunde liegen.

Je nachdem, welche Kenntnis über einen Objektbereich bereits vorliegt, wird eine empirische Untersuchung eher beschreibend (deskriptiv) oder eher analytisch (Hypothesen prüfend) sein. Analytische Studien setzen beschreibende voraus. In einer beschreibenden Studie will man Kenntnisse über einen bisher unbekannten oder nur wenig bekannten Gegenstandsbereich gewinnen, die Auswahl der Variablen ist mehr oder weniger intuitiv, der Studie liegen nur vage Annahmen zugrunde. Sind die Beschreibungen hinreichend ausführlich und nach gleichen Merkmalen vorgenommen, so stellen solche Studien eine außerordentlich wichtige Grundlage für weitere Studien und für die Hypothesenformulierung dar. Ein klassisches Beispiel hierfür ist die Theorie kleiner Gruppen, die HOMANS (1969) aufgrund von Analysen fünf beschreibender Studien über Gruppen entwickelt hat.

Die gängige Unterscheidung zwischen beschreibenden und analytischen Studien ist nützlich, aber methodologisch nicht exakt, da jede Beschreibung theoretische Aktivitäten verlangt. Zudem lassen sich Hypothesen unterschiedlicher Komplexität und unterschiedlichen Informationsgehalts formulieren. In einer deskriptiven Untersuchung wird man neben der Beschreibung eines Objektbereichs versuchen, Annahmen zu präzisieren oder auch schon einfache Aussagen über einen Teil einer Verteilung zu prüfen, z. B. «in dem Vorort X werden 70 Prozent der Frauen nicht berufstätig sein». Eine Erklärung hierfür wird zunächst nicht gegeben; sie zu finden anhand von empirischen Regelmäßigkeiten kann gerade die Aufgabe der Studie sein. In vielen Fällen enthalten Untersuchungen deskriptive und testende Elemente, so daß man dann nur von *eher* deskriptiven oder *eher* analytischen Studien sprechen kann.

Die einzelnen theoretischen Aktivitäten, unterschieden nach dem Vorwissen und dem Erkenntnisstand über einen Objektbereich, gibt die nachfolgende Übersicht von ZETTERBERG (1967, S. 67) sehr gut wieder.

Übersicht 12: *Theoretische Aktivitäten bei einer Untersuchung* (ZETTERBERG 1967)

	Theoretische Aktivitäten: Dimensionale Analyse	Theoretische Aktivitäten: Modellkonstruktion
Gegenstand der Forschung	Dimension der Natur	Naturgesetze
Typische Satzform	«X = df (a, b, ...)»	«Wenn X, dann Y»
Bezeichnung der Sätze	Definitionen	Thesen
Anwendung der Sätze auf neue Gegenstände	Diagnose	Erklärung
Ergebnis	Deskriptives Schema (Taxonomie)	Modell (Theorie)
Entsprechende empirische Forschungstätigkeit	Beschreibende Studie	Erklärende Studie

Unter «Diagnose» versteht ZETTERBERG, ein Objekt oder ein Problem «im Rahmen einer begrenzten Zahl von Definitionen und Dimensionen zu beschreiben».

Das Schema faßt eine ganze Reihe der in diesem Kapitel ausführlich dargestellten methodologischen Grundlagen der empirischen Sozialforschung knapp zusammen. Es ist darüber hinaus nützlich für das Vorgehen bei der Konzeptualisierung einer Studie.

Gemessen an den genannten methodologischen Kriterien, sind viele sozialwissenschaftliche Untersuchungen unzureichend. LAKATOS (1970, S. 176, Fn. 1) geht sogar so weit, sie vielfach nur als Testung ohnehin plausibler Alltagskenntnisse zu werten, die dann mit statistischem Aufwand untermauert werden. Dieses Urteil ist vorschnell, weil es dem Stand wissenschaftlicher Entwicklung, beispielsweise in der Soziologie, nicht Rechnung trägt. Sinnvoller ist es, ein solches Verdikt von der negativen Beantwortung der beiden folgenden Fragen abhängig zu machen:

1. Hat eine Studie zu einer Reihe von neuen Hypothesen geführt?
2. Ist eine deskriptive Studie methodisch (z. B. in Variablendefinition, Code und Stichprobe) so exakt, daß sie für eine spätere, theoriegeleitete Sekundäranalyse brauchbar ist?

Zunächst sei an den Zusammenhang von Problem und Hypothesenformulierung erinnert. Bei der Untersuchung eines Problems wird sich der Forscher fragen müssen, ob bestimmte Hypothesen geeignet sind, das jeweilige Problem zu untersuchen resp. bestimmte Sachverhalte mit der einen oder anderen Theorie zu erklären. Zum einen ist die Frage zu stellen, ob ein ganz bestimmter theoretischer Ansatz überhaupt geeignet ist, eine Erklärung zu liefern, oder ob nicht nach einem ganz anderen theoretischen Ansatz gesucht werden muß. Dieser in der Wissenschaft relativ seltene Fall gilt für die Überwindung des ptolemäischen Weltbildes durch Kopernikus oder die Kritik von Marx an Feuerbach. Zum anderen, einem häufigeren Fall, kann es sinnvoll sein, nach Hypothesen in einem anderen als vom Problem bestimmten Bereich zu suchen. Angenommen, ein Forscher will untersuchen, ob Richter in Verhandlungen angeklagte Arbeiter stärker diskriminieren als Angeklagte, die Angehörige der Mittelschicht sind. Er findet hierzu wenig Literatur und wenig spezifizierte Hypothesen vor. Er könnte diese problemleitende *Arbeitshypothese* nun verallgemeinern zu der generellen Hypothese, Angehörige der Mittelschicht diskriminieren Angehörige der Unterschicht u. a. aufgrund ihrer Sprache. Hierzu gibt es im Bereich der Schule Untersuchungen über das Lehrerverhalten gegenüber Jugendlichen aus der Unter- und Mittelschicht in der Volksschule. Ein Forscher wäre nun in der Lage, mit Hilfe zusätzlicher Begründungen (und Erklärungen) Hypothesen aus dem einen Objektbereich auf den anderen zu übertragen und sie für seinen speziellen Objektbereich um zusätzliche Hypothesen zu erweitern.

Als nächstes kann sich der Forscher anhand bestimmter Kriterien bemühen, eine *Auswahl aus den vorhandenen Erklärungen und Theorien* zu treffen. Ein Teil dieser Kriterien wurde in Abschnitt 2.2.2 bereits geliefert. Sie lassen sich folgendermaßen zusammenfassen: a) Präzision der Variablen, b) Präzision der Aussagen, c) Reichweite der Aussagen, d) Bewährtheit der Aussagen, e) vermutete Erklärungskraft der Theorien für das zu untersuchende Problem.

Da Untersuchungen nicht eine, sondern mehrere Hypothesen prüfen, ist die im Abschnitt 2.5 vorgeschlagene Klassifikation der Hypothesen ein nützlicher erster Schritt, um mehr Klarheit über die einzelnen Hypothesen und ihren möglichen Zusammenhang zu gewinnen. In einem weiteren Schritt kann hieraus ein Modell entwickelt werden, in dem die einzelnen Hypothesen miteinander verknüpft sind. Den wohl wichtigsten Beitrag hierzu hat BLALOCK geliefert. (BLALOCK 1964, 1969, BLALOCK & BLALOCK 1968, Kap. 5). Das Vorgehen sei an einem einfachen Beispiel erläutert. ZETTERBERG (1965, S. 159 f.) formuliert folgende zehn Hypothesen:

1. Je größer die Arbeitsteilung, desto größer der Konsensus.
2. Je größer die Solidarität, desto größer die Zahl der Kollegen pro Mitglied.
3. Je größer die Zahl der Kollegen pro Mitglied, desto größer der Konsensus.
4. Je größer der Konsensus, desto geringer die Zurückweisungen von devianten Personen.
5. Je größer die Arbeitsteilung, desto geringer die Zurückweisungen von devianten Personen.
6. Je größer die Zahl der Kollegen pro Mitglied, desto geringer die Zurückweisungen von devianten Personen.
7. Je größer die Arbeitsteilung, desto größer die Solidarität.
8. Je größer die Solidarität, desto größer der Konsensus.
9. Je größer die Zahl der Kollegen pro Mitglied, desto größer die Arbeitsteilung.
10. Je größer die Solidarität, desto geringer die Zurückweisungen von devianten Personen.

BLALOCK (1969, S. 18 f.) formt diese Aussagen nun in ein kausales Modell um. (Der Begriff «kausal» ist strenggenommen nicht zulässig; die wissenschaftstheoretische Diskussion des Kausalbegriffs hat gezeigt, daß sich nur von Grund–Folge sprechen läßt.) Die Umformung ist immer dann möglich, wenn sich einige der Hypothesen als «Axiome» fassen lassen, aus denen die anderen Hypothesen abgeleitet werden. Dabei entsteht die Schwierigkeit, aus unklar formulierten Hypothesen jene herauszufinden, die eine kausale Asymmetrie enthalten (vgl. die Klassifikation oben). Zur Auswahl der «Axiome» schlägt BLALOCK zwei methodologische Regeln vor:

«Regel 1: Wähle als Axiome diejenigen Hypothesen, in denen Variablen enthalten sind, von denen eine direkte kausale Verbindung angenommen werden kann; ...

Regel 2: Formuliere die Theoreme (abgeleiteten Hypothesen, J. F.) nach Kriterien der Kovariation und zeitlichen Abfolgen, so daß sie dadurch prüfbar werden, vorausgesetzt, es gibt adäquate Messungen aller Variablen.»

Mit Hilfe dieser Regeln formuliert BLALOCK vier der Hypothesen von ZETTERBERG um, z. B. Nr. 7: «Eine Erhöhung der Arbeitsteilung wird zu einer Erhöhung der Solidarität führen.» Die Hypothesen Nr. 7–10 bilden bei BLALOCK (wie schon bei ZETTERBERG) die Axiome. Ein mögliches Kausalmodell für diese fünf Axiome hat dann folgende Form:

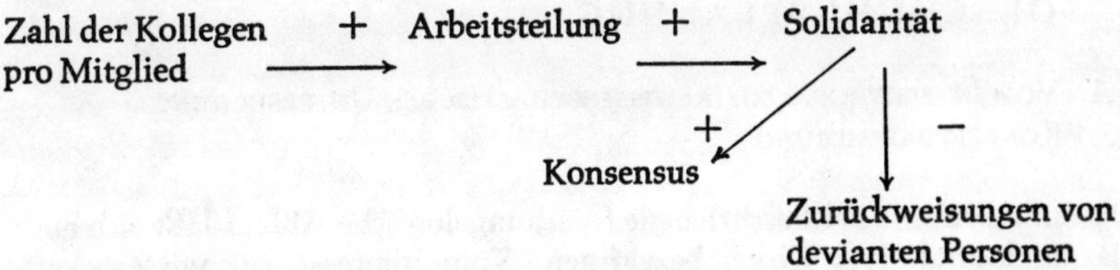

Derartige Kausalmodelle haben den Vorteil, die Hypothesen zu ordnen und ihre Abhängigkeiten erkennbar werden zu lassen. Auf sie lassen sich die Verfahren der Kausalanalyse (oder: Pfadanalyse) anwenden. (Vgl. hierzu die angegebenen Arbeiten von Blalock sowie die Darstellungen von Heise 1969, Land 1969, Weede 1970, 1972.) Bislang setzt dies Verfahren allerdings intervallskalierte Daten voraus, da es von Korrelationskoeffizienten und der Schätzung von Regressionskoeffizienten ausgeht (vgl. hierzu Morris 1970, Somers 1962).

3. FORSCHUNGSPLANUNG

3.1. Vom Interesse zur sozialwissenschaftlichen Untersuchung: Konzeptualisierung

Der im Abschnitt 2.1 beschriebene forschungslogische Ablauf läßt sich auch als ein kumulativer Zirkel bezeichnen: Vom Interesse zur wissenschaftlichen Untersuchung wiederum zu einem veränderten Interesse.

Die Vermutung, jede sozialwissenschaftliche Untersuchung beginne mit einem Problem, stimmt nicht immer mit der Wirklichkeit überein. Gerade wer methodologische Beratung innerhalb wie außerhalb der Universität betrieben hat, wird dies bestätigen. Oft kommt ein Student nicht mit einem Problem, sondern nur mit einem allgemeinen Interesse an Stadtplanung, an der Institution Ehe oder an Rauschmittelkonsum unter Jugendlichen; seine Fragen lauten nicht: «Warum sind Bewohner von Neubausiedlungen unzufriedener als die von Altbausiedlungen?» oder: «Wie ist die steigende Ehescheidungsrate zu erklären?» oder: «Welche Mechanismen bestimmen die Diffusion von Rauschmitteln von der Großstadt auf die Umgebung bis hin zum Dorf?»

Auch außerhalb der Universität, beispielsweise bei Verhandlungen mit einer Behörde, finden sich ähnlich vage Vorstellungen. Auch wenn hier häufig ein soziales Problem überhaupt erst zu Kontakten mit dem Wissenschaftler führt, ist damit noch lange nicht seine klare Formulierung verbunden. Sie entsteht erst im Gespräch, wenn nicht gar in langen Verhandlungen, die den Charakter eines Selbstverständigungsprozesses innerhalb der verschiedenen Ebenen der Organisation annehmen. In diesem Prozeß sind die unterschiedlichen Sprachspiele beider Seiten, die auf unterschiedliche Handlungszusammenhänge zurückgehen, von großer Bedeutung. Sie anzunähern, um das Problem dann in einer soziologischen Sprache formulieren zu können, ist Voraussetzung einer Studie.

In der Universität ist solche Ungenauigkeit auf unzureichende Ausbildung, d. h. mangelnde Problemorientierung zurückzuführen. Nicht zuletzt liegt es auch an dem gerade in der BRD der Nachkriegszeit so gebrochenen Verhältnis von Theorie, Empirie und Praxis: Die einen denken theoretisch und treiben «Theorie», die anderen entwickeln Methoden und korrigieren Fragebögen, weitere entwerfen Computer-Programme; wieder andere stellen politische Praxis über die Erfordernisse einer empirischen Basis oder einer methodologisch-empirischen Kontrolle der eigenen Arbeit, weil sie ihren Ansatz nicht als Annahmen, sondern als Gewißheit betrachten, zu der es nur einiger «Daten» bedarf. Aus der notwendigen Spezialisierung der Gebiete darf aber bei einer Studie nicht die Technik der segmentierten Dienstleistung hergeleitet werden.

Interesse allein reicht also nicht aus. Es muß transformiert werden, um zu dem zu führen, was Forschung begründet: problemlösendes Verhalten.

Wir legen unserem Handeln und unseren Aussagen Annahmen über die Beschaffenheit unserer Umgebung und die Erklärung von Vorkommnissen zugrunde. Diese Annahmen kann man als «Alltagstheorien» bezeichnen. Die Fehlerhaftigkeit solcher Alltagstheorien ist hinreichend bekannt: Das Urteil des einzelnen verändert sich mit steigender Ungewißheit über die Maßstäbe durch den Druck seiner Umgebung, die subjektiven Wahrscheinlichkeiten über den Ausgang von Situationen stimmen nicht mit den objektiven überein (vgl. KRIZ 1968), Konflikte, z. B. zwischen Lehrling und Meister, werden als persönliche Probleme statt als in der Organisationsstruktur begründete begriffen.

Eine der wesentlichen Aufgaben der Soziologie ist es gerade, sich von diesen Alltagstheorien, in denen das Nächste zum Letzten gemacht wird, zu lösen, indem sie Annahmen expliziert und sie, als Hypothesen formuliert, einer empirischen Prüfung unterzieht. Ihr Bezugspunkt ist nicht der einzelne, sondern die Struktur, in der er steht; erst aus einer derart gewonnenen Theorie heraus vermag sie die Defekte des alltäglichen Handelns zu untersuchen und zu erklären.

Eines der zentralen Probleme in diesem Prozeß der Emanzipation von Alltagstheorien ist, daß die am häufigsten angewandten Methoden der Sozialforschung (Befragung, Beobachtung, Inhaltsanalyse) selbst diesem alltäglichen Vorgehen entnommen sind. Sie stellen nur eine strenge Rekonstruktion alltäglichen Handelns dar. Begreift man die Methoden einer Disziplin als ihr entscheidendes Mittel, sich von Alltagsvorstellungen zu lösen, dann wird erkennbar, wie schwierig und langwierig der Versuch der Disziplin ist, mit noch derart unvollkommenen Methoden Erkenntnisse zu gewinnen, Aussagen, die eine tragfähige Basis gesellschaftlicher Praxis sein können. Die Anstrengung, sowohl die soziologische Theorie wie die Methoden empirischer Sozialforschung von den Alltagstheorien zu lösen, macht die entscheidende Bedeutung der Konzeptualisierung einer Studie – und des Begründungszusammenhangs überhaupt – aus.

Unter *Konzeptualisierung* soll der Vorgang verstanden werden, in dem für den explizierten Entdeckungszusammenhang und den weitgehend antizipierten Verwertungszusammenhang eines Problems ein angemessener Begründungszusammenhang entwickelt wird. Es handelt sich dabei um eine Reihe von Arbeitsschritten, deren methodologische Interdependenz bereits in Übersicht 2 dargestellt wurde. Da solche Festlegungen im Prozeß der Untersuchung zumeist nicht rückgängig gemacht werden können, ist eine Untersuchung so gut oder unzureichend wie ihre Konzeptualisierung und ihr Untersuchungsplan («design»).

Die Probleme einer angemessenen Konzeptualisierung seien am Beispiel einer Studie zur Sozialisation von Jugendlichen und dem Einfluß der Eltern auf ihre politischen Einstellungen erläutert. Jede derartige Studie ist Teil der allgemeineren Fragen, wie politische Einstellungen entstehen, welche Prozesse der Interaktion, welche Personen, Institutionen und anderen strukturellen Bedingungen hieran beteiligt sind. Die Erklärung dieses Teils der Sozialisation dürfte von großer Bedeutung für den Prozeß der Demokratisierung einer Gesellschaft sein.

Es ist wohl kaum möglich, in *einer* Studie mehr als nur einen Teil des komplexen Problems zu behandeln, was sich bereits an wenigen, nach der vorliegenden Literatur bewährten Annahmen zeigen läßt: Die politische Sozialisation ist abhängig vom Alter einer Person, von ihrer sozialen Schicht, von der Gemeindegröße (Stadt-Land-Gefälle), von den beteiligten Institutionen (Familie, Schule, Betrieb, Nachbarn, Peer Group), schließlich von Persönlichkeitsmerkmalen. Allein diese wenigen relevanten Variablen nötigen zu einer Begrenzung der Untersuchung auf eine bestimmte Gruppe. Die Stichprobe muß so gewählt werden, daß man bestimmte Variablen konstant hält, indem man sich auf wenige Altersgruppen, nur Großstädte oder nur eine soziale Schicht beschränkt.

Man kann weiter davon ausgehen, Sozialisationsprozesse seien um so schwieriger zu erfassen, je älter eine Person ist, weil sich die in jedem Alter erreichte Sozialisation als Produkt mehrerer früherer begreifen läßt. Wenn frühe Sozialisationsprozesse grundlegender (mehr Bereiche einer Person umfassend, weniger reversibel) sind als spätere, dann ist es sinnvoll, die Studie bei Jugendlichen anzusetzen.

Damit ist der Prozeß der Strukturierung des Problems, seiner Dimensionalanalyse, keineswegs abgeschlossen. Es entsteht als nächstes die Frage, welche Bedingungen Einfluß auf die politische Sozialisation von Jugendlichen haben können. Mit Hilfe der vorliegenden Literatur, die sich für diesen Teil der Dimensionalanalyse heranziehen läßt, wird man neben den bereits genannten Variablen weitere finden, z. B. Geschlecht, soziale Kontrolle der Eltern, Lehrerverhalten.

Da jede Untersuchung des politischen Sozialisationsprozesses von Jugendlichen davon ausgehen kann, durch Aussagen mit Hilfe der eben genannten Variablen a) nur einen Teil des Sozialisationsprozesses erklären zu können, und b) daß diese Variablen nicht unabhängig voneinander sind, sondern kovariieren, wird man die geplante Studie noch weiter einengen müssen. Die weitere Begrenzung erfolgt aufgrund mehrerer Kriterien, z. B. der vermuteten Komplexität der Erklärung, mithin der Zahl der relevanten Variablen, der gewünschten Exaktheit der Aussagen, der verfügbaren Mittel (Zeit, Mitarbeiter, Geld). Um die geplante Studie zu konzeptualisieren, wird der Forscher spätestens zu diesem Zeitpunkt intensiver die vorhandene Literatur heranziehen. Neben der grundlegenden Literatur zur Sozialisation findet er vier Arten von Arbeiten für sein spezielles Problem vor:

1. Studien zur politischen Sozialisation (z. B. ALMOND & VERBA 1963, DENNIS et. al. 1968, GURR 1970, HYMAN 1959).
2. Studien zur politischen Sozialisation Jugendlicher in Elternhaus und Schule (z. B. BECKER, HERKOMMER & BERGMANN 1967, ECKHARDT & SCHRINER 1969,

LANE 1959, MACCOBY, MATTHEWS & MORTON 1954, MIDDLETON & PUTNEY 1963, NELSON & TALLMAN 1969, POLK 1969, ROSENMAYR & KREUTZ 1968, TESCHNER 1968).

3. Deskriptive Studien über politische Einstellungen Jugendlicher (z. B. INFRATEST 1962, JAIDE 1961, 1969, WILDENMANN & KAASE 1968).
4. Deskriptive Studien über Verhalten und Einstellungen Jugendlicher (in der BRD z. B. BLÜCHER 1966, EMNID 1954, MARPLAN 1967, PFEIL u. a. 1968, PLANCK 1969).

Neben den vorhandenen theoretischen Ansätzen zur Sozialisation (Lerntheorie, kognitive Entwicklung, psychoanalytische Theorie u. a.) wären einige der folgenden Annahmen und Hypothesen aus den Studien der ersten und zweiten Art einzubeziehen:

1. Abweichende politische Einstellungen sind Teil des Ablösungsprozesses Jugendlicher von der elterlichen Abhängigkeit. Politische Einstellungen gehören zur Reaktionsbildung gegen die Eltern; sie sind zudem Teil des Konformismus mit der Gruppe der Altersgleichen (Peer Group) (PARSONS 1954).
2. Demgegenüber fand HYMAN (1959) keine negative Korrelation zwischen den politischen Ansichten der Eltern und denen der Jugendlichen. Er zog daraus den Schluß, politische Ansichten seien kein Instrument der jugendlichen Rebellion.
3. Es besteht eine kurvilineare Beziehung von elterlicher Kontrolle und politischer Radikalität der Jugendlichen: Wenn die Eltern sehr geringe oder sehr starke Kontrolle ausüben, dann werden die Kinder von den politischen Ansichten der Eltern abweichen (MACCOBY, MATTHEWS & MORTON 1954). – Diesen Befund konnten hingegen NOGEE & LEVIN (1958) nicht bestätigen.
4. Wenn die Eltern politisch nicht interessiert sind, besteht keine konsistente Beziehung zwischen Entfremdung und Rebellion. Wenn die Eltern politisch interessiert sind, dann gilt: Je größer die Entfremdung von den Eltern, desto größer ist die politische Rebellion gegen die Eltern (MIDDLETON & PUTNEY 1963).
5. Wenn männliche Jugendliche beide Eltern oder einen Elternteil als politisch interessiert ansehen und wenn ein Familienkonflikt besteht, dann haben Jugendliche andere politische Ansichten als ihre Eltern (ECKHARDT & SCHRINER 1969).
6. Je größer die lokale Orientierung einer Person, desto abhängiger ist ihr Handeln von Primärgruppen. Wenn ein Jugendlicher eine lokale Orientierung hat und wenn in der Primärgruppe Familie die Konflikte stark sind, dann wird der Jugendliche von den politischen Ansichten der Eltern abweichen (NELSON & TALLMAN 1969).

Dieser Auszug aus vorliegenden Hypothesen zum Problem der politischen Sozialisation Jugendlicher bringt zum Teil widersprüchliche und schwer vergleichbare Aussagen. Durch die unterschiedlichen Variablen in den Aussagen werden die Erklärungen zudem immer differenzierter.

Der theoretische Bezugsrahmen ist verschieden, wodurch sich die Ergebnisse verschiedenen Theorien größerer Allgemeinheit zuordnen lassen: Sozialisationskonflikte als Teil der Konflikte zwischen Eltern, Jugendlichen und Altersgruppen (EISENSTADT 1966); psychoanalytische Erklärungen, z. B. aus dem ödipalen Konflikt (BETTELHEIM 1969, FEUER 1969); politische Konflikte als Teil des theoretischen Ansatzes von lokaler kontra kosmopolitischer Orientierung (MERTON 1957); schließlich Erklärungen mit Hilfe der Theorie kognitiver Balance (HEIDER; vgl. ROSENMAYR & KREUTZ 1968). Außerdem sind die unterschiedlichen Ergebnisse durch die unterschiedlichen Stichproben bedingt; in den meisten Studien wurden nur Oberschüler und Studenten befragt. Letztlich verwenden die Autoren zum Teil nicht-vergleichbare Operationalisierungen der Variablen.

Zu berücksichtigen bleibt ferner, daß die genannten Studien Querschnitt-Untersuchungen sind; sie erfassen den Sozialisationsprozeß zu *einem* Zeitpunkt, nicht zu mehreren. Eine exakte Untersuchung von Prozessen ist aber nach übereinstimmender Ansicht aller Sozialisationsforscher nur mit Hilfe von Longitudinalstudien, also Längsschnitt-Untersuchungen, möglich. Ein weiteres Problem ist die Erhebungssituation: Gerade wenn Eltern, Schule und die Gruppe der Altersgleichen die politischen Einstellungen und das politische Verhalten von Jugendlichen beeinflussen, ist sie von großer Bedeutung. Wo muß erhoben werden: Zu Hause, in der Schule oder an einem neutralen Ort? Welchen Einfluß hat der Interviewer, wenn man z. B. mit jugendlichen Interviewern arbeitet? An diesen Fragen wird das im Abschnitt 2.2 erwähnte Problem erkennbar: Eine Studie über den Einfluß von Eltern, Schule und Altersgleichen auf die Jugendlichen setzt in der Methode, hier zum Beispiel dem Verhalten des Interviewers, bereits die Kenntnis der Ergebnisse voraus, um die Studie methodisch zuverlässig und gültig durchführen zu können. (Verfahren zur Kontrolle solcher Fehler s. Abschn. 2.4.8.)

Angesichts der vorhandenen Literatur ist es weniger sinnvoll, eine überwiegend deskriptive Studie als vielmehr eine stark analytische durchzuführen. Hierfür bestehen zahlreiche Möglichkeiten; die Entscheidung für eine von ihnen hängt von den Entscheidungen ab, die man zuvor hinsichtlich folgender Alternativen trifft:

1. Längsschnitt- oder Querschnitt-Untersuchung,
2. Konzentration auf welchen theoretischen Ansatz,
3. Grad der Exaktheit der Hypothesenprüfung,
4. Zahl der Hypothesen und Zahl der Variablen,
5. Erhebung nur bei Jugendlichen oder auch bei Eltern, Altersgleichen und in der Schule,
6. Repräsentative Untersuchung über alle sozialen Schichten oder Konzentration auf eine Schicht oder Gruppe (z. B. Arbeiter, Studenten, Oberschüler),
7. Zahl der Altersgruppen (z. B. 14–19, 16–25, nur 17jährige)?

Jede Entscheidung hat Konsequenzen für mehrere andere Fragen:

A. Entscheidet man sich für eine Längsschnitt-Untersuchung, dann ist ein erheblicher Aufwand erforderlich, weswegen die Zahl der Schichten oder Altersgruppen, die man untersuchen möchte, begrenzt werden muß. Da jedoch, wie bereits erwähnt, in der BRD mehrere repräsentative Jugenduntersuchungen vorliegen, wäre eine Sekundäranalyse dieser Erhebungen möglich; die vorliegenden Untersuchungen von EMNID aus mehreren Jahren ließen sogar eine Längsschnitt-Untersuchung zu. Jede Sekundäranalyse steht allerdings vor der Schwierigkeit, nur einen Teil der Hypothesen prüfen zu können, da sie die Operationalisierungen und Stichproben der Primärerhebung übernehmen muß. (Ein gutes Beispiel für eine Sekundäranalyse zu den hier diskutierten Problemen ist die Arbeit von ALLERBECK 1971.)

B. Entscheidet man sich für einen theoretischen Ansatz, der sich stark an die Theorie der kognitiven Balance lehnt, dann ist eine eigene Primärerhebung notwendig, die freilich nur eine Querschnitt-Untersuchung zu sein braucht. Eine solche Erhebung wird auch eine explorative Voruntersuchung erfordern, wozu sich beispielsweise Gruppendiskussionen eignen dürften.

C. Geht man von Sozialisationskonflikten aus, dann muß vorab bestimmt werden, zu welchem Zeitpunkt diese in welcher Schicht wahrscheinlich auftreten. Sind sie bei jugendlichen Arbeitern größer und/oder anders als bei Jugendlichen aus der Mittelschicht? Treten sie in unterschiedlichem Alter auf? – Von der Beantwortung – genauer von der Möglichkeit der Beantwortung – hängt die zu wählende Stichprobe ab.
Weiter: Sollen Konflikte nur aus der Sicht der Jugendlichen oder auch aus der Sicht der Eltern oder Altersgleichen erhoben werden? Ist die Erhebungseinheit die Familie, die Untersuchungseinheit jedoch ihre Mitglieder, oder sollen Erhebungs- und Untersuchungseinheit identisch sein, nämlich nur die Jugendlichen? – Ein gutes Beispiel hierfür sind die Untersuchungen von BLOCK (1972).
Wie kann man sicherstellen, auch jene Jugendlichen in die Stichprobe einzubeziehen, die infolge starker Konflikte mit den Eltern gar nicht mehr bei ihren Eltern wohnen? Wählt man die Familie als Erhebungseinheit, dann müßten die nicht mehr bei ihren Eltern lebenden Jugendlichen an ihrem neuen Wohnort aufgesucht werden; wählt man die Jugendlichen als Erhebungseinheit, dann wäre in solchen Fällen nach dem Wohnort der Familie zu fragen.

D. Da die Variablen Geschlecht, elterliche Kontrolle, politische Ansichten der Eltern und politische Ansichten der Jugendlichen eng zusammenhängen, erfordert eine exakte Prüfung der Hypothesen, beispielsweise durch ein standardisiertes Interview: a) jede Variable über mehrere Fragen zu operationalisieren, b) eine möglichst hohe Skalenqualität des Codes anzustreben, c) möglichst mit Einstellungsskalen zu arbeiten. Um die Interaktionseffekte der Variablen zu prüfen, ist die Varianzanalyse ein sinnvolles statistisches Modell. Sie setzt jedoch normalverteilte und zumindest intervallskalierte Daten voraus. Erforderlich wäre daher, eine an größeren Stichproben validierte Skala zu verwenden, z. B. die Dogmatismus-Skala von ROGHMANN (1966).

E. Konzentriert sich der theoretische Ansatz mit seinen Hypothesen auf die Konflikte zwischen Eltern und Jugendlichen und wird als Methode die mündliche Befragung von Eltern und Jugendlichen mit Hilfe eines standardisierten Interviews gewählt, so treten bei der Operationalisierung der Variablen eine ganze Reihe von Problemen auf, die in den bisherigen Studien vernachlässigt wurden. Um den Zusammenhang von elterlicher Kontrolle und den politischen Ansichten Jugendlicher zu prüfen, muß die Variable «elterliche Kontrolle» operationalisiert werden. MIDDLETON & PUTNEY (1963) tun dies in folgender Weise:

«When you were in high school, did your parents want to have quite a lot to say about your friends and the places you went and so on, or were you pretty much on your own?

1 Parents had a lot to say
2 Parents had an average amount to say
3 Parents left me pretty much on my own.»

Hieran ist vieles zu bemängeln; zunächst wurde die Variable (wie alle anderen in der Untersuchung auch) nur über eine Frage operationalisiert. Ferner kann das Ausmaß der Kontrolle in einzelnen Verhaltensbereichen, die in der Frage zusammengefaßt wurden, ganz unterschiedlich sein. Wichtig ist für den Zusammenhang der hier vorgenommenen Argumentation, daß diese Art von Fragen nur die subjektive Wahrnehmung der Kontrolle durch den Jugendlichen erfassen; demgegenüber wäre auch die Wahrnehmung der Kontrolle durch die Eltern zu prüfen.

Für die meisten bisher diskutierten Untersuchungspläne erscheint bei einer Primärerhebung das standardisierte Interview die geeignete Methode. Eine schriftliche Befragung wäre aufgrund der Unkontrollierbarkeit der Erhebungssituation nicht sinnvoll. Sollen jedoch vorrangig die Effekte der Schule auf die politische Sozialisation Jugendlicher untersucht werden, dann erscheint eine teilnehmende Beobachtung des Unterrichts zweckmäßig.

Auch die folgende Methode ist geeignet, Prozesse zwischen Eltern und Jugendlichen einerseits und Jugendlichen und Altersgleichen andererseits zu ermitteln. Mit Hilfe von Gruppendiskussionen zwischen Jugendlichen lassen sich bei einem richtig gewählten (d. h. aus den Hypothesen abgeleiteten) Stimulus die Beziehungen zwischen Eltern – Jugendlichen – Altersgleichen erfahren. Diese Methode ist wahrscheinlich weniger reliabel und valide in der Hypothesenprüfung; dennoch ließe sie sich bei einer genügend großen Zahl von Diskussionsgruppen anwenden. Je homogener die untersuchte Stichprobe hinsichtlich der strukturellen Variablen wie Alter, Schicht und Geschlecht ist und je differenzierter die Hypothesen (wie bei einem balance-theoretischen Ansatz) formuliert sind, desto eher kann die Gruppendiskussion zur Prüfung der Hypothesen dienen. Je mehr die Hypothesen sich auf strukturelle Einflüsse richten und je inhomogener entsprechend die Stichprobe ist, desto eher läßt sich die Gruppendiskussion nur zur Exploration des Problems verwenden. Sie wäre wahrscheinlich sogar notwendig, um die in der Literatur vorliegenden Hypothesen durch eine Präzisierung der Ergebnisse der Gruppendiskussion zu ergänzen.

Das Beispiel zum Problem der politischen Sozialisation Jugendlicher belegt die Interdependenz der Teile des Begründungszusammenhangs. Um andere Probleme zu erforschen, sind viel kompliziertere Untersuchungspläne erforderlich. Sie setzen eine entsprechend umfangreichere und längere Phase der Konzeptualisierung voraus. Unter Umständen wird nur eine Multi-Methoden-Untersuchung der Hypothesenprüfung gerecht (vgl. die Beispiele im Abschn. 3.7).

Der Mangel vieler empirischer Untersuchungen (nicht zuletzt in dem oben dargestellten Problem) liegt in der unzureichenden Klärung der einzelnen Schritte *vor* der eigentlichen empirischen Untersuchung. Die Umsetzung des Problems in *alternative Forschungspläne* läßt die Konsequenz der einzelnen Pläne für die Hypothesenprüfung erkennen. Erst wenn dies geschehen ist, kann eine begründete Entscheidung für einen Untersuchungsplan erfolgen.

3.2. Phasen des Forschungsprozesses

Jede empirische Studie ist ein Prozeß. Er reicht von der Entdeckung des Problems über seine Untersuchung bis hin zu den einzelnen Formen, die Ergebnisse der Studie zu verwerten. Die Dauer dieses Prozesses hängt ab von der Komplexität des Problems, mithin des Forschungsplans; sie hängt weiterhin vom Ausmaß ab, in dem der Forscher die Verwertung der Ergebnisse durch eigene Aktionen zu bestimmen sucht, von der Zeit, die man zur Interpretation der Daten benötigt, und schließlich von der Zahl sowie Kooperationsfähigkeit der Mitarbeiter.

Außer der Erfahrung, daß eine Studie immer länger dauert, als man maximal veranschlagt hat, läßt sich generell wenig über die Dauer eines Forschungsprozesses sagen. Einer Bestimmung eher zugänglich sind die Phasen, in denen der Prozeß abläuft. In Anlehnung an den forschungslogischen Ablauf sind dies:

1. Problemformulierung, einschließlich der Verhandlungen mit einer finanzierenden Institution oder einem Auftraggeber,
2. Konzeptualisierung,
3. Datenerhebung («Feldforschung»),
4. Codieren der Daten, einschließlich Prüfung der Erhebungsbögen auf Fehler und Widersprüche (z. B. ein Befragter sagt an einer Stelle, er sei verheiratet, an einer anderen, er sei geschieden),
5. Ablochen, Computer-Programme, Ausdrucke der Ergebnisse,
6. Interpretation und Publikation, Vorträge, Diskussion mit Betroffenen, Aktionen, Beratung des Auftraggebers etc.

Meist sind die Phasen 3, 5 und 6 die längsten. Die Länge der Phase 3 hängt dabei von der angewandten Methode (oder den angewandten Methoden) ab; eine umfangreiche Befragung, eine intensive teilnehmende Beobachtung oder die Entwicklung eines Wörterbuches bei der Inhaltsanalyse können sich über viele Monate hinziehen. Gegebenenfalls sind Kontrollen der Interviewer oder Supervision der Beobachter erforderlich.

In *Phase 4* werden immer Kontrollen der Codierer notwendig sein, um Unklarheiten des Codes, semantische Vieldeutigkeiten, ungleiche Zuordnungen der Antworten zum Code durch die Codierer zu beseitigen. Treten diese Probleme auf, verlängert sich die Phase entsprechend.

Die Länge der *Phase 6* hingegen ist eine Funktion der Phase 2. Je unklarer die Konzeptualisierung ist, je weniger explizit die Hypothesen sind, desto ungelenkter und zeitraubender wird die Phase 6 – genauer: auch schon Phase 5, weil man zuviel auswertet, um zu probieren, ob nicht evtl. zwischen Variable k und Variable m ein Zusammenhang besteht. *Plant man eine Untersuchung, so sollte man sich zur Richtlinie machen, daß Phase 2 länger oder mindestens gleich lang sein sollte wie die längste der anderen Phasen.*

Phase 3 dürfte wohl die leidvollste sein, weil sie oft die Zuverlässigkeit der Erhebung zu sichern sucht. Interviews werden gefälscht, Befragte sind nicht erreichbar, die Rücklaufquote bei einer schriftlichen Befragung liegt nach der ersten Welle bei 25 Prozent, die Interaktionen in einem Beobachtungsfeld laufen dem Beobachtungsschema davon, die inhaltsanalytischen Kategorien des Codes sind inadäquat, Experimente werden durch nichtantizipierte Faktoren gestört, Gruppendiskussionen ufern aus. Der Forscher oder das Team wird sich in dieser Phase fragen, ob man am Ende überhaupt eine sinnvolle Aussage wird treffen können. Interviewer, Beobachter oder Diskussionsleiter, die aufgrund des Fragebogens, Beobachtungsschemas oder Diskussionsstimulus die Hypothesen der Untersuchung, also ihr Ziel, nicht herleiten können, werden unvollständige Fragebögen, unvollständige Beobachtungsschemata oder ungeplant ablaufende Protokolle von Diskussionen abliefern.

Phase 6 ist wohl die widersprüchlichste: Die Interpretation der Ergebnisse ist intellektuell aufregend und herausfordernd; dort, wo die Untersuchung im Team durchgeführt wird, treten erneut jene intensiven Diskussionen auf, die schon Phase 2 kennzeichneten. Demgegenüber ist das «Zusammenschreiben» der Ergebnisse eher mühselig, weil das Erkenntnisinteresse befriedigt scheint, gerade wenn die vorangegangenen Diskussionen intensiv waren. Man *redet* über seine Ergebnisse, möchte die Publikation überspringen zugunsten der Verwertung. Allerdings zeigt sich gerade an der Mühe, die man auf die schriftliche Darstellung verwenden muß, wie exakt die Begründung der Aussagen aufgrund der Studie möglich ist; man wird nüchterner als zuvor (vgl. hierzu Kap. 6).

Es ist im übrigen falsch anzunehmen, die Auswertung der Ergebnisse müsse ein monatelanger Suchprozeß sein. Das ist nur dann der Fall, wenn man nachgerade alles wieder gutzumachen sucht, was zuvor vergessen wurde. Man fragt sich sozusagen erst bei der Auswertung, was mit der Studie erreicht werden soll, statt das bei der Konzeptualisierung begründet zu haben. Das Brüten über den Ergebnissen, Formulieren von Ad-hoc-Erklärungen, Klagen über mangelnde methodische Exaktheit oder die Suche nach «passenden» Korrelationsmaßen sind die Folge. Viele dieser Anstrengungen verringern oder erübrigen sich, wenn man Phase 2 und Phase 6 als inhaltliche und zeitliche Einheit betrachtet: Was in der einen gespart wird, muß der anderen zugesetzt werden.

Von all diesen Schwierigkeiten bei den einzelnen Phasen steht in den Publikationen dann meist nichts mehr; man verschweigt sie, um nicht die Glaubwürdigkeit der Ergebnisse zu gefährden, oder weil man sie verdrängt hat. Einen seltenen Einblick in die Schwierigkeiten während des Forschungsprozesses geben dreizehn Berichte von «Sociologists at Work», die HAMMOND (1964) zusammengestellt hat.

Wie auch jene Berichte zeigen, ist der Forschungsprozeß nicht ohne Einfluß auf den Forscher selbst: Die Einflüsse des sozialen Systems haben Rückwirkungen auf das erkenntnistheoretische System. So wird der Forscher unter Umständen jene Diskriminierungen, denen die von ihm untersuchten Personen unterliegen, auch spüren, wenn sein Untersuchungsfeld anderen bekannt ist. WEINBERG & WILLIAMS (1973) haben gezeigt, daß die Beschäftigung mit Homosexuellen bei Außenstehenden wie bei Kollegen zu neugierigen und abwertenden Reaktionen führt. Gleichzeitig wird sich wohl bei jeder Untersuchung, die eine Interaktion Forscher–Betroffene enthält, das Verhalten und die Einstellungen des Forschers ändern. Sein Engagement für die Interessen der Betroffenen wächst, was zu anderen oder erweiterten Formen der Verwertung der Studie durch den Forscher führen mag. Er wird sich seiner Verantwortung bewußter. Dies kann sich zugleich auch auf die Interpretation und sogar auf die Datensammlung auswirken, sofern letztere nicht durch die Methode hinreichend festgelegt ist. Der Forscher sollte deshalb auch seine Veränderungen im Prozeß der Forschung reflektieren und sie möglichst in der Publikation angeben, wie in der kulturanthropologischen Forschung üblich.

3.3. EXPLORATION

Bei vielen Untersuchungen kann man nicht davon ausgehen, durch Literaturstudium eine hinreichende Präzisierung des Problems zu erreichen. Um die Hypothesen zu formulieren und um Gesetzesaussagen zur Erklärung heranzuziehen, muß erst einmal genauer bekannt sein, welche Sachverhalte überhaupt vorliegen. Dazu sind Dimensionalanalyse und Begriffsdefinition die ersten Schritte. Vor allem bei eher deskriptiven Untersuchungen wird eine Exploration sinnvoll sein. *Exploration* ist ein Begriff, der vorwiegend in der diagnostischen Psychologie verwendet wird, hier aber nur in der Bedeutung «zielgerichtete Suche nach der Erkenntnis eines Objekts» verstanden werden soll. Die Exploration erweitert und vervollständigt die vorhandene Beschreibung.

In den meisten Fällen ist es sinnvoll zu prüfen, ob es Material gibt, das sich sekundäranalytisch auswerten läßt. Dabei muß es sich nicht um vorhandene Studien handeln, sondern viel eher und häufiger um Statistiken aller Art. Wer eine Untersuchung über berufsspezifische Erkrankungen anstellt, wird hierfür bei der Bundesanstalt für Arbeit in Nürnberg oder bei den Allgemeinen Ortskrankenkassen Unterlagen finden. Wer eine Untersuchung über die Effekte von Filmen im Sexualkundeunterricht durchführen will, sollte zunächst die Ausleihstatistiken der Landesbildstellen heranziehen. Für viele Probleme des Strafvollzugs, der Ehe, der Erwerbstätigkeit, des Wohnungsbaus oder der Stadt gibt es Statistiken der Kommunen, der Länder, des Bundes, anderer Länder oder der UNO. Allein das Statistische Bundesamt in Wiesbaden gab 1971 13 Fachserien u. a. über Bevölkerung, Unternehmen und Arbeitsstätte, Industrie und Handwerk, Verkehr und öffentliche Sozialleistungen heraus, daneben zusammenfassende Darstellungen und systematische Verzeichnisse (z. B. Unternehmen, Krankheiten, Schulen). Im Anhang dieses Buches sind unter «Hilfsmittel» einige dieser Quellen aufgeführt.

Solche Hilfsmittel verschaffen einen Überblick über grundlegende Verteilungen von Merkmalen, liefern Klassifikationen, unter Umständen bereits die Basis für die Stichprobe und mögliche Auswahlverfahren der geplanten Untersuchung.

Bei anderen Forschungsproblemen wird die Exploration die Form einer mehr oder minder umfangreichen Vorstudie (oder pilot-study) annehmen. Lautet das Untersuchungsproblem «Gründe für den Studienabbruch von Studenten in Abhängigkeit von fachspezifischen Studiengängen», so wird wahrscheinlich eine Befragung – ob mündlich oder schriftlich, sei dahingestellt – von Studenten sowie eine Inhaltsanalyse von Vorlesungsverzeichnissen und Prüfungsordnungen angemessen sein. Um überhaupt den Fragebogen entwickeln zu können, dürften die alltäglichen Erfahrungen selbst der Forscher, die an einer Universität arbeiten, kaum ausreichen – schon weil sie den Betrieb nicht durchschauen. Zur Exploration des Problems auf der Seite der Studenten dürfte es daher sinnvoll sein, eine Reihe von Gruppendiskussionen zu veranstalten, bei denen jeweils sechs bis acht Teilnehmer mitwirken, die verschiedene Fächer studieren. Oder: man führt etwa 20 Tiefeninterviews mit Studenten verschiedener Fächer durch. Aus den mit der einen oder anderen Methode gewonnenen Ergebnissen kann das Problem besser strukturiert werden, da nun Studienmotive, Art der Studienberatung, Praxisbezug des Studiums, Studieninhalte, hochschuldidaktische Mängel, Berufsziele, Persönlichkeitsmerkmale und die Zusammenhänge zwischen diesen Bereichen näher erkennbar sein dürften. Da es um kontextuelle Analysen geht, nämlich Aussagen sowohl über Studenten wie einzelne Fächer, empfiehlt es sich, die Ergebnisse nach der Klassifikation der Variablen und Untersuchungsebenen in Übersicht 9 (Abschnitt 2.4.6) aufzuarbeiten.

Im Anschluß daran wird es einfacher sein, einen Forschungsplan für eine problemorientierte analytische Studie zu entwickeln, und zwar in doppelter Hinsicht: Erstens erlaubt die Exploration, einen standardisierten Fragebogen zu konstruieren, der unter Umständen auch schon Vorschläge zur Lösung einzelner Probleme enthält; zweitens wird für eine beabsichtigte Multi-Methodenuntersuchung (Fragebogen an Studenten, Inhaltsanalyse der Vorlesungsverzeichnisse und Prüfungsordnungen, teilnehmende Beobachtung in Seminaren) besser abgrenzbar, welche Teile des Gesamtproblems mit Hilfe welcher Methode untersucht werden sollen. Im besten Falle entwickelt sich so eine Forschungsstrategie, deren Ergebnisse valider, umfassender und praxisrelevanter sind, als es die einer einzelnen Studie mit mangelnder Exploration des Problems sein können.

Wie auch schon an diesem Beispiel abzulesen ist, bedient man sich zur Exploration oft anderer Methoden als der in der endgültigen Untersuchung. Fast immer geht einer standardisierten teilnehmenden Beobachtung eine nicht-standardisierte (teilnehmende) Beobachtung voraus, gleichgültig, ob es sich um das Beobachtungsfeld Gemeinde, Neubausiedlung, Arbeitsplatz, Anstalt, Heim oder Kinderspielplatz handelt.

Vielfach stellt der Pretest in einer Untersuchung die einzige eigene empirische Art der Exploration dar. Das setzt voraus, das Problem bereits hinreichend erkannt und formuliert zu haben. Zudem ist dann die Methode festgelegt; man wird kaum den Forschungsplan nochmals neu fassen.

Lohnt sich der Aufwand einer so umfangreichen Exploration? – Wahrscheinlich schon, zumindest immer dann, wenn wenig Literatur zu einem Problem vorliegt. Je deskriptiver eine Studie ist, desto notwendiger ist die Exploration und desto größer die Chance, nun analytischer, erklärender vorzugehen. Schließlich sollte man von dem forschungslogischen Sachverhalt ausgehen, daß zwischen Konzeptualisierung und Auswertung ein enger Zusammenhang besteht: Je genauer die Konzeptualisierung einer Studie ist, desto weniger Zeit wird man zur Auswertung und Interpretation der Ergebnisse benötigen (vgl. Abschn. 3.2.).

3.4. Stichprobe

In einem Lokal unterhalten sich zwei Männer; dabei kommt das Gespräch, ausgelöst durch einen italienischen Kellner, der sie bedient, auf Italien. Herr A. berichtet, er sei in den Ferien in Italien an der Küste gewesen. Die Einheimischen seien geldgierig, faul und recht unhöflich gewesen. Herr C.

pflichtet Herrn A. bei, beruft sich auf seine Erfahrungen mit italienischen Kameraden des 2. Weltkriegs und sagt: «Der Italiener ist eben nicht so fleißig.» Herr B., von Beruf Automobilvertreter eines italienischen Autowerks in Deutschland, bemerkt, er habe gelegentlich in Italien geschäftlich zu tun; sein Eindruck ist aber ein ganz anderer, die Italiener seien ebenso fleißig wie die Deutschen und immer sehr zuvorkommend. Es entsteht eine heftige Auseinandersetzung zwischen den dreien – und wenn sie nicht bemerkt haben, daß ihre Aussagen auf unterschiedlichen Wahrnehmungen, unterschiedlichen Stichproben, ungleichen Erhebungssituationen und anderen Beobachterrollen basieren, dann streiten sie sich noch heute.

Die Beweiskraft der «Erfahrung» für die Allgemeinheit der Aussagen ist außerordentlich gering. Sie beruht zunächst einmal auf einem *dreifachen Selektionsprozeß*, der in der Forschung aus der Benutzung von Massenkommunikationsmedien bekannt ist und sich sehr wahrscheinlich auf viele andere Bereiche des Verhaltens im Alltag ausdehnen läßt: *Man setzt sich nur bestimmten Situationen aus, nimmt in diesen nur einen Teil der Ereignisse wahr und behält davon nur wiederum einen Teil.* Die Personen ziehen unterschiedliche Arten und unterschiedlich umfangreiche Stichproben aus der Grundgesamtheit «Italiener», wobei dieser Auswahlprozeß nochmals verengt wird durch die verschiedenen Beobachtungssituationen (z. B. Ferien, Krieg, Geschäftsreise; Zeitpunkt) und durch andere Beobachterrollen (Gast, Soldat, Vertreter). Vielleicht hat jeder der drei Herren überhaupt nur jeweils 50 Italiener kennengelernt, mit 25 etwas eingehender gesprochen, an 15 von ihnen bestimmte Eigenschaften wahrgenommen, von fünf aber nur die Eigenschaften behalten – und von diesen fünf schließt er nun auf mehrere Millionen. Interessen und Gründe für die Selektionsprozesse unterliegen keiner Kontrolle; so tauschen die Herren nur Vorurteile aus, die mehr über die Sprecher als über die Italiener aussagen. Aussagen und Fehler solcher Art kann man jeden Tag beobachten, ob es nun um die Beurteilung von Personen, einer Stadt, um Bücher eines Verlages oder um die Fähigkeit von Ärzten, Krebs zu heilen, geht. Oft genug beruht die Aussage nur auf einem Fall, der berühmten Alltagsstichprobe $n = 1$. Fast alle unsere Aussagen beruhen auf Stichproben, seien es eigene Erfahrungen oder die Erfahrungen, die uns andere mitgeteilt haben (z. B. Bekannte, Massenmedien). Da sich die Zahl der Informationen erhöht, tritt gleichzeitig eine proportionale Verschiebung zugunsten der Sekundärinformation gegenüber der Primärinformation ein. Wir übernehmen Aussagen anderer und damit – zumeist ungeprüft und ihnen vertrauend – deren Stichproben.

Von ähnlicher «Zufälligkeit» sind die Stichproben von Passanten, die von Fernsehreportern auf der Straße über ihre Meinung zu einem aktuellen Ereignis befragt werden, oder jene wenigen Fälle, anhand deren ausführlicher Darstellung Probleme der Ehe, von Lehrlingen, Unternehmern oder der «jungen Generation» entwickelt werden. Zehn Personen in Hamburg oder in Moskau nach ihren Reaktionen auf den deutsch-sowjetischen Vertrag zu befragen – was besagt das? Die Lebensläufe von fünf Lehrlingen – was ist aus diesen Einzelfällen zu entnehmen? – Gewiß, es wird jedesmal versichert, es handle sich nur um Beispiele. Wofür? Wer hat sie unter welchen *Kriterien* ausgewählt? – Letztlich hintertreibt die Suggestivität des Mediums die Einschränkung, über «die» Bevölkerung oder «die» Lehrlinge doch nichts aussagen zu wollen; Autoren wie Zuschauer sehen die ausgewählten Fälle als repräsentativ an.

Um Aussagen zu machen oder zu prüfen, entstehen in der Wissenschaft die gleichen Probleme wie im Alltag. Es sollen daher zunächst Probleme der Stichproben, dann der Erhebungssituationen und der Rolle des Forschers (Abschn. 3.5) erläutert werden.

Eine *Stichprobe* ist eine Auswahl von Elementen (n) aus der Gesamtheit aller Elemente (N), die durch ein oder mehrere gleiche Merkmale gekennzeichnet sind. Statt Gesamtmenge wird auch von Grundgesamtheit oder Universum gesprochen.

Wozu überhaupt Stichproben? – Um einen Objektbereich zu untersuchen oder Hypothesen zu prüfen, wird es nur in seltenen Fällen möglich sein, alle Elemente des Bereichs oder alle Fälle, für die die Hypothesen Geltung beanspruchen, zu untersuchen. Bei strikt universalen und strikt existentiellen Aussagen ist dies ohnehin nicht möglich. Bezieht sich hingegen eine Hypothese z. B. auf alle Lehrer einer bestimmten Schule, auf alle Häuser einer Straße oder umfaßt der Objekt- resp. Problembereich alle Familien in einer Obdachlosensiedlung, dann ist es sinnvoll und möglich, alle Elemente der Grundgesamtheit zu untersuchen. Es handelt sich dann um eine *Vollerhebung* (auch: Totalerhebung). In den meisten sozialwissenschaftlichen Untersuchungen ist dies nicht der Fall; man wird also eine Auswahl treffen müssen.

Ziel der Stichprobe ist, einerseits Hypothesen zu entwickeln und anhand der Ergebnisse Generalisierungen (Verallgemeinerungen) von der Stichprobe auf die Grundgesamtheit vorzunehmen (Repräsentationsschluß), andererseits Hypothesen zu testen an einer Stichprobe aus der durch die Hypothesen festgelegten Grundgesamtheit (Inklusionsschluß). *Zweck* der Stichprobe ist, die Kosten (Zeit, Geld, Energie) für die Prüfung der Hypothesen zu senken, indem man nicht alle Elemente der Grundgesamtheit, sondern nur eine Auswahl untersucht. *Voraussetzungen* der Stichprobe sind dann:

1. Die Stichprobe muß ein verkleinertes Abbild der Grundgesamtheit hinsichtlich der Heterogenität der Elemente und hinsichtlich der Repräsentativität der für die Hypothesenprüfung relevanten Variablen sein.
2. Die Einheiten oder Elemente der Stichprobe müssen definiert sein.
3. Die Grundgesamtheit sollte angebbar und empirisch definierbar sein.
4. Das Auswahlverfahren muß angebbar sein und Forderung (1) erfüllen.

Diese Forderungen sind keineswegs leicht zu erfüllen; sie bleiben auch oft genug in sozialwissenschaftlichen Untersuchungen unberücksichtigt, weil es sehr aufwendig ist, allzu generelle Hypothesen an repräsentativen Stichproben zu untersuchen. So beruhen fast alle sozialpsychologischen Experimente zur Prüfung der Theorie der kognitiven Dissonanz oder der kognitiven Konsistenz auf Stichproben von Studenten. Was besagt eine Stichprobe von 80 College-Undergraduates in Psychologie für die Geltung einer Hypothese? Gilt sie auch für 50–60jährige Personen? Für Arbeiter? Im Journal of Personality and Social Psychology erschienen 1972 (Vols. 21–24) insgesamt 174 Artikel. Davon waren sieben keine Berichte von Experimenten, sondern Diskussionen, Kommentare etc. Von den übrigen 167 Artikeln waren in 138 (= 82 Prozent) die Versuchspersonen Studenten (inklusive High School), in zwei (= 1 Prozent) Studenten und Nicht-Studenten, in weiteren drei war der Status der Versuchspersonen nicht genannt; nur in 24 Artikeln (= 14 Prozent) handelte es sich nicht um Studenten, sondern zumeist um Schüler oder Kinder, weiterhin Vertreter, Farmer, Patienten u. a.

3.4.1. Erhebungs-, Untersuchungs- und Aussageeinheit

Die erste Frage zielt darauf ab, welche Einheiten (oder Elemente) einer Untersuchung zugrunde liegen sollen. *Erhebungseinheit* ist die Einheit, die einer Stichprobe zugrunde gelegt wird, auf die sich die Auswahl bezieht. *Untersuchungseinheit* ist die Einheit, auf die sich die Untersuchung bezieht. *Aussageeinheit* ist die Einheit, auf die sich die Ergebnisse und Aussagen beziehen. Die Erhebungseinheit ist entweder identisch mit der Untersuchungseinheit oder umfaßt mehrere Untersuchungseinheiten. Sie ist dann ein Cluster (Klumpen) von Elementen.

Volkszählungen oder Mikrozensus richten sich auf Haushalte als Erhebungseinheit, die Untersuchungseinheit sind hingegen Individuen, die Personen im Haushalt. Im Beispiel von Abschnitt 3.1 wurde diskutiert, ob nicht eine Familie als Erhebungseinheit dienen solle, als Untersuchungseinheit hingegen einzelne ihrer Mitglieder, Eltern und Jugendliche. Sehr häufig wird dieses Verfahren bei der Untersuchung von Schülern angewendet. Da wegen fehlender Listen keine repräsentative Stichprobe von Schülern gezogen werden kann, gilt die Schule oder die Klasse als Erhebungseinheit; untersucht werden dann Schüler, auf die sich zumeist auch die Aussagen beziehen.

So gesehen, ist die Unterscheidung nicht nur an dem Problem orientiert, wie man zu einer kontrollierten Stichprobe mit definierbaren Erhebungseinheiten gelangt. Die Erhebungseinheit ist das Stichprobenkriterium, die Untersuchungseinheit das Kriterium der Hypothesenprüfung. Infolgedessen beziehen sich auch die Aussagen auf die einzelnen Untersuchungseinheiten. Bei kontextuellen Analysen eines Materials, wie sie in Übersicht 9

(Abschn. 2.4.6) skizziert wurden, ist die Aussageeinheit von besonderer Bedeutung. Die Aussagen können sich dann nämlich auf die Untersuchungseinheit (z. B. Individuen) wie auf die Erhebungseinheit (z. B. Familie, Organisation) beziehen. Die Differenzierung dieser drei Einheiten ist besonders wichtig bei einer Untersuchung mit Methoden wie der (teilnehmenden) Beobachtung oder der Inhaltsanalyse. Eine (teilnehmende) Beobachtung kann als Erhebungseinheit eine Stichprobe von Situationen haben, die in dem Beobachtungsfeld (z. B. in einem Jugendfreizeitheim) auftreten. Untersucht werden die Handlungen von Personen in diesen Situationen; Personen stellen die Untersuchungseinheit dar. Die Aussagen werden dann sowohl über die Personen wie über die Situationen formuliert, um die Interdependenz situativen Handelns zu beschreiben und zu erklären.

Bei einer Inhaltsanalyse mag die Erhebungseinheit jede Schlagzeile einer Tageszeitung auf der ersten Seite in einem bestimmten Zeitraum sein. Untersuchungseinheit sind die Wörter der Schlagzeile. Aussageeinheit können die Schlagzeilen sein (also die Erhebungseinheit) oder sogar die einzelnen Zeitungen als Aggregation von Schlagzeilen, den Erhebungseinheiten.

Die Unterscheidung ist für viele Untersuchungen nicht bedeutsam, weil sich Erhebungs-, Untersuchungs- und Aussageeinheit decken: bei einer Befragung liegen z. B. die Personen der Auswahl zugrunde, sie werden auch untersucht, die Aussagen beziehen sich ebenfalls auf sie.

Es ist nicht möglich, Regeln anzugeben, für welchen Fall die drei Einheiten zusammenfallen oder nicht. Die Entscheidung hängt vom Problem einer Studie ab, genauer: von den Einheiten/Objekten, auf die sich die Hypothesen beziehen oder an denen sie getestet werden sollen. Man wird also zunächst die angestrebte Aussageeinheit definieren, sodann prüfen, ob sie direkt als Untersuchungseinheit aufgenommen werden kann oder ob eine Stichprobe bei bestimmten Erhebungseinheiten eine Aggregationsstufe höher ansetzen muß bzw. ob man über unterschiedliche Aggregationsebenen eine Aussage machen will.

Ungeachtet der Frage, welches die Aussageeinheit sein soll, seien einige *Beispiele für Erhebungseinheiten und ihre entsprechenden Elemente, Untersuchungseinheiten,* angeführt:

Familie – Eltern, Kinder, Verwandte
Betrieb – Arbeitsplätze
Stadt – Ortsteile
Straße – Häuser
Häuser – Wohnungen
Klasse – Schüler
Arztpraxen – Patienten
Abschnitt – Sätze
Situation – Personen

Die Überlegung, Situationen (räumlich-zeitliche Einheiten) als soziologische Erhebungseinheit einer Stichprobe zugrunde zu legen, ist relativ ungewöhnlich. Dennoch läßt sich ein solches Vorgehen von der in der soziologischen Theorie oft festgestellten Bedeutung der Situationen für das Handeln von Individuen her rechtfertigen. Andererseits sind Situationen methodisch bei teilnehmenden oder nichtteilnehmenden Beobachtungen, bei Inhaltsanalysen von Filmen oder Texten, bei sozialpsychologischen Experimenten oder als hypothetische Situation in Fragebögen schon verwendet worden (vgl. hierzu FRIEDRICHS, 1974).

3.4.2. Grundgesamtheit

Stichproben zu ziehen setzt nicht nur voraus, die Elemente der Stichprobe, ihre Erhebungseinheiten, zu kennen, sondern auch die Grundgesamtheit definieren zu können. Hypothesen, die sich auf «Arbeiter», «Ortsteile», «Wohnungen», «Personen über 14 Jahre in der BRD» beziehen, enthalten auch Angaben über die Grundgesamtheit. Hingegen wäre für die Hypothese «In Slum-Gebieten ist die soziale Kohäsion größer als in Neubaugebieten» die Grundgesamtheit der Neubaugebiete (sofern dieser Begriff präzise definiert ist) noch zu bestimmen; aber wie steht es mit «Slum-Gebieten»? Sollen darunter alle von der Stadtplanung für sanierungsbedürftig bestimmten Gebiete fallen oder solche, die nach einer Reihe definierter Kriterien über eine mangelnde sanitäre Ausstattung verfügen? Soll man von der Armut der Bewohner ausgehen? – Da man diese Hypothese wohl kaum in allen Städten der BRD wird prüfen können, dürfte bei einem unzureichend definierten Begriff seine Definition zu Stichprobenzwecken eine operationale Interpretation darstellen; diese kann unter Umständen zu unangemessenen Stichproben und/oder zu einer eingeschränkten Prüfung der Hypothese führen. Studien über abweichendes Verhalten gehen häufig von Tätern in Anstalten oder von Verurteilten-Statistiken aus. Da die Dunkelziffer nur geschätzt werden kann, handelt es sich meistens um Stichproben öffentlich verfolgter, bekanntgewordener oder nur bestrafter Formen abweichenden Verhaltens.

Man kann auch umgekehrt fragen: Auf welche Grundgesamtheit bezieht sich die Stichprobe, die einer Untersuchung zugrunde liegt? In seiner berühmten Studie «Street Corner Society», eines italienischen Einwandererviertels, hat WHYTE (1961) eine außerordentlich wichtige Beschreibung und Analyse des Verhaltens, der Gruppenbildung, der Normen und der Deprivationen der Bewohner gegeben. Ein ähnlich aufschlußreiches Beispiel ist die Studie von FESTINGER, RIECKEN & SCHACHTER (1956) über die Reaktion einer Sekte auf eine nicht eingetroffene Prophezeihung, eine Studie, die zum Ausgangspunkt der Dissonanz-Theorie wurde. Auf welche Grundgesamtheit(en) lassen sich die Aussagen verallgemeinern, d. h. wovon ist die Untersuchung eine Stichprobe? Von Einwanderergebieten, von Unterschichtgebieten, für Verhaltensformen Jugendlicher, resp. für das Verhalten von Sekten oder das Verhalten in extremen Situationen? – Mit diesen kritischen Fragen soll der Wert gerade dieser Untersuchungen nicht angezweifelt werden; es geht nur darum zu zeigen, daß nach diesen Kriterien deskriptive oder innovatorische Untersuchungen oft nicht beurteilt werden können; sie stimulieren (nur) die Forschung. Es bleibt dem Entdeckungsvermögen späterer Forscher überlassen, zu solchen Studien nicht nur Hypothesen, sondern auch Stichprobe und Grundgesamtheit zu entwickeln. In manchen anderen, weniger innovatorischen Untersuchungen wird man allerdings fragen müssen, auf welche Grundgesamtheit sie sich wohl beziehen, welcher Bewährungsgrad sodann den Ergebnissen und Hypothesen zukommt.

Das zweite, in der Praxis viel schwierigere Problem ist, ob es für eine definierte Grundgesamtheit überhaupt eine Aufstellung ihrer Elemente gibt, anhand derer die Stichprobe gezogen werden kann. Wer Ehescheidungen untersuchen will, findet eine Liste aller Ehescheidungen in einem bestimmten Zeitraum am ehesten in den Bezirksämtern der Städte. Wie kann man hingegen eine Aufstellung über die Grundgesamtheit der Lehrlinge, Patienten, Angestellten oder berufstätigen Mütter erhalten? Hier wird man generell zwei Wege einschlagen: a) nach Verzeichnissen suchen, die vielleicht doch entsprechende Angaben enthalten – seien es Meldekarteien, Adreßbücher, Firmenverzeichnisse, Mitglieder-Verzeichnisse, Adressen-Verlage etc.; b) sollte dies nicht gelingen, bleibt nur der Umweg, eine nächsthöhere Ebene der Aggregation zu wählen, also Untersuchungs- und Erhebungseinheit zu trennen, um dann nach Verzeichnissen zu suchen, die wenigstens die größeren Erhebungseinheiten zusammengestellt enthalten. Man wird von Betrieben, Fachbereichen in Universitäten oder Schulen ausgehen, evtl. dann nochmals versuchen, eine Stichprobe aus den Elementen der Erhebungseinheiten zu ziehen.

Bei der Verwendung solcher Listen sind einige Punkte der Vorsicht angezeigt:

1. Ist die Liste vollständig (fehlen z. B. Personen, Jahrgänge, Gebiete)?
2. Gibt es für jedes Element eine Eintragung, eine Karteikarte etc.?
3. Ist jedes Element der Grundgesamtheit auch nur einmal aufgeführt?
4. Enthält die Aufstellung nur die gesuchten Elemente oder auch fremde?
5. Wie aktuell ist die Aufstellung? Stimmen z. B. die Adressen oder die Berufsangaben noch?
6. Besteht in der Aufstellung eine *inhaltliche* Reihenfolge (nach Zeit, Beruf, Orten etc.), die man bei der Ziehung der Stichprobe berücksichtigen muß?

Wie sich erkennen läßt, beruht die Möglichkeit, Stichproben zu ziehen, auf vorhandenen Vollerhebungen, die entweder periodisch (z. B. Volkszählung, Gebäude- und Wohnungszählung) oder kontinuierlich (z. B. amtliche Meldestatistiken, Karteien von Organisationen) durchgeführt werden.

3.4.3. Auswahlverfahren

In dem anfangs vorgestellten Beispiel hatte jeder der drei Männer eine Stichprobe von Italienern gezogen, ohne jedoch das Prinzip der Auswahl angeben zu können. Ihre Stichproben waren verzerrt und ohne Wert für die Aussagen, die sie damit zu belegen meinten. *Auswahlverfahren* beziehen sich auf die unterschiedlichen Formen, kontrolliert Stichproben zu ziehen unter Kenntnis der Erhebungseinheit und der Grundgesamtheit. Kontrolliert heißt: die Stichprobe in der Verteilung der Grundgesamtheit lokalisieren und vor allem den Auswahlfehler angeben zu können. Hierzu bestehen zahlreiche Verfahren, die zum Teil miteinander kombiniert werden können (vgl. eingehend KELLERER 1953, KISH 1965, SCHEUCH 1967 b).

Um das Verständnis für die nachfolgende Darstellung zu erleichtern, sind in Übersicht 13 einige Stichprobeneinheiten eingezeichnet. Die Übersicht enthält für eine Grundgesamtheit deren Elemente sowie deren Merkmale; für das Merkmal M_1 sind auch seine Ausprägungen a, b und c eingezeichnet. Auf diese Übersicht wird später mehrmals zurückgegriffen.

Drei Kennzeichen aller Verfahren, Auswahlen von Einheiten aus einer definierten Grundgesamtheit vorzunehmen (Stichproben zu ziehen), sind:

1. Die Auswahl kann entweder so vorgenommen werden, daß jede Stichprobe die gleiche und angebbare Chance hat, gezogen zu werden (*Wahrscheinlichkeitsauswahl*), oder daß Elemente mit bestimmten Merkmalen bevorzugt werden (*bewußte Auswahl*).
2. Stichprobeneinheit können entweder *Elemente* oder *Klumpen* von Elementen sein. Die Klumpen (z. B. Schule) umfassen Elemente (Lehrer, Schüler) oder wiederum Klumpen von Elementen (Klassen, Schüler).
3. Daher ist folgendes möglich: Eine Stichprobe bezieht sich auf die Auswahl von Elementen aus der Grundgesamtheit (*einstufige Auswahl*) oder die Auswahl von Klumpen, aus denen dann wiederum eine Auswahl von Elementen getroffen wird, oder sogar eine der Unter-Klumpen, u. z. eine aus deren Elementen (*mehrstufige Auswahl*).

Von den zahlreichen Verfahren und deren Kombinationen werden, entsprechend den drei Kennzeichnungen, folgende behandelt:

1. Bewußte Auswahlen,
2. Wahrscheinlichkeits-Auswahlen,
3. Mehrstufige Auswahlen,
4. Klumpen-Auswahlen,
5. Gebiets-Stichproben.

1. *Bewußte Auswahlen.* Wenn immer eine Auswahl so getroffen wird, daß nicht alle Elemente die gleiche Chance haben, in die Auswahl einbezogen zu werden, und/oder die Wahrscheinlichkeit einer bestimmten Stichprobe nicht angegeben werden kann, nimmt man eine bewußte oder gezielte Auswahl (purposive sample) vor. Man geht dabei entweder von

Übersicht 13: *Grundgesamtheit und Stichprobeneinheiten*

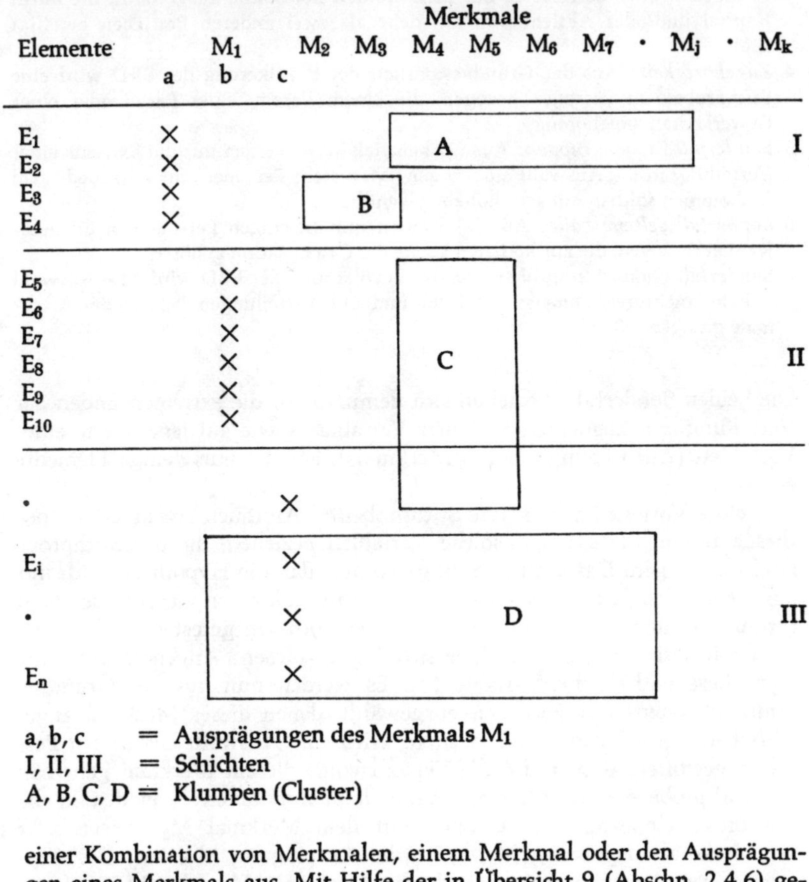

a, b, c = Ausprägungen des Merkmals M_1
I, II, III = Schichten
A, B, C, D = Klumpen (Cluster)

einer Kombination von Merkmalen, einem Merkmal oder den Ausprägungen eines Merkmals aus. Mit Hilfe der in Übersicht 9 (Abschn. 2.4.6) gegebenen Klassifikation von Variablen (Merkmalen) lassen sich solche bewußten Auswahlen folgendermaßen klassifizieren:

1. *Absolute Merkmale*: Aus der Grundgesamtheit der Bevölkerung der BRD wird eine Auswahl von Personen getroffen, die berufstätig sind, oder eine Stichprobe nur von Frauen gezogen.
2. *Verteilungen*: Aus der Bevölkerung der BRD wird eine Stichprobe von Personen anhand der Variablen «Einkommen» gezogen, so daß die Stichprobe Personen aller Einkommensgruppen enthält. Oder: Aus der Grundgesamtheit der Mitglieder einer Organisation werden von jeder hierarchischen Ebene der Organisation einige Personen ausgewählt.

3. *Struktur*: Aus der Grundgesamtheit der Bevölkerung der BRD werden nur solche Personen ausgewählt, die zahlreiche Verwandte haben. Oder: Aus der Grundgesamtheit aller Betriebe in der BRD werden nur solche ausgewählt, die durch Kapital und/oder Aktienbesitz an mehr als zwei anderen Betrieben beteiligt sind.
4. *Zugehörigkeit*: Aus der Grundgesamtheit der Bevölkerung der BRD wird eine Stichprobe von Personen gezogen, die einem Verein, einer Partei oder einer Gewerkschaft angehören.
5. *Sonderfall Extremgruppen*: Aus (2) beispielsweise werden nur die Extreme einer Verteilung in die Auswahl einbezogen: Man stellt Personen mit sehr niedrigem Einkommen solchen mit sehr hohem gegenüber.
6. *Sonderfall seltene Fälle*: Aus (2) werden nur diejenigen Personen in die Auswahl einbezogen, die zur höchsten Ebene der Organisation gehören.
7. *Sonderfall Quota-Stichprobe*: Aus der Bevölkerung der BRD wird eine Auswahl anhand mehrerer, zumeist absoluter und auf Verteilungen beruhender Merkmale gezogen.

Die beiden Sonderfälle beziehen sich demnach auf die extremen Enden der Verteilung von Elementen auf einer Variablen sowie auf jene Werte einer Variablen (Ausprägungen eines Merkmals), auf die nur wenige Elemente entfallen.

Welche Vorteile haben solche Stichproben? – An ihnen lassen sich Hypothesen testen, die sich auf solche Variablen beziehen, die der Stichprobe zugrunde liegen. Das setzt allerdings voraus, daß die Hypothesen sich *nur* auf die einbezogenen Variablen beziehen; mithin können nur sehr begrenzt formulierte und meist auch nur wenige Hypothesen getestet werden. Der Grund hierfür ist leicht aus Übersicht 13 abzulesen: Angenommen, eine Hypothese enthält die Variable M_2. Es werden nun aus der Grundgesamtheit erstens nur Personen ausgewählt, denen dieses Merkmal zugeschrieben werden kann, und zweitens wird eine Auswahl aus diesen Personen getroffen, d. h. nicht alle Personen mit diesem Merkmal gehen in die Stichprobe ein. Die Aussage kann dann nur lauten: Von den in die Stichprobe einbezogenen Personen mit dem Merkmal M_2 weisen x % die Merkmalsausprägung M_{2a}, y % die Ausprägung M_{2b} auf. Die Aussage, diese Personen weisen auch die Merkmale M_4 oder M_{10} auf, ist ebenfalls möglich, aber nicht auf die Grundgesamtheit generalisierbar, da aufgrund der bewußten Auswahl nicht entscheidbar ist, ob nicht auch Personen beispielsweise mit dem Merkmal M_6 ebenfalls die Merkmale M_4 und M_{10} aufweisen.

Solche Stichproben erlauben nur einen begrenzten Test weniger Variablen-Zusammenhänge; in keinem Falle sind Schlüsse auf die Grundgesamtheit gesichert, es sind nicht einmal die Fehler der Stichprobe exakt berechenbar. Am ehesten sind bewußte Auswahlen sinnvoll, um Hypothesen zu gewinnen, z. B. bei der Gegenüberstellung von Extrem-Gruppen oder der Analyse seltener Fälle, um weitere Merkmale solcher Personengruppen zu erkennen. Bei der Analyse seltener Fälle sind sie oft sinnvoll, um Trends zu untersuchen (z. B. Personen mit hoher sexueller Freizügigkeit, politische Apathie, Opinion-leader etc.). Entsprechende Studien sind zumeist deskriptiv oder explorativ.

In der sozialwissenschaftlichen Literatur wurde sehr oft mit bewußten Auswahlen gearbeitet. Die Arbeiten von FREUD beruhen auf einer bewußten Auswahl von Klienten der oberen Mittelschicht und Oberschicht, wobei sich «bewußt» auf die Tatsache bezieht, daß strukturelle Ungleichheiten von Besitz und Bildung überhaupt nur eine bestimmte Gruppe von Personen als Klienten in Frage kommen ließ. SPRANGERS Buch «Psychologie des Jugendalters» ist eine Psychologie der bürgerlichen Jugend. Entsprechend sind die Generalisierungen der Befunde zweier bedeutsamer und sehr einflußreicher sozialwissenschaftlicher Studien aufgrund ihrer Stichproben Gegenstand umfangreicher Diskussion und Kritik geworden: die Arbeiten von KINSEY u. a. (1964, 1965) durch COCHRAN, MOSTELLER & TUKEY (1953), die von ADORNO et al. (1950) zur «Autoritären Persönlichkeit» in dem Band von CHRISTIE & JAHODA (1954).

Ein besonderes Problem bewußter Auswahlen tritt in Untersuchungen auf, bei denen die Stichprobe aus Personen besteht, die sich freiwillig zur Verfügung gestellt haben, ohne zuvor ausgewählt worden zu sein. Die Stichprobe ist dann *«selbst-selektiv»*, wenn sich z. B. zu einem sozialwissenschaftlichen Experiment x % Studenten einer Vorlesung melden. Es ist nachträglich nur unvollkommen oder gar nicht abzuschätzen, ob eine solche Stichprobe nicht nur Personen umfaßt, die eine bestimmte Kombination von Merkmalsausprägungen haben; in dem Beispiel: nur Personen, die sexuell freizügiger sind als die restliche Population. Auch dort, wo die Auswahl durch den Forscher erfolgte, tritt dieses Problem als «Ausfallquote» z. B. bei Interviews oder besonders bei schriftlichen Befragungen auf (siehe weiter unten).

Ein häufig angewendetes bewußtes Auswahlverfahren ist (7) die *Quota-Stichprobe.* Bei diesem Verfahren werden vom Forscher einige Merkmalskombinationen der Stichprobe vorgegeben; die Auswahl der Personen erfolgt z. B. durch die Interviewer. Eine Quota-Auswahl hat zwei Ausgangspunkte: 1. Die Annahme, für das zu untersuchende Problem (z. B. Wahlverhalten, Einstellungen zur Todesstrafe, Kindererziehung) seien bestimmte Merkmale wichtig (z. B. Alter, Geschlecht, Beruf, Gemeindegröße). 2. Für diese Merkmale muß eine Statistik, basierend möglichst auf einer Vollerhebung, vorliegen, auf der die Verteilung der Personen der Grundgesamtheit auf die Ausprägungen jedes dieser Merkmale erkennbar ist.

Ein Beispiel: Es soll eine Untersuchung (Methode: Interview) über das Wahlverhalten der Bevölkerung Hamburgs durchgeführt werden. Als wichtige (unabhängige) Variablen werden Geschlecht, Alter und Stellung im Beruf angenommen. Für die Grundgesamtheit der Bevölkerung Hamburgs über 15 Jahre lassen sich für die drei Variablen aus dem Statistischen Jahrbuch für die Freie und Hansestadt Hamburg 1970/71 (S. 9, 12) sowie Hamburg in Zahlen (1972, Heft 8, S. 251 f.) für das Jahr 1970 die entsprechenden Verteilungen in der Grundgesamtheit entnehmen. Will man eine Stichprobe von n = 2000 Interviews ziehen, so werden die Proportionen in der Grundgesamtheit auf die Stichprobe umgerechnet. Jeder Interviewer erhält für seine Interviews (maximal 15) eine Quote, die er bei seiner Auswahl der Befragten einhalten muß. Ein Beispiel für den Interviewer X ist, zusammen mit den anderen Werten, in Tabelle 3 gegeben. Solange der Interviewer die Quoten einhält, ist er in der Auswahl seiner Befragten frei. Dies ist ein einfaches Beispiel; es lassen sich Quota-Stichproben mit mehr Merkmalen und/oder mehr Ausprägungen pro Merkmal ziehen.

Die Quota-Stichprobe soll hinsichtlich der ausgewählten Merkmale ein verkleinertes Abbild der Grundgesamtheit sein, ein «repräsentativer Querschnitt» im Beispiel der Bevölkerung Hamburgs über 15 Jahre. Anhand von Übersicht 13 könnte man sich vorstellen, die Grundgesamtheit werde durch die Merkmale M_3, M_5 und M_7 in eine Quota-Stichprobe zerlegt, wobei jedes Element noch eine bestimmte Ausprägung auf jedem der drei Merkmale aufweist.

Tabelle 3: *Variablen und ihre Verteilung in der Grundgesamtheit (Hamburg 1970), in einer Quota-Stichprobe und einer Interviewer-Quote*

Variablen und Werte	Grund-gesamtheit in %	Quota-Stichprobe n = 2000	Quoten für Interviewer X I = 10
Geschlecht:			
Männlich	46	920	4
Weiblich	54	1080	6
Alter:			
15–19 Jahre	6	120	0
20–34 Jahre	28	560	2
35–49 Jahre	23	460	3
50 und mehr Jahre	43	860	5
Stellung im Beruf:			
Selbständige und Mithelfende	5	100	1
Beamte und Angestellte	24	480	2
Arbeiter	17	340	3
Nicht-Erwerbspersonen	54	1080	4

Der Vorteil dieses Verfahrens ist, zeit- und kostensparender zu sein als eine Wahrscheinlichkeits-Stichprobe. Ob es indessen auch zu den gleichen

Resultaten führt, war lange Zeit umstritten. (Vgl. z. B. KELLERER 1953, Kap. 10, 1960, S. 157 ff., NOELLE-NEUMANN 1963, S. 136 ff.) Inzwischen dürfte jedoch hinreichend bewiesen sein, daß dieses Verfahren eine Reihe von Mängeln hat – auch wenn es noch häufig angewendet wird:

1. Die Annahme, die der Quotierung zugrunde gelegten Variablen seien bedeutsam, muß nachgewiesen werden.
2. Es können nur solche Variablen gewählt werden, die sich auch leicht «erkennen» lassen: Alter und Geschlecht, schwerlich Religion oder Kinderzahl.
3. In der Grundgesamtheit weist jedes Element nicht nur eine bestimmte Kombination von Merkmalen, sondern auch von Merkmalsausprägungen auf: Element 2 ist z. B. weiblich, zwischen 15 und 19 Jahren alt, Angestellte. Die Quota-Stichprobe erfaßt nicht diese Kombination von Merkmalsausprägungen, sondern nur die Verteilung überhaupt. Sie geht, technisch gesprochen, von den Randsummen der Merkmalsmatrix, nicht von den einzelnen Zellen aus. Die tatsächliche Stichprobe kann also weniger angestellte Frauen umfassen, als proportional in der Grundgesamtheit sind, wenn nur die Quote der Frauen einerseits und die Quote der Angestellten andererseits erfüllt ist.
4. Die Auswahl der Personen über die Quoten hinaus, d. h. die Auswahl aller anderen Merkmale der Personen, erfolgt durch den Interviewer. Selbst wenn er seine Quoten genau erfüllt, kann er noch immer Personen aus seinem Bekanntenkreis, einem bestimmten Stadtteil, einer bestimmten Konfession o. ä. ausgewählt haben; es können also alle nicht-quotierten Merkmale disproportional zur Grundgesamtheit in der tatsächlichen Stichprobe vertreten sein.
5. Praktisch hat jeder Interviewer nach etwa zwei Dritteln seiner Interviews noch ganz bestimmte Personen «übrig», z. B. einen Arbeiter im Alter von 35–49 Jahren oder eine Beamtin, die 50 Jahre oder älter ist. Je größer die Zahl der quotierten Variablen, desto genauer werden nach wenigen Interviews schließlich die Merkmalsausprägungen der Zielpersonen. Was wird der Interviewer nun tun? Solange suchen, bis er eine Person mit der gesuchten Merkmals-Ausprägungs-Kombination gefunden hat? An vielen Türen fragen: «Sind Sie Arbeiter und zwischen 35 und 49 Jahren alt?» Oder solange (unbezahlte) Interviews abbrechen, bis er die gewünschte Person hat? – Wahrscheinlicher ist: Er mogelt, indem er aus einer Arbeiterin einen Arbeiter macht oder eine falsche Altersgruppe einträgt.

Die Quota-Stichprobe erlaubt nach diesem Beispiel keinen statistisch gesicherten Schluß auf die Grundgesamtheit, da die eigentliche Auswahl der Personen vom Interviewer vorgenommen wird und nicht zufällig erfolgt. Sollte indessen keine Möglichkeit bestehen, eine Wahrscheinlichkeitsauswahl zu treffen, z. B. weil die Elemente der Grundgesamtheit in keiner Liste, Kartei etc. aufgeführt sind, bleibt nur übrig, die Stichprobe nach dem Quota-Verfahren zu ziehen. Das Ideal wissenschaftlicher Untersuchungen ist dagegen die Wahrscheinlichkeitsstichprobe.

2. *Wahrscheinlichkeitsauswahl* (Probability Sample). Mit dem Begriff «Wahrscheinlichkeitsauswahl» wird eine Gruppe von Verfahren bezeichnet, die am ehesten geeignet sind, Hypothesen zu testen oder die Ergebnisse

einer Stichprobe auf eine größere Zahl von Fällen (die Grundgesamtheit) zu generalisieren. Voraussetzung der Auswahl ist, daß jedes Element die gleiche Chance hat, in die Stichprobe zu kommen, zumindest aber, daß diese Chance angebbar ist. Alle Stichproben haben eine von 0 und 1 verschiedene Chance, gezogen zu werden. Nur dann besteht die Möglichkeit, von der Stichprobe auf die Grundgesamtheit zu schließen und zugleich anzugeben, mit welcher Sicherheit dieser Schluß gerechtfertigt ist. Für einen Mittelwert (z. B. Einkommen) oder einen Prozentwert (20 Prozent einer bestimmten Personengruppe gehen einmal im Monat in die Kirche) kann dann z. B. mit 5 Prozent Irrtumswahrscheinlichkeit gesagt werden, in welchem Bereich sich das «wahre» Einkommen oder der «wahre» Prozentsatz in der Grundgesamtheit bewegen.

Dem liegt folgender statistischer Sachverhalt zugrunde. Das Alter jeder Person in der BRD läßt sich bestimmen, jede Person läßt sich anhand ihres Alters auf einer Skala mit einer Spanne von rund 100 Jahren lokalisieren, wobei die einzelnen Abschnitte der Skala das Lebensalter in Jahren darstellen. Außerdem läßt sich das Durchschnittsalter aller Personen in der BRD angeben. Wollte man nun das «wahre» Durchschnittsalter aller Personen in der BRD ermitteln, so würde man eine Reihe von Stichproben ziehen. Dabei wird pro Stichprobe der Mittelwert des Alters der in die Stichprobe einbezogenen Personen berechnet und auf der Altersskala aufgetragen. Zieht man sehr viele solcher Stichproben, im Prinzip unendlich viele, errechnet man jeweils den Alters-Mittelwert pro Stichprobe, dann wird erkennbar, daß einige Mittelwerte (etwa 45 Jahre) sehr häufig, andere (z. B. 2 Jahre oder 90 Jahre) sehr selten auftreten. Setzt man nun die Zahl der Stichproben-Mittelwerte = 100 Prozent und trägt die prozentuale Häufigkeit des Auftretens eines Mittelwerts in die Ordinate zu der Altersskala in der Abszisse auf, dann ergibt sich eine gleichmäßig zur Mitte ansteigende und von dort gleichmäßig abfallende Verteilung. Das theoretisch-mathematische Modell hierzu ist die *Normalverteilung*. Die Alters-Mittelwerte aller möglichen Stichproben aus der Bevölkerung der BRD verteilen sich demnach normal, d. h. wenige gefundene Mittelwerte entsprechen nicht dem wahren Mittelwert, sie unter- oder überschätzen ihn; eine sehr viel größere Zahl liegt relativ dicht bei dem wahren Wert. Die Fläche unter der Kurve der Normalverteilung entspricht der Gesamtheit der möglichen Stichproben-Mittelwerte. Die Normalverteilung ist durch zwei Parameter (Kennwerte) gekennzeichnet: den Mittelwert μ und die Standardabweichung σ (vgl. Abb. 1). Die Abstände (Flächenstücke) vom Mittelwert lassen sich anhand der Wendepunkte der Verteilung lokalisieren: Zwischen -1σ und $+1\sigma$ liegen 68,3 Prozent, zwischen -2σ und $+2\sigma$ 95,5 Prozent, zwischen -3σ und $+3\sigma$ 97,7 Prozent der gesamten Fläche. Auf die Mittelwerte bezogen heißt das: 68,3 Prozent aller möglichen Stichprobenmittelwerte liegen um den wahren Mittelwert, also zwischen -1σ und $+1\sigma$.

Abbildung 1: *Normalverteilung*

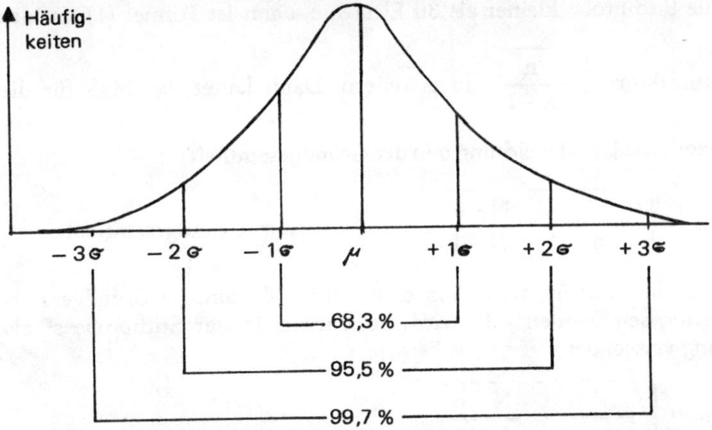

Will man in einer Untersuchung von der Stichprobe auf die Grundgesamtheit schließen, entspricht dies einer Umkehrung des eben erläuterten Modells: Wir wollen wissen, bei welchem Sicherheitsgrad (Flächenanteil) von dem in der Stichprobe gefundenen Mittelwert auf den wahren Mittelwert in der Grundgesamtheit geschlossen werden kann. Der Sicherheitsgrad t entspricht der Standardabweichung 1σ. Zusätzlich zu den genannten Flächenanteilen sind noch folgende dazwischenliegende Stücke wichtig: 95 % : t = 1,96; 99 % : t = 2,58; 99,9 % : t = 3,29.

Der Sicherheitsgrad t ist ein Ausdruck für die Irrtumswahrscheinlichkeit einer Aussage. Bei t = 2 = 95,5 % nimmt man eine Irrtumswahrscheinlichkeit von 4,5 % in Kauf: In 4,5 % aller Fälle wird der Prozent- oder Mittelwert in der Grundgesamtheit außerhalb des Vertrauensbereichs liegen. Der Sicherheitsgrad hängt eng mit dem Vertrauensbereich zusammen, wie aus der Formel ableitbar ist: *Mit höherem Sicherheitsgrad wird bei gleichem Stichprobenumfang auch die Schwankungsbreite des wahren Wertes in der Grundgesamtheit größer, die Aussage also sicherer, aber unschärfer.*

Um eine solche Berechnung vornehmen zu können, ist nicht nur der Sicherheitsgrad oder die Wahrscheinlichkeit, mit der der wahre Wert in einem bestimmten Bereich liegt, wichtig, sondern auch die Standardabweichung eines Wertes, d. h. ein statistisches Maß für die Abweichung aller möglichen Stichprobenmittelwerte vom wahren Mittelwert.

Die Standardabweichung eines Wertes berechnet man nach folgender Formel:

$$(1) \qquad s = \sqrt{\frac{\sum_{i=1}^{n} (x - M)^2}{n}}$$

x = Meßwert
M = Stichprobenmittelwert
n = Stichprobenumfang

Die Varianz s^2 ist die quadrierte Standardabweichung.

Ist die Stichprobe kleiner als 30 Elemente, dann ist Formel (1) um den Korrekturfaktor $\sqrt{\frac{n}{n-1}}$ zu erweitern. Dann lautet das Maß für die geschätzte Standardabweichung σ in der Grundgesamtheit:

$$(2) \qquad \hat{\sigma} = \sqrt{\frac{\sigma^2}{n} \cdot \frac{N-n}{N-1}} \qquad N = \text{Grundgesamtheit}$$

Da σ nicht bekannt ist, wenn von einer Stichprobe auf die Grundgesamtheit geschlossen werden soll, wird die Varianz in der Stichprobe s^2 als Schätzung verwendet:

$$(3) \qquad \hat{\sigma} = \sqrt{\frac{s^2}{n} \cdot \frac{N-n}{N-1}}$$

Ist die Stichprobe $n \geq 30$, dann kann der Korrekturfaktor fortgelassen werden. Die Formel gibt nun an, in welchem Maße ein gefundener Wert um den wahren Wert in der Grundgesamtheit streut.

Aus (3) lassen sich die beiden elementaren Formeln zur Berechnung der Standardabweichung eines Prozentwertes und eines Mittelwertes in einer Stichprobe von dem wahren Wert der Grundgesamtheit ableiten. Die Standardabweichung ist dabei der Ausdruck für die *Abweichung des Wertes* in allen möglichen Stichproben, während t die Wahrscheinlichkeit oder Sicherheit, mit der dieser Wert um den wahren Wert in der Grundgesamtheit liegt, angibt.

Standardabweichung eines Prozentwertes bei einer dichotomisierten Variablen:

$$(4) \qquad \hat{\sigma}_p = p \pm t \cdot \sqrt{\frac{p \cdot q}{n} \cdot \frac{N-n}{N-1}} \qquad \begin{aligned} p &= \text{Prozentsatz} \\ q &= 1-p \end{aligned}$$

In einer Befragung von $n = 400$ Jugendlichen im Alter von 10 Jahren gaben 60 Prozent an, sie hätten kein eigenes Zimmer zu Hause, 40 Prozent hingegen, sie verfügten über eines. Mit einer Sicherheit von 95 Prozent ($t = 1{,}96$) liegt dann der wahre Anteil in der Grundgesamtheit bei (Korrekturfaktor nicht erforderlich):

$$\begin{aligned} \hat{\sigma}_p &= 0{,}6 \pm 1{,}96 \cdot \sqrt{\frac{0{,}6 \cdot 0{,}4}{400}} \\ &= 0{,}6 \pm 1{,}96 \cdot 0{,}03 = 0{,}6 \pm 0{,}06 \end{aligned}$$

Der Prozentsatz in der Grundgesamtheit liegt also im Intervall zwischen

54 % und 66 %. – Bei einer Sicherheit von 99,7 % hätte der Prozentsatz zwischen $\pm 3 \cdot 0{,}03$ = 51 % und 69 % gelegen.

Standardabweichung eines *Mittelwertes:*

$$(5) \qquad \hat{\sigma}_M = M \pm t \cdot \sqrt{\frac{s^2}{n} \cdot \frac{N-n}{N-1}}$$

In einer Befragung von n = 1000 berufstätigen Frauen und Männern in der BRD wurde erhoben, daß die durchschnittliche Pendelzeit von der Wohnung zum Arbeitsplatz M = 30 Minuten betrug; die Varianz war s^2 = 10 Min. Mit sehr hoher Wahrscheinlichkeit von 99,7 % (t = 3) soll der wahre Wert in der Grundgesamtheit angegeben werden (ebenfalls ohne Korrekturfaktor):

$$\hat{\sigma}_M = 30 \pm 8 \cdot \sqrt{\frac{10}{1000}}$$
$$= 30 \pm 3 \cdot 0{,}1 = 30 \pm 3$$

Der wahre Mittelwert liegt also in dem Intervall zwischen 29 Min., 40 sec. und 30 Min., 20 Sek.

Aus den Beispielen kann man ableiten, daß a) mit steigendem Stichprobenumfang auch die Schätzungen des Prozentwertes/Mittelwertes in der Grundgesamtheit exakter werden; b) daß die Erhöhung des Sicherheitsgrades der Aussage zu einem breiteren Vertrauensbereich (Konfidenzintervall), mithin einer geringeren Exaktheit führt.

Standardabweichungen und Vertrauensbereiche von Prozentwerten in Abhängigkeit von der Stichprobe lassen sich in Tabellen nachlesen (z. B. NOELLE-NEUMANN 1963, S. 108 f.). Für kleinere Stichproben ist die Binomialverteilung heranzuziehen; entsprechende Tabellen finden sich in den meisten Statistik-Lehrbüchern.

Innerhalb der Wahrscheinlichkeitsauswahlen lassen sich verschiedene Verfahren anwenden. Grundlegend ist die *einfache Zufalls-Stichprobe* (simple random sample). Jedes Element muß die gleiche Chance haben, in die Auswahl einbezogen zu werden. Dabei bedient man sich folgenden Vorgehens: Die Elemente der Grundgesamtheit werden fortlaufend numeriert, z. B. bei einem N = 9000, also von 0001 bis 9000. Die Stichprobe soll nun n = 1000 Elemente umfassen. Um jedem Element die gleiche Chance zu geben, in die Stichprobe zu gelangen, zieht man eine Tabelle mit fünfstelligen Zufallszahlen heran (vgl. einschlägige Statistik-Lehrbücher oder The Rand-Corporation 1955), in denen alle Zahlen zwischen 1 und 10 000 nach einer Zufalls-Anordnung aufgeführt sind. Aus dieser Tabelle, beginnend an einer beliebigen oder ausgewürfelten Stelle, wählt man die ersten 1000 Zahlen aus, z. B. 0017, 8231, 5041 etc. und bezieht sie in die Stichprobe ein; Zahlen über 9000 werden dabei übergangen.

Eine andere Möglichkeit bietet die *systematische Wahrscheinlichkeitsauswahl.* Soll aus der Grundgesamtheit N = 9000 eine Stichprobe von n = 1000 gezogen werden, dann benötigt man nur jedes 9. Element. Beginnend an einer beliebigen Stelle, wird z. B. von einer Kartei ab Karte 4 jede 9. Karte gezogen. Sollte das Material eine innere Ordnung haben, wie weiter oben bereits diskutiert wurde, dann empfiehlt es sich, entweder die Karten zu mischen (was selten möglich ist) oder sie zu numerieren und nur Karten mit bestimmten Endziffern zu nehmen – bei einer 10 %igen Stichprobe z. B. alle Karten mit der Endziffer 7. Man kann auch den Startpunkt des Abzählens mehrmals wechseln (KISH 1965, S. 122), z. B. nach den ersten 100 ausgewählten Karten einen neuen Startpunkt von diesem Teil der Kartei an zu wählen, dann wieder jede x-te Karte ziehen, nach weiteren 100 ausgewählten Karten wiederum einen neuen Startpunkt wählen etc. Weitere Möglichkeiten, systematische Wahrscheinlichkeitsauswahlen zu ziehen, sind durch Buchstabenkombinationen oder Geburtstage gegeben. Entscheidend ist, daß bei systematischen Auswahlen jedes abgezählte x-te Element einbezogen wird, wobei von dem Kriterium (Zahl, Buchstabe etc.) angenommen wird, es habe mit allen anderen Variablen der Untersuchung keinen Zusammenhang.

Ein Sonderfall ist die *geschichtete Wahrscheinlichkeitsauswahl.* Anhand eines oder mehrerer Merkmale wird die Grundgesamtheit in «Schichten» unterteilt. In Übersicht 13 ist dies anhand der Ausprägungen a, b, c des Merkmals M_1 eingezeichnet. Das Verfahren stellt eine Reduktion der Gesamtvarianz der Elemente in einem Merkmal (z. B. Einkommen, Alter, Betriebsgrößen, Städte nach Einwohnerzahl) auf mehrere, homogenere Schichten dar, die in sich eine geringere Varianz aufweisen. Es ist besonders dann sinnvoll, wenn die Hypothesen sich auf einzelne solcher Schichten beziehen (z. B. Geburtskohorten als Generationen, Organisationen und deren Ebenen).

Innerhalb dieser Schichten wird dann eine Wahrscheinlichkeits-Stichprobe aus den Elementen der einzelnen Schichten gezogen. Diese Stichprobe kann *proportional* oder *disproportional* (z. B. pro Schicht eine gleiche Zahl von Elementen) zum Anteil der Elemente an der Grundgesamtheit gezogen werden. Bei Rückschlüssen auf die Grundgesamtheit müssen die in den einzelnen Stichproben aus den einzelnen Schichten gefundenen Werte (Prozentwerte, Mittelwerte, Varianzen) mit dem tatsächlichen Anteil dieser Elemente an der Grundgesamtheit gewichtet werden. Es wird zunächst der Mittelwert für jede Schicht berechnet und dann mit dem Gewicht der Schicht (Anteil an der Grundgesamtheit) multipliziert.

Die Standardabweichung für einen Prozent- oder Mittelwert in einer geschichteten Wahrscheinlichkeitsauswahl errechnet sich aus der Addition der Standardabweichungen der Werte in den einzelnen Schichten. Da die

Schichten in den meisten Fällen ungleich viele Elemente enthalten, muß die Standardabweichung pro Schicht mit der jeweiligen Zahl der Elemente gewichtet oder «gewogen» werden. Die Formeln für die Standardabweichungen in geschichteten Wahrscheinlichkeitsauswahlen lassen sich daher relativ einfach aus den Formeln für das gewogene Mittel oder gewogene Prozentwerte herleiten.

Die Standardabweichung eines Prozentsatzes in einer geschichteten Wahrscheinlichkeitsauswahl mit mehr als 30 Elementen und k Schichten ist (GUILFORD 1956, S. 194 f.):

$$\hat{\sigma}_p = p \pm t \cdot \sqrt{\frac{p \cdot q - s^2_{pk}}{n-1}} \qquad (6)$$

wobei:

$$s^2_{pk} = \frac{1}{n}\left[n_1 (p_1 - p)^2 + n_2 (p_2 - p)^2 + \ldots + n_k (p_k - p)^2\right]$$

$p_1, p_2 \ldots p_k$ = Prozentwerte in den einzelnen Schichten
$n_1, n_2 \ldots n_k$ = Zahl der Elemente in den einzelnen Schichten
n = Zahl der Elemente in der Gesamtstichprobe
p = Prozentwert in der Gesamtstichprobe

Die Standardabweichung eines Mittelwertes in einer geschichteten Wahrscheinlichkeitsauswahl mit mehr als 30 Elementen und k Schichten ist:

$$\hat{\sigma}_M = M \pm t \cdot \sqrt{\frac{s^2 - s^2_{Mk}}{n-1}} \qquad (7)$$

wobei:

$$s^2_{Mk} = \frac{1}{n}\left[n_1 (M_1 - M)^2 + n_2 (M_2 - M)^2 + \ldots + n_k (M_k - M)^2\right]$$

$M_1, M_2 \ldots M_k$ = arithmetische Mittelwerte in den einzelnen Schichten
$n_1, n_2 \ldots n_k$ = Zahl der Elemente in den einzelnen Schichten
n = Zahl der Elemente in der Grundgesamtheit
M = arithmetisches Mittel der Gesamtstichprobe

3. *Mehrstufige Auswahlverfahren.* Nicht immer ist es möglich, direkt an die gewünschte Aussage- und/oder Untersuchungseinheit heranzukommen. Es können keine Listen vorliegen, obgleich die Grundgesamtheit dem Umfang nach bekannt ist. In solchen Fällen wird man nicht unbedingt eine Quota-Auswahl als Verfahren wählen, sondern eine mehrstufige Auswahl treffen (multi-stage sample). Die «Stufen» sind jeweils Einheiten der Grundgesamtheit, wobei jede Stufe als Untermenge die nächste Stufe enthält. Dieses Verfahren wird häufig dann angewendet, wenn die Grundgesamtheit sehr verstreut lokalisiert ist. Das einfachste Beispiel ist die

Bevölkerung der BRD. Aus ihr lassen sich Zufallsauswahlen auf jeder der folgenden Stufen vornehmen: Bundesländer – Regierungsbezirke – Kreise – Orte/Gemeinden – Wohnhäuser – Personen. Dieses Verfahren, fast ausschließlich bei Gebietsstichproben angewendet, setzt definierte administrative Einheiten als Stufen voraus. Die Ungenauigkeit des Schlusses auf die Grundgesamtheit steigt mit der Zahl der Stufen.

Am Ende eines solchen Verfahrens steht meist die Anweisung an den Interviewer, in einer bestimmten Straße das x-te Haus aufzusuchen, dort entweder in Wohnung Nr. 2, sonst Nr. 10, sonst Nr. 6 eine Person zu befragen (gezählt vom Erdgeschoß aus). (Vgl. hierzu Deming 1950, Kap. 11 u. 12, Kish 1965, Kap. 10.)

4. Eine Unterform der mehrstufigen Auswahl ist das *Klumpen-Verfahren* (cluster sample). Die Grundgesamtheit enthält Untereinheiten, Klumpen, die ihrerseits wieder zahlreiche Elemente umfassen. Dabei ist jedes Element der Grundgesamtheit nur einem Klumpen zugeordnet (Schüler einer Schule, Wohnungen eines Blocks oder Ortsteils). Die Klumpen werden anhand eines Merkmals gebildet, in Übersicht 13 anhand von Merkmal M_3.

In den meisten Fällen enthalten die Klumpen eine ungleiche Zahl von Elementen, was auch in Übersicht 13 vorgesehen ist. Die letzte *Stichprobeneinheit* einer Klumpenstichprobe sind also nicht die einzelnen Elemente, sondern die Klumpen. Aus der Grundgesamtheit, aufgeteilt in C Klumpen, wird eine einfache Zufalls- oder systematische Wahrscheinlichkeitsstichprobe von c Klumpen gezogen; alle Elemente der einbezogenen c Klumpen werden untersucht. Das setzt erneut voraus, über eine Liste zu verfügen, in der alle Klumpen einer Grundgesamtheit aufgeführt sind. Der Vorteil dieses Verfahrens ist, die Untersuchung zeit- und kostensparender durchführen zu können, weil nicht räumlich verstreute Elemente die Stichprobeneinheit darstellen, sondern räumlich verstreute Klumpen von Elementen, die Elemente in den Klumpen hingegen dicht beieinanderliegen.

Beispiel: In einer Neubausiedlung am Stadtrand sollen die Lebensgewohnheiten, die Wohnzufriedenheit und die Kritik an Wohnungen und Siedlung in Abhängigkeit von sozialer Schicht, Kinderzahl und früheren Wohnungen der Bewohner untersucht werden. In dem Gebiet wohnen N = 12 000 Personen, verteilt auf 300 Häuser mit einer eigenen Hausnummer. Aus den C = 300 Klumpen wird eine Stichprobe von c = 30 Klumpen gezogen, indem die 300 Klumpen (Hausnummern) fortlaufend von 1–300 numeriert werden, von denen anhand von Zufallszahlen 30 Klumpen ausgewählt werden. In diesen 30 Häusern wird jeweils ein Bewohner eines bestimmten Alters oder werden alle Bewohner befragt. Die Berechnung der Standardabweichung für den Schluß von dem Prozent- oder Mittelwert in den einzelnen Klumpen auf die Grundgesamtheit ist relativ kompliziert, da die Klumpen zumeist ungleich groß sind (ungleich viele Elemente haben). (Verfahren hierzu gibt Kish 1965, S. 155 ff., 187 ff.)

5. Auch die *Gebiets- oder Flächenstichprobe* ist ein mehrstufiges Verfahren der Wahrscheinlichkeitsauswahl. Auswahleinheiten sind Gebiete und

Gebietsteile wie Blocks, Wohnungen. Zu diesem Verfahren gibt es zahlreiche einzelne Möglichkeiten, die abhängig sind von der durch das Untersuchungsziel bestimmten Grundgesamtheit, z. B. BRD, Bundesland oder einzelne Stadt. Die grundlegende Überlegung ist, ein Gebiet in gleiche Flächenstücke einzuteilen, aus jedem Gebiet eine Wahrscheinlichkeitsauswahl von Untereinheiten zu ziehen, Bezirke oder Untergebiete, aus diesen wiederum eine Auswahl von Straßen oder Häuserblocks zu treffen, dann dem Interviewer anhand von Zufallszahlen vorzugeben, in jeder Straße den x-ten Block und/oder die x-te Wohnung im Block als Zieladresse zu verwenden, dort dann eine bestimmte Person (Frau, Mann, Untermieter) oder Haushalt zu befragen. Mit diesem Verfahren sind eine Reihe von Problemen sowohl bei der Abgrenzung der Grundgesamtheit (da nur ein Teil der Blocks Wohnungen sind, ein anderer Fabriken, Geschäftshäuser etc.) wie auch der Berechnung des Stichprobenfehlers verbunden. Für eine ausführliche Darstellung sei auf KISH (1965, Kap. 9) verwiesen. Das Verfahren hat im wesentlichen drei Vorteile: 1. Man gelangt zu einer Wahrscheinlichkeitsauswahl, auch wenn keine Listen vorhanden sind; 2. die Auswahl kann aktueller sein als die Liste, auf die man sich sonst bei Wahrscheinlichkeitsauswahlen stützt; 3. die Adressen liegen (pro Interviewer) dicht beisammen, besonders dann, wenn es sich um Klumpen wie im Beispiel oben handelt.

Zusammenfassung:

Die hier dargestellten Auswahlverfahren erlauben zahlreiche Kombinationen, z. B. von Auswahlen, die mit Schichten beginnen, aus denen dann eine Auswahl von Klumpen getroffen wird, z. B. Arten von Schulen/Schulklassen. Dies gilt insbesondere für mehrstufige Auswahlen. Welches Auswahlverfahren man anwenden sollte, hängt vom Problem der Untersuchung, zum Teil auch von der Methode ab. So wird man bei Flächenstichproben häufiger mit Klumpenauswahlen oder mehrstufigen Auswahlen arbeiten. Generell sollte versucht werden, eine Wahrscheinlichkeitsauswahl zu treffen, um die Sicherheit des Schlusses von der Stichprobe auf die Grundgesamtheit angeben zu können.

Bei jeder Untersuchung muß man sich klarwerden, auf welche Ebenen von Einheiten sich die Aussagen beziehen sollen (vgl. Übersicht 9 in Abschnitt 2.4.6). Sodann ist zu fragen, aus welchen Grundgesamtheiten welcher Ebene die Stichprobe gezogen werden soll, da die Generalisierungen sich nur auf die Grundgesamtheiten jener Ebene beziehen können.

Beziehen sich, wie in den meisten Untersuchungen, die Generalisierungen nur auf eine Ebene, z. B. auf die Bevölkerung der BRD, auf Ärzte in Hamburg oder politische Kommentare mehrerer Tageszeitungen, so zieht man eine einfache Wahrscheinlichkeitsstichprobe, bei der nur der Umfang groß genug sein sollte, um die Generalisierung statistisch zu rechtfertigen. Oft dürfte ein solcher Auswahlplan (sample design) allerdings den Problemen nicht angemessen sein. Man wird z. B. 1. das Ausmaß der Suburbanisierung in Abhängigkeit von der Stadtgröße untersuchen wollen oder 2. sexuelle Verhaltensweisen und Einstellungen in Abhängigkeit vom Grad der Industrialisierung eines Landes oder 3. die Kommunikations- und Herrschaftsstruktur in verschiedenen Typen von Organisationen (beispielsweise nach ETZIONI in Zwangsorganisationen, normativen und utilitaristischen Organisationen) untersuchen wollen. In allen drei Beispielen wären geschichtete Wahrscheinlichkeitsauswahlen sinnvoll, im Fall (2) auch auf der ersten Stufe eine bewußte Auswahl der Länder, für jedes Land dann eine Wahrscheinlichkeitsauswahl aus einer bestimmten Schicht (Altersgruppe, Berufe, Konfessionen u. a.).

Es sei nochmals betont, daß bewußte Auswahlen, insbesondere die Arbeit mit Klassifikationen und Typologien, eine ausführliche theoretische Begründung verlangen, die bewährte Hypothesen über die Bedeutung der Variablen, die der Auswahl zugrunde gelegt werden, voraussetzen. Gerade in *kontextuellen Analysen,* in denen die Stichprobe Elemente umfaßt, die zwei Ebenen angehören (z. B. Aussagen über Personen und Aussagen über die Personen nach ihrer Mitgliedschaft in Organisationen), sollte man versuchen, auch für die höhere Ebene (Organisationen) eine Zufallsstichprobe (aus allen Organisationen) zu ziehen. Man kann sie dann entweder als Klumpen ansehen und alle Mitglieder (was oft schwierig zu definieren ist) oder nur eine Stichprobe von ihnen untersuchen.

3.4.4. Auswahlumfang

Wie groß muß der Umfang einer Stichprobe sein? – Obgleich die Antwort auf diese Frage von der Komplexität des Forschungsproblems und der gewählten Methode abhängt, kann man zwei generelle Regeln angeben.

Die erste ergibt sich aus der Formel für die Standardabweichung. Aus ihr ist erkennbar, daß sich ein festgesetzter Vertrauensbereich (Konfidenzintervall) von z. B. 95,5 Prozent Sicherheit mit steigender Größe der Stichprobe verengt, die Aussagen also exakter werden. Hieraus den Schluß zu ziehen, jede Vergrößerung der Stichprobe führe zu einer entsprechend exakteren Aussage, ist aus zwei Gründen unrichtig. Zum einen sind mit steigender Stichprobengröße die Fehler in der Erhebung (z. B. durch Interviewer) größer. Zum anderen ist diese Überlegung statistisch nicht zutreffend: Zurückgehend auf die Formel für die Standardabweichung läßt sich zeigen, daß die Exaktheit der Aussage sich nicht verdoppelt, wenn man den Stichprobenumfang verdoppelt, sondern nur proportional zur Quadratwurzel der Stichprobengröße ansteigen kann, da der Ausdruck $\sqrt{n}$ heißt: Eine Verdoppelung der Stichproben von $n = 100$ auf $n = 200$ entspricht bei gleichem Sicherheitsgrad einer Verringerung der Standardabweichung von $\sqrt{100}$ auf $\sqrt{200}$.

Will man nun den Umfang der benötigten Stichprobe bestimmen, kann man sich wiederum der Formel für die Standardabweichung bedienen. Zugleich muß der Forscher festlegen, mit welcher Sicherheit er seine Aussagen treffen will, welchen t-Wert er zugrunde legt. Für die Wahl des Sicherheitsgrades sei daran erinnert, daß mit höherem Sicherheitsgrad der Vertrauensbereich eines Wertes in der Grundgesamtheit auch größer wird, d. h. die Aussage unschärfer. Normalerweise wird man einen Sicherheitsgrad von $t = 1{,}96$ oder $t = 2$ wählen, was bedeutet, daß der Prozent- oder Mittelwert nur in 5 % resp. 4,5 % aller Fälle außerhalb des errechneten Vertrauensbereiches liegt. Hat man den Sicherheitsgrad festgelegt, dann bestünde ein Weg darin, für eine Reihe von Stichprobenumfängen anhand von Formel (4) zu berechnen, wie groß jeweils die Standardabweichung ist. Geht man dabei von Prozentwerten aus, so sollte der schlechteste, d. h. die größte Standardabweichung bewirkende Fall angenommen werden; p sei $= 50$ %, also $p = q = 0{,}5$.

Auf diese Weise wird die maximale Breite des Vertrauensbereichs für jeden Prozentwert bei einer bestimmten Stichprobengröße und dem definierten Sicherheitsgrad der Aussage berechenbar.

Will man hingegen die notwendige Stichprobengröße direkt bestimmen, muß zuvor nicht nur der Sicherheitsgrad, sondern auch der Vertrauensbereich festgelegt werden. Durch eine Umformung der Formel (4) gelangt man zu (SCHEUCH 1967, S. 331; vgl. KISH 1965, S. 51 ff.):

(8) $$n = \left(\frac{t \cdot \sqrt{p \cdot q}}{e}\right)^2$$ e = absoluter Fehler = Vertrauensbereich absolut

Angenommen, eine Aussage soll mit 95,5 % Sicherheit, also einer Irrtumswahrscheinlichkeit von 4,5 % getroffen werden. Der Vertrauensbereich soll bei einem Prozentsatz von $p = 50$ % in der Stichprobe, dann in der Grundgesamtheit nur um ± 2 % schwanken, also zwischen 48 % und 52 % liegen. Für $t = 2$, $p = q = 0{,}5$ und $e = 0{,}02$ ist der Stichprobenumfang

$$n = \left(\frac{2 \cdot \sqrt{0{,}5 \cdot 0{,}5}}{0{,}02}\right)^2 = \frac{1}{0{,}02^2} = 2500$$

Hätte man eine weniger exakte Aussage in Kauf genommen, indem man einen größeren Vertrauensbereich von $e = 0{,}04$ zuläßt, so wäre nur eine Stichprobe von $n = 625$ erforderlich. An diesem Beispiel wird nochmals deutlich, wie drastisch der Stichprobenumfang erhöht werden muß, um bei gleichem Sicherheitsgrad den Vertrauensbereich zu verengen.

Nun wird (hoffentlich) kein Forscher den Stichprobenumfang nur anhand des Sicherheitsgrades und des Vertrauensbereichs berechnen. Diese Formel gibt nämlich nur Aufschluß über den Stichprobenumfang für *ein* Merkmal in dichotomer Ausprägung: Von allen Personen der Stichprobe haben p % die Merkmalsausprägung a, die restlichen 1 – p % die Ausprägung non-a. Das entspricht der einfachsten Häufigkeitsverteilung. Jede deskriptive und erst recht jede analytische Untersuchung wird differenzierter in doppelter Hinsicht sein: 1. Viele Merkmale haben mehr als zwei Ausprägungen, und, wichtiger noch, 2. mehrere Merkmale werden miteinander kombiniert. Hauptsächlich sind es Kombinationen einer unabhängigen Variablen mit einer oder mehreren abhängigen Variablen, zum Teil jedoch auch Kombinationen mehrerer unabhängiger oder mehrerer abhängiger Variablen untereinander. Die Frage zielt z. B. nicht darauf, wie viele Personen über 65 Jahre in der BRD in einem Altersheim leben, sondern darauf, ob sich die Bewohner von Nicht-Bewohnern hinsichtlich ihres früheren Berufes, ihrer Schulbildung und ihres Gesundheitszustandes unterscheiden; ob sie alleinstehend sind oder Verwandte haben, ob ihr Entschluß freiwillig war oder durch Verwandte herbeigeführt, welcher sozialen Schicht die Verwandten angehören, wie groß deren Wohnung ist; wie hoch die Kosten für das Altersheim sind; wie groß die Gemeinde ist, in der die Personen leben etc.

Anhand des Hypothesenkatalogs, genauer: der Zahl der Variablen und ihrer jeweiligen Werte (Merkmalsausprägungen) wird demnach entschieden, wie differenziert die Untersuchung sein muß. Prinzipiell ist vorab zu überlegen, wie viele Variablen maximal zur Prüfung der Hypothesen oder auch nur zur Beschreibung des Objektbereiches gleichzeitig miteinander in Beziehung gesetzt werden sollen. In dem Beispiel könnten das sein: Gemeindegröße x Verwandte x sozialer Status der Verwandten x sozialer Status der älteren Person x Gesundheitszustand der älteren Person x Leben im Altersheim. Das entspricht einer komplexen Hypothese wie «Wenn eine Gemeinde groß ist, die Zahl der Verwandten niedrig, deren sozialer Status hoch, der soziale Status der mit ihnen verwandten älteren Person niedrig, ihr Gesundheitszustand schlecht, dann wird eine ältere Person im Altersheim leben». Es handelt sich um sechs Variablen; wenn jede von ihnen nur zwei Werte hat (niedrig – hoch, kleiner Ort – großer Ort), ergibt sich eine Tabelle mit 64 Zellen. Sollte das Minimum der Fälle pro Zelle nur zehn betragen, ist für die Untersuchung mindestens eine Stichprobe von $n = 640$ Personen erforderlich.

Allgemein: Die *Mindest-Stichprobengröße* n läßt sich mit Hilfe der Hypothesen berechnen, wenn man die maximal erforderliche gleichzeitige Kombination von V Variablen mit deren durchschnittlicher Zahl von K Werten (Merkmalsausprägungen) und dem Minimum an Fällen pro Zelle (z. B. 10) in Beziehung setzt:

(9) $n = 10 \cdot K^V$

Dabei wird die – zweifellos unrealistische – Annahme gemacht, die Fälle verteilten sich jeweils gleich auf alle Ausprägungen der Merkmale; außerdem wird unterstellt, es gäbe keine Ausfälle wie z. B. Antwortverweigerungen, unterlassene Fragen, nichtvorhandene Einheiten eines inhaltsanalytischen Materials. Eingedenk dessen erscheint es sinnvoller, von mindestens zehn Fällen pro Zelle als Minimum auszugehen.

Diese einfache Berechnung dürfte in vielen Untersuchungen nicht vorgenommen werden. Es zeigt sich erneut, daß die Stichprobengröße ebenfalls aus dem Hypothesenkatalog abgeleitet werden sollte. Leitet man sie allein aus den Kosten her, ist das für die Untersuchung nicht gleichgültig, sondern hat Konsequenzen für die Generalisierungsmöglichkeiten der Aussagen wie für die Komplexität der Hypothesen und ihrer Prüfung.

Die Probleme eines angemessenen Auswahlverfahrens und des Stichprobenumfangs sind hier nur in allgemeiner Form dargestellt; bei jeder Methode empirischer Sozialforschung treten weitere Schwierigkeiten auf. Das gilt insbesondere für die *Ausfälle* oder «missing data»: Es werden Personen nicht erreicht, einige Situationen sind nicht beobachtet worden, Teile eines inhaltsanalytischen Materials fehlen, in einer Skala wurden nicht bei allen Items Ankreuzungen vorgenommen usw. Da diese Probleme stark methodenspezifisch sind, werden sie im Zusammenhang der jeweiligen Methode in Kap. 5 behandelt.

3.5. Erhebungssituation

Eine sozialwissenschaftliche Untersuchung bewegt sich nicht im luftleeren Raum, sondern geschieht zu einem historischen Zeitpunkt, in einer bestimmten Entwicklungsphase einer Gesellschaft, an einem bestimmbaren Ort, an Wochentagen, zu Uhrzeiten, durch bestimmte Personen. Eine Untersuchung findet demnach in einer definierbaren Erhebungssituation statt. Die damit verbundenen generellen Probleme werden nachfolgend dargestellt; speziell für die einzelnen Forschungsmethoden werden sie im Kapitel 5 aufgenommen.

Üblicherweise wird in den Publikationen empirischer Untersuchungen zunächst das Problem dargestellt, dann aufgeführt, mit welcher Methode man gearbeitet hat und auf welcher Stichprobe die Erhebung basiert. In diesem Zusammenhang könnte eine Aussage wie die folgende stehen: «Unsere eigene Erhebung mit einem gegenüber dem Mikrozensus wesentlich erweiterten Frageprogramm erfolgte im Oktober 1964 an 800 23jährigen im Hamburger Raum» (Pfeil u. a. 1968, S. 12). Welche Vorgänge liegen dem letzten Teil des Satzes zugrunde? Beispielsweise, daß die Studentin X, eine vom Forschungsteam geschulte Interviewerin, am Freitag, dem 30. Oktober 1964, um 16 Uhr in der K-Straße im Haus Nr. 12 im zweiten Stock klingelte. Eine junge Frau öffnete und musterte die Studentin. Diese nannte ihren Namen und erklärte, sie käme von der Hochschule für Wirtschaft und Politik, mache eine wissenschaftliche Befragung und wolle gern Frau Y sprechen. Die andere erwidert, sie sei Frau Y und wieso denn gerade sie gefragt werden solle. Die Studentin berichtet darauf, man habe jede x-te Person im Alter von 23 Jahren ausgesucht, um eine Untersuchung über Generationsunterschiede zu machen. Darauf läßt Frau Y die Studentin herein, obgleich sie nicht viel Zeit habe, da um 18 Uhr ihr Mann nach Hause käme und sie noch das Essen vorbereiten müsse. Sie setzen sich in das Wohnzimmer, und das Interview beginnt nach einer weiteren kurzen Erläuterung. Nach etwa 20 Minuten bietet Frau Y der Interviewerin etwas zu trinken an und holt aus der Küche eine Flasche Saft. Gegen Ende des Interviews klingelt eine Nachbarin, die Frau Y etwas fragen möchte; da das Interview nicht mehr lange dauert, wird sie gebeten, in einem Sessel in der Ecke des Wohnzimmers Platz zu nehmen; dort liest sie eine Illustrierte. Um 17.15 Uhr verabschiedet sich die Studentin von Frau Y, sie geben sich die Hand. Frau Y sagt noch, sie habe Fräulein X eigentlich nur hereingelassen, «weil sie nicht so ausgesehen hätte, als wolle sie etwas verkaufen».

Diese knappe Beschreibung erbringt die um viele Elemente gekürzte Wiedergabe der Erhebungssituation. Die Ergebnisse der Befragung sind nicht allein das Produkt der Fragen, des Instruments, sondern auch des Kontextes, in dem sie gestellt wurden: Sie sind auch *Produkt eines Interaktionsprozesses in einer Situation*. Die Situation ist in anderen Interviews der gleichen Studie anders gewesen, der Fernseher mag während des Interviews gelaufen sein, der Interviewer mag das Kind einer Befragten auf dem Schoß gehabt haben etc. Hierüber steht in den Untersuchungen in fast allen Fällen nicht mehr, unsere obengenannte eingeschlossen.

Die Erhebungssituation zu vernachlässigen ist jedoch nicht gerechtfertigt. Man muß vielmehr davon ausgehen, daß bei den sozialwissenschaftlichen Forschungsmethoden Befragung, Beobachtung, Soziometrie, Gruppendiskussion, Experiment und indirekt bei der Sekundäranalyse die Erhebungssituation von Einfluß auf die Ergebnisse ist. Dies gilt auch für die Situation des Beobachters in der nicht-teilnehmenden Beobachtung. Die Berechnung dieses Einflusses hängt, wie in einem früheren Kapitel bereits angedeutet wurde, vom Stand der soziologischen Theorie über Interaktionsprozesse in Situationen ab. Gegenwärtig ist unser Wissen hierüber unvollständig und unsystematisch, so daß nur jeweils einzelne Einflüsse bei jeder Methode näher bekannt sind.

Bislang richtet sich die Aufmerksamkeit in der Konzeptualisierung einer Studie bei dem Problem der Stichprobe allein auf die Auswahl der Erhebungseinheiten. Bei Untersuchungen mit den genannten Methoden muß man indessen auch auf die Erhebungssituation achten. Eine systematische Darstellung des Problems gibt es nicht; hingegen liegt für die Erhebungssituationen bei Befragungen die ausgezeichnete Arbeit von Kreutz (1972) vor. Wenn eine Interaktion von Forscher und untersuchten Personen besteht, dann stellt die Erhebungssituation auch eine Stichprobe dar, und zwar aller Situationen, in denen die untersuchte Person handelt. Demzufolge kann ihr Verhalten situationsspezifisch sein.

Die wichtigsten *Elemente der Erhebungssituation* sind:

1. Anlaß
2. Zeitpunkt
3. Ort
4. Dauer
5. Medien
6. Anwesende
7. Rollen
8. Art der Beziehung

ad 1: Der Anlaß wird bei vielen Methoden von dem Forscher bestimmt, also einseitig festgelegt. Sind die Personen damit einverstanden? Welche sinnvolle Begründung kann man angeben, um sie zur Mitarbeit zu bewegen? Kinsey und Mitarbeiter haben z. B. argumentiert, man wolle Menschen helfen, mehr über Sexualität zu erfahren, um besser die damit verbundenen Probleme lösen zu können (vgl. Kinsey, Pomeroy & Martin 1964, S. 23–32). Ähnlich ist auch die Studentin im Beispiel oben vorgegangen. In psychologischen Studien sind häufig Psychologie-Studenten gewählt worden, da diese im Rahmen ihres Studiums ohnehin eine bestimmte Zahl von Versuchspersonen-Stunden ableisten müssen. In wieder anderen Untersuchungen haben die Betroffenen für die Mitarbeit ein Honorar erhalten. Ist der Anlaß für eine Person ihren sonstigen Situationen sehr unähnlich, so wird sie unsicher reagieren und sich wahrscheinlich eher den Wünschen des Forschers anpassen.

ad 2: Der Zeitpunkt kann von sehr direktem Einfluß sein, wenn es um Feldexperimente oder um Beobachtungen geht. Abhängig von Jahreszeit, Wochentag und Tageszeit ist z. B. die Zahl der Kinder auf einem Kinderspielplatz verschieden, werden Verkehrsmittel überwiegend von bestimmten Personengruppen benutzt, ist die Zahl der Besucher von Museen, Kinos etc. unterschiedlich. Die Einflüsse des Wetters sind dabei noch außer acht gelassen. Der Zeitpunkt kann auch von indirektem Einfluß auf ein Interview sein, wie in dem Beispiel oben, in dem die befragte Person es eilig hatte, daher knapp und evtl. ohne Nachdenken antwortete, oder weil am Tag vor der Befragung Zahltag war, der Mann betrunken nach Hause kam und die Befragte nun bei Fragen über die Ehe besonders schlecht über ihre Ehe spricht oder ähnliches.

ad 3: Von besonderer Bedeutung ist der Ort der Erhebung. Damit ist nicht die Orts- oder Gemeindegröße, sondern der Ort gemeint, an dem untersucht wird. Ob Arbeiter nach ihrem Arbeitsplatz und den Beziehungen zu Kollegen und Vorgesetzten im Betrieb oder zu Hause befragt werden, dürfte nicht nur in unterschiedlichem Maße die Zwänge aktualisieren, denen sie ausgesetzt sind, sondern auch ihre Assoziationen allein aufgrund des Raumes beeinflussen, in dem sie sich gegenwärtig befinden (vgl. PFEIL & FRIEDRICHS 1965). Ob Jugendliche über ihre Konflikte mit den Eltern oder über ihre sexuellen Einstellungen zu Hause, in der Schule oder an einem neutralen Ort (vgl. SIGUSCH & SCHMIDT 1970) befragt werden, dürfte ebenfalls von Einfluß auf die Antworten sein.

MILGRAM hat für seine Experimente über Aggression und konformes Verhalten Personen aller sozialen Schichten zunächst in die YALE-University gebeten. Da er den Äußerungen einiger Versuchspersonen entnehmen konnte, daß das Ansehen der Institution für sie Bedeutung gehabt habe, verlegte er eine Reihe späterer Experimente an einen anderen Ort, u. z. in ein älteres Geschäftshaus in einem Industrieort; die «Firma» wurde «Research Associates of Bridgeport» genannt. Die Ergebnisse zeigten eine durchschnittlich geringere (wenn auch statistisch nicht signifikante) Konformität gegenüber den Experimenten in der Yale-Universität (MILGRAM 1966, S. 256 ff.).

ad 4: Man kann generell davon ausgehen, daß sich mit der Dauer einer Interaktion auch die Beziehungen zwischen den Interaktionspartnern verändern. Die Erhebungssituation enthält einen Lernprozeß für beide Seiten. In extremer Form gilt dies für die teilnehmende Beobachtung, in geringerer wohl auch für den nicht-teilnehmenden Beobachter. In dem Interview-Beispiel oben hat sich die Beziehung von Frau Y zu der Studentin nach etwa 20 Minuten vielleicht verändert, als sie der Studentin etwas zu trinken anbot. Die Zeit, die Personen zum Nachdenken über ein Problem haben, wird häufig auch zu weiteren Reflektionsprozessen und umfangreicheren Antworten führen. Zudem verändert sich nach den vorliegenden Erfahrungen mit der Dauer eines Interviews auch das Interesse beim Interviewer und beim Befragten.

Schließlich ist die Dauer noch zu sehen als Segment, als eine Art Umfang der Stichprobe, die man aus dem Verhalten einer Person zieht.

ad 5: Medien zur Aufzeichnung der Ergebnisse sind in den meisten Untersuchungen Papier, Tonband oder Film. Es stellt sich die Frage: In welchem Maße verändern sie die Echtheit der Situation, z. B. das Verhalten einer Schulklasse, die gefilmt wird, oder die Aussagen in einer Gruppendiskussion oder einem Intensivinterview, bei dem ein Tonband läuft? – Im allgemeinen ist der Einfluß geringer als vermutet, zumindest nach einer Anfangsphase der Gewöhnung. Nur über Pretests läßt sich jedoch für eine bestimmte Studie, deren Methode und deren zu untersuchende Personen der Effekt des Mediums abschätzen.

ad 6: Wenn das Verhalten von Personen keine Konstante ist, sondern selbst zum gleichen Zeitpunkt, z. B. am gleichen Tag, mit dem Verhalten anderer Anwesender variiert, dann muß dieser simple Sachverhalt auch in den Erhebungssituationen berücksichtigt werden. Ein Mann wird – je nach

Thema der Untersuchung – anders antworten, wenn seine Ehefrau oder sein Freund anwesend sind, Jugendliche anders, wenn ihre Eltern, Lehrer oder Freunde mit im Raum sind. (Daher haben z. B. SIGUSCH & SCHMIDT in der zitierten Untersuchung über Schüler-Sexualität alle Interviews in einem Raum, in dem nur Interviewer und Befragter anwesend waren, durchgeführt.) Welchen Einfluß hat in dem obigen Beispiel die Nachbarin auf die Antworten von Frau Y gehabt, oder:

Werden die Antworten durch die Anwesenheit «Dritter» beim Interview oder der anderen Schüler bei einer schriftlichen Befragung in Schulklassen authentischer, weil diese Erhebungssituation mehr den alltäglichen Situationen entspricht? – Der Wunsch, im Interview Personen allein zu befragen, ist methodisch ja nur deshalb gerechtfertigt, weil eine Standardisierung der Erhebungssituation erreicht werden soll.

Indessen könnte diese sinnvolle Forderung zu Erhebungssituationen führen, die je nach Thema und Befragtengruppen der Untersuchung unrealistisch sind. Solange die Angemessenheit der Erhebungssituation nicht aus der Theorie, bewährten Hypothesen also, ableitbar ist, kann sie nur vorläufig und sehr unvollständig durch Pretests bei Befragungen, Gruppendiskussionen, Beobachtungen und Experimenten ermittelt werden.

ad 7: Eng damit zusammen hängt das Problem der Rollen in der Erhebungssituation. *Rolle* sei definiert als Summe der an eine Position gerichteten Erwartungen. Der Interviewer, das Fragebogen versendende Institut, der Versuchsleiter bei Gruppendiskussionen oder Experimenten oder soziometrischen Untersuchungen und der teilnehmende Beobachter nehmen in der Erhebungssituation eine bestimmte Position ein. «Bestimmt» ist sie einerseits durch ihre objektiven Merkmale (z. B. Schichtzugehörigkeit), andererseits durch deren subjektive Interpretation durch den Forscher wie durch die anderen untersuchten Personen. Sie kann sich zudem in der Zeit, abhängig von der Dauer der Erhebungssituation und dem Verhalten, ändern. Eine sehr gute Darstellung der Rollenkonflikte Forscher–Betroffene–Außenstehende gibt der Bericht von WEINBERG & WILLIAMS (1973).

Der Kontakt an der Tür bei einer Befragung oder die Einführung des teilnehmenden Beobachters in einem Feld legen die Position und damit die Erwartungen fest. Diesen Sachverhalt einzubeziehen, sei es um seinen Einfluß als Fehlerquelle zu ermitteln oder um ihn bewußt auszuüben, setzt soziologische wie psychologische Hypothesen voraus und andererseits eine *Selbstbeobachtung* des Forschers. (Zum letzteren vgl. u. a. BALES 1970, S. 5, BECKER 1958, S. 660, VIDICH 1955, S. 360.)

Die Definition der Rollen und damit eines wesentlichen Teils der Erhebungssituationen erfolgt sowohl vom Forscher wie durch die andere(n) Person(en). Inwieweit die Definitionen übereinstimmen, dürfte schwer zu ermitteln sein; man kann sicherheitshalber davon ausgehen, daß dies nur sehr begrenzt der Fall ist. Aus zahlreichen Untersuchungen zu methodischen Problemen der Forschung, zur sozialen Wahrnehmung und über

Vorurteile ist bekannt, daß solche Definitionen sehr rasch und anhand minimaler Anzeichen vor sich gehen. Man arbeitet mit Alltags-Indikatoren. Personen ordnen Namen bestimmten sozialen Schichten zu, Gesichtern die Merkmale Raucher–Nichtraucher, verbinden mit Hautfarbe, Geschlecht, Alter, Kleidung, Gesten oder Sprache jeweils bestimmte Positionen und Erwartungen. Keiner dieser Schlüsse ist zwingend, die meisten sind ungerechtfertigt und nur teilweise (oder abhängig u. a. von der Dauer der Interaktion, der Bildung und Erfahrung der Interaktionspartner) korrigierbar – dennoch verwenden wir sie alle täglich. Entsprechend beeinflussen Geschlecht, Alter und Auftreten des Forschers oder der Name der Institution, der er zugehört, die Antworten und Verhaltensweisen der anderen Personen, wie aus zahlreichen Untersuchungen inzwischen belegt ist.

Unter Umständen richten die untersuchten Personen aufgrund ihrer Definition der Rolle des Forschers ihre Antworten und ihr Verhalten derart aus, daß sie sich bemühen, den vermeintlichen Erwartungen des Forschers an sie gerecht zu werden: Sie reagieren «sozial erwünscht» (social desirability effect). Ein männlicher Interviewer wird bei weiblichen Befragten etwas andere Antworten auf Fragen zur Sexualität erhalten als ein weiblicher und umgekehrt. Eine ältere Interviewerin erhält andere Antworten als eine jüngere bei Fragen zur Berufstätigkeit von Müttern. Ein weiblicher Beobachter wird andere Interaktionen in einem Beobachtungsfeld aufbauen als ein männlicher. Die Anwesenheit «Dritter» läßt im Interview bei Befragten andere Erwartungen entstehen, als wenn diese nicht anwesend wären. Daher gehört die Analyse der Rollen zu den wichtigsten Aufgaben der Konzeptualisierung der Erhebungssituation einer Studie; derartige Effekte zu ermitteln ist auch Aufgabe der Exploration und des Pretests.

ad 8: Alle genannten Elemente der Erhebungssituation wirken sich auf die Art der Beziehung zwischen Forscher und untersuchten Personen aus. Die Qualität der Beziehung wird als *«Rapport»* bezeichnet, womit die Offenheit, Ehrlichkeit und Intensität des Kontaktes gemeint ist. Ein guter Rapport ist keine hinreichende, aber notwendige Bedingung für die Validität der Ergebnisse.

Teil der Beziehung, oder genauer: des Interaktionsprozesses ist der *Lernprozeß bei Forschern und untersuchten Personen.* Eine Untersuchung kann sich darauf beschränken, einen bestimmten Zustand zu erfassen, seien es Antworten oder Verhaltensweisen. Sie erhebt dann die gegebenen Kenntnisse und Handlungschancen der untersuchten Personen. Sie kann diese aber auch bewußt zu verändern suchen, indem z. B. vor einer Frage über Wohnwünsche Informationen über alternative Formen des Wohnens gegeben werden, oder wenn man auf die Konsequenzen von Eigenheimen hinweist, um zu sehen, inwieweit dies die zunächst gegebenen Antworten verändert. Eine teilnehmende Beobachtung kann Handlungsmöglichkeiten vermitteln und so zu einem Feldexperiment über Prozesse zur Bewußtseinsbildung und Verhaltensänderung werden.

Hiermit sind die wichtigsten Elemente der Erhebungssituation und einige ihrer Effekte gekennzeichnet. *Die Erhebungssituation ist Teil der Methode,* ein soziologischer und psychologischer Prozeß; seine Kenntnis ist Teil der Theorie, die jedoch gerade in solchen Situationen für ein oft ganz anderes Untersuchungsproblem gewonnen werden soll. Eine Untersuchung mit Hilfe der Gruppendiskussion mag z. B. Probleme der Integration von Flüchtlingen studieren; die Methode und die Erhebungssituation setzen unabhängig von spezifischen Hypothesen zum Forschungsproblem Theorien der Gruppendynamik und Handlungstheorien voraus, um die Einflüsse von Methode und Erhebungssituation bestimmen zu können. *Die Relevanz der Erhebungssituation für ein Forschungsproblem ließe sich im Grunde genommen erst dann bestimmen, wenn wir wissen, für welche Grundgesamtheit von Situationen das Verhalten der untersuchten Personen in der Erhebungssituation repräsentativ ist.*

3.6. Pretest

Um die Konzeptualisierung und das entwickelte Instrument vor der Hauptuntersuchung zu prüfen, nimmt man normalerweise einen Pretest vor. *Während die Exploration dazu diente, einen Forschungsplan zu entwickeln, dient der Pretest dazu, ihn zu prüfen.* Es wird eine Voruntersuchung an einer begrenzten Zahl von Fällen, die strukturell denen der endgültigen Stichprobe entsprechen, durchgeführt. Je komplizierter eine Untersuchung ist, desto notwendiger ist ein Pretest, den man bereits bei der zeitlichen wie finanziellen Planung berücksichtigen sollte. Denn: die Kosten aller Art für die Korrektur von Fehlern in einer Untersuchung ohne Pretest sind stets erheblich höher als die eines Pretests selbst – sofern sich die Fehler überhaupt noch korrigieren lassen. Es sei eindringlich davor gewarnt anzunehmen, ein Forschungsplan und sein Instrument seien durch Nachdenken, logische Prüfung oder Vergleich mit den Erfahrungen bei ähnlichen Untersuchungen schon bewährt; der empirische Test auf die nicht-antizipierten Konsequenzen ist unersetzlich. Wir forschen, weil wir etwas nicht wissen; Teil dieser Unkenntnis ist der Forschungsplan und seine Instrumente.

Der Pretest richtet sich, bei allen Unterschieden der verwendeten Methoden, auf folgende grundsätzliche methodische Punkte des Forschungsplans:

1. *Legitimation* des Forschungsvorhabens: Können das Forschungs- und Verwertungsziel den untersuchten Personen hinreichend verdeutlicht werden? Können sie sie zu einer nicht-manipulativen Mitarbeit bewegen?
2. *Erhebungssituation:* Ist der Ort für die Untersuchung richtig gewählt? Wieviel Zeit wird für die einzelne Erhebung, Beobachtung, Verschlüsselung etc. erforderlich sein? Welche verzerrenden Elemente oder störenden Einflüsse treten auf, z. B. bei Feld- oder Laborexperimenten?

3. *Rollen:* Werden der Forscher und/oder seine Mitarbeiter akzeptiert? Ist die Rolle im Feld unauffällig genug, um keine unbeabsichtigten Verzerrungen herbeizuführen, so daß unter Umständen die Resultate durch die Forscher erst hervorgerufen werden, also nicht Einstellungen und Verhalten der untersuchten Personen, sondern die Effekte der Forscher gemessen werden? Sind die Mitarbeiter hinreichend geschult, hinreichend supervisiert (betreut), einzelne Mitarbeiter genügend geeignet?
4. *Instrument:* Werden die Fragen von den untersuchten Personen verstanden? Verfügen die untersuchten Personen über genügend Informationen, um sie zu beantworten, z. B. im Interview, bei soziometrischen Wahlen oder beim Thema der Gruppendiskussion? Welche Diskriminationskraft haben die Variablen: Wie groß ist die Streuung der untersuchten Einheiten (z. B. Personen, Wörter) über die Ausprägungen der einzelnen Merkmale? Reicht sie zur Prüfung der Hypothesen aus?
   Lassen sich alle Antworten mit dem bereits vorgegebenen Code erfassen?
   Paßt das gesamte Kategorienschema für das untersuchte Material?
   Sind die Kategorien eindeutig genug, um hohe Gleichförmigkeit unter den Beurteilern, Beobachtern oder Codierern zu erreichen (Reliabilität)?
5. *Stichprobe:* Sind die Personen überhaupt erreichbar? Gibt es sehr viele Ausfälle? Welche Gründe haben die Ausfälle?
6. *Kontrollen:* Welche Möglichkeiten zur Kontrolle der Reliabilität und Validität bestehen? Man kann z. B. Personen nach einem Experiment befragen, Pretest-Interviews durch Rückfragen (Besuch oder Telefonat) bei den Befragten prüfen, sich dabei auch das Verhalten des Interviewers schildern lassen. Bei schriftlichen Befragungen wird man Befragte, die geantwortet haben, und Befragte, die nicht geantwortet haben, aufsuchen. Gruppendiskussionen im Pretest sollte man nicht nur mit *einem* Medium (Tonband) protokollieren, sondern auch beobachten oder gar filmen, sofern die Teilnehmer damit einverstanden sind und dies nicht zu Verzerrungen führt.

Aufgrund der Ergebnisse des Pretests wird man Teile des Forschungsplans ändern müssen, eine bessere Schulung der Mitarbeiter vornehmen, Mitarbeiter (Interviewer, Beobachter, Diskussionsleiter) gegebenenfalls entlassen, den Erhebungsort oder -zeitpunkt verlegen, die Stichprobe modifizieren oder gar zu einem ganz anderen Forschungsplan kommen. Sind die Änderungen zahlreich, dürfte ein neuer Pretest sinnvoll sein. Um diese Entscheidungen treffen zu können, sollte der Pretest extensiv (Zahl der Fälle) und intensiv (Ausmaß der Auswertung) sein. Im (seltenen) Grenzfall ist es eine Miniaturausgabe der Hauptuntersuchung.

Umfang eines Pretests und Exaktheit seiner Auswertung sind selbstverständlich abhängig von der zur Verfügung stehenden Zeit und den Mitteln. Vom Problem her sollte die Auswertung zumindest soweit gehen, daß bei einer entsprechenden Zahl von Fällen einfache Häufigkeitsverteilungen pro Variable berechnet werden. Ein gewichtiger Vorteil derartiger Auswertungen ist, die oben aufgeführte Diskriminationskraft einzelner Variablen prüfen zu können. Ist z. B. die Quote der «Weiß nicht»-Antworten oder Antwort-Verweigerungen besonders hoch, wird man prüfen, ob es sich um Interviewer-Fehler handelt, sonst diese Fragen umformulieren oder ganz herauslassen. (Es sei denn, auf eben diese Ergebnisse richten sich die Hypothesen, weil man wissen möchte, wie informiert Personen über ein Problem sind.) Unter Umständen ist es sogar sinnvoll, die Auswertung des Pretests bis hin zu Kreuztabellen und Korrelationsberechnungen vorzunehmen, um einen groben Anhaltspunkt der zu erwartenden Ergebnisse zu gewinnen.

Wie ein Pretest anhand der obengenannnten Punkte bei den einzelnen Methoden der Sozialforschung aussehen kann, ist in einer Übersicht bei der jeweiligen Methode im folgenden Kapitel 5 aufgeführt. Nicht einbezogen sind Indizes und Skalen, da sie ohnehin einer Validierung bedürfen. Ausgenommen sind auch Sekundäranalysen, da man sich hier zuvor der Zugänglichkeit und Vollständigkeit des Materials versichern muß.

3.7. Arten von Untersuchungen

Empirische Untersuchungen sind charakterisiert nicht nur durch die verwendeten Methoden der Sozialforschung, sondern auch dadurch, wie ein Problem hinsichtlich folgender Dimensionen untersucht wird:

1. Theoriegehalt
2. Zahl der Ebenen
3. Zahl der Methoden
4. Zahl der Zeitpunkte
5. Originalität

1. Unter *Theoriegehalt* soll verstanden werden, in welchem Maße eine Untersuchung einen Problembereich beschreibt, erforscht oder Hypothesen testet. Im ersteren Falle handelt es sich um eine *deskriptive Untersuchung*. Sie umfaßt die möglichst vollständige Beschreibung des Objektbereiches, die Isolation relevanter Variablen, ihre Messung und einfache Häufigkeitsverteilungen oder sogar die Zusammenhänge zwischen Variablen (vgl. Abschnitt 2.6). Dabei kann es um große, heterogene Populationen in einem großen Gebiet gehen, wie z. B. bei den klassischen Studien dieser Art von Kinsey u. a. (1964, 1965) zum sexuellen Verhalten des Mannes und der Frau, von Durkheim (1897) über Selbstmord, von Booth (1892–1897) in seiner monumentalen 17bändigen Studie über «Life and Labour of the People of London» oder den einfachen deskriptiven Untersuchungen über die Lage der Jugend.

In anderen Fällen sind es spezielle Populationen oder Gebiete, so in Whytes (1961) schon erwähnter Studie über ein italienisches Einwandererviertel oder die ebenfalls erwähnte Studie über eine Sekte von Festinger, Riecken & Schachter (1956). Bei Studien der letzteren Art spricht man auch von *Fall-Studien* (case-studies). (Ein berühmtes Beispiel hierfür ist der

Fall Kaspar Hauser.) Die genannten und zahlreiche ähnliche Studien sind von enormer Bedeutung für die Sozialwissenschaften gewesen, weil sie überhaupt erst erlaubten, Forschungen planmäßig und hypothesengeleitet zu entwickeln.

Weniger deskriptiv als analytisch, wenngleich auf zu kleinen Stichproben beruhend, sind *explorative Studien* oder pilot studies. Nach den Definitionen oben sind sie Exploration und Pretest zugleich. Derartige Studien sind dann sinnvoll, wenn Kenntnisse und Hypothesen zu einem Problem vorliegen, dem aber nur eine umfangreiche Studie gerecht würde; die umfangreiche Studie vorzubereiten ist Aufgabe einer explorativen Studie (wenngleich oft die Hauptuntersuchung im Anschluß gar nicht erfolgt).

SIEGRIST (1972) hat in einer kleineren Studie untersucht, ob sich das Verhalten von Krankenhauspatienten statt als Regression – wie bislang angenommen – alternativ als kognitive Desorganisation erklären läßt, z. B. durch Verlust der Selbstkontrolle, erhöhte Sensibilität, egozentrische Wahrnehmung. Er prüfte seine Annahmen mit Hilfe von 113 systematischen Beobachtungen des Visitenverlaufs und standardisierten Interviews von 38 Patienten. Seine Annahmen wurden im wesentlichen bestätigt, warfen aber zugleich eine Reihe von weiteren Forschungsproblemen auf, z. B. die Auswirkungen der Organisationsstruktur eines Krankenhauses auf den Grad des Konfliktes zwischen der Erwartung des Patienten, sein Fall sei einmalig, und der Routine des medizinischen Personals. FRIEDRICHS & PONGRATZ (1970) untersuchten das Problem schichtenspezifischer Erwartungen anhand eines rollentheoretischen Ansatzes in einer Befragung mit Hilfe hypothetischer Situationen an einer Stichprobe von 78 Arbeitern. Die Ergebnisse bestätigten die Annahmen im wesentlichen, sie führten zu einer Reihe wichtiger Fragen über abweichendes Verhalten einerseits und lieferten Hinweise zur Verwendung von Situationen in Fragebögen andererseits.

Der explizierte Theoriegehalt ist am größten bei *erklärenden* und *analytischen* Studien. Sie setzen bestehende Theorien voraus, prüfen mehrere Hypothesen an angemessenen Stichproben. Die Zusammenhänge zwischen den Variablen sind spezifiziert unter Umständen bis hin zu einem Kausalmodell. Hierzu gehören beispielsweise Untersuchungen zur Statusinkonsistenz in der Nachfolge von LENSKI, zu Aggressionstheorien, zu Theorien des kognitiven Gleichgewichts, zu Lerntheorien, zum Urbanisierungsprozeß.

2. Unter *Zahl der Ebenen* soll verstanden werden, wie viele Ebenen oder Aggregationsstufen von Einheiten in einer Untersuchung analysiert werden. In den meisten Fällen ist es nur eine: Personen oder Gebiete oder Organisationen. In selteneren Fällen werden zwei oder mehr Ebenen gleichzeitig untersucht und die Zusammenhänge zwischen Merkmalen der Individuen mit den Zusammenhängen zwischen Kollektiven, denen die Individuen angehören, verglichen. Hierzu gehört die große Studie von STOUFFER et al. (1969), «The American Soldier», in der Soldaten und verschiedene militärische Einheiten untersucht wurden, oder ökologische Untersuchun-

gen, wie z. B. die von HARDER & PAPPI (1969). Eine gute Darstellung der hierbei auftretenden Probleme geben HANNAN (1970) und HUMMELL (1972).

3. Viele Untersuchungen arbeiten nur mit einer *Methode.* Komplexen Problemen ist indessen eine *Multi-Methoden-Untersuchung* angemessener, obgleich sie methodologisch schwieriger ist und vor allem höhere Kosten verursacht. SIEGRIST verwendete in der bereits erwähnten Untersuchung, Beobachtung und Interviews; LÜDTKE (1972) und GRAUER (1973) arbeiteten in ihrer Studie über Jugendfreizeitheime mit einer schriftlichen Befragung von 900 Jugendfreizeitheimen in der BRD, einer teilnehmenden Beobachtung in 73 Heimen, Interviews von 2300 jugendlichen Heimbesuchern, einer schriftlichen Befragung von deren Eltern und Intensivinterviews von mehr als 50 Heimleitern. JENSEN (HIRSCHI 1969, JENSEN 1972) untersuchte die Unterschiede zwischen «offiziellen» Beurteilungen von Delinquenz zu denen von Jugendlichen selbst an einer Stichprobe von ca. 2400 Studenten (High-School) mit Hilfe von Schulakten, schriftlichen Befragungen und Polizeiakten. COLEMAN et al. (1966) schließlich verwendeten in ihrer riesigen Untersuchung über ethnische Segregation in Schulen, Chancengleichheit und Schulleistungen u. a. schriftliche Befragungen von 600 000 Schülern, Tests, schriftliche Befragung von Lehrern, Fall-Studien von Minoritäten.

4. Die meisten sozialwissenschaftlichen Untersuchungen beziehen sich nur auf einen *Zeitpunkt,* sie sind *Querschnitt-Untersuchungen.* Nur wenige soziologische und kulturanthropologische, dagegen häufiger psychologische und ökonomische Studien untersuchen ein Problem an der gleichen Population zu mehreren Zeitpunkten. Solche *Längsschnitt-Untersuchungen* beziehen sich entweder mit demselben Instrument auf dieselben Personen, die zu mehreren Zeitpunkten untersucht werden *(Panel-Studie)* oder mit dem gleichen Instrument auf äquivalente Zufallsstichproben aus der gleichen Grundgesamtheit zu mehreren Zeitpunkten (*Folge-Studie* oder follow-up-study). Damit wird es möglich, Entwicklungs- und Wandlungsprozesse oder Trends zu untersuchen. Hierzu gehören zahlreiche entwicklungspsychologische Studien; ein gutes Beispiel ist die Panel-Studie von KAGAN & MOSS (1962) über den Lebenslauf von Personen. Eine kulturanthropologische Studie derselben Kultur auf einer melanesischen Insel hat FIRTH (1936, 1959) zu mehreren Zeitpunkten vorgenommen. Für Panel-Studien ist auch die Untersuchung politischer Einstellungen vor einer Wahl von LAZARSFELD, BERELSON & GAUDET (1948) ein gutes Beispiel: Dieselben 600 Personen wurden sieben Monate vor der Präsidentschaftswahl allmonatlich befragt, um die Auswirkungen politischer Kampagnen zu ermitteln. Zur Gruppe der Folge-Studien gehören die zahlreichen Trend-Analysen in der Ökonomie oder die Leseranalysen von Zeitschriften (vgl. Abschn. 5.13.1).

5. Unter dem Begriff *«Originalität»* soll nicht verstanden werden, ob eine Studie «orginell» ist, sondern ob sie auf selbst erhobenen Daten *(Primärerhebung)* oder auf von anderen erhobenen Daten *(Sekundäranalyse)* beruht. Mit der zunehmenden Zahl von Studien, die in Datenarchiven gespei-

chert sind, steigt die Chance, ein Problem nicht mit einer neuen eigenen Erhebung untersuchen zu müssen, sondern auf fremde Daten zurückgreifen und sie als Material zur Prüfung der eigenen Hypothesen verwenden zu können. Das setzt natürlich voraus, daß u. a. die dort einbezogenen Variablen und die Stichprobe der eigenen Konzeptualisierung angemessen sind. So hat ALLERBECK (1971) anhand zahlreicher vorliegender Studien über Jugendliche allgemein und Studenten speziell eine Sekundäranalyse zu dem Problem der Bedingungen studentischen Radikalismus durchgeführt. BLINKERT, FÜLGRAFF & STEINMETZ (1972) haben einige Hypothesen zur Statusinkonsistenz und der politischen Interessenlage an Umfrage-Daten des DIVO-Instituts geprüft.

Das gleiche Vorgehen gilt auch für die Sekundäranalyse administrativen oder demografischen Materials. Die Primärerhebung erfolgte durch Volks-, Gebäude- und Wohnungszählungen oder andere amtliche Statistiken. Die meisten ökologischen Untersuchungen zur Stadtsoziologie basieren auf solchen Daten, z. B. die Studie von DUNCAN & DUNCAN (1955) über die Segregation sozialer Schichten in Chicago (vgl. Abschn. 5.12).

Ein spezieller Fall ist die *Replikation* einer vorliegenden Studie. Der Forscher übernimmt von vorangegangenen Forschungen nicht nur das Problem, sondern auch die Konzeptualisierung einschließlich der Methode. Er untersucht «nur» eine andere Stichprobe oder eine strukturell ähnliche/gleiche. Im ersteren Falle prüft er die Generalisierbarkeit der Ergebnisse und Hypothesen anhand der neuen Testsituation oder Population, im zweiten Falle die Reliabilität und Validität der ersten Studie. Solche Studien sind selten in der Soziologie (vgl. die Übersicht bei HANSON 1958); die Replikation psychologischer Experimente wird hingegen häufiger vorgenommen. Replizierende Studien sind überaus wichtig, um die Geltung von Theorien oder die Brauchbarkeit von Methoden zu ermitteln. Gerade divergierende Ergebnisse führen zu neuen Erkenntnissen, wie die Beispiele der Replikation eines wichtigen Experiments zur Theorie der kognitiven Dissonanz von NUTTIN (1966) oder zum Verfahren der «lost letters» von WICKER (1969) zeigen (vgl. Abschn. 5.9.1).

3.8. Zusammenfassung: Konzeptualisierung und Untersuchungsplan

In diesem Kapitel ist die Forschungsplanung behandelt worden. Unter Forschungsplanung wurden zwei Gruppen von Arbeitsschritten verstanden: die Konzeptualisierung und die Festlegung des Untersuchungsplans. Die Konzeptualisierung richtete sich u. a. darauf, das Problem zu strukturieren, Variablen zu isolieren, Hypothesen zu formulieren und bestehende Theorien zur Klärung der Sachverhalte heranzuziehen. Hierzu gehört auch die Frage, welche Indizes, Skalen, Tests etc. entwickelt werden müssen und ob man auf bereits bewährte zurückgreifen kann.

Aus diesem theoretischen Ansatz lassen sich Untersuchungspläne entwickeln. Sie umfassen u. a. die Art der Untersuchung, ihre Methode(n), die Stichprobe und die Kalkulation der Auswertungsschritte. Das setzt die Kenntnis aller Methoden der empirischen Sozialforschung voraus, da nicht jede Methode zur Untersuchung jedes Problems geeignet ist. Einen knappen Überblick liefert die Zusammenfassung am Anfang des Kapitels 5. *Aufgrund der methodologischen Interdependenz der einzelnen Schritte ergeben sich mehrere Forschungspläne, die möglichst eingehend durchgespielt werden sollten, um dann eine begründete Entscheidung für einen der alternativen Pläne vornehmen zu können.* Dabei wird man von *drei Kriterien* ausgehen: der Angemessenheit an das Problem, dem Verwertungszweck und den zur Verfügung stehenden Mitteln (Mitarbeiter, Zeit, Geld). Anhand des letztgenannten Kriteriums sollte eine möglichst genaue Berechnung aller Phasen des Forschungsprozesses erfolgen, um nicht in Personal-, Zeit- und Geldnot zu geraten.

Immer wieder wird kritisiert, eine Studie sei unzureichend, sie gebe nicht genügend Aufschlüsse über ein Problem oder sei nicht grundsätzlich, sondern bleibe an der Oberfläche. Zu dieser Kritik finden sich bereits in Kap. 1, insbesondere Abschn. 1.2., einige methodologische Argumente. *Man kann davon ausgehen, daß keine Untersuchung alles leisten kann, sondern jeweils nur Ausschnitte behandelt.* Es ist unmöglich, in einer Studie das Problem der Entfremdung am Arbeitsplatz aus der Produktionsstruktur einer Gesellschaft zu erforschen, ebensowenig wie es möglich ist, mit Hilfe einer Studie über die Situation der Gastarbeiter alle Probleme der ökonomischen Organisation in kapitalistischen Ländern, die Prozesse der Diskriminierung und der Vorurteilsbildung gleichzeitig zu erklären. Vielmehr besteht grundsätzlich ein negativer Zusammenhang zwischen Reichweite und Exaktheit einer Untersuchung: *Je exakter ein komplexes Problem untersucht werden soll, desto enger ist der untersuchbare Ausschnitt aus dem gesamten Problem.*

Ein Beispiel: Um zu erklären, warum bei einem Arbeiteranteil von 50 % der Bevölkerung in der BRD deren Kinder nur 12 % der Hochschulstudenten stellen, reicht der Hinweis auf die kapitalistischen Produktionsverhältnisse nicht aus. Es kommt auf die genaue Erklärung der Ursachen an, das heißt einer komplexen Hierarchie von Gesetzesaussagen. Hierzu sind Aussagen über das System sozialer Schichtung, seine Auswirkungen auf eine schichtspezifische Sozialisation in der Familie, die Struktur der Bildungswege, die Standorte der Schulen, die Organisation der Schulen, die fehlende Vorschulerziehung erforderlich. Innerhalb der Familie werden u. a. die Schulbildung der Eltern, die Effekte der Kinderzahl, die ökonomische Notwendigkeit, Geld zu verdienen, die Art der verbalen und nonverbalen Verhaltensangebote, die Unterstützung bei Schularbeiten auf die Kinder zu untersuchen sein. Innerhalb der Schule dürften die Lehrinhalte, die Bedeutung verbaler Fähigkeiten, die Maßstäbe der Zensierung, die Klassengröße, die Rekrutierung der Lehrer und ihre Ausbildung zu analysieren sein. Die Leistungsmotivation, das Aspirationsniveau und die Intelligenz des Jugendlichen in Abhängigkeit von seinen Sozialisationsbedingungen sind zu erforschen. Die mögliche Isolation des Jugendlichen und/oder seiner Familie von seiner Umwelt durch den Besuch eines Gymnasiums oder der Hochschule muß der Aussagenzusammenhang berücksichtigen. Fast zu jedem Teil dieses komplexen Problems gibt es eine oder mehrere empirische Untersuchungen. Einen Einblick in die Problemdimension «Sprache und soziale Schichtung» geben die Hypothesen, Forschungsmethoden und -ergebnisse bei OEVERMANN (1972).

Aus dem Dilemma von Reichweite und Exaktheit einer Untersuchung, mithin auch ihrer praktischen Bedeutung, gibt es drei *Auswege: Erstens,* man vertraut grundsätzlich auf einen kumulativen Prozeß wissenschaftlicher Forschung zu einem Problembereich: Nicht ich heute, sondern viele morgen und übermorgen werden eine umfassende Erklärung erarbeiten. Ohne diese Vorstellung ist Wissenschaft nicht möglich. *Zweitens,* das Forschungsproblem wird in einem umfassenderen Zusammenhang von Erklärungen lokalisiert, obgleich die vorhandenen Theorien noch unvollständig sind. Die Konzeptualisierung präzisiert den Stellenwert des Problems und der eigenen Untersuchung, so daß sie zugleich einen potentiellen Test genereller Theorien und nicht nur isolierter Hypothesen darstellt. Auf diese Notwendigkeit wurde bereits mehrfach, insbesondere im Abschn. 3.1, hingewiesen. *Drittens,* man entwickelt einen umfangreichen, langfristigen und hinsichtlich der Art der Untersuchung und der Verwendung der Methoden komplexen Forschungsplan, eines jener erwähnten Großprojekte von der Art der KINSEY-Reporte, des «American Soldier», des COLEMAN-Reports oder des «Polish Peasant in Europe and America» (THOMAS & ZNANIECKI 1927). Die Tendenz zu solcher Großforschung ist auch in der BRD erkennbar; sie führt gelegentlich zur Gründung spezieller Institute, etwa zur Bildungsforschung, Hochschuldidaktik, Arbeitsforschung oder Stadt- und Regionalforschung. Einige Gründe und Gefahren dieser Entwicklung sind im Abschn. 1.5 angeführt.

Die wichtigsten Probleme, die bei der Forschungsplanung, bestehend aus Konzeptualisierung und Untersuchungsplan, auftreten, werden in Übersicht 14 zusammengefaßt. Sie ist eine stark veränderte Fassung des von KNOP (1967) vorgeschlagenen «Paradigmas zur Interpretation empirischer Studien». *Bei jedem der genannten Punkte sollte man sich fragen, warum man sich für die jeweilige Alternative entscheidet und welche Konsequenzen diese Entscheidung für die anderen Teile des Forschungsplanes hat.*

Übersicht 14: *Kriterien zur Planung einer empirischen Studie*

1. *Konzeptualisierung*
1.1. Welches ist das Forschungsproblem oder das allgemeine Forschungsgebiet?
1.2. Auf welche vorangegangenen Forschungen kann man sich beziehen? In welchen generellen theoretischen Bezugsrahmen läßt sich die Studie einordnen?
1.3. Welche hauptsächlichen Begriffe werden als Variablen verwendet, und wie sind sie definiert?

1.4. Welche Annahmen liegen der Einbeziehung bestimmter Variablen in die Untersuchung zugrunde? Lassen sich diese Annahmen in Form von Hypothesen explizieren? Läßt sich ein Diagramm der Beziehungen zwischen den Variablen anfertigen?
1.5. In welcher Form lassen sich die generellen Annahmen in Hypothesen und Unterhypothesen transformieren? Läßt sich anhand der Hypothesen und Unterhypothesen spezifizieren, welche Variablen als unabhängige, abhängige, intervenierende oder Kontroll-Variable anzusehen sind?
1.6. Welche operationale Definition der einzelnen Variablen ist möglich? Welche Operationalisierungen haben andere Autoren vorgenommen? Ist die Operationalisierung (oder das empirische Relativ) ein valider Indikator der Variablen?
1.7. Exaktheit: Lassen sich die Hypothesen durch mehrfache Operationalisierung der in ihnen enthaltenen Variablen prüfen? Reicht die Skalenqualität der Variablen aus, um die gewünschte Exaktheit der Hypothesenprüfung zu gewährleisten?
1.8. Welche Indizes, Skalen, Tests etc. lassen sich aus anderen Untersuchungen übernehmen oder müssen entwickelt werden?

2. *Untersuchungsplan*
2.1. Welche Art von Untersuchung (vgl. Abschn. 3.7) ist dem Problem angemessen?
2.2. Welches ist die geeignete Forschungsmethode? Ist sie die einzig angemessene, oder sollten auch andere Methoden verwendet werden? Welche Konsequenzen ergeben sich aus der Wahl der Methode für die Operationalisierung der Hypothesen und Unterhypothesen? Wie zuverlässig ist die Forschungsmethode für das zu untersuchende Problem? Welche Gültigkeit können die Aussagen beanspruchen (oder sind sie nur plausibel)?
2.3. Welches ist die Erhebungs-, welches die Untersuchungs- und welches die Aussageeinheit der geplanten Studie?
2.4. Ist die Stichprobe der Hypothesenprüfung angemessen? Ist die Stichprobe groß genug, um die angestrebte Generalisierung der Aussagen zu rechtfertigen? Welches Stichprobenverfahren ist sinnvoll? Welche Quellen stehen zur Verfügung, um die Stichproben zu ziehen? Mit welchen Ausfallquoten muß man rechnen?
2.5. Wie ist die Erhebungssituation beschaffen? Welches Interesse können die Betroffenen an der Untersuchung haben?
2.6. Ist ein Pretest erforderlich?

3. *Ausführung der Studie*
3.1. Datenerhebung: Wer führt die Feldarbeit durch (Forscher, Forschungsteam, Hilfskräfte, kommerzielles Institut)? Zu welchem Zeitpunkt soll die Untersuchung durchgeführt werden? Ist dieser Zeitpunkt zur Prüfung der Hypothesen geeignet (z. B. saisonale Schwankungen)? Läßt sich zu diesem Zeitpunkt die beabsichtigte Stichprobe ziehen? Wo soll die Untersuchung durchgeführt werden? Welchen Einfluß wird die Befragungssituation auf die Betroffenen haben? Welche Kontrollmöglichkeiten bestehen, wenn die Erhebung von Dritten durchgeführt wird?
3.2. Welche Arbeitsschritte werden bei der Codierung und der maschinellen Ver-

arbeitung der Daten anfallen? Stehen Rechenprogramme zur Verfügung?

3.3. Welche statistischen Modelle zur Prüfung der Hypothesen sollen herangezogen werden? Welche sind hierfür und für die geplante Verwertung der Ergebnisse erforderlich? Wird bei einer mehrdimensionalen Tabellierung die Zahl der Fälle groß genug sein? Welches Signifikanzniveau ist zur Prüfung der Hypothesen angemessen?

3.4. Welche Schlüsse wird man aus den erhaltenen Ergebnissen ziehen können? Was besagt ein bestimmter Prozentsatz? Welche Schlüsse lassen sich aus den nicht-signifikanten Ergebnissen ziehen? Wenn sich einzelne oder alle Hypothesen nicht bewähren, welche Erklärungen lassen sich dafür finden? (Methodische Fehler, methodologische Fehler, alternative Hypothesen.)

4. MESSINSTRUMENTE

Nachfolgend finden sich Beispiele für sozialwissenschaftliche Meßinstrumente. Sie lassen sich in drei Gruppen einteilen: Indizes, Skalen und Tests. Hiervon sollen nur die ersten beiden behandelt werden; auf die Darstellung des besonders komplexen Gebietes der Testverfahren wird verzichtet und auf die Bücher von ANASTASI (1966), CRONBACH (1970), HORST (1971), LIENERT (1967) und MEILI (1965) verwiesen.

Die methodologischen Grundlagen solcher Instrumente sind in den Abschnitten 2.3, 2.4.7 und 2.4.8 diskutiert worden. Hier geht es vor allem darum, erste Einblicke in ein sehr spezialisiertes Gebiet zu geben. Es geht um den Schnittpunkt der allgemeinen Theorien eines Objektbereichs sowie der mathematisch-statistischen Meßtheorie. Die theoretische Bedeutung solcher Instrumente liegt darin, Begriffe und Aussagen zu präzisieren, Theorien zu prüfen und weiterzuentwickeln. Ihre praktische Bedeutung gewinnen sie nicht durch die spezifische Studie, in der sie entstehen, sondern durch die Verwendbarkeit in zahlreichen Studien, wie sich an den Beispielen des Index des sozio-ökonomischen Status, der Skala der sozialen Distanz oder an den Intelligenztests zeigen läßt. Hierzu müssen die Instrumente standardisiert oder «geeicht» werden: Ihre Entwicklung basiert zumindest auf Annahmen und Hypothesen sowie einer umfangreichen Zufallsstichprobe derjenigen Objekte, für die sie gelten sollen. Ein Instrument läßt sich also nicht mit einer bewußten Stichprobe standardisieren.

Während die Methode die Summe aller Schritte ist, Realität zu erfassen, stellt ein *Instrument* den standardisierten Teil einer Methode dar. Der Unterschied zwischen Methode und Instrument wird von vielen Autoren nicht gemacht. Hier wird er der Klarheit wegen eingeführt, um standardisierte Teile der Methode bezeichnen zu können, wie zum Beispiel Indizes, Einstellungsskalen, Tests, Polaritätsprofile, den Fragebogen, das inhaltsanalytische Wörterbuch.

Wie der Logik des Messens eine Theorie zugrunde liegt, so beruht auch jede Methode und jedes Instrument auf einer Theorie: Das gilt für einen Fragebogen, ein inhaltsanalytisches Wörterbuch, ein Mikroskop, ein Galvanometer oder einen Computer. Verglichen mit den Naturwissenschaften, verfügen die Sozialwissenschaften über relativ wenig standardisierte Instrumente. Dessenungeachtet liegen zahlreiche standardisierte und nichtstandardisierte Instrumente in den Sozialwissenschaften vor. Es ist sinnvoll, bei der Planung einer Untersuchung zu prüfen, ob sich nicht eines jener Instrumente verwenden läßt, unter Umständen durch seine Übersetzung ins Deutsche (was natürlich seine Standardisierung noch nicht einschließt). Bibliographien der vorhandenen Instrumente sind im Anhang «Hilfsmittel» zu finden.

Bei der Konstruktion von Indizes, Skalen und Tests tritt das bereits in früheren Kapiteln diskutierte Problem auf, in welcher Beziehung die Indikatoren zu den Begriffen stehen. Es wird dadurch kompliziert, daß wir häufig gar nicht beurteilen können, ob ein Begriff nur ungenau definiert oder tatsächlich als theoretischer Begriff anzusehen ist. Wie viele Indikatoren braucht man für einen Begriff, wenn dessen Definition vieldeutig ist? Welches Gewicht haben die einzelnen Indikatoren? (Ist z. B. die Wahlbeteiligung ein bedeutsamerer Indikator für «politisches Interesse» als die Häufigkeit der Gespräche über Politik pro Woche? Ist logisches Denken ein wichtigerer Bestandteil einer Testbatterie zur Messung des Intelligenzquotienten als Gedächtnisleistungen?) Handelt es sich überhaupt um eine oder mehrere Dimensionen? – In der Soziologie versteckt man diese Probleme oft hinter Formulierungen wie «Aspekte der Urbanisierung» oder «Symptome der Machtkonzentration». PARSONS' «Handlungstheorie» ist ein Beispiel dafür.

Die aufgeführten Probleme veranschaulicht Abbildung 2.

Abbildung 2: *Vom «theoretischen» Begriff zum Meßinstrument*

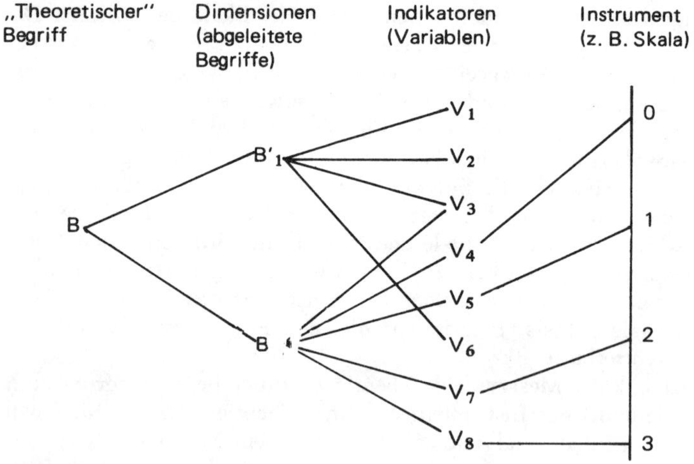

In der Kette der Ableitungen würde ein Index, eine Skala oder ein Test, konstruiert aus den Variablen V_1–V_8, Verschiedenes gleichzeitig messen und daher zu widersprüchlichen Resultaten führen – dies jedoch nicht aufgrund der tatsächlichen Unterschiede zwischen den Personen oder Objekten, sondern aufgrund der Mehrdimensionalität und konzeptuellen Unklarheit. HOLM (1970, S. 695) hat die Verletzung dieses formalen Gültigkeitskriteriums der Eindimensionalität treffend an folgendem Beispiel illustriert: «Es ist, als wenn man die Frage stellt: Auf einem Schiff stellt der Kapitän insgesamt 100 Grad fest. Auf dem wievielten Längen*grad* befindet sich das

Schiff und wieviel *Grad* Celsius herrscht an Bord (wenn beide zusammen 100 ergeben)?» – Das Problem wird noch dadurch kompliziert, daß die Abstände zwischen den Indikatoren/Items in einer Dimension, in Abb. 2 die Variablen V_4, V_5, V_7 und V_8, abgebildet auf einem Index/Skala den wahren Abständen zwischen den Objekten (z. B. dem Ausmaß der Urbanisierung, dem Grad religiöser Einstellung) entsprechen sollen, es aber in Wahrheit nicht tun.

Andererseits haben Untersuchungen, die mehrere Indikatoren verwenden, den Vorteil, anhand der Ergebnisse zu einer Revision und Präzisierung der theoretischen wie metrischen Basis zu führen (vgl. CURTIS & JACKSON 1962). Um relativ frühzeitig jene obenerwähnten Unklarheiten der Begriffe und der Annahmen zu verringern, indem man sie einer rigoroseren empirischen Prüfung zugänglich macht, hat BLALOCK (1971) vorgeschlagen, ein Kausalmodell der Beziehungen zwischen den Begriffen wie zwischen dem Block der Indikatoren zu konstruieren. Das schließt ein, die vermutete Gewichtung der einzelnen Indikatoren zu spezifizieren. Leider lassen sich bislang keine Beispiele für ein derartiges Vorgehen bei der Konstruktion eines Instruments geben.

Das Problem, wie man von den einmal gewählten Indikatoren (oder Items) den gemeinten Begriff erschließen kann, ist Gegenstand einer von LAZARSFELD entwickelten Methode: der Analyse latenter Strukturen (LAZARSFELD in: STOUFFER et al., Kap. 10 u. 11, LAZARSFELD & HENRY 1968, TORGERSON 1958). LAZARSFELD geht von der Überlegung aus, Indikatoren hätten jeweils nur eine *wahrscheinliche* Beziehung zu dem gemeinten Sachverhalt. Anhand der empirischen, manifesten Beziehungen zwischen den Indikatoren (z. B. in einer Kreuztabelle) wird mit Hilfe von Gleichungen die Verbindung zu jener latenten Variablen bestimmt, z. B. zu jenen Kennwerten, die die Wahrscheinlichkeit einer positiven Reaktion von Personen auf jedes Item angeben. Die vorgefundenen manifesten Beziehungen zwischen den Variablen sollen allein durch jene latenten Variablen erklärt werden. Diese Methode, vor drei Jahrzehnten entwickelt, wurde bislang nur selten angewendet.

4.1. INDIZES

Immer häufiger wird in soziologischen Untersuchungen mit Indizes gearbeitet. Ein Index besteht aus zwei oder mehreren Indikatoren. Jeder Indikator entspricht einer Variablen der Untersuchung; diese jeweils eine Dimension repräsentierenden Variablen werden zusammengefaßt zu einer neuen Dimension, dem Index (vgl. Abschnitt 2.4).

Warum verwendet man Indizes? Im wesentlichen aus drei Gründen:

1. Weil jeder Indikator nur eine partielle Definition eines Begriffs ist. Mehrere Indikatoren zu bilden ist dann der Versuch, die Ungenauigkeit zu reduzieren, um so eher den «wahren» Sachverhalt zu treffen, eher, als wenn man nur einen Indikator verwendet hätte.

2. Bei Kenntnis der Variablen- und Indikatorenzusammenhänge aufgrund empirischer Gesetzesaussagen probabilistischer Art erhöht man die Exaktheit, wenn man die stark korrelierenden Indikatoren zu einem Index zusammenfaßt.
3. Um für einen Begriff einen quantitativen Ausdruck zu finden, also eine ordinal- oder intervallskalierte neue resp. präzisierte Variable zu erhalten.
   Die gleichen Gründe gelten auch für Skalen, da ja beide, Index und Skala, methodologisch Klassifikationen sind, die gleichen meßtheoretischen Problemen unterliegen.

Welche Bedeutung dem Problem der Indikatoren zukommt, kann man besonders gut an dem vor allem seit GALBRAITH diskutierten Problem erkennen, welche «sozialen Indikatoren» über den Zustand einer Gesellschaft Auskunft geben, u. a. um öffentliche Armut oder «Lebensqualität» zu messen. Diese Diskussion ist von zentraler Bedeutung, um die Diskrepanz von privatem Reichtum und öffentlicher Armut in kapitalistischen Ländern zu analysieren, aber auch, um Vergleiche zwischen kapitalistischen und sozialistischen Ländern empirisch vornehmen zu können (vgl. z. B. BAUER 1966, JOCHIMSEN & SIMONIS 1970, ZAPF 1972). Indikatoren sind Bruttosozialprodukt, Ausgaben für Unterricht, Verkehr oder Verteidigung, Kindergartenplätze, Zahl der Einwohner pro Arzt etc. Es ist unschwer einzusehen, daß sowohl die Auswahl der Indikatoren wie ihre Kombination in einem oder mehreren Indizes nur aufgrund gleichzeitiger theoretischer und empirischer Arbeit möglich sein kann; die Diskussion hierüber steckt aber noch in den Anfängen. Ein Beispiel für solche komplexen Indizes im Bereich der Stadtforschung ist die im Abschn. 2.3.1 gegebene Typologie von SHEVKY & BELL.

Bei der Indexkonstruktion geht man von zwei oder mehr Variablen aus. Hierfür zunächst ein einfaches Beispiel, um die Logik des Vorgehens und des Messens zu erläutern. In Untersuchungen über Probleme der Stadt tritt immer wieder die Frage auf, wie groß die Bindung von Bewohnern an ihren Stadtteil oder ihre Stadt ist. Da der Begriff «Stadtteilbindung» bislang durchweg unpräzise definiert wurde, haben verschiedene Autoren unterschiedliche Indikatoren verwendet: Wohndauer, Anzahl der Bekannten und/oder Verwandten, Umzugswünsche, Einkaufsgewohnheiten, Wohnungszufriedenheit, Identifikation mit dem Gebiet etc. Die Zufriedenheit mit der Wohnung und die sozialen Kontakte im Stadtteil scheinen dabei von entscheidender Bedeutung zu sein. Die Wohndauer hingegen sollte man nicht in den Index einbeziehen, da dann z. B. Vergleiche zwischen Neu- und Altbausiedlungen nicht möglich sind. In einem Interview wird nach beidem gefragt; aus der Kreuzung beider Variablen und ihrer jeweiligen drei Ausprägungen ergibt sich folgende Matrix (Tabelle 4):

Tabelle 4: Wohnungszufriedenheit nach Anteil der Bekannten im Stadtteil

	Anteil der Bekannten im Stadtteil		
Wohnungszufriedenheit	– 24 % (0)	25–50 % (1)	51 % + (2)
niedrig (0)	a (0)	b (1)	c (2)
mittel (1)	d (1)	e (2)	f (3)
hoch (2)	g (2)	h (3)	i (4)

Es handelt sich bei der Matrix um einen Merkmalsraum (vgl. Abschn. 2.4.4). Um die Zellen auf einen eindimensionalen Index «Stadtteilbindung» abzubilden, muß eine ordinale Anordnung der einzelnen Zellen vorgenommen werden. Man kann versuchen, sie logisch abzuleiten oder mit Hilfe von Zahlenwerten von Null bis Zwei für die Ausprägungen der Variablen; sie werden dann in jeder Zelle addiert (vgl. Tab. 4). Danach ergibt sich folgender Index:

0 : a
1 : b, d
2 : c, e, g
3 : f, h
4 : i

Der Index ist eine Reduktion des Merkmalsraumes in doppelter Hinsicht: Es wird die Zahl der Zellen verringert und die Zahl der Merkmale auf ein neues reduziert. Ein derartiges Vorgehen ist üblich; es führt indessen zu einer Reihe von Implikationen: Zwar lassen sich die Extreme des Index leicht bestimmen, wie hier durch die Zellen a und i, doch ist die Forderung nach einer ordinalen Anordnung (Rangfolge) im restlichen mittleren Bereich oft nur schwer zu erfüllen. Sind Personen mit mittlerer Wohnungszufriedenheit und bis 24 Prozent ihrer Bekannten im Stadtteil ebenso an ihn gebunden wie Personen niedriger Wohnungszufriedenheit, aber mit 25–50 Prozent ihrer Bekannten im Stadtteil? Die Zuordnung der Werte 0, 1, 2 zu den Ausprägungen der beiden Merkmale erscheint plausibel, suggeriert jedoch gleiche Abstände zwischen den Ausprägungen. Ist also der Unterschied von «niedrig» zu «mittel» ebenso groß wie der zwischen «mittel» und «hoch»? Sind diese Distanzen außerdem ebenso groß wie die zwischen «bis 24 Prozent» und «25 bis 50 Prozent»? Entsprechen schließlich die Distanzen zwischen den einzelnen Werten des Index denen der Zellen und Zellengruppen, z. B. 0–1 zu a–b, d?

Alle drei Fragen beziehen sich darauf, ob die methodologische Forderung der Meßtheorie erfüllt ist, das numerische Relativ sei eine isomorphe Abbildung des empirischen Relativs (vgl. Kriz 1973, Kap. 1), auf die Annahme, die Zahlenwerte entsprächen den «wahren» Verhältnissen. (Außerdem ist zu fragen, ob der empirische Index überhaupt die angezielte theoretische Dimension mißt.) Um dies zu untersuchen, wird man entsprechende Validitätsprüfungen durchführen. Zudem müssen die einzelnen Indikatoren untereinander korrelieren; sonst gehören sie verschiedenen «Universa» an, und der aus ihnen gebildete Index ist nicht eindimensional.

Diese Form der Indexbildung ist in soziologischen Studien häufig anzutreffen, besonders dann, wenn Hypothesen und Metrik zu einem Problem noch unzureichend entwickelt sind. Für derartige *additive Indizes* hat GALTUNG (1970, S. 240–282) folgende Regeln vorgeschlagen:

1. Man sollte im Falle von diskreten Merkmalen (nominale Skalenqualität) Dichotomien, im Falle von kontinuierlichen Merkmalen (ordinale Skalenqualität) Trichotomien verwenden. Polytome Merkmale mit mehr als drei Ausprägungen sollte man auf den einen oder anderen Fall reduzieren. Variablen mit z. B. fünf Ausprägungen bergen das Risiko, daß der «wahre» Unterschied nicht zwischen «stimme stark zu» (= 5) und «stimme zu» (= 4), sondern zwischen «Ablehnung» (= 1) und Zustimmung (= 2–5) überhaupt liegt.
   Die Trichotomien erhalten die Werte −1, 0, + 1 oder 0, 1, 2; der mittlere Wert fungiert dabei auch als «Mülleimer» für Fälle, in denen «weiß nicht» oder «keine Antwort» vorliegen.
2. Alle Indikatoren, die in den Index eingehen, sollten die gleiche Zahl von Ausprägungen haben, also nur Dichotomien oder Trichotomien sein. Im anderen Falle tritt indirekt eine Gewichtung der Indikatoren ein, da ein «Ja» (= 1) bei einem dichotomen Indikator weniger Gewicht hat als ein «Ja» (= 2) bei einem trichotomen. Aus dem gleichen Grunde sollten die Indikatoren auch nicht nach ihrer vermuteten Bedeutung gewichtet werden.
3. Es sollte möglichst eine Gleichverteilung der Fälle über die Werte eines Indikators vorliegen, da dann der Index wahrscheinlich eine leicht in Klassen teilbare W-Verteilung hat.

Der erhaltene Index läßt sich dann bei einer W-Verteilung der Werte bei jeweils einem Drittel der Fälle teilen, so daß der Index nun die Punktwerte 1, 2, 3 erhält. Eine zweite Möglichkeit besteht darin, die Gesamtzahl der Fälle auf den entstandenen Index aufzutragen, die kumulierte Verteilung (= 100 %) etwa entsprechend in Quartilen (25 %-, 50 %-, 75 %-, 100 %-Punkte) zu teilen, so daß die Fälle bis zum 25 %-Punkt den Index-Wert 1, die folgenden vom 25- bis 50 %-Punkt den Index-Wert 2 usw. erhalten. Es wird damit ein Vergleich unterschiedlicher Populationen anhand vergleichbar konstruierter Indizes möglich. Ein dritter Weg, der bereits eine Standardisierung bedeutet, ist angezeigt, wenn sich die Werte auf dem Index normal verteilen. Man nimmt dann eine Skalen-Transformation vor und rechnet nicht mehr mit den ursprünglichen Index-Werten, sondern mit Standard-T- oder z-Werten (vgl. hierzu die einschlägigen Statistik-Lehrbücher).

Nun läßt sich eine Gewichtung der einzelnen Indikatoren nicht immer vermeiden; die Regel von GALTUNG gilt daher nur für additive Indizes, wie sie für «Stadtteilbindung», «politisches Interesse» u. ä. gebildet werden. Daher zwei Beispiele für gewichtete Indizes.

ANGER & SCHERER (1969) haben das Eindringen englischer Termini in die deutsche wissenschaftliche Literatur am Beispiel der Fachzeitschriften in den Disziplinen Soziologie und Psychologie untersucht. Diese Studie, die auch zu einigen in den Kapiteln 1 und 2 diskutierten Problemen empirisches Material bringt, hat zu einer heftigen Kontroverse in der «Kölner Zeitschrift für Soziologie und Sozialpsychologie» geführt. Die Studie basiert auf einer schriftlichen Befragung aller Universitäts-Assistenten in den Fächern Soziologie und Psychologie (Rücklaufquote 80 %) und einer Inhaltsanalyse je einer Fachzeitschrift. Um die wichtigsten Fachzeitschriften zu ermitteln, wurde die Frage gestellt: «Welche Zeitschrift würden Sie als die für Ihr Fachgebiet wichtigste deutsche Zeitschrift bezeichnen?» Aus den Antworten und ihrer Verteilung auf die einzelnen Zeitschriften wurde folgender *Index der relativen Wichtigkeit einer Zeitschrift* gebildet:

$$IW = \bar{R} \cdot \frac{N - n + 1}{n}$$

$\bar{R}$ = durchschnittlicher Rangplatz einer Zeitschrift bei allen Befragten
N = Zahl der Befragten
n = Zahl der Nennungen einer Zeitschrift

Der Index gewichtet also den Rangplatz einer Zeitschrift, ermittelt anhand der Häufigkeit ihre Nennung bei allen Befragten nochmals mit der Zahl der Nennungen für die jeweilige Zeitschrift. Dadurch geht das Ausmaß der Übereinstimmung unter den Befragten mit ein. Je niedriger der Index ist, desto wichtiger ist eine Zeitschrift; nur Werte unter 4,00 lassen auf hohen Konsensus schließen.

So lagen fünf Zeitschriften an der Spitze bei den Psychologen: Zeitschrift für experimentelle und angewandte Psychologie (0,23), Archiv für die gesamte Psychologie (1,21); bei den Soziologen waren es nur zwei: Kölner Zeitschrift für Soziologie und Sozialpsychologie (0,07) und Soziale Welt (0,71). Die Streuung in den Nennungen der Soziologen zeigte, daß gegenüber der Psychologie a) das Fach weniger exakt abgegrenzt ist (hinsichtlich des relevanten Publikums) und daher b) nur über zwei Zeitschriften ein Konsens als *Fach*zeitschriften besteht (was wohl wiederum dazu beitrug, daß es zum damaligen Zeitpunkt nur zwei Zeitschriften gab).

Eine kompliziertere Form der Gewichtung nimmt beispielsweise ANGELL (1951) bei seinem *Kriminalitätsindex* vor, der Teil einer Untersuchung uber die soziale Integration nordamerikanischer Städte ist. Seine Arbeitsschritte waren:

1. Auswahl von 21 US-Städten zwischen 100 000 bis 1 000 000 Einwohnern.
2. Statistik aller Delikte in den fünf Jahren 1936 bis 1940; aus diesen Delikten erschienen ihm Mord (M), Raubüberfall (R) und Einbruchsdiebstahl (E) als beste der statistisch verfügbaren Indikatoren.
3. Für jedes Delikt wurde die Häufigkeit pro Jahr auf 100 000 Einwohner berechnet, M : 6, 51, R : 65, 58, E : 390, 90.

4. Um die Delikte nicht als gleich gravierend in den Index eingehen zu lassen, nahm er folgende Gewichtung vor: Er dividierte E durch M sowie durch R und radizierte die Quotienten:

$$\sqrt{\frac{E}{M}} = 7{,}75, \sqrt{\frac{E}{R}} = 2{,}44$$

Ein Mord war nicht gleich einem Einbruchsdiebstahl, sondern gleich 7,75 Einbruchsdiebstählen. Eine Gewichtung von R gegenüber M erfolgte nicht.
5. Diese Produkte waren die Gewichte für die einzelnen Werte von M und R in dem Kriminalitätsindex einer Stadt:

$$IK = \frac{7{,}75 \cdot n_M + 2{,}44 \cdot n_R + n_E}{\text{Einwohner in Tausend}}$$

n_M = Zahl der Morde in fünf Jahren

Den niedrigsten Wert hatte Milwaukee mit 6,22, einen mittleren Los Angeles mit 43,36, den höchsten Atlanta mit 77,46.

Will man die Gewichtung anhand des empirischen Materials noch weiter präzisieren, wird man sich der Korrelationen zwischen den einzelnen Indikatoren bedienen, für diese dann multiple Regressions-Gleichungen berechnen, um die Gewichte der einzelnen Indikatoren zu erhalten. Dieses Vorgehen liegt u. a. den vielfach angewendeten Drei-Faktor- und Zwei-Faktor-Indizes der sozialen Position (Beruf, Schulbildung) von HOLLINGSHEAD (HOLLINGSHEAD & REDLICH 1958, 1972) zugrunde. Ein solches Verfahren ist zwar auch noch kein Ausweis der Validität des Index, aber doch meßtheoretisch eine befriedigende Lösung des Gewichtungsproblems.

Aus dem bisher Gesagten läßt sich unschwer erkennen, daß Indizes, solange sie gar nicht oder nur teilweise auf bewährten Gesetzesaussagen beruhen, verschieden konstruiert werden können. So ist der Begriff «Urbanisierung» (Verstädterung) von großer Bedeutung für die vergleichende Stadtforschung wie zur Analyse des sozialen Wandels im Gefolge der Industrialisierung. Urbanisierung «ist der Prozeß der Bevölkerungskonzentration, in dem der Anteil der Bevölkerung an der Gesamtbevölkerung eines Gebietes steigt» (HATT & REISS 1961, S. 79). Diese Definition läßt offen, wie «städtische Bevölkerung» zu definieren ist (vgl. GIBBS 1968). Ein möglicher Index wäre der von DAVIS & GOLDEN (1961):

$$U_1 = \frac{\text{Bevölkerung in Städten über 100 000 Einw.}}{\text{Gesamtbevölkerung in Gebiet}}$$

$$\text{Beispiel: BRD 1961: (o. Berlin)} \quad \frac{16\,602\,000}{53\,975\,600} = 30{,}8$$

Dieser Index berücksichtigt nicht, daß das Umland der Städte außerhalb ihrer administrativen Grenzen fast immer durch Pendler, Einkäufe, Bekannte u. a. mit der Stadt ökonomisch und sozial eng verbunden ist. Der Grad der Urbanisierung wird unterschätzt. Es bietet sich deshalb an, nicht von Städten, sondern von Stadtregionen auszugehen, von Gebieten also, die durch einige solcher Merkmale abgegrenzt sind. 1961 ließen sich in der BRD 68 solcher Stadtregionen definieren (Boustedt 1960, 1966). Derartige Abgrenzungen gibt es in zahlreichen Ländern. Man gelangt dann zu folgendem Index:

$$U_2 = \frac{\text{Bevölkerung in Stadtregionen}}{\text{Gesamtbevölkerung in Gebiet}}$$

Beispiel: BRD 1961: (o. Berlin) $\frac{30\,307\,000}{53\,975\,600} = 56{,}1$

Dieser Index hat den Nachteil, daß es nicht für alle Länder derartige Abgrenzungen gibt, somit ein internationaler Vergleich nur begrenzt möglich ist. Außerdem gilt für U_2 wie für U_1, daß «ländlich-städtisch» keine Dichotomie, sondern ein Kontinuum ist. Diesen Sachverhalt berücksichtigt der früher von Davis (1951, S. 129) vorgeschlagene Index:

$$U_3 = \frac{\sum_{i=1}^{k} P_c}{k}$$

k = Zahl der Klassen von Gemeindegrößen
P_c = Prozentsatz der Gesamtbevölkerung, die in Gemeindegrößen-Klasse C oder einer höheren wohnt.

Entsprechende Daten für die BRD finden sich in Tab. 5.

Tabelle 5: *Gemeindegrößen-Klassen und Bevölkerungsanteil, BRD 1961 (o. Berlin)*

Gemeindegröße-Klasse (Einwohner)	Anteil der Gesamtbevölkerung in dieser und der jeweils höheren Gemeindegrößen-Klasse
5 000 und mehr	64,4
10 000 und mehr	55,1
20 000 und mehr	47,7
100 000 und mehr	30,8

Quelle: Wirtschaft und Statistik 14 (1962), S. 330

Anhand dieser Werte ergibt sich:

$$U_3 = \frac{64{,}4 + 55{,}1 + 47{,}7 + 30{,}8}{4} = 49{,}5$$

Die Indexkonstruktion hängt von der Präzision der Begriffsdefinition ab (vgl. hierzu auch das Beispiel bei COLEMAN 1964, Kap. 2). Ein Vergleich der drei Urbanisierungs-Indizes hinsichtlich ihrer Validität ist aus der gegebenen Definition nicht möglich; sie fordern eher zu einer Re-Definition durch einen der Indizes heraus. Anhand der Forschungen zum Urbanisierungsprozeß erscheint es sinnvoller, von Urbanisierung im Sinne der Indizes U_2 oder U_3 zu sprechen und damit eine Konstrukt-Validierung vorzunehmen.

Am Vergleich der Indizes U_2 und U_3 fällt auf, daß sie ähnliche Werte erbringen. Dies gilt häufiger für Indizes, die gleiche Sachverhalte messen sollen, da die gewählten Indikatoren sowie die verwendete mathematische Operation auf gleiche oder ähnliche Annahmen über den Objektbereich zurückgehen. Ein prominentes Beispiel sind die verschiedenen Indizes zur Berechnung des sozialen Status, worauf auch LAZARSFELD & THIELENS (1973) hinweisen. Die Indizes bilden dann in mehr oder minder gleicher Form die (vermutete) Struktur des Objektbereichs ab; in anderen Fällen, wie dem ersten Beispiel des Abschnitts, sind sie nur als vorläufige Hilfsmittel anzusehen.

4.2. Skalen

Mit zahlreichen Skalen sollen Einstellungen oder allgemein Attribute gemessen werden. Eine Einstellung ist «ein dauerhaftes Syndrom konsistenter Reaktionen im Hinblick auf soziale Objekte» (CAMPBELL 1950). Es gibt viele ähnlich lautende Definitionen; der Unterschied liegt in der Annahme, ob es sich um Eigenschaften von Personen oder nur um Dispositionen handelt.

Alle Einstellungen gegenüber einem Objekt stellen ein hypothetisches Einstellungs-Universum dar. Das Messen einer Einstellung geschieht somit auf der Basis einer Stichprobe von Aussagen/verbalen Verhaltensweisen (Items, oder auch Statements genannt) aus dem Universum; von dieser Stichprobe wird auf das Universum zurückgeschlossen (vgl. GREEN 1954, S. 336). Die Annahme eines «Universums» ist inzwischen sehr umstritten, da hieraus stichprobentheoretische Hypothesen folgen, die strenggenommen eine solche Vorstellung nicht erlauben. Dennoch führen Skalen mit verschiedenen Items zur Messung der gleichen Einstellung (z. B. Nationalismus) zu gleich hohen Korrelationen mit einem Außenkriterium (z. B. Wahl einer bestimmten Partei). Sie wären dann gleich repräsentative Stichproben aus jenem Universum.

Wie gelangt man zu den Items einer Skala? Im allgemeinen wird man anhand der Literatur nach vorhandenen Items für eine Einstellung suchen, Artikel in Zeitungen oder Dokumenten auf geeignete Aussagen durchsehen (z. B. politische Kommentare für eine Nationalismus-Skala) oder die Items «intuitiv» formulieren. Die Skalenkonstruktion beginnt also mit einer Definition des zu messenden Attributs; es folgt eine Sammlung von etwa 100 Items, wie bei den Verfahren von LIKERT oder THURSTONE. Die Auswahl der endgültig geeigneten Items erfolgt in der nächsten Phase, von Verfahren zu Verfahren unterschiedlich. Zur Konstruktion solcher Skalen, ihrer mathematischen Modelle, Reliabilitäts- und Validitätsprüfung liegt eine sehr umfangreiche Literatur vor, die zudem ständig an Differenziertheit zunimmt. Da hier nur einige Grundzüge behandelt werden können, sei auf COOMBS (1964), EDWARDS (1957), SIXTL (1967), TORGERSON (1958) und die Aufsatzsammlung von FISHBEIN (1967), die auch ältere Arbeiten und Anwendungen enthält, hingewiesen.

Generell treten bei der Skalierung von Einstellungen vier Probleme auf:

1. Ist die Einstellung (mithin das Universum) ein- oder mehrdimensional?
2. Welches Skalierungsmodell ist angemessen?
3. Welche Abstände bestehen zwischen den einzelnen Punkten einer Einstellungsdimension?
4. Wie stabil sind die Items und ihre Ordnung in einer Skala über Zeiträume hinweg?

Eine sehr einfache und sehr frühe Form der Skalierung stellen *Skalen zur Messung der sozialen Distanz* dar. Gemessen werden soll die soziale Nähe oder Ferne, die Personen zu Mitgliedern einer anderen Gruppe oder Nationalität haben. Anhand einer Reihe von Aussagen geben Personen an, wie bereit sie sind, andere als Mitglieder der eigenen Gruppe zu akzeptieren. Diese Form der Skala geht auf BOGARDUS (1933) zurück und ist seither oft variiert worden. In Übersicht 15 ist seine Skala wiedergegeben. Sie wird Personen vorgelegt, die Mittelwerte ergeben den Punktwert (Score) pro beurteilter Gruppe/Nation. – Es handelt sich um eine Ordinalskala.

Übersicht 15: *Skala der sozialen Distanz* (BOGARDUS 1933)

Bitte, lesen Sie die folgenden Beschreibungen von verschiedenen Graden «persönlicher Nähe» durch, die man bereit ist, in Beziehungen zu Personen bestimmter Gruppen einzugehen:

1. Würde ich durch Heirat in engere Verwandtschaft aufnehmen.
2. Würde ich in meinem Verein als Freunde aufnehmen.
3. Würde ich als Nachbarn in meiner Straße zulassen.
4. Würde ich in meinem Beruf in unserem Land zulassen.
5. Würde ich die Staatsbürgerschaft unseres Landes geben.
6. Würde ich nur als Besucher unseres Landes zulassen.
7. Würde ich aus unserem Land ausschließen.

Betrachten Sie nun die unten aufgeführten Gruppen von Völkern. Machen Sie bitte ein Kreuz unter diejenige Zahl, die am meisten dem Grad der obenerwähnten «Nähe» entspricht, die Sie den Mitgliedern einer Gruppe zugestehen würden. Beurteilen Sie jede Gruppe als ganze. Urteilen Sie nicht aufgrund der sympathischsten oder unsympathischsten Personen, die Sie kennengelernt haben.

Gruppe	1	2	3	4	5	6	7
Deutsche							
Amerikaner							
Chinesen							
Russen							
Jugoslawen							
Engländer							
Türken							

usw.

Auswertung: Berechnung des Mittelwertes pro Gruppe. Rangordnung der Gruppen nach den Mittelwerten (= Ausmaß der sozialen Distanz)

Die soziale Distanz ist einerseits gesellschaftlich bedingt: Gesellschaften haben unterschiedliche Normen über soziale Distanz; andererseits ist sie ein Persönlichkeitsmerkmal: Innerhalb einer Gesellschaft steigt die Distanz mit der Unsicherheit und Ängstlichkeit einer Person gegenüber anderen, die ihr unähnlich sind (TRIANDIS & TRIANDIS 1966).

Die Skala von BOGARDUS ist ein Beispiel für den allgemeinen Fall einer *einfachen Beurteilungsskala* (rating scale): Man gibt ein Kontinuum vor, auf dem eine Beurteilung von Objekten vorgenommen werden soll. Obgleich diese Art von Ordinalskalen sehr nützliche Ergebnisse erbringen kann, ist sie doch eher explorativ, da z. B. eine präzise Prüfung der Eindimensionalität und der Gewichtung der Items und der Abstände fehlt.

Um die Frage zu beantworten, wie man eine exaktere Skala gewinnt, werden nach TORGERSON (1958) drei Arten des Vorgehens bei der Skalierung unterschieden:

1. *Personenzentrierte Skalierung*: die Messung richtet sich auf die Zuordnung von Werten zu Personen, um zwischen ihnen hinsichtlich einer Einstellung zu differenzieren. Beispiel: LIKERT-Skala.
2. *Reizzentrierte Skalierung*: die Messung richtet sich auf die Zuordnung von Werten zu Stimuli/Items, um diese zu differenzieren. Beispiel: THURSTONE-Skala.
3. *Reaktionszentrierte Skalierung*: die Messung richtet sich sowohl auf Personen wie auf Stimuli, um die Differenzierung von Personen nach unterschiedlichen Stimuli vorzunehmen. Beispiel: GUTTMAN-Skala.

4.2.1. LIKERT-Skala (Methode der summierten Beurteilungen)

Aus einer Menge von Items (s. o.) wird eine Auswahl von ca. 100 getroffen. Diese Items, von denen vermutet werden kann, sie messen die unterstellte Eigenschaft, werden verwendet, um Personen nach ihrer Einstellung hinsichtlich dieser Eigenschaft zu ordnen. Die Personen werden aufgefordert, das Ausmaß ihrer Zustimmung oder Ablehnung anhand einer fünfstufigen Antwortvorgabe anzugeben, z. B. in einer der folgenden Formen: «Wir bitten Sie, Ihre Meinung zu den nachfolgenden Sätzen dadurch auszudrücken, daß Sie neben dem jeweiligen Satz eine der folgenden Zahlen ankreuzen:

1 ich stimme stark zu
2 ich stimme zu
3 ich weiß nicht, neutral
4 ich lehne es ab
5 ich lehne es stark ab.

Oder man gibt – nach entsprechender Erläuterung – folgendes vor:
++, +, 0, –, ––

Dem Grad der Zustimmung/Ablehnung werden in der Auswertung die Werte 1–5 zugeordnet. Die mittlere Kategorie hat hier genaugenommen drei Bedeutungen: echte Einstellungsmitte, teils–teils, weiß nicht. Der Punktwert einer Person (Score) errechnet sich aus der Addition seiner einzelnen Antworten; normalerweise wird einfach der Mittelwert berechnet. Da hier der Skalenwert anhand der summierten Urteile errechnet wird, nennt man die Methode auch «summated ratings».

Wie läßt sich nun bestimmen, ob die Skala eindimensional ist, d. h. ob alle ausgewählten Items auch das gleiche unterstellte Attribut messen? LIKERT hat dazu zwei Verfahren vorgeschlagen:

A. Interne Konsistenz: Man nimmt die beiden extremen 25 % Personen der Stichprobe, diejenigen mit den höchsten und diejenigen mit den niedrigsten Scores auf der Skala. Die Zahl der Personen in jeder Extremgruppe sollte mindestens 25–30 betragen. Für jede Gruppe berechnet man den Mittelwert und die Varianz pro Item. Das Ausmaß, zu dem ein Item diese Gruppen diskriminiert (trennt), läßt sich nach dem t-Test berechnen:

$$t_i = \frac{m_H - m_N}{\sqrt{\frac{s^2_H}{n_H} + \frac{s^2_N}{n_N}}} \tag{10}$$

m_H = Mittelwert des Items i in der Gruppe mit hohem Gesamtscore
m_N = Mittelwert des Items i in der Gruppe mit niedrigem Gesamtscore
s^2_N, s^2_H = Varianz der Scores für Item i in der jeweiligen Gruppe
n_H, n_N = Zahl der Personen in der jeweiligen Gruppe

Im allgemeinen gilt ein $T \geqq 1{,}75$ als befriedigend, um ein Item in der endgültigen Skala zu belassen.

B. Item-Analyse: Man korreliert über alle Personen deren Punktwert auf den einzelnen Items mit dem Gesamtscore. Es wird also geprüft, inwieweit sich aus dem Score auf einem Item der Gesamtscore vorhersagen läßt. Der Gesamtscore wird wie ein externes Kriterium zur Validierung des einzelnen Items behandelt. Nur Items mit hoher Korrelation mit dem Gesamtscore werden beibehalten.

Die Verfahren A und B erbringen nach LIKERT gleich gute Resultate.

Die endgültige Skala sollte aus etwa 20 bis 25 Items bestehen. Bei diesem Skalierungsverfahren werden die Personen anhand ihrer Antworten auf die vorgegebenen Items und deren numerisch bewerteten Alternativen geordnet. Eine Gewichtung der Items findet nur durch ihre Rangordnung nach der Höhe des t-Wertes statt. Die Interpretation der Scores ist außer den Extremen schwierig, da sie auf sehr verschiedene Weise zustande kommen können (unterschiedliche Kombinationen von Ablehnung und Zustimmung bei den Items). Die Skala verfügt über keinen Nullpunkt.

Diese Methode wird sehr häufig verwendet, weil ihre Konstruktion nicht sehr aufwendig ist. Beispiele für LIKERT-Skalen sind die Faschismus-Skala von ADORNO et al. (1950) oder die Dogmatismus-Skala von ROGHMANN (1966).

Für diese Form der Skalierung wie für viele andere sei auf drei Probleme hingewiesen:

1. Die Items sollten nach einem Zufalls-Verfahren angeordnet werden.
2. Die Items sollten nicht so formuliert sein, daß jeweils eine zustimmende Antwort auch gleichbedeutend mit einer starken Ausprägung der gemessenen Einstellung ist (eine Kritik an der erwähnten F-Skala), da
3. zumindest bestimmte Personen unter bestimmten Bedingungen dazu tendieren, ungeachtet des spezifischen Gehalts eines Items mit «Ja» zu antworten (Problem des «response-set», vgl. z. B. COUCH & KENISTON 1960).

4.2.2. THURSTONE-Skala (Verfahren gleicher Abstände)

Das Vorgehen von THURSTONE & CHAVE (1927) ist nicht direkt auf die Skalierung der Personen auf einem Einstellungs-Kontinuum gerichtet, sondern zunächst auf die Gewichtung der Items. Eine Menge von Items wird einer möglichst inhomogenen Gruppe von Urteilern (judges) gegeben, z. B. indem jedes Item auf einem Kärtchen steht. Den Urteilern wird ein Kontinuum vorgegeben, dessen Enden und Mitte bezeichnet sind. Das Kontinuum hat gewöhnlich elf Punkte oder Kategorien. Die Urteiler haben nun die Aufgabe, die Items in diese vorgegebene Menge von Kategorien zu sortieren, je nachdem in welchem Maße ein Item eine günstige oder ungünstige Einstellung hinsichtlich des Attributs ihrer Ansicht nach bezeichnet:

A	B	C	D	E	F	G	H	I	J	K

günstig neutral ungünstig

Dabei wird die Annahme gemacht, die Items ließen sich nicht nur in eine größer-kleiner- oder genauer: günstiger-ungünstiger-Ordnung hinsichtlich des Attributs bringen, sondern können auch so sortiert werden, daß die Abstände zwischen den einzelnen Stößen den Urteilern gleich groß erscheinen. (Daher heißt das Verfahren «equal appearing intervals».)

Es entsteht eine Häufigkeitsverteilung der Einsortierung jedes Items durch die Urteiler in die elf Kategorien; sie wird in eine Prozentverteilung umgerechnet, dann kumuliert. Der Median der Verteilung (50 %-Punkt) gilt als Skalenwert des Items. Ein Beispiel aus der Untersuchung von THURSTONE & CHAVE (1929, S. 33), in der eine Skala zur Messung der Einstellung gegenüber der Kirche entwickelt wurde:

«20. Ich glaube an die Kirche und ihre Lehren, weil ich seit der Kindheit an sie gewöhnt bin.»

	A	B	C	D	E	F	G	H	I	J	K
	1	2	3	4	5	6	7	8	9	10	11
abs.*	3	9	42	87	111	30	9	3	3	0	3
%	1	3	14	29	37	10	3	1	1	0	1
% cum.	1	4	18	47	84	94	97	98	99	99	100

* (zurückgerechnet anhand der %-Werte bei THURSTONE & CHAVE)
Median = Skalenwert = 4,0 Q = 1,2

Um die Einheitlichkeit der Beurteilung eines Items (resp. seine Ambiguität) zu bestimmen, wird zusätzlich der Interquartil-Range (Differenz des Skalenwertes bei dem 75 %-Punkt und dem 25 %-Punkt der Verteilung) berechnet. Ein Item, das häufig sehr unterschiedlichen Kategorien zugeordnet wurde, wird einen hohen Q-Wert haben; solche Items werden nicht in die endgültige Skala einbezogen.

Die endgültige Skala besteht aus ca. 20 Items, deren Skalenwerte etwa gleichmäßig über das psychologische Kontinuum von 0–11 verteilt sein sollten. Bei ihrer *Anwendung* werden Personen nicht wie bei der Skala von LIKERT um eine quantitative Bewertung gebeten, sondern nur aufgefordert, mit Ja und Nein zu antworten (oder nur diejenigen Items anzukreuzen, denen sie zustimmen). Der Punktwert einer Person, d. h. ihre Einstellung, ist dann der Mittelwert der Skalenwerte der von ihr bejahten Items. Diese Skala verfügt über einen Nullpunkt.

4.2.3. Paarvergleich

Ein weiteres Verfahren, um eine Skala zu gewinnen, ist der Paarvergleich. Auch er beruht auf Annahmen, die vor allen von THURSTONE («law of comparative judgment») formuliert wurden. Sie beziehen sich auf die Art psychologischer Reaktionen auf Stimuli und auf die Relation des psychologischen Kontinuums zu dem Item-Kontinuum. Beim Paarvergleich werden Personen aufgefordert, jedes Item mit jedem anderen zu vergleichen. Bei k Items gibt es also $\frac{k(k-1)}{2}$ Vergleiche, z. B. bei fünf Items sind es zehn Paare. Es werden hier nicht mehrere Items gleichzeitig beurteilt, z. B. in eine Rangordnung gebracht, sondern nur ein ordinales Urteil für jeweils ein Paar abgegeben: $A > B$.

So hat CATTON (1954, 1956) in einer Studie zur Messung von «Werten» die Hypothese untersucht, ob Werte qualitativ so unterschiedlich sind, daß sie sich in keine Rangordnung bringen lassen, also unvergleichbar. Hierzu wurden u. a. Mitglieder des protestantischen Kirchenrats aufgefordert, eine Liste mit «Werten von unendlicher Bedeutung für die Menschen» zu erstellen. Sechs Werte hieraus wurden einer vergleichbaren Stichprobe von Personen als Paarvergleich vorgelegt:

«A das menschliche Leben selbst
B die schöpferischen Errungenschaften des Menschen
C glückliche Kooperation mit anderen für ein besseres Leben aller
D Verehrung Gottes und Annahme seines Willens
E Weitestgehende Entwicklung der Moral der Menschheit
F Weitestgehende Entwicklung der menschlichen Intelligenz und Fähigkeiten.»
(CATTON 1954, S. 53)

Die Vergleiche lauteten dann (nach einem Zufallsverfahren angeordnet):

A – C	A – E	D – E
D – F	C – F	F – A
B – A	B – F	C – D
C – B	C – E	B – D
E – F	E – B	D – A

Nach dem Auswertungsverfahren von CATTON ergab sich die Rangfolge: D – E – C – A – F – B, so daß die Hypothese (auch durch die weiteren Untersuchungen des Autors) falsifiziert wurde.

Ein ordinales Kontinuum ist bei diesem Verfahren nicht vorgegeben, wird vielmehr erst anhand der Urteile konstruiert. Dabei tritt das Problem auf, daß die Vergleiche keine eindeutige Rangordnung erlauben, weil z. B. geurteilt wird: $C < B$, $B > D$, $C > D$. Die Rangordnung ist also nichttransitiv. Um über bloße prozentuale Häufigkeiten hinaus zu einer Skala mit definierbaren Skalenwerten für die einzelnen Items zu gelangen, müssen Zusatzannahmen eingeführt werden. – Eine ausführliche Darstellung davon gibt u. a. SIXTL (1967).

Eine derartige Skala läßt sich nur für wenige Items (4–6) konstruieren, da sonst der Aufwand bei der Konstruktion für die Personen (Zahl der Vergleiche!) wie für den Rechengang zu hoch ist. Die einmal erstellte Skala wird später nur noch als Folge von Items vorgelegt (wie bei den anderen Skalen), die Personen antworten mit Zustimmung oder Ablehnung zu den einzelnen Items. Der Score einer Person ist wiederum der Mittelwert der bejahten Items.

4.2.4. GUTTMAN-Skala

Um gleichzeitig Personen und Items zu skalieren, kann man sich eines Verfahrens bedienen, das in den 40er Jahren von GUTTMAN (1966) entwickelt wurde: der Skalogramm-Analyse. Diese Form der Skala ist sehr verbreitet und läßt sich zur Skalierung von Personen oder Objekten, für Organisationen, Stadtteile, Häuser etc. verwenden. Der Einfachheit halber ist nachfolgend nur von Personen die Rede.

Grundgedanke ist, die Items der Skala hätten eine kumulative Ordnung, so daß «im Idealfall Personen, die eine bestimmte Frage bejahen, alle höhere Ränge auf der Skala haben als Personen, die die gleiche Frage verneinen» (STOUFFER 1966, S. 9). Die Skala geht von einer Rangordnung der Personen anhand ihrer Antworten auf Fragen (Items) aus, so daß man aus dem Rang einer Person exakt beurteilen kann, welche Items sie bejaht und welche sie ablehnt. Ein solcher Schluß ist bei den bislang diskutierten Skalen (mit Ausnahme der sozialen Distanz-Skala) nicht möglich. Ist eine solche Skala herstellbar, dann gilt dies als Indiz für die Eindimensionalität, diese wiederum als Indiz dafür, daß die gewählte Stichprobe von Items eine mögliche ist aus dem Universum aller Items eines skalierbaren Universums. Voraussetzung ist, daß die Items eine monotone Funktion haben, z. B. daß an einem bestimmten Punkt die Ja-Antworten in Nein-Antworten umschlagen und nur noch Nein-Antworten folgen. Weiterhin wird angenommen, daß die Items *und* die Personen sich auf einem *gemeinsamen* Kontinuum anordnen lassen. Das Modell der Skalogramm-Analyse läßt sich leichter an folgendem Beispiel verdeutlichen:

In der Forschung über sexuelle Einstellungen und sexuelles Verhalten sind zahlreiche Hypothesen über das Ausmaß und die Erklärung sexueller Freizügigkeit resp. Restriktion bei einzelnen Gruppen oder Gesellschaften formuliert worden. Wie kann man nun den Grad sexueller Freizügigkeit messen? Hierzu hat REISS (1964, 1967) eine «Skala der vorehelichen sexuellen Freizügigkeit» entwickelt, die die Einstellungen zur vorehelichen Sexualität auf dem Kontinuum restriktiv–permissiv mißt. (Statt des ideologischen Begriffs «vorehelich» sollte man hier genauer von Sexualität Jugendlicher oder sonst von Sexualität Unverheirateter sprechen.) Die Item-Auswahl unterscheidet sich nicht von der bei anderen Skalenarten, nur wird man zunächst von insgesamt weniger Items ausgehen. REISS hat eine GUTTMAN-Skala mit zwölf Items entwickelt, hielt jedoch in späteren Untersuchungen die reduzierte Form mit nur sieben Items für ausreichend.

Die Items werden nachfolgend in der Form für den Mann wiedergegeben; die Form für die Frau ist entsprechend.

«1. Ich finde, daß Petting für den Mann vor der Ehe erlaubt ist, wenn er verlobt ist.
Stimme zu: stark – mittel – wenig
Lehne ab: stark – mittel – wenig

2. Ich finde Petting für den Mann vor der Ehe erlaubt, wenn er seine Partnerin liebt.
Stimme zu: stark – mittel – wenig
Lehne ab: stark – mittel – wenig

3. Ich finde Petting für den Mann vor der Ehe erlaubt, wenn er für seine Partnerin starke Zuneigung empfindet.
Stimme zu: stark – mittel – wenig
Lehne ab: stark – mittel – wenig

4. Ich finde, daß uneingeschränkte Sexualbeziehungen für den Mann vor der Ehe erlaubt sind, wenn er verlobt ist.
Stimme zu: stark – mittel – wenig
Lehne ab: stark – mittel – wenig

5. Ich finde, daß uneingeschränkte Sexualbeziehungen für den Mann vor der Ehe erlaubt sind, wenn er seine Partnerin liebt.
Stimme zu: stark – mittel – wenig
Lehne ab: stark – mittel – wenig

6. Ich finde, daß uneingeschränkte Sexualbeziehungen für den Mann vor der Ehe erlaubt sind, wenn er für seine Partnerin starke Zuneigung empfindet.
Stimme zu: stark – mittel – wenig
Lehne ab: stark – mittel – wenig

7. Ich finde, daß uneingeschränkte Sexualbeziehungen für den Mann vor der Ehe erlaubt sind, auch wenn er keine besonders starke Zuneigung für seine Partnerin empfindet.
Stimme zu: stark – mittel – wenig
Lehne ab: stark – mittel – wenig

Für die Konstruktion der Skala wurden die Antworten dichotomisiert in Zustimmung–Ablehnung, so daß sich das folgende ideale Skalogramm in Tabelle 6 bilden läßt:

Tabelle 6: *Skalogramm der «Premarital Sexual Permissiveness»-Skala* (REISS 1964)

	niedrig ⟵		Freizügigkeit Skala		⟶	hoch
Item-Nr.	0	1	2	3	4	5
1 und/oder 2	–	+	+	+	+	+
3	–	–	+	+	+	+
4 und/oder 5	–	–	–	+	+	+
6	–	–	–	–	+	+
7	–	–	–	–	–	+

+ = Zustimmung
– = Ablehnung

Koeffizient der Reproduzierbarkeit: Rep. = .99

Ein Skalenwert gibt an, welche Items eine Person bejaht und welche sie verneint hat; der Skalenwert «3» gibt beispielsweise präzise Auskunft über die bejahten Items (1–5) und die verneinten (6 u. 7). Es muß demnach Umschlagpunkte geben, an denen die Ja-Antworten in Nein-Antworten umschlagen.

Der zweite Vorteil einer Skalogramm-Analyse ist die Prüfung auf Eindimensionalität. Um solche Prüfung vorzunehmen, müssen die Antworten der Personen auf die Items möglichst jene Anordnung erreichen, die im Beispiel der Skala von REISS erreicht war. Im einfachen Falle einer Bejahung oder Ablehnung der Items (also keiner differenzierten Antwortvorgaben) sind folgende Arbeitsschritte erforderlich:

1. Erstellung eines Skalogramms, d. h. einer Matrix, in deren Spalten die Items und in deren Zeilen die Antworten der Befragten stehen. Zweckmäßig ist es, dabei a) die Items nach der Häufigkeit ihrer Bejahung zu rangordnen und b) die Personen danach zu ordnen, in welchem Maße sie alle, einen Teil oder kein Item bejaht haben.
2. Daraus ergibt sich, wenn die bislang nur unterstellte Skala auch vorhanden ist, ein Parallelogramm. Eine Reihe von Fällen (= Reaktionsmuster der Befragten) wird sich nicht rangordnen lassen. Man verschiebt daher die Anordnung der Items und die der Personen solange, bis sich eine Ordnung ergibt, die möglichst wenig Ausnahmen hat. Dafür ist in Tabelle 7 ein vereinfachtes Beispiel aufgeführt. Um die Umschlagpunkte zu ermitteln, sind mehrere Verfahren möglich. Wendet man die Cornell-Technik an, so ergibt sich eine recht gute Annäherung an das ideale Muster (Tab. 8). Ferner wurden folgende Regeln angewendet: Die Items und Befragten werden solange umgeordnet, bis Umschlagpunkte entstehen, die zu einem Minimum an Fehlern führen. Befragte mit gleichen Antwortmustern werden zusammengefaßt. Sollte ein Item zahlreiche Fehler aufweisen, nimmt man es aus der Skala heraus. Ergeben sich mehrere Anordnungen der Items bei gleicher Fehlerzahl, dann bleibt nur eine semantische Analyse der Items.
3. Da es eine perfekte Übereinstimmung der empirischen Ergebnisse, d. h. der Reaktionsmuster der Befragten mit dem Modell, nicht gibt, wird die Annähe-

rung an das Modell durch die Zahl der Abweichungen vom idealen Muster berechnet. Sie ist ein Maß für die Skalierbarkeit der Items wie der Personen. Es gibt an, wie groß die Wahrscheinlichkeit ist, aus dem Punktwert einer Person auf der Skala ihre Reaktionen zu erschließen oder zu reproduzieren. Dieser Koeffizient der Reproduzierbarkeit (coefficient of reproducibility) wird gebildet aus:

$$\text{Rep.} = 1 - \frac{\text{Zahl der Fehler}}{\text{Zahl der Items} \cdot \text{Zahl der Befragten}}$$

Der Koeffizient sollte mindestens 0,90 betragen.

Verwendet man Items mit mehr als zwei Antwortkategorien, ist das Vorgehen komplizierter:

1. Man gewichtet die Kategorien jedes Items (z. B. 0, 1 ,2, 3),
2. berechnet anhand der vorläufigen Ordnung der Items den Score pro Person über alle Items,
3. rangordnet die Personen nach ihren Scores.
   Ergibt sich eine, gemessen am Modell, große Zahl von Fehlern, so wird man
4. Kategorien einzelner Items zusammenfassen und/oder viele Fehler produzierende Items ganz ausscheiden. Es wird dann
5. den zusammengefaßten Kategorien der Items eine neue Gewichtung gegeben (z. B. 0, 1, 2) und das Verfahren ab (2) wiederholt. Um diese Prozesse zu vereinfachen, sind alternative Verfahren vorgeschlagen worden (vgl. TORGERSON 1958, S. 321 f.).

Tabelle 7: *Muster eines Skalogramms: Roh-Ergebnisse*

	Items					
Befragte	a	b	c	d	e	Vorl. Score (= Reaktionsmuster)
1	+	+	+	–	+	4
2	–	+	+	–	–	2
3	+	+	+	+	+	5
4	+	–	–	–	–	1
5	+	–	+	–	–	2
6	+	+	–	+	+	4
7	–	–	–	–	–	0
8	+	–	+	–	–	2
9	+	–	–	–	+	2
10	+	+	+	–	–	3

Tabelle 8: *Muster eines Skalogramms: Umordnung von Tab. 7*

Befragte	Items a	c	b	e	d	Vorl. Score (= Reaktions-muster)	Endgült. Score*
7	–	–	–	–	–	0	0
4	+	–	–	–	–	1	1
9	+	–	–	+	–	2	1
5, 8	+	+	–	–	–	2	2
2	–	+	+	–	–	2	3
10	+	+	+	–	–	3	3
1	+	+	+	+	–	4	4
6	+	–	+	+	+	4	5
3	+	+	+	+	+	5	5
Fehler	1	1	0	1	0		

Rep. $1 - \frac{3}{10 \cdot 5} = 0{,}94$

*Endgültige Skala: a – c – b – e – d
0 1 2 3 4

Zusammenfassend: Die Guttman-Skala unterstellt ein gemeinsames Kontinuum von Items und Befragten. Sie erbringt eine Rangordnung, hat also ordinale Skalenqualität. Über die Distanz zwischen den Personen resp. Items ist nichts ausgesagt. Die Anordnung ist nicht frei von Willkür, da in einigen Fällen entschieden werden muß, welcher Teil eines Musters «falsch» ist. Tendenziell steigt mit der Zahl der Items die Differenziertheit der Skala, doch steigen auch a) die Zahl der nicht mit dem Modell zu vereinbarenden Antwortmuster und b) der Aufwand beträchtlich. Daher haben die meisten gebräuchlichen Guttman-Skalen nicht mehr als zehn Items. Die Skala ist wahrscheinlich nur eine enge Stichprobe aus dem Universum der möglichen Items. Die Anordnung der Items sollte bei Verwendung der gleichen Skala nicht von Studie zu Studie variiert werden, da ein solches Vorgehen wahrscheinlich die Reaktionsmuster beeinflußt. Guttman (1966, S. 89) selbst schreibt, daß die Items als Stichprobe aus dem «Universum» und die Rangordnung der Personen nicht über Zeitpunkte hinweg stabil sein müssen. Die Skala ist, wie alle anderen auch, relativ.

Die bisherige Darstellung bezieht sich auf eindimensionale Skalierungsverfahren. Dabei wird jeweils durch besondere Techniken geprüft, inwieweit die Annahme gerechtfertigt ist, die Einstellung zu einem Objekt (dem zu messenden Attribut) sei eindimensional. Dazu kann man sich komplizierter statistischer Modelle bedienen, z. B. der Faktorenanalyse oder smallest-space-analysis. Sie setzt intervall-skalierte Items voraus, wird jedoch häufig auch auf ordinal-skalierte Daten (z. B. LIKERT-Skalen) angewendet. Die Faktorenanalyse hat den Vorteil, gleichzeitig über die Dimensionalität der Items als Stichprobe des zu messenden Attributs Auskunft zu geben (Faktoren) wie die Gewichte der Items in einer Dimension (= Ladungszahlen auf einen Faktor) als Skalenwerte benutzen zu können. Gerade an diesem Vorgehen wird der enge Zusammenhang von Begriffen, Item-Wahl und Skalierung erkennbar: Es ist im Idealfall ein Prozeß wechselseitiger theoretischer Präzisierung von Begriffen, Dimensionen, metrischer Abbildung und Instrument.

Für ein derartiges Vorgehen ist die von QUENSEL & QUENSEL (1970) in Anlehnung an nordamerikanische Forschungen entwickelte Skala zur Messung der Delinquenz-Belastung und Dunkelziffer ein gutes Beispiel: Die ursprünglichen Items wurden faktorenanalysiert, anhand der Ergebnisse wurde eine Reihe von Subskalen gebildet.

In Übersicht 16 sind die genannten Phasen verkürzt an zwei Beispielen und einem Auszug aus der einschlägigen Literatur dargestellt. Für die Zeile 4 wird auf die Literaturhinweise unten sowie auf die Bibliographien im Anhang «Hilfsmittel» verwiesen.

Der Messung von Attributen, für die mehr als ein subjektives Urteilskontinuum angenommen werden muß, dienen *multidimensionale Skalierungsverfahren*. Bei diesen, hauptsächlich in der Psychologie verwendeten Verfahren handelt es sich darum, die Zahl der Dimensionen, deren Beziehung und Gewichtung zu bestimmen. Zu diesem komplizierten Verfahren und den entsprechenden geometrischen Modellen s. PFANZAGL (1968), TORGERSON (1958).

4.2.5. Polaritätsprofil

Von OSGOOD (OSGOOD 1952; OSGOOD, SUCI & TANNENBAUM 1957) und HOFSTÄTTER (1955, 1966) ist eine Methode entwickelt worden, um die semantische Bedeutung von Objekten (Personen, Wörter, Gegenstände) anhand von Assoziationen zu messen. Die Verfasser gehen von der Annahme aus, ein Zeichen, z. B. Mutter, Held, Traurigkeit, rufe bei bestimmten Personen zu bestimmten Zeiten Assoziationen hervor; diese Vorstellungsinhalte seien die semantische Bedeutung des Zeichens. Jedes Zeichen habe eine bestimmte Position in einem n-dimensionalen «semantischen Raum», der bei aller individuellen Differenz doch relativ gleichartig für

Übersicht 16: *Prozeß kumulativer Revision von theoretischen Begriffen und Skalierung*

Phase	Beispiel A	Beispiel B
1. Theoretischer Begriff	Entfremdung, Anomie	Autoritarismus, Faschismus
2. Vorläufige Differenzierung in weitere Bereiche (Dimensionalanalyse)	Machtlosigkeit Selbst-Entfremdung Anomie Normlosigkeit Soziale Isolation Sinnlosigkeit	Ethnozentrismus Autoritarismus Faschismus
3. Sammlung von Items; Vorläufige Skala	Dean 1961 Nettler 1957 Seeman 1959 Srole 1956	Adorno et al. 1950 Stagner 1936
4. Anwendung in verschiedenen Studien (z. T. Validierung)		
5. Metrische Dimensionalanalyse (z. B. Faktorenanalyse)	Cartwright 1965 Dodder 1969 Neal & Rettig 1963, 1969 Struening & Richardson 1965	Camilleri 1959 Eysenck 1954 O'Neill & Levinson 1954 Rokeach & Fruchter 1956
6. Isolation weiterer Begriffe und / oder Präzisierung von Begriffen	Konkurrenz – Mobilität ökonom. Normlosigkeit polit. Normlosigkeit Rückzug (retreatism)	Dogmatismus open – closed mindedness Radikalismus – Konservatismus tender – tough-mindedness
7. Neue Skalen		Dogmatismus-Skala engl.: Rokeach 1960 dt.: Brengelmann & Brengelmann 1960 Roghmann 1966
Literaturhinweis	Israel 1972 Neal & Rettig 1967	Roghmann 1966

bestimmte Gruppen von Personen und Gesellschaften (zumindest gleicher Sprache) ist. Um die relative Ähnlichkeit von Begriffen, d. h. ihre Position in diesem semantischen Raum, zu bestimmen, können eine Reihe von Kontinua, definiert jeweils als Gegensatzpaar (Polarität), verwendet werden, z. B.

kalt + + + + + + 0 – – – – – – warm.

Ein «semantisches Differential» besteht aus mehreren solcher Gegensatzpaare; sie stellen eine Auswahl aller möglichen Gegensatzpaare dar. Etwa 20 solcher Polaritäten reichen hin, den semantischen Raum zu definieren, in dem die Bedeutung eines Zeichens ermittelt, lokalisiert werden soll. Im allgemeinen verwendet man eine siebenstufige Skala; sie läßt sich – nach den umfangreichen Forschungen des Psychologischen Instituts Hamburg – auch sechsstufig ohne neutrale Mitte vorgeben. In Abbildung 3 ist ein solches Differential wiedergegeben. Es stammt aus einer Untersuchung des Verfassers aus dem Jahre 1966; von N = 88 Studenten wurden die Begriffe «Alte Menschen» und «Ich als alter Mensch» beurteilt. Das Ergebnis zeigt, daß die Studenten ihr späteres Alter vielfach positiver sehen als die erlebten älteren Menschen.

Das Verfahren macht u. a. drei wichtige *Annahmen,* die nicht völlig gerechtfertigt sind: *Erstens,* daß es sich wirklich um Gegensatzpaare handelt, die auch von allen Personen als solche verstanden werden, *zweitens,* daß die Abstände zwischen den Punkten des Kontinuums nicht nur eine ordinale, sondern eine Intervallskala (gleiche Abstände) bilden, *drittens,* daß es einen Mittelpunkt gibt. De facto dürfte der mittlere Wert in der siebenstufigen Skala jedoch wieder die drei verschiedenen, eingangs genannten Reaktionen enthalten.

Das semantische Differential wird Personen vorgelegt etwa mit folgendem Vorspann:

«Nachstehend finden Sie 25 Gegensatzpaare. Sie werden nun gebeten, den Begriff ... mit Hilfe dieser Gegensätze zu beurteilen. Meinen Sie also, daß er z. B. eher mit ‹sicher› als mit ‹unsicher› zusammenhängt, machen Sie Ihr Kreuz bei 1, 2 oder 3. Je mehr Sie ‹sicher› urteilen, desto weiter müssen Sie nach links, je mehr Sie ‹unsicher› urteilen, desto weiter müssen Sie nach rechts gehen. Die Position 4 bedeutet, daß Sie sich nicht entscheiden können.

Bitte, beurteilen Sie in Folgendem den Begriff mit jedem Gegensatzpaar. Überlegen Sie nicht zu lange, sondern urteilen Sie nach Ihren ersten Eindrücken. Bitte, vergessen Sie keine Zeile. Bitte, machen Sie in keiner Zeile *zwei* Kreuze. Bitte, machen Sie die Kreuze jeweils auf der Linie, nicht zwischen die Linien. Vermeiden Sie nach Möglichkeit, die Position 4 zu verwenden.»

Bei der Konstruktion eines Differentials sollte man darauf achten, keine zu negativen Gegensätze zu verwenden, da sonst eine Tendenz zu «weicher» Reaktion, ein Ausweichen in die Mitte, auftritt. Die Polaritäten sollten weiterhin so angeordnet werden, daß links nicht nur «positive» stehen.

Abbildung 3: *Polaritätsprofil*

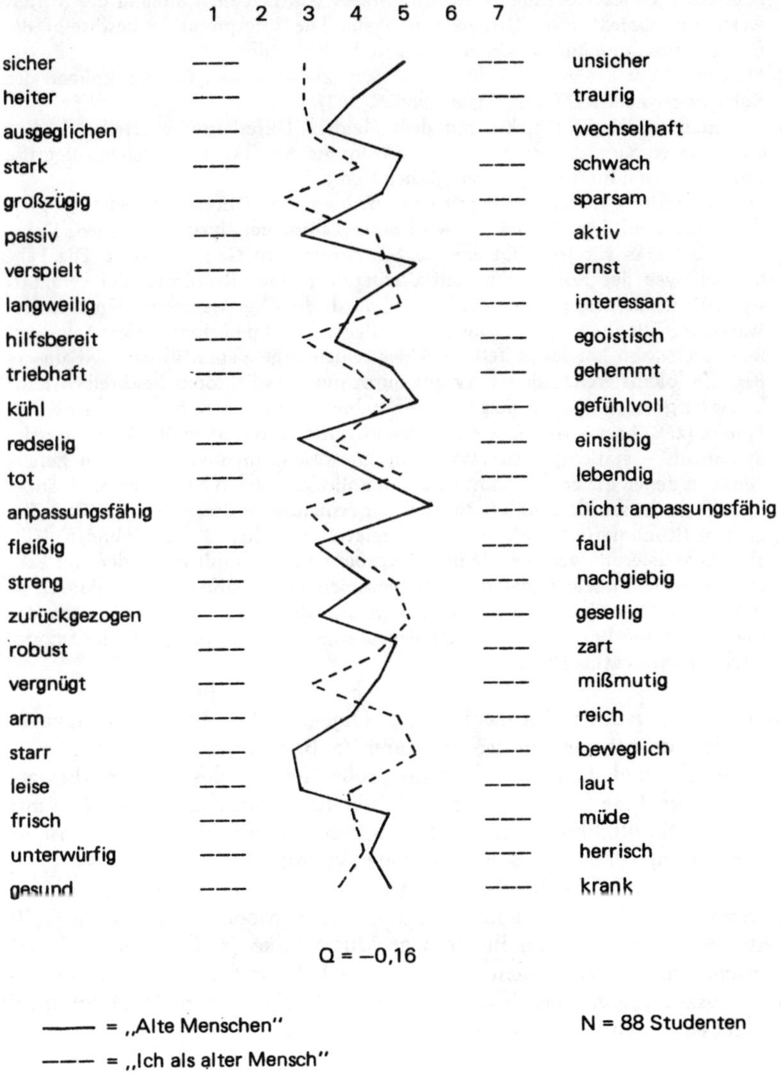

Die *Auswertung des Instruments* kann auf mehrere Arten erfolgen:

1. Man zeichnet nur das Profil mehrerer Objekte bei einer Stichprobe von Personen oder eines Objekts bei mehreren Stichproben von Personen anhand der Mittelwerte pro Objekt resp. Gruppe pro Skala. Die Interpretation beschreibt die Übereinstimmung und die Unterschiede in der Beurteilung.
2. Man errechnet das Ausmaß der Ähnlichkeit zwischen den Profilen anhand des Korrelationsmaßes Q (HOFSTÄTTER 1966, S. 262).
3. Hat man zahlreiche Objekte mit dem gleichen Differential beurteilen lassen, dann lassen sich die Begriffe einer Affinitäts-Analyse unterziehen: Begriffe werden anhand ihrer Q-Werte verglichen (ibd.).
4. Die Beurteilung zahlreicher Begriffe mit dem gleichen Differential bei einer gleichen oder ähnlichen Population wird einer Faktorenanalyse unterzogen. Dabei korreliert man für jedes Objekt die Mittelwerte pro Gegensatzpaar. Die Faktorenanalyse der Korrelationsmatrix entspricht einer Reduktion der semantischen Dimensionen, die ja zunächst nur durch die Gegensatzpaare repräsentiert waren, auf die ihnen gemeinsamen grundlegenden Dimensionen oder: Faktoren. Bereits OSGOOD hat festgestellt, daß der semantische Raum, in dem wir unsere Begriffe lokalisieren, sich relativ gut durch nur drei Faktoren beschreiben läßt: Bewertung (z. B. Gegensatzpaare angenehm – unangenehm, gut – schlecht), Potenz (z. B. hart – weich, stark – schwach) und Aktivität (z. B. aktiv – passiv, dynamisch – statisch). HOFSTÄTTER hat im wesentlichen vier Faktoren gefunden, von denen die beiden wichtigsten Männlichkeit und Weiblichkeit sind. Diese Ergebnisse lassen den Schluß zu, daß die semantische Beziehung zwischen Begriffen (Konnotation) sich in einem relativ einfachen Raum abbilden läßt. (Die Lokalisierung der Begriffe in einem solchen Modell mit zwei oder drei Faktoren geschieht dadurch, daß die Ladungszahlen der Begriffe auf den Faktoren = Achsen als Koordinaten verwendet werden.) Zusätzlich kann man noch das Maß D für die lineare Distanz der Begriffe im Raum berechnen (vgl. OSGOOD, SUCI & TANNENBAUM 1957, S. 91).

Man sollte versuchen, für das jeweilige Objekt deskriptive Gegensatzpaare zu finden, da bei metaphorischen Paaren (z. B. schwarz–weiß) die Urteilsunsicherheit und damit das ohnehin große Gewicht des Faktors «Bewertung» steigt. Eine Schwierigkeit des Differentials ist, daß die Ausfälle mit sinkender Schulbildung und sozialer Schicht steigen, wie wir in unserer Untersuchung (PFEIL u. a. 1968) feststellen konnten.

Die Methode läßt sich relativ einfach anwenden. Mit Hilfe eines solchen Differentials können nicht nur Begriffe, Personen oder Gegenstände (z. B. Zeitungen), sondern auch Bilder oder Musikstücke (z. B. REINECKE 1967) beurteilt werden. Außerdem läßt sich das Differential allgemein zur Bedeutungsanalyse von Begriffen und ihrer unterschiedlichen Konnotation im Verlauf eines Zeitraumes verwenden.

5. METHODEN

Ob man eine eigene Untersuchung plant oder nur die anderer kritisch rezipieren will – in beiden Fällen wird man über gute Kenntnisse aller Methoden verfügen müssen; denn keine ist universell anwendbar. Das Urteil über die Angemessenheit einer Methode für ein Forschungsproblem kann daher nur auf der Vertrautheit mit den Möglichkeiten und Nachteilen aller einzelnen Methoden beruhen.

Andererseits sind die einzelnen Methoden in der empirischen Sozialforschung keineswegs so unterschiedlich, wie ihre Aufzählung vermuten läßt. Aus Gründen der Differenziertheit und der fließenden Übergänge ist die im nachfolgenden Kapitel gegebene isolierte Darstellung der einzelnen Methoden zwar unbefriedigend, aber aus didaktischen Gründen der Übersichtlichkeit gerechtfertigt. Gerade für die Forschungsplanung ist es notwendig, mit einer Art Übersicht auf Gemeinsamkeiten und Unterschiede zwischen den Methoden hinzuweisen, um so die Wahl der einem Forschungsproblem angemessenen Methode (oder Methoden) zu erleichtern.

Methoden sind im ersten Abschnitt des Buches als «spezielles System von Regeln, das die Tätigkeit bei der Erlangung neuer Erkenntnisse und der praktischen Umgestaltung der Wirklichkeit organisiert . . .» (BÖNISCH 1970, S. 21), definiert worden. Sie sind *erstens* Mittel, um Realität zu erfassen – und damit auch zu schaffen –, geleitet von Theorien, seien sie nun expliziert, bekannt oder nur «background ignorance». *Zweitens*, alle Methoden führen zu Aussagen, die auf bestimmten Stichproben von Objekten, von Räumen und von Zeiten beruhen. Immer wird die Wahrnehmung codiert, d. h. Erscheinungen werden Merkmale und ihre Ausprägungen zugeordnet. Die zentrale Frage ist, wie die vermuteten Regelmäßigkeiten, die unterstellte Struktur sozialer Prozesse, in der Sprache abgebildet und die Zusammenhänge als Gesetze formuliert werden.

Die Methoden der empirischen Sozialforschung sind kein Kanon, lassen sich vielmehr erweitern und miteinander kombinieren. Dies geschieht ohnehin bereits jetzt: Die Codierung der Antworten auf offene Fragen bei einer Befragung sowie die Protokolle einer Gruppendiskussion stellen nichts anderes dar als eine Inhaltsanalyse sprachlichen Materials. Die Untersuchung visuellen Materials, z. B. von Filmen, kann man ebensogut als Beobachtung wie als Inhaltsanalyse bezeichnen. Eine teilnehmende Beobachtung, in die bewußt bestimmte Handlungen des Forschers zur Verhaltensmodifikation der Betroffenen eingebaut werden, geht in ein Feldexperiment oder sogar eine Form der Aktionsforschung über.

Zugleich unterscheiden sich die Methoden in mehrerer Hinsicht:

1. *Fehlertheorie*: Die Fehler in den Vorgehensweisen sind unterschiedlich groß, in unterschiedlichem Maße bekannt und mithin ungleich gut kontrollierbar. So gilt das Experiment als die exakteste Methode, Intensivinterview und Gruppendiskus-

sion hingegen als eine wenig exakte. Die Fehlertheorie ist für die einzelnen Methoden ungleich gut entwickelt. Grundsätzlich gilt bis heute, daß, wenn man nur alle bekannten Fehlermöglichkeiten bei der Anwendung einer Methode bedenkt, man sich fragt, ob sozialwissenschaftliche Untersuchungen überhaupt exakt durchführbar sind und valide Ergebnisse erbringen. Nun kann man sich angesichts der vielen Krankheiten, die es gibt, auch nicht vorweg das Leben nehmen. Es bleibt nur der Weg, die bekannten Fehlerquellen zu berücksichtigen und schrittweise die Methoden zu verbessern.

2. *Verbale – nonverbale Kommunikation:* Einige Methoden beruhen in der Erhebung stärker auf verbalen Akten, andere stärker auf nonverbalen. Das Interview beruht vollständig auf den Fragen, die Beobachtung fast vollständig auf nonverbaler Kommunikation. Das bedeutet, daß auch die linguistische Leistung der jeweils untersuchten Personen eine Bedingung für die Anwendbarkeit der Methode ist.

Es werden Fragen gestellt, auf die Personen antworten sollen. Dies geschieht in der schriftlichen Befragung, im Interview, im Intensivinterview und in den soziometrischen Verfahren. Auch die Gruppendiskussionen basieren auf Sprache; das gleiche gilt für Einstellungsskalen und sprachliche Tests. – Andererseits werden Sachverhalte beobachtet, sei es teilnehmend oder nicht-teilnehmend, sei es streng geplant wie im Labor-Experiment oder weniger streng wie im Feldexperiment. – Ebenso bei einigen nicht-reaktiven Verfahren, bei der Inhaltsanalyse von visuellem Material oder der Sekundäranalyse statistischen Materials. Letzteres beruht allerdings zum großen Teil auf Befragungen, z. B. auf der Volkszählung. (Selbstverständlich werden bei vielen Beobachtungen auch verbale Inhalte wie z. B. Gespräche mit untersucht.)

Bis heute ist es so, daß die an verbaler Kommunikation orientierten Verfahren besser entwickelt sind als die auf nonverbaler Kommunikation beruhenden.

3. *Ausmaß der Aufdringlichkeit*: Die einzelnen Methoden determinieren ungleich das Verhalten der Betroffenen. Sie sind mehr oder weniger «obtrusiv», aufdringlich. Im Interview oder im Experiment werden die Individuen bestimmten, vom *Forscher* festgelegten Stimuli ausgesetzt, seien es Fragen oder Versuchssituationen. Man könnte dies als stimulus-orientiertes Vorgehen bezeichnen. *Der Forscher lenkt den Ablauf* durch sein Vorgehen und seine Vorgaben. Bei anderen Methoden *wird der Forscher gelenkt* durch das Verhalten und die Reaktionen der Individuen; er dringt nicht selbst ein, macht das Verhalten nicht von seinen Stimuli abhängig, sondern beobachtet und klassifiziert. Das gilt für die Beobachtung, zum Teil auch für die teilnehmende Beobachtung sowie für die Inhaltsanalyse. Der Schnittpunkt der Extreme aufdringlich – nicht aufdringlich ist das Feldexperiment: Es werden Bedingungen gesetzt, aber der Spielraum des Handelns für die Individuen zur Veränderung der Situation ist gegeben.

Mit diesem Aspekt der «Aufdringlichkeit» ist eng die Frage verbunden, wie natürlich die Situationen sind, in denen wir eine Untersuchung durchführen, wo sie auf dem Kontinuum Labor–Feld liegen. Bereits im Abschnitt 3.6 über Erhebungssituationen ist für «natürliche» Situationen (natural settings) plädiert worden. *Die Lenkung des Vorgehens durch den Forscher ist ja nur dann gerechtfertigt, wenn dabei Situationen entstehen, die die Reaktionen der Betroffenen in natürlichen Handlungszusammenhängen hinreichend abbilden.* Die Abstraktion von natürlichen Situationen muß also spätestens im Prozeß kumulativer Forschung gerechtfertigt, d. h. aus der Theorie begründet werden.

4. *Einstellung – Verhalten*: Entsprechend der Unterscheidung (2) und (3) richten

sich einige Methoden stärker auf Einstellungen und Angaben über das Verhalten oder aber auf das Verhalten selber, wie es sich beobachten läßt. Aus zahlreichen sozialpsychologischen Untersuchungen ist bekannt, daß sich Individuen anders verhalten, als sie in einer Befragung angeben (vgl. zusammenfassend FENDRICH 1967). Nicht die Richtung der Abweichung soll hier interessieren, sondern zunächst nur die Tatsache, daß Einstellungen und Verhalten häufig nicht übereinstimmen: Ein Farbiger wird im Restaurant bedient, aber bei telefonischen Anfragen in dem gleichen Restaurant als Gast abgelehnt. Die sexuellen Einstellungen von Studenten sind freizügiger als ihr Verhalten.

Bei diesen Überlegungen stellt sich die Frage, wie die einzelnen Methoden darzustellen seien. Am ehesten böte sich dazu eine Trennung nach verbaler – nonverbaler Orientierung an, die sich jedoch ebensowenig zu einer genauen Klassifikation verwenden läßt wie die Dimension aufdringlich – nichtaufdringlich. Eine Theorie der Methoden zu entwickeln bleibt außerhalb der Aufgaben und Möglichkeiten dieses Buchs; erst aus ihr wäre eine Einteilung zu begründen. Der Verfasser hat sich daher zu einer Teil-Systematik entschlossen: Die Methoden sind soweit wie möglich nach den beiden Schwerpunkten der Frage und der Beobachtung angeordnet; andere Methoden werden anschließend aufgeführt. Den Abschluß des Methodenkapitels bilden zwei komplexe Ansätze, die als Forschungsstrategien bezeichnet werden: Panel-Verfahren und Aktionsforschung. In der nachfolgenden Übersicht 17 sind die einzelnen Methoden zusammengestellt.

Es wurde versucht, die einzelnen Methoden so klar wie möglich und in angemessener Länge darzustellen; dies geschieht einheitlich nach folgender Gliederung:

1. Voraussetzungen
2. Anwendungsmöglichkeiten
3. Vorgehen
4. Varianten
5. Erhebungssituation
6. Stichprobe
7. Pretest
8. Fehlerquellen

Angesichts der enormen Literatur zu den einzelnen Methoden, ihren Fehlern, Anwendungsbereichen, Varianten und Regeln ist es im Rahmen dieser Einführung nur möglich, einige wichtige Arbeiten zu zitieren. Der Leser wird immer wieder auf Spezialliteratur, insbesondere grundlegende umfassendere Darstellungen der einzelnen Methoden verwiesen. Deren Lektüre kann und will dieses Buch nicht ersetzen. Um andererseits die Darstellung anschaulicher zu machen, werden ständig Beispiele angeführt. Hierdurch sollte nicht nur die Methode verständlicher und problemorientierter angewendet, sondern auch zur methodenkritischen Lektüre vorhandener Untersuchungen angeregt werden.

Übersicht 17: *Methoden und Instrumente der Sozialforschung*

Indizes			
Skalen	**eindimensional – mehrdimensional**		
	Einstellungen – Verhalten – hypothetische Situationen		
Tests	**standardisierte – nicht-standardisierte**		
	direkte – projektive		
	Individualtests – Gruppentests		
	Intelligenztests – Leistungstests – Persönlichkeitstests		
Befragung	mündlich	standardisiert:	Interview
		nicht-standardisiert:	Intensivinterview
	schriftlich		
Gruppendiskussion			
Soziometrie			
Beobachtung	nicht-teilnehmend	explorativ	
	teilnehmend	standardisiert	
	nicht-reaktive Verfahren		
Inhaltsanalyse	Kategorial – mit Wörterbuch (Computer)		
	Bewertungsanalyse		
	Kontingenzanalyse		
Experiment	Laboratoriumsexperiment		
	Feldexperiment		
	Simulation		
Sekundäranalyse	einer / mehrerer Untersuchung(en)		
	statistischen Materials		
Forschungsstrategien	mehrere Zeitpunkte:	Panel-Untersuchung	
		Folgestudie	
	mehrere Methoden:	Multi-Methoden-Untersuchung	
	Erhebung und Praxis:	Aktionsforschung	

5.1. Die Lehre von der Frage

Fragen dürften wohl das hauptsächlichste Mittel sein, mit dem wir uns im Alltag zu verständigen und etwas zu ermitteln suchen. Genauer gesagt geht es dabei ja nicht allein um die Frage, sondern auch um die Antworten, die eine Frage ermöglicht oder die man direkt vorgibt. Der Komplexität dieses Vorgangs sind wir uns zumeist nicht bewußt. Eher schon fallen uns die Probleme auf, wenn andere quasi stellvertretend für uns fragen, z. B. Journalisten im Rundfunk und Fernsehen, die Politiker, Unternehmer, Intellektuelle oder Straßenpassanten interviewen. Aus diesen Interviews läßt sich viel über gutes und mehr noch schlechtes Fragen lernen;

vielleicht kann die nachfolgende Darstellung dazu beitragen, solche Fragen besser zu analysieren.

Fragen sind eines der in den Sozialwissenschaften am häufigsten verwendeten Vorgehen, zumindest in der Soziologie: sei es ausschließlich in den Formen der Befragung oder als Teil anderer Methoden wie der Soziometrie, der Gruppendiskussion, der Beobachtung oder dem Experiment.

Angenommen, eine Person wird gefragt: «Befürworten Sie die Politik der Gewerkschaften, oder lehnen Sie sie ab?» Die befragte Person antwortet, sie lehne die Politik der Gewerkschaften ab. Was kann man daraus schließen? – Gar nichts. Denn: Jemand kann die Politik der Gewerkschaften ablehnen, weil er sie für zu progressiv oder weil er sie für zu wenig progressiv hält. Die Antwort besagt also 1. nichts über die *Gründe*. Die befragte Person mag im übrigen an eine bestimmte Gewerkschaft gedacht haben, z. B. an die, der ihre Kollegen angehören, mag andere Gewerkschaften gar nicht «gemeint» haben, obgleich auch nach ihnen gefragt wurde. Die Antwort hängt also 2. vom *Bezugsrahmen* des Befragten ab. Die Antwort mag auch ablehnend ausfallen, weil die befragte Person nicht hinreichend über die Politik der Gewerkschaften informiert ist. Die Antwort hängt also 3. vom *Informationsstand* der befragten Person ab. Wäre die Frage durch eine Reihe anderer Fragen über die Gewerkschaften vorbereitet worden, hätte die befragte Person evtl. eine andere Antwort gegeben, so daß 4. die *Art der Frage* und 5. die *Anordnung* der Frage wichtig sind. Außerdem mag die befragte Person nicht an «die Politik» gedacht haben, sondern nur an die Tarifpolitik oder nur an die Äußerungen der Gewerkschaft zur Mitbestimmung. Die Antwort bezieht sich also 6. auf nur eine der *Dimensionen* der Frage. (Schließlich mag die Antwort ablehnend ausgefallen sein, weil die befragte Person gegenüber dem Interviewer den Eindruck hatte, er sei ebenfalls nicht gewerkschaftsfreundlich – im Betrieb, von einem Kollegen befragt, hätte sie sich hingegen zustimmend geäußert. Die Antwort hängt also auch von der *Erhebungssituation*, insbesondere vom Verhalten des Interviewers ab.)

Diese Probleme verbaler Kommunikation lassen sich recht gut darstellen, wenn man das Kommunikationsmodell von SHANNON & WEAVER anwendet:

Forscher resp. Interviewer	→	Bezugs-rahmen	→	Frage u. Antwort	→	Bezugs-rahmen	→	Be-fragter
		¦				¦		
		Handlungsbereiche Interessen Bedeutungen				Handlungsbereiche Interessen Bedeutungen		

Der Forscher resp. Interviewer muß sein Problem in Fragen umsetzen, die dem Bezugsrahmen des Befragten angemessen sind (vgl. CANNELL & KAHN 1968, MACCOBY & MACCOBY 1956). Er transformiert die »Kategorien des Beobachters» in «Kategorien des Akteurs». Da in wissenschaftlichen Untersuchungen zumeist zahlreiche Personen befragt werden, steht der Forscher vor der grundlegenden Schwierigkeit, «Wege zu finden, die unterschiedlichen Erfahrungen durch Vorlage der gleichen Frage hervorzuholen» (CANNELL & KAHN 1968, S. 553). Die Forderung, Forscher und Befragte sollten die gleiche Sprache sprechen, ist oft nur schwer zu erfüllen, da es – abgesehen von Slang, Fachsprachen u. ä. – erhebliche Bedeutungsunterschiede von Wörtern in einzelnen Schichten und Altersgruppen der Gesellschaft gibt. Auch wenn man sich bemüht, nur geläufige Ausdrücke und Formulierungen zu verwenden, bleibt noch genug Spielraum zur Interpretation des Befragten. Ihr Bezugsrahmen, ihr Interesse und ihr Handlungsbereich entsprechen nicht dem des Forschers. Ein einfaches Beispiel, das CANNELL & KAHN (1968, S. 544) entnommen ist: Gefragt wurde: «Last week or the week before, did anyone in the family talk to a doctor or go to doctor's office or clinic?» (Aufforderung an den Leser: Beantworten Sie die Frage, lesen Sie dann erst weiter). Wie sich bei Kontrollfragen herausstellte, hatten einige Befragte nur an persönliche Besuche gedacht; einige hatten Telefongespräche nicht mit einbezogen, andere wiederum nur Besuche angegeben, bei denen der Arzt auch anwesend war. Für die Forscher hingegen und deren Bezugsrahmen war es selbstverständlich, daß alle diese Formen dazugehörten.

Im wesentlichen richtet sich die Lehre von der Frage auf drei einzelne Probleme:

1. *Wie* ist die Frage zu formulieren?
2. *Welche* Art von Frage (und Antwortvorgabe) ist angemessen?
3. *Warum* wird die Frage gestellt?

Die drei Probleme werden nachfolgend in dieser Reihenfolge diskutiert, auch wenn man bei einem Forschungsvorhaben in umgekehrter Reihenfolge vorgehen wird.

5.1.1. Bezugsrahmen des Befragten: Frageformulierung

a) *Gründe.* Um dem Bezugsrahmen des Befragten gerechter zu werden, ist es sinnvoll, nach den Gründen einer Antwort zu fragen. Man stellt zusätzliche Fragen, die offen oder geschlossen sein können:

«Warum sind Sie dieser Ansicht?»
«Woran denken Sie dabei?»
«Warum haben Sie dieses Studienfach gewählt?»
(Schriftliche Befragung bei männlichen Homosexuellen im Jahre 1971, DANNECKER

& REICHE:) «Wenn es in den letzten 12 Monaten selten oder nie vorkam, daß Sie mit einem unbekannten Partner die Nacht zusammen verbrachten: Woran lag das in der Regel?» (Hier können Sie mehrere Antworten geben!)
1. Hat sich nie ergeben, weil keine Gelegenheit (Wohnung) dazu war.
2. Weil ein Zusammenleben über Nacht gleich zu sehr verpflichtet.
3. Weil ich nur Sex mit einem Mann haben möchte, und keine Freundschaft.
4. Wäre mir zu gefährlich.
5. Weil das mit vielen Partnern nur vergeudete Zeit wäre.
6. Wenn man zusammenbleibt, würde der homosexuelle Trieb nur noch stärker.
7. Weil man die wenigsten Partner beim Frühstück noch ertragen kann.

Solche Fragen sind außerordentlich wichtig, um Ablehnung oder Zustimmung zu differenzieren. Das zeigte sich beispielsweise in Umfragen bei Vertriebenen, von denen ein großer Teil bejahte, in ihre ehemaligen Wohngebiete zurückkehren zu wollen. Als jedoch nachgefragt wurde, unter welchen Bedingungen sie es tun würden, sank die Zahl der Zustimmenden erheblich, nachdem ihnen die realen Bedingungen einer solchen Rückkehr vorgelegt wurden.

Ob man Gründe-Fragen offen oder geschlossen stellen soll, ist schwer zu entscheiden. Als Regel kann man jedoch davon ausgehen, daß, je genauer die Kenntnis über die möglichen Antworten ist, desto eher die Frage geschlossen sein kann. Allerdings sollte man dabei die weiter unten formulierten Regeln beachten.

b) *Informationsstand des Befragten.* Durch unklare oder abstrakte Formulierungen werden zu viele Informationen beim Befragten vorausgesetzt:

«Glauben Sie, daß die Tendenz besteht, die Wohnungen in dieser Gegend auch an Geschäftsleute zu vermieten?»
«Wie beurteilen Sie die Aktivität der Parteimitglieder?»
«Wie beurteilen Sie die Informationsflüsse innerhalb des Landesverbandes?»
«Stehen Sie in engerem Kontakt zu Ihren Nachbarn?»

Jede dieser Fragen setzt zuviel voraus; die Ergebnisse sind daher unbrauchbar. Ein gutes Beispiel hierfür liefern die unterschiedlichen Interpretationen des Begriffs «Profit» (PAYNE 1951, S. 19):

«Wenn Sie von Profit sprechen, denken Sie dann an den Profit am Umsatz, an das in einer Firma investierte Geld, an den Jahresgewinn oder was sonst?»
Profit am Umsatz: 22 %,
an Investitionen: 18 %,
am Jahresende: 14 %,
anderes: 10 %,
weiß nicht: 37 %.

Abstrakte Begriffe müssen also in gegenständliche verwandelt werden, die möglichst für alle Befragten die gleichen Bedeutungen haben. Einige Forscher haben vorgeschlagen, bei Befragungen nur etwa die 1000 meistgebrauchten Wörter zu verwenden. Das mag in einzelnen Fällen sinnvoll sein. Zur Regel sollte man es sich machen, möglicherweise unklare Begriffe zu prüfen, sei es im Pretest einer Untersuchung, sei es in der Befragung durch Nachfragen oder – sehr viel aufwendiger – durch Polaritätsprofile.

Nun ist der Informationsstand eines Befragten keine unveränderliche Größe; er kann ebenso als kognitiver Lernprozeß im Verlauf des Fragens begriffen werden. Die Fragen brauchen sich nicht darauf zu beschränken, den Informationsstand zu einem gegebenen Zeitpunkt zu ermitteln, sondern man kann Informationen liefern oder durch die Anordnung der Fragen den Befragten problembewußter machen. Ein bezeichnendes Beispiel sind die Fragen nach den Wohnwünschen, wie sie häufig in Studien zur Stadtforschung gestellt werden. Ergebnisse aufgrund von Fragen wie «Wo möchten Sie einmal wohnen?» oder «Wie stellen Sie sich eine ideale Wohnung vor?» sind völlig unzureichend. Die meisten Menschen wissen gar nicht, welche Alternativen zu den ihnen geläufigen Wohnungen bestehen in bezug auf Größe, Schnitt und Veränderbarkeit, noch wissen sie, welche Konsequenzen die Eigenheim-Ideologie für den Städtebau hat. Eine Planung, die sich auf solche Ergebnisse geplanter Unwissenheit beruft, entmündigt die Bürger im doppelten Sinne: Zumindest wären bei solchen Untersuchungen die heute möglichen Wohn-Alternativen (z. B. in Form von Bildern) sowie die Konsequenzen bestimmter Wohnformen in den Fragenkatalog einzubeziehen.

c) *Mehrdimensionalität.* Fragen (und Antwortvorgaben) enthalten oft mehrere Dimensionen, infolgedessen die Antworten unvergleichbar werden, weil die Befragten jeweils in nur einer Dimension geantwortet haben (vgl. Litwak 1956).

Ein Beispiel von Goode & Hatt: «Was haben Sie für Nachbarn?» (Dimension Schicht: «Hier wohnen Arbeiter wie wir»; Einkommen: «Meistens reiche Leute»; Religion: «Die meisten sind Katholiken»; Sympathie: «Ich finde, recht nette Leute»; Alter: «Junge Ehepaare mit vielen Kindern», etc.)

Ein Beispiel von Lazarsfeld: «Warum haben Sie dieses Buch gekauft?» (Betonung!) («Sie» – statt jemand anderer?; «dieses» – warum Krimi statt Lyrik?; «Buch» – warum Buch und nicht Schallplatte?)

«Sind die Arbeitswege Ihrer Familienmitglieder sehr weit?» (Welcher Mitglieder?; «sehr»?; «weit: Zeit oder Meter?»)

«Gehen Sie lieber in die Oper oder ins Theater als ins Kino?» (Was schließt was aus?)

Die Mehrdimensionalität oder Mehrdeutigkeit kann sich ebenso auf den Code, d. h. die Antwortvorgaben beziehen:

«Glauben Sie, daß sich durch das Einnehmen von Rauschmitteln Ihre Schulleistungen (gemessen an den Zensuren) verschlechtert haben?» Vorgaben: Ich habe noch nie R. M. genommen – Nein – sie haben sich verbessert – sie haben sich verschlechtert – ich weiß es nicht – es ist mir gleichgültig – meine Schulleistungen interessieren mich nicht. (Die letzte Alternative fällt aus der Logik der Vorgaben heraus. Sie kann von jedem, der eine vorangegangene angekreuzt hat, zusätzlich angekreuzt werden.)

«Welche Rolle spielt das Fernsehen in Ihrer ‹Freizeit›?» Vorgaben: bevorzugte Freizeitbeschäftigung – ich sehe täglich etwa zwei Stunden fern, egal, was kommt – ich wähle das Programm aus; Unterhaltsames, wenn ich abgespannt bin, Informatives, wenn ich noch aufnahmefähig bin – ich kann durchaus aufs Fernsehen verzichten, es informiert mich genauso wie Rundfunk und Zeitung.

(Mehrere Alternativen überschneiden sich; es werden zum Teil ungleiche Informationen gegeben; einige Alternativen sind suggestiv.)

Um solche Fehler zu vermeiden, sollte man die Antwortdimensionen durch eine vorherige Information festlegen, z. B. «Unter Berufstätigkeit kann man auch die Möglichkeit der Teilzeitarbeit verstehen. Haben Sie schon einmal an eine solche Form der Berufstätigkeit gedacht?»

d) *Fragen-Anordnung*. Fragen sind nicht isoliert zu betrachten, sondern in ihrer Abfolge. Man wird bei einem Thema zumeist vom Allgemeinen zum Besonderen vorgehen, ein als «Trichter» bezeichnetes Verfahren. Damit dürfte auch am ehesten dem im Punkt (b) erläuterten Prozeß gerecht zu werden sein. Jede Nachfrage nach Gründen ist ja bereits ein Trichter. Sehr klar ist ein solches Vorgehen an dem «fünfdimensionalen Frageplan» von GALLUP nachvollziehbar:

1. Bewußtheit: offene Wissensfrage: «Was verstehen Sie unter Mitbestimmung?»
2. Unbeeinflußte Einstellung: offene Frage: «Was sollten die Gewerkschaften hinsichtlich der Mitbestimmung tun?»
3. Spezifische Einstellung: geschlossene Frage: «Einige sagen, die Arbeitgeber sollten im Aufsichtsrat eines Betriebes die Mehrheit haben, andere, Arbeitgeber und Arbeitnehmer sollten gleich stark vertreten sein. Was meinen Sie?»
4. Gründe: offene Warum-Frage: «Warum meinen Sie das?»
5. Intensität: geschlossene Intensitäts-Frage: «Wie sicher sind Sie Ihrer Ansicht? Sehr sicher, sicher, unsicher oder sehr unsicher?»

Gelegentlich erweist es sich als sinnvoll, den Trichter umzukehren, um damit die Hintergründe einer Antwort zu erfahren, ohne solche Lernprozesse einzuleiten.

Bei der Anordnung der Fragen kann leicht der Fehler auftreten, daß eine Frage auf die folgende(n) ausstrahlt. Dieser als «Halo-Effekt» bezeichnete Prozeß bezieht sich auf die Beantwortung einer Frage nicht aufgrund ihres manifesten Inhalts, sondern ihrer Beziehung zum Inhalt der vorangegangenen. Dabei kann es sich um eine nur vorbewußte Assoziation des Befragten handeln. So dürfte es sich nicht empfehlen, zunächst eine Frage nach der Todesstrafe zu stellen und anschließend zu fragen, ob und wie man Sexualdelikte bestrafen sollte.

e) *Verzerrte Fragen*. Unter diese allgemeine Bezeichnung fallen alle Fragen, die allein durch ihre Formulierung die Verteilung der Antworten in einer bestimmten Form beeinflussen, allgemein: zu schiefen Verteilungen führen. Sie können Unterstellungen, unvollständige Vorgaben, «belastete» Wörter enthalten oder suggestiv sein, indem sie eine bestimmte Antwort nahelegen. Einige Beispiele:

«Haben Sie häufiger Meinungsverschiedenheiten mit Ihrem Hauswirt?»
«Sind Sie auch der Ansicht, daß wir zu viele Gastarbeiter in der BRD haben?»

(Schriftliche Befragung der katholischen Kirche:) «Wie sehr beschäftigen Sie sich mit Fragen der katholischen Kirche?» (Da helfen auch die Vorgaben «häufig – zeitweise – selten – gar nicht» nur wenig.)

(Interviews in Obdachlosen-Siedlung:) «Meinen Sie, daß es für die Kinder in einer neuen Sozialbau-Gegend erst einmal schwierig sein wird, ebenso gute Spielkameraden zu finden wie hier am X-Weg?» (Wer sagt, daß die Kinder hier gute Spielkameraden haben?)

(Rugg 1941, zit. nach Payne 1951:) A. «Meinen Sie, die Vereinigten Staaten sollten öffentliche Reden gegen die Demokratie erlauben?» – B. «Meinen Sie, die Vereinigten Staaten sollten öffentliche Reden gegen die Demokratie verbieten?»

a. Sollten erlauben: 21 %	b. (Sollten nicht verbieten): 39 %
(Sollten nicht erlauben): 62 %	Sollten verbieten: 46 %

Eine neutrale Frage müßte alle Alternativen enthalten, also: «... erlauben oder verbieten?»

In einer neueren Untersuchung über die Wirkung verzerrter Fragen zum Problem der Behandlung von Straftätern haben Dillehay & Jernigan (1970) zeigen können, daß 90 % der Antworten der Befragten jeweils in die Richtung der Verzerrung gingen, sich bei einer neutralen Frage hingegen die Antworten fast genau polarisierten. Außerdem hatten die verzerrten Fragen den Effekt, zumindest kurzfristig zu Einstellungsänderungen der Befragten in die jeweilige Richtung der Frage zu führen.

5.1.2. Arten von Fragen und Antwortvorgaben

Fragen lassen sich auf unterschiedliche Arten klassifizieren: nach der Art der Antwortvorgaben, nach der Stellung im Fragebogen oder danach, ob sie Meinungen oder Verhalten erfassen sollen. Hier wird im wesentlichen die erste Form der Klassifikation zugrunde gelegt, da sie einen guten Überblick über die Möglichkeiten des Fragens gibt.

Eine grundlegende Unterscheidung bezieht sich darauf, ob eine Frage *offen* oder *geschlossen* ist. Unter «offen» sind Fragen zu verstehen, die keine Antwortvorgaben enthalten (z. B. «Wie denken die meisten ihrer Kollegen über die gleitende Arbeitszeit?»), unter «geschlossen» Fragen, die zwei oder mehr Vorhaben enthalten («Sind die meisten Ihrer Kollegen für oder gegen die gleitende Arbeitszeit?»). Man sollte offene Fragen verwenden,

1. wenn die Information über die Einstellungen von Personen zu einem gegebenen Problem gering ist; wenn also nur ein geringes Vorwissen über Gründe, ihr Zustandekommen und die Aspekte einer Ansicht beim Forscher besteht;
2. wenn der Bezugsrahmen des Befragten ermittelt werden soll;
3. wenn differenzierte Einstellungen, z. B. von Extrem-Gruppen, erhoben werden sollen, um hieraus Hypothesen über Zusammenhänge von Variablen zu entwickeln.

Je größer das Vorwissen – sei es aus vorhandenen Untersuchungen, sei es aus den Pretests – über die möglichen Meinungen, ihre Strukturierung und den Informationsstand bei den Befragten ist, desto eher kann man mit geschlossenen Fragen arbeiten.

Geschlossene Fragen können nun außerordentlich verschieden konstruiert werden. Die nachfolgenden Beispiele stellen einen vorläufigen Katalog zur Illustration der möglichen Vorgehensweisen dar.

a) *Zwei Alternativen:* Bestandteil der Frage sind die Antwort-Alternativen. Der Code hat nominale Skalenqualität.

«Sind Sie für oder gegen die Wiedereinführung der Todesstrafe?»

b) *Mehrere Alternativen:* Typ 1: Gründe-Fragen

«Welcher der nachfolgenden Gründe war für Ihre Teilnahme an der Tagung ausschlaggebend?» (Mehrfachnennungen möglich)
Allgemeinbildung
Freizeitgestaltung
Gespräch mit anderen Teilnehmern
Ratschlag von Bekannten
berufliches Interesse
Ruf der Dozenten
Sonstiges, und zwar . . .

Typ 2: Schätzungen

«Was schätzen Sie: Wieviel Personen sind 1966 in der BRD wegen Unzucht mit Kindern verurteilt worden?»	oder	«Was schätzen Sie: Wieviel Prozent aller Vergehen und Verbrechen entfielen 1966 in der BRD auf Unzucht mit Kindern?»
20 000		25 %
15 000		15 %
10 000		10 %
5 000		5 %
2 000		1 %
500		0,5 %

Bei zahlreichen Alternativen (genannt: Cafeteria-, Listen- oder multiple-choice-Fragen) kann man bei Typ 1 die Alternativen entweder vorlesen, den Fragebogen den Befragten reichen, die Alternativen auf einer Karte oder aber auf einzelnen Karten notiert vorlegen. Bei dem letzteren Vorgehen werden Effekte der Reihenfolge verringert. Je nach dem Untersuchungsziel läßt man a) mehrere Alternativen ankreuzen/nennen), b) alle oder c) nur drei Alternativen nach der Wichtigkeit rangordnen. Im Falle des zweiten Typs von Fragen ist selbstverständlich nur eine Antwort möglich. Hier erhöht sich mit zunehmender Unkenntnis des Befragten die Tendenz zu raten.

c) *Mehrere Alternativen mit vorgegebener Rangordnung (Intensitäts-Frage):*

«Gehen Sie oft, häufig, selten oder nie ins Kino?»

Hier werden Antworten vorgegeben; der Code hat ordinale Skalenqualität. Allerdings sollte man berücksichtigen, daß Wörter wie «häufig», «groß», «viel» relative Bezugspunkte enthalten: Für einen Jugendlichen mögen «oft» drei Kinobesuche pro Woche bedeuten, für einen 40jährigen zwei im Monat. Anstelle so unscharfer Begriffe sollte man besser eine standardisierte Meßeinheit verwenden, z. B. x-mal pro Woche oder x-mal pro Monat.

d) *Meinung – Verhalten:*

«Hören Sie Radio?» – Wenn ja: «Welche Sendungen hören Sie am liebsten?»
Besser: «Welche Sendungen haben Sie gestern gehört?»
«Was machen Sie in Ihrer Freizeit?»
Besser: «Wie haben Sie den letzten Sonntag verbracht?» (Aktivität, Dauer, ggf. beteiligte Personen notieren.)

Die Frage nach dem Verhalten ist im allgemeinen valider als die Meinungsfrage. Man geht davon aus, die «Zufälligkeit» der jeweiligen Aktivitäten einzelner Personen gleiche sich über eine Vielzahl von Personen aus, so daß z. B. die Regelmäßigkeiten des Freizeitverhaltens einer Altersgruppe oder Schicht valide ermittelt werden können.

e) *Hypothetische Situationen:*

«Mit einem engen Freund fahren Sie im Auto, das er steuert. Er fährt einen Fußgänger an. Sie wissen, daß er mindestens 60 km/h fuhr, obgleich an der Stelle nur 30 km/h erlaubt sind. Es gibt keine weiteren Zeugen. Sein Verteidiger sagt, wenn Sie unter Eid aussagen, Ihr Freund sei nur 30 km/h gefahren, dann könnten Sie ihn vor schweren Folgen bewahren.

Welches Recht hat Ihr Freund, zu erwarten, daß Sie ihn beschützen? Bitte, eines ankreuzen:

- Mein Freund hat ganz sicher das Recht, von seinem Freund zu erwarten, daß er die niedrigere Geschwindigkeit bezeugt.
- Mein Freund hat einiges Recht, von seinem Freund . . .
- Mein Freund hat kein Recht, von seinem Freund . . .

Was, meinen Sie, würden Sie tun, als vereidigter Zeuge einerseits und angesichts der Verpflichtung dem Freund gegenüber andererseits?

Bitte, eines ankreuzen:
– Bezeugen, daß er 30 km/h fuhr
– Nicht bezeugen, daß er 30 km/h fuhr» (STOUFFER & TOBY 1951, S. 396).

«Ein neuer Kollege wird zur Probe eingestellt. Die anderen mögen ihn gleich gut leiden, weil er ein netter Kerl ist und seine Arbeit gut macht. Nun erfahren Sie zufällig, daß der Neue zu einer Gefängnisstrafe auf Bewährung verurteilt worden ist. Als der Meister einige Kollegen fragt, was Sie von dem Neuen halten, was, glauben Sie wohl, werden die nun über ihn sagen?» (FRIEDRICHS & PONGRATZ 1970, S. 248.)

Solche Situationen ermöglichen wahrscheinlich eine stärkere Motivation des Befragten, wenn sie nur authentisch für seinen Bezugs- und Handlungsrahmen sind. Sie stellen eine verbale Annäherung an das ansonsten nur beobachtbare Verhalten in komplexen Situationen dar. Voraussetzung ist allerdings, daß die Situationen für den Befragten hinreichend genau definiert (nicht unterdeterminiert) sind (vgl. FRIEDRICHS 1974).

f) *Kontrollfrage:*

(Aus der Schüler-Befragung von SIGUSCH & SCHMIDT 1970:) «Finden Sie es richtig oder nicht richtig, wenn eine verheiratete Frau Geschlechtsverkehr mit anderen Männern hat?»

«Nicht richtig». Jungen: 47 %

«Was würden Sie tun, wenn Ihre Freundin mit einem anderen Geschlechtsverkehr hat?»

«Ich würde Schluß machen». Jungen: 66 %

Zu besonders wichtigen Informationen wird man zu der Hauptfrage an einer späteren Stelle des Fragebogens eine weitere, möglichst ähnliche Frage stellen, um die Validität der Antwort zu prüfen. Das oben gegebene Beispiel ist eine indirekte Kontrolle, da es die erste Frage näher auf die gegenwärtige Situation bezieht.

g) *Indirekte Frage:*

«Viele Menschen sind der Ansicht, wir hätten zu viele Gastarbeiter in der BRD. Meinen Sie das auch oder nicht?»

«Drei Personen unterhalten sich über Gastarbeiter. Welcher von ihnen könnten Sie am ehesten zustimmen?» (Es folgen drei Ansichten über Gastarbeiter in der BRD von Personen A, B, C.)

Vorgabe einer gezeichneten Handlung, darunter zwei Personen, bezeichnet mit A und B. Der Befragte wird aufgefordert zu sagen, was A und was B wohl gerade sagen.

Solche Fragen sind immer dann sinnvoll, wenn man den Befragten auf ein heikles Thema bringen möchte, ihm aber die Beantwortung dadurch erleichtert, daß er nicht direkt nach seinen Einstellungen oder seinem Verhalten gefragt wird, sondern sich hinter anderen Personen quasi verbergen kann, oder auf projektive Vorlagen (wie Zeichnung, Bilder oder projektive Tests) reagiert, in die er seine Ansicht hineinliest. Die Validität der Ergebnisse solcher projektiven Verfahren ist allerdings umstritten. DOHRENWEND (1970) hat die Erfahrungen KINSEYS bestätigen können, daß kontroverse Themen (Sexualverhalten, Abtreibung etc.) bei Personen mit höherer Schulbildung direkt erfragt, bei Personen mit niedriger Schulbildung hingegen indirekt erfragt werden sollten.

Allgemeiner und methodologischer hat KREUTZ (1972, S. 62 ff.) das Problem der indirekten Frage gefaßt: Die Reaktion (Antwort) auf einen sprachlichen Stimulus (Frage) kann nur bedingt als direkter Hinweis auf das angezielte Verhalten des Befragten interpretiert werden; sie ist zunächst nur eine sprachliche Reaktion. Erst mit Hilfe einer Theorie lassen sich die sprachlichen Reaktionen auf das tatsächliche Verhalten beziehen. Daraus ergeben sich unterschiedliche Vorgehensweisen bei der Frage(bogen)-Konstruktion, wie das Beispiel einer Untersuchung von männlichen Jugendlichen in Österreich zeigt (KREUTZ 1972, S. 65 f.):

«In direktem Zugang wurden Jugendliche gebeten, anzugeben, was ihnen an einem Freund wichtig sei. Die Vorgabe lautete: ‹Am liebsten ist mir ein Freund, der . . .› Weniger als 2 % der Befragten gaben hier Zugehörigkeit zur gleichen sozialen Schicht, gleiche soziale Herkunft oder Vergleichbares als Kriterium an.

Das indirekte Verfahren bestand einfach darin, von den Jugendlichen zu erfragen, mit welchen Klassenkollegen sie befreundet waren (da die überwiegende Mehrheit aller Freundschaftsbeziehungen innerhalb der Schulklasse bestanden, war diese Beschränkung möglich) und gleichzeitig festzustellen, zu welcher sozialen Schicht die miteinander befreundeten Jugendlichen gehörten. Dabei stellte es sich heraus, daß annähernd die Hälfte der Freundschaften die Schichtgrenzen nicht überschritten.»

h) *Meinungslosigkeit*. Nicht alle Befragten geben auf eine Frage eine der bislang aufgeführten Arten von Antworten. Sie antworten vielmehr mit «weiß nicht», «unentschieden», geben keine Antwort (kA) oder verweigern sie. Dieses Problem der Meinungslosigkeit (non-response rate) ist in einer grundlegenden Arbeit von LEVERKUS-BRÜNING (1966) untersucht worden. Sie unterscheidet auch die genannten vier Formen: Nicht-Informiertheit, Unentschiedenheit, Meinungslosigkeit und Verweigerung. Solche «Antworten» werden überproportional häufig von Frauen, Volksschülern, Unterschichtangehörigen und Bewohnern kleiner Gemeinden gegeben (LEVERKUS-BRÜNING 1966, S. 97 f.). Wichtige Ursachen hierfür sind: Unverständnis der Fragen, mangelndes Wissen, undifferenziertes Denken und in Apathie mündende Prozesse gesellschaftlicher Unterprivilegierung. Das verweist nochmals auf die Notwendigkeit, Fragen verständlich zu formulieren und Informationen zu liefern. In den Antwortvorgaben sollten auch zudem diese Formen der «Antwort» vorgesehen sein.

i) *Unangenehme Fragen.* Fragen nach dem Einkommen, der Kindererziehung, der Allgemeinbildung, der Sexualität oder den Familienverhältnissen sind den Befragten häufig unangenehm. Mehrere Untersuchungen konnten dies belegen; doch muß einschränkend gesagt werden, daß auch die Antizipation dessen den Interviewer verunsichern kann, was die Unsicherheit des Befragten verstärkt und z. B. zu Antwortverweigerungen führt. Ungeachtet dieser Einschränkung erscheint die Erklärung dieses Sachverhalts, die KOOLWIJK (1969, S. 874) gibt, von grundsätzlicher Bedeutung für den Interaktionsprozeß in einer Befragung (auch einer schriftlichen), weil sie etwas über den Bezugsrahmen des Befragten aussagt:

«Versteht man das Verhalten eines Individuums nicht als singuläres Datum seiner Persönlichkeit, sondern zugleich als eine von ihm bewertete Position innerhalb eines möglichen Verhaltensspektrums, über das sich ein kontrollierendes und vergleichendes Normensystem ausbreitet, so ist eine Antwort im Interview einerseits die Fixierung einer Einzelerscheinung innerhalb seiner gesamten Biographie, andererseits aber gleichzeitig die Fixierung einer normativen Position. Die Diskrepanz zwischen Verhalten und Norm bestimmt schließlich unabhängig von dem Inhalt des Stimulus oder dem Thema einer Frage die Reaktion, d. h. den Unangenehmheitswert der Kommunikation.»

j) *Frage nach dem Beruf.* Besondere Schwierigkeiten bereitet immer wieder die Klassifikation der Berufe. Angesichts ihrer zunehmenden Zahl (ca. 20 000) sollte man sich in einer Erhebung nicht mit allgemeinen Angaben wie «Kaufmann», «Angestellter» zufriedengeben, sondern eine genaue Berufsangabe erbitten. Das gilt auch für die verschiedenen Formen der Teil-Erwerbstätigkeit sowie die früheren Berufe der Hausfrauen, Rentner etc. Ein grobes Klassifikationsschema ist in Übersicht 18 gegeben. Es kann für die speziellen Zwecke einer Untersuchung zusammengefaßt werden. Eine nützliche Liste einzelner Berufe und ihrer Zuordnung zu Schichten findet sich z. B. bei KLEINING & MOORE (1968).

Übersicht 18: *Grobes Schema der Berufe*

1. Akademische freie Berufe (z. B. Ärzte)
2. Sonstige freie Berufe (z. B. Makler)
3. Größere Selbständige in Handel und Gewerbe (z. B. Unternehmer)
4. Kleine und mittlere Selbständige in Handel und Gewerbe (z. B. Handwerker, Inhaber kleiner Firmen)
5. Selbständige Landwirte
6. Leitende Angestellte (z. B. Prokuristen, Abteilungsleiter)
7. Mittlere und gehobene Angestellte (z. B. Sachbearbeiter, Werkmeister, Verkäufer)
8. Einfache Angestellte (z. B. Verkäufer, Bote)
9. Höhere Beamte (z. B. Regierungsrat, Studienrat, Dozenten, Offiziere)
10. Mittlere und gehobene Beamte (z. B. Sekretäre, Inspektoren)
11. Einfache Beamte

12. Facharbeiter, nicht-selbständige Handwerker
13. Angelernte Arbeiter
14. Ungelernte Arbeiter, Hilfsarbeiter
15. Land- und Forstarbeiter
16. Hausfrauen
17. Rentner, Pensionäre
18. Arbeitslose
19. In Ausbildung Befindliche (Lehrlinge, Schüler, Studenten, in Wehr- und Ersatzdienst)

Bei den Gruppen 16–18 Nachfrage nach früherem (zuletzt ausgeübtem) Beruf. Bei der Gruppe 19 Nachfrage nach Art der Ausbildung(sstätte) und geplantem Beruf.

5.1.3. Bezugsrahmen des Forschers: Fragebegründung

Fragen werden aus einem Interesse des Forschers gestellt, genauer: werden aus seinen Hypothesen hergeleitet. Die Antworten auf einzelne Fragen stellen methodologisch Indikatoren der Variablen dar. *Die Frage ist demnach das Bindeglied zwischen den Variablen der Hypothesen und den Antworten.* Die Antworten bilden den Code, so daß die Exaktheit der Hypothesenprüfung von der Skalenqualität des Codes abhängt.

Fast nie entspricht einer Hypothese nur eine Frage; vielmehr müssen zahlreiche Fragen formuliert werden, um eine Hypothese zu überprüfen. Generell gilt: Je komplexer ein Problem oder eine Hypothese, desto mehr Fragen sind erforderlich. Einer der größten Fehler ist es daher, Hypothesen direkt als Fragen zu formulieren. Drei extreme Beispiele: «Sind Sie neurotisch?», «Haben Sie die Erfahrung gemacht, daß bei starker Mitgliederbeteiligung die Effizienz der Parteipolitik behindert wird?», «Fühlen Sie sich in diesem Neubauviertel isoliert?»

Beispiel für eine Ableitung der Fragen:
Bei dem Problem der Isolation könnte die Ableitung etwa folgende Form haben: Das Ziel der Untersuchung ist, den Grad sozialer Isolation in einem Neubau- und einem Altbaugebiet Hamburgs zu untersuchen. Unter anderem sollen drei Hypothesen geprüft werden:

1. Je entfernter die Verwandten wohnen, desto isolierter ist eine Person.
2. Je weniger Bekannte eine Person im Viertel hat, desto isolierter ist sie.
3. Je geringer die Kontakte zu den Nachbarn sind, desto isolierter ist eine Person.

Wer soll als «Person» gelten? In einer Familie z. B. die Mutter, der Vater und die Kinder oder nur die Mutter? Sollen alle Familienmitglieder befragt werden oder nur eines, dieses aber auch nach den Kontakten der anderen? (Also welche Stichprobe, Erhebungseinheit etc.?) Der Einfachheit halber sei angenommen, es werden nur Frauen befragt. Allerdings sollte

4. berücksichtigt werden, daß Erwerbstätigkeit eine Kompensation für fehlende Kontakte im Viertel sein kann.

Hieraus ergeben sich u. a. folgende Fragen: «Haben Sie Verwandte in Hamburg?» Wenn ja: «Wie viele?» «In welchen Stadtteilen leben sie?» – Kontrolle:

«Haben Sie Verwandte, die in diesem Viertel leben?» «Wie oft im Monat besuchen Sie die einzelnen Verwandten?» (nach Stadtteilen notieren).

Entsprechendes gilt für Bekannte.

Für die Frage nach dem Verhältnis zum Nachbarn läßt sich eine ordinale Nachbarschafts-Skala verwenden, wie sie PFEIL (1959) entwickelt hat: «Grüßen Sie sich mit den Nachbarn im Haus?» Wenn ja: «Mit wie vielen?» «Kennen Sie alle, einen Teil oder keinen der Namen Ihrer Nachbarn?» «Unterhalten Sie sich mit Ihren Nachbarn?» Wenn ja: «Wie oft?» – «Waren Sie schon einmal bei einem Nachbarn eingeladen?» «Haben Sie schon einmal Nachbarn zu sich eingeladen?» – Weiterhin: «Kennen Sie die Bewohner aus anderen Häusern hier im Viertel?» Schließlich: «Sind Sie berufstätig?» Wenn ja: «Sind Sie das ganztägig, halbtägig, stundenweise oder nur gelegentlich?» usw.

Weiterhin wird man nach den Gründen fragen, wenn nur wenige Kontakte im Viertel (Bekannte, Nachbarn) vorhanden sind. – Dieses ist ein sehr begrenzter Ausschnitt aus dem Problem. Er wäre zu erweitern um Fragen nach der Wohndauer, der Kinderzahl, den Spielkameraden der Kinder; den Arbeitswegen des Mannes; der Erreichbarkeit der Innenstadt; den sozialen Einrichtungen im Viertel; Möglichkeiten öffentlicher Kommunikation (Parks, Cafés, Kneipen etc.); der Sozialstruktur der Siedlung.

Schließlich sollte man vor jeder Erhebung festlegen, welche Antworten mit welcher Gewichtung als Prüfung der Hypothesen zu gelten haben – in dem Beispiel oben: als Grad der Isolation interpretiert werden sollen.

Anhand dieser Überlegungen läßt sich auch ein Ansatz entwickeln, um den *Informationsgehalt von Fragen* zu bestimmen. Er ist ableitbar aus den Antworten, die eine Frage ermöglicht. In Anlehnung an die Informationstheorie wäre der Informationsgehalt einer Frage von dem Vorwissen des Forschers über die *Art* der Antworten und die Antwort-Verteilung abhängig. Der Informationsgehalt einer Frage ist um so größer, je seltener eine Antwort, gemessen an den Erwartungen des Forschers, ist:

- Ist die Erwartung/das Vorwissen sehr niedrig, wird man eine offene Frage stellen.
- Sind wenigstens die Dimensionen der Frage grob bekannt, so wird man eine geschlossene Cafeteria-Frage stellen.
- Sind die Dimensionen gut bekannt, so gewinnt man Information durch mehrere geschlossene Fragen für die einzelnen Dimensionen.
- Ist auch hierüber ein ausreichendes Vorwissen vorhanden, dann empfiehlt sich eine geschlossene Frage mit Antwortvorgaben, die ein ordinales Kontinuum darstellen (wie z. B. bei Intensitätsfragen).

5.1.4. Einige Regeln des Fragens

Fragen sollten kurz, einfach und auf den Bezugsrahmen des Befragten bezogen sein. Doppelte Negationen, unklare Wörter, verzerrte Formulierungen sind zu vermeiden, um eine neutrale und gültige Antwort zu erhalten. Art der Frage und Frageformulierungen richten sich nach dem Bezugsrahmen des Befragten. Ihre Ableitung hingegen erfolgt nach dem

Bezugsrahmen der Untersuchung, des Forschers. Um beide in Beziehung setzen zu können, seien abschließend einige Regeln genannt, die sich an zahlreichen Forschungsergebnissen zu Befragungen bewährt haben. (Eine weitere, sehr nützliche Liste gibt PAYNE 1951, S. 228 ff.)

- Je weiter ein Ereignis zurückliegt, desto ungenauer werden die Angaben.
- Je mehr sich eine Person für ein Thema interessiert, desto gültiger sind die Angaben.
- Je wichtiger ein Ereignis für eine Person ist, desto genauer werden die Angaben.
- Je bedrohlicher ein Ereignis für eine Person war, desto eher wird sie es vergessen.
- Je sozial mißbilligter etwas ist (z. B. Geistes- oder Geschlechtskrankheiten), desto seltener wird darüber berichtet.
- Je sozial höher etwas bewertet ist (z. B. Arbeitsplatz, Einkommen, Spenden, gelesene Bücher), desto eher sind die Angaben zu hoch.
- Bei einer geschlossenen Frage mit zwei Alternativen hat die letztgenannte die größere Anziehungskraft.

Ist die Frage offen gestellt, so gilt:

- Die Reihenfolge der Nennungen des Befragten gibt nicht immer ihre Wichtigkeit wieder; er kann sogar das Wichtigste nicht genannt haben, weil es so selbstverständlich ist.
- Die Zahl der Nennungen steigt, je länger man dem Befragten Zeit zum Nachdenken gibt oder ihn durch Ermutigungen auffordert. Allerdings wächst die Gefahr, daß Interviewer die Antwort im Sinne ihrer Einstellungen und/oder Vorurteile auswählen.

Ist die Frage geschlossen, dann gilt:

- Je eingehender jemand seine Gründe durchdacht hat, desto weniger wird ihm die vorgegebene Liste ausreichen.
- Je weniger jemand seine Gründe durchdacht hat, desto eher wird die Liste als Erleichterung angesehen werden. Bei sehr niedrigem Informations- und/oder Reflexionsstand besteht allerdings die Gefahr wahlloser Ankreuzungen (vgl. CANNELL & KAHN 1968).
- Unangenehme oder sozial mißbilligte Gründe, die bei einer offenen Frage nicht genannt würden, können unter den vorgegebenen Alternativen untergebracht werden.

Für Listenfragen gilt:

- Je geringer die Information des Befragten ist, desto eher wird er versuchen, die «richtige» unter den vorgegebenen Alternativen zu erraten. Erfahrungsgemäß wird er eine Kategorie der unteren Mitte ankreuzen (Positionseffekt).
- Um Positionseffekte zu vermeiden, sollte man die Reihenfolge der Vorgaben innerhalb einer Umfrage wechseln. Z. B. 50 % der Bogen haben die eine, 50 % die andere Reihenfolge.
- «Je länger die Vorgaben, desto größer die Chance einer Verwirrung des Be-

fragten (...), aber um so mehr werden die Nachteile der geschlossenen Frage vermieden;

- Je komplexer die vorgegebenen Kategorien, (z. B. längere Sätze gegen Stichworte), um so eher sind Karten und Listen notwendig;
  je weniger vertraut die benutzten Vorgaben dem Befragten ohnehin sind, um so kürzer muß die Kategorienliste sein, ...
- die aufgeführten Vorgaben sind eine Auswahl aus der Fülle aller denkbaren Kategorien und sollten entsprechend über das Bedeutungskollektiv gestreut sein, während eine Häufung verwandter Kategorien ebenso beeinflussend wirkt wie das Auslassen notwendiger Vorgaben;
- je länger und je komplizierter die Vorgaben, desto größer der Einfluß der Reihenfolge» (SCHEUCH 1967 a, 145).
- «Die Verzerrungen von Angaben über die Vergangenheit gehen in die gleiche Richtung wie die in der Zwischenzeit tatsächlich erfolgten Veränderungen. Je weniger die verlangten Angaben einen Bezug zum Verhalten und zu objektiven (d. h. prinzipiell von Dritten beobachtbaren) Sachverhalten besitzen, desto ungenauer ist die Erinnerung an den vergangenen Zustand. Qualitative Merkmale scheinen tendenziell stabiler als quantitative Merkmale zu sein; Angaben über das bloße Vorkommen von Ereignissen sind stabiler ... als Angaben über Häufigkeiten» (SCHEUCH 1967 a, S. 175).

Weitere Regeln, die sich auf die komplexe Erhebungssituation beziehen, finden sich in den Kapiteln über die einzelnen Methoden.

5.2. INTERVIEW

5.2.1. Voraussetzungen

Wie das Laborexperiment in der Psychologie ist das Interview die am häufigsten verwendete Methode in der Soziologie. Es wurde gelegentlich mit «zielgerichtetem Gespräch» bezeichnet; eine genauere Definition lautet: «... ein planmäßiges Vorgehen mit wissenschaftlicher Zielsetzung, bei dem die Versuchsperson durch eine Reihe gezielter Fragen oder mitgeteilter Stimuli zu verbalen Reaktionen veranlaßt werden soll» (SCHEUCH 1967 a, S. 138). Das Interview enthält eine asymmetrische Kommunikation: Der Interviewer fragt, gibt seine Antworten nicht bekannt, der Befragte antwortet.

Die Methode setzt gute verbale Fähigkeiten des Befragten und ein weitgehend ähnliches Sprachspiel (WITTGENSTEIN) bei Forscher, Interviewer und Befragtem voraus. In den meisten Fällen besteht eine Trennung von Forscher und Interviewer, so daß der Interviewer zur eigentlichen Kontaktperson des Befragten wird. Er ist jedoch kein bloßer Agent des Forschers, sondern die zentrale methodische Komponente im Erhebungsprozeß: Ein Forscher (resp. ein Forschungsteam) übersetzt seinen Untersuchungsplan in einen Fragebogen, mit dem mehrere Interviewer bei zahlreichen Befragten arbeiten. Es entsteht eine Kette von Vermittlungen, deren Eigengewicht nur begrenzt berechenbar ist. Wollte man diesen Vorgang mit einem naturwissenschaftlichen Experiment vergleichen, sind Fragebogen und Interviewer gleichermaßen Instrumente, um Sachverhalte zu ermitteln. Allerdings zeigt gerade dieser Vergleich, wie inhaltlich unzureichend diese methodologische Analogie ist: Die «Instrumente» führen ein Eigenleben und sind keine bloßen Registratoren. Schließlich setzt das Interview die Erreichbarkeit, Zeit und Motivation der zu befragenden Personen voraus.

Das Interview ist die mündliche Form der Befragung; ebenso kann eine Befragung schriftlich vorgenommen werden (Abschn. 5.4). Der Terminus «Interview» wird zudem fast ausschließlich für die nachfolgend behandelte Form des *strukturierten* (Fragethemen und Frageanordnung festgelegt) und *standardisierten* Interviews (Frageformulierung festgelegt) verwendet. Interviews ohne Standardisierung und mit nur geringer Strukturierung lassen sich als explorative, Intensiv- oder Tiefeninterviews bezeichnen (Abschnitt 5.3).

5.2.2. Anwendung

Unter den genannten Bedingungen hat das Interview einen sehr breiten Anwendungsbereich. Es liefert relativ gut standardisiert für eine große Zahl von Personen je nach Umfang des Fragebogens und der Bereitschaft der Befragten zur Mitarbeit sehr viele Informationen. Es wird so zur Basis der Auskünfte über Einstellungen, Meinungen und Teile des Verhaltens der Mitglieder einer Gesellschaft, resp. ihrer Untermengen. Wie alle Formen der Befragung stellt auch das Interview die wohl wichtigste Möglichkeit dar, die Wahrnehmung und Interpretation von Sachverhalten durch Individuen zu ermitteln. Da auch Methoden, wie z. B. Tests und Polaritätsprofile, nur spezielle Teile dieses Problems erfassen, bleibt die Befragung unersetzbar, um die Kategorien des Akteurs kennenzulernen (wenngleich die Fragen- und Antwortvorgaben weitgehend die Kategorien des Beobachters = Forschers sind).

Ein weiterer Vorteil liegt in der guten und weit entwickelten Möglichkeit, Zufallsstichproben zu ziehen; dadurch werden die Schlüsse von der Stichprobe auf die Grundgesamtheit auch in ihren Fehlern berechenbar (vgl. Abschn. 3.4). Ein Nachteil ist die Abstraktion von tatsächlichem Handeln des Befragten in Situationen; ein weiterer Nachteil ist in dem hohen zeitlichen und finanziellen Aufwand zu sehen.

Skeptisch zu beurteilen bleibt beim Interview der Individualismus des Ansatzes, der nur zum Teil über Aggregierung der Daten ausgeglichen wird: Die Aussagen von Individuen lassen nur sehr bedingt Schlüsse über Organisationen etc. zu. Auch die sprachliche Basis der Erhebung bleibt problematisch, zumal angesichts des sich erweiternden Wissens über die Schichtgebundenheit der Sprache. Das hat zudem zur Folge, daß in der Oberschicht die Widerstände gegen vorformulierte Antworten hoch sind, während in der unteren Unterschicht Probleme der Informiertheit und der Formulierung der Antworten beim Befragten auftreten. Zugespitzt: alle Formen der Befragung leiden unter einer Mittelschicht-Orientierung der Methode. Besonders kritisch äußert sich GALTUNG (1970, S. 148 ff.); er bezweifelt über die eben genannten Punkte hinaus, daß sich Konfliktgruppen mit Hilfe von Interviews untersuchen lassen, und stellt die Frage, ob lediglich statistische Ergebnisse zustande kommen. Der soziale Wandel könne mit dieser Methode kaum, mit der Panelstudie oder mit Folgestudien nur begrenzt ermittelt werden.

5.2.3. Vorgehen

Das Interview erscheint als einfache Methode, nicht zuletzt aufgrund seiner Nähe zum Alltagsgespräch. Fragen zu stellen liegt nahe und erscheint so leicht. Darin liegt etwas Verführerisches, wenn jene eingangs erwähnten Voraussetzungen nicht bedacht werden – vielleicht, weil auch sie zu selbstverständlich erscheinen. Methodologische Diskussionen sind indessen gerade bei dieser Methode wichtig, weil sonst zu schnell das Alltagsverständnis die Probleme verdeckt.

Entscheidend ist nämlich, daß die Frage nur ein Mittel zur Antwort ist, diese erst die gesuchte Variable. Der Fragebogen muß so konzipiert sein, daß die Antworten tatsächlich den Ausprägungen des angezielten Merkmals (der Variablen) entsprechen. Im Abschnitt 5.1 sind dafür Beispiele angeführt. Eben das aber geschieht zumeist nicht; man konzentriert sich zunächst auf die Frage, um dann erst in der Codierung und Interpretation – wiederum einseitig – die Antworten zu berücksichtigen. Das gilt nicht nur für offene, sondern oft auch für geschlossene Fragen.

Die *Konstruktion eines Fragebogens* wird bislang jeweils neu für ein Problem von dem oder den Forschern vorgenommen. Das ist erstaunlich, da nach einer so langen Tradition soziologischer Forschung mit gerade dieser Methode zu erwarten wäre, daß man zu Standard-Fragebögen, zumindest für Problembereiche oder -teile, kommt, also zu echten Instrumenten, die nur jeweils um einige spezielle Fragen erweitert werden. Völlig zu Recht schreiben daher CANNELL & KAHN (1968, S. 534): «Es erscheint sinnvoll anzunehmen, daß die Phase der in Handarbeit angefertigten Fragebögen langsam zu Ende geht und daß sorgfältig validierte Maße für eine zunehmende Zahl von wichtigen Begriffen und Forschungsbereichen verfügbar sein werden.» Diesem sehr wichtigen Argument ist nur hinzuzufügen, daß sich durch ein solches Vorgehen auch die Vergleichbarkeit der Forschungsergebnisse erheblich erhöht, ja überhaupt erst möglich wird. Eher skeptisch muß man allerdings hinsichtlich des Zeitpunktes sein, an dem diese Prognose eintrifft.

Zu dem Forschungsproblem, seinen Fragestellungen und Hypothesen wird man einen Fragekatalog entwickeln. Die Sammlung der Fragen geschieht auf zweierlei Art: 1. Man übernimmt Fragen und Instrumente aus vorliegenden ähnlichen Untersuchungen. 2. Man trägt in einer Form des Brainstorming gemeinsam alles an Fragen zusammen, was für das Problem nach Kriterien der Plausibilität brauchbar erscheint. Am Ende dieser Phase wird man die einzelnen Fragen des Katalogs auf die Qualität ihrer Formulierung hin prüfen, vor allem auf die im Abschn. 5.1 genannten Fehler hin. Verzerrte Formulierungen werden ausgeschieden oder durch neutrale ersetzt. Was übrigbleibt, ist nach folgenden Kriterien zu prüfen:

1. Auf welche Fragestellung oder Hypothesen der geplanten Studie bezieht sich die Frage? – Jede Frage wird auf ihre Herleitbarkeit aus der Konzeptualisierung hin untersucht. (Wer Fragen nur mit dem Argument vorträgt, «Es sei doch interessant ...», sollte nochmals Abschn. 3.1 lesen.)
2. Welcher Schluß soll gezogen werden, wenn sich auf eine Frage eine bestimmte Antwortverteilung ergäbe, wenn z. B. 60 % die Antwort «Ja» und 40 % die Antwort «Nein» geben? Was besagt das für sich genommen oder im Zusammenhang mit welchen anderen Fragen und Antwortverteilungen? Mit welchen Hypothesen soll eine derartige Verteilung erklärt werden? Sind diese Hypothesen bereits im Hypothesenkatalog enthalten?
3. Welche Skalenqualität haben die Antworten auf die Frage, genauer: hat der Code für die Antwort? Reicht sie zur Hypothesenprüfung aus?

Schlechte Fragebögen entstehen dann, wenn für die einzelnen Fragen und ihre Formen keine Herleitung von den Hypothesen (generell: dem Problem) gegeben werden kann. Man unterstellt stillschweigend, die Antworten würden es schon bringen, sie sollen ex post die Fragen rechtfertigen. Eben das ist ein Irrtum, da die Frageformulierung ja die Antworten weitgehend bedingt.

Zusätzlich zu den ausführlichen Beispielen und Regeln zur Frageformulierung im Abschn. 5.1 sollte man folgendes berücksichtigen: Nicht immer ist eine geschlossene Frage auch für den Befragten geschlossen; er wird vielfach weitere *Antwortvorgaben* erwarten resp. wünschen. Daher sind Ja-Nein-Antworten um die Vorgabe einer Kategorie «Weiß nicht» oder «Unentschieden» zu erweitern. Ähnlich ist es bei Listen- und Gründe-Fragen. Auch hier ist empfehlenswert, eine Antwortkategorie «Sonstiges, und zwar ...» oder «Anderes, und zwar ...» vorzusehen. So wird der Befragte nicht gezwungen, nur eine der Antwortvorgaben zu wählen, der Interviewer nicht in die unkontrollierbare Verlegenheit gebracht, alle Antworten in jedem Fall den Vorgaben zuzuordnen. Es gehen weniger Informationen verloren.

Für die *Anordnung der Fragen* sind die inhaltlichen Regeln bereits im Abschn. 5.1 gegeben. Neben der Anordnung innerhalb eines Themas empfiehlt es sich darüber hinaus, den Bogen nach Themen geordnet aufzubauen. Insbesondere bei Fragebögen, die viele Themen enthalten (technisch: Omnibus-Umfragen), sollte der Befragte einen logisch gegliederten Ablauf erkennen können: Fragen zum Berufsweg sollten keine Fragen über die

Familie, diesen wiederum keine über Politik und schließlich über Kindererziehung und Freizeit folgen. Besser wäre in einem solchen Fall z. B. die Anordnung: Familie – Kindererziehung – Beruf – Freizeit – Politik. Zwischen die einzelnen Fragekomplexe wird man Überleitungssätze («Nun zu einem anderen Bereich . . .») oder besser noch *Überleitungsfragen* einfügen, z. B. zwischen Freizeit und Politik solche nach der Mitgliedschaft in Vereinen, dann nach der in einer Partei, schließlich zur Wahlbeteiligung etc. Den Befragten durch Mischung der Fragen künstlich zu verwirren, um ihn an einer starken Kontrolle seiner Antworten zu hindern, ist gelegentlich ein ratsames Vorgehen; doch sollte man es möglichst vermeiden, da auf diese Weise der Befragte zur Versuchsperson restringiert wird.

Die *ersten* Fragen sollten neutral und darauf gerichtet sein, das Interesse des Befragten für das Interview zu gewinnen resp. zu verstärken. Schwierige oder mit möglichen Verweigerungen belastete Fragekomplexe sollte man an das Ende des Fragebogens stellen. Sozialstatistische Angaben (Alter, Beruf, Familienstand etc.) stehen entweder am Anfang oder, besser noch, am Ende. Den Abschluß eines Fragebogens sollten in jedem Fall einige Angaben bilden, die der Interviewer im Anschluß an das Interview ausfüllt:

Nr. des Interviewers
Datum des Interviews
Dauer des Interviews (Tageszeit von . . . bis . . . Uhr)
Anwesenheit Dritter
Ort der Befragung (z. B. Wohnung, Betrieb).

Wo es vom Thema her sinnvoll erscheint, sollte auch vom Interviewer anhand vorgegebener Kategorien das *Verhalten des Befragten* beurteilt werden, z. B. hinsichtlich seiner Interessiertheit, verbalen Flüssigkeit oder Aufgeregtheit. Um die Erhebungssituation wenigstens in Ansätzen kennenzulernen, sind ähnliche Angaben vom Interviewer über sein eigenes Verhalten (Selbsteinschätzung) einzubeziehen. Man sollte sich von beiden jedoch nicht zuviel versprechen; bessere Resultate wird man durch eine Schulung und Kontrolle der Interviewer erreichen.

Der letzte Teil der Fragebogenkonstruktion besteht aus einem guten *grafischen Aufbau.* Er soll vor allem drei Aufgaben erfüllen: Übersichtlichkeit für den Interviewer, Eindeutigkeit der Markierungen und leichte Übertragbarkeit beim Codieren auf Codebögen oder Ablochen (vgl. Abschn. 6.1).

Der grafische Aufbau ist für den Interviewer wichtig, weil er fast immer unter Zeitdruck steht. Er kann nicht suchen, wohin das Kreuz für eine Antwortkategorie bei einer geschlossenen Frage kommt, er muß rasch erkennen können, welche Frage er als nächste zu stellen und welche Fragen er zu überspringen hat, er muß sehen, ob er die Antwortkategorien vorlesen oder eine Liste vorlegen soll, ob Mehrfachnennungen möglich sind (Mehrfachnennungen = mehrere Antwortvorgaben können angekreuzt werden, z. B. bei Gründe-Fragen). Diese Anforderungen erfüllt ein *grafischer Fragebogenaufbau,* wie er in Abbildung 4 mit einer Seite aus einem Fragebogen wiedergegeben ist.

In der ersten Spalte steht die Nummer der Frage. Die Fragen sind fortlaufend (nicht pro Komplex) numeriert, jede Unterfrage hat eine neue Nummer (statt a, b, c). Das erleichtert die Codierung. Es folgt die Frage selbst. Alle Anweisungen für den Interviewer sind nachgestellt (in Großbuchstaben). In der nächsten Spalte ist mit römischen Zahlen die Nummer der Lochkarte, mit arabischen die Nummer der Lochkartenspalte notiert. Es folgt eine Spalte mit den Ziffern (Symbole des Codes), jeweils eine entspricht einer Antwortkategorie. Der Interviewer kringelt eine der Ziffern ein. Die nächste Spalte enthält die Antwortvorgaben (Kategorien des Codes). Ist die Frage offen oder sieht man neben den Vorgaben noch sonstige Antwortmöglichkeiten vor, sollte entsprechend Platz für die Notizen des Interviewers bleiben. Die letzte Spalte enthält den «Filter»: Je nach Antwort des Befragten sieht der Interviewer deutlich, mit welcher Frage er fortzufahren hat.

Unter «Filter» sind hier zwei Arten zu verstehen: 1. Der *Fragefilter,* bei dem nur Personen mit bestimmten Antworten weitere, eingehendere Fragen gestellt werden; 2. eine *Gabelung,* bei der je nach Gruppenmerkmal (z. B. ledig – verheiratet – geschieden – verwitwet) jeder dieser Gruppen andere Fragen gestellt werden.

An diesem Beispiel wird auch ein zum Teil im Abschn. 5.1.1 behandeltes Problem erkennbar: Für viele Fragen müssen durchgängig bestimmte *Kategorien im Code* vorgesehen werden. Es lassen sich folgende Fälle unterscheiden:

1. *Nicht-Zutreffen*: Frage wird nicht gestellt, da sie für eine Gruppe von Befragten nicht zutrifft, z. B. weil sie nur an Verheiratete zu stellen war, alle anderen durch die Gabelung auf spätere Fragen gelenkt werden.
2. *Vergessen*: Frage wurde vom Interviewer zu stellen vergessen.
3. *Meinungslosigkeit*: Die im Abschn. 5.1.1 genannten vier Formen: Nicht-Informiertheit, Unentschiedenheit, Meinungslosigkeit, Verweigerung.

Um die Gesamtheit der Befragten überhaupt rekonstruieren zu können, sollten für jeden dieser qualitativ sehr unterschiedlichen Fälle einzelne Kategorien im Code reserviert werden. Arbeitet man mit genauen Gabelungen und Filtern *und* mit einem sehr gut pre-getesteten Fragebogen, dann kann man, ohne Informationen zu verschenken, die Fälle Nicht-Zutreffen und Vergessen in einer Kategorie zusammenfassen, da aufgrund der Anordnung des Bogens jeweils rekonstruierbar ist, wie vielen Befragten die Frage nicht zu stellen war. Die Differenz zwischen diesem Wert und den tatsächlich erhaltenen Antworten ist dann die Zahl der vergessenen Fragefälle. Antwortverweigerungen werden extra vom Interviewer notiert; die anderen Formen der Meinungslosigkeit erhalten je eine Kategorie, wobei sich wiederum für viele Zwecke «Weiß nicht» und «Unentschieden» zusammenfassen lassen.

Abbildung 4: *Muster für die grafische Anlage eines Interview-Fragebogens* (BUCHHOFER, FRIEDRICHS & LÜDTKE i. Vorb.)

Frage	Sp.	Code	Antwort	Fi.
171. Würden Sie den Satz bejahen: «Kinder müssen gehorchen lernen»?	II. 80	1 2 3	Ja . . . . Ja, eingeschränkt / nicht unbedingt . . . . . . Nein	 172
172. Wurde bei Ihnen zu Hause Ungehorsam sehr schwer genommen?	III. 51	L	Ohne Eltern aufgewachsen .	177
		1	Ja	173
		2 3 0	Im allgemeinen nicht . . . Nein . . . . Weiß nicht	 176
173. Gab es harte Strafen dafür wie Prügel, Einsperren, nicht mehr sprechen oder was sonst?	52	1	Nein	176
		2 3 4 X	Prügel . . . . Einsperren . . . . Nicht mehr sprechen . . . Sonstiges	 174
174. Fanden Sie das richtig so?	53	1	Ja	175
		2	Nein	176
175. Weshalb?	54		....	176
176. Wenn Sie die Stimmung in Ihrem Elternhaus bezeichnen sollten, würden Sie dann eher harmonisch oder gespannt nennen?	55	1 2 3 0	Harmonisch . . . . . . Teils – teils . . . . . . Gespannt . . . . Weiß nicht	 177
177. Wie würde man sich im Kreise Ihrer Altersgenossen zu folgender Geschichte äußern? «Ein junges Mädchen hat ein Verhältnis mit einem jungen Mann und findet heraus, daß er ähnliche Beziehungen auch zu anderen Mädchen hat.» INTERVIEWER: KARTE VORLEGEN!	56	1 2 3	Würde man darüber entsetzt sein und den Mann verurteilen . . . . oder Würde man sagen, das Mädchen hat selbst schuld, warum läßt es sich mit einem Mann auf so etwas ein . . . oder Würde man es als ziemlich normal hinnehmen, als etwas, worauf ein Mädchen gefaßt sein muß?	 178

Wie lang darf ein Fragebogen sein? Hier gibt es keine Regel, da die Länge vom Forschungsproblem, Zeit/Kosten, Zahl der Interviews/Interviewer und der Befragtengruppe abhängt. Ein Interview von 60 Minuten ist möglich; darüber hinaus dürfte es problematisch werden. Wenn man einen Befragten jedoch erst einmal zur Mitarbeit gewinnt, dann ist es zumeist nicht schwierig, ihn auch bis zu 90 Minuten zu befragen – wenngleich diese ein Grenzwert sind. Nach allen Erfahrungen ermüdet übrigens weniger der Befragte als der Interviewer: Während jener gegen Ende aufmerksamer wird, ist es dieser stärker zu Anfang des Interviews.

Diese Probleme gehören bereits zur *Interviewer-Schulung.* In jeder Studie, in der Forscher und Interviewer nicht identisch sind, bedarf es einer Schulung der Interviewer, auch wenn es sich um erfahrene Mitarbeiter eines kommerziellen Instituts handelt. Das ist zweifellos aufwendig und erhöht die Kosten, jedoch unerläßlich, um die Gültigkeit der Antworten zu erhöhen. Man kann dabei von zwei Annahmen ausgehen: Zum einen ist Interviewen kein Beruf und keine Profession, sondern eine Nebenbeschäftigung. Die Interviewer arbeiten für ein Honorar und mit begrenzter Zeit für diese Tätigkeit. Zum anderen ist ihr Interesse an der Sache geringer als das des Forschers, jeder Fragebogen wird nach wenigen Interviews zum «Job» (was weitgehend auch dann eintritt, wenn die Forscher selbst interviewen).

Die Schulung der Interviewer erstreckt sich auf folgende Punkte:

1. Erläuterung der Studie.
2. Erläuterungen zum Fragebogen, z. B. zu einzelnen Fragen, Vorgehen bei Listen, Karten, offenen Fragen.
3. Hinweise zur Einführungsformel.
4. Verhaltensregeln zur Erhebungssituation, insbesondere zum nonverbalen Verhalten (s. unten).
5. Zahl der Interviews pro Interviewer (maximal 15), Zahl der Besuche pro Adresse (normal sind drei Besuche), geographische Verteilung der Adressen nach Wohnorten der Interviewer, Ablieferungstermine.
6. Honorare, Fahrtkosten, Ausfallhonorare für nicht zustande gekommene Interviews nach drei Besuchen; Adressen für Rückfragen der Befragten und Interviewer; Ablieferungsort; Verfahren bei Ersatzadressen.

Diese Liste wird man je nach Studie ergänzen.

5.2.4. Varianten

Die Methode der mündlichen Befragung läßt sich in mehrerer Hinsicht gegenüber dem bislang diskutierten Vorgehen verändern. Vier Varianten seien genannt (vgl. hierzu auch Erbslöh 1972, Kap. 2, Scheuch 1967 a, S. 169 ff.).

Im *Gruppeninterview* wird nicht eine Person befragt, sondern mehrere gleichzeitig Anwesende. Das hat den Vorteil, das langwierige Aufsuchen von Adressen zu sparen; man erhält mehr Interviews in kürzerer Zeit. Das Vorgehen hat fließende Übergänge zur Gruppendiskussion. Der Nachteil ist allerdings, daß sich in unkontrollierbarer Weise die Antworten der Befragten gegenseitig beeinflussen.

In ein Interview kann man *Rollenspiele* einfügen, um das Verhalten von Personen genauer zu ermitteln oder die Komplexität von Interaktionen in Situationen stärker zu bewahren. STANTON, BACK & LITWAK (1956), die ein solches Vorgehen vorschlagen, haben Interviewer und Befragte Vater–Kind, Nachbar–Nachbar-Beziehungen spielen lassen oder Ehepaare aufgefordert, sich selbst zu spielen. In 582 Haushalten kamen fast 3000 Szenen zusammen; die nur zwölf Verweigerungen gingen vornehmlich auf die Interviewer zurück. Die Inhalte der Szenen wurden zumeist nachträglich notiert. Die Validität der Rollenspiele, gemessen an Außenkriterien wie z. B. Befragung von Nachbarn, erwies sich als ausreichend hoch.

Eine weitere Variante ist das *telefonische Interview*. Es unterliegt zwei grundlegenden Beschränkungen: der Einengung der Stichprobe auf Telefonbesitzer (Unterschicht unterrepräsentiert) und einer nur kurzen Befragungszeit. Wo diese Bedingungen mit der Konzeptualisierung einer Studie vereinbar sind, läßt sich diese praktische Form der Befragung unter vier weiteren Bedingungen anwenden: «1. Stichtag- oder Stichpunktbefragungen; 2. wenn der Haushalt Einheit der Analyse ist; 3. die Fragebögen relativ kurz und unkompliziert sein können; 4. keine allzu hohen Anforderungen an die Motivation des Befragten gestellt werden» (SCHEUCH 1967 a, S. 172 f.).

Eine vielversprechende weitere Variante stellt die von KREUTZ (1972) vorgeschlagene *«Realkontakt-Befragung»* dar, die Elemente der teilnehmenden Beobachtung wie des Intensivinterviews enthält. Auf sie wird im Zusammenhang von Abschnitt 5.2.5 eingegangen.

Schließlich ergibt sich eine ganze Reihe anderer Formen des Interviews, wenn die Standardisierung und die Strukturierung niedrig sind; hierzu gehören neben dem Intensivinterview auch alle Formen psychotherapeutischer und psychiatrischer Gespräche.

5.2.5. Erhebungssituation

Ein Interview stellt eine spezifische Situation dar, die für die meisten Menschen relativ ungewöhnlich sein dürfte, da es sich vom normalen Gespräch durch ein hohes Maß an Reglementierung unterscheidet. Das gilt für den Befragten und für den Interviewer. Je erfahrener der Interviewer, je geläufiger ihm die Situation ist, desto sicherer wird er sein. Entsprechend machen erfahrene Interviewer weniger Fehler, und ihr verzerrender Einfluß auf die Antworten (interviewer bias) ist zudem geringer, wie schon FELDMAN,

Hyman & Hart (1951) zeigen konnten. Für den Befragten bleibt allerdings die Künstlichkeit dieser Situation erhalten.

Wenngleich das Interview bereits frühzeitig als komplexer Interaktionsprozeß in einer Situation begriffen wurde, richtete sich doch die anfängliche Forschung zur Methode vornehmlich auf die Rolle des Interviewers und auf Probleme der Frage. Demgegenüber sind die nonverbalen Elemente bis heute weitgehend unberücksichtigt geblieben. So beklagen Cannell & Kahn (1953, S. 333) noch, daß es hierfür in der Literatur nur Faustregeln gebe, eine «Folklore des Interviewens», die allerdings nicht viel dazu beitrage, «die interpersonellen Beziehungen zwischen Interviewer und Befragtem zu verstehen». Daran hat sich insofern etwas geändert, als sich die Aufmerksamkeit gegenwärtig zunehmend auf die nonverbalen Elemente des Interaktionsprozesses richtet. Im wesentlichen werden Forschungsergebnisse heute mit psychotherapeutischen und psychiatrischen Formen des Gesprächs sowie mit Hilfe der Psycholinguistik gewonnen. Eine angemessene Rezeption in der Soziologie steht noch in den Anfängen, obgleich diese Forschungen als Teil einer Handlungstheorie auch von Bedeutung für mehrere andere Methoden sind, z. B. Gruppendiskussionen, Beobachtung, teilnehmende Beobachtung.

Aufgabe des Interviewers ist, den Befragten in seine Rolle einzuführen. Dazu gehört ein bestimmtes Verhalten: Der Interviewer sollte Ruhe, Wärme und Freizügigkeit (als Gegensatz etwa zu Intoleranz) ausstrahlen. Der Befragte darf nicht den Eindruck gewinnen, es handle sich um eine Prüfungssituation. Ziel ist, einen guten «Rapport» herzustellen. Es dürfte gegenwärtig nicht entschieden sein, ob dazu eher ein hartes Interviewen (schnelles, unter Umständen aggressives Fragen) oder ein weiches (Nachfragen, Bestätigungen) geeignet ist. Anger (1966, S. 596) vermutet bei weichem Interviewen eine Tendenz zu «sozialer Erwünschtheit» (da der Befragte die angenehme Beziehung zum Interviewer erhalten will), bei hartem eine Tendenz zu ausweichenden Antworten.

Wahrscheinlich kann man Caplow (1956, S. 169) folgen, der schreibt, interviewt zu werden sei eine «in sich befriedigende Erfahrung»; doch reicht diese Feststellung keineswegs als Basis für ein gutes Interview aus. Vielmehr ist das Verhalten des Interviewers die entscheidende Komponente des Prozesses: Die Bereitschaft des Befragten, Informationen zu geben, hängt stärker von einer befriedigenden persönlichen Beziehung zum Interviewer als vom Thema ab (Cannell & Axelrod 1956).

Danach muß sich der Interviewer im klaren sein, daß seine *Rolle* vor Beginn des Interviews durch den Befragten bereits definiert wurde. Er *muß* eine Rolle einnehmen; zugleich wird der Befragte ihn aufgrund seiner Erfahrung und nach dessen Erscheinung einer bestimmten Gruppe zurechnen. Diese Zurechnung wirkt sich auf die Antworten des Befragten aus: Auf gleiche Fragen geben z. B. farbige Befragte signifikant mehr kritische Äußerungen über Gleichberechtigung, Integration und Diskriminierung gegenüber farbigen als gegenüber weißen Interviewern (HYMAN et al. 1954). Auf die Frage «Glauben Sie, daß die Juden zuviel Macht haben?» wird gegenüber jüdisch aussehenden Interviewern seltener mit «Ja» geantwortet als gegenüber nicht-jüdisch aussehenden (ROBINSON & ROHDE 1946). Auf Sexualfragen antworten Befragte gleichgeschlechtlichen Interviewern gegenüber anders als andersgeschlechtlichen (FRIEDRICHS in: PFEIL u. a. 1968, S. 174). – Die Liste der Beispiele ließe sich erheblich verlängern.

Ungeachtet des Verhaltens eines Interviewers sind also bereits die askriptiven (auf Zuschreibung beruhenden) Merkmale seiner Person von Bedeutung für den Befragten, wie umgekehrt die Merkmale des Befragten für den Interviewer. Die Rolle des Interviewers ist um so bedeutsamer, je größer das ego involvement des Befragten, d. h. seine kognitive und affektive Beziehung zu einer Frage oder einem Problem ist. Hierauf deuten z. B. die eben genannten Ergebnisse von Interviews über Probleme der Rassendiskriminierung (vgl. WILLIAMS 1964).

Die Motivation des Befragten ist ein Teil des *sozialen Prozesses* «Interview». Ein gutes Modell für diesen Prozeß haben CANNELL & KAHN (1968, S. 538) entwickelt; es ist in Übersicht 19 wiedergegeben. Die im Modell erwähnten Einstellungen, Erwartungen etc. des Interviewers wirken sich auf die Erhebungssituation in mehrfacher Hinsicht aus. Erwartet ein Interviewer aufgrund seines Stereotyps vom Befragten, der vorangegangenen Antworten oder der Erfahrungen in früheren Interviews mit dem gleichen Bogen bestimmte Antworten, so wird er häufiger nicht ganz eindeutige Antworten den seinen Erwartungen entsprechenden Kategorien zuordnen. Bei der Protokollierung der Antworten auf offene Fragen registriert er stärker jene seinen Erwartungen entsprechenden Antwortteile. Ähnliche Effekte haben die Einstellungen der Interviewer schon auf die Protokollierung der Antworten des Befragten.

Demographische Merkmale (z. B. Schichtzugehörigkeit) und Einstellungen wirken auf das Verhalten von Befragtem und Interviewer.

Diese sind aus den Antworten der Befragten rekonstruierbar – worin ja das Ziel des Interviews liegt –, was beim Interviewer kaum möglich wäre. (Es sei denn, man befragt alle Interviewer vor einer Studie.) Sein Verhalten in der Erhebungssituation mit allen Effekten, die auf den Befragten und die Protokollierung einwirken, entzieht sich weitgehend der Kontrolle, obgleich hiervon wichtige Einflüsse auf das Interview ausgehen.

Zu dem *Verhalten des Interviewers* gehört bereits sein Auftreten zu Anfang, sowie weiter

- die Art, wie er die Fragen stellt (z. B. schnell – langsam),
- die Länge der Pausen nach der Antwort,
- die Formulierung von nicht vorhergesehenen Nachfragen, z. B. «Könnten Sie mir das näher erläutern?», «Noch etwas?»,

Übersicht 19: *Das Interview als sozialer Prozess* (CANNELL & KAHN 1968)

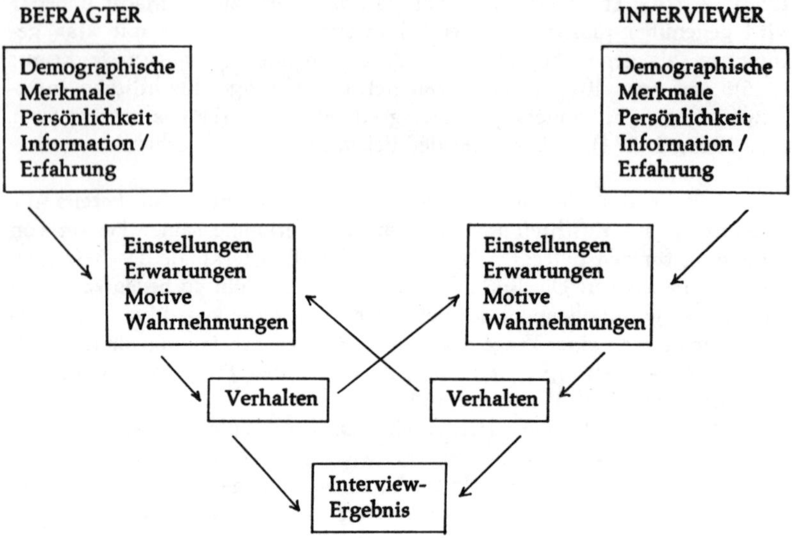

- die Verwendung resümierender Sätze für umfangreiche Antworten des Befragten, z. B. «Sie meinen also . . .»,
- die Verwendung von Stimuli «hm, hm», «ah ja», «ich verstehe»,
- der Blickkontakt,
- Körperbewegungen, Gestik, räumliche Distanz zum Befragten.

Schon die methodische Literatur zum Interview berücksichtigt diese Elemente des Interviewerverhaltens nur selten; in den empirischen Forschungsberichten fehlen Angaben hierüber völlig. Andererseits lassen die Forschungsergebnisse zum nonverbalen Verhalten keine Zweifel an der Bedeutung dieser Elemente der Interaktion (vgl. die zusammenfassende Darstellung bei KRASNER 1958). Wohl kaum wird ein Interviewer, der ständig mit seinem Kugelschreiber spielt und/oder seine Sitzposition verändert, die geforderte entspannte Atmosphäre herstellen. Ein Interviewer, der häufig den Befragten ansieht, dürfte einen besseren Rapport erreichen, wahrscheinlich ausführlichere Antworten erhalten. Die Verwendung von «hm, hm» oder ähnlicher Stimuli führt zu erheblichen Steigerungen der Antwortlänge beim Befragten, wie die Forschungsgruppe um MATARAZZO ermittelt hat.

In der *Sequenz:* Frage des Interviewers – Antwort des Befragten – Sanktion des Interviewers ist der letzte Teil, die Reaktion des Interviewers auf die Antwort, improvisiert (KAHN & CANNELL 1957, RICHARDSON, DORENWEND & KLEIN 1965). Er deutet damit dem Befragten an, ob er eine dem

Frageinhalt angemessene Antwort gegeben hat. Er bewertet also das Verhalten des Befragten, macht ihn sicherer oder unsicher. Dies sind nur einige Beispiele für die bislang vernachlässigten Elemente im «Interview als verbalem Interaktionsprozeß» (RESCHKA 1971).

Bei der Schulung der Interviewer sollte man diese Elemente der Erhebungssituation berücksichtigen, ja den Interviewern erst einmal bewußt machen. Ein einfacher Weg dazu sind Rollenspiele: Zwei Interviewer nehmen die Rollen von Interviewer und Befragtem an und spielen dem restlichen Stab ein Interview vor. Bei mehreren derartigen Rollenspielen läßt sich zugleich die Rolle des Interviewers variieren; er kann z. B. einen Vielredner, einen kritischen Befragten («Warum wollen Sie denn das auch wissen?») oder einen Befragten in Zeitnot spielen. Tonbandaufnahmen oder audiovisuelle Aufnahmen dieser Interviews bilden die beste Möglichkeit, den Interviewer für die Erhebungssituation zu schulen.

Von dem *Befragten als Fehlerquelle* zu sprechen ist problematisch, da er strenggenommen ja in ein reaktives Verhalten gedrängt wird. Entscheidend für die Beantwortung der Frage sind, neben seiner Motivation, sein Verständnis der Fragen und seine Fähigkeit, sich zu erinnern und Auskünfte zu formulieren. Daneben sind die früher schon erwähnten Tendenzen zur social desirability oder zum response set echte Fehlerquellen.

Von Bedeutung für die Erhebungssituation ist auch der *Ort* resp. Raum, an dem das Interview stattfindet (vgl. Abschn. 3.5). Im Eingangsbeispiel des Abschnittes 5.1 ist bereits vermutet worden, die Antworten auf die Frage nach der Gewerkschaftspolitik seien abhängig davon, ob sie dem Befragten im Betrieb oder zu Hause gestellt werden. Auch dürften die Antworten von Jugendlichen über ihre Eltern mit dem Erhebungsort variieren (vgl. das Beispiel in Abschn. 3.1). Generell: Spezifische Aktivitäten und Personen sind an einen Ort gebunden, die Fragen des Interviews werden die mit ihm verbundenen Assoziationen aktualisieren und die Antworten unbewußt beeinflussen.

Bei einem großen Teil der Interviews sind *Dritte* anwesend; SCHEUCH (1967 a) vermutet sie in 50 % aller Fälle. Sie aktualisieren ebenfalls Segmente der Rolle des Befragten während des Interviews. Die Antworten richten sich dann nicht allein an den weitgehend anonymen Interviewer, sondern zugleich an die bekannte dritte Person. Besonders kraß drückt sich dies bei sehr vertrauten Personen aus. So berichtet PFEIL (1961, S. 234) von ihrer Befragung über die Erwerbstätigkeit von Müttern: «Der Anteil der Angaben über negative Einstellung des Ehemannes (zur Erwerbstätigkeit, der Verf.) ist am niedrigsten, wo die Frau allein befragt wurde, und steigt über die Fälle, in denen der Ehemann anwesend war, bis zu den Angaben der Ehemänner selbst.»

Die Interviewer-Schulung in der hier skizzierten Form ist ein Beitrag, um die Erhebungssituation zu standardisieren, eine Ergänzung zu der bislang nur berücksichtigten Standardisierung des Fragebogens.

Die Probleme der Erhebungssituation haben Cicourel (1964, S. 100) zu der Folgerung veranlaßt, wegen der nicht vergleichbaren Erhebungssituationen seien auch strenggenommen die Ergebnisse von Interviews nicht vergleichbar. Kreutz (1972) hat nach einer ausführlichen Diskussion der Erhebungssituation vorgeschlagen, derartige «Forscher-Kontakt-Befragungen» durch eine andere Form des Interviews, durch die *«Realkontakt-Befragungen»*, zumindest zu erweitern. Unter der letztgenannten versteht er Befragungen, bei denen der Forscher eine im Untersuchungsfeld vorhandene Rolle übernimmt und in dieser Rolle andere Personen befragt. Das kann z. B. in der Situation «Stellungssuche» die Rolle des Bewerbers sein, der die Selektionsvorgänge und Kriterien der Qualifikation erhebt, oder die Rolle des Patienten in der Situation «Krankheit», der einen Arzt aufsucht, um dessen Verhalten und Antworten zu erheben (Kreutz 1972, S. 109 ff.). Hier sind sowohl die Situationen wie die Rolle des Forschers standardisiert; auch die mögliche Informationssuche ist ein Bestandteil dieser natürlichen Situationen. Die Methode nähert sich der einer teilnehmenden Beobachtung.

5.2.6. Stichprobe

Probleme der Stichprobe, die über die im Abschn. 3.4 genannten hinausgehen, ergeben sich bei den Adressen oder bei den einzelnen Fragen selbst: Das Interview kommt gar nicht zustande, oder einzelne Fragen werden nicht beantwortet. Das erste Problem läßt sich abgekürzt unter dem Begriff *«Ausfälle»* zusammenfassen. Die wichtigsten Gründe hierfür sind:

1. Adressat verzogen, unbekannt, verstorben;
2. Adressat mehrfach nicht anzutreffen;
3. Adressat krank;
4. Adressat verweigert das Interview.

In allen Fällen besteht die Schwierigkeit, die ausgefallene Adresse so zu ersetzen, daß die ursprüngliche Stichprobe (wenn es sich um eine Form der Zufallsstichprobe handelt) nicht verfälscht wird. Zur Kompensation der Ausfälle sind daher zahlreiche Verfahren möglich, von denen nur einige genannt seien (ausführlich hierzu Kish 1965).

Im ersten Fall wird man die Adresse durch eine andere, ebenfalls nach einem Zufallsverfahren gezogene ersetzen, sofern die neue Adresse des Befragten nicht zu ermitteln ist.

Im zweiten Falle kann man die Besuche fortsetzen, unter Umständen Nachbarn fragen, ob der Befragte verreist und wann er anzutreffen ist. Nur im Notfall wird die Adresse ersetzt, da sonst zu leicht systematisch bestimmte Gruppen, z. B. Schichtarbeiter, nicht in das Sample gelangen. Ein aufwendiges Verfahren, solche «Not-at-Homes» zu ersetzen, haben Politz & Simmons (1949) vorgeschlagen. Es läuft auf die doppelte Gewichtung eines anderen, zustandegekommenen Interviews hinaus, dessen Befragter mit dem nicht Angetroffenen in ermittelbaren Strukturmerkmalen identisch ist.

Im dritten Fall bleibt nur der Versuch, den Befragten um ein späteres Interview schriftlich zu bitten. Im vierten und letzten Fall sollte man es zunächst mit einem anderen Interviewer versuchen oder die Adresse ersetzen.

Eine Verzerrung der Stichprobe durch Ausfälle und Ersatzadressen tritt in jedem Falle ein. Die Quoten für die einzelnen Ausfälle schwanken je nach Jahreszeit, Ort, Interview-Thema, Interviewer, Befragtengruppe und – falls es sich nicht um eine Flächenstichprobe handelt – nach dem Stand des Adressenmaterials. Im allgemeinen hat man mit 5–8 % nicht-erreichbarer Fälle und 5–6 % Verweigerungen zu rechnen (NOELLE-NEUMANN 1963, S. 141), wobei die Zahl der nicht-erreichbaren erheblich höher sein kann. Ohnehin muß darauf hingewiesen werden, daß in Forschungsberichten über den Umfang und die Art der Ausfälle sowie über die verwendeten Verfahren der Adressen-Kompensationen nur sehr unzureichend berichtet wird.

«Einem durchschnittlich relativ großen Anteil von Personen, die an Befragungen nicht teilnehmen, steht ein geringes wissenschaftliches Interesse an diesen Problemen in der Praxis der Forschung gegenüber, und wissenschaftliche Generalisierungen werden gemacht, Hypothesen werden getestet und Aussagen verworfen, als ob es diesen Anteil von Nichtteilnehmenden überhaupt nicht gäbe» (KREUTZ 1970/71, S. 261).

Demgegenüber ist «Meinungslosigkeit» praktisch nicht korrigierbar. Sie sollte vielmehr, worauf auch LEVERKUS-BRÜNING (1966) hingewiesen hat, als Information betrachtet und z. B. durch Kreuztabellierung mit anderen Variablen interpretiert werden.

5.2.7. Pretest

Angesichts der zahlreichen Probleme, die insbesondere bei umfangreichen Fragebögen, einer großen Stichprobe und vielen Interviewern auftreten, ist ein Pretest unabdingbar. Die wichtigsten Punkte hierfür sind in Übersicht 20 zusammengestellt. Besondere Beachtung verdient die Tatsache, daß der Pretest sich sowohl auf das Instrument und seine Teile als auch auf die Interviewer richtet. Gerade aus der Analyse ihrer Arbeit können wichtige Hinweise für die Schulung der Interviewer gewonnen werden.

Übersicht 20: *Aufgaben des Pretests bei einem Interview*

Umfang: 20–30 Personen. Pro Interviewer 2–3 Interviews.
Legitimation: Einleitungssätze hinreichend? Problem dem Betroffenen

	einleuchtend? Suggestive Wirkung der Einleitung auf Interview?
Erhebungssituation:	Erhebungsort? Anwesenheit «Dritter»? Dauer des Interviews? Geeignete Wochentage und Tageszeiten?
Rollen:	Auftreten der Interviewer? Geschlecht, Alter etc. der Interviewer nach Effekten auf Befragte anhand der Selbstbeurteilung der Interviewer. Interesse der Befragten? Kommentare der Befragten?
Instrument:	Nachfragen von Befragten? Viele «weiß nicht»? Interview-Abbrüche? Klarheit der Filter? Rasche Erfaßbarkeit von Listen, Skalen, Tests etc.? Sonstige Kommentare der Befragten? Grafischer Aufbau des Fragebogens praktikabel für Interviewer? Kategorien des Codes ausreichend? Zu viele Kategorien? Revision geschlossener Fragen in offene oder umgekehrt erforderlich? Kommentare der Befragten?
Stichprobe:	Durchschnittliche Zahl der Besuche pro Interview? Zahl und Art der Ausfälle?
Kontrollen:	Besuche oder Anrufe bei Befragten. Kommentare zu Interview und Interviewern. Besuche durch jeweils andere Interviewer bei Adressen, die durch Verweigerung, Nicht-Anwesenheit etc. ausfielen.

5.2.8. Fehlerquellen

Die wichtigsten Fehlerquellen: Frageformulierung, Frageanordnung, Verhalten des Interviewers und Ausfälle in der Stichprobe sind in den vorangegangenen Abschnitten dargestellt worden.

Um die Reliabilität der Antworten zu erhöhen, ist eine Schulung der Interviewer wohl das entscheidende Mittel. Sie läßt sich erweitern um eine Supervision, d. h. eine Beratung zumindest nach den ersten drei Interviews. Diese sollten mit dem Interviewer sorgfältig durchgesprochen werden; erst dann erhält er Adressen für weitere Interviews.

Ein wenig detektivische Arbeit erfordert die *Kontrolle der Interviewer.* Nach allen Erfahrungen ist sie unumgänglich, gleichgültig, welcher Personenkreis interviewt. Man sollte weder Studenten noch Chef-Interviewern kommerzieller Institute trauen. Bei unserer letzten Untersuchung, einer Folgestudie, ging es ganz besonders um zuverlässige Interviews (Buchhofer, Friedrichs & Lüdtke i. Vorb.); wir haben über sechs Monate lang nur Interviewer und jedes hereinkommende Interview (insgesamt 1600) geprüft. Zur Kontrolle, Analyse von Fälschungen, Teil-Fälschungen oder Interviewer-Einflüssen kann man sich u. a. folgender Mittel bedienen:

- Rückfragen bei Befragten über das Interview, wenn möglich, telefonisch, sonst mit Postkarte und Rückantwort. Gefragt wird nach Zeitpunkt und Dauer des

Interviews sowie einigen leicht erinnerbaren Fragen oder Listen.
- Ähnlichkeit der Antworten auf offene Fragen bei einem Interviewer; Vergleich der Antworten einiger wichtiger Fragen für einen Interviewer in der Zeit: werden die Antworten ähnlicher, oder streuen sie noch?
- Vergleich der Verweigerungsquote bei allen Interviewern mit der des einzelnen Interviewers. Liegt die individuelle Quote über dem Mittelwert, so mag es sich um eine falsche Einführung, falsches Auftreten o. ä. handeln; liegt sie darunter, so sind einige Interviews entweder gefälscht – oder es handelt sich um einen besonders guten Interviewer.

Daneben gibt es weitere Kontrollmöglichkeiten der Interviewer, doch sie wird wohl jeder Forscher und jedes Institut nur ungern preisgeben.

Die *Reliabilität* der Antworten im Interview kann teilweise durch Kontrollfragen oder sogar durch Wiederholung einer Frage in einem späteren Teil des Fragebogens gesichert werden. Ein exakteres Vorgehen ist die Wiederholung des gesamten Interviews nach einigen Tagen oder zumindest eine telefonische Nachbefragung. Die *Validität* des Fragebogens ist erst nach der Auswertung zu ermitteln, der Bogen hat zunächst nur face-validity, er ist plausibel, wie CANNELL & KAHN (1968, S. 533) betonen. Prüfungen der Validität sind je nach Frage am ehesten über Außenkriterien, wie Ausstattung der Wohnung, verfügbare Mitgliederverzeichnisse, Wahlergebnisse etc. möglich, wenngleich nur selten und nur für wenige Fragen erhältlich (vgl. hierzu ausführlich SCHEUCH 1967 a).

Ein durch die Repräsentativität der Erhebung besonders gutes Beispiel für eine Validitäts-Prüfung der letztgenannten Art stellt die jüngst publizierte Studie «Zur Genauigkeit der Einkommensangaben im Interview» dar. Vom Statistischen Bundesamt wurden die Angaben der Haushalte über das Haushalts-Nettoeinkommen in der Einkommens- und Verbrauchsstichprobe Januar 1969 («Grundinterview») mit den Angaben in den Haushaltsbüchern im gleichen Monat über die tatsächlich erzielten Einkünfte verglichen. (Unberücksichtigt blieben in dieser Auswertung anhand einer Unterstichprobe von 5900 Arbeitnehmer- und Nichterwerbstätigen-Haushalten solche Haushaltungen, in denen ein Haushaltsmitglied über Einkommen aus Unternehmertätigkeit verfügte.) Die Ergebnisse zeigen eine Übereinstimmung bei nur 52 % aller Haushalte, in 37 % wird das monatliche Haushalts-Nettoeinkommen zu niedrig, in 11 % der Fälle zu hoch angegeben. Die Gültigkeit der Angabe sinkt mit der Haushaltsgröße: Bei einem Einpersonenhaushalt beträgt sie noch 70 % und sinkt kontinuierlich bei Haushalten mit fünf und mehr Personen auf 39 %. Die Gültigkeit ist außerdem von der Höhe des Einkommens und der sozialen Stellung des Haushaltsvorstandes abhängig, wie ausführlich Tabelle 9 zeigt. Die im Interview übliche Selbsteinstufung der Befragten in Einkommensklassen ist nach diesen Befunden also nur mit Vorbehalten verwendbar.

Ein Teil des Validitäts-Problems wird so lange diskutiert, wie es Interviews gibt: inwieweit von verbalen Aussagen überhaupt auf das Handeln von Personen geschlossen werden könne, wie es also um die Korrespondenz von Wort und Tat bestellt sei (vgl. z. B. CICOUREL 1964, GALTUNG 1970). Genaugenommen geht es dabei um drei Probleme: 1. Versteht der Befragte das gleiche unter der Frage/den Antwortvorgaben wie der Forscher? 2. Sagt der Befragte, was er denkt? 3. Handelt der Befragte so, wie er sagt?

Um das erste Problem, die Validität der Frage, zu prüfen, hat SCHUMAN (1966) ein Verfahren («random probing») vorgestellt, bei dem pro Befragten eine einfache Zufallsauswahl von etwa zehn aller geschlossenen Fragen durch non-direktive Nachfragen des Interviewers ergänzt werden. Aus diesen Kommentaren lassen sich Schlüsse auf das Verständnis der einzelnen Frage wie des Fragebogens überhaupt gewinnen.

Das zweite und dritte Problem sind nicht generell, sondern nur von Fall zu Fall entscheidbar; zudem ist hierfür auch die Erhebungssituation wichtig. Beide Bereiche: Antworten im Fragebogen und Handlungen müssen als selbständige Formen des Handelns verstanden werden; sie überschneiden sich, ohne daß die eine jedoch vollauf gültige Prognosen für die jeweils andere gestattet.

5.3. INTENSIVINTERVIEW (TIEFENINTERVIEW)

5.3.1. Voraussetzungen

Alle Formen der mündlichen Befragung, die mit nicht-standardisierten Fragen und einem geringen Maß an Strukturierung der Frageanordnung vorgehen, lassen sich vergröbernd zur Gruppe der Intensivinterviews rechnen. In der Literatur sind entsprechend den vielfältigen Möglichkeiten auch die Termini «offene Befragung», «Gespräch», «zentriertes Interview» (focused interview: MERTON, FISKE & KENDALL 1952, MERTON & KENDALL 1955), «qualitatives Interview» (BUREAU 1956) oder «Tiefeninterview» (BANAKA 1971, GORDEN 1956, 1969) gebräuchlich. Gerade die letzte Bezeichnung ist häufig anzutreffen, jedoch irreführend, weil sie eine Art Expedition in die Schichten der Persönlichkeit nahelegt, um die es zumeist gar nicht geht. Wo dies gemeint ist, sind wiederum Termini wie «klinisches Interview» angemessener.

Ziel eines Intensivinterviews im Rahmen soziologisch orientierter Forschung ist, genauere Informationen vom Befragten mit besonderer Berücksichtigung seiner Perspektive, Sprache und Bedürfnisse zu erlangen. Hierzu gehören vor allem: 1. die Erweiterung des Antwortspielraums durch den Befragten, 2. eine den spezifischen Problemen und Bedürfnissen des Befragten angemessene Befragung.

Das Interview wird nur anhand eines grob strukturierten Schemas geführt *(Leitfaden)*. Der Interviewer geht stärker auf den Befragten ein; es erhöht sich damit sein Spielraum, die Fragen zu formulieren, anzuordnen und Nachfragen zu stellen.

Tabelle 9: *Vergleich der im Grundinterview erhobenen Größenklasse des Haushaltsnettoeinkommens mit der aus den Januar-Anschreibungen errechneten Größenklasse nach Einkommensgrößenklassen und nach der sozialen Stellung des Haushaltungsvorstandes*[1]

Ergebnis der Einkommens- und Verbrauchsstichprobe 1969, Prozent

Vorgegebene Einkommens-größenklassen von ... bis unter ... DM	Haushalte insgesamt			Haushaltsvorstand											
				Nichterwerbstätiger			Beamter			Angestellter			Arbeiter		
	Errechnete Größenklasse war gegenüber der Größenklasse im Grundinterview ...														
	gleich	niedriger	höher	gleich	niedriger	höher	gleich	niedriger	höher	gleich	niedriger	höher	gleich	niedriger	höher
unter 300	64,6	–	35,4	64,7	–	35,3	–	–	–	50,0	–	50,0	66,7	–	33,3
300– 600	73,6	1,8	24,6	77,7	2,0	20,4	–	–	100	58,3	–	41,7	50,6	1,3	48,1
600– 800	50,7	6,0	43,3	64,6	6,6	28,9	23,3	3,3	73,3	51,8	8,8	39,4	39,0	4,7	56,3
800– 1 000	45,0	9,8	45,1	50,6	8,1	41,3	47,1	7,1	45,7	46,5	8,3	45,2	41,7	11,6	46,8
1 000– 1 200	41,5	16,2	42,3	50,0	12,5	37,5	49,3	8,3	42,4	40,3	18,4	41,3	35,8	18,9	45,3
1 200– 1 500	50,2	14,6	35,2	49,1	14,7	36,2	54,9	9,0	36,1	49,4	18,2	32,3	48,7	13,6	37,7
1 500– 1 800	42,2	20,9	36,9	44,9	16,7	38,5	48,8	9,9	41,3	41,4	27,3	31,3	34,3	24,8	41,0
1 800– 2 500	63,6	15,7	20,7	56,0	17,3	26,7	76,8	4,5	18,8	60,5	21,6	17,8	51,7	17,2	31,0
2 500–10 000	75,0	25,0	–	76,5	23,5	–	91,7	8,3	–	67,5	32,5	–	66,7	33,3	–
insgesamt	51,7	11,4	36,8	63,1	7,0	29,9	55,4	7,9	36,8	48,6	18,0	33,4	40,7	12,3	47,0

[1] Arbeitnehmer- und Nichterwerbstätigenhaushalte ohne Haushalte von Ausländern und ohne Privathaushalte in Anstalten

Quelle: Wirtschaft und Statistik, Heft 3/1973, S. 195

Solche Interviews zu führen setzt fast immer Vorkenntnisse über den Befragten und seine Lebensbedingungen voraus. Es erfordert in sehr viel stärkerem Maße die Einwilligung des Befragten als standardisierte Interviews auf der Basis eingehender Information über das Ziel des Interviews. Schließlich brauchen solche Interviews viel Zeit, man wird also nur jeweils wenige Interviews führen können.

5.3.2. Anwendung

In seiner wohl klassisch zu nennenden Arbeit über das «offene» Interview hat LAZARSFELD (1944) sechs Anwendungsmöglichkeiten aufgeführt:

1. Die Bedeutung einer Antwort des Befragten zu klären.
2. Einen wichtigen einzelnen Aspekt der Meinung eines Befragten zu ermitteln.
3. Einflüsse auf die Meinung(sbildung) einer Person herauszufinden.
4. Analyse komplexer Einstellungsmuster.
5. Motivationale Interpretationen zu ermöglichen.
6. Interpretation und Verfeinerung statistischer Beziehungen, vor allem der Analyse seltener/abweichender Fälle.

Weitere Anwendungen sind:

- Analyse von Effekten und Prozessen der individuellen Erfahrung als Reaktion auf bestimmte Situationen (MERTON & KENDALL 1955).
- Ermittlung des Bezugsrahmens einer Person.

Wo die genannten Voraussetzungen erfüllt sind, ist das Intensivinterview eine wichtige Methode, um von Individuen Einsichten in ihr Denken, in die Struktur von dem Forscher noch wenig bekannten Problemen (Exploration) sowie zur Vertiefung von aus standardisierten Interviews erzielten Ergebnissen zu gewinnen. Darüber hinaus eignet sich das Intensivinterview, die in einer Repräsentativ-Umfrage nur mit kleiner Zahl vertretenen Gruppen (z. B. Konfessionslose, Geschiedene, Lehrlinge, Personen mit sehr hohem Einkommen) nochmals eingehender zu befragen, um spezielle Probleme, Trends etc. zu ermitteln.

Dem stehen die weiter unten behandelten Nachteile gegenüber: der Einfluß des Interviewers in der Erhebungssituation, die Bereitschaft des Befragten zur Mitarbeit, die Dauer des Interviews, der zeitliche Aufwand der Auswertung, schließlich die geringe Vergleichbarkeit der Ergebnisse. So kommt dem Intensivinterview bislang im wesentlichen eine «ergänzende Funktion» zu, nämlich «als systematische Ausweitung vorwissenschaftlichen Verständnisses» (SCHEUCH 1967 a, S. 166); zur Hypothesenprüfung ist es kaum geeignet.

5.3.3. Vorgehen

Daß das Intensivinterview nur anhand eines Leitfadens geschieht, bedeutet keine Planlosigkeit. Wie jeder anderen Methode auch, geht dem Intensivinterview ein Forschungsplan voraus, der Stellenwert, Ziele und Inhalte des Vorgehens begründet; es reicht nicht einfach, «mehr Information» zu erhalten, bei der schon genügend abfallen wird, um schließlich verwertbar zu sein.

Zur Anlage des Leitfadens empfiehlt es sich, vorab zwischen *Hypothesen* und den weniger explizierten *Fragestellungen* zu unterscheiden. Beispiel: Es sollen Intensivinterviews mit Studenten geführt werden, um die Organisation ihres Studienplans und die Motivation für das gewählte Fach in Abhängigkeit von der Durchsichtigkeit des Curriculums und der Klarheit ihrer Berufsvorstellungen zu untersuchen. Hypothesen wären: Je festgelegter der Aufbau des Curriculums, desto klarer die Organisation des individuellen Studienplanes, oder: Je berufsbezogener ein Studium, desto festgelegter das Curriculum. Demgegenüber lauten die Fragestellungen: Führt ein wenig praxisbezogenes Curriculum zu diffuser Motivation? Welches Maß an Hilfen hat die Studienberatung (durch wen) geben können? Hängen intrinsische und extrinsische Motivation mit der Klarheit über den angestrebten Beruf zusammen?

Diese beiden Teile theorieorientierter Problemdefinition sind die Umsetzung des Ziels der Studie, im Beispiel oben: einer verbesserten Studienberatung und Curriculumentwicklung. BANAKA (1971, S. 2) hat hierfür den Begriff *«Output»* verwendet, um die Schlußfolgerungen zu bezeichnen, die aufgrund der Informationen des Interviews über das Problem, das zukünftige Verhalten des Befragten und mögliche Hilfen für ihn erbracht werden. Aus dem geplanten Output wird der *«Input»* (BANAKA, ibd.) abgeleitet, die Informationssammlung. Im wesentlichen handelt es sich dabei um zwei Arten von Fragen oder nur Themen: solche, die in jedem Falle gestellt werden sollten *(Schlüsselfragen)*, und solche, die nur gestellt werden, wenn es der Gesprächsverlauf erlaubt *(Eventualfragen)*. Die Fragen im Intensivinterview sind fast durchweg offene Fragen; nur bei Nachfragen oder Filtern wird man mit geschlossenen Fragen arbeiten.

Dem vor dem Intensivinterview geplanten Output und Input stehen dann die im Interview gestellten Fragen (als tatsächlicher Input) und die Ergebnisse (als tatsächlicher Output) gegenüber, die nun auf die Hypothesen und Fragestellung bezogen werden. Diesen Zusammenhang gibt Übersicht 21 wieder.

Der Interviewer sollte beachten, daß zwischen der Länge einer Frage und der Länge der darauffolgenden Antwort eine hohe positive Korrelation besteht (zuerst RAY & WEBB 1966).

Vor jedem Intensivinterview dürfte eine Kenntnis des Befragten erforderlich sein, sei es aus Akten, früheren Gesprächen, einem standardisierten

Übersicht 21: *Die Beziehung zwischen Konzeptualisierung und Ergebnissen beim Intensivinterview*

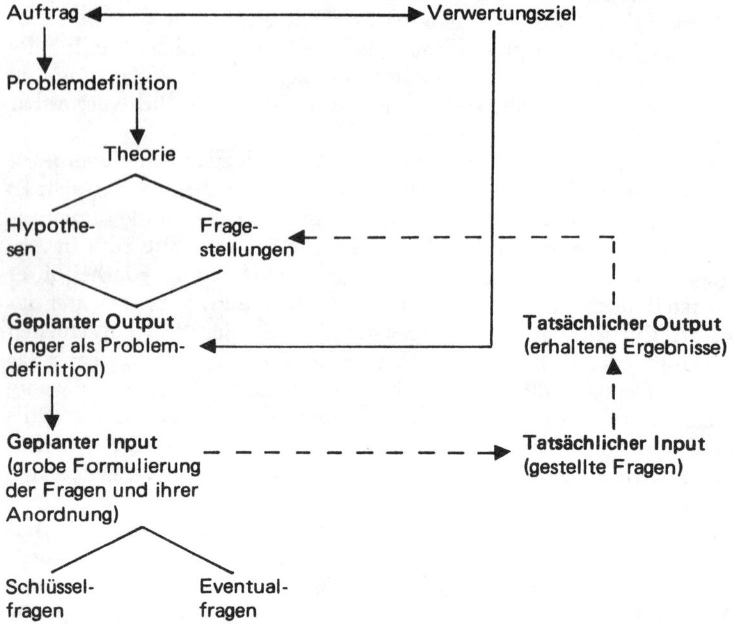

Interview oder Berichten Dritter. Eine Anmeldung und Terminvereinbarung sind ebenfalls erforderlich.

Wie das standardisierte Interview ist auch das Intensivinterview eine asymmetrische Form der Kommunikation. Indessen enthält es die Anstrengung, eine Kongruenz der Ziele, Sprache und Bedeutungen von Interviewer und Befragtem herzustellen. Dazu bedarf es einer gründlichen Schulung des Interviewers. Hierbei gelten sinngemäß die im Abschn. 5.2.3 genannten Punkte. Darüber hinaus sind hohe Anforderungen an die Flexibilität des Interviewers und seine Fähigkeit gestellt, nicht die Probleme des Befragten innerhalb seines eigenen Bezugsrahmens zu sehen.

So ist es zu Anfang des Interviews (wie als Teil der Verabredung) notwendig, die *Ziele von Interviewer und Befragtem* zu klären, um das erforderliche Minimum der Übereinstimmung zu erreichen. Es muß also bereits bei der Forschungsplanung überlegt werden, was jemanden dazu bringt, eine Kommunikation dieser Art einzugehen. Will der Interviewer nur Informationen erhalten, überzeugen oder beraten? Will der Befragte dem Interviewer nur einen Gefallen tun, etwas wie Selbstverständigung erreichen, wie Hilfe/Beratung, oder liegt ihm nur an der Zuwendung des Interviewers? Wie starr sind die Ziele von Interviewer und Befragtem, verändern sie sich im Verlauf des Interviews? – Hierzu gehört auch, daß dem Befragten durch das Intensivinterview vorbewußte Inhalte nun bewußt werden, seine Sensibilisierung erhöht wird, so daß sich u. U. das Ziel ergibt, den Befragten am Ende des Interviews nicht mit seinen Problemen allein zu lassen. Daher sollte man eine Beratung anschließen.

Der Interviewer muß eine *professionelle Kommunikation* aufbauen, um in kurzer Zeit das zu erfahren, was man sonst nur in längeren Abständen (z. B. bei Freundschaften) erfährt. Ähnlich wie bei der teilnehmenden Beobachtung hat er hierzu gerade als Fremder eine gute Ausgangsposition. Professionell ist seine Kommunikation insofern, als er mit der Konzeptualisierung der Studie vertraut ist, sein Verhalten zu lenken in der Lage ist und daher immer schon in der Abfolge neuer Fragen ein Stück Analyse und Auswertung des Interviews betreibt. Er sollte nicht als Experte auftreten, sofern dies nicht eindeutig durch Ziele der Beratung und Hilfe beim Befragten und dessen Definition der Situation (z. B. durch den Beruf des Interviewers oder den Ort) gleich zu Anfang feststeht.

Von Bedeutung für die Qualität des Rapports ist das Verhalten beider auf den zwei *Ebenen der Kommunikation* (vgl. WATZLAWICK, BEAVIN & JACKSON 1969, Kap. 2): der inhaltlichen Ebene (Ablauf der Fragen, Inhalt der Antworten) und der Beziehungsebene (vor allem affektives Verhältnis zwischen Interviewer und Befragtem). Der Befragte stimmt z. B. einer interpretierenden Nachfrage des Interviewers zu, was auf der inhaltlichen Ebene als Bejahung zu werten ist; wichtiger ist indessen, daß er es nur getan hat, um die positive Beziehung zum Interviewer nicht durch eine Korrektur seiner Aussage zu stören. In den meisten Fällen dürfte die Regel gelten, es sei wichtiger, die Beziehungsebene zu erhalten als die inhaltliche Ebene.

Die *Aufzeichnung* des Intensivinterviews kann entweder durch Notizen oder – das Einverständnis des Befragten vorausgesetzt – durch ein Tonband erfolgen. Letzteres ist vorzuziehen; nach aller Erfahrung gewöhnt sich der Befragte rasch an das Mitlaufen des Tonbandes. Tonbandprotokolle haben mehrere Vorteile: Der Interviewer kann sich auf das Gespräch und den Befragten konzentrieren, es tritt keine Selektion der Information durch die Protokolle des Interviewers ein, die verbalen und paralinguistischen Elemente der Kommunikation (Sprechdauer, Länge der Sprecheinheit, Länge und Zahl der Pausen, Stimme) sind dokumentiert – und damit ein wichtiger Teil der Interviewer-Effekte, mithin auch der Erhebungssituation. Die Brauchbarkeit von Tonbandprotokollen und entsprechende Auswertungsbeispiele finden sich in den Untersuchungen von MATARAZZO, HOLMAN & WIENS (1967), MATARAZZO, WIENS & SASLOW (1965, S. 199 ff.), WIENS et al. (1966).

BUCHER, FRITZ & QUARANTELLI (1956), die über umfangreiche Interviews mit Tonbandprotokollierung berichten, fanden praktisch keine Verzerrung der Situation durch ein Tonband heraus, vielmehr einen höheren Grad an Mitarbeit (Rapport) der Befragten. Zu Recht weisen sie allerdings auf die hohen Kosten der Transkription von Tonbändern hin, die man bei der zeitlichen und finanziellen Planung einer Studie mit Intensivinterviews berücksichtigen sollte (Ausweg: Codierung während des Abspielens der Tonbänder). Darstellungen mit zahlreichen Beispielen geben BANAKA (1971), RICHARDSON, DOHRENWEND & KLEIN (1965).

Ein Anwendungsbeispiel ist die Studie von STRZELEWICZ, RAAPKE & SCHULENBERG (1966) über «Bildung und gesellschaftliches Bewußtsein» in der BRD. In dieser Untersuchung ging es unter anderem um solche Fragestellungen wie Zusammenhang von Schicht, Geschlecht, Alter und Bildungsvorstellungen, vermutete Einflüsse der Institution Schule und der Massenmedien, Ausmaß und subjektive Einsicht in die Chancenungleichheit, Funktion des Berufs im Zusammenhang mit schulischer Bildung. In dieser (mehrstufigen) Mehr-Methoden-Studie wurden vier Erhebungen durchgeführt: 63 Gruppendiskussionen mit 1006 Personen in Hildesheim (1954), eine repräsentative Umfrage (standardisiertes Interview) bei 1850 Personen in der BRD (1958), zum Teil aus einer Unterstichprobe; hieraus wurden mit 476 Personen 34 Gruppendiskussionen an 20 Orten der BRD geführt (1960) und mit 38 Teilnehmern dieser Gruppendiskussionen Intensivinterviews (1960).

Ziel der Intensivinterviews war es, «die Frage zu klären, ob zwischen bestimmten typischen Argumenten, Meinungen und Einstellungen, wie sie inzwischen aus den Tonbändern und Protokollen prägnant erkennbar geworden waren, und an der Persönlichkeit ihrer Träger irgendwelche regelmäßigen Beziehungen zu erkennen seien» (STRZELEWICZ, RAAPKE & SCHULENBERG 1966, S. 51). Den Intensivinterviews waren n = 2 Pretests vorangegangen. Die Auswahl der Befragten erfolgte aufgrund ihrer Beteiligung in den Gruppendiskussionen, z. B. wurden Schweiger nicht einbezogen (S. 424) – gewiß eine problematische Entscheidung. Auf die Streuung der Meinungen hingegen wurde bei der Auswahl geachtet. Übersicht 22 enthält die Einleitungsformel mit einem kurzen Auszug aus dem Leitfaden. In der oben verwendeten Terminologie stellen die Überschriften die Themen dar, die Fragen am Rande die Fragestellungen (Hypothesen lagen dem Leitfaden nicht zugrunde); beide zusammen bilden den geplanten Output. Rechts steht der Input, wobei die angekreuzten Fragen die Schlüsselfragen, die restlichen Eventualfragen sind.

Übersicht 22: *Beispiel für einen Intensivinterview-Leitfaden (Auszug, aus* STRZELEWICZ, RAAPKE & SCHULENBERG 1966, S. 625, 628)

Interview-Einführung

Die Gruppengespräche geben sicherlich sehr wichtige Hinweise für unsere Untersuchung. Damit aber die persönlichen Auffassungen einzelner Damen und Herren noch besser deutlich werden, möchten wir immer mit einigen interessierten Teilnehmern Einzelfragen noch gründlicher besprechen, als das im Gruppengespräch möglich ist.

Daher habe ich Sie zu diesem Gespräch gebeten, das etwa 1½ Stunden dauern wird, und wir wären Ihnen dankbar, wenn Sie uns zu jeder angeschnittenen Frage

Ihre persönlichen Erfahrungen und Ansichten ganz offen – wie im Gruppengespräch – sagen würden.

Auch hier bitten wir Sie wieder um die Erlaubnis, das Gespräch mit Tonband aufzunehmen, weil uns sonst Wichtiges verlorenginge. Selbstverständlich bleibt Ihr Name auch hier aus dem Spiel; alle Äußerungen werden nur unter Ihrem Decknamen festgehalten.

Hätten Sie noch eine Frage? Dann können wir anfangen.
Darf ich in Ergänzung zu den Angaben für die Statistik eben noch fragen:
Haben Sie Geschwister? – Wie viele?
Was machen die beruflich?
Was für eine Schule haben Ihre Geschwister besucht?
Und Sie selbst:
In was für einem Ort sind Sie zur Schule gegangen: Großstadt, Kleinstadt, Dorf?

Bildung in der Gesellschaft: Schule

Wird verlängerte Schulbildung für sinnvoll gehalten?

× Wären Sie gern noch länger zur Schule gegangen? – (Wenn keine höhere Schule besucht) . . . und vielleicht auf eine höhere Schule?
Heute wird ja überall, nicht nur bei uns, sondern auch in anderen Ländern, die Schulzeit verlängert. Halten Sie das für sinnvoll? Warum?
Bis zu welchem Alter sollten die Kinder mindestens zur Schule gehen müssen?

Ist die Schule eine Klassen- oder «Standes»-Schule?

× Die Statistiken zeigen sehr deutlich, daß sich auch heute noch unter den Studenten der westdeutschen Universitäten und Hochschulen sehr wenig Arbeiterkinder befinden. – Wie ist das Ihrer Ansicht nach zu erklären?

× Was meinen Sie, ist es für Arbeiterkinder, auch wenn sie gut begabt sind, manchmal schwierig, sich auf der höheren Schule zurechtzufinden und mitzukommen, wo sie mit Kindern ganz anderer Herkunft zusammen sind? Sollte man nicht einfach alle Kinder bis zum 16. Lebensjahr in die gleiche Schule gehen lassen, damit jeder die gleichen Aussichten hat weiterzukommen?

× Sie haben doch sicher einmal selbst erlebt, daß Kinder aus bestimmten Gründen von den Eltern nicht auf die höhere Schule geschickt wurden. Was für Gründe waren das?

Was bedeutet Bildung in der Gesellschaft?

Welches Ansehen hat Bildung? (Persönliche und angenommene allgemeine Skala)

× Welche Berufe stehen bei Ihnen persönlich in besonders hohem Ansehen?
Im allgemeinen in besonders hohem Ansehen? Warum?

× Welche Berufe haben für Sie ein besonders geringes Ansehen?

		Im a l l g e m e i n e n ein besonders geringes Ansehen? Warum?
	×	Was verschafft im allgemeinen einem Menschen eigentlich Ansehen? – (Einkommen, berufliche Stellung, Schulbildung, persönliche Eigenschaften)
Sollte Bildung Privilegien begründen?		Was meinen Sie: Sollten nur diejenigen das Wahlrecht bekommen, die auch genügend gebildet sind? Sollten Menschen mit mehr Bildung auch mehr Einfluß haben? Man spricht doch immer von den «oberen Zehntausend». Was glauben Sie: Muß man besonders gebildet sein, um dazuzugehören? Glauben Sie, daß Standesunterschiede durch gleiche Bildung für alle beseitigt werden könnten?
Bedeutung der Bildung für die soziale Ordnung?		Glauben Sie, daß es wünschenswert ist, den Bildungsstand der gesamten Bevölkerung zu heben?
	×	Könnte die Verbesserung des Bildungsstandes in der Bevölkerung dazu beitragen, daß sich auch die sozialen Verhältnisse bessern?

5.3.4. Varianten

Von den verschiedenen Varianten des Intensivinterviews ist bislang nur von der für soziologische Forschungsabsichten am ehesten geeigneten (und verwendeten) Form die Rede gewesen. Während sich das Intensivinterview hauptsächlich auf die Analyse richtet, zielen die anderen Formen (vgl. BINGHAM & MOORE 1956) stärker auf Diagnose, Beratung und Therapie. Hierzu gehören die klinischen Interviews (z. B. MATARAZZO 1965, SCHRAML 1968, z. T. auch STRUPP 1968), psychotherapeutischen Gespräche (ROGERS 1942, ROGERS et al. 1967, TAUSCH 1968) oder solche im Rahmen der Sozialarbeit (z. B. BRATT 1965, FENLASON, FERGUSON & ABRAHAMSON 1962, LATTKE 1969).

Wo es weniger um die Person des Befragten geht als um die Organisation, der er angehört (z. B. Personalchef eines Betriebes, Abteilungsleiter in einer Rundfunkanstalt, Vorsitzender eines Partei-Ausschusses), ist es ratsam, das Intensivinterview mit zwei Interviewern gleichzeitig zu führen. Nach den Erfahrungen des Verfassers und seiner Kollegen bei Intensivinterviews mit Leitern von Jugendfreizeitheimen lassen sich zwei Vorzüge einer solchen Variante erkennen:

1. Die beiden Interviewer wechseln sich beim Fragen ab. Damit hat der jeweils nicht fragende, entlastete Interviewer die Möglichkeit, den Verlauf des Interviews zu beobachten, ausweichende Antworten des Befragten zu registrieren, später Nachfragen zu stellen etc.
2. Häufig zieht der Befragte Kollegen hinzu, so daß nun die Chance besteht, durch

aufmerksame Kontrollen des jeweils nicht fragenden Interviewers auch die Beziehungen zwischen den Befragten und Widersprüche in deren Antworten zu registrieren und/oder in Fragen aufzunehmen.

5.3.5. Erhebungssituation

Im Intensivinterview sind aus den genannten Gründen Vorgehen und Erhebungssituation nur schwer voneinander zu trennen; die Erhebungssituation ist zu einem großen Teil das Vorgehen selbst. Viele für das standardisierte Interview genannten Probleme treten verschärft auf, da der Interviewer sehr viel Spielraum hat. Hierzu gehören auch die Prozesse gegenseitiger Wahrnehmung und wechselseitiger Erwartungen (vgl. TAGUIRI 1969).

Lächeln, Kopfnicken und entsprechende Gesten verstärken den Antwortstil des Befragten und erhöhen die Länge der Antworten. Stirnrunzeln, Kopfschütteln u. ä. hingegen erhöhen die Ängstlichkeit des Befragten, wenn man die Zunahme von «ähs» sowie Hand-/Finger-Bewegungen am Körper (z. B. Beinkratzen) als Indikatoren verwendet (ROSENFELD 1967, S. 109).

Die Effekte, einschließlich der nonverbalen, sind jedoch nicht als bloße Fehlerquellen anzusehen; sie lassen sich ebenso als Momente zur Steuerung der Kommunikation verwenden. Hierfür einige Beispiele:

1. *Der situative Kontext*, z. B. ein Intensivinterview innerhalb der Sprechstunde eines Sozialarbeiters oder ein Eingangsgespräch in einer sozialtherapeutischen Anstalt, definiert für beide, Interviewer wie Befragten, ihre Rollen und beeinflußt die genannten und vermuteten Ziele, mithin die Antworten.
2. *Gründe-Fragen*. Intensivinterviews bieten sich geradezu an, um diese Art von Frage zu stellen. Sie erfüllen ihre Aufgabe aber nur dann, wenn es sich um Beurteilungen gegenwärtiger Lebensbedingungen handelt («Warum sind Sie mit Ihrem Beruf unzufrieden?»), nicht aber, wenn es um vollzogene Entscheidungen/Handlungen geht. Auf die Fragen «Warum haben Sie Ihr Elternhaus verlassen?», «Warum sind Sie Prostituierte geworden?» werden häufig nicht Ursachen genannt, sondern es wird der zeitliche Hergang geschildert: «Wissen Sie, ich war damals 18 Jahre alt, und da lernte ich den X kennen ...». Das «Warum» wird in solchen Fällen als «Wie» interpretiert und beantwortet.
   Zudem muß man bedenken, daß solche Fragen nicht nur Reflexionsprozesse in Gang setzen, sondern ebensogut Rationalisierungen hervorrufen oder zur Selbstdarstellung (zum Teil abhängig vom Interviewer-Verhalten) führen.
3. *Unklare Begriffe/Formulierungen des Befragten*. Der Interviewer sollte in solchen Fällen nicht nachfragen (inhaltliche Ebene), weil dies den Rapport stören könnte, hier: die vom Befragten unterstellte sprachliche Äquivalenz zum Interviewer. Er sollte auf die Beziehungsebene wechseln und zum Beispiel folgendermaßen reagieren: «Erzählen Sie doch weiter ...», «Hm, hm», Schweigen, Wort oder Formulierung wiederholen.
4. *Blockierungen und Abbrüche*. Der Befragte verläßt die gemeinsame Bezugsbasis, z. B. durch Nicht-Beantworten der Frage, indem er sagt: «Ich halte das nicht für wichtig», oder durch Ausweichen auf eine frühere Frage. Die Ursachen sind ent-

weder in sprachlichen Barrieren, der Vermeidung eines heiklen Themas oder einer Zieldivergenz zu suchen. In solchen Fällen wird der Interviewer am besten auf die zuvor gestellte Frage zurückgehen oder, wie im Beispiel oben, fragen: «Gut, was halten Sie denn für wichtig?»

5. *Schweigen.* Ursachen des Schweigens eines Befragten können sein: Frage zu schnell gestellt, Begriffe unklar, Frage zu aggressiv, Frage trifft ein heikles Thema; eine bislang schlechte Beziehung zwischen Interviewer und Befragtem. Hierauf kann der Interviewer inhaltlich reagieren, z. B. dadurch, daß er berichtet, was andere Befragte zu diesem Thema gemeint haben, eigene Erlebnisse erzählt oder aber mit einer Provokation fortfährt: »Wenn Sie nun mit Ihrer Freundin zu Hause schlafen wollen, geht das?» Oder aber – was er zunächst versuchen sollte – er reagiert auf der Beziehungsebene, schweigt also auch oder fragt direkt: «Ist Ihnen die Frage unangenehm?»
6. *Zusammenfassungen und Interpretationen.* Um sich zu vergewissern, ob er den Befragten verstanden hat, wird der Interviewer ausführlichere Äußerungen des Befragten zusammenfassen: «Sie hatten also während Ihrer ganzen Jugend Schwierigkeiten mit Ihrem Bruder?» Solche Fragen oder Aussagen sind sinnvoll, wenn der Befragte selbst unsicher ist und ihn der Interviewer anregt (aber nicht zwingt), eine präzisere Formulierung zu finden. In allen anderen Fällen ist eine solche Transformation problematisch, weil der Befragte sich dann nicht mehr mit seinen eigenen Antworten, sondern mit dem Übersetzungsproblem beschäftigt; er wird abgelenkt, das Interview inhaltlich fortzusetzen.
   Überhaupt sollten mehrfache Korrekturen des Befragten an den Fragen und Zusammenfassungen des Interviewers als Indikator eines unzureichenden Interviewer-Verhaltens angesehen werden. Der Interviewer ist mit sich beschäftigt oder in seinen Erwartungen über den Befragten befangen, statt auf ihn einzugehen.

5.3.6. Stichprobe

Es ist fraglich, ob es die Zielsetzung dieser Formen des Interviews zuläßt, mit exakten Stichproben zu arbeiten. Am ehesten sind wohl die Formen der bewußten Auswahl, wie in Abschn. 3.4 dargestellt, angemessen. Eine weitere Möglichkeit besteht darin, aus dem Adressenmaterial einer Studie eine Subpopulation mit Hilfe einer einfachen Zufallsauswahl zu gewinnen und nochmals um Intensivinterviews zu bitten. Ein solches Vorgehen dient weniger der Sicherung statistischer Schlüsse als vielmehr dem Ziel, über Einzelprobleme genauere Informationen zu erhalten. Oder man wählt eine disproportionale Auswahl, um solche Informationen für die in der Gesamtstichprobe nur in geringer Zahl vertretenen Untergruppen zu gewinnen.

5.3.7. Pretest

Bei einer größeren Zahl von Intensivinterviews erscheint ein Pretest sinnvoll. Auch bei Studien, die ein Problem allein mit dieser Methode untersuchen, ist er angezeigt. Die Ergebnisse des Pretests lassen sich im Gegensatz zu denen anderer Methoden nur begrenzt auf die Hauptuntersuchung beziehen, da man das Verhalten der einzelnen Interviewpartner nur wenig vorhersehen kann. So liefert der Pretest hauptsächlich Aufschlüsse über die Brauchbarkeit des Leitfadens, die Qualitäten der Interviewer und allgemeine Merkmale der Befragtengruppe, sofern sie durch ähnliche Strukturmerkmale (z. B. Alter, Schicht) gekennzeichnet sind. Die wichtigsten Punkte des Pretests enthält Übersicht 23.

Übersicht 23: *Aufgaben des Pretests bei einem Intensivinterview*

Umfang:	Ca. fünf Interviews, pro Interviewer mindestens eines, möglichst zwei (Lerneffekt).
Legitimation:	Erläuterung des Untersuchungs- und Gesprächszieles. Weitere Informationen nach dem Gespräch, ggf. Besuch nach einigen Tagen.
Erhebungssituation:	Zeitpunkt richtig gewählt? Ort angemessen? Verfassung der Person? Medium (Papier und Bleistift, Tonband, Film) angemessen? Anwesenheit Dritter? Dauer des Interviews? Therapeutischer Prozeß, ggf. Notwendigkeit eines Folgegesprächs, einer Beratung?
Rollen:	Auftreten des Interviewers? Ist der Interviewer flexibel genug? Ziel-Diskrepanz bei Interviewer und Befragtem? Effekte von Merkmalen des Interviewers wie Alter, Geschlecht etc. auf Interview (Selbstbeurteilung durch Interviewer)? Interviewer in eigenen Problemen befangen?
Instrument:	Themen des Leitfadens zu schwierig? Schlüsselfragen alle gestellt?
Stichprobe:	Ausfälle? Interview-Abbrüche?
Kontrollen:	Besuche oder (notfalls) Anrufe beim Befragten. Dessen Kommentar zum Interview und Interviewer. Besuche durch jeweils andere Interviewer bei Adressen, die durch Verweigerung, Nicht-Anwesenheit etc. ausfielen.

Ein ausführliches Schema zur Kategorisierung der Fragen und Antworten einschließlich einiger nonverbaler Elemente der Kommunikation findet sich bei BANAKA (1971, Kap. 7). Zu Recht weist er auch auf die Notwendigkeit hin, Eindrücke und Gefühle des Interviewers berichten zu lassen, um sie in die Analyse einzubeziehen.

5.3.8. Fehlerquellen

Es ist schwer abzuschätzen, wie sich das Ziel des Intensivinterviews, das Verhalten des Interviewers und der Prozeß der Interaktion validieren lassen. Wie die knappe Darstellung zeigt, enthalten die Formen des Intensivinterviews je nach Forschungsplan unterschiedlich stark Elemente der Beratung. Es bestehen zudem fließende Übergänge in den einzelnen Phasen eines Intensivinterviews zu den unter «Varianten» angeführten Formen. Validität kann demnach am ehesten durch Antwortvergleiche, Nachfragen und Interpretationen sowie Außenkriterien (Ergebnisse anderer Methoden, Akten, Berichte Dritter) erreicht werden.

Die Vergleichbarkeit der Ergebnisse ist, gemessen am standardisierten Interview, gering. Es entsteht eine Datenmatrix für die Befragten mit *verschiedenen* und *ungleich umfangreichen* Informationen, oder strenger: eine Matrix, die nur wenige Variablen bei allen Befragten umfaßt. Auch die als vergleichbar zu bezeichnende Information kann in heterogenen Interaktionsprozessen gewonnen worden sein, was ihren Wert für die Hypothesenprüfung einschränkt. Doch wäre es falsch, das Intensivinterview hieran zu bewerten; wichtig ist es als Beitrag zur Exploration eines Problems und/oder der Bedeutung für den Befragten.

5.4. Schriftliche Befragung

5.4.1. Voraussetzungen

Bei einer schriftlichen Befragung (mailed questionnaire) wird ein Fragebogen dem Befragten ins Haus geschickt, von ihm ausgefüllt und an den Absender (Institut o. ä.) zurückgesandt. Bei diesem Vorgehen sind vier Elemente wesentlich:

1. Eine möglichst auf dem neuesten Stand befindliche Adressenkartei muß vorhanden sein.
2. Der Fragebogen muß klar, kurz und aus sich heraus verständlich und übersichtlich sein.
3. Die Bereitschaft zur Beantwortung der Fragen hängt allein vom Appell an den Befragten und vom Thema ab; es ist kein Interviewer da, der die Motivation des Befragten fördern könnte.
4. Die Fähigkeit, den Fragebogen auszufüllen, hängt sowohl von der Verständlichkeit des Fragebogens, der sprachlichen Leistungsfähigkeit wie von der Geübtheit ab, solche Bogen zu lesen und zu beantworten. Goode & Hatt (1956, S. 164) sprechen von «Auffassungsgabe» und «Schreibgewandtheit».

Der fehlende Interviewer wirkt sich doppelt in der schriftlichen Befragung aus: positiv, weil er die Befragungssituation nicht beeinflußt; negativ, weil er weder den Befragten zur Mitarbeit motivieren noch durch Erläuterungen Unklarheiten beseitigen kann.

Gegenüber der mündlichen Befragung ist die schriftliche zeit- und kostensparender; auch fallen Organisation und Kontrolle der Interviewer fort. Insbesondere bei geographisch stark verstreuten Adressaten ist eine schriftliche Befragung oft die einzige Lösung der Erhebungsprobleme.

Das Hauptproblem der schriftlichen Befragung ist die *Rücklaufquote,* d. h. der Anteil der zurückgesandten an den insgesamt verschickten Fragebögen. Da diese in den meisten Fällen zwischen 7 % und 70 % schwankt, treten erhebliche Schwierigkeiten auf, die Exaktheit der Aussagen aufgrund der Ergebnisse zu belegen.

Zusammengefaßt ergeben sich folgende Vor- und Nachteile:

Vorteile:
- geringe Kosten
- geringer Zeitaufwand
- Befragung geographisch verstreuter Personen
- kein Einfluß des Interviewers
- stärkeres Durchdenken der Fragen, der Befragte hat mehr Zeit für jede Frage
- ob auch durchdachtere und gültigere Antworten als im Interview gegeben werden, ist noch umstritten.

Nachteile:
- niedrige Rücklaufquote
- Unkontrollierbarkeit der Erhebungssituation
- Unkenntnis der Art der Ausfälle (z. B. Ausfälle aufgrund von Nicht-Zurücksendung oder Fehlern der Bundespost)
- keine Erläuterung der Fragen oder nondirektives Nachfragen etc. durch Interviewer.

5.4.2. Anwendung

Mit schriftlichen Befragungen wird man arbeiten, wenn keine andere Methode als die der Befragung die notwendigen Informationen erbringt, aus Zeit- und Kostengründen aber Interviews nicht möglich sind.

Wo es sich um eine hinsichtlich des Themas homogene Gruppe (z. B. Eltern, Leser einer Zeitschrift, Mitglieder einer Partei oder eines Vereins) handelt, ist die Methode gewiß gut verwendbar, vor allem dann, wenn die sprachlichen Schwierigkeiten gering sind.

Je mehr die unten genannten, die Rücklaufquote beeinflussenden positiven Kriterien erfüllt sind, desto eher ist eine schriftliche Befragung angezeigt. Wenn es hingegen um eine exakte Hypothesenprüfung einschließlich der Berechnung der Sicherheitsgrenzen der Aussage (vgl. Abschn. 3.4.4) geht, ist von einer schriftlichen Befragung abzuraten.

5.4.3. Vorgehen

Der Fragebogen einer schriftlichen Befragung erfordert einen höheren Grad an Präzision als der einem Interview zugrunde liegende; das Instrument muß besser durchdacht sein (Scheuch 1967 a, S. 167 f.). Bei der Frageformulierung wird leichte Verständlichkeit und Klarheit verlangt, da der Befragte den Bogen ohne zusätzliche Erläuterungen verstehen muß. Die *meisten* Fragen sollten geschlossen sein; offene Fragen haben einen doppelten Stellenwert: dem Befragten ausführlichere Aussagen zu ermöglichen und die Ermüdung, die nach einer Reihe von geschlossenen Fragen eintritt, zu verringern. Für diese ist ausreichend Platz vorzusehen, um den Anreiz einer ausführlichen Beantwortung zu erhöhen.

Fragen nach objektiven Sachverhalten sind am besten für eine schriftliche Befragung geeignet. Kontrollfragen sind nicht möglich, da man davon ausgehen kann, daß der Befragte den Bogen erst einmal ganz durchliest, bevor er ihn auszufüllen beginnt. Auch von komplizierten Filtern und Gabelungen ist abzuraten, da sie auch bei guter grafischer Anordnung Verwirrung stiften dürften.

Damit ist schon der *Fragebogenaufbau* berührt: Er sollte thematisch gegliedert, eng auf das Gesamtthema der Studie bezogen sein und einen Wechsel der (zahlreichen) geschlossenen und (wenigen) offenen Fragen enthalten. Je kürzer der Fragebogen, desto besser; nur wenige Leute haben Zeit und Lust, einen zwanzigseitigen Fragebogen durchzuarbeiten – von Verständnisschwierigkeiten einmal abgesehen. Ein Pretest des Bogens ergibt sich hieraus zwingend.

Der Fragebogen wird mit einem adressierten und frankierten Umschlag für die Rücksendung und einem Anschreiben versandt. Das *Anschreiben* ist ein *zentrales Element der schriftlichen Befragung,* da es den Eindruck (genauer: das Stereotyp) des Befragten vom Absender stark beeinflußt und damit wiederum die Rücklaufquote wie die Beantwortung (vgl. Erhebungssituation).

Im Anschreiben sind folgende Punkte zu berücksichtigen:

- Name und Adresse des Absenders (Institution und Name des Forschers)
- Thema der Befragung
- Zusammenhang von Thema, Verwertungsziel und Interessen des Befragten
- Anonymität des Befragten
- Begründung für die Wahl seiner Adresse
- Rücksendetermin
- evtl. Anreize für die Rücksendung.

Die Original-Unterschrift hat sich als besser erwiesen als ein Faksimile. Ebenso trägt ein jeweils neu auf der Schreibmaschine geschriebenes Anschreiben (im Gegensatz zu einem abgezogenen/fotokopierten) dazu bei, die Rücklaufquote zu erhöhen. Auch ist die Kürze des Anschreibens anzustreben, maximal eine DIN-A4-Seite (gutes Papier, keine Tippfehler, ausreichender Rand und ausreichende Zeilendistanz). Je weniger heikel ein Umfragethema ist, desto eher kann man in das Anschreiben «Barrieren» einbauen; in der Annahme, sie erhöhten beim Befragten den Wunsch, sie zu übersteigen, d. h. den Bogen auszufüllen. Dies geschieht z. B. durch den Hinweis, es bedürfe schon einigen Interesses, den Bogen auszufüllen, das nicht bei allen Menschen anzufinden sei (RICHTER 1970, S. 202 ff.).

Evtl. muß dem Anschreiben noch ein kurzer Bogen mit Erläuterungen beigefügt werden, z. B. von Fachausdrücken, wie es in der schriftlichen Befragung über das Sexualverhalten von Studenten geschehen ist (GIESE & SCHMIDT 1968). Das Anschreiben dieser Untersuchung ist in Abb. 5 abgedruckt.

Erfahrungsgemäß werden die meisten Fragebögen am Wochenende ausgefüllt (RICHTER 1970, S. 240, TOOPS 1934); sie sollten daher möglichst an einem Freitag beim Befragten eintreffen.

Die Befragung selbst erfolgt in Wellen, in der Regel drei; je nach Umfang der Befragung veranschlagt man hierfür drei bis sechs Wochen. Der Zeitraum sollte begrenzt sein, weil sonst – je nach Thema – Effekte der Zeit auftreten können, z. B. politische Ereignisse oder ein Zeitungsartikel, die die Einstellung der Befragten verändern könnten. Eine Woche nach der ersten Welle erhalten alle Befragten ein neues Schreiben mit der Bitte, den Fragebogen zu beantworten, eine Woche später ein weiteres Schreiben (einschl. des Hinweises, die Bitte gelte nicht für jene Befragten, die den Bogen inzwischen zurückgesandt haben). Wenn möglich, wird man zwischen zweiter und dritter Welle durch Anrufe bei den telefonisch erreichbaren Befragten der Aufforderung, den Bogen auszufüllen, Nachdruck verleihen.

Frageformulierung und Frageanordnung beeinflussen die Fähigkeit, den Bogen auszufüllen; Umfrageträger, Anschreiben, Anrufe etc. beeinflussen die Antwortbereitschaft. Diese *Bereitschaft des Befragten*, den Bogen ausgefüllt zurückzusenden, läßt sich nach RICHTER (1970, S. 46) formalisieren durch folgenden Ausdruck:

$$W = \frac{h}{D}$$

W = Antwortbereitschaft
h = Aufforderungsgröße des Umfrageträgers (z. B. Bekanntheit)
D = soziale Distanz zwischen befragter Gruppe und Umfrageträger

In die Größen h und D gehen zahlreiche Einflüsse ein; am ehesten kann noch D direkt anhand des entsprechenden Maßes mit dem Instrument der Polaritätsprofile (vgl. Abschn. 4.2.5) gemessen werden.

Abbildung 5: *Beispiel für ein Anschreiben in einer schriftlichen Befragung* (GIESE & SCHMIDT 1968)

INSTITUT FÜR SEXUALFORSCHUNG
an der Universität Hamburg
Leiter: Prof. Dr. Dr. H. Giese Hamburg 20, im Januar 1966

Liebe Kommilitonen!
Wir bitten Sie um Ihre Mitarbeit an einer wissenschaftlichen Untersuchung. Im vergangenen Jahr haben wir die gleiche Untersuchung an der Universität Hamburg durchgeführt. Die sehr gute und durchweg ernsthafte Beteiligung – der Sache gemäß – ermutigt uns dazu, die damalige Untersuchung nun an 14 Hochschulen der Bundesrepublik fortzusetzen und abzuschließen.

Es ging ursprünglich (mit Unterstützung der Deutschen Forschungsgemeinschaft) um die statistische Analyse der Fälle von Patienten, die uns wegen irgendwelcher sexueller Probleme konsultieren; diese Untersuchung wird uns noch viele Jahre beanspruchen. Sie soll dem besseren Verständnis des Einzelfalles und der Analyse seiner Regelhaftigkeit dienen. Die Angaben, die wir erhalten und nach einem bestimmten Schema registrieren, sind für eine exakte Analyse jedoch nur dann aufschlußreich, wenn Daten über das Sexualverhalten möglichst vieler Menschen unterschiedlicher sozialer Herkunft – also auch von Studenten – zum Vergleich zur Verfügung stehen. Die Untersuchungen von KINSEY *und Mitarbeitern sind für unsere speziell psychiatrische Fragestellung nicht ergiebig; zudem liegen sie 20 Jahre zurück und sind in den USA gewonnen.*

Wir wissen wohl, daß Befragungen dieser Art prinzipiell höchst problematisch sind. Die Ablehnung einer solchen Befragung im persönlichen Leben kann die Tatsache einer gesunden und intakten inneren Haltung der Sexualität gegenüber geradezu unter Beweis stellen. Gleichwohl wenden wir uns an Sie – und hier mittels Fragebogen –, weil wir Ihnen als Kommilitonen des akademischen Lebens eine derartige Umfrage über die eigene Sexualität sachlich wohl am ehesten zumuten dürfen. Wir appellieren dabei besonders an das Bemühen um Nüchternheit (die in jeder wissenschaftlichen Arbeit notwendig ist) in der Registrierung der eigenen sexuellen Daten.

Es werden in diesen Tagen etwa 7500 Studenten von 14 Universitäten angeschrieben. Die Adressen wurden nach einem Zufallssystem aus der Kartei aller Studenten ermittelt. Damit haben wir eine für statistische Untersuchungen so wichtige Zufallsstichprobe, deren Wert freilich mit der Zahl derer, die die Bögen nicht ausfüllen, sinkt. Ihre Antworten bleiben mit völliger Gewißheit anonym.

Ausdrücklich sei bemerkt, daß auch diejenigen Studenten angesprochen werden, die über keine oder so gut wie keine sexuellen Erfahrungen, gleich welcher Art, verfügen.

Sofern Sie zur Mitarbeit nicht bereit sind, akzeptieren wir Ihre Haltung, die Sie nicht zu begründen brauchen. Bitte senden Sie uns dann die Bögen unausgefüllt zurück. Sofern Sie zu der erbetenen Mitarbeit bereit sind, lesen Sie zuerst die Anweisung auf der Rückseite. Dann füllen Sie die Bögen sorgfältig und gewissenhaft aus. Sie benötigen 20 bis 90 Minuten Zeit dafür. Erschrecken Sie nicht über Fragen nach Details, die gewöhnlich als «abnorm» gelten. Die «Norm» ist ein schmaler Grat, den man erst im Laufe sehr individueller Erfahrungen sehr unterschiedlich gewichtiger Art erreichen kann. Davon ist niemand ausgenommen.

Mit bestem Dank und Gruß

Ihr *Prof. Giese*

Antwortfähigkeit und Antwortbereitschaft sind die allgemeinen Determinanten der *Rücklaufquote.* Nach den bisherigen Forschungsergebnissen tragen eine Vielzahl von einzelnen und sich addierenden Bedingungen zu einer hohen Rücklaufquote bei:

1. Die Homogenität der Befragtengruppe, hinsichtlich vor allem
2. der Bedeutung des Themas für sie oder der «Zentralität» der Befragung: «Eine Befragung ist um so zentraler, je folgenschwerer die Beantwortung für die Betroffenen oder deren Bezugsgruppe durch mögliche Reaktionen des Umfrageträgers ist» (RICHTER 1970, S. 63).
3. Je höher die Schulbildung, desto höher die Rücklaufquote; das gleiche gilt für das Merkmal soziale Schicht.
4. Verheiratete Befragte und Bewohner von Landgemeinden antworten häufiger.
5. Je uneigennütziger der Appell im Anschreiben, je mehr auf generelle Ziele und nicht auf individuelle Belohnung gerichtet, desto höher ist die Rücklaufquote.
6. Diese steigt mit der grafischen Qualität des Anschreibens und Fragebogens.
7. Kürze des Fragebogens.
8. Telefonische Nachfragen (LONGWORTH 1953, SEWELL & SHAH 1968).
9. Verwendung von Briefmarken, unter Umständen Wohlfahrtsmarken; keine Massendrucksache.
10. Evtl. Anreize für den Befragten (Honorar, Teilnahme an Verlosung u. ä.).

Auffallend an diesem Katalog sind die «Kleinigkeiten». Da er auf empirischer Forschung beruht, zeigt sich nur die Anfälligkeit der Methode für scheinbar unwesentliche Elemente, die für den Befragten jedoch bedeutsam sind. Verwiesen sei auf analoge Effekte des weiter oben beschriebenen Interviewerverhaltens in der Erhebungssituation beim Interview.

Um die Effekte gerade jener scheinbaren Nebensachen zu veranschaulichen, sei die ältere Untersuchung von LONGWORTH (1953) herangezogen. In seiner Studie über eheliche Beziehungen arbeitete er mit sechs verschiedenen aufeinanderfolgenden Pretests. In jedem Pretest wurden n = 50 Personen angeschrieben, die Fragebögen jeweils zum Wochenende versandt, adressiert an Herrn und Frau ... Die Variationen und die entsprechenden Rücklaufquoten waren:

Pretest Nr.	Verfahren	Rücklaufquote
1:	Abgezogenes Anschreiben, Name und Adresse d. Befragten extra eingesetzt, persönlich unterschrieben, Rückumschlag mit einer Briefmarke frankiert	14 %
2:	Wie (1), plus Bild auf Fragebogen mit einem sich streitenden Ehepaar	7 %
3:	Wie (1), plus Zeitungsausschnitt mit Bericht über das Forschungsprojekt (jedes Mal einzeln ausgeschnitten und aufgeklebt)	19 %

Pretest Nr.	Verfahren	Rücklaufquote
4:	Wie (3), plus drei verschiedene Briefmarken pro Umschlag in drei Farben	21 %
5:	Wie (4), plus Anschreiben einzeln mit Maschine geschrieben, Nachsatz mit Hand: Bitte um Ausfüllung und Rücksendung	26 %
6:	Wie (5), plus Anruf bei Adressaten jeweils eine Woche nach Erhalt des Bogens, Bitte um Kooperation (etwa 70 % erreicht)	63 %
Hauptstudie wie (6)		69 %

Diese Ergebnisse zeigen, wie wichtig es bei schriftlichen Befragungen ist, den Eindruck einer Massensendung zu vermeiden.

Für die Aussagen und die Art der Mahnungsschreiben ist nicht nur die Rücklaufquote, sondern auch die *Rücklaufcharakteristik* wichtig: Bei steilem Verlauf ist auf eine homogene Befragtengruppe zu schließen, bei flachem auf eine inhomogene, mit größerer Distanz zum Umfrageträger (vgl. hierzu Richter 1970, S. 80 f., 238 ff.).

Die Auswertung der eingehenden Fragebögen erfolgt am besten nach Wellen getrennt. Wie sich mehrfach belegen ließ, unterscheiden sich die Erstbeantworter von den Endbeantwortern; die letzteren sind den Nichtbeantwortern ähnlicher als den Erstbeantwortern. Erst wenn sich keine statistisch bedeutsamen Unterschiede zwischen beiden Gruppen resp. einzelnen Rücksendewellen ergeben, ist es gerechtfertigt, die eingegangenen Fragebögen zusammenzulegen und als *eine* Stichprobe auszuwerten.

5.4.4. Varianten

Ebenso wie beim Interview sind mehrere Varianten der schriftlichen Befragung möglich. Sie beziehen sich zum einen auf die Art des Fragebogens: Eine sehr homogene Befragtengruppe mit hoher Schulbildung wird man zu einem sie betreffenden Thema auch noch mit vielen offenen Fragen, also einem weniger standardisierten Bogen befragen können.

Zum anderen werden häufig *Gruppenbefragungen* vorgenommen, z. B. Schüler in einer Schulklasse füllen den Fragebogen aus. Dieser Fall hat den Vorteil, daß die Erhebungssituation nicht nur kontrolliert, sondern auch standardisiert ist; zudem kann der anwesende Forscher Anweisungen und Hilfen geben, wie der Bogen auszufüllen sei.

Erwähnt sei schließlich die Möglichkeit, die Fragebögen einem Buch oder einer Zeitschrift beizulegen.

5.4.5. Erhebungssituation

Warum sollte jemand einen Fragebogen ausfüllen? Diese Frage stellt sich nicht nur dem Forscher, sondern auch dem Befragten in der Erhebungssituation. Er füllt den Bogen aus und sendet ihn zurück, läßt ihn liegen oder wirft ihn weg. Aufgrund welcher Kriterien kann er eine Entscheidung treffen? Zur Verfügung stehen ihm im wesentlichen die obengenannten Merkmale, die anhand ihres Einflusses auf die Rücklaufquote erschlossen wurden: Absender, Anschreiben, Thema, Art der Fragen, Zeitaufwand für den Befragten etc. Das Ausfüllen des Bogens stellt demnach auch eine Kommunikation dar (am ehesten vergleichbar mit dem Briefschreiben), der Kommunikationspartner ist nicht physisch anwesend, aber doch durch die eben genannten Indizien repräsentiert. Entsprechend wird das Bild von ihm geprägt und die Antwortbereitschaft beeinflußt. Diese Beeinflussung ist auch insofern bedeutsam, als die schriftliche Befragung viel stärker als das Interview mit anderen Aktivitäten um die Aufmerksamkeit und Zeit des Befragten konkurrieren muß.

Angesichts der wenigen Kenntnisse bleibt die Erhebungssituation bei der schriftlichen Befragung die große Unbekannte: Wird der Befragte mit anderen über den Bogen sprechen, wird er ihn mit anderen gemeinsam ausfüllen? Wird überhaupt er selbst und nicht eine andere Person ihn ausfüllen? Da man nicht weiß, welche Situation bei welchem Befragten vorlag, kann man auch nicht ihre Effekte auf die Beantwortung prüfen.

5.4.6. Stichprobe

Die mit der Rücklaufquote verbundenen Probleme erfordern einen Vergleich zwischen Grundgesamtheit, Ausgangsstichprobe und tatsächlicher Stichprobe. Die Angemessenheit der tatsächlichen Stichprobe ist die Voraussetzung für die (berechenbare) Generalisierung der Ergebnisse. Sie ist erst gesichert, wenn

a) die Verteilung wichtiger unabhängiger Variablen für die Grundgesamtheit bekannt ist und mit der tatsächlichen Stichprobe verglichen werden kann;

b) bewährte Gesetzesaussagen über den Zusammenhang dieser unabhängigen und einiger abhängiger Variablen in der Grundgesamtheit vorliegen.

Die erstgenannte Form, die Stichprobe zu kontrollieren, wird in fast allen schriftlichen Befragungen angewendet. Das setzt voraus, über aktuelle Statistiken mit den Verteilungen dieser Variablen in der Grundgesamtheit zu verfügen. Als Beispiel sind in Tab. 10 solche Vergleiche aus der Studie von Giese & Schmidt (1968) angeführt.

Es handelt sich um eine schriftliche Befragung von Studenten über ihre sexuellen Einstellungen und Verhaltensweisen. Es wurden insgesamt 19 Hochschulen in der BRD angeschrieben, von ihnen gaben 12 die Zustimmung, die Adressenkartei verwenden zu können. Der Ausfall z. B. der beiden süddeutschen Hochschulen München und Freiburg führte zu einer Unterrepräsentierung der katholischen Gebiete bereits in dieser Phase der Klumpen-Stichprobe. Da man von jeder Universität etwa 500 Befragte haben wollte, wurden pro Universität im Durchschnitt 6,1 % aller Studenten anhand einer Zufallsstichprobe einbezogen und angeschrieben. Die Rücklaufquote betrug zwischen 52 % und 70 % bei den männlichen, zwischen 34 % und 60 % bei den weiblichen Studenten, im Durchschnitt 60 % (Giese & Schmidt 1968, S. 29 ff.).

Neben den in Tab. 10 angeführten Variablen wurden auch noch die Verteilung der Variablen Alter, Art der Hochschule, Studienfach und soziale Herkunft in Stichproben und Grundgesamtheit anhand der Unterlagen der Kleinen und Großen Hochschulstatistik des Statistischen Bundesamtes geprüft. Dabei ergaben sich keine signifikanten Unterschiede. Wie indessen Tab. 10 erkennen läßt, sind Katholiken in der tatsächlichen Stichprobe unterrepräsentiert, was nicht allein auf die Weigerung der obengenannten Universitäten zur Mitarbeit zurückgeht, sondern auch mit den konfessionsspezifischen Einstellungen zur Sexualität zusammenhängt. Vergleiche zwischen der Ausgangs- und tatsächlichen Stichprobe wurden nicht berechnet.

Tabelle 10: *Vergleich der Variablen Geschlecht, Familienstand und Konfession in der Stichprobe einer schriftlichen Befragung und in der Grundgesamtheit* (Giese & Schmidt 1968, S. 52, 54)

Variable	Stichprobe		Grundgesamtheit	
	m	w	m	w
Geschlecht	77	23	77	23
Familienstand				
ledig	89	92	92	96
verheiratet	11	8	8	4
Konfession				
konfessionslos	6	5	3	3
evangelisch	69	70	60	62
katholisch	24	24	33	33
Sonstige	1	1	2	2
%	100	100	100	100
N	2835	831	–	–

Damit ist jedoch noch keine ausreichende Prüfung der Stichprobe gegeben. Immerhin ist nicht auszuschließen, daß sich selbst bei Repräsentativität der tatsächlichen Stichprobe die Beantworter von den Nichtbeantwortern unterscheiden; in diesem Fall: daß eher freizügige Studenten geantwortet haben. Hierzu sind Prüfungen der zweiten Art erforderlich. Anhand der wenigen und nicht eindeutigen Ergebnisse anderer Studien kommen die Autoren zu dem Schluß, daß die Verweigerer sich von den Beantwortern wahrscheinlich nicht hinsichtlich ihres Sexualverhaltens unterscheiden, so daß grobe Schlüsse auf die Grundgesamtheit gerechtfertigt sind.

Weitere Möglichkeiten zur Validierung der Aussagen der Befragten bestehen in dem erwähnten Vergleich von Anfangs- und Endbeantwortern und in der Skalierung der Bögen anhand der Zahl nicht-beantworteter Fragen, was auf die Nicht-Rücksender schließen läßt. Ausführliche Hinweise geben z. B. HANSEN & HURWITZ (1946), RICHTER (1970, Kap. 7). Ein weiteres, aufwendiges Mittel der Validierung besteht darin, die Nichtbeantworter aufzusuchen und zu interviewen.

5.4.7. Pretest

Ein Pretest ist bei schriftlichen Befragungen unumgänglich; oft sind mehrere erforderlich, wie im Beispiel oben. Der Pretest bezieht sich auf die Verständlichkeit des Fragebogens wie auf die Bedeutung des Anschreibens und ähnlicher Elemente. In Übersicht 24 sind die wichtigsten Punkte zusammengestellt.

Übersicht 24: *Aufgaben des Pretests bei einer schriftlichen Befragung*

Umfang:	Einprozentige Stichprobe der geplanten Stichprobe. Evtl. erhöhen, wenn verschiedene Arten von Fragebögen (Anschreiben, Farbe, Inhalt, Honorierung) erprobt werden.
Legitimation:	Verantwortliche Institution: bekannt? akzeptabel? Suggestive Wirkung auf Befragte? Honorierung der Befragten? Soziale Distanz von Befragtengruppe und Umfrageträger?
Erhebungssituation:	Zeitpunkt richtig gewählt? Unter welchen Umständen werden Fragebögen ausgefüllt? Besprechung mit anderen? Dauer der Ausfüllung des Fragebogens?
Instrument:	Alle Fragen ohne Erläuterung verständlich? Zu viele offene Fragen? Kommentare der Befragten? Grafischer Aufbau: ansprechend? Praktikabel? Rasche Erfaßbarkeit der Listen, Skalen, Tests etc.? Kategorien des Codes ausreichend?
Stichprobe:	Zahl der Ausfälle? Dauer des Rücklaufs? Strukturelle Unterschiede zwischen Befragten, die schnell, und denen, die spät geantwortet haben? Merkmale von Befragten, die gar nicht geantwortet haben?
Kontrollen:	Die meisten Punkte lassen sich nur prüfen, wenn eine mündliche Befragung vieler (möglichst aller) der angeschriebenen Personen vorgenommen wird. Das Interview richtet sich dann auf die obengenannten Punkte.

5.4.8. Fehlerquellen

Die wichtigsten Fehlerquellen sind in den vorangegangenen Abschnitten aufgeführt worden; dabei bezogen sich die Prüfverfahren zur Kontrolle der Fehler ausschließlich auf die Stichprobe. Die Validierung der Antworten ist damit noch nicht erreicht. Für sie gelten die im Abschn. 5.2.8 genannten Hinweise.

5.5. Gruppendiskussion

5.5.1. Voraussetzungen

Eine vergleichsweise selten angewendete Methode ist die Gruppendiskussion. In ihr wird eine durch den Forscher zusammengestellte Gruppe von Personen gebeten, über ein festgelegtes Thema, zumeist anhand eines «Grundreizes», unter Betreuung eines der Gruppe nicht angehörenden Diskussionsleiters zu diskutieren.

Der Methode liegen folgende Annahmen zugrunde:

1. Das Medium jeder Meinungsbildung «ist das alltägliche informelle Gespräch zwischen Menschen wesentlich gleicher Situation, die sich miteinander zu identifizieren vermögen» (Mangold 1967, S. 223).
2. Die Gruppendiskussion bildet weitgehend diesen Prozeß der Meinungsbildung ab, wie er sich im Alltag, in natürlichen Situationen, vollzieht.
3. Die Gruppendiskussion erlaubt daher Einsichten in die Struktur und Prozesse der individuellen und kollektiven Stellungnahmen zu sozialen, politischen, familiären Ereignissen. Mit ihr läßt sich die nicht-öffentliche Meinung erheben.

Da die Methode eine dem Alltag ähnliche Erhebungssituation schafft, ergeben sich hieraus ihre Vorteile:

1. Es werden «tieferliegende» Meinungen aktualisiert, spontane Reaktionen provoziert, Einstellungsdispositionen im Prozeß der Diskussion erkennbar.
2. Die Methode liefert kein statisches Bild der individuellen Meinung wie bei den Formen der Befragung, sondern Einsichten in die Prozesse der Meinungsbildung von Individuen in bestimmten Gruppen. Damit kann auch die Abhängigkeit individueller Meinungen von der Gruppenmeinung sowie deren Wechselwirkung studiert werden.
3. Man gewinnt eine erste Übersicht über Art und Ausmaß der Meinungen, Werte, Konflikte bei der jeweiligen Teilnehmer-Stichprobe.

Diese wie auch andere Methoden haben neben Vorteilen eine Reihe nachteiliger Konsequenzen:

1. Es lassen sich nur bedingt Auswertungen vornehmen, die sich auf das einzelne Gruppenmitglied und seine Ansichten beziehen; Untersuchungs- und Aussageeinheit sind hauptsächlich die jeweilige Gruppe.

2. Selbst wenn man zu auf Individuen aufgebauten Statistiken kommen will, also Gruppenteilnehmer anhand ihrer Meinungen vergleichen möchte, entsteht eine unvollständige Datenmatrix (wie bei Intensivinterviews): Nicht jeder Teilnehmer hat zu jedem Teil/Thema etwas gesagt, er fügte lediglich einen Gedanken an oder nickte nur oder schwieg (vgl. auch MANGOLD 1967, S. 212).
3. Die Quote der «Schweiger» ist in Gruppendiskussionen relativ hoch.
4. Soziale und sprachliche Barrieren stehen der Beteiligung am und im Gespräch entgegen; sich sprachlich in der hier erwarteten Form zu äußern ist eine schichtenspezifisch gelernte Fähigkeit.
5. Vielfach sind gruppendynamische Gesetzmäßigkeiten bedeutsamer für den Diskussionsverlauf als die intendierten inhaltlichen Ziele; hierzu gehören Prozesse wie die Herausbildung einer vorherrschenden Meinung, Polarisierungen, Mechanismen der Anpassung, Verschiebung des Meinungs-Mittelwertes der Gruppe durch eine extreme Ansicht in Richtung auf diese, der «leader-effect», soziale Kontrolle durch andere.
6. Die Eingriffe des Diskussionsleiters, die Effekte auf die jeweilige Diskussionsgruppe haben, müssen standardisiert werden.

Man untersucht also nicht die Verteilung individueller Meinungen, sondern die Effekte von Gruppenprozessen auf die individuelle Meinungsbildung resp. -aktualisierung. Wenn ein Teilnehmer an einer Diskussion über Deutschland während des Nationalsozialismus äußert: «Wir wurden mundtot gemacht. Wer den Mund aufgemacht hat, kam ins KZ» (POLLOCK 1955, S. 334), so mag man dies als seine Meinung wie als Produkt des bis dahin gelaufenen Prozesses der Gruppendiskussion interpretieren. Gemäß den Annahmen der Methode ist es das letztere, gemäß den Interpretationen bei den meisten Autoren auch das erstere. Meint der Teilnehmer also das, was er sagte, oder sagte er es, weil er sich nicht von der Gruppe isolieren wollte? Mißt man seine spezielle Ansicht oder seine Bereitschaft zur Konformität mit der Gruppe? Die kontextuellen Effekte der Erhebungssituation sind also derart mit den Individualäußerungen verbunden, daß zwar die Gruppe jeweils die Erhebungseinheit darstellt, sich jedoch Untersuchungs- und Aussageeinheit bislang praktisch nicht trennen lassen.

5.5.2. Anwendung

Beim heutigen Stand der Standardisierung der Methode ist es nicht möglich, quantitativ repräsentative Ergebnisse zu gewinnen; Ergebnisse sollten daher mit Vorsicht interpretiert werden. MANGOLD (1960, S. 28), ein vorzüglicher Kenner der Methode, kommt angesichts der Offenheit der Methode zu dem Urteil: «Der Anwendung von Gruppendiskussionen zur Untersuchung individueller Bewußtseins- und Verhaltensphänomene sind also erhebliche Grenzen gesetzt. Die Ermittlung statistisch repräsentativer quantitativer Ergebnisse dürfte prinzipiell unmöglich sein – wenigstens bei kontroversen Sachverhalten, d. h. in den meisten Fragen von einiger sozialer Relevanz.»

Aber auch hier gilt: Je genauer die Kenntnis der Fehlerquellen, je spezifizierter die Effekte auf geprüfte und bewährte Hypothesen über den Zusammenhang der Variablen des Gruppenprozesses sind, desto eher lassen sie sich als geplante Mittel der Erhebung verwenden.

So ist die Gruppendiskussion bislang eine *explorative Methode*, um Untersuchungen mit besser standardisierten Methoden vorzubereiten oder zu ergänzen. Sie wird nicht nur in der Markt- und Meinungsforschung zu Motivanalysen verwendet, sondern auch in einer Untersuchung über die Einstellung der Bevölkerung zum Nationalsozialismus (POLLOCK 1955), der Erwachsenenbildung (SCHULENBERG 1957), der Reaktionen auf Massenmedien wie Radioprogramme oder Filme (MERTON, FISKE & KENDALL 1956) oder von Arbeitern zur Mitbestimmung (PIRKER, BRAUN, LUTZ & HAMMELRATH 1955) u. a.

5.5.3. Vorgehen

Gemäß den Zielen (gegebenenfalls Hypothesen) des Forschungsplans wird man angemessene Stichproben von Personen ziehen. Diese werden auf die einzelnen Gruppendiskussionen verteilt; in den meisten Fällen empfiehlt sich eine Gruppengröße von sechs bis zwölf Mitgliedern. Aus methodischen Gründen ist es sinnvoll, die Gruppengröße konstant zu halten.

Die Zusammensetzung der Gruppen hängt vom Untersuchungsziel ab. Will man die Reaktionen bestimmter Personen erheben, eignen sich hierzu eher homogene Gruppen; ist einem mehr an unterschiedlichen Meinungen, an Übersichten gelegen, sind inhomogene Gruppen sinnvoller. Die Homogenität bzw. Inhomogenität kann sich auf Merkmale wie Geschlecht, soziale Schicht, Beruf, Alter, Mitglied der gleichen Partei, Zugehörigkeit zum gleichen Betrieb, Autofahrer etc. beziehen. Sie ist außerdem im Zusammenhang mit dem Thema zu sehen: Autofahrer sind zwar eine homogene Gruppe – nur ist das gewiß nicht bedeutsam, wenn das Diskussionsthema «Kindererziehung» lautet.

Die Teilnehmer erhalten für die Diskussion Decknamen, um die Anonymität zu wahren. Die Diskussion findet an einem neutralen Ort oder, wenn dies dem Untersuchungsziel dient, z. B. im Betrieb (Kantine) statt. Dabei sollten die örtlichen Einflüsse als Teil der Erhebungssituation schon berücksichtigt werden, wenn man die Studie konzeptualisiert.

Der Diskussionsleiter erläutert Ziel und Thema der Gruppendiskussion sowie seine Rolle. In den meisten Fällen wird man sich sodann eines *«Grundreizes»* bedienen, um den Teilnehmern eine gemeinsame Erfahrungsbasis zu geben, an die die Diskussion anknüpfen kann. Das kann z. B. ein Film, ein Leserbrief oder ein Zeitungsartikel sein.

In der auch für die methodologischen Probleme der Gruppendiskussion wichtigen Studie des Instituts für Sozialforschung, Frankfurt (POLLOCK 1955), waren insgesamt 1635 Personen aller Berufe und Altersgruppen an 137 Gruppendiskussionen beteiligt. Das Ziel war, die Meinung der Bevölkerung fünf Jahre nach Kriegsende (Winter 1950/51) zum «Dritten Reich», zu den Besatzungsmächten, den Juden u. a. zu erfahren. Als Reiz verwendete man einen (fiktiven) Brief eines amerikanischen Sergeanten, den dieser nach fünfjähriger Dienstzeit in der Besatzungsarmee an seine Zeitung geschrieben habe (POLLOCK 1955, S. 42 ff., 501 ff.). Der Brief enthält mit zum Teil provozierenden Feststellungen die geplanten Themen der Diskussion: Die Deutschen seien fleißig, wirtschaftlich tüchtig; sie hätten das Gefühl, die Welt habe ihnen Unrecht getan; sie leugneten, Hitler habe den Krieg begonnen; kaum einer gebe zu, Nazi gewesen zu sein; sie rieben sich die Hände, wenn vom Lynchen der Neger in den USA berichtet würde, sähen aber nicht den Zusammenhang zwischen ihrem Jubel für Hitler und der Ermordung von Millionen Juden; sie glaubten nach wie vor an einen starken Mann; Demokratie müßten sie erst noch lernen, dann jedoch könne dieses Volk einen großen Beitrag leisten.

Demgegenüber haben STRZELEWICZ, RAAPKE & SCHULENBERG in ihren Gruppendiskussionen mit sechs verschiedenen Anreizen gearbeitet, die sukzessiv eingegeben und behandelt wurden. Die Gruppendiskussionen näherten sich stark einer längeren offenen Frage oder bestanden aus Stellungnahmen einer Person, z. B.:

«Ich lese Ihnen jetzt etwas vor, was einer in unserer Befragung gesagt hat: ‹Die Masse will keine Bildung, und – ehrlich gesagt – sie braucht auch keine.› Was würden Sie dazu sagen?» (STRZELEWICZ, RAAPKE & SCHULENBERG 1966, S. 193).

Der *Diskussionsleiter* sollte sich zurückhalten; er nimmt nur Wortmeldungen entgegen, enthält sich eigener inhaltlicher Stellungnahmen, stellt nur non-direktive Nachfragen («Würden Sie das bitte noch einmal erläutern?»). POLLOCK (1955, S. 504) gab zudem die Anweisung: «Vor allem hüten Sie sich vor dem Gedanken, daß bei Diskussionen etwas herauskommen müsse.» Die Lenkung der Diskussion sollte in der ersten Hälfte sehr locker sein, da sich hier die Grundzüge der Gruppenmeinung bilden sollen, in der zweiten Hälfte etwas straffer. Die Initiative bleibt zunächst der Gruppe überlassen. Der Diskussionsleiter weist aber auch auf Gegenargumente hin. Die Diskussionen können zwischen ein bis vier Stunden dauern.

Von jedem Teilnehmer werden in einer kurzen schriftlichen Befragung die wichtigsten demographischen Merkmale (Alter, Geschlecht, Schulbildung) erhoben. *Protokolliert* werden Gruppendiskussionen bislang mit Hilfe eines Tonbandes und dann transkribiert, was einen hohen Zeit- und Kostenaufwand erfordert. Dazu ist es notwendig, daß sich die Teilnehmer mit den Decknamen auch anreden, notfalls der Leiter den Namen zusetzt, um die Äußerungen später identifizieren zu können. Zusätzlich kann man die Diskussionen beobachten lassen; der Beobachter verwendet hierzu z. B. das Instrument zur Interaktionsanalyse von BALES (vgl. Abschn. 5.7).

Wenn die Teilnehmer damit einverstanden sind, läßt sich eine audiovisuelle Aufzeichnung der Diskussion vornehmen; diese hätte den Vorteil, auch die nonverbalen Elemente des Verhaltens eingehender analysieren zu können. Derartige Analysen fehlen in den bisherigen Untersuchungen.

Die *Auswertung* richtet sich nach den einzelnen Themen auf mehrere Dimensionen der Diskussion:

1. Die Meinungsverteilung zu den einzelnen Themen.
2. Die Meinungen von Individuen gleicher demographischer Merkmale, wobei die obengenannten Probleme zu bedenken sind.
3. Der Vergleich verschiedener Gruppen (inhomogene – homogene) unter- und miteinander, u. a. «Vergleiche zwischen den ‹typischen› Gruppenmeinungen von Gesprächsgruppen verschiedener sozialer Struktur» (MANGOLD 1967, S. 223).
4. Analyse der Beziehungsebene, des Verhaltens der Mitglieder zueinander, einschl. der nonverbalen Indikatoren. Dies ist bedeutsam, um Aussagen u. a. über die Schweiger machen zu können.

Es handelt sich also um überwiegend qualitative Analysen, genauer: vorwiegend nominal skalierte Variablen, die jedoch für die zentralen Fragestellungen der Studie um meßtheoretisch feinere Aussagen erweitert werden sollten. Dies, damit nicht durch die Selektionskriterien des Forschers das Material so präsentiert wird, wie es dessen Annahmen entspricht, ohne daß dem Leser Kontrollmöglichkeiten zur Verfügung stehen – was der Forscher dann mit «Relevanz des Materials» abzuwehren sucht (vgl. hierzu die Kontroverse zwischen HOFSTÄTTER 1957 und ADORNO 1957).

5.5.4. Varianten

Außer den variablen Elementen der Methode in der beschriebenen Form (Zusammensetzung der Gruppe, Grundreiz, etc.) gibt es kaum Varianten der Methode.

Wo es um die Analyse, insbesondere der Beeinflußbarkeit von Meinungen geht, können experimentelle Elemente eingeführt werden, z. B. indem man in der Tradition der Experimente von ASCH in die Diskussionsgruppe ein Mitglied einführt, das in Wirklichkeit ein Konfident des Forschers ist; dieses Mitglied äußert sich nach einer festgelegten Strategie, z. B. in einer politischen Extremposition, oder es verwendet wissenschaftliche Fachsprache. Oder man wählt einen parteiisch-direktiven Diskussionsleiter, um das Verhalten gegenüber dem «Führer» zu analysieren.

Schließlich kann der Diskussionsleiter zusätzliche Informationen geben, wie zum Thema Mitbestimmung in einer betriebssoziologischen Untersuchung (vgl. MANGOLD 1967, S. 221), um aufzuklären und die Veränderungen in der Argumentation und Handlungsbereitschaft zu ermitteln.

5.5.5. Erhebungssituation

Abgesehen von dem bereits erwähnten Einfluß des Ortes und des Verhaltens des Diskussionsleiters ist die Erhebungssituation im wesentlichen durch die Zusammensetzung der Gruppe und ihrer Dynamik bestimmt.

Der *Diskussionsverlauf* wird durch folgende Elemente der Erhebungssituation beeinflußt:

- Größe der Gruppe
- Zusammensetzung der Gruppe
- Bekanntheit der Mitglieder der Gruppe
- Meinungsverteilung, z. B. Extrempositionen
- Thema
- Verhalten des Diskussionsleiters
- Diskussionsdauer.

Wie sich an der weiter unten behandelten Schweigequote zeigt, haben diese Bedingungen additive Effekte, so bei einer großen, heterogenen Gruppe mit kurzer Diskussionsdauer, wo die Sprechzeit des einzelnen ohnehin begrenzt ist. Von diesen Bedingungen sind die ersten beiden bislang nur unzureichend in der Anlage der Diskussionen berücksichtigt worden. Auch Mangold (1960, Kap. 5) gibt zwar instruktive Beispiele für die Auswirkung der Gruppenzusammensetzung auf den Diskussionsverlauf; doch führt ihn seine Analyse nicht zur methodologischen Konsequenz, für strenger angelegte Forschungspläne zu plädieren.

Wenn nämlich die individuellen Äußerungen eine Funktion der Gruppendynamik sind, so ist letztere – und damit die Validität der Ergebnisse – eine Funktion vor allem der Gruppenzusammensetzung. So stellt sich 1. die Frage, ob sich der einzelne in einer anders zusammengesetzten Gruppe anders äußern würde. Um dieses zu prüfen, müßten mehrere Gruppendiskussionen, z. B. mit allen Teilnehmern der Stichprobe in wechselnden Zusammensetzungen, veranstaltet werden. Dabei träte 2. das Problem auf, welche (Lern-)Effekte es für den einzelnen hat, an mehreren Diskussionen teilgenommen zu haben, wie seine Äußerungen variieren und welche dann als gültige zu interpretieren sind.

Es ist das Verdienst von Kreutz (1972, S. 119 ff.), diese Schwierigkeiten ausführlich dargestellt zu haben; er weist auch auf die Notwendigkeit hin, stärker experimentelle designs (stichprobenorientierte Forschungspläne) bei der Verwendung der Gruppendiskussionen zu berücksichtigen.

Die Diskussion durchläuft mehrere *Phasen*, die in der Studie von Pollock herausgearbeitet wurden (vgl. Übersicht 25). Dieser Ablauf («Integrationskontinuum») gilt vorwiegend für homogene Gruppen. Bei informellen Gruppen, deren Mitglieder sich bereits kennen (z. B. Arbeitskollegen), fallen die ersten drei Phasen fort (Mangold 1967, S. 216).

Ein besonderes Problem stellen die «*Schweiger*» dar; in der Studie von

Übersicht 25: *Phasen des Verlaufs einer Gruppendiskussion* (POLLOCK 1955, S. 456)

Diskussionsphase	Erscheinungsform	Hypothese über Ursachen
Fremdheit	Vorsichtige Wendungen; Unverbindlichkeit; Rückversicherung	
Orientierung	Vorfühlen; stimulierende und provokatorische Äußerungen	Wunsch nach Gewißheit; Suche nach Gemeinsamkeiten
Anpassung	Rücksichtnahme auf vorhergegangene Äußerungen; Nachreden	Bedürfnis nach Zustimmung; Freude an der Bestätigung eigener Meinungsdisposition; Gruppe als «objektive Instanz»
Vertrautheit	Stellungnahme gegenüber anderen Gruppenmitgliedern; übereinstimmende Aussagen; ergänzende Zwischenrufe: Konsens	Bekanntsein der Einstellungen der Gruppenmitglieder; Wohlbehagen im Kollektiv; Furcht vor Isolierung
Konformität	Einheitliche Gruppenmeinung; kein Abweichen Einzelner; «Monologe»; Zurückfallen auf bestimmte Themen; Parteinahme gegen Außenseiter; Abwehr von Führungsversuchen; Vertuschen von Entgleisungen	Ansteckung; «Gruppensuggestion»; Identifizierung; Sorge um den Zusammenhalt der Gruppe
Abklingen der Diskussion	Abklingen der Spannung; Nachlassen der Intensität der Diskussion, Unaufmerksamkeit; Wiederholungen	Genügen an der hergestellten Konformität; Ermüdung

POLLOCK betrug die Quote 39 % bis 61 %. Es sind Personen, die sich entweder an der *ganzen Diskussion* verbal nicht beteiligen oder sich zu einzelnen *Themen* nicht äußern.

Der relativ hohe Anteil von Schweigern wirft eine Frage auf, die HOFSTÄTTER (1957) bereits gestellt hat: Ist die Methode tatsächlich so gut geeignet, die nicht-öffentliche Meinung zu ermitteln und den Zugang zu «tieferen Bewußtseinsschichten» zu eröffnen? – Allerdings wird die Quote der Schweiger um so niedriger (MANGOLD 1967, S. 212),

a) je kleiner die Gruppen sind,
b) je homogener die soziale Zusammensetzung ist, vor allem bei geringen Status- und Bildungsunterschieden, die z. B. zur Furcht vor Redegewandtheit führen,
c) je homogener das sprachliche und inhaltliche Bezugssystem der Teilnehmer ist.

Es ist nicht einfach, die Ursachen des Schweigens zu interpretieren. Es kann als Zustimmung ausgelegt werden, da man einem anderen Teilnehmer zustimmt und seine Ansicht «repräsentiert» sieht, oder als Ablehnung, jemand äußert sich nicht aus Furcht vor Isolation, aus mangelnder Sprachgewandtheit o. ä. Es bieten sich drei Auswege an: die Schweiger durch den Diskussionsleiter direktiv zu Äußerungen aufzufordern (was schlecht wäre im Falle der zweitgenannten Ursachen), die Schweiger nach der Diskussion um ein Intensivinterview zu bitten oder aber ihr nonverbales Verhalten anhand von Beobachtungen zu interpretieren.

Da die Methode in engem Zusammenhang mit der Kleingruppenforschung steht, sollte man bei der Analyse der Erhebungssituation und der Diskussionsverläufe deren Ergebnisse berücksichtigen, z. B. CARTWRIGHT & ZANDER (1968), MCGRATH & ALTMANN (1966).

5.5.6. Stichprobe

Verzerrungen in der Stichprobe treten zum einen durch die Auswahl und Bereitschaft zur Mitarbeit an der Gruppendiskussion ein, sodann durch Ausfälle: Teilnehmer, die nicht zur vereinbarten Gruppendiskussion kommen. Das größte Problem stellen die Schweiger dar, ganz abgesehen davon, ob auch in jeder Gruppe alle Themen eines komplexen Grundreizes behandelt wurden. Es dürfte gegenwärtig kein Verfahren geben, diese Fehler statistisch zu korrigieren.

5.5.7. Pretest

Um wichtige Teile des Forschungsplans, insbesondere den Reiz, das Diskussionsleiterverhalten und die Auswirkungen der Zusammensetzung der Gruppen auf die Diskussion zu ermitteln, ist ein Pretest sinnvoll. Einzelheiten sind in Übersicht 26 aufgeführt.

Übersicht 26: *Aufgaben des Pretests einer Gruppendiskussion*

Umfang:	Stark abhängig von der geplanten Stichprobe und ihrer Heterogenität. Zwei bis drei Gruppen dürften im allgemeinen genügen.
Legitimation:	Diskussionsleiter erläutert Ziel der Untersuchung, sagt etwas zur Gruppensituation und bittet um Mitarbeit an Gruppensitzungen. Honorierung?
Erhebungssituation:	Zeitpunkt richtig gewählt? Ort neutral genug? Effekte des Mediums (Beobachter, Tonband, Film) auf Gruppenmitglieder?
Rollen:	Beurteilungen des Diskussionsleiters aufgrund seines Aussehens und seines Verhaltens durch die Teilnehmer. Ist Diskussionsleiter zu direktiv?

Instrument: Ist der Stimulus richtig gewählt? Wie lange dauert es, bis 50 % der Teilnehmer einmal gesprochen haben? Muß der Leiter oft mit Erläuterungen helfen? Kommt es zu schweren Konflikten oder Abbrüchen? Haben die Teilnehmer genügend Information? Gibt es in heterogenen Gruppen Teilnehmer, die strukturell benachteiligt sind, z. B. Frauen, Ältere, Arbeiter?

Stichprobe: Wenn Gruppen aufgrund von Klumpenstichprobe ermittelt wurden: Alle Gruppen anzutreffen? Alle Mitglieder erreichbar? Sonst: Vergleich der Zusammensetzung der Stichprobe mit Listen für eine Grundgesamtheit, auf die hin generalisiert werden soll (falls man das seiner Studie mit dieser Methode zutraut).

Kontrollen: Interviews mit Teilnehmern, Interviews mit Personen, die ebenfalls in die Stichprobe hätten gelangen können, zu diesem Thema. Protokollierung der Gruppendiskussionen mit einem Medium, das zuvor nicht verwendet wurde.

5.5.8. Fehlerquellen

Die oben diskutierten Probleme der Stichprobe, der Schweiger und der Themenbehandlung führen zu einer unvollständigen Datenmatrix. Es sind nicht alle Themen behandelt worden, nicht alle Teilnehmer haben zu einem Thema etwas gesagt, die Äußerungen zu einem Thema sind von unterschiedlichem Umfang. Das führt zu erheblichen Beschränkungen, will man die Methode zur Hypothesenprüfung verwenden.

Damit ist jedoch nur ein Teil der Validitäts-Probleme dieser Methode genannt. Sehr viel gravierender ist die Frage, ob die eingangs genannten Annahmen über den Prozeß der Meinungsbildung in Gruppen richtig sind. Diese Annahmen sind ja keineswegs empirisch hinreichend belegt, gelten aber als bewährt, womit ohne weitere Prüfung der Methode von vornherein gültigere Ergebnisse zugeschrieben werden als beispielsweise Erhebungen von individuellen Aussagen in isolierten Befragungen. Um zu überprüfen, ob Gruppendiskussionen gültigere Ergebnisse erbringen, müßten überhaupt erst einmal methodologisch präzise Forschungspläne und als deren Teil Stichprobenpläne verwendet werden, vor allem in der obenerwähnten, von Kreutz diskutierten Art.

Selbst hiermit wäre noch keine hinreichende Prüfung der Validität gewonnen. Angenommen, jemand äußert seine «wahren» Ansichten eher in der Gruppe, im Prozeß der Meinungsbildung, so bleibt doch offen, ob die Gruppendiskussion überhaupt den einzelnen mit solchen Personen zusammenbringt, die auch für sein alltägliches Handeln bedeutsam sind, also auch die Bezugsgruppen seines Handelns und Denkens darstellen. Solange diese Abbildung in der Gruppendiskussion durch die Zusammensetzung der Teilnehmer nicht gelingt, muß bezweifelt werden, inwieweit hier «wahrere» Meinungen geäußert werden.

Es sind «. . . Beobachtungen bestimmter Aspekte der sozialen Wirklichkeit nicht zu jedem beliebigen Zeitpunkt möglich . . ., sondern nur in ganz bestimmten Momenten. Dies impliziert wiederum, daß es nicht genügen kann, Gruppen mehr oder minder willkürlich zu bilden, um die bestehenden Meinungen erfassen zu können, da der Verlauf der Diskussion davon abhängen dürfte, wie aktuell die behandelte Problematik für den einzelnen ist und wieweit die gebildete Diskussionsgruppe mit der gewohnten identisch ist» (KREUTZ 1972, S. 131).

Hinzu kommt, daß sich die alltägliche Bezugsgruppe gerade dadurch auszeichnet, über bestimmte Sanktionen zu verfügen, die für den einzelnen bedeutsam sind, daß seine verbalen Äußerungen und sein Verhalten also Konsequenzen für ihn haben. Diese *Verhaltensrelevanz* besitzen jedoch gemeinhin die Diskussionsgruppen nicht, wodurch den Äußerungen der Teilnehmer ein höherer Grad an Unverbindlichkeit zukommt.

Solange der postulierte Abbildungscharakter der Methode nicht in einer Untersuchung durch exaktere Forschungspläne belegt wird, erbringt die Methode zur Exploration eines Problems nützliche Hilfen; die Validität der Ergebnisse muß hingegen mit anderen Methoden geprüft werden.

5.6. SOZIOMETRIE

5.6.1. Voraussetzungen

Unter Soziometrie ist eine Reihe von Verfahren zu verstehen, die Beziehungen der Mitglieder einer Gruppe, die Binnenstruktur der Gruppe, zu ermitteln. «Soziometrie ist die quantitative Untersuchung zwischenmenschlicher Beziehungen unter dem Aspekt der Bevorzugung, Gleichgültigkeit und Ablehnung in einer Wahlsituation» (BJERSTEDT 1956). Die soziometrischen Verfahren dienen wie die Methode der Gruppendiskussion der Analyse von (Klein-)Gruppen. Es werden allerdings jeweils nur bestimmte Teile der Beziehungen untersucht: Wer interagiert am häufigsten mit wem? Gibt es Mitglieder einer Gruppe, mit denen nur *ein* anderes Mitglied zusammenarbeiten möchte? Gibt es einen Führer, Untergruppen, Cliquen? Wer vermutet, von den anderen Mitgliedern der Gruppe abgelehnt zu werden?

Die Soziometrie liefert recht präzise Auskünfte über 1. die Struktur einer Gruppe, z. B. den Grad ihrer Integration oder ihre Offenheit nach außen; 2. die Stellung einzelner in der Gruppe, z. B. ihren Status oder Grad ihrer Isolation; 3. die informelle Struktur von Gruppen.

In einigen Büchern wird von der Soziometrie als «Test» gesprochen; eine solche Bezeichnung ist jedoch nicht gerechtfertigt, da es sich im strengen Sinne um eine Form der Befragung, meist der schriftlichen, handelt.

Die Methode hatte der Arzt und Psychiater J. L. MORENO in seinem 1934 publizierten Buch «Who Shall Survive?» (dt. MORENO 1967) entwikkelt. Der Titel deutet bereits an, daß MORENO in der Methode mehr als nur ein Mittel sah, Gruppen exakt zu analysieren; aufgrund der Ergebnisse und ihrer Weitergabe an die Gruppe wollte er zu deren Selbsterkenntnis beitragen, um so wiederum Prozesse der Integration und Therapie zu ermöglichen.

Nicht viel übriggeblieben ist freilich von den weitgestreckten Hoffnungen, die MORENO darüber hinaus mit der Methode verbunden hat: eine Neuordnung der Gesellschaft als Synthese von Soziologie und wissenschaftlichem Sozialismus, erreichbar durch die Analyse sozialer Atome (= Individuen und Gruppen) und sozialer Moleküle (= Verbindungen von Gruppen) anhand der Analyse und Verbesserung ihrer Beziehungen durch die Soziometrie (vgl. MORENO 1967, S. XIX ff.).

Die Voraussetzungen der Methode lassen sich daher besser aufgrund ihrer gegenwärtigen Anwendung als nach den Vorstellungen MORENOS nennen:

1. Soziometrische Verfahren setzen eine nicht zu große Gruppe voraus.
2. Diese muß durch einige Interaktionen miteinander bekannt sein. Nur dann lassen sich Zuwendung und Ablehnung («Telestruktur») ermitteln.
3. Die Mehrdimensionalität der Beziehungen zwischen den einzelnen Gruppenmitgliedern erfordert eine genaue Ableitung des einen oder mehrerer Kriterien, unter denen die Gruppe untersucht werden soll. Die geäußerte Zu- oder Abneigung bezieht sich jeweils nur auf die gestellte Frage, das Kriterium, nicht auf andere Dimensionen der Beziehung. Das gleiche gilt für die Struktur der Gruppe.
4. Die von MORENO geforderte Spontaneität der Wahlen macht die Ergebnisse anfällig gegenüber den jeweils gewählten Fragen, wie der Veränderung der Angaben in der Zeit aufgrund gruppendynamischer Prozesse.

5.6.2. Anwendungen

MORENO (1967) hat die Anwendung der Methode am Beispiel der Umorganisation einer Anstalt für weibliche Fürsorgezöglinge ausführlich dargestellt. Seither ist die Methode in zahlreichen Gebieten der Kleingruppenforschung nutzbringend verwendet worden, so in Schulklassen, betrieblichen Arbeitsgruppen, militärischen Einheiten, Kinder- und Jugendheimen, Nachbarschaften (Wer besucht Wen?). Der Sammelband von MORENO et al. (1960) liefert eine Fülle weiterer Beispiele.

Häufig wird die Gruppe in therapeutischer Absicht benutzt, um durch die Ergebnisse den Gruppenmitgliedern Aufschluß über sich selbst und die Gruppe zu geben und so zu einer besseren Zusammenarbeit zu gelangen. Die Soziometrie nähert sich dann der Methode der Aktionsforschung.

Die Soziometrie kann zudem gut als Bestandteil größerer Studien neben anderen Methoden verwendet werden, z. B. im Zusammenhang mit Interviews in einer Siedlung oder Organisation, mit einer teilnehmenden Beobachtung in zahlreichen Beobachtungsfeldern. Oder man erweitert sie um anschließend geführte Intensivinterviews, um die Ergebnisse zu validieren oder Personen zu beraten.

5.6.3. Vorgehen

Jede Gruppe läßt sich auf ihre Struktur hin, auf die Beziehungen der Mitglieder und deren Status in unterschiedlicher Weise untersuchen, z. B. nach Leistung, Beliebtheit, Nebeneinander-Sitzen-Wollen. Von dem Forschungsplan hängt es ab, welche dieser Dimensionen untersucht werden sollen. Die gewählte Dimension gibt jeweils nur Aufschluß über einen Teil der Beziehungen in der Gruppe, kann also nicht verallgemeinert werden auf die Struktur der Gruppe in allen Dimensionen.

Die Schwierigkeit besteht nun darin, die bestimmte(n) Dimension(en) in Fragen umzusetzen, zu operationalisieren. Mit der Frage wird ein spezifischer Teil der Gruppenbeziehungen erfaßt. Sie kann im Konjunktiv gestellt sein oder sich auf tatsächliches Verhalten richten. Diese Frage, *Kriterium* genannt, wird an alle Mitglieder der Gruppe gestellt. Sie sollte eindeutig, verständlich und von allen beantwortbar sein. Solche Fragen sind z. B.:

Mit wem möchten Sie am liebsten zusammenarbeiten? Neben wem möchten Sie sitzen? Mit welchem Ihrer Nachbarn unterhalten Sie sich am meisten? Welchen Kollegen aus Ihrer Arbeitsgruppe würden Sie gern einmal nach Hause einladen?

Das nächste Problem ist die Art der Wahlen: Will man nur positive Wahlen (Zuneigung), nur negative Wahlen (Ablehnung) oder beides zulassen?

Erfahrungsgemäß können negative Wahlen dem Befragten peinlich sein; andererseits liefern sie differenziertere Ergebnisse, genauer: sie differenzieren die Gruppenmitglieder stärker.

Eine wichtige Erweiterung der Methode ist die Frage nach der sozialen Selbstwahrnehmung (sociometric perception) einer Person: Man fragt sie zusätzlich, von wem sie vermutet, positive und negative Wahlen zu erhalten (Taguiri 1952, Taguiri, Kogan & Bruner 1960). Man gewinnt Aufschlüsse über den vermuteten Status einer Person in Abhängigkeit vom tatsächlichen Status. Im allgemeinen stimmen Selbst- und Fremdeinschätzung recht gut überein, nicht aber bei Mitgliedern mit niedrigem Status: Diese überschätzen vielfach ihren Status (Gronlund 1955). Ein Mitglied irrt sich stärker in seinen Vermutungen über die Wahlen *einzelner* anderer Mitglieder, wenig hingegen in der Vermutung der *durchschnittlichen* Beurteilung seines Status durch andere (Ausubel & Schiff 1960).

Eng mit dem Problem der Wahlen verbunden ist die Frage, wie viele Wahlen man zulassen will. Eine festgelegte Zahl hat zwar den Vorteil einfacher Auswertung, aber den Nachteil, Mitglieder zu Nennungen zu

drängen, die sie gar nicht geben können und wollen, weil sie z. B. von den 15 Mitgliedern der Gruppe nicht mit vier, sondern nur mit zwei zusammenarbeiten möchten. Eine Begrenzung der Wahlen sollte daher
a) eher bei positiven als bei negativen Wahlen vorgenommen werden;
b) von der Gruppengröße abhängig sein.

In den meisten Untersuchungen wird mit festgelegten Wahlen gearbeitet. Der Forschung von Gronlund zufolge sind, sofern es von der Gruppengröße her gerechtfertigt ist, fünf Wahlen eine sinnvolle Begrenzung, da sich erst nach dieser Zahl die gefundenen Gruppenstrukturen nicht mehr signifikant unterscheiden (vgl. Bastin 1967, S. 25 f.).

Nur negative Wahlen zu verwenden empfiehlt sich nicht.

Eine relativ selten angewendete Variante ist die *Gewichtung* der einzelnen positiven und negativen Wahlen: Das Gruppenmitglied wird aufgefordert, eine Rangfolge zu geben. Dem steht entgegen, daß die Ränge keinen Hinweis auf die Abstände untereinander enthalten, daher nur schwer zu interpretieren sind: «Nur selten sind die sozialen Beziehungen so scharf umschrieben und so klar bewußt, daß gemeint ist: Wer als zweiter genannt ist, ist mir noch wesentlich sympathischer, als der als dritter genannt ist» (Höhn & Schick 1954, S. 15).

Die Vorgabe der Wahlen erfolgt in den meisten Fällen offen. Jedes Mitglied der Gruppe notiert seine Wahlen schriftlich; nur in seltenen Fällen werden sie durch einen Interviewer notiert. Varianten hiervon sind: Vorgabe aller Namen der Gruppenmitglieder als Paarvergleich (vgl. Abschn. 4.4.2) oder in Form einer Liste, auf der man positive und negative Wahlen hinter den Namen ankreuzt. Unter Umständen wird das letztgenannte Vorgehen verbunden mit einer Intensitätsskala von 1–5.

Eine weitere Möglichkeit soziometrischer Studien ist, die Wahlen nicht auf die eigene Gruppe zu beschränken, sondern auf Mitglieder einer anderen Gruppe auszudehnen. Entscheidend ist hieran weniger die Art der anderen Gruppe(n) als die Analyse der Enge des Binnenkontaktes im Verhältnis zum Außenkontakt.

Die genannten Dimensionen soziometrischer Forschungspläne sind nochmals in Übersicht 27 zusammengestellt.

Übersicht 27: *Dimension soziometrischer Forschungspläne*

1. Sympathie – Antipathie:	Wit wem würden Sie am liebsten . . .? Mit wem möchten Sie nicht gern . . .?
2. Einstellung – Verhalten:	Mit welchem Gruppenmitglied möchten Sie zusammenarbeiten? Mit welchem Mitglied haben Sie zusammengearbeitet?
3. Kriterium:	Arbeit, Reise, Wohnen, Diskussion etc.

4. Wahrnehmung:	Wer, meinen Sie, wird Sie wählen / ablehnen?
5. Intra – Extra – Gruppe: (selten)	Wahlen können auf Mitglieder der Gruppe beschränkt werden oder auch auf Nichtmitglieder ausgedehnt werden.
6. Art der Wahlen:	a) Nur positive – nur negative – beides b) Zahl der Wahlen (festgelegt – Maximum – offen) c) Rangfolge der Wahlen (Gewichtung) d) ein oder mehrere Kriterien
7. Ergänzungen:	a) An die Wahlen können sich Interviews anschließen, in denen nach den Gründen der Wahl (ggf. Ablehnung) gefragt wird. b) Die Ergebnisse werden den Gruppenmitgliedern mitgeteilt, um sie zu sensibilisieren und/oder therapieren.

Die *Auswertung* einer soziometrischen Untersuchung erfolgt mit Hilfe von Diagrammen, Matrizen und Indizes. Die Zahl der bislang entwickelten Indizes ist aber so groß, daß hier nur wenige berücksichtigt werden können. Eine umfangreiche Darstellung geben NEHNEVAJSA (1955) und PROCTOR & LOOMIS (1951). Die wichtigsten Schritte der Auswertung und Maße lassen sich anhand eines einfachen Beispieles zeigen.

Es soll die Struktur einer studentischen Arbeitsgruppe untersucht werden, in der einzelne Mitglieder über Schwierigkeiten in der Zusammenarbeit an einem Projekt berichten. Die Gruppe besteht aus fünf Studenten (A, B, C, F, G,) und drei Studentinnen (D, E, H). Es wird nur ein Kriterium verwendet: «Mit wem arbeiten Sie am liebsten in der Arbeitsgruppe zusammen?» Es sollen zwei positive Wahlen ungewichtet (ohne Rangfolge) abgegeben werden.

Die Untersuchung erbringt eine Verteilung der Wahlen, die sich grafisch als *Soziogramm* (Abb. 6) oder in der von NORTHWAY (1960) im Jahre 1940 entwickelten Form als *Zielscheiben-Soziogramm* darstellen läßt (Abbildung 7).

Abbildung 6: *Soziogramm*

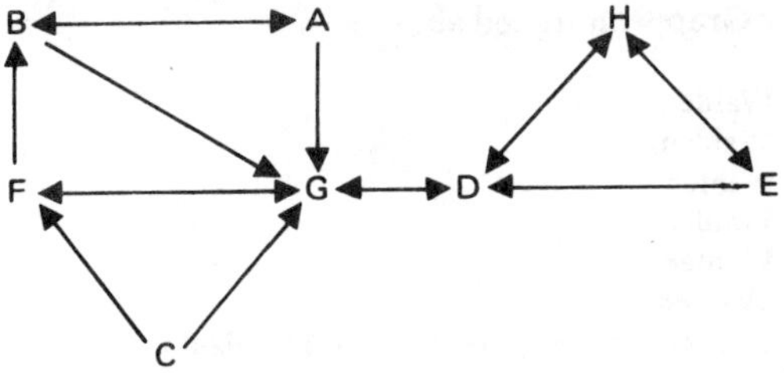

Abbildung 7: *Zielscheibensoziogramm*

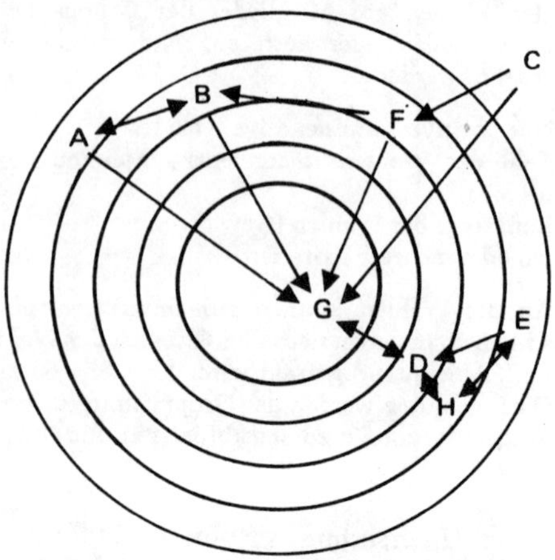

Diese grafischen Darstellungen erleichtern die Interpretation der Ergebnisse, da sie anschaulich die Beziehungen der Gruppenmitglieder wiedergeben. Hieran kann man soziometrische Muster erkennen, wie z. B.:

Cliquen: wenige Mitglieder mit reziproken Wahlen, wenig Wahlen von und zu anderen Mitgliedern;
Paare: zwei Mitglieder mit reziproken Wahlen, wenig Wahlen von und zu anderen Gruppenmitgliedern;
Star (oder Führer, der Beliebteste, Tüchtigste): er vereinigt viele positive Wahlen auf sich, die restlichen Mitglieder wählen sich nur wenig gegenseitig;
Isolierte: Mitglieder, die sehr wenige oder keine positiven Wahlen erhalten, unter Umständen auch keine geben.

Für die weitere Auswertung erstellt man eine Matrix der einzelnen Wahlen, *Soziomatrix* genannt (Übersicht 28).

Je nach Forschungsplan und den daraus abgeleiteten Dimensionen der soziometrischen Studie wird eine solche Soziomatrix komplexer. Ein derartiges Beispiel gibt Bastin (1966, S. 31 ff.). Er leitet zehn einfache soziometrische Parameter für jedes Gruppenmitglied ab:

1. Anzahl der erhaltenen pos. Wahlen,
2. Anzahl der erhaltenen neg. Wahlen,
3. Anzahl der gegebenen pos. Wahlen,
4. Anzahl der gegebenen neg. Wahlen,
5. Anzahl der reziproken pos. Wahlen,
6. Anzahl der reziproken neg. Wahlen,
7. Anzahl der Personen, von denen sich ein Mitglied pos. gewählt glaubt,

Übersicht 28: *Soziomatrix*

		Gewählter							
		A	B	C	D	E	F	G	H
Wähler	A		+					+	
	B	+						+	
	C						+	+	
	D							+	+
	E				+				+
	F		+					+	
	G				+		+		
	H				+	+			
	Σ	1	2	0	3	1	2	5	2

8. Anzahl der Personen, von denen sich ein Mitglied neg. gewählt glaubt,
9. Anzahl der Personen, die sich von einem Mitglied pos. gewählt glauben,
10. Anzahl der Personen, dic sich von einem Mitglied neg. gewählt glauben.

An diesem einfachen Beispiel läßt sich bereits jetzt erkennen, daß G mit fünf Wahlen der Star (hier der Experte) der Gruppe ist. D – H – E bilden eine «Clique». Reziproke Wahlen treten sonst noch bei A – B auf, die als «Paar» bezeichnet werden können. C wird von niemandem gewählt, er ist isoliert. Die erste Beschreibung ergibt also eine Gruppe, die in zwei geschlechtsspezifische Teilgruppen zerfällt, die nur über den «Experten» verbunden sind.

Für die weitere Analyse der Gruppen seien folgende Symbole eingeführt:

N	=	Zahl der Gruppenmitglieder	im Beispiel = 8
n_1	=	1. Teilgruppe	= 5
n_2	=	$N - n_1$ = 2. Teilgruppe	= 3
m	=	Zahl der Wahlen, die jedem Mitglied zur Verfügung standen	= 2
x	=	Zahl der Wahlen, die ein Mitglied erhalten hat	
R	=	Zahl der reziproken (gegenseitigen) Wahlen	= 5
U	=	Zahl der einseitigen Wahlen	= 6
T	=	$2R + U$ = Gesamtzahl der Wahlen	= 16

1. *Soziometrischer Status.* Man wird zunächst den soziometrischen Status der einzelnen Gruppenmitglieder errechnen, um etwas über die Gleichheit resp. Ungleichheit der einzelnen zu erfahren. Die soziometrischen Wahlen sind die Grundlage für das Maß des positiven soziometrischen Status SS + eines Gruppenmitglieds, die negativen (Ablehnung) für den negativen soziometrischen Status SS –.

$$SS+ = \frac{x+}{N-1} \qquad SS- = \frac{x-}{N-1}$$

Entsprechend ergibt sich als positiver soziometrischer Status der einzelnen Mitglieder ihr «Expertentum»:

$$G: \frac{5}{8-1} = 0{,}71 \qquad \begin{array}{rl} D & : 0{,}43 \\ B, F, H & : 0{,}29 \end{array} \qquad \begin{array}{rl} A, E & : 0{,}14 \\ C & : O \end{array}$$

Die Statusverteilung ist ungleich, aber nicht geschlechtsspezifisch.

Sind die Wahlen mit Rangordnung abgegeben worden, verändern sich die Formeln dahin gehend, daß der Quotient aus der Zahl der erhaltenen gewichteten Wahlen und der Summe aller abgegebenen gewichteten Wahlen gebildet wird. – Zum Problem der Gewichtszahl vgl. CAMPBELL (1960).

2. *Wahrscheinlichkeit der Wahl.* Die Wahrscheinlichkeit, daß ein Gruppenmitglied x Wahlen erhält, kann mit dem Modell der Binominalverteilung errechnet werden (vgl. z. B. HOFSTÄTTER 1966, S. 321). P gibt die Wahrscheinlichkeit an, x Wahlen von den N Mitgliedern der Gruppe zu erhalten. (Auch im Binomialkoeffizient tritt N – 1 auf, da man sich selbst nicht wählen kann.)

P = Wahrscheinlichkeit

$$P_{N \cdot x} = N \cdot \binom{N-1}{x} p^x . q^{N-1-x}$$

$p = \frac{m}{N-1}$ = Wahrscheinlichkeit, gewählt zu werden

$q = 1-p$ = Wahrscheinlichkeit, nicht gewählt zu werden

Im Beispiel sind $N = 8$, $m = 2$, $p = 0{,}29$, $q = 0{,}71$. Für Student G mit dem höchsten Status beträgt die Wahrscheinlichkeit, fünf Wahlen der acht Mitglieder auf sich zu vereinigen:

$$P_{8.5} = 8 \cdot \binom{8-1}{5} \cdot 0{,}29^5 \cdot 0{,}71^{8-1-5} = 0{,}17$$

Die Wahrscheinlichkeiten für die anderen Ergebnisse sind:

$P_{8.3} = 1{,}74$ $\qquad P_{8.1} = 2{,}08$
$P_{8.2} = 2{,}55$ $\qquad P_{8.0} = 0{,}73$

Vor allem die Häufung der Wahlen bei G, aber auch das völlige Fehlen bei C sind sehr unwahrscheinlich.

3. *Kohäsionsmaß* (HOFSTÄTTER, ibid.). Entsprechend den großen Unterschieden der Mitglieder hinsichtlich des hier gemessenen Teils ihres Status ist auch die Kohäsion der Gruppe auf der instrumentellen (Arbeits-)Ebene gering:

$$K = \frac{R \cdot q}{U \cdot p} \qquad \text{im Beispiel: } \frac{5 \cdot 0{,}71}{6 \cdot 0{,}29} = 2{,}04$$

Der optimale Wert beträgt K = 0,50, so daß der hier gefundene Wert für einen sehr geringen Zusammenhalt der Gruppe spricht. Um die Kohäsion näher zu untersuchen, stehen zwei weitere Indizes zur Verfügung, die sich auf die Beziehungen innerhalb einer Teilgruppe wie zwischen den Teilgruppen richten.

4. *Der Interessenquotient* mißt das Interesse der Mitglieder einer Teilgruppe füreinander oder, anders formuliert, ihre Abkapselung in der jeweils untersuchten Dimension:

$$I = \frac{\text{Zahl der Wahlen in Teilgruppe n}}{n \cdot m}$$

5. *Anziehungsquotient.* Mit dem Anziehungsquotienten wird der Grad der Anziehungskraft der Teilgruppe für die Restgruppe (andere Teilgruppe) gemessen:

$$A = \frac{\text{Zahl der Wahlen von Restgruppe an Teilgruppen}}{(N - n) \cdot m}$$

Im Beispiel stellen die Studentinnen D, E und H ($n_2 = 3$) nach den bisherigen Ergebnissen eine Teilgruppe dar. Ist ihr Interesse füreinander höher als das der Studenten ($n_1 = 5$) füreinander?

$$In_2 = \frac{5}{3 \cdot 2} = 0{,}83 \qquad In_1 = \frac{9}{5 \cdot 2} = 0{,}90$$

Das Interesse der Studenten füreinander ist mit 90 % noch geringfügig höher als das Studentinnen, bei denen nur 83 % der Wahlen innerhalb der Gruppe bleiben. Gemäß dieser hohen Abkapselung beider Gruppen ist ihre Anziehung niedrig:

Anziehung der Studentinnen für die Studenten:

$$A = \frac{1}{(8-3) \cdot 2} = 0{,}10$$

Anziehung der Studenten für die Studentinnen:

$$A = \frac{1}{(8-5) \cdot 2} = 0{,}17$$

Demnach sind die Studentinnen etwas eher bereit, mit den Studenten zusammenzuarbeiten, als umgekehrt. Die Ergebnisse dieses Beispiels bestätigen (da nur positive Wahlen zugelassen waren) einen Teil der Ergebnisse anderer Forscher, zusammengefaßt bei BASTIN (1967, S. 128):

«Die Mitglieder mit hohen sozialen Stellungen nehmen am häufigsten mit der anderen Gruppe Kontakt auf und werden ihrerseits auch am liebsten von den Mitgliedern dieser anderen Gruppe gewählt. Die Mitglieder mit der niedrigsten sozialen Stellung neigen am häufigsten dazu, die größte Feindschaft gegenüber der anderen Gruppe zum Ausdruck zu bringen, insbesondere gegenüber den Mitgliedern mit einer schwachen sozialen Stellung.»

Drei weitere Indizes, um das Ausmaß der Integration einzelner in die Gruppe zu untersuchen, hat STEGMAN (1971) entwickelt. Sie setzen voraus, daß in der gleichen Dimension positive und negative Wahlen abgegeben wurden sowie daß zwei Teilgruppen bestehen. Da seine Vorschläge auch ohne Beispiel einsichtig sein dürften, seien nur die Indizes (mit den oben verwendeten Symbolen) aufgeführt. Sie beziehen sich jeweils auf ein Mitglied k der Gruppe:

D_k = positive Wahlen – negative Wahlen (die auf Person k entfallen)

6. Integration eines Mitglieds k in die eigene Teilgruppe

$$I_{kn_1} = \frac{D_{n_1}}{n_1 - 1}$$

7. Integration eines Mitglieds k in die andere Teilgruppe

$$I_{kn_2} = \frac{D_{n_2}}{n_2}$$

8. Der Mittelwert aus diesen beiden Indizes ergibt die Integration eines Mitglieds k in die Gesamtgruppe (wenn k Mitglied der Teilgruppe n_1 ist)

$$I_{kN} = \frac{\dfrac{D_{n_1}}{n_1 - 1} + \dfrac{D_{n_2}}{n_2}}{2}$$

9. Hingewiesen sei auf die von CUBE & GUNZENHÄUSER (1967) aus der Informationstheorie entwickelten Maße für «Gruppenentropie», mit deren Hilfe sich das Ausmaß der Ordnung einer sozialen Struktur bestimmen läßt.

10. Kompliziert wird die Auswertung, wenn man nicht nur ein Kriterium verwendet, sondern mehrere, in der Studie oben z. B. gefragt hätte: «Mit welchen Teilnehmern möchten Sie zusammen wohnen?» Oder: «Mit welchen Teilnehmern möchten Sie verreisen?» In den Studien läuft dies häufig auf die Trennung von expressiven und instrumentellen Beziehungen hinaus. Nach den vorliegenden Ergebnissen fallen die einzelnen Dimensionen des Status nicht zusammen, so daß eine Person je nach Kriterium einen unterschiedlich hohen Status haben kann, entsprechend eine Gruppe in einer Dimension integriert, in einer anderen desintegriert ist. Ist die Zahl der Wahlen m festgelegt und für jedes Kriterium gleich, dann läßt sich der

Grad der Integration nach mehreren Kriterien mit dem Index von CRISSWELL (1960) berechnen:

$$CI = \frac{R' \cdot q}{U \cdot p}$$

R′ = Zahl der reziproken Wahlen (einschließlich cross relationships)

Das Symbol R′ dient zur Kennzeichnung der Tatsache, daß hierzu auch reziproke Wahlen in zwei Dimensionen rechnen (cross relationships): Z. B. A wählt B für die Arbeitsgruppe, nicht aber für die Reise, B wählt A für die Reise, nicht aber für die Arbeitsgruppe. Mehrere Kriterien zu verwenden ist logisch vorteilhaft, weil damit besser die Rollenstruktur der Gruppe erkannt werden kann.

11. *Expansion.* Fixiert man die Zahl der positiven und negativen Wahlen nicht und verwendet Kriterien, die in der emotionalen Dimension liegen, so läßt sich die «emotionale Expansion» eines Gruppenmitgliedes k berechnen:

$$E+ = \frac{\text{Zahl der von k abgegebenen positiven Wahlen}}{N-1}$$

$$E- = \frac{\text{Zahl der von k abgegebenen negativen Wahlen}}{N-1}$$

12. Weiterentwicklungen der Analyse soziometrischer Studien sind sowohl mit Hilfe der Graphentheorie, die die Wahlen als gerichtete Graphen interpretiert, vorgenommen worden (z. B. HARARY, NORMAN & CARTWRIGHT 1965) als auch unter Anwendung der Matrix-Algebra (z. B. FESTINGER, SCHACHTER & BACK 1955) und entsprechenden Computer-Programmen (WALDER 1966).

Einen aus soziometrischen Untersuchungen entwickelten Hypothesenkatalog zur Analyse der Gruppenstrukturen gibt MORENO (1967, S. 364 ff.).

Die vielen soziometrischen Studien führten auch zu einer Vielzahl von *Hypothesen über Gruppenstrukturen;* bewährt haben sich u. a. folgende Hypothesen (NEHNEVAJSA 1967 a, S. 232 ff.):

«1. Soziometrische Wahlen in Gruppen sind ungleichmäßig verteilt; es entstehen geschichtete Hierarchien.
2. Zwischen soziometrischem Status und sozialer Expansion gibt es keine konsistente Beziehung.
3. Ein hoher soziometrischer Status korreliert positiv mit dem Grad der Einsicht in die Beziehungsverhältnisse einer Gruppe.
4. Die Stabilität soziometrischer Konfigurationen nimmt im Laufe der Zeit ab.
5. Soziometrischer Status korreliert positiv mit dem Intelligenzgrad einer Person.
6. Soziometrischer Status korreliert positiv mit relevanten Kenntnissen und Errungenschaften.

7. Soziometrischer Status korreliert positiv mit der seelischen Gesundheit einer Person.
8. Soziometrischer Status korreliert positiv mit sozio-ökonomischem Status.
9. Soziometrische Wahlen werden sowohl in sozio-ökonomischen als auch in soziometrischen Status-Hierarchien nach oben gerichtet.
10. Individuen mit hohem soziometrischen Status werden als die Träger der zentralen Werte einer Gruppe angesehen.
11. Die Effizienz von Personen bei der Ausführung relevanter Aufgaben ist eine Funktion von soziometrischem Status.
12. Soziometrischer Status korreliert mit dem Grad der Teilnahme am sozialen Leben.»

5.6.4. Varianten

Die wichtigsten Varianten sind bereits in Übersicht 27 zusammengestellt. Weitere Varianten bestehen in der Beobachtung von Interaktionen. Man erschließt aus der Besuchshäufigkeit die Beziehungen zwischen Personen, Gruppenmitgliedern oder mehreren Gruppen. So zu interpretieren ist das Soziogramm der Kontakte zwischen Politikern bei einer UN-Konferenz (Krech, Crutchfield & Ballachey 1962, S. 391) oder die Besuchshäufigkeit Angehöriger von vier politischen Gruppen in einem Dorf (s. Hofstätter 1966, S. 313) sowie der «Intrigenspiegel» eines Jugendfreizeitheims in seiner Umwelt (Friedrichs & Lüdtke 1973, S. 137). Auf die Beziehungen zu Psychodrama, Rollenspiel und zur Psychotherapie soll hier nicht eingegangen werden; sie werden teilweise bei Moreno (1967, S. 412 ff.) behandelt.

Die Soziometrie kann auch indirekt als *Auswahlverfahren* benutzt werden (vgl. auch Coleman 1969, S. 520). Bei dieser in Abschn. 3.4.3 nur erwähnten Form der bewußten Auswahl («Schneeballverfahren») geht man von einer für das Untersuchungsziel wichtigen Gruppe aus. Die Mitglieder der Gruppe werden interviewt, im Interview wird nach weiteren Personen gefragt, mit denen der Teilnehmer häufig interagiert, bestimmte Probleme bespricht etc. Dann interviewt man diese genannten Personen, erfragt wiederum deren Interaktionspartner, interviewt dann diese usw. Es entsteht eine Stichprobe aufgrund der Kette von Personen, die durch eine bestimmte Beziehung, das soziometrische Kriterium, miteinander verbunden sind. Hiernach lassen sich z. B. Linien des Einflusses in einer Organisation (Betrieb, Anstalt, Partei) oder einem Dorf sowie soziale Beziehungen in einer Siedlung nachweisen und durch die Fragen des Interviews auf die Merkmale der einbezogenen Personen hin untersuchen. – Eine ähnlich angelegte Studie hat kürzlich Becker (1970) publiziert; in ihr geht es darum, die Zentralität von Personen in einem soziometrischen Beziehungsnetz von Gesundheitsbehörden auf den Grad der Ausbreitung und Aufnahmebereitschaft von medizinischen Neuerungen hin zu untersuchen.

5.6.5. Erhebungssituation

In der umfangreichen Literatur zu dieser Methode gibt es nur wenige Hinweise auf die Erhebungssituation. Über sie wird ausgesagt, eine soziometrische Studie sei erst dann sinnvoll, wenn die Gruppe «angewärmt», wenn sie auf die Fragen vorbereitet ist. Auch hier sollte der Eindruck, es handle sich um eine Prüfungssituation, vermieden werden; die Antworten sollten vielmehr spontan gegeben werden.

In den meisten Fällen bedient man sich einer schriftlichen Befragung, bei der der Forscher anwesend ist und die Gruppenmitglieder den Fragebogen gleichzeitig erhalten und ausfüllen. Ein Kontakt unter ihnen ist zu vermeiden. Die Situation verlangt, die Ergebnisse den Mitgliedern der Gruppe anschließend mitzuteilen, da der Bogen sie für die Wahrnehmung der Gruppenbeziehungen sensibilisiert haben dürfte. Man kann dies z. B. tun, indem man nicht die Namen nennt, sondern nur Buchstaben benutzt, um zumindest die Struktur der Gruppe zu besprechen.

Wie die Untersuchungen zeigen, verändern sich die Ergebnisse, wenn die Fragen so gestellt sind, daß aus ihnen und/oder der Einleitung des Untersuchungsleiters Handlungskonsequenzen erkennbar sind, z. B. wenn die Sitzordnung in der Klasse aufgrund der Ergebnisse verändert werden soll.

Zur *Motivation* der Teilnehmer schreibt MORENO (1967, S. 40 f.): «Es ist daher unentbehrlich, daß die Individuen selbst zur Mitarbeit angeregt werden, daß sie am Test ausreichend interessiert werden und daß sie dem Tester ihre spontanen Haltungen, Gedanken und Motivierungen bezüglich der durch das Kriterium betroffenen Personen offenbaren ... Außerdem haben die einzelnen gewöhnlich kein Interesse daran, ihre wirklichen Sympathien und Antipathien offen zu bekennen, solange keine persönliche Motivierung damit verbunden ist.»

Offene Probleme sind der Einfluß des Erhebungsorts in Abhängigkeit von dem jeweiligen Kriterium, das Verhalten des Forschers und die Bedeutung des gemeinsamen Ausfüllens im Vergleich zu einer Einzelbefragung. Die Untersuchung bedürfte auch der Frage, welchen Einfluß die Abwesenheit eines Mitglieds zum Zeitpunkt der Befragung auf die Ergebnisse hat.

5.6.6. Stichprobe

Die Auswahl der Gruppen läßt sich nur sehr begrenzt stichprobentheoretischen Überlegungen unterwerfen, da es sich ja um bereits bestehende Gruppen handelt. So wird man in den meisten Fällen mit bewußten Auswahlen arbeiten; nur im Fall von Organisationen lassen sich Stichproben von Arbeitsgruppen ziehen.

Um dann noch Aufschlüsse über strukturelle Merkmale zu erhalten, sollte der Fragebogen um demographische Angaben (Beruf, Alter, Geschlecht etc.) erweitert werden.

Wichtig für die Analyse der Untersuchung ist es, einen Zeitpunkt der Befragung zu wählen, bei dem noch alle Gruppenmitglieder anwesend sind.

5.6.7. Pretest

In Anbetracht der Tatsache, daß jeweils eine spezifische Gruppe untersucht wird, läßt sich ein Pretest nur schwer durchführen. Andererseits ist die Prüfung der Kriterien (Fragen und Wahlmöglichkeiten) erforderlich, so daß man den Bogen zumindest bei einer möglichst ähnlichen Gruppe testen sollte. Der Katalog in Übersicht 29 ist daher vornehmlich für die soziometrische Untersuchung mehrerer Gruppen gedacht.

Übersicht 29: *Aufgaben des Pretests bei einer soziometrischen Untersuchung*

Umfang:	Stark abhängig von geplanter Stichprobe. Zwei bis drei Gruppen dürften im allgemeinen genügen.
Legitimation:	Einführungsgespräch bei Gruppenmitgliedern sowie – falls es die Stichprobe erfordert – bei Organisationsmitgliedern, wenn Gruppe Teil der Organisation. Therapeutische Absichten? Honorierung?
Erhebungs-situation:	Zeitpunkt richtig gewählt? Alle Gruppenmitglieder anwesend?
Rollen:	Hat die Person des Leiters/Forschers Einfluß auf die Beantwortung?
Instrument:	Soziometrische Fragen richtig? Zahl der Wahlen sinnvoll und praktikabel festgelegt?
Stichprobe:	Wenn Gruppen aufgrund von Klumpenstichprobe ermittelt wurden: Alle Gruppen anzutreffen? Alle Mitglieder erreichbar? Sonst: Vergleich der Zusammensetzung der Stichprobe mit Listen für eine Grundgesamtheit, auf die hin generalisiert werden soll.
Kontrollen:	Interview mit Betroffenen. Interviewer mit Personen, die mit den Betroffenen bekannt sind und Aussagen über sie machen können.

5.6.8. Fehlerquellen

Die wesentlichste Fehlerquelle soziometrischer Untersuchungen ist die Frage, das Kriterium. Je deutlicher erkennbar ist, daß für die Befragten mit den Wahlen auch Handlungskonsequenzen verbunden sind, je mehr sie also eine Umsetzung der Ergebnisse in die Praxis vermuten können, desto größer ist die Reliabilität und die Stabilität der Ergebnisse (LINDZEY & BORGATTA 1964, S. 405).

Die Reliabilität der Antworten ist bei fixierten Wahlen bei fünf Wahlen zufriedenstellend. Zur Messung der Reliabilität eignet sich am besten ein Test-Retest-Verfahren. Dieses dürfte unumgänglich sein, um nicht nur eine punktuelle Analyse der Gruppe vorzunehmen. In ihrer ausführlichen Diskussion der Reliabilität und Validität soziometrischer Untersuchungen kommen MOUTON, BLAKE & FRUCHTER (1955 a, 1955 b) zu dem Resultat, daß die Reliabilität, Validität und Stabilität der abgegebenen Wahlen im allgemeinen zufriedenstellend seien. Dabei erweist sich die Reliabilität abhängig vom Zeitintervall zwischen Test und Retest, vom Alter der Gruppenmitglieder (je älter, desto reliabler die Ergebnisse) sowie von der Art der Frage und den Wahlmöglichkeiten. Untersuchungen der Validität haben erbracht, daß soziometrische Ergebnisse sich als gute Prädiktoren des Verhaltens der Personen in anderen Situationen verwenden lassen. Einschränkend sei gesagt, worauf schon HÖHN & SEIDEL (1969, S. 384 ff.) hinweisen, daß zahlreiche Untersuchungen weniger die Validität oder Reliabilität soziometrischer Ergebnisse messen als die Stabilität, also die Konstanz der Wahlen in der Zeit, und sich dabei weniger auf die gesamte soziometrische Matrix beziehen als vielmehr auf Teile, z. B. den Status einer Person.

5.7. BEOBACHTUNG

5.7.1. Voraussetzungen

Angesichts der Vielfalt der Beobachtungsmethoden sei folgende Definition vorangestellt: «Eine Beobachtungsmethode ist definiert als Selektion, Provokation, Protokollierung und Codierung derjenigen Menge von Verhalten und Gegebenheiten im Hinblick auf Organismen in Situationen, die mit den empirischen Zielen übereinstimmt» (WEICK 1968, S. 360). Die Definition nimmt, im Gegensatz zur nur passiven Beobachtung, auch Prozesse der Provokation auf, nennt «Organismen», um auch die Tierbeobachtungen einzuschließen, und differenziert die einzelnen Schritte, die den empirischen Forschungszielen (Beschreibung, Hypothesenprüfung) dienen sollen.

Warum fragen, wenn man beobachten kann? Angesichts der Häufigkeit, mit der die Methode der Beobachtung in der Psychologie, und der Seltenheit, mit der sie in der Soziologie angewendet wird, ist diese Frage keineswegs rhetorisch. Der Hauptgrund für die geringe Verwendung dürfte sein, daß die Beobachtung Hypothesen über das *Verhalten* von Individuen verlangt, zu denen dann Analysen und Prognosen nötig sind. In den Hypothesen sind Variablen enthalten, deren Messung anhand der Kategorien des Forschers erfolgt; er interpretiert Bewegung, räumliche Distanz und Interaktionen. Dem steht die in der Soziologie gerade in neuerer Zeit betonte Interpretation durch die Betroffenen, Handelnden gegenüber, die Interpretation in den Kategorien des Akteurs. Denn auch der Handelnde beobachtet und interpretiert das Handeln anderer; zudem verbindet er mit seinem Handeln einen bestimmten Sinn. Dieser Sachverhalt führt zu Forderungen, wie sie zahlreiche Soziologen formuliert haben, z. B. auch MAYNTZ, HOLM & HÜBNER (1971, S. 87) in ihrem Kapitel über Beobachtung:

«Deshalb gehört zum Beobachten notwendigerweise das Verständnis und die zutreffende Interpretation des subjektiven Sinns und der sozialen Bedeutung einer bestimmten Handlung oder Verhaltenssequenz. Ohne ein solches Verstehen bliebe die Beobachtung blind und sozialwissenschaftlich irrelevant.»

So unbestritten der dargestellte Sachverhalt ist: der Schluß, man *müsse* die Interpretationen der Akteure berücksichtigen, ist keineswegs zwingend.

Grundsätzlich stellen sich dem zwei Schwierigkeiten entgegen:

1. In vielen Fällen ist gar nicht zu ermitteln, welchen Sinn die Akteure mit einer Handlung verbinden.
2. Akteure können unterschiedliche Interpretationen einer Handlung vornehmen; dies hat die Forschung zur interpersonellen Wahrnehmung hinreichend belegt.

Der subjektiv gemeinte Sinn, die Intentionen der Handelnden stellen demnach nur eine der – in einer Kultur vermittelten – Interpretationen dar. Daher kann man das Argument zunächst einmal umkehren und sagen: Jede subjektive Interpretation bleibt irrelevant, wenn sie nicht mit einer anderen kontrastiert wird, nämlich der subjektiven, aber durch den Zusammenhang der Wissenschaft objektivierten und standardisierten Interpretation des Forschers.

Wenn eine Mutter sagt und meint, ihr Kind liebevoll zu erziehen und vor Schaden zu bewahren, wenn sie es mit Warnungen vor Gefahren auf der Straße, im Haus etc. überhäuft, dann führt dieses Verhalten (overprotection) eher zu Ängsten und mangelnder Autonomie beim Kind oder zu trotzigem Risikoverhalten. Ihre Interpretation und ihr Verhalten stehen im Widerspruch zueinander.

Gerade aufgrund der verbreiteten Annahme, nur eine Beobachtung, die auch die Interpretation der Akteure einbezieht, sei soziologisch valide, wird verhindert zu erforschen, wie weit man ohne den Rückgriff auf den Akteur überhaupt kommt. Verhindert wird nachgerade die systematische Entwicklung von Hypothesen über Verhaltenssequenzen und die Korrelation beobachteten Verhaltens von Interaktionspartnern. Zu schnell werden die sonst über einen Prozeß mühsamer kumulativer Forschung/Beobachtung in Hypothesen zu formulierenden Interpretationen abgekürzt, wenn nicht gar ersetzt, indem man die Interpretationen der Akteure heranzieht.

Zweifellos besteht bei der hier formulierten Gegenposition die Gefahr, daß der Forscher sein vorgängiges Sinnverständnis zum Maßstab aller Interpretationen des beobachteten Verhaltens macht. Eben das tut er bei anderen Methoden aber auch, und zwar berechtigt, weil er sein Verständnis objektiviert an Hypothesen, Variablen und Indikatoren, weil es überprüfbar, nachvollziehbar und revidierbar ist. Auch eine Unterstellung des Forschers über die von den Akteuren vorgenommenen Interpretationen der Situation läßt sich nachprüfen. Expliziert er seine Unterstellung durch mehrere Hypothesen und leitet hieraus Prognosen über das künftige Verhalten der Akteure ab, dann können diese Prognosen überprüft werden. Damit werden auch die Hypothesen, d. h. die Gültigkeit der Interpretation des Forschers überprüft. Man ersetzt also die Interpretation, die der Akteur von seinem Handeln vornimmt, durch die Frage: Was müßte der Akteur tun, wenn meine Interpretation seines Handelns richtig ist? Zur Beantwortung dieser Frage bedarf es mehrerer Hypothesen, die sich sukzessive testen lassen. Dann ist zu prüfen, welche Hypothese über die Interpretationen des Akteurs unzutreffend ist (ein Vorgang, der im Intensivinterview verbal erfolgt, wenn der Interviewer dem Befragten mehrere Interpretationen für dessen Äußerungen anbietet: «Sie meinen also . . .»). Das bedeutet, sich auf jenen langfristigen, kumulativen Prozeß von Versuch und Irrtum einzulassen, der wissenschaftliches Vorgehen überhaupt kennzeichnet.

Ein leicht zugängliches Feld zur Diskussion dieser beiden Positionen bietet sich z. B. bei der Analyse von Stummfilmen oder beim Fernsehen, wenn man den Ton abdreht, – sofern der Zuschauer sich bemüht, seine Annahmen während des Sehens schriftlich festzuhalten.

Zusammenfassung: Die Frage, ob jede Beobachtung nur dann bedeutsam ist, wenn sie auch die Interpretationen der Akteure berücksichtigt, kann nicht als entschieden gelten. Es hängt vielmehr vom Untersuchungsziel ab, ob diese Interpretationen herangezogen werden müssen oder nicht. Für die soziologische Theoriebildung gegenwärtig wichtig sind Studien, die auf solche Interpretationen verzichten.

Das zentrale Problem der Methode ist von SJOBERG & NETT (1968, S. 180) treffend auf die Formel «perception is governed largely by conception» gebracht worden. Wie muß also die Wahrnehmung organisiert und kontrolliert werden?

Untersuchungen über die Benutzung von Massenmedien haben gezeigt, daß die Aufnahme von Informationen einem *dreifachen Selektionsprozeß* unterliegt: Man sieht nur bestimmte Sendungen, nimmt in ihnen nur einen Teil wahr und behält hiervon wiederum nur einen Teil. Dies dürfte gleichermaßen für jede Beobachtung gelten, auch sie ist durch selektive Zuwendung, selektive Wahrnehmung und selektives Erinnern gekennzeichnet. Voraussetzung einer wissenschaftlichen systematischen Beobachtung ist daher, diese drei Selektionsprozesse durch Standardisierungen weitgehend zu lenken. Das bedeutet:

Selektive Zuwendung: Es muß definiert werden, welche Inhalte zu beobachten sind.

Selektive Wahrnehmung: Es muß definiert werden, worauf bei den ausgewählten Inhalten zu achten ist, wann die Beobachtung beginnt und wie lange sie dauert.

Selektive Erinnerung: Die Beobachtung muß aufgezeichnet werden, entweder mit Hilfe eines Beobachtungsschemas oder durch audiovisuelle Hilfsmittel, deren Material später anhand eines Schemas codiert wird.

Neben diesen methodischen Voraussetzungen besteht eine methodologische: die präzise Herleitung der Indikatoren des Verhaltens. Hierauf ist schon an einem Beispiel in Abschn. 2.3 hingewiesen worden. Was eine Armbewegung, das Schweigen in einer Diskussion oder die Dauer des Spiels von Kindern auf einem Spielplatz «besagen», kann nicht durch Ad-hoc-Interpretationen des Forschers entschieden werden, sondern nur aufgrund von Hypothesen über die Zusammenhänge dieser Variablen mit anderen, z. B. Persönlichkeitsmerkmalen, Hypothesen zur Gruppenkohäsion, schichtspezifischer Elaboriertheit von Spielregeln und Art der Spiele. Erinnert sei in diesem Zusammenhang an Berichte im Fernsehen, in denen aus Beobachtungen Schlüsse auf die Art der Beziehung zwischen politischen Verhandlungsparteien gezogen werden. Bei der Pariser Vietnam-Konferenz wurde z. B. aus der Tatsache, daß die nordvietnamesische Verhandlungsdelegation die nordamerikanische bereits vor dem Eingang ihres Bungalows empfing, auf einen Fortschritt in den Verhandlungen geschlossen. Wenn es scheint, als seien diese Anforderungen bei der Beobachtung schwerer zu erfüllen als bei der Befragung, so deshalb, weil die Interpretation von Fragen und Antworten dem Forscher leichter fällt und plausibel scheint, obgleich gerade diese Plausibilität verbalen Materials fragwürdig ist, wie in den Abschnitten 5.1 bis 5.6 gezeigt wurde.

Ein Kennzeichen von Studien mit der Methode der Beobachtung ist, durch die Exaktheit der Einzelheit, die Begrenzung auf Teile komplexer Handlungsprozesse oder eines Feldes eng zu erscheinen, weshalb sie, gemessen an der Breite der Ergebnisse von Befragungen oder der teilnehmenden Beobachtung, oft unbefriedigend sein mögen. Hier ist erneut das zu Anfang des Buches diskutierte Problem des Verhältnisses von Relevanz, Enge des Problems und Exaktheit der Hypothesenprüfung erkennbar. Nicht zuletzt liegt die Bewertung auch in den unterschiedlichen Analyse-Ebenen der einzelnen Sozialwissenschaften: Sie veranlaßt häufig die Soziologen zu einer falschen Übertragung ihrer Ebene auf vornehmlich psychologische Untersuchungen. Methodologisch sind Beobachtungsstudien nur in einem engen Zusammenhang kumulativer Forschung und Theoriebildung möglich – ein Zusammenhang, den die soziologische Forschung aufgrund der Breite ihrer Untersuchungen geneigt ist, für gegeben zu halten.

5.7.2. Varianten

Da die Methode der Beobachtung ähnlich wie die Befragung verschiedene Verfahren umfaßt, seien in Abwandlung der Gliederung der bisherigen Abschnitte zunächst die Varianten dargestellt. Die Unterschiede liegen in fünf *Dimensionen:*

1. *verdeckt – offen*: Ist der Beobachter als solcher erkennbar oder nicht, verdeckt z. B. durch eine nur von seiner Seite durchsichtige Glasscheibe (one way window)?
2. *nicht-teilnehmend – teilnehmend*: Nimmt der Beobachter an den Interaktionen teil oder befindet er sich außerhalb des Feldes?
3. *systematisch – unsystematisch*: Erfolgt die Beobachtung systematisch mit einem standardisierten Schema oder eher unsystematisch und dem spontanen Interesse des Beobachters folgend?

Strenggenommen handelt es sich bei den letzten beiden Dimensionen um Kontinua. Eine Beobachtung kann verschiedene Grade der Teilnahme oder der Systematisierung haben. Vernachlässigt man diese Abstufung, so ergibt sich ein Merkmalsraum für die acht *Formen der Beobachtung*:

	nicht-teilnehmend		teilnehmend	
	verdeckt	offen	verdeckt	offen
systematisch	1	2	5	6
unsystematisch	3	4	7	8

Beobachtungen im Alltag haben zumeist die Formen 3: z. B. Blick durch das Wohnungsfenster auf die Straße, 4: z. B. Beobachtung der Passanten vom Vorgarten eines Cafés aus, 5: z. B. Beobachtung im Warenhaus oder 8: Polizist auf der Straße. Die folgende Darstellung bezieht sich auf die Formen 8, 1 und 2; in Abschn. 5.8 werden die Formen 5 und 6 behandelt, einige spezielle Verfahren der Form 1 finden sich im Abschn. 5.9.

Die 4. Dimension ist die *Art der Situation;* sie kann «natürlich» oder «künstlich» sein, z. B. Beobachtung spielender Kinder im Kindergarten oder im Raum eines psychologischen Instituts, wo eine Beobachtung durch einen Einwegspiegel möglich ist. Die Beobachtung nähert sich vor allem bei künstlichen Situationen dem Experiment, weil die Untersuchungspläne zumeist kompliziert sind.

Die 5. Dimension schließlich ist die *Selbst- kontra Fremdbeobachtung.* In nahezu allen Untersuchungen werden Fremdbeobachtungen vorgenommen; daneben besteht die Möglichkeit, sich selbst zu beobachten (vgl. McKellar 1962). Ein berühmtes Beispiel hierfür ist Sigmund Freud.

5.7.3. Anwendung

Soweit der Beobachtung nicht ethische oder legale Grenzen durch die Zugänglichkeit des Geschehens gesetzt sind, wie z. B. beim Ausfüllen des Stimmzettels in der Wahlkabine, ist ihre Anwendung nahezu universal.

Einige Schwerpunkte sind: Studien, in denen Aussagen von Personen gefärbt sein können und daher wenig gültige Schlüsse auf ihr Verhalten zulassen, wie es bei Fragen nach Diskriminierung von Minoritäten oder den Beziehungen von Ehepartnern zueinander hinreichend bewiesen ist. Ähnlich ist es mit Berichten über vergangene Ereignisse, die ungenau oder unvollständig sind, sei es, weil man sich nicht mehr daran erinnert, sei es, weil man etwas nicht zugeben möchte, z. B. Kontakte mit der Polizei. Die Beobachtung ist erforderlich, wenn komplexe Interaktionen ermittelt werden sollen, die von den einzelnen Akteuren nicht angemessen wahrgenommen, zumindest jedoch nicht zuverlässig berichtet werden (z. B. Diskussionen, Zeugenaussagen). Schließlich ist die Beobachtung durch keine andere Methode zu ersetzen, wenn verbale Auskünfte nicht möglich sind, z. B. von Kindern oder von Tieren; oder weil es gerade auf sie nicht ankommt, z. B. bei Studien in dem umfangreichen Forschungsbereich zur nonverbalen Kommunikation.

5.7.4. Vorgehen

Die systematische Beobachtung geht ebenso wie die standardisierte teilnehmende Beobachtung von einer *Trennung von Forscher und Beobachter* aus. Das hat den Vorteil, die Kovariation der Merkmale des Beobachters und der beobachteten Ereignisse kontrollieren und messen (REISS 1971, S. 17), umfangreichere Beobachtungen vornehmen zu können und zu einer strengeren Formulierung der Beobachtungseinheiten und Beobachtungsitems zu gelangen (FRIEDRICHS & LÜDTKE 1973, S. 29). Unabhängig vom Untersuchungsziel entsteht dann die Notwendigkeit, ein Perzeptionstraining zu veranstalten.

Von den Ereignissen, die wir beobachten, nehmen wir nur einen Teil bewußt wahr. Bereits die Komplexität einer kurzen Rede einer Person wird auf wenige Beobachtungen reduziert, die nonverbale Körperbewegung fast gar nicht berichtet, dafür das Verbale betont, das Ganze in einem interpretierenden Satz zusammengefaßt. Zu Recht schreibt WEICK (1968, S. 406), das Problem sei im Grunde, «daß Personen keine Wörter zur Verfügung haben, um interdependente Aktionen zu beschreiben». Eine systematische Beobachtung verlangt daher erst einmal, die Beobachter zu schulen, genauer zu sehen, hierzu Kategorien zu liefern, um nicht nur differenziertere Berichte, sondern bereits differenziertere Wahrnehmung zu ermöglichen.

Die *Schulung der Beobachter* läuft somit der Mittel- und Oberschicht-Tendenz zuwider, Bildung auf verbales Verhalten zu fixieren. Bisher zeigte ein Beobachtungstraining, daß die Beobachter zunächst dazu neigen, verbale Äußerungen der Beobachteten für wichtiger zu halten und daher eher zu registrieren. (Zur Schulung vgl. auch MEDLEY & MITZEL 1963.)

Zur Beobachterschulung sind folgende Techniken geeignet:

1. Schilderungen der Inhalte von Fotos.
2. Protokollierung von Filmen oder Fernsehsequenzen ohne Ton.

3. Weitererzählen einer kurzen an Personen und Adjektiven reichen Geschichte (vgl. FRIEDRICHS & LÜDTKE, 1973, Abschn. 11).
4. Rollenspiele.
5. Audiovisuelle Aufnahmen von der Beobachtergruppe.
6. Selbstbeobachtung.
7. Interpretation und Analyse von absichtlich in kurzen Abständen gestörten Filmsequenzen.
8. Protokollierungen mit nonverbalen Notationssystemen.
9. Themenspezifische Anfertigung von Fotos der Interaktionen in komplexen Situationen.

Ziel der Schulung kann nicht sein, der Komplexität eines Interaktionsprozesses gerecht zu werden, sondern nur, differenzierter wahrzunehmen. Jede Beobachtung bleibt selektiv; der Begriff «systematische Beobachtung» besagt einzig, daß die Selektion vom Untersuchungsziel und vom Forschungsplan gelenkt wird. Sie bleibt nicht dem Beobachter überlassen. Es soll der zur Prüfung der Hypothesen relevante Teil von Interaktionen, räumlichen Bedingungen, zeitlicher Ausdehnung etc. erfaßt werden. Das Mittel hierzu ist das Beobachtungsschema oder -instrument. Es dient gleichermaßen zur Lenkung wie zur Protokollierung. Es enthält dic *Beobachtungsitems* (welche Ereignisse zu beobachten sind), die *Kategorien der Beobachtung* (worauf bei dem Ereignis zu achten und in welchen Kategorien es zu protokollieren ist) sowie generelle Angaben, z. B. der Dauer, des Ortes, der Zahl der Personen u. a., sofern diese nicht bereits zu den Beobachtungsitems gehören.

Hiergegen haben SJOBERG & NETT (1968, S. 180) eingewendet, ein Kategorienschema verhindere die kreative Beobachtung: «The scientist who struggles to resolve divergent theoretical perspectives, or the scientist-citizen who is concerned with certain personal dilemmas, is more likely to perceive new patterns and gain new insights than one who has a highly organized and rigid set of categories.» Die Kritik stellt insofern eine falsche Alternative, als – vergröbert formuliert – das Engagement des Forschers und kontroverse Erklärungen eine Umsetzung in Hypothesen und Beobachtungskategorien nicht ausschließen, sondern gerade erfordern.

An die *Beobachtungskategorien* sind grundsätzlich die gleichen Anforderungen zu stellen, die auch für den Code bei der Befragung und anderen Methoden gelten (vgl. Abschn. 5.1 und 6.1). Darüber hinaus gilt:

1. Die Kategorien sollen explizit sein: Sie müssen sich an beobachtbarem Verhalten orientieren, daher möglichst viele Verben und Adjektiva enthalten, die leicht verständlich sind und übereinstimmend gebraucht werden.
2. Die Zahl der Kategorien sollte nicht zu groß sein. Aufgrund ihrer Beobachtungen in Schulklassen kommen MEDLEY & MITZEL (1963, S. 300) zu dem Schluß, der Code eines Beobachtungsitems solle nicht mehr als zehn Kategorien enthalten. Dies dürfte in den meisten Fällen zutreffen. Eine generelle Regel ist: Je eindeutiger und ausschließlicher die Kategorien formuliert sind und je länger

das zu codierende Ereignis beobachtbar ist, desto umfangreicher kann der Code sein.

Hieraus ergeben sich zwei Konsequenzen für die Kategorienbildung und Beobachtung:

1. Die Beobachtungskategorien zerlegen ein einzelnes Ereignis in mehrere Aspekte, besonders deutlich erkennbar an einem Notationssystem wie dem unten wiedergegebenen von HALL. Sie zerstören damit sonst vielfach als Einheit wahrgenommene Ereignisse und Handlungen.
2. Beobachtungsitems und Beobachtungskategorien zerlegen darüber hinaus eine Sequenz in einzelne Ereignisse, sie stellen quasi Momentaufnahmen eines Prozesses her. Dies läuft der alltäglichen Beobachtung zuwider, die kontextgebunden ist.
3. Sollte eine der beiden Segmentierungen zu einer Überforderung der Beobachter führen oder dazu, die Sequenz zwar untersuchen zu wollen, sie aber nicht mehr ex post rekonstruieren zu können, dann muß man versuchen, beispielsweise aufgrund des Pretests wiederkehrende resp. typische Sequenzen als Flußdiagramme in das Beobachtungsschema einzubauen, so daß der Beobachter nur die jeweiligen Verlaufspunkte ankreuzt.

Es dürfte einsichtig sein, daß das Instrument der Komplexität des Beobachtungsfeldes und den Hypothesen angemessen sein muß. So sind in der Literatur selbst für ähnliche Beobachtungsfelder und -situationen mehrere Schemata entwickelt worden. In der Publikation von BORGATTA & CROWTHER (1965) sind beispielsweise für das Verhalten von Dyaden wie Mutter – Kind oder Psychotherapeut – Patient jeweils unterschiedliche Schemata abgedruckt. Auch für einen anderen Forschungsbereich, die Analyse der Interaktionen in Diskussionsgruppen, gibt es mehrere Beobachtungsschemata.

Das wohl berühmteste Beobachtungsschema, zu dem auch die umfangreichste Forschungsliteratur vorhanden ist, ist das von BALES (1950, 1956), welches in Übersicht 30 wiedergegeben ist.

Es wurde für die Analyse von Diskussionsgruppen entwickelt und bereits von vielen Forschern erfolgreich verwendet. Ein Beobachter, räumlich möglichst durch einen Einwegspiegel von der Diskussionsgruppe getrennt, klassifiziert jede Äußerung einer Person anhand einer der zwölf Kategorien des Schemas. Auf dem Protokollbogen stehen im Kopf die zwölf Kategorien, jeweils unter einer Kategorie notiert der Beobachter z. B. 4–2, wenn sich Person vier an Person zwei wandte. Bei der Bewertung jeder Äußerung geht der Beobachter von seinen Eindrücken aus, davon, wie die Äußerung auf ihn, wäre er ein Gruppenmitglied, wirkt. Die Beobachtungseinheit ist «. . . die kleinste erkennbare Einheit des Verhaltens, die der Definition von irgendeiner der Kategorien genügt, oder, anders ausgedrückt, als die kleinste Einheit des Verhaltens, die ihrem Sinn nach so vollständig ist, daß sie vom Beobachter gedeutet werden kann oder im Gesprächspartner eine Reaktion hervorruft» (BALES 1956, S. 158).

Bei ausreichender Schulung der Beobachter erbringt das Instrument sehr zuverlässige Resultate. Die Protokollierung läßt sich noch verfeinern, wenn der Beobachter seine Aufzeichnung auf ein zeitsynchron laufendes Papierband schreibt. Der Erfolg des Instruments liegt auch in seiner mehrfachen Klassifikation: Die zwölf Kategorien entsprechen sechs Problemen der Gruppe und zwei Verhaltensbereichen, dem sozial-emotionalen und dem Aufgabenbereich.

Mehrere Formen der Auswertung sind üblich:

1. Individuen-orientiert: Häufigkeitsverteilung der verbalen Aktivitäten jedes Gruppenmitglieds. Gibt es Teilnehmer, die sich überwiegend in einer bestimmten Art äußern, z. B. nur nicht-zustimmend oder nur im positiven sozial-emotionalen Bereich?
2. Verändert sich das Verhalten der einzelnen im Verlauf der Diskussion?
3. Gruppen-orientiert: Wie häufig wird eine Person von anderen angesprochen, wie häufig die Gruppe? Gibt es z. B. einen Führer, an den sich die meisten Äußerungen richten, der sich seinerseits aber sehr oft an alle Mitglieder der Gruppe richtet?
4. Gibt es Diskussionsmuster, die teilnehmerspezifisch sind, z. B. bei Teilnehmern gleicher sozialer Schicht, gleichen Alters, gleicher politischer Überzeugung? Wie wirkt sich demgegenüber die Heterogenität einer Gruppe auf die Art und Häufigkeit der verwendeten Kategorien aus?
5. Analyse des Gruppenprozesses, der Phasen der Diskussion und der phasenspezifischen Häufigkeiten einzelner Kategorien.

Das Beobachtungsverfahren von Bales ist zweifacher Kritik ausgesetzt gewesen: es sei zu atomistisch und zu wenig differenziert. Dem ersten Vorwurf läßt sich leicht begegnen, wenn man den Anwendungsbereich richtig proportioniert, Untersuchung und Hypothesen sich also auf die Gruppe und ihre Mitglieder richten. Ist das Instrument hingegen Teil einer umfassenderen Beobachtung, z. B. in einer Gaststätte, oder ist die Zahl der Gruppenmitglieder zu groß, ist der Beobachter überfordert. Der zweite Einwand mangelnder Differenziertheit der Kategorien führte Borgatta (Borgatta & Crowther 1965, S. 26 ff.) dazu, ein modifiziertes und erweitertes Schema mit 18 Kategorien zu entwickeln, das IPS (Interaction Process Scores). Wenig später hat Borgatta ein weiteres Klassifikationsschema vorgeschlagen, das mit wenigen Kategorien die Beobachtung von Interaktionen erlaubt: das BSS (Behavior System Scores).

Andere, zum Teil noch unzureichend getestete Instrumente gelten der Beschreibung nonverbalen Verhaltens, wie räumlicher Distanzen (Hall 1963), des Gesichtsausdrucks (Leventhal & Sharp 1965), der Körperbewegung (Birdwhistell 1968, Ekman 1965) oder paralinguistischer Aspekte der Sprache (z. B. Tonfall, Rhythmus, Sprech-Schweige-Rate, Wortschatz). Eines der ersten Instrumente, der interaction-recorder zur Untersuchung der Dauer von Interaktionen, stammt von Chapple (1939). Damit sind zugleich auch Forschungsbereiche der Beobachtung skizziert.

Übersicht 30: *Beobachtungsschema von* Bales (1956, S. 154 f.)

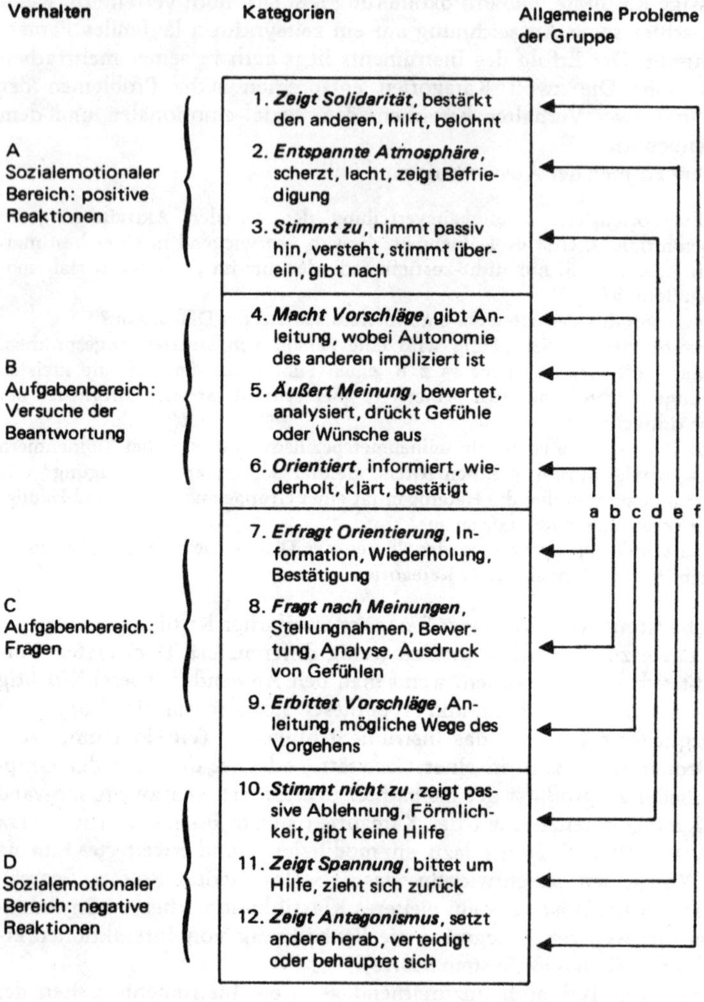

Schlüssel:

a – Probleme der Orientierung
b – Probleme der Bewertung
c – Probleme der Kontrolle
d – Probleme der Entscheidung
e – Probleme der Spannungsbewältigung
f – Probleme der Integration

Eines der komplexen Notationssysteme stammt von Hall. Es umfaßt acht Dimensionen, in denen die Distanz von Personen zueinander, ihr «proxemisches Verhalten» klassifizierbar ist. Unter Proxemics versteht Hall (1963, S. 1003) «... das Studium, wie Menschen den Mikroraum unbewußt strukturieren.» In Übersicht 31 sind die grafischen Symbole mit den zugehörigen Kategorien und Code-Ziffern aufgeführt. Das System eignet sich nach dem bisherigen Forschungsstand eher dazu, das Verhalten weniger Personen zu beschreiben; zumindest sind nicht alle Dimensionen gleich gut für eine größere Zahl von Personen gleichzeitig anwendbar. In ihrer Studie proxemischen Verhaltens von arabischen und nordamerikanischen Studenten konnten Watson & Graves (1966) beträchtliche Unterschiede feststellen: Arabische Studenten verhielten sich zueinander näher und direkter als nordamerikanische. Erst nach weiteren Forschungen wird geprüft werden können, ob sich bestimmte Dimensionen nicht erheben lassen (z. B. Körperwärme) und welche Kovariation zwischen den Dimensionen besteht. Offen ist auch, inwieweit sich dieses Notationssystem oder Teile davon innerhalb soziologischer Forschung nutzen lassen.

Übersicht 31: *Notationssystem für proxemisches Verhalten* (Hall 1963)

1. *Körperstellung nach Geschlecht*
(Symbole von der Seite gesehen)

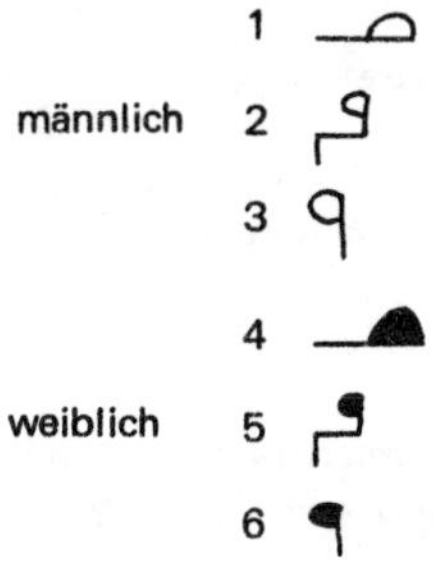

2. *Räumliche Stellung zueinander: soziofugale-soziopetale Achse*
(Symbole von oben gesehen)

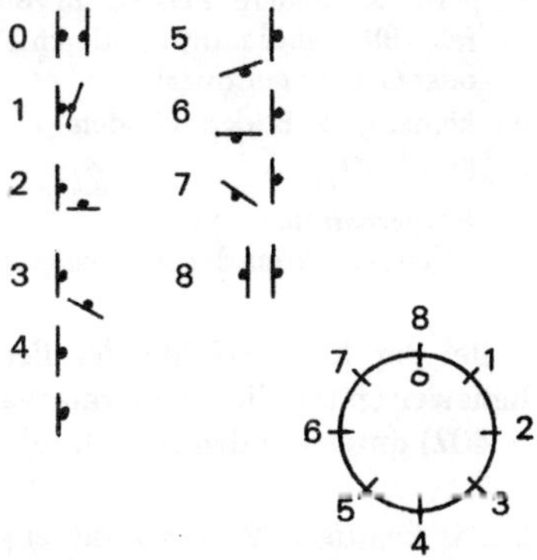

3. *Körpernähe: kinästhetische Elemente* (Symbole für zwei Personen gleicher Haltung)

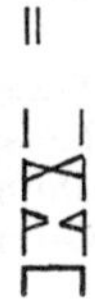

1 innerhalb der Distanz für Kontakt mit Kopf und/oder Oberkörper
101 eben außerhalb dieser Distanz
22 innerhalb der Distanz von ausgestrecktem Vorderarm
202 eben außerhalb dieser Distanz («Ellbogen-Freiheit»)
33 innerhalb der Distanz mit ausgestreckten Armen

303	┌ ┐	eben außerhalb dieser Distanz
44	⌒	in Körperreichweite (Arm ausgestreckt und Körper vorgebeugt
404	⁀ ⁀	eben außerhalb dieser Reichweite

Da jede Person diese acht Distanzmöglichkeiten hat, sieht eine Notation für zwei Personen verschiedener Haltung z. B. folgendermaßen aus:

102	׀ ┐	erste Person innerhalb der Distanz für Kontakt mit Kopf / Oberkörper
		zweite Person eben außerhalb der Distanz mit ausgestreckten Armen.

4. *Berührung*
0 halten und streicheln
1 anfassen und streicheln
2 längeres Halten
3 Halten
4 kurzes Berühren
5 zufälliges Berühren
6 kein Kontakt

5. *Blickkontakt*
1 direkt (Blick in die Augen des anderen)
2 gerade (Blick auf Kopf und Gesicht des anderen)
3 peripher (andere Person im Blickfeld, Blick aber nicht auf deren Kopf oder Gesicht gerichtet)
4 keiner (z. B. Blick auf Boden gerichtet)

6. *Körperwärme*
1 geleitete Wärme des anderen gespürt
2 ausgestrahlte Wärme des anderen gespürt
3 Wärme wahrscheinlich gespürt
8 keine Wärme gespürt

7. *Körpergeruch*
1 differenzierbarer Körpergeruch spürbar
2 undifferenzierbarer Körpergeruch spürbar
3 Atem spürbar
4 Geruch wahrscheinlich zu spüren
8 kein Geruch zu spüren

8. *Lautstärke der Stimme*
0 still
1 sehr leise
2 leise
3 normal
4 etwas über normal
5 laut
6 sehr laut

Bei der *Konstruktion des Beobachtungsinstrumentes* sind zwei Vorgehensweisen möglich: eine rationale und eine empirische. Nach Weick (1968, S. 402) unterscheiden sie sich folgendermaßen:

1. Das *empirische Vorgehen* richtet sich auf die Erstellung eines Kategoriensystems aufgrund der Beobachtung der Ereignisse. Die Kategorien haben den Vorzug, tatsächlich aufzutreten, wiederkehrende Ereignisse zu beschreiben, – ohne jedoch schon in einem begrifflichen Bezugsrahmen sagen zu können, was es ist, was da beobachtet wird.
2. Das rationale Vorgehen leitet die Kategorien aus einem generellen Bezugsrahmen ab, hat indessen den Nachteil, die Begriffe in beobachtbare Messungen transformieren zu müssen. Der Forscher weiß nicht, ob die Transformation (Operationalisierung) oder die Beobachtungen falsch sind; er kann also methodologische Fehler von Beobachtungsfehlern nicht trennen.

Es empfiehlt sich daher, wie auch Weick betont, bei Studien mit der Methode der Beobachtung beide Formen des Vorgehens zu verbinden: zunächst empiristisch (explizit theorielos) aufgrund der Beobachtungen Kategorien zu entwickeln und sie im nächsten Schritt mit Begriffen der Theorie zu verbinden, um dann erneut, u. z. hypothesengelenkt, zu beobachten.

Das bedeutet, nur durch umfangreiche Pretests und eine schrittweise Revision des ursprünglichen Schemas zu einem praktikablen *und* relevanten Schema gelangen zu können. «Offene» Beobachtungsitems, in Analogie zur Frage, bei denen längere Notierungen des Beobachters erforderlich sind, überfordern die Beobachtung, wenn sie in rascher Zeit exakte Abläufe erfassen sollen. Wie sich auch in der teilnehmenden Beobachtung erwiesen hat, ist es sinnvoller, verschiedene Instrumente für eine Dimension des Geschehens zu entwickeln, die Komplexität zu zerlegen, als einen Beobachter mit zu aufwendigen Protokollen zu beauftragen. Die Konsequenz ist jedoch, daß der einzelne Beobachter – ähnlich einem Arbeiter am Fließband – die atomistischen Teile seiner Beobachtung nicht mehr zusammenbringt und dann mit nur geringer Motivation nachlässig aufzeichnet. Dem kann man dadurch entgegenwirken, daß dem Beobachter während der Vorbereitung auf die Untersuchung der Zusammenhang zwischen den Beobachtungsitems und dem Prozeß, der zur Zerlegung führte, erläutert wird.

Abgesehen von spezifischen Apparaten zur Beobachtung sind häufig verwendete *Hilfsmittel* Film, Fotos und Tonband; in der unten erwähnten Studie von Tausch und Mitarbeitern wurde z. B. eine Kamera zur Protokollierung benutzt. Eine ähnliche Aufgabe können Fotos haben, die einen Prozeß durch eine Sequenz von Aufnahmen in gleichen Zeitabständen dokumentieren. Filme wie Fotos bieten die Möglichkeit, die Konstanz des Ortes vorausgesetzt, Situationen nachträglich zu codieren. Sie eignen sich ebenfalls als Material für die vorbereitende Schulung der Beobachter auf das spezifische Beobachtungsfeld.

Tausch und Mitarbeiter haben das Erziehungsverhalten von Lehrern in der Schulklasse und das von Kindergärtnerinnen untersucht und dabei mit Tonbandaufnahmen wie mit Fotos gearbeitet. In einer Studie über Kindergärten (Tausch, Barthel, Fittkau & Hübsch 1968) wurden in 13 Großstadtkindergärten zu drei Zeitpunkten des Tages (Aufräumen, Frühstück, Freispiel) während vier mal zehn Minuten sämtliche Sprachäußerungen zwischen Kindergärtnerinnen und Kindern auf Tonband aufgenommen und zusätzlich innerhalb dieser Beobachtungsintervalle nach einer Zeitstichprobe fotografiert. Die Tonband- und Fotostichproben wurden durch unabhängige Beurteiler auf siebenstufigen Schätzskalen beurteilt, die Kindergärtnerinnen unter anderem nach: Freundlichkeit/Unfreundlichkeit gegenüber den Kindern in der Stimme, nach Förderung der Selbständigkeit/Unselbständigkeit in den Sprachäußerungen, nach geringschätzigen/anerkennenden Äußerungen über Kinder (z. B. Befehle); die Kinder u. a. nach: Zahl der Sprachäußerungen gegenüber der Kindergärtnerin, nach starrem/aufgelockertem Spiel, Unselbständigkeit/Selbständigkeit. Die Korrelation dieser Verhaltensvariablen ergab u. a. eine negative Korrelation zwischen der Häufigkeit, mit der sich die Kinder an die Kindergärtnerin wandten, und der Zahl der spontanen Bewegungen; einen höheren Sprachanteil der Kindergärtnerinnen; eine hohe Zahl von Befehlen (82 % der partnerbezogenen Äußerungen), die von den ebenfalls befragten Kindergärtnerinnen völlig unterschätzt worden war; letztlich, daß je seltener die Kindergärtnerinnen Verhaltensweisen und Ideen der Kinder geringschätzig beurteilten, desto freier und aufgelockerter das Spiel der Kinder war.

Hingewiesen sei noch auf *Formen der Beobachtung, die ohne ein standardisiertes Instrument* darauf gerichtet sind, eine möglichst vollständige Beschreibung von Handlungen oder Beobachtungsfeldern zu geben. Ein gutes Beispiel ist die Studie von BARKER & WRIGHT (1951), in der die Autoren sehr differenziert das Verhalten eines Jungen während eines ganzen Tages beschreiben.

Wo soll beobachtet werden? Mehrere Autoren (z. B. KÖNIG 1967 b, PEAK 1953, WEICK 1968) weisen darauf hin, nicht allein die Schulung und das Instrument in den Mittelpunkt der Methodik der Beobachtung zu stellen, sondern auch die Wahl des angemessenen Beobachtungsfeldes, des «setting». Obgleich sich hierzu kaum Regeln formulieren lassen, stimmen doch beide genannten Autoren in ihrer Antwort gut überein: Die ausgewählten Situationen sollten konstant oder robust sein, so daß man bereits aus der Tatsache der Konstanz auf einen strukturellen Bestandteil individueller oder kollektiver Verhaltensmuster schließen kann. Natürliche Situationen mit diesen Kennzeichen zu finden dürfte nach theoretischer Vorbereitung und Explorationen (z. B. mit teilnehmender Beobachtung) sehr wohl möglich sein. Dazu bedarf es der Analyse der Situation, ihres Stellenwerts in einer Sequenz und in ihrem strukturellen Zusammenhang. Man untersucht nicht nur die Situation oder das Verhalten, sondern fragt zuvor: Unter welchen Bedingungen tritt das Ereignis auf? Warum tritt es auf? Wie oft tritt es auf? Die letzte Frage führt bereits zum wichtigen Problem der Stichprobe bei Beobachtungsstudien.

5.7.5. Erhebungssituation

Viel Aufmerksamkeit ist in der Forschung zur Methode der Beobachtung dem Problem gewidmet worden, welchen Einfluß der Beobachter auf die Beobachteten hat. In allen Fällen, in denen der Beobachter nicht verborgen hinter einem Einwegspiegel sitzt, ist er sichtbar und damit Teil des Beobachtungsfeldes.

Man muß nun zwei Probleme unterscheiden: einerseits das der *Anwesenheit des Beobachters* selbst und andererseits dessen *Nicht-Teilnahme* an den Interaktionen. In der Forschungsliteratur sind nur die reaktiven Effekte der Anwesenheit eines Beobachters oder aber die Auswirkung der Interaktionen eines teilnehmenden Beobachters auf das Feld diskutiert worden. Unberücksichtigt blieb, daß bei Anwesenheit auch die Nicht-Teilnahme

Einflüsse auf das Feld haben kann. Die Anwesenheit ist der niedrigste Grad von Teilnahme und relativ einfach zu erreichen. Schwieriger ist es für den Beobachter, sich den Aufforderungen zur Interaktion zu entziehen, wenn er einmal anwesend ist. Die soziologische Erklärung liegt darin, daß wir «keine verbindlichen Beziehungsmuster oder Rollen für ein Nicht-Mitglied, das ständig anwesend ist, aber niemals teilnimmt«, zur Verfügung haben (Goode & Hatt 1952, S. 122). Wer an einer Straßenkreuzung das Verhalten der Passanten, auf einer Party die Gäste, im Gottesdienst die Gemeinde oder bei einer Demonstration die Teilnehmer beobachtet und protokolliert, braucht zwar seine Anwesenheit nicht zu rechtfertigen, wohl aber seine Nicht-Teilnahme. Die Position ist jeweils im Feld vorgegeben und leicht einnehmbar; mit ihr sind jedoch jeweils unterschiedlich starke Erwartungen zur Teilnahme verbunden, Rollenverpflichtungen, denen man sich nicht entziehen kann, ohne sich den kritischen Fragen der Beobachteten bis hin zum Hinauswurf auszusetzen. Der Beobachter muß mehr oder minder offen seine Beobachtungsziele nennen, um seine Anwesenheit bei Nicht-Teilnahme zu legitimieren. Je nach Gewicht dieses Problems besteht eine unterschiedlich große Wahrscheinlichkeit, daß der Beobachter das Feld verändert.

Die Ergebnisse zeigen nun, daß der Einfluß des anwesenden, aber nichtteilnehmenden Beobachters und seine Verzerrung der Situation um so niedriger ist,

1. je geringer und unspezifischer die Interaktionserwartungen an die Position sind, die der Beobachter einnimmt;
2. je «absorbierender» die Situation für die Beobachteten ist, je mehr sie mit sich beschäftigt sind und den Beobachter vergessen (Straus, zit. nach Weick 1968, S. 375);
3. je besser die Begründung für die Nicht-Teilnahme ist, wobei «besser» sich im allgemeinen an der Plausibilität der Beobachterziele für die Ziele und Interessen der Beobachteten bemißt.

Unter den genannten Bedingungen dürfte der Einfluß des Beobachters auf eine kurze Anfangsphase der Beobachtung beschränkt bleiben.

Selbst eine frontale Beobachtung braucht keinen Einfluß zu haben: Der Verfasser ließ über ein Semester in einem zweistündigen Universitätsseminar die 70 Teilnehmer von fünf anderen Teilnehmern beobachten, um einige hochschuldidaktische Hypothesen zur Organisation von Lehrveranstaltungen zu prüfen. Bei dieser Studie und einer Folge-Studie von Lüdtke erfolgte die Beobachtung offen und mit Ankündigung bei den Teilnehmern. Effekte ließen sich (durch Befragung der Beobachter und der Teilnehmer) nicht feststellen. In einer anderen Studie (Friedrichs 1970) wurden 25 Teilnehmer einer Tagung (junge Verwaltungsangestellte) bei einer zweieinhalbstündigen Diskussion beobachtet. Die beiden Beobachter saßen vor dem offenen Ende der hufeisenförmig angeordneten Teilnehmer-Sitzplätze. Die Tatsache, daß zwei Personen das Plenum beobachteten und an der

Diskussion nicht teilnahmen, war erkennbar für alle; daß beobachtet wurde, war jedoch nicht vorher mitgeteilt worden. Vor der gemeinsamen Besprechung der Beobachtungsergebnisse im Anschluß an die Diskussion wurde gefragt, ob die Teilnehmer sich beobachtet und beeinflußt gefühlt hätten. Kein Teilnehmer bejahte dies, was dafür spricht, daß auch eine offene Beobachtung ohne Beeinflussung möglich ist, – sofern man dieser groben Reliabilitäts-Prüfung trauen kann. Offenbar handelt es sich hierbei um eine absorbierende Situation: Die Teilnehmer diskutierten über persönliche und gesellschaftliche Probleme der Sexualität.

Auch noch in der Erhebungssituation bleibt die Fehlerhaftigkeit der Beobachtung und Aufzeichnung problematisch. CAMPBELL (1958) hat sehr eingehend die systematischen Fehler des Beobachters dargestellt, darunter: Verkürzung des Ereignisses; Tendenz, extreme Verhaltensweisen zu den mittleren hin zu verschieben; im Verlauf der Beobachtung den Maßstab der Beurteilung zu verändern, indem jeweils kurz vorher wahrgenommene Ereignisse als Maßstab für die wenig späteren genommen werden anstelle eines konstanten Mittelpunkts. Das ständige Problem ist, daß der Beobachter – im Gegensatz z. B. zu einem Apparat – auch eine zerstückelte Verhaltenssequenz oder unverständliche bzw. widersprüchliche Elemente einer Situation nicht so unverbunden und gestört beschreibt, wie er sie vorfindet, sondern durch Interpretationen in einen sinnvollen Zusammenhang zu bringen sucht. Er schafft auch dort Ordnung, Zusammenhang und Sinn, wo ursprünglich keiner oder zumindest in dieser Form keiner bestand (CAMPBELL 1958, S. 341). Eine ausführliche Diskussion dieser Fehler geben CRANACH & FRENZ (1969, S. 280–284).

Hinzu kommt, daß auch das Befinden des Beobachters, seine Motivation, Angst oder Hunger die Wahrnehmung beeinflussen. Ihn mit den Absichten der Studie vertraut zu machen, soweit dies nicht wiederum seine Beobachtung beeinflußt, ist daher ein ebenso wichtiges Element der Zuverlässigkeit seiner Beobachtungen in der Erhebungssituation wie zuvor die Schulung und das Beobachtungsschema.

5.7.6. Stichprobe

Bei allen Verfahren der Beobachtung müssen kompliziertere Auswahlpläne für die Stichprobe gewählt werden als bei der Befragung. Die stichprobentheoretischen Möglichkeiten und Schwierigkeiten der Beobachtung sind wohl nur mit der Methode der Inhaltsanalyse vergleichbar. In Erweiterung des Katalogs von CRANACH & FRENZ (1969, S. 294) können folgende Elemente einem Auswahlverfahren unterliegen:

1. Das oder die Beobachtungsobjekt(e) aus der Klasse gleicher Objekte (z. B. Betrieb, Krankenhaus, Schulklasse)
2. Zeitpunkt der Beobachtung

3. Dauer der Beobachtung
4. Zahl der Beobachtungsintervalle
5. Dauer der Beobachtungsintervalle (möglichst konstant halten)
6. Beobachtungseinheiten
7. Art des Verhaltens, gegebenenfalls der Teile des Verhaltens
8. Personen.

Je nach Hypothesen der Studie wird man versuchen müssen, für einige der relevanten Elemente eine Zufallsstichprobe zu ziehen. Die Komplikation liegt nun weniger in den entsprechenden mathematisch-statistischen Modellen als vielmehr darin, jeweils die Grundgesamtheit zu bestimmen. Dabei tritt das (in Abschn. 3.4.1 ausführlich behandelte) Problem auf, welches die Erhebungs-, Untersuchungs- und Aussageeinheiten der geplanten Studie sein sollen. Das, worauf sich die Beobachtung richtet, die *Beobachtungseinheit*, können Personen, Räume, Zeitpunkte, Gruppen, Interaktionen und vieles andere mehr sein. Nicht immer ist es möglich, die Beobachtungseinheit auch als Erhebungseinheit und somit als Element der Stichprobe zu wählen.

Ein Beispiel für dieses Problem gibt REISS (1971, S. 7), wenn er die Frage diskutiert, ob die Methode der Beobachtung auch seltene Ereignisse ermitteln könne, ohne sie in künstlichen Situationen erst hervorzurufen. Solche seltenen oder verborgenen Ereignisse sind z. B. Übergriffe von Polizisten gegenüber Bürgern. In der umfangreichen teilnehmenden Beobachtung von Polizeieinsätzen, die REISS und seine Mitarbeiter durchführten, konnten 36 Beobachter in zwei Monaten à acht Stunden täglichem Dienst bei 37 Einsätzen unzulässige Gewaltanwendung der Polizisten beobachten. Das zeigt zweierlei: 1. Auch als selten oder als unzugänglich geltende Ereignisse lassen sich bei systematischer Anlage einer Studie beobachten; 2. nicht das seltene Ereignis ist die Beobachtungseinheit, sondern entweder eine allgemeine Klasse von Ereignissen, der die seltenen zugehören, oder bestimmte Zeitabschnitte, in denen beobachtet wird.

Da Beobachtungen sich immer auf Prozesse in der Zeit beziehen, zudem immer einen räumlichen Bezug haben, an einem oder mehreren Orten stattfinden, sind Zeit und Raum die allgemeinsten Bezugsrahmen. Sie stellen auch mögliche Grundgesamtheiten dar, aus denen eine Stichprobe gezogen werden kann. Insbesondere auf Zeitstichproben ist häufig hingewiesen worden (z. B. ARRINGTON 1937, WEBB et al. 1966, S. 134–137).

Bei der Festlegung der Zeitstichprobe geht es um 1. die Zeitpunkte: Jahr, Jahreszeit, Monat, Tag, Tageszeit, Stunde. Im Feld wird zu einem oder mehreren *Zeitpunkten* beobachtet: welche Stichprobe aus dem «Lebenslauf» des Feldes stellen diese Zeitpunkte dar, z. B. jene Monate, in denen REISS Polizeieinsätze oder TAUSCH Kindergärten beachteten? 2. Elemente: Welche Stichprobe soll innerhalb des gewählten Zeitraums gezogen werden? Wie viele Beobachtungsintervalle sind erforderlich? 3. Beobachtungsintervall: Wie lang soll das einzelne Intervall sein?

Diese Dreistufigkeit der Auswahl gilt analog für Raum-Stichproben. Auf beide, wie aber auch auf andere Beobachtungseinheiten, für die die Grundgesamtheit und die Elemente angebbar sind, lassen sich die Verfahren der Stichprobentheorie anwenden, die in Abschn. 3.4 dargestellt wurden. Hilfen für Auswahlverfahren bei unvollständigen statistischen Bezugsrahmen und Grundgesamtheiten gibt KISH (1965, Kap. 11).

In den Zusammenhang der Stichprobe gehört die Vollständigkeit des Codes für jedes Beobachtungsitem. Analog zum Fragebogen-Code muß zwischen «vergessen zu beobachten», «nicht beobachtet» (kein Ereignis eingetreten) und gegebenenfalls «trifft nicht zu» unterschieden werden. Nur dann ist bei der Auswertung eine vollständige Datenmatrix gegeben, die es erlaubt, auch die Ausfälle pro Beobachtungsitem zu berechnen.

5.7.7. Pretest

Ein Pretest ist bei jeder Studie mit einem Beobachtungsverfahren unerläßlich. Aufgrund seiner Ergebnisse muß geprüft werden, ob man «typische oder seltene Situationen» (SJOBERG & NETT 1968, S. 164) beobachtet, welchen Stellenwert die zugänglichen Situationen im Feld und zur Prüfung der Hypothesen haben. Er bezieht sich weiter auf die Art der Beobachtung, vor allem auf die Position des Beobachters. Auch Zeitpunkt, Zahl und Dauer der Beobachtungsintervalle können sich als unangemessen erweisen. Im Pretest sollten schließlich das Schema und die Fähigkeiten der Beobachter, hiermit wahrzunehmen, geprüft werden. Fast immer führt ein Pretest zur Revision des Schemas und fast immer zu weiterer Schulung der Beobachter.

Übersicht 32: *Aufgaben des Pretests bei einer Beobachtung*

Umfang:	Einprozentige Stichprobe der geplanten Stichprobe von Personen, Situationen o. a.
Legitimation:	Je nach Problem Einverständnis der Betroffenen durch mündliche oder schriftliche Darlegung der Untersuchungsziele (ohne damit das Verhalten zu beeinflussen).
Erhebungssituation:	Beobachterstandort günstig? Verzerrungen durch Beobachter? Zu hohe Künstlichkeit bei Laborbeobachtungen? Angemessenheit der Situation bei Hypothesenprüfung?
Rollen:	Position für Anwesenheit im Feld gegeben? Konsequenzen der Nichtteilnahme? (s. Legitimation)
Instrument:	Zuordnung zu Kategorien möglich? Kategorien ausreichend? Vollständigkeit der beabsichtigten Beobachtung möglich? Läuft Geschehen zu rasch ab? Ist Beobachtungsschema praktikabel? Film- oder Tonbandaufnahmen sinnvoll und möglich?

Stichprobe: Zeitpunkt richtig? Zahl und Länge der Beobachtungsintervalle richtig? Ausfallquote? Störfaktoren (z. B. Wetter, andere Personen)?

Kontrollen: Beobachtungen durch andere Beobachter wiederholen. Wenn möglich, Abläufe filmen und auf Tonband festhalten.

5.7.8. Fehlerquellen

Die Fehlerquellen bei der Beobachtung liegen beim Beobachter, dem Instrument und der Situation.

Um die Fehler des Beobachters zu verringern, ist eine Schulung unerläßlich. Erinnert sei an den Fall, verbalem Verhalten und/oder einzelnen Personen überproportionale Beachtung zu schenken. Die Schulung kann erweitert werden durch semantische Analysen wichtiger Begriffe mit Hilfe von Polaritätsprofilen und Untersuchungen über die Einstellung der Beobachter zu den beobachteten Problemen vor, während und nach der Beobachtung. Das beste Verfahren ist indessen noch immer, Reliabilitäts-Prüfungen durch gleichzeitige Beobachtung von mehreren Beobachtungen und randomisierte Beobachtungspläne (z. B. zufällige Zuweisung der Beobachter zu den einzelnen Beobachtungsintervallen) vorzunehmen.

Die Beobachtungen werden genauer, wenn man einige Ergebnisse aus Experimenten der Psychophysik berücksichtigt (Heyns & Lippitt 1964, S. 400):

1. Wenn die Bedingungen gut sind, ist der Mensch eher zu ordinalen Urteilen (d. h. «größer – kleiner», «näher – weiter») als zu solchen auf einer absoluten subjektiven Skala fähig.
2. Ordinale Urteile fallen leichter und werden genauer, wenn nur jeweils zwei Personen zu beurteilen sind.
3. Sie werden noch genauer, wenn beide Personen in Zeit und Raum nahe beieinander sind.
4. Sie werden noch genauer, wenn die Objekte in vielem übereinstimmen und sich nur in dem zu beurteilenden Merkmal unterscheiden.

Mit zunehmender Dauer der Beobachtung treten beim Beobachter mehr Fehler auf.

Das Instrument ist eine Fehlerquelle, wenn nur ein Teil der Beobachtungsitems zutrifft und die Beobachter daraufhin versuchen, möglichst viele Ereignisse den Items zuzuordnen, um gut ausgefüllte Protokolle zu liefern. Die Kategorien der Items können zu differenziert oder unvollständig sein, was eine geringe Reliabilität zur Folge hat.

Schließlich birgt die Situation selbst eine Fehlerquelle; Weick (1968, S. 404) hält die Instabilität des Verhaltens der Beobachteten für eine größere Fehlerquelle als die Beobachterfehler. Daher ist die Reliabilität von

Beobachtungen ein mehrdimensionales Problem (DUNETTE, zit. nach WEICK 1968, S. 404): a) ungleiche Beobachtungsstichproben durch verschiedene Beobachter (jeder achtet auf etwas anderes); b) unsystematische Codierung aufgrund von unklaren Beobachtungskategorien; c) Veränderungen der Situation während des Beobachtungszeitraums; d) Veränderung der beobachteten Personen. WEICK schlägt vier Verfahren zur Reliabilitätsmessung der unterschiedlichen Probleme vor (in Klammern die jeweiligen Fehlerquellen):

1. Vergleich der Beobachtungen des gleichen Ereignisses durch zwei Beobachter (c + d).
2. Vergleich der Beobachtungen ähnlicher Ereignisse zu zwei Zeitpunkten von einem Beobachter (a).
3. Vergleich der Beobachtungen eines Ereignisses zu zwei Zeitpunkten durch zwei Beobachter (a–d).
4. Vergleich der Beobachtungen eines Beobachters eines Ereignisses, der internen Konsistenz seiner Codierung (d).

Alle vier Vergleiche werden sich kaum in einer Studie durchführen lassen; möglichst viele von ihnen sollten jedoch angestellt werden, wobei Vergleich (3) am ehesten vernachlässigt werden kann.

Um die Validität der Beobachtungsergebnisse zu prüfen, sind übereinstimmend von vielen Autoren multiple Messungen vorgeschlagen worden: Ein Verhalten wird durch unabhängige Messungen auf mehreren Skalen oder durch verschiedene Methoden (z. B. Beobachtung und Befragung) gemessen.

5.8. TEILNEHMENDE BEOBACHTUNG

5.8.1. Voraussetzungen

Die teilnehmende Beobachtung ist die geplante Wahrnehmung des Verhaltens von Personen in ihrer natürlichen Umgebung durch einen Beobachter, der an den Interaktionen teilnimmt und von den anderen Personen als Teil ihres Handlungsfeldes angesehen wird. Diese Definition berücksichtigt nicht die *Intensität* der Teilnahme, die von Feld zu Feld wie innerhalb der Phasen einer Beobachtungsstudie schwanken kann. Sie setzt voraus, daß die anderen Personen den Beobachter als Teilnehmer erkennen, läßt jedoch offen, in welchem Maße der Beobachter seine Ziele zu erkennen gibt. Die Beobachtung ist *geplant*, weil nicht alle Interaktionen, sondern nur die für die Untersuchungsziele bedeutsamen Teile des Verhaltens protokolliert werden. Mit zunehmender Standardisierung des Vorgehens bezieht sich die Planung auch auf das Ausmaß der Teilnahme und die mögliche Position im Feld.

Hieraus lassen sich einige wichtige Voraussetzungen der teilnehmenden Beobachtung ableiten:

1. Das Beobachtungsfeld muß dem Beobachter zugänglich sein: Auf einem Kinderspielplatz teilnehmend zu beobachten ist einfach, die Beobachtung in einem Betrieb setzt das Einverständnis zahlreicher Ebenen der Organisation voraus, eine Freimaurerloge von innen zu untersuchen erfordert, Mitglied zu werden.
2. Es muß im Feld eine Rolle geben, die der Beobachter einnehmen kann, ohne die gewöhnlichen Interaktionen zu stören oder gar durch seine Rolle erst zu erzeugen.
3. Um die selektive Perzeption des Beobachters zu verringern, bedarf es der Schulung. Sie hat das Ziel, ihn mit den Kategorien des Beobachtungsschemas gelenkt wahrnehmen zu lassen.
4. Doppelrolle des Beobachters: Die doppelte gleichzeitige Anforderung von Teilnahme *und* Distanz birgt einen unter Umständen ständig vorhandenen latenten Konflikt für den Beobachter; er sollte daher lernen, mit diesem Konflikt umzugehen. Eine Supervision während der Tätigkeit im Feld ist aus diesen Gründen ethisch wie methodisch unabdingbar.
5. Eine ethische Rechtfertigung des Vorhabens. Der Beobachter ist weder ein Voyeur noch ein Spion, seine Arbeit geschieht für die Betroffenen (vgl. Abschn. 1.5).

Die teilnehmende Beobachtung bietet den Vorteil, Interaktionen in komplexen Handlungsfeldern beobachten zu können. Der Beobachter ist keine «bewegliche Kamera», sondern ein Teilnehmer, der das Verhalten verfolgen, begleiten und in seinen Kontexten nach vorgegebenen Kategorien registrieren kann. In zahlreichen Beobachtungsfeldern wäre es völlig unmöglich, ständig mit einer Kamera zu arbeiten, dadurch die Situationen zu verzerren und die Betroffenen jeder Anonymität zu berauben. Der unvoreingenommene Beobachter soll ein (systematisierbares) Verständnis für die Lebensweise, die Verhaltensformen und deren Begründung durch die Akteure gewinnen.

Die grundsätzlichen Probleme der teilnehmenden Beobachtung resultieren aus der Verwirklichung dieser Vorteile. In einem Satz zusammengefaßt lauten sie: *die Selektivität jeder Beobachtung durch eine Standardisierung der Beobachtungsinhalte weitgehend zu verringern, ohne damit den Rollenerwartungen und Interaktionsverpflichtungen des Beobachters im Feld ein solches Maß an Restriktionen aufzuerlegen, daß er ständig in Rollenkonflikte gerät.* In der teilnehmenden Beobachtung treten die schon bei der Beobachtung genannten Probleme in viel schärferer Form auf, nicht zuletzt, weil man sich von einer teilnehmenden Beobachtung breitere Ergebnisse, besonders viele Aufschlüsse erhofft. Es sollen zahlreiche Variablen in komplexen Beziehungen mit den möglichen Veränderungen in der Zeit untersucht werden.

Methodologisch und praktisch ist das ein unerfüllbares Programm innerhalb einer Studie, wenn die Ergebnisse ein Mindestmaß an Zuverlässigkeit und Gültigkeit beanspruchen sollen. Diesem Dilemma entspricht die *Kontroverse:* wenige exakte Beobachtungen bei Reichtum des Materials kontra Exaktheit bei Beschränkung auf wenige Beobachtungsitems. Während sich der erste Forscher der Kritik aussetzt, er könne bei seinen

Ergebnissen wenig sagen über deren Stellenwert, die Häufigkeitsverteilung und die Grundgesamtheit, auf die hin generalisiert werden soll, hält man dem zweiten vor, er habe das Beste verpaßt und hätte viel mehr sehen können.

Zweifellos ist eine Entscheidung für eine der beiden Alternativen vom Forschungsziel abhängig, davon, ob man z. B. eine explorative oder deskriptive Untersuchung der Kommunikationsprozesse in einem Betrieb beabsichtigt oder ob man Hypothesen über die Diskriminierung von Gastarbeitern am Arbeitsplatz prüfen will. Diese Unterscheidung gilt indessen für alle Methoden und löst noch nicht das spezifische Problem, ob die teilnehmende Beobachtung bei einer Standardisierung ihre Vorteile verliert. Der Stand der Forschungsliteratur der letzten Jahre zeigt deutlich, daß eine Standardisierung erforderlich ist, um die Schwächen selektiver Beobachtung und die Unkontrollierbarkeit nichtstandardisierter Beobachtungsergebnisse zu überwinden (vgl. z. B. die Beiträge in dem Band von McCall & Simmons 1969). Wo der Stellenwert einzelner Ereignisse nicht angebbar und die Häufigkeitsverteilungen der Ereignisse keinem Bezugsrahmen zuordbar sind, kann man alles belegen, auch wenn die Selektion vom Forscher nicht beabsichtigt ist. Die Position einer standardisierten teilnehmenden Beobachtung ist ausführlicher begründet bei Friedrichs & Lüdtke (1973); für die Standardisierung sprechen auch die neueren Forschungen, die diesen Anforderungen recht nahekommen.

Die folgende Darstellung bezieht sich auf die *standardisierte teilnehmende Beobachtung*, die neben der Standardisierung durch die Trennung von Forscher(n) und Beobachtern gekennzeichnet ist. Die methodologischen Gründe für eine solche Trennung sind die gleichen, die bereits bei der nicht-teilnehmenden Beobachtung aufgeführt wurden.

5.8.2. Anwendung

Wo man sich nicht auf erfragtes Verhalten oder einer Sekundäranalyse zugängliche Dokumente stützen kann und eine Erhebung nur unter der Bedingung möglich ist, daß man an den Interaktionen von Personen partizipiert, ihren Tageslauf teilt und ihre Interpretationen berücksichtigt, ist die teilnehmende Beobachtung eine wichtige Methode der Sozialforschung. Seit den Anfängen in der kulturanthropologischen Forschung ist sie vor allem in Studien von Gemeinden oder Stadtteilen, von Organisationen (z. B. Betrieb, Krankenhaus, Strafanstalt, Militär, Jugendfreizeitheim) angewendet worden. Daneben bilden Studien zum Verhältnis von Devianz und Konformität in einer Gesellschaft einen wichtigen Anwendungsbereich der Methode: Untersuchungen über abweichendes Verhalten resp. die Struktur von Subkulturen, wie Polizeieinsätze, Gangs, Homosexuelle, Nudisten, Landstreicher (vgl. die Sammelwerke von Douglas 1970 und Friedrichs 1973).

Eine ausführliche Darstellung der bisherigen Forschungen und möglicher Untersuchungsfelder geben FRIEDRICHS & LÜDTKE (1973, Abschn. 12, Anhang).

5.8.3. Vorgehen

Da die standardisierte teilnehmende Beobachtung in vieler Hinsicht ähnliche Probleme aufwirft, wie sie schon bei der Methode der nichtteilnehmenden Beobachtung behandelt wurden, sei hier nur auf spezielle Schwierigkeiten eingegangen. Diese variieren mit der Intensität der Teilnahme. Die Teilnahme ist ja ein Kontinuum, das je nach Untersuchung wie innerhalb einer Untersuchung von «sehr aktiv» bis hin zu «eher passiv» reicht (vgl. hierzu ATTESLANDER u. a. 1969, S. 139 ff., GOLD 1969, SCHWARTZ & SCHWARTZ 1955).

Indikatoren: Wenn man davon ausgeht, daß mit zunehmender Teilnahme des Beobachters auch tendenziell seine Konzentration auf Teile des Geschehens geringer wird, resultiert daraus methodologisch, bei der Anlage des Hypothesenkataloges unterschiedliche Operationalisierungen der Variablen vorzunehmen und mit mehreren unabhängigen Messungen durch verschiedene Indikatoren und/oder Meßinstrumente zu arbeiten, um die Reliabilität und Validität zu erhöhen (vgl. auch BECKER 1969).

Ein Beispiel: In einer Studie auf Kinderspielplätzen sollte die Hypothese geprüft werden, auf Unterschicht-Spielplätzen sei die soziale Kontrolle der Kinder durch Erwachsene höher als auf Mittelschicht-Spielplätzen. Für die Variable «soziale Kontrolle» wurden folgende Indikatoren verwendet: räumliche Distanz der Erwachsenen zu den Kindern, Blickkontakt zu Kindern kontra Zeitungslesen/Gespräch mit Nachbarn, Dauer des Blickkontaktes/Nicht-Kontaktes, Eingriff in das Spiel der Kinder bei Konflikten untereinander. Eine genauere Analyse dieses Beispiels zeigt, daß es sich auch hier strenggenommen nicht um Operationalisierungen handelt, sondern im Sinne der Ausführungen im Abschn. 2.3 um interdependente implizite Hypothesen zu einem Sachverhalt, der mit dem Begriff «soziale Kontrolle» nur umschrieben wird.

Bei einer nichtstandardisierten teilnehmenden Beobachtung geschieht die Formulierung der Hypothesen während der Erhebung selbst. Es ist ein Prozeß analytischer Induktion (DENZIN 1970, S. 194 ff.; vgl. CLASTER & SCHWARTZ 1972, S. 87 ff.), in dem schrittweise aufgrund der ersten Eindrücke das Feld durch den Forscher (der in diesen Studien auch der Beobachter ist) strukturiert wird. Je weiter er so zur Formulierung von Hypothesen gelangt, desto systematischer wird auch seine weitere Beobachtung. GEER (1969, S. 157) beschreibt ihr Vorgehen als dreistufig:

1. Formulierung von Ja-Nein-Aussagen: «Alle Personen zeigten das Verhalten x», «keine Person zeigte das Verhalten y».
2. Prüfung der letztgenannten Art von Aussagen auf Gegenevidenz; sobald ein Fall dem widerspricht, wird die Hypothese modifiziert.
3. Formulierung von differenzierten Hypothesen unter Angabe der Bedingungen ihrer Geltung, Suche nach Situationen, in denen durch Beobachtung die Hypothesen überprüft werden können.

Beobachtungseinheit: CRANACH & FRENZ (1969, S. 286 ff.) kommen in ihrem Beitrag aufgrund einer Analyse der Literatur zu dem Schluß, unter Beobachtungseinheit werde von den meisten Autoren «derjenige Bestandteil in einem Verhaltensablauf bezeichnet, der dem Untersucher als kleinstes, nicht reduzierbares Ereignis zur Analyse des Verhaltens notwendig erscheint». Im Gegensatz dazu wird hier – wie bereits im vorangegangenen Kapitel – die kleinste Einheit als Beobachtungs*kategorie* bezeichnet; unter Beobachtungseinheit wird hingegen die durch das Forschungsziel bestimmte Untersuchungseinheit der Studie verstanden, die, wie KÖNIG (1967 b, S. 120) betont, nicht notwendig direkt vorgefunden wird, sondern erst festgelegt werden muß. Am ehesten eignen sich hierzu Personen, Interaktionen/Verhalten oder Situationen.

In den Studien über Ladendiebstähle (BLANKENBURG 1973) oder das Verhalten Homosexueller (HUMPHREYS 1970, 1973) sind die Beobachtungseinheiten «Personen», in den teilnehmenden Beobachtungen im Gerichtssaal (z. B. SCHUMANN & WINTER 1973) oder über die Street Corner Society (WHYTE 1961) ist die Beobachtungseinheit «Verhalten», in den Studien über Polizeieinsätze (FEEST 1973), Sozialisation im Militär (TREIBER 1973) oder in einer Sonderanstalt des Strafvollzugs (FRIEDRICHS u. a. 1973) sind es «Situationen». Von besonderer Bedeutung erscheinen dabei Situationen, weil sie gleichzeitig als Beobachtungs- und als Erhebungseinheit dienen können.

Situationen sind räumlich-zeitliche Einheiten. Jede der beiden Dimensionen hat eine Ausdehnung: 1. der Raum als Fläche, auf der sich z. B. räumliche Distanzen von Personen als Indikator ihrer sozialen und affektiven Beziehungen messen lassen(LITTLE 1965, MEHRABIAN 1969, STEINZOR 1950) oder die Territorialität ihres Verhaltens mit anderen Variablen korrelieren läßt (vgl. z. B. LYMAN & SCOTT 1967, SOMMER 1967, SOMMER & BECKER 1969); 2. die Zeit als Dauer, in der z. B. einzelne Interaktionen ablaufen.

ESSER (1969) hat in seiner Studie (nichtteilnehmende Beobachtung) in einer psychiatrischen Anstalt den Fußboden in allen Fluren durch kaum sichtbare Kreidestriche in gleich große Flächen aufgeteilt und so u. a. festgestellt, daß Patienten, die in der Machtstruktur einen oberen Rang einnahmen, kein Territorium beanspruchten, während wenig dominante Personen dazu neigten, ein Territorium zu besetzen und aggressiv auf Verletzungen dieses Gebietes zu reagieren.

Übersicht 33: *Beobachtungseinheiten (Situationen) der Untersuchung «Sonderanstalt des Strafvollzuges»* (FRIEDRICHS u. a. 1973)

Ort \ Zeit		6.00 – 6.29	6.30 – 6.59	7.00 – 11.29	11.30 – 11.59	12.00 – 12.29	12.30 – 12.59	13.00 – 16.29	16.30 – 16.59	17.00 – 17.29	17.30 – 20.14	20.15 – ca. 22.00
Zelle			**7**	**14**	**26**	**39**	**50**	**61**	**73**	**85**	**97**	**108**
I Arbeitsraum				**15**	**27**			**62**	**74**	86		
II Arbeitsraum				16	28			63	75	87		
Kasino					**29**	40	51					
Halle		1	8	17	30	41	52	64	76	88	98	109
Zentrale		2	9	18	31	42	53	65	77	89	99	110
Flure	A	3	10	19	32	43	54	66	78	90	100	
	B	4	11	**20**	33	**44**	55	67	79	91	101	
	C	5	12	21	34	45	56	68	80	92	102	
Höfe	Garten			22	**35**	**46**	**57**	69	81	93	103	
	Sport			23	36	47	58	70	82	94	104	
Küche		**6**	**13**	**24**	**37**	**48**	**59**	**71**	**83**	**95**	**105**	
Tischtennisraum				25	**38**	**49**	**60**	72	**84**	**96**	106	
Freizeitraum											**107**	**111**

7 = besonders wichtig

Besonders gut eignet sich die Situation als Beobachtungseinheit in Organisationen, insbesondere in totalen Institutionen, in denen sowohl der Tageslauf festgelegt wie die Zahl der Räume begrenzt sind. Es kann dann eine Matrix aus beiden Dimensionen erstellt werden, die die möglichen Situationen ergibt. Als Beispiel mag die in Übersicht 33 gegebene Matrix der Situationen in der Sonderanstalt dienen. Die dort aufgeführten Situationen lassen sich dann nochmals zeitlich differenzieren; sie bilden zunächst jedoch eine gute Basis als Grundgesamtheit, aus der eine einfache Zufallsstichprobe gezogen werden kann.

Beobachtungsschema: Das Beobachtungsschema ist ein die Perzeption lenkender Protokollbogen. In ihm ist angegeben, was und wie zu beobachten ist: die Beobachtungseinheiten, die Beobachtungsitems und die Beobachtungskategorien. Bei der Aufzeichnung der Beobachtungen treten nun zwei Schwierigkeiten auf:
1. Die Anlage des Instruments,
2. Zeitpunkt und Möglichkeiten der Aufzeichnung.

Eine Analyse der Instrumente, die über das im parallelen Abschnitt bei der Beobachtung Gesagte hinausgeht, ist gegenwärtig nur sehr unvollkommen möglich, da von den wenigen Untersuchungen, in denen die Forscher mit einem Beobachtungsschema gearbeitet haben, nur wenige ihre Instrumente zusammen mit den Ergebnissen publizieren. Da es die Besonderheiten der teilnehmenden Beobachtung aber kaum zulassen, Beobachtungsschemata der nichtteilnehmenden Beobachtung unverändert zu übernehmen, wäre die Publikation gerade erforderlich.

Nach den vorliegenden Erfahrungen zeichneten sich zwei Arten von Instrumenten ab: *Typ 1:* ein sehr genaues, auf einzelne Interaktionen und Teile des Verhaltens gerichtetes Instrument, nur wenige Dimensionen des Beobachtungsfeldes erfassend, das dem Beobachter wenig Interpretationen abverlangt. Ein Beispiel hierfür ist das Beobachtungsschema, das wir bei der Untersuchung in einer Sonderanstalt des Hamburger Strafvollzugs verwendet haben (Friedrichs, Dehm, Giegler, Schäfer & Wurm 1973). Es wird in Abbildung 8 wiedergegeben. Auch das von Atteslander u. a. (1969, S. 148–154) entwickelte «Interaktiogramm» zur Analyse von Interaktionen in Betrieben gehört zu diesem Typ. Weitere Beispiele für Schemata dieser Art sind im Anhang bei Friedrichs & Lüdtke (1973) sowie in den Aufsätzen in Friedrichs (1973) abgedruckt.

Typ 2 entspricht eher dem, was an anderer Stelle als «Fragebogen an die Realität» bezeichnet wurde: Der Beobachter beantwortet ein Schema, das aufgebaut ist wie ein Fragebogen. Es enthält etwas komplexere Fragen und Antwortvorgaben, die viele Dimensionen des Feldes erfassen können, dafür dem Beobachter mehr Spielraum für Interpretationen lassen. Ein solches Schema haben Schumann & Winter (1973) bei ihrer Studie über die Auswirkungen unterschiedlichen Verbalverhaltens in Hauptverhandlungen des Gerichts verwendet. Noch stärker entspricht diesem Typ das Beobachtungsschema von Reiss (1967, 1968; sowie Black 1970). Ein Ausschnitt ist in Abbildung 9 abgedruckt. Reiss und Mitarbeiter hatten in ihrer Untersuchung über Polizeieinsätze insgesamt vier Schemata verwendet, z. B. für Routinefahrten der Polizei oder für Einsätze infolge eines Anrufes im Revier. Jedes umfaßt etwa 50 Beobachtungsitems. Verhaltensbezogen formulierte und vor allem geschickt angeordnete Fragen helfen dem Beobachter, sich die Handlungsabläufe zu vergegenwärtigen und sich auf diese Weise an schon vergessen geglaubte Einzelheiten zu erinnern. Der Aufbau des Schemas folgt abschnittsweise auch den möglichen Verläufen im Feld; seine Konstruktion verlangt deshalb einen Pretest, in dem besonders auf Sequenzen geachtet werden muß.

Beide Arten von Schemata unterscheiden sich nicht sehr stark, aber doch so, um bestimmte Vorzüge und Nachteile aufzuweisen. Auch deuten die Beispiele eher die Richtung der hier entwickelten Typologie an, statt bereits die beiden Typen völlig zu repräsentieren. Die Entscheidung für einen der beiden Typen von Beobachtungsinstrumenten hängt vom Forschungsplan ab, mehr aber noch von dem zweiten, obengenannten Kriterium des Zeitpunktes und der Möglichkeiten zur Aufzeichnung. Typ 1 erfordert eine rasche Aufzeichnung während oder unmittelbar nach den Beobachtungen. Typ 2 eignet sich eher, wenn die Aufzeichnung nicht oder nur zum Teil im Feld erfolgen kann, sondern erst am Abend oder nächsten Tag, da der Code aus abstrakteren Kategorien besteht. Demzufolge kann man die Wahl zwischen beiden Instrumenten erst treffen, wenn bekannt ist, welche Möglichkeiten der Aufzeichnungen im Feld bestehen. Bei der teilnehmenden Beobachtung im Gerichtssaal in der Rolle des Zuschauers ist von der Publikumsbank aus leicht zu protokollieren (z. B. Milewski 1971, Schumann & Winter 1973), in der Rolle des Gerichtsassessors, der an den Beratungen teilnimmt, hingegen nur nachträglich (Lautmann 1963).

In unseren Studien mit Beobachtungsschemata des Typs 1 war es leicht, den Anforderungen bei der Beobachtung auf Kinderspielplätzen gerecht zu werden, nicht jedoch bei der Untersuchung in der Sonderanstalt. Hier traten gehäuft alle jene *Schwierigkeiten* der teilnehmenden Beobachtungen mit hohem Partizipationsgrad auf:

1. *Ungestörtheit:* Der Beobachter ist selten allein;
2. *Raum:* Er hat keinen Raum, in dem er sein Material lagern und die Protokolle zwischendurch ausfüllen kann;
3. *Komplexität:* Die Komplexität der Interaktionen erschwert ihm die Konzentration auf die vorgegebenen Beobachtungsitems und -kategorien;
4. *Interaktion:* Die Interaktionssequenzen können vom Beobachter nicht willkürlich abgebrochen werden; er muß auf einen geeigneten Zeitpunkt warten, um Notizen zu machen.

Leichter fällt die Protokollierung, wenn nur wenige Elemente des Geschehens zu beobachten sind und die Partizipationsverpflichtung niedrig ist. So konnte Melbin

(1954) seine Beobachtungen im Warenhaus auf sechs Beobachtungsitems beschränken: Art des Gesprächpartners, Thema, Zeitpunkt, Ort und Dauer des Gesprächs, Bedingungen, unter denen das Gespräch stattfand. Diese Informationen ließen sich mühelos für jedes Vorkommen auf einer kleinen Karte unterbringen.

Das *Format* des Beobachtungsschemas kann demnach eine Möglichkeit bieten, noch in der Situation zu protokollieren. Für die Möglichkeit der Protokollierung wichtiger ist die *Legitimation* des Forschungsvorhabens. Wird sie von den Betroffenen akzeptiert, so dürfte z. B. auch bei Beobachtungen am Arbeitsplatz ein offenes Protokollieren möglich sein.

Zur Ergänzung der standardisierten Aufzeichnungen verwendet man am besten ein *Tagebuch*, in das die Beobachter ihnen wichtig erscheinende Vorfälle notieren. Diese Notizen können Aufschlüsse über die tatsächliche Brauchbarkeit des Beobachtungsinstruments geben, z. B. durch Hinweise auf nicht im Schema berücksichtigte Prozesse im Feld. Das Tagebuch dient darüber hinaus dazu, die Erfahrungen des Beobachters in seiner Rolle, sein Selbstverständnis und die Veränderungen dieses Selbstverständnisses im Verlauf des Aufenthalts im Feld festzuhalten. Bereits BECKER (1969) hatte gefordert, der Beobachter möge nicht nur die Beobachtungen publizieren, sondern auch die «natural history», das Zustandekommen seiner Beobachtungen, schildern.

Über die Verwendung weiterer Hilfsmittel, wie Film, Fotos oder Tonband, muß im Pretest entschieden werden – sofern die Betroffenen damit einverstanden sind.

Rolle im Feld. Einleitend wurde bereits auf die Notwendigkeit hingewiesen, vor der Hauptuntersuchung zu prüfen, welche Position mit welchen Erwartungen für einen teilnehmenden Beobachter vorhanden ist. Zwei Beispiele: In seiner Studie über homosexuelle Aktivitäten in öffentlichen Toiletten nahm HUMPHREYS (1970, 1973) eine Position ein, die er erst nach längeren Vorstudien fand: die eines Aufpassers in der Toilette, der die Anwesenden warnt, wenn Teenager oder Polizisten sich nähern. In der Studie über Jugendfreizeitheime von LÜDTKE (1972) und GRAUER (1973) nahmen die Beobachter die Rolle des studentischen Praktikanten ein, eine im Feld bereits vorhandene Position, die zudem den Vorteil hatte, in der Hierarchie zwischen Heimleitung und Besuchern zu liegen. Eine *optimale Position* ist durch drei Merkmale gekennzeichnet:

1. Sie sollte im Feld bereits vorhanden sein;
2. mit ihr sollten nur wenige Interaktionserwartungen verbunden sein, so daß dem Beobachter in den einzelnen Situationen Rückzugsmöglichkeiten bleiben;
3. ihre Einnahme durch einen Beobachter sollte von den Betroffenen akzeptiert werden.

Abbildung 8: *Beobachtungsschema der Untersuchung «Sonderanstalt des Strafvollzuges»* (FRIEDRICHS u. a. 1973)

Beobachter :
I:
Personen A:
S:

Datum:

Situation Nr.:

1. Gesprächsthemen	I.–I.		I.–A.		A.–A.	
	Thema trat		Thema trat		Thema trat	
	auf (Hfg)	nicht auf	auf (Hfg)	nicht auf	auf (Hfg)	nicht auf
Aktuelle Momente						
Alltagsthemen						
Privatbereich						
gemeinsame Interaktionen						
Klatsch über Dritte						
Sprechen über Dritte						
Konflikte						
Expressive Äußerungen						
Tat, Delikt, Urteil, Schuld						
Entlassungstermin						
Pläne nach Entlassung						
Verwandtenbesuch						
Berufspläne						
Sonstiges (was?)						

Thema / Inhalt des Gesprächs:

A) *Aktuelle Momente, Probleme, Umstände der Arbeit:* z. B. Behandlung, Organisation, Aufträge von Vorgesetzten, Verhalten der I. Zusammenhang mit Anstaltsorganisation I., A., S., Routine etc.

B) *Nichtarbeitsbezogene Alltagsthemen:* z. B. Wetter, Politik, Sport, Freizeit, Familie.

C) *Intimer Privatbereich:* persönliche Probleme und Konflikte, die über B) hinaus die private Sphäre besonders berühren, z. B. Sex, Familie, Vorgesetzte, Geldprobleme etc., die man eher persönlichen Freunden als anderen anvertraut.

D) *Gemeinsame Interaktionen:* Verabredungen, gemeinsame Pläne, gemeinsame Erlebnisse etc.

$E)_1$ *Klatsch über nicht anwesende Dritte:* z. B. I., A., S. (Herabsetzung, Sensation, Diskriminierung, Denunziation, Selbstrechtfertigung etc.).

$E)_2$ *Sprechen über nicht anwesende Dritte:* Erwähnung des Dritten ohne Herabsetzung u. a.

F) *Aggressionen und Konflikte: Streit,* Auseinandersetzungen, aggressive Zurückweisungen, Drohungen, «Meckern» etc.

G) *Expressive Äußerungen:* Emotional bestätigende kurze Interaktionen wie Witze, Blödeleien, Scherze, Flüche über äußere Anlässe etc.

I = Insasse A = Aufsichtsbeamter S = Mitglied des Stabes

Beobachter: Datum: Situation Nr.:

2. Bewertung des Urteils (Zahl d. I.):
.... keine
.... gerecht
.... ungerecht

3. Rechtfertigung (Zahl d. I.):
.... keine
.... Gesellschaft, Staat, Gesetze
.... Umstände, Familie, Sozialisation, Notlage, Alkohol
.... Trieb

4. Gang in Zelle anderer I.
.... nicht beobachtet (= n. b.)
.... beobachtet .... Zahl der I.

5. Passieren, aneinander vorbeigehen I.–I.
.... n. b.
.... mit kurzem Gespräch, Worte
.... ohne kurzes Gespräch, Worte

6. Allein im TV sitzen (abends, Veranstaltungen)
.... n. b.
.... Zahl der I.

7. Räumliche Distanz bei Steh-/Sitzkonventen
.... keine St. K. beobachtet
.... kam nicht vor

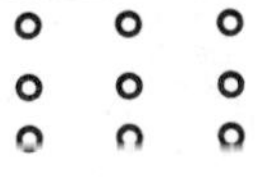

× = Beobachter
→ = Kontaktrichtung

8. Verlassen von Gruppe als erster
.... n. b.
.... es folgen andere .... Zahl der Vorfälle
.... es folgt keiner .... Zahl der Vorfälle

9. Hatte A. oder S. Augenkontakt zu I. in Situation?
.... n. b.
.... nein (= .... Min.)
.... ja, bis halbe Zeit (= .... Min.)
.... ja, fast ganze/ ganze Zeit (.............. Min.)

10. Zellen
.... n. b.
.... beobachtete Zellen (Zahl)
.... mehr als I. i. Zelle

11. Konflikt I.–I.
.... n. b.
.... Zahl der Konflikte
.... Eingreifen von A. (nach .... Min.)
.... Eingreifen von S. (nach .... Min.)
.... Eingreifen von umstehenden I.
.... Eingreifen von geholtem I.
.... Lösung durch Gruppe

12. Zusammensetzung der Gruppe v. I.
.... n. b.
.... nur Sexualtäter
.... nur andere T.
.... gemischt

13. Vorbeigehendes S.-Mitglied
.... n. b.
.... nicht von I. angesprochen
.... von I. angesprochen

14. Gespräch I.–A.
.... n. b.
.... Zahl der Beobachtungen
Initiation durch (z. B. Zugehen)
.... I
.... A
.... Beobachter

Beobachter:	Datum:	Situation Nr.:
15. Gruppe von I.:	n. b.	Name des I.
häufigste Augenkontakte		
Nicht-Unterbrechen		
besondere Fertigkeiten		
mittlere Position im Raum		
Mitglied im TV/Rundfunkrat		
Flursprecher		
«Kalfaktor»		

16. Interaktion I.–A.

.... n. b.
.... Zahl der beobachteten Anweisungen von A.
.... davon ohne Begründung durch A.
.... davon mit Begründung durch A.
.... inhaltliche Gründe
.... Rekurs auf Vollzugsordnung
.... Zigaretten angeboten (Zahl der Vorfälle)
.... I. an A. .... von A. an I.
.... A. kommt zu Gruppe / Dyade von I. hinzu
(Zahl der Vorfälle):
.... Gespräch verstummt
.... Gespräch verstummt nicht

17. Aufenthalt des A.
.... n. b.
.... Min. beobachtet, davon
.... Min. im Glaskasten

Abbildung 9: *Beobachtungsschema der Untersuchung «Polizeieinsätze»* (BLACK 1970, REISS 1967), Auszug aus dem Schema für Streifenfahrten (unveröff.)

---

35. Was anyone arrested or arrested on suspicion or investigation?

.... 1. Yes .... 2. No [Go to Item # 36]

If "yes", specify for more than one person if necessary.

a. Who made the decision to arrest?

.... 1. patrolman who picked him up

.... 2. an officer at the station [Specify his rank:

....]

.... 9. don't know

b. At what point was he notified that he was under arrest?

.... 1. at setting [Specify how long after encounter began ....

....]

.... 2. on the way to the station

.... 3. at the station [Specify how long after arriving:

....]

c. How much time passed between the point when he was apprehended by the police and the time he was booked at the station?
Specify in minutes ....

d. How much time passed at the station before he was booked?

Specify in minutes ....

e. Other relevant information on the arrest: ....

....

....

....

....

36. How was the decision made to take offender(s) to the station?

.... 1. call to station or other police agency

.... 2. another officer on the scene

.... 3. officer's own decision

.... 9. don't know

37. Specify the number of offenders who were observed receiving the following:

a. interrogation ....
b. fingerprinting ....
c. booking ....
d. incarceration ....
e. referral to youth or women's division ....
f. rough physical handling ....
g. Specify any other processing or relevant events that were observed at the station: ....

38. Was any kind of log entry or memo made by police after the encounter?

.... 1. Yes .... 2. No .... 9. Don't know

If "yes"

a. Specify how situation was characterized: ....

b. Does observer disagree with that characterization?

.... 1. Yes .... 2. No

If "yes", specify the discrepancy: ....

Gerade der letztgenannte Punkt: Zugänglichkeit, Legitimation und Akzeptierung ist bei teilnehmenden Beobachtungen in Organisationen mit schwierigen Verhandlungen auf mehreren Ebenen der Organisation verbunden, um den Beobachter nicht als Spion erscheinen zu lassen (vgl. hierzu KAHN & MANN 1952; ausgeführt auch bei FRIEDRICHS & LÜDTKE 1973, Abschnitt 11.3).

Die Schulung der Beobachter ist ein integraler Bestandteil der Methode. Zusätzlich zu den im Abschn. 5.7.4 erwähnten Techniken ist ein Pretest im Feld erforderlich, um die Beobachter die Schwierigkeiten ihrer Arbeit im Feld erfahren zu lassen, diese dann anschließend zu diskutieren. Unter Umständen ergibt sich dabei, daß nicht alle Beobachter der Aufgabe gewachsen sind. Wichtigster Punkt der Schulung ist, die Beobachter mit den Absichten der Studie vertraut zu machen. Wenn sie nicht von der Legitimation und den Absichten der Studie überzeugt sind, werden sie sich auch nicht bei den Betroffenen legitimieren können.

Die Auswertung der Ergebnisse (vgl. Abschn. 6.3) ist von der anderer Methoden nicht verschieden. Es bieten sich insbesondere die in früheren Kapiteln dargestellten Verfahren der Indexbildung an.

Diese knappe Darstellung des Verfahrens kann den vielfältigen Problemen, die bei der praktischen Arbeit gerade mit dieser Methode auftreten, nicht gerecht werden. Eine ausführliche Liste von Kriterien der Untersuchungsplanung befindet sich im Anhang von FRIEDRICHS & LÜDTKE (1973).

5.8.4. Varianten

Die Varianten der teilnehmenden Beobachtung ergeben sich, wenn einzelne Elemente der Methode betont und methodologischen Verfeinerungen unterzogen werden: Verwendet man nur die Rolle im Feld, um dann zu interviewen, gelangt man zu der von KREUTZ (1972, S. 109 ff.) vorgeschlagenen Realkontakt-Befragung. Induziert man geplante Veränderungen im Feld bei sehr niedrigem Grad von Teilnahme, so wird die teilnehmende Beobachtung zum Feldexperiment. Induziert man geplante Veränderungen gemeinsam mit den Betroffenen, um deren Lebensbedingungen zu verbessern, so wird die teilnehmende Beobachtung zur Aktionsforschung. Häufig wird man, schon um die Validität der Ergebnisse zu prüfen, die teilnehmende Beobachtung um einzelne Beobachtungen oder um Interviews in der letzten Phase der Beobachtung ergänzen.

5.8.5. Erhebungssituation

Je weniger standardisiert eine teilnehmende Beobachtung ist, desto mehr fallen Methode und Erhebungssituation zusammen. Ein Beispiel ist die bis heute unübertroffene Darstellung von WHYTE (1961), der im methodischen Anhang zu seiner Studie in einem italienischen Einwanderergebiet einer nordamerikanischen Großstadt sein Vorgehen schildert. Er zeigt, wie sich in der Erhebungssituation, d. h. im Prozeß der monatelangen teilnehmenden Beobachtung, seine Untersuchung zu strukturieren begann, er die Dimensionen des Feldes, die Aktivitäten, Personen und Gruppen zu einer Beschreibung systematisieren konnte. In dieser Art von Studien geschieht auch die Hypothesenbildung in der Erhebungssituation (vgl. Abschn. 5.8.3).

Die *Phasen* der Feldforschung lassen sich nach WEINBERG & WILLIAMS (1973) folgendermaßen gliedern: Annäherung – Orientierung – Initiation – Assimilation – Abschluß. Im Verlauf dieser Phasen ändern sich das Selbstverständnis des Beobachters, die Erwartungen Außenstehender (z. B.

seiner Kollegen oder Bekannten) und die Erwartungen der Betroffenen. In den Augen der Letztgenannten wird er – verkürzt formuliert – während seines Aufenthalts vom Eindringling zum Mitglied und schließlich zum Deserteur.

Von allen Phasen der teilnehmenden Beobachtung ist die Anfangsphase die schwierigste (s. GEER 1969, WAX 1971). Es addieren sich die Fremdheit der Personen, der Situationen resp. der Kultur und die als Zwang erlebte Beobachtung anhand vorgegebener Items und Kategorien zu einer beträchtlichen Unsicherheit des Beobachters in seiner Doppelrolle. Entscheidend an dieser Phase ist, daß der Beobachter die nicht-positionsspezifischen Erwartungen, die an ihn gerichtet werden, beeinflussen kann: durch sein Verhalten, seine Versprechungen an die anderen Personen im Feld und die Art, wie er sein Vorhaben begründet. Dieser Chance zur Strukturierung sollte er sich bewußt sein und sie nützen.

In ihrer standardisierten Form verlangt die Methode, daß der Beobachter sich in allen Phasen möglichst nonevaluativ verhält. Wenngleich er von den Betroffenen getestet wird, sollte er ihre Aktionen und Verhaltensstandards (Werte und Normen) weder verurteilen noch blind billigen. Er soll nur zeigen, daß er sich ihnen nicht überlegen fühlt, kein Experte ist, sondern ein Lernender. Bei Nachfragen kann er sich darauf zurückziehen, er habe viel gelernt und könne daher vieles besser verstehen.

Oft tendieren Beobachter dazu, die Perspektive der Betroffenen völlig zu übernehmen, wenn die Assimilation gelungen ist. Die zunächst bestehende Unfähigkeit, sich in einer fremden Kultur zu bewegen, wird durch eine Überanpassung kompensiert, die auf die Betroffenen künstlich wirkt und zudem die Beobachtung stark beeinflußt. Die Fremdheit des Beobachters ist aber gerade seine Chance. Mit jener Tendenz zum «going native» ist oft eine andere verbunden, nämlich sich nur auf einzelne Personen zu konzentrieren, z. B. auf einzelne Insassen in einer Strafanstalt oder Patienten in einem Krankenhaus, in der Absicht, ihnen zu helfen. Wenngleich ein solches Vorgehen im Einzelfall gerechtfertigt sein mag, so sollte doch der Beobachter abwägen, ob nicht damit das Ziel der Studie in Frage gestellt wird, strukturelle Analysen zu liefern, um aufgrund der Ergebnisse der Studie strukturelle Veränderungen einleiten zu können.

Um dem Beobachter bei diesen Problemen zu helfen, ist eine Supervision durch die Forscher notwendig, indem sie z. B. jederzeit für die Beobachter erreichbar sind, regelmäßige Besprechungen mit ihnen anberaumen oder Besuche «im Feld» machen.

Ein weiterer wichtiger Bestandteil der Erhebungssituation sind *Schlüsselpersonen,* Informanten oder Experten. Hierunter sind Personen im Feld zu verstehen, die einen mittleren oder höheren Status haben und dem Beobachter als Informanten über Ereignisse dienen, die vor seinem Eintritt in das Feld geschahen, ihm Aufschlüsse über spezielle Verhaltensregeln in der Gruppe oder Aktivitäten geben, an denen der Beobachter nicht teilnimmt

(z. B. kriminelle Aktionen). Der Bedeutung solcher Informationen für die teilnehmende Beobachtung ist in der Literatur viel Aufmerksamkeit gewidmet worden (CAMPBELL 1969, DEAN & WHYTE 1969, FRIEDRICHS & LÜDTKE 1973, S. 45 ff., 158 ff., 185 ff., HOLLANDER 1965, S. 215 f., WHYTE 1971). Dabei treten zwei Aspekte hervor: 1. Die Chance durch den Informanten, mehr über die Aktivitäten der Gruppe zu erfahren, einen besseren Zutritt zu weiteren Aktivitäten und Personen zu gewinnen und Informantenurteile zur Validierung der eigenen Beobachtung zu verwenden; 2. die Gefahr, völlig ihre Ansichten zu übernehmen und die Beobachtung fortan mit den Kategorien der Informanten vorzunehmen.

5.8.6. Stichprobe

Im parallelen Abschnitt des vorangegangenen Kapitels sind die wichtigsten Probleme der Stichprobe bei der Beobachtung behandelt worden. Sie gelten gleichermaßen für eine teilnehmende Beobachtung; nur ist es mit zunehmendem Grad der Teilnahme an den Interaktionen im Feld schwieriger, sich an den vorgegebenen Auswahlplan zu halten. Die Nicht-Antizipierbarkeit eines Teils der Abläufe im Feld verlangt die Flexibilität des Beobachters; allerdings kann hieraus keine Willkür des Beobachtens abgeleitet werden, wenn die Beobachtungen valide sein sollen.

Es ist gegenwärtig nicht möglich, stichprobentheoretische Anforderungen und Flexibilität des Beobachters völlig in Übereinstimmung zu bringen. Zwei Vorschläge, um das Problem anzugehen:

1. Nur ein Teil der Beobachtungseinheiten wird einem Auswahlverfahren unterworfen. Die teilnehmende Beobachtung wird zwar standardisiert, z. B. in einem Krankenhaus auf bestimmte Flure, Patientenzimmer, Schwestern, Ärzte o. ä.; es sind jedoch nur die Räume einem angebbaren Auswahlverfahren unterworfen, nicht aber die Personen; oder: es wird eine Zeitstichprobe gezogen, die Beobachtung selbst reicht aber über sie hinaus, protokolliert werden dann nur Ereignisse innerhalb der ausgewählten Beobachtungsintervalle. Die zusätzlichen (gleichfalls standardisierten) Beobachtungen können als Material zur Reliabilitätsprüfung und zur Analyse der Brauchbarkeit der Art der Stichprobe gezogen worden.
2. Ähnlich wie bei einer schriftlichen Befragung werden die tatsächlichen Beobachtungen mit den geplanten, aus einem Auswahlverfahren gewonnenen am Ende der Untersuchung oder sogar jeweils nach einem Viertel, der Hälfte, zwei Dritteln der Beobachtungszeit verglichen. Kennt man die Verteilung eines oder mehrerer Ereignisse (z. B. Zahl der Personen, die zu den gewählten Beobachtungsintervallen anwesend sind) in der Grundgesamtheit und vergleicht diese Verteilung mit der der Stichprobe, so kann der statistische Fehler der Stichprobe geschätzt werden.

In der bereits erwähnten Studie über das schichtenspezifische Verhalten von Kindern und erwachsenen Begleitpersonen auf Kinderspielplätzen (FRIEDRICHS, unveröffentlicht) traten mehrere Probleme des Auswahlverfahrens auf. Um die Variable «Schicht» zu erheben, wurden in vier Stadtteilen Hamburgs je zwei Kinderspielplätze ausgesucht, in denen – nach einem sozialökonomischen Atlas beurteilt – die soziale Zusammensetzung der Bevölkerung überwiegend Arbeiter resp. überwiegend Angehörige der Mittelschicht bis oberen Mittelschicht aufwies. Da das Spiel im Freien stattfindet, wurde als Beobachtungszeitraum Ende Juni bis Anfang Juli gewählt. Beobachtungsitems waren u. a.: die Interaktionen der Kinder, die Beziehungen zwischen Kindern und Erwachsenen, Dauer des Spiels, Konflikte zwischen Kindern, mitgebrachtes Spielzeug, Benutzung der einzelnen Geräte. Keines dieser Beobachtungsitems hätte sich als Beobachtungseinheit geeignet; daher wurde eine Zeitstichprobe zugrunde gelegt. Es war zu entscheiden: 1. ob sich Samstag und Sonntag so weit unterscheiden, daß sie als zwei Tagestypen zu werten sind. 2. Unter der Annahme, daß die Zusammensetzung der Besucher wie die Anwesenheit der Eltern mit der Tageszeit variieren, waren Klassen von Tageszeiten zu definieren; 3. speziell war zu prüfen, ob die Mittags- und Abendzeit einbezogen werden müßten. 4. Welche Dauer sollte das Beobachtungsintervall haben, das hier die Beobachtungseinheit war? 5. Welcher Gesamtzeitraum war für die Beobachtung (= Summe der Beobachtungseinheiten) zu veranschlagen?

Nach umfangreichen Pretests wurde der in Tab. 11 wiedergegebene Untersuchungsplan festgelegt.

Tabelle 11: *Untersuchungsplan Kinderspielplätze, Beobachtungsstunden pro Spielplatz*

	Wochentag		
Tageszeit	Montag–Freitag	Sonntag	Σ
8.00 – 11.59	12 × 15 Min.	12 × 15 Min.	6 Stunden
12.00 – 14.59	12 × 15 Min.	12 × 15 Min.	6 Stunden
15.00 – 17.59	12 × 15 Min.	12 × 15 Min.	6 Stunden
Σ	9 Stunden	9 Stunden	18 Stunden

Zahl der Spielplätze: 4
Zahl der Beobachter: 12

Um die Beobachter nicht unnötig in ihrem Zeitplan einzuengen, konnten sie zu jeder beliebigen vollen Stunde beginnen. Ein konsekutives Beobachtungsintervall betrug zwei Stunden; innerhalb dieser Zeit war ein Rahmenschema, geltend für die Anfangsbedingungen (z. B. Wetter, Zahl der Kinder), auszufüllen, dann alle 15 Minuten ein Schema für die Beobachtung von Spielgruppen oder ein anderes für die Kinder-Eltern-Beziehungen. Dieser Untersuchungsplan unterscheidet nicht zwischen den einzelnen Werktagen; sie sind gleich häufig vertreten wie der Sonntag, was für die Prüfung der Hypothesen und nach dem Pretest gerechtfertigt war. An Regentagen wurden keine Beobachtungen gemacht, bei einsetzendem Regen im Verlauf eines zweistündigen Intervalls die Beobachtungen fortgesetzt, bis infolge des zunehmenden Regens keine Kinder mehr anwesend waren.

Für die Codierung der einzelnen Beobachtungsitems gilt auch hier das in Abschn. 5.7.6 Gesagte: Im Code wurde zwischen «vergessen zu beobachten» und «nicht beobachtet» (= Ereignis trat nicht auf) unterschieden, im Schema selbst ist nur die letzte Kategorie enthalten. War bei einem Item keine Ankreuzung vorgenommen, so galt dies als «vergessen». Auf solche Weise ist die Vollständigkeit der Datenmatrix gesichert.

5.8.7. Pretest

Die besonderen Probleme der teilnehmenden Beobachtung erfordern einen sehr intensiven Pretest, dessen Umfang mit der Dauer der geplanten Beobachtung und mit dem angestrebten Grad an Standardisierung steigt. Im Gegensatz zu anderen Methoden erbringt der Pretest erst einmal die genaue Struktur des Beobachtungsobjekts, die zuvor aus einer eingehenden Kenntnis des Feldes (als der Klasse von Beobachtungsobjekten) nur begrenzt ableitbar ist. Der Pretest bezieht sich auf Räume, ihre Anordnung und ihre Ausstattung, unter Umständen auf die Anlage einer Siedlung, auf die Zahl und Art der Personen, die Verteilung der Aktivitäten auf Räume und Tageszeiten, auf Lebensgewohnheiten und Sprache der Beobachteten. Außerdem muß möglichst genau herausgefunden werden, welche Rolle der teilnehmende Beobachter einnehmen kann und welche Erwartungen an die mögliche Position gerichtet werden, so daß antizipierbar wird, wieviel Bewegungsspielraum der Beobachter hat und ob dieser ausreicht, die geplante Beobachtung zu machen. Der Pretest ist, wie auch der Katalog in Übersicht 34 zeigt, eine explorative Studie für sich. Nach den bisherigen Erfahrungen reicht ein Pretest nicht aus, um die unterschiedlichen Probleme zu untersuchen, die vom Beobachter gleichzeitig bewältigt werden sollen. Es empfiehlt sich, den einen Pretest überwiegend auf die Rolle im Feld, den anderen überwiegend auf das Instrument zu richten (vgl. FRIEDRICHS & LÜDTKE 1973, Abschn. 11).

Übersicht 34: *Aufgaben des Pretests bei einer teilnehmenden Beobachtung*

Umfang:	Stichprobe von 10–20 Situationen oder anderen Beobachtungseinheiten; zusätzlich Zeitstichprobe, wenn im Untersuchungsplan vorgesehen.
Legitimation:	Einführung des Forschers in das Feld, Darstellung seiner Untersuchungsziele; Ehrlichkeit des Auftretens.

Erhebungs-situation:	Art und Struktur des Gebäudes? Aktivitätsverteilung, Tageslauf? Feld offen genug für eine teilnehmende Beobachtung? Verzerrungen durch Beobachter? Teilbereiche nichtteilnehmend beobachten? Mögliche Informanten?
Rollen:	Rolle des Beobachters richtig gewählt? Verzerrungen im Feld? Schulung der Beobachter ausreichend? Ausmaß der erforderlichen Supervision? Veränderungen bei Beobachtern?
Instrument:	Kategorien anwendbar? Kategorien vollständig? Möglichkeiten, das Beobachtungsschema auszufüllen, gegeben? Lenkt Beobachtungsschema die Perzeption hinreichend? Situationen ausreichend abgegrenzt? Film- oder Tonbandaufnahmen sinnvoll und möglich?
Stichprobe:	Zeitpunkt richtig gewählt? Zahl und Länge der Beobachtungsintervalle richtig? Räumliche und zeitliche Stichprobe richtig gezogen? Beobachtungseinheiten abgrenzbar? Störfaktoren?
Kontrollen:	Interviews mit Betroffenen. Begrenzte Verwendung von Filmen, Tonbandaufzeichnungen. Tagebücher der Beobachter. Ergänzung durch andere Methoden, z. B. Fragebögen, Einstellungsskalen, soziometrische Verfahren.

5.8.8. Fehlerquellen

Über die im parallelen Abschn. 5.7.8 bei der Beobachtung aufgeführten Fehlerquellen hinaus treten bei der teilnehmenden Beobachtung vor allem aus der Interaktion resultierende Fehler auf. Dabei geht es weniger um die Veränderungen, die der Beobachter im Feld hervorruft, da diese nach allen bisherigen Erfahrungen in den meisten Fällen auf die Anfangsphase beschränkt bleiben. Schwerwiegender ist vielmehr, daß der Beobachter

1. sich zu sehr an die Probleme des Feldes engagiert, sich nur noch einzelnen Personen zuwendet und zum Sozialarbeiter wird;
2. die Perspektive, Lebensgewohnheiten der Beobachteten übernimmt, dann keine Distanz mehr für eine Beobachtung hat;
3. die Zunahme an affektiven Beziehungen zu den Teilnehmern für eine Zunahme an Genauigkeit der Beobachtungen hält, also Verstehen und Beschreibung verwechselt.

Diese Fehler sind nicht völlig unabhängig voneinander, sondern treten oft gleichzeitig auf. Es sind Formen, die den grundsätzlichen Rollenkonflikt des Beobachters zwischen Beobachtung und Teilnahme einseitig zugunsten einer der beiden Aufgaben lösen. Die Folge ist, daß der Beobachter sich entweder intensiver beteiligt und nur noch selektiv beobachtet oder aber zum nichtteilnehmenden Beobachter wird, der nur noch einen Teil der Geschehnisse im Feld, also wiederum selektiv, beobachtet. Auswahl, Schulung und vor allem eine kontinuierliche Supervision der Beobachter können helfen, diese Fehler zu verringern.

Um die Reliabilität zu prüfen, eignen sich vor allem 1. der Vergleich der Protokolle eines Beobachters zu mehreren Zeitpunkten und 2. der Vergleich der Protokolle von zwei Beobachtern (z. B. verschiedenen Geschlechts), die am gleichen Beobachtungsobjekt gearbeitet haben.

Die Validität von Ergebnissen der teilnehmenden Beobachtung wird gemeinhin skeptisch beurteilt, da man die Verzerrung der Situation durch den Beobachter, also den Einfluß der eben genannten Fehlerquellen, zu hoch veranschlagt. Zahlreiche Forschungen belegen indessen, daß teilnehmende Beobachtungen valide Ergebnisse erbringen, sofern die Beobachtung standardisiert und mit geschulten Beobachtern vorgenommen wird.

LÜDTKE konnte in der Studie über Jugendfreizeitheime anhand mehrerer Kriterien, z. B. des Vergleichs von Expertenurteilen mit Beobachterurteilen oder des Vergleichs von Beobachtungsdaten und Interviewdaten, hohe Gültigkeitskoeffizienten für die Beobachtung nachweisen (FRIEDRICHS & LÜDTKE 1973, Kap. 8). Ähnlich hat CAMPBELL (1969) feststellen können, daß Urteile von Informanten über die Moral von Besatzungen in U-Booten, verglichen mit Ergebnissen aus einer Befragung der Besatzungsmitglieder, Rangkorrelationen von r = .90 erbrachten. Ein Verfahren zur Prüfung der Qualität der Beobachtungsdaten mit Hilfe eines Schemas, in dem jedem Beobachtungsitem die möglichen verzerrenden Einflüsse zugeordnet werden, hat McCALL (1969) entwickelt.

Die Validität ist sowohl durch die interne Konsequenz des Materials, d. h. durch Vergleich der Beobachtungen mit Hilfe unterschiedlicher Indikatoren, als auch extern durch die Ergebnisse von anderen, gleichzeitig angewendeten Methoden prüfbar. Bei der letztgenannten Art der Validitätsprüfung sollten jedoch, wie die Studie von VIDICH & SHAPIRO (1969) über Prestige-Einstufungen der Bewohner einer Gemeinde zeigt, exakt vergleichbare Variablen in der teilnehmenden Beobachtung und der jeweils anderen Methode gewählt werden.

5.9. NONREAKTIVE VERFAHREN

Unter der Bezeichnung «nonreaktive Verfahren» haben WEBB, CAMPBELL, SCHWARTZ & SECHREST (1966) eine Vielzahl empirischer Untersuchungen mit sehr unterschiedlichen Verfahren zusammengestellt, deren gemeinsames Kennzeichen es ist, daß Forscher und Betroffene nicht in Kontakt miteinander treten. Der Forscher beeinflußt weder das Verhalten anderer, noch reagieren die anderen auf ihn. Von dieser Unaufdringlichkeit leitet sich auch der Haupt-Titel des Buches her: «Unobtrusive Measures». Dieses Buch, um methodologische Exaktheit, mehr noch um Ideen für Erhebungsverfahren bemüht, ist eine Fundgrube für jede empirische Sozialforschung.

Wofür die Autoren plädieren, ist fraglos bis heute von grundsätzlicher Bedeutung für die empirische Sozialforschung: die überragende Methode der Befragung durch andere Methoden zu erweitern, mehrere Methoden oder Meßverfahren in einer Studie zu verwenden, vorhandenes Material zu nutzen, das zudem den Vorteil hat, eine nichtreaktive Vorgehensweise zu gestatten. Der Grundgedanke der Verfahren und gleichermaßen ihre Voraussetzung ist, daß einzelne und Kollektive in ihrem Verhalten Raum oder Flächen nutzen, Spuren hinterlassen, Dokumente verfassen, Schilder und Zeichen aufstellen, die zu Rückschlüssen über ihr Verhalten dienen können, also Indikatoren sozialer Prozesse sind. Bereits PARK (1926, S. 18), einer der Begründer der ökologischen Forschungsrichtung der Soziologie, hatte geschrieben:

«It is because social relations are so frequently and so inevitably correlated with spatial relations; because physical distances so frequently are, or seem to be, the indexes of social distances, that statistics have any significance whatever for sociology. And this is true, finally, because it is only as social and physical facts can be reduced to, or correlated with spatial facts that they can be measured at all.»

Angenommen, es soll folgende Hypothese geprüft werden: Je größer ein Wagen, desto eher ist er mit Sicherheitsgurten und Kopfstützen ausgerüstet. Die «Größe» des Wagens wird nach der PS-Zahl und nach dem Listenpreis berechnet. Um dies zu untersuchen, bedarf es keiner Umfrage. Statt dessen reicht es aus, in Straßen die parkenden Wagen auf die beiden Merkmale «Gurte» und «Kopfstützen» zu untersuchen und jedesmal Fabrikat und Modell zu notieren. Zusätzlich kann man die Beobachtung auf Parkplätze bestimmter Firmen ausdehnen, deren Beschäftigtenstruktur bekannt ist, oder die Beobachtung in einer Stichprobe von Straßen nach Stadtteilen mit unterschiedlicher Sozialstruktur variieren.

Dies als Beispiel. Die nachfolgende Aufzählung gibt einen Einblick in Art und Möglichkeiten der nonreaktiven Meßverfahren.

Physische Spuren: abgetretene Fußbodenplatten im Museum als Indikator der Besucherwege. Verschmutzung und Zahl der umgeknickten Ecken eines Buches, z. B. einer Enzyklopädie oder eines Handbuches, als Indikatoren für Lesehäufigkeit einzelner Teile; desgleichen, wenn einzelne Seiten leicht zugeklebt werden. Untersuchung parkender Wagen mit Autoradio auf die eingestellten Sender, um die Popularität der einzelnen Sender in einem Gebiet zu ermitteln. Untersuchung des Mülls auf Flaschen, um den Alkoholverbrauch festzustellen. Oder des Sperrmülls, um nach Stadtgebieten Anhaltspunkte für einen schichtenspezifischen Umschlag von Konsumgütern zu gewinnen.

Schilder, Wegweiser etc.: Regelung des Verhaltens durch Warnschilder, z. B. Kinderspiel-Verbote in Siedlungen als Ausdruck der Kinderfeindlichkeit; fremdsprachliche Hinweise in einer Siedlung oder Gaststätte als Indikatoren für den Grad der Anpassung an die Besucher der Gaststätte oder die Übernahme einer Siedlung durch eine ethnische Minorität, z. B. Gastarbeiter.

Archive, Verzeichnisse: Adoptionsstatistiken wurden verwendet, um festzustellen, ob es eine schichtenspezifische Bevorzugung von Mädchen oder Jungen gibt. Statistiken der Bezirksämter u. ä. lassen sich als Material zur Untersuchung schichtenspezifischer (und/oder ortsbezogener) Heiratsbarrieren nutzen. Die Größe von Grabsteinen und ihrer Aufschriften als Indikatoren des Reichtums von Personen, der relativen Bedeutung von Mann und Frau in einer Familie. Analysen des «Who is Who» auf Herkunft, Konfession, Alter der Personen, Zahl der Mitgliedschaften in Vereinigungen, akademische Ausbildung etc. (Analyse zu zwei Zeitpunkten!) Ökologische Wahlanalysen anhand der Wahlergebnisse und anderer demographischer Merkmale pro Gebiet. Häufigkeiten der Ausleihe von Büchern anhand der Ausleihzettel in Büchereien und Bibliotheken. Analyse des «Betriebsklimas» anhand der betrieblichen Unfallstatistik, Krankheitsfälle, Fehlzeiten, Personalfluktuation.

Verkaufsstatistiken o. ä.: Vergleich der regionalen Ausbreitung einer Zeitung/Zeitschrift anhand der Verkaufszahlen im Gebiet wie anhand der Todesanzeigen und Nachrichten über Personen in diesem Gebiet. Verkaufsstatistiken von Büchern und Schallplatten vor und nach der Werbung in Radio und Fernsehen. Zahl der abgegebenen Gepäckversicherungen o. ä. bei Flugzeug und Bahn als Indikator des Grades der Verlustfurcht oder des Mißtrauens. Zigarettenverkauf bei Sportveranstaltungen als Indikator der Spannung. Analyse der in Apotheken vorgelegten Rezepte, um festzustellen, welche Ärzte ein neues Medikament verschreiben und wie rasch ein neues Medikament verschrieben wird.

Einzeldokumente: Inhaltsanalysen von Tagebüchern; Leserbriefen an Zeitungen, Rundfunk und Fernsehen zu einzelnen Artikeln/Sendungen; Inhaltsanalysen von Briefen an Politiker oder Reden von Politikern.

Beobachtung: Beobachtung der Kleidung von Personen verschiedener Berufsgruppen (oder Studenten verschiedener Fächer) als Indikator der Berufsgruppe oder des sozialen Status. Abzeichen und Tätowierungen, letztere z. B. bei Straftätern. Ausstattung von Wohnungen. Nonverbale Kommunikation: Körperbewegungen, Blickkontakt, Gesten, Mimik; räumliche Distanz von Personen, z. B. räumliche Nähe einzelner Politiker zum Parteivorsitzenden. Analyse des Verhaltens von Autofahrern, z. B. der Beachtung von Stoppstraßen etc. Geschlechtsspezifische Redemuster auf der Straße: Beobachtung, ob bei einem Paar, das vorbeigeht, der Mann oder die Frau spricht.

Wie diese knappe Aufzählung unschwer erkennen läßt, ist ein großer Teil der genannten Meßverfahren den Methoden Beobachtung, Inhaltsanalyse und Sekundäranalyse zuzurechnen. Indessen, gerade die konzentrierte Darstellung unter dem methodologischen Bezugspunkt der Nonreaktivität zeigt, wie wichtig methodische Phantasie in der empirischen Sozialforschung ist, nicht nur, um die vorhandenen Methoden fortzuentwickeln, sondern auch, um zu neuartigen Meßverfahren zu kommen. Wie im Kapitel Beobachtung erwähnt, eröffnet gerade eine strenge hypothesenorientierte Forschung Wege zu neuen Indikatoren, die bislang gar nicht verwendet wurden. Es geht um die «Schärfung der Sensibilität und Kreativität des Forschers in bezug auf naheliegende, gut zugängliche Indikatoren, die in einer noch weitgehend verbal fixierten empirischen Sozialforschung ungenutzt sind» (LÜDTKE, Arbeitspapier 1972).

5.9.1. Lost-Letter-Technique

Um die methodologischen und methodischen Probleme der nonreaktiven Verfahren zu verdeutlichen, eignet sich gut die Lost-Letter-Technique, das Verfahren der verlorenen Briefe. Die Erfinder des Verfahrens, MILGRAM, MANN & HARTER (1965), beschreiben das Vorgehen folgendermaßen:

«In den Straßen (und an anderen Orten) in einer Stadt wird eine große Zahl von Briefen ausgelegt. Die Briefe sind in verschlossenen Umschlägen, adressiert, mit einer Briefmarke frankiert, aber eben noch nicht aufgegeben. Einer Person, die einen der Briefe auf der Straße findet, erscheint der Brief verloren. So hat sie die Wahl, den Brief aufzugeben, liegenzulassen oder zu zerreißen. Indem man die Adresse der Organisation, an die der Brief gerichtet ist, variiert und eine hinreichend große Zahl solcher ‹verlorener Briefe› auslegt, ist es möglich, eine Rücklaufquote (Zahl der eingegangenen Briefe, J. F.) zu erhalten, die spezifisch für die einzelne Organisation ist» (MILGRAM, MANN & HARTER 1965, S. 437).

Soweit die Grundzüge des Verfahrens. Das Vorgehen in der Praxis erweist sich in methodologischer wie in methodischer Hinsicht als komplizierter: methodologisch, weil die Rücklaufquote der Popularität oder positiven Einstellung zu einer Organisation interpretiert wird; methodisch, weil die Erhebungssituation eine Reihe noch nicht befriedigend gelöster Schwierigkeiten mit sich bringt. Die Briefe lassen sich an verschiedenen Orten auslegen, z. B. Straßen, Telefonzellen, hinter den Scheibenwischern eines Autos (mit dem handschriftlichen Vermerk «Lag neben dem Wagen»). Die Orte haben Effekte auf die Rücklaufquote, die bei Läden und Autos am höchsten ist. Weiterhin sollen die Briefe mit Adresse und Anschrift nach oben liegen, was an windigen und regnerischen Tagen Schwierigkeiten bereitet. Sie sollen relativ gleichmäßig in einem Viertel verteilt und unauffällig ausgelegt werden, damit nicht eine nachfolgende Person einem den Brief mit dem Ruf, man habe etwas verloren, zurückgibt.

Auf diese Probleme stieß auch BERKOWITZ (1970). Untersucht werden sollte der Einfluß von zwei Vietnam-Demonstrationen, einer gegen und einer für den Krieg in Vietnam, auf die Einstellungen der Passanten und Anwohner in zwei Stadtteilen, durch die jeweils eine der beiden Demonstrationen ging. BERKOWITZ wählte einen Untersuchungsplan, bei dem drei Arten von Briefen (Adressaten: Anti-Vietnam, Pro-Vietnam, Neutral) ausgelegt wurden. Das geschah einmal am Tag der Demonstration in jenen Straßen, durch die die Demonstrationen gingen, dann nochmals drei Wochen später in den gleichen Straßen, ohne daß eine Demonstration stattfand. Den zwei experimentellen Bedingungen: Auslegen am Tag der Demonstration und Anti-Vietnam- resp. Pro-Vietnam-Adressat standen zwei Kontrollbedingungen gegenüber: Auslegen ohne Demonstration und neutraler Adressat «Vietnam Committee». Den Untersuchungsplan und die Ergebnisse gibt Tab. 12 wieder. (Auf die zusätzlich geführten Interviews wird hier nicht eingegangen.)

Tabelle 12: *Untersuchungsplan und Ergebnisse der Studie von* BERKOWITZ (1970)

Zeitpunkt und Art der Straßen	Ausgelegte Briefe * «OUT»	«VICTORY»	«VIETNAM»	Eingegangene Briefe * «OUT»	«VICTORY»	«VIETNAM»
Demonstrations-Tag, Sa., 27. 4. 68						
Anti-Vietnam-Demonstration	159	167	84	45 %	33 %	51 %
Pro-Vietnam-Demonstration	178	164	83	44 %	57 %	58 %
Kontroll-Tag Sa., 18. 5. 1968						
Anti-Vietnam-Demonstration	160	169	77	43 %	43 %	58 %
Pro-Vietnam-Demonstration	184	163	87	59 %	71 %	66 %

* Adressaten: «OUT» = Get Out of Vietnam Committee
«VICTORY» = Victory in Vietnam Committee
«VIETNAM» = Vietnam Committee

Die Ergebnisse zeigen, daß am Demonstrationstag die Rücklaufquote für jeweils das Komitee höher war, dessen politische Ziele auch die jeweilige Demonstration verfolgte. Da jedoch für das «Victory»-Committee die Rücklaufquote am Kontrolltag sogar noch höher lag als am Tag der Demonstration, kann nur von der Anti-Demonstration behauptet werden, sie habe einen Effekt auf die Bevölkerung gehabt. Außerdem ergibt sich u. a., daß die Rücklaufquote am Kontrolltag höher war als am Tag der Demonstration sowie daß die Quote im «Pro-Kriegs»-Gebiet höher lag als im «Anti-Kriegs»-Gebiet.

Das wichtigste von den vielen Problemen, die die Interpretation von Tab. 12 aufwirft, ist: Kann man sagen, (nur) die Anti-Vietnam-Demonstration habe ihren erhofften Effekt, nämlich eine Einstellungsänderung der Bevölkerung im Gebiet, erreicht? D. h., was mißt der Indikator «Rücklaufquote»? *Eine* Antwort auf die Frage besteht in der Analyse jener Ursachen, die außer der Erklärung als Einstellungsänderung die Rücklaufquote beeinflussen können (die Fehlervarianz): 1. ungleiche Wetterbedingungen, 2. Ehrlichkeit der Finder, 3. ungleiche Zusammensetzung der Bevölkerung im Gebiet, 4. Zusammensetzung der Personen, die die Briefe aufgehoben haben.

Die Wetterbedingungen lassen sich kontrollieren, ebenfalls die Zusammensetzung der Bevölkerung nach wichtigen demographischen Merkmalen anhand von Statistiken. Schwieriger zu prüfen ist, inwieweit die Rücklaufquote den Grad der Ehrlichkeit der Personen im Gebiet mißt und nicht deren Einstellung; zumal man die Ehrlichkeit als unabhängig von den Einstellungen der Briefadressaten ansehen kann. Dem Verfahren muß man daher die Annahme zugrunde legen, daß die Ausprägungen des Merkmals «Ehrlichkeit» sich zufällig über die Personen und deren Einstellungen zum jeweiligen Adressaten verteilen, so daß dieses Merkmal keinen spezifischen Einfluß auf die Rücklaufquote hat. Das größte Gewicht kommt daher dem vierten Effekt zu: Wie setzt sich die Stichprobe der Finder und Einwerfer der Briefe zusammen (Kinder, Nicht-Wähler etc.)? Diesen Punkt hat bereits WICKER (1969) in seiner Kritik des Verfahrens hervorgehoben. Auch BERKOWITZ mußte offenlassen, a) wie die Zusammensetzung der «Aufheber» ist und b) ob sie repräsentativ für die Bevölkerung des jeweiligen Gebietes sind.

Aufgrund gerade des letztgenannten Effektes ist eine strenge Validierung des Verfahrens nicht möglich; dennoch sollte man über Verfeinerungen, auch der obenerwähnten Erhebungssituation, nachdenken. Hierfür sprechen auch neuere Studien, die sich um eine Validierung bemühten (FORBES & GROMOLL 1971, SHOTLAND, BERGER & FORSYTHE 1970).

Das Verfahren mißt zwar nur wenig, nämlich die Einstellung zu zwei bis vier Organisationen, ist aber einfach zu handhaben. Es verlangt (MILGRAM 1969, S. 264) einen guten Untersuchungsplan, wobei mindestens 100 Briefe in jeder Zelle des Designs stehen sollten, um die unkontrollierte Fehlervarianz zu kompensieren; zudem eignet sich das Verfahren nur zur Untersuchung von Problemen, die nicht zu differenziert sind; es setzt eine Polarisation und affektive Bindung an die jeweilige Einstellung zu den Organisationen voraus.

5.10. INHALTSANALYSE

5.10.1. Voraussetzungen

Die Inhaltsanalyse ist wie die anderen Methoden der Sozialforschung im Prinzip die Systematisierung eines alltäglichen Vorgehens, nämlich der Interpretation von Zeitungsartikeln, Plakaten, Schlagern, des Schlusses von einem Briefinhalt auf den affektiven Zustand des Schreibers oder der Beeinflussung einer anderen Person durch die Verwendung bestimmter Formulierungen. Im Gegensatz zu den impressionistischen Interpretationen im Alltag ist die systematische Inhaltsanalyse eine Methode, «um Aussagen zu gewinnen, indem man systematisch und objektiv zuvor festgelegte Merkmale von Inhalten erfaßt» (HOLSTI 1968, S. 601). Die Inhaltsanalyse (content analysis) ist eine Methode, Texte, Sendungen, Töne oder Bilder als Teil sozialer Kommunikation einer quantitativen Analyse zu unterziehen. Die Analyse kann sowohl auf den Inhalt zielen wie von der Nachricht auf den Sender und dessen Absichten oder auf den Empfänger schließen. Aufgrund dieser umfassenden Möglichkeiten, die über den Begriff «Inhalt» hinausgehen, ist die Methode auch als «Aussagenanalyse» bezeichnet worden (neuerlich z. B. von BESSLER 1972).

Die Analyse von Nachrichten oder der menschlichen Kommunikation überhaupt mit den Mitteln der Inhaltsanalyse basiert auf der Semiotik, auf der allgemeinen Theorie sprachlicher Zeichen und deren Verknüpfungsregeln (Charles PEIRCE; MORRIS 1955). Vier Aspekte sprachlicher Zeichen lassen sich unterscheiden:

1. Syntax: die Beziehung zwischen Zeichen und Zeichen.
2. Semantik: die Beziehung zwischen Zeichen und seiner Bedeutung.
3. Sigmatik (KLAUS 1968, S. 14 f.): die Beziehung zwischen Zeichen und Objekt, die (materialistische) Abbildrelation des Zeichens als «Etikett» für ein Objekt.
4. Pragmatik: die Beziehung zwischen Sprecher, Zeichen und intendiertem Handlungszweck beim Empfänger, also Gebrauch und Funktion der Zeichen.

Die Inhaltsanalyse hat es mit einem Material zu tun, das alle vier Aspekte aufweist; sie kann aber nur jeweils einzelne berücksichtigen. Sprache und nonverbale Kommunikation sind untrennbar von sozialen Prozessen, sie hängen gleichermaßen von historischen, sozio-ökonomischen Bedingungen und situativen Kontexten ab und beeinflussen sie, beispielsweise in Form von Propaganda oder neuen Begriffen (auch solchen, die ökonomische Antagonismen zu «Tarifpartnern» verschleiern). Eben dieser Sachverhalt, daß Sprache soziale Prozesse abbildet, ist die Voraussetzung der Inhaltsanalyse als Methode der Sozialforschung. Ihr kann ein Modell sozialer Kommunikation zugrunde gelegt werden (vgl. Übersicht 35), das in verkürzter Form bereits im Abschnitt 5.1 verwendet wurde.

Übersicht 35: *Modell sozialer Kommunikation*

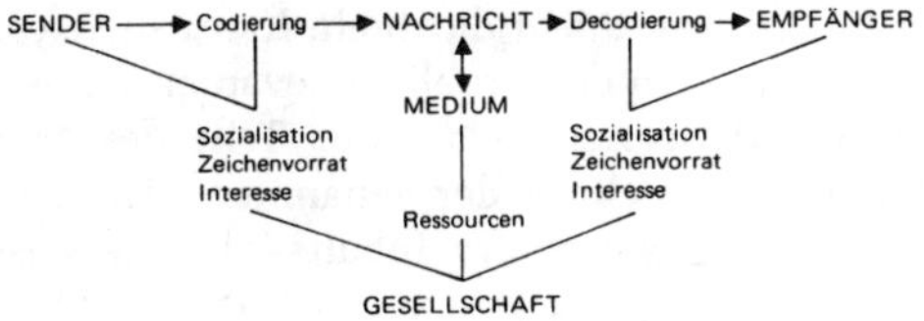

Zur Erläuterung: Ein Forscher (Sender) verwendet, um die Rücklaufquote in seiner schriftlichen Befragung zu erhöhen, bestimmte Formulierungen (Codierung) im Text (Nachricht) seines Begleitschreibens (Medium); die Adressaten besitzen kein Telefon. Einige der Befragten (Empfänger) sehen die Befragung als sinnvoll an und füllen die Bögen aus, anderen erscheint der Text im Begleitbrief zu anspruchsvoll, sie halten ihn für eine verkappte Werbung (Decodierung) und füllen den Bogen nicht aus.

Dieses Modell ist noch relativ einfach; bei der Analyse von Prozessen in der Massenkommunikation ist es um weitere Elemente des sozio-ökonomischen Kommunikationsprozesses zu erweitern, z. B. um Verleger und Institutionen (Rundfunkanstalt). Der Bereich der Distribution stellt die politischen und ökonomischen Randbedingungen aller Interpretationen der Nachricht dar.

Indessen zeigt bereits das Beispiel des Begleitbriefs die Verbindung zwischen den semiotischen Aspekten und dem Kommunikationsmodell. Ungeachtet der universellen Anwendungsmöglichkeiten der inhaltsanalytischen Methode tritt in jeder Untersuchung das Problem der Mehrdeutigkeit der Sprache auf, die eine zuverlässige und gültige Interpretation von Texten, Bildern, Filmen und Musikstücken erschwert. Hinzu kommt, wie ZIPF zeigen konnte, daß eine lineare Abhängigkeit zwischen der Häufigkeit des Auftretens eines Wortes (lexikalische Einheit) und der Zahl seiner Bedeutungen besteht (CHERRY 1963, S. 143).

Da der Inhaltsanalytiker sein Material selbst wieder sprachlich analysiert, codiert und interpretiert, ergeben sich auf verschiedenen Ebenen Mehrdeutigkeiten:

1. in den semantischen Bedeutungen, z. B. des Wortes «Freundschaft»;
2. im pragmatischen Aspekt der Sprache; der Satz «Diese Kritik war unberechtigt» mag beim Empfänger entweder Reaktionen auslösen, künftig zu schweigen oder aber auf einer weiteren Diskussion zu bestehen;
3. durch den Kontext, wofür die Diskussion über «Kunst oder Pornographie» ein Beispiel ist;
4. durch sprachlichen Wandel, sei es des Wortes, z. B. des Wortes «gemein», oder des Objektes, z. B. «Lehrling» – «Auszubildender» (sofern es sich nicht nur um ein neues Etikett handelt);
5. durch die Unterschiede in manifestem und latentem Inhalt, z. B. bei propagandistischen Äußerungen oder: des Wortes «Haus», das einerseits ein Gebäude bezeichnet, in der psychoanalytischen Deutung eines Traums hingegen als «Ich» interpretiert würde.

Die Analyse von Inhalten geschieht durch ein Kategoriensystem, nach dem die Einheiten des Materials in den problemrelevanten Dimensionen codiert werden. Dieses Kategoriensystem bildet nur Teile des Materials ab, zugleich sind auch nur jeweils einige der genannten Mehrdeutigkeiten kontrollierbar. Das Kategoriensystem des Inhaltsanalytikers ist ja selbst ein

Decodierungsprozeß und setzt ein hinreichendes Sprachverständnis voraus, das bei einem Rückschluß auf Sender oder Empfänger den anderen Elementen des Kommunikationsprozesses äquivalent sein sollte. Um eine solche, sehr aufwendige semantische Prüfung vorzunehmen, kann man sich des Polaritätsprofils bedienen (vgl. Abschnitt 4.2.4). Allerdings ist das Problem einer weitgehenden Äquivalenz ähnlich zu behandeln wie das der Indikatoreninterpretation bei der Beobachtung, wo auch Verfahren der Prognose ein Verständnis des Akteurs objektivieren, ohne daß der Akteur selbst herangezogen zu werden braucht.

Die Inhaltsanalyse ist eine nonreaktive Methode; es besteht keine Interaktion Forscher–Untersuchter, es können keine Verzerrungen durch eine Erhebungssituation auftreten. Die Grenzen der Methode zur Beobachtung sind fließend, wenn es sich um Filme oder Fotos handelt, da auch die Beobachtung sich eines inhaltsanalytischen Kategorienschemas bedient, um gefilmte Verhaltensabläufe zu analysieren. Die Ähnlichkeit beider Methoden zeigt sich ferner in den gleichartigen methodologischen Problemen der Beobachtungseinheit und der Indikatorenwahl oder in methodischen Problemen wie dem der Stichprobe. Da die Logik der Kategorienbildung zentral für die Inhaltsanalyse ist, treten Mini-Inhaltsanalysen auch innerhalb anderer Methoden der Sozialforschung auf, z. B. bei der Codierung offener Fragen, der Protokolle von Gruppendiskussionen oder von Beobachtungen.

5.10.2. Anwendung

Die Inhaltsanalyse ist in zunehmendem Maße eine interdisziplinäre Methode geworden, was nicht zuletzt auf die Allgemeinheit ihres Ansatzes zurückgeht. Sie ist in der Literaturwissenschaft zur Feststellung umstrittener Autorenschaft verwendet worden. In der Werbeforschung untersucht man Anzeigen oder Werbetexte. In der psychiatrischen und psychotherapeutischen Forschung wird z. B. die Hypothese geprüft, ob sich mit fortschreitender Therapie auch der Wortschatz des Patienten erhöht, gemessen an der Type-Token-Ratio, der Zahl verschiedener Wörter in Sprachstichproben von 10–500 Wörtern einer Person (Gottschalk 1961). Ein weiteres Gebiet ist die Analyse der Verständlichkeit von Texten, gemessen an Satzlängen, Kompliziertheit des Satzbaus oder der Verständlichkeit eines Textes beim Fortlassen jedes n-ten Wortes aus einem Text (vgl. zusammenfassend Teigeler 1968).

Hauptgebiete der Anwendung sind *erstens* die Erforschung politischer Kommunikation, z. B. internationaler Konflikte, der Werte und Einstellungen von Politikern, die Analyse von Propagandamaterial, die Rhetorik von Politikern. So konnte Lewis (1960) nachweisen, daß über die Revolution in Kuba 1958 in den nordamerikanischen Tageszeitungen – bis auf die letzten Tage – keine angemessene Berichterstattung erfolgte; er verglich die Berichte in den Zeitungen mit den Fernschreibermeldungen von AP und UPI an die Redaktionen. *Zweitens:* die Analyse von Massenmedien; dieses Anwendungsgebiet ist eng mit dem ersten Problembereich verwandt: der Bewertung von Politikern und politischen Entscheidungen in Kommentaren, dem Stellenwert einzelner Nachrichtenbereiche, der Figuren und Werte in Fortsetzungsromanen oder Fernsehserien, der zeitlichen und/oder inhaltlichen Veränderung der Berichterstattung. *Drittens:* soziologische Analysen im engeren Sinne: des Bedürfnisses nach Leistung in verschiedenen historischen Epochen, der Denkstile einer Kultur, der Unterschiede in Schlagertexten oder von sozialen Stereotypen. Mehrere Inhaltsanalysen nordamerikanischer Fernsehsendungen und Fortsetzungsromane belegen, daß die handelnden Personen, gemessen an der tatsächlichen Verteilung der Berufe in der Bevölkerung, überproportional aus der (weißen) Oberschicht und oberen Mittelschicht stammen und daß z. B. Farbige fast ausschließlich als Angehörige der Unterschicht und negative Personen gezeigt werden (u. a. DE FLEUR 1964).

Damit ist die Reichweite der Methode nur angedeutet; ausführlich sind die Anwendungen bei BERELSON (1952), HOLSTI (1968, 1969), SILBERMANN (1967) dargestellt (vgl. die umfassende Bibliographie von WERSIG 1968).

5.10.3. Vorgehen

Die Literatur vor allem der 50er Jahre durchzog die Kontroverse, ob die Inhaltsanalyse qualitativ oder quantitativ zu verfahren habe. Diese Diskussion wurde jüngst von RITSERT (1972) erneut ausführlich aufgegriffen. KRACAUER (1952), ein Vertreter der qualitativen Position, hat in seiner Kritik an BERELSON (1952) der quantitativen Inhaltsanalyse vorgehalten, sie beschränke sich nur auf einzelne Wörter, auf die denotativen Aspekte, auf die manifesten Inhalte. Demgegenüber müßten die Interdependenz der Teile eines Textes, die Vielfalt seiner Bedeutungen und der Absichten des Verfassers wie die Wirkungen auf den Empfänger analysiert werden:

> «Frei von jeder vorgefaßten Meinung über den manifesten Inhalt erforscht der qualitative Analytiker auf der Suche nach gewichtigen Kategorien das Ganze des Inhalts. Und da er seine ganze Energie auf diese Suche richtet, kann er sehr wohl unbeabsichtigt auf Häufigkeitskategorien stoßen, die sich, hätte er sich von Anfang an auf Quantifizierungen festgelegt, seinem Zugriff entzogen hätten» (KRACAUER 1952, S. 56).

Nach KRACAUER bedingen die Exaktheit und Reliabilität der quantitativen Methode eine Atomisierung des Materials, diese wiederum führe zu irrelevanten Ergebnissen. Seiner Kritik läßt sich nicht allein damit begegnen, eine qualitative Analyse bleibe notwendig impressionistisch und subjektiv.

Sie führt vielmehr auf einige zentrale Probleme der Inhaltsanalyse, die durch die Entwicklung der Methode und deren Lösungsmöglichkeiten zu einer differenzierteren Argumentation nötigen:

1. die Unterscheidung von manifestem und latentem Inhalt,
2. die Trennung unterschiedlicher Untersuchungspläne und ihrer methodologischen Struktur,
3. Varianten der Inhaltsanalyse mit jeweils anderen quantitativen Verfahren der Analyse und Auswertung.

Von einigen Forschern ist die Inhaltsanalyse auf den manifesten Inhalt einer Nachricht beschränkt worden (Berelson 1952, S. 18, Kaplan 1943, S. 234 f., Lasswell, Lerner & Pool 1952, S. 32). Gemeint ist damit, nur die denotativen Bedeutungen von Wörtern, ihren lexikalisch möglichst eng bestimmten Inhalt zu codieren, etwa im Sinne von Berelsons «common meeting ground». Die konnotativen Bedeutungen, d. h. die Assoziationsgehalte von Nebenvorstellungen und Gefühlswerten, bleiben unberücksichtigt. Sie gehören zum latenten Inhalt, ebenso wie die Absichten, die ein Sender mit dem Text verbunden hat, und die pragmatischen Aspekte auf seiten des Empfängers.

George (1959) hat eine Zweiteilung von Aussagen in Massenmedien entwickelt, um beide Ansätze zu verbinden:

1. Repräsentationale Kommunikation, z. B. Nachrichten: quantitative Analyse der Inhalte bei Beschränkung auf den Inhalt, da er als nicht-manipuliert anzusehen ist.
2. Instrumentale Kommunikation, z. B. Propaganda: qualitative Analyse des latenten Inhalts mit Rückschlüssen auf Sender und/oder Empfänger, Absicht und Wirkungen, da es sich um manipulierte Inhalte handelt.

Als instruktives Beispiel für eine qualitative Inhaltsanalyse kann die Studie von Willerborg (1962) über «Autoritäre Persönlichkeitsstrukturen in Courths-Mahler-Romanen» gelten, als Beispiel für die Verbindung von qualitativer und quantitativer Inhaltsanalyse Holzers (1969) Untersuchung der Illustrierten Quick, Stern, Revue.

Da eine eindeutige Trennung beider Arten der Kommunikation de facto kaum möglich ist, bleibt der Vorschlag von George unbefriedigend. Auch dürfte die Frage, ob man in allen Fällen quantitativ verfahren sollte, durch die vorliegende Literatur positiv entschieden sein. Das Problem der Quantifizierung erstreckt sich weniger auf das Material als auf einen den Hypothesen angemessenen Untersuchungsplan, aus dem genau hervorgeht, was untersucht werden soll.

Die sechs Elemente des Kommunikationsmodells faßt die *Leitfrage* für inhaltsanalytische Untersuchungen zusammen: Wer sagt was zu wem, wie, warum und mit welchem Effekt? (Lasswell, Lerner & Pool 1952, S. 12.)

Entsprechend diesen Fragen sind unterschiedliche *inhaltsanalytische Untersuchungspläne* möglich, die zugleich mit unterschiedlichen semiotischen Aspekten korrespondieren: Die Beschreibung der Merkmale einer Nachricht bezieht sich auf die semantischen, syntaktischen und sigmatischen Aspekte, die Analyse der Codier- und Decodierprozesse auf die pragmatischen Aspekte. – In Übersicht 36 sind die wichtigsten Arten von Untersuchungsplänen aufgeführt.

Übersicht 36: *Inhaltsanalytische Untersuchungspläne (gekürzt aus* HOLSTI 1968, S. 604)

Absicht	Frage	Forschungsproblem
Beschreibung von Merkmalen der Mitteilung	Was?	– Beschreibung von Trends in den Kommunikationsinhalten – Beziehen von bekannten Merkmalen des Senders auf die Art der Mitteilung, die sie produzieren – Vergleich der Kommunikationsinhalte mit Standards/Maßstäben
	Wie?	– Analyse von Techniken der Überredung – Stilanalyse
	An wen?	– Beziehen von bekannten Merkmalen des Empfängers auf für sie produzierte Mitteilungen – Analyse von Kommunikationsmustern
Rückschlüsse auf Vorgänge vor der Mitteilung (Codierung)	Warum?	– Erzeugung von politischer und militärischer Intelligenz – Analyse von psychologischen Charakteristika von Individuen – Rückschluß auf Aspekte der Kultur und des kulturellen / sozialen Wandels – Auffindung legaler Beweise
	Wer?	– Klären von umstrittener Autorschaft
Rückschlüsse auf Effekte der Mitteilung (Decodierung)	Mit welchem Effekt?	– Lesbarkeit: Verständlichkeit zu messen – Analyse des Kommunikationsflusses – Ermittlung der Arten der Rezeption

Der erste Schritt der Inhaltsanalyse besteht in der *Formulierung der Hypothesen*, aus denen abgeleitet wird, auf welche Elemente des Kommunikationsprozesses die Aussagen abzielen und welcher Untersuchungsplan angemessen ist. Die Hypothesen können sich auf den strukturellen Vergleich der Bewertung der Ostpolitik der Regierung in politischen Kommentaren mehrerer Zeitungen, die Häufigkeiten bestimmter Berufe in Fernsehspielen oder z. B. darauf beziehen, RIESMANS Hypothese von der steigenden Außenorientierung (Ausrichten des eigenen Verhaltens an Nachbarn und Massenmedien-Modellen) der Mitglieder kapitalistischer Gesellschaften am Material der Werbung für Konsumgüter zu prüfen (DORNBUSCH & HICKMAN 1959).

Im nächsten Schritt sind die *Dimensionen der Hypothesen* zu spezifizieren, um ein Kategoriensystem vorzubereiten, nach dem das Material codiert werden soll. Unter Dimensionen, genauer einer Dimensionalanalyse, sind die im Abschnitt 2.6 behandelten theoretischen Aktivitäten zu verstehen, also die Zerlegung des Problems «politische Kommentare», z. B. in im Text genannte Personen, Ereignisse, Bewertungen, Handlungen etc. Entscheidend ist, zu den relevanten Dimensionen Kategorien zu bilden, die auf alle Texte «passen», um aus dem Text Informationen so zu codieren, daß die auftretenden Häufigkeiten auch die Hypothesen falsifizieren können.

Das *Kategorienschema* ist der komplizierteste und methodologisch wichtigste Teil der Inhaltsanalyse. «Da die Kategorien die Substanz der Untersuchung enthalten, kann eine Inhaltsanalyse nicht besser sein als ihre Kategorien» (BERELSON 1952, S. 147). Es handelt sich – um die bisher eingeführten Begriffe beizubehalten – um die Kategorien oder Merkmalsausprägungen eines Codes. Jeder Dimension oder Hauptkategorie (sie entsprechen der Variablen bei den Codes in der Befragung oder Beobachtung) werden mehrere (Unter-)Kategorien zugeordnet. An diese Klassifikation sind, wie bei den anderen Methoden, die drei im Abschnitt 2.4.2 ausgeführten Kriterien der Ausschließlichkeit, Vollständigkeit und Eindimensionalität zu stellen. Ein Artikel, ein Satz oder ein Wort können nicht in mehrere Kategorien einer Dimension, wohl aber in unterschiedliche Dimensionen codiert werden, z. B. «Lehrer» in die Dimensionen «Rolle», «Status» und «Institution». Die Kategorien werden entweder durch Beispiele von Wörtern oder erschöpfend durch alle Wörter definiert, die einer Kategorie zuzurechnen sind. Das zweite Verfahren ist zuverlässiger.

Nur in seltenen Fällen ist es möglich, das Kategorienschema direkt aus der Dimensionalanalyse abzuleiten, ohne zuvor das Material einzusehen, welches zur Hypothesenprüfung dienen soll. Wie bei der Sekundäranalyse besteht eine Interdependenz von Inspektion des Materials und der Kategorienformulierung.

«Jemand, der beispielsweise die Inhaltsanalyse zu einer Studie über die Propaganda einer politischen Partei benutzen möchte, sollte sich selbst der Propaganda aussetzen. Bevor er zu zählen beginnt, sollte er sie lesen, um ihre spezifischen Mechanismen und Techniken herauszufinden. Er sollte ihr Vokabular und ihre Erscheinungsform studieren. Er sollte Parteiorganisation und Mitglieder kennen. Aufgrund dieses Wissens sollte er seine Hypothesen und Vorhersagen erstellen. In einer konventionellen Studie würde er an diesem Punkt zu schreiben beginnen. Statt dessen ist er in der Lage, seine Kategorien zu bilden, sie zu pretesten und dann mit dem Zählen zu beginnen» (LASSWELL, LERNER & POOL 1952, S. 65).

Ziel der Kategorienbildung ist, Aussagen über die Struktur des Materials durch Errechnung einfacher Häufigkeiten oder (seltener) mehrdimensionaler Tabellen zu formulieren.

Ein Beispiel für die Kategorienbildung mag das Vorgehen näher erläutern. TROMMSDORFF (1969) nahm eine Inhaltsanalyse von Frauenzeitschriften vor, um einige von anderen Autoren formulierte Hypothesen zu prüfen, z. B. in Unterschichten herrsche eine Flucht ins Private und eine geringe Beteiligung an öffentlichen Angelegenheiten vor, während die Mittel- und Oberschicht bildungsorientiert und öffentlichkeitsorientiert sowie durch demonstrative Verschwendung zu kennzeichnen sei. Die Autorin geht von der Annahme aus, Frauenzeitschriften hätten eine schichtspezifische Kommunikationsstrategie, die sich an unterschiedlichen Orientierungssystemen zeigt, die sie im redaktionellen und im Werbe-Teil vermitteln. Die unabhängige Variable war das Einkommen der regelmäßigen Leserinnen, erhoben aufgrund der Daten der Leseranalyse. Hierdurch ließen sich die Zeitschriften klassifizieren als «untere Einkommens-Zeitschrift»: Mehr als 70 % der regelmäßigen Leserinnen gehören Haushalten an, in denen das Haushaltsnettoeinkommen aller Haushaltsmitglieder bis zu DM 1499,– im Monat beträgt, und als «obere Einkommens-Zeitschrift»: Mehr als 30 % aller regelmäßigen Leserinnen gehören Haushalten an, in denen das Haushaltsnettoeinkommen aller Haushaltsmitglieder über DM 1499,– liegt.

Die abhängigen Variablen waren das «soziale Orientierungssystem» und die «Themenkreise» der Zeitschriften. Zur Codierung des sozialen Orientierungsfeldes wurden zwölf Kategorien verwendet:

«Hauptkategorie 1: Keine spezifische soziale Orientierung

A. Frau alleine: Eine oder mehrere Frauen oder Konsumgüter und Dienstleistungen ohne Bezug auf ein anderes soziales Objekt sowie alle Romane und Erzählungen.

Hauptkategorie 2: Primär- und Quasi-Primärgruppen (soziale Gruppen mit Familien- oder familienähnlichem Charakter)

B. Mann alleine
C. Frau und Mann
D. Kind alleine
E. Frau(en) und Kind(er)
F. Mann (Männer) und Kind(er)
G. Familie

Hauptkategorie 3: Sekundärgruppen (soziale Gruppen und Prozesse mit Öffentlichkeitscharakter)

H. Kleingruppen (informellen Charakters) ohne Prestige und Elitesymbole
I. Individuen und soziale Gruppen mit Prestige- und Elitesymbolen: Frau(en) in Interaktion mit Individuen oder sozialen Gruppen bei gleichzeitiger Repräsentation von Prestige- und Elitesymbolen
K. Informationen zu sozialen Prozessen von gesamtgesellschaftlichem Interesse
Ka Beruf
Kb Pädagogik, Psychologie
Kc kulturelle Bildung
L. Leerkategorie (Inhaltseinheiten, die kleiner als eine Viertelseite sind).»

Das Kategorienschema zu den Themenkreisen umfaßte 17 Kategorien: Mode – Freizeitbekleidung – Wäsche – Accessoires – Schmuck, Parfüm, Pelze – Körperpflege – Nahrungsmittel – Tabakwaren und alkoholische Getränke – Wohnung und Haushalt – Spiel, Sport – Basteln – Lesen, Musizieren, Ausbildung – Reisen – Tiere, Pflanzen – Krafträder und Personenkraftwagen – Rundfunk, Fernsehen, Schallplatten – Unterhaltung, Bildung.

Die Codierung erfolgte getrennt für den redaktionellen und den Werbe-Teil der Zeitschriften. An dem Kategorienschema wird auch die Schwierigkeit der Codierung deutlich. Ein besonderes Hindernis bei der Codierung bildete in dieser Studie die Komplexität der Erhebungs-/Untersuchungseinheit: Da eine Viertelseite zugrunde gelegt wurde, mußte diese Einheit a) für die Kategorien des sozialen Orientierungsfeldes und b) für die Themenkreise jeweils nach dem überwiegenden Inhalt codiert werden. Jede Viertelseite, dem Material als Einheit künstlich auferlegt, wurde als «in der Aussage zusammenhängende Inhaltseinheit untersucht . . . Auch die unbedruckten Seiten (Zwischenraum zwischen Text- und Bildstellen) werden, wenn sie größer als (oder gleich) eine Viertelseite sind, als zu analysierende Inhaltseinheiten verwendet: wenn sie von ihrer räumlichen Anordnung her einer anderen Inhaltseinheit zugehören, werden sie in dieselbe Kategorie wie diese andere Inhaltseinheit eingeordnet; sonst ist die Leer-Kategorie zu benutzen» (TROMMSDORFF 1969, S. 65).

Tabelle 13: *Verteilung der Inhaltseinheiten auf die Hauptkategorien des sozialen Orientierungssystems nach Zeitschriften, redaktionellem (R) und Werbe-Teil (W), Einheit:* 1/2 Seite (TROMMSDORFF 1969, S. 70)

in Prozent

		Zeitschriften der unteren Einkommensschicht				Zeitschriften der oberen Einkommensschicht	
Hauptkategorien	R/W	Constanze	Brigitte	Für Sie	Petra	Madame	Elegante Welt
I keine soziale Orientierung	R	63,2	60,6	67,0	66,8	55,7	48,2
	W	71,7	71,7	66,9	78,2	65,3	66,9
II Primärgruppen-Orientierung	R	24,7	24,3	21,8	19,9	5,7	8,0
	W	25,8	24,2	28,9	18,3	16,3	18,4
III Sekundärgruppen-Orientierung	R	12,2	15,0	11,2	13,3	38,7	43,8
	W	2,6	4,1	4,1	3,5	18,4	14,7
Summe *	R	100,1	99,9	100,0	100,0	100,1	100,0
	W	100,1	100,0	99,9	100,0	100,0	100,0

* Prozente addieren sich durch Rundungsfehler nicht immer auf 100 %.

In einem Pretest auf Inter-Coder-Reliabilität betrug die Reliabilität der Codierung des redaktionellen Teils nach sozialen Orientierungen nur $R = 0{,}80$, was zu einer Modifikation des Kategoriensystems führte.

Der Auszug der Ergebnisse in Tabelle 13 zeigt deutliche Unterschiede zwischen beiden Zeitschriftengruppen. Sowohl für den redaktionellen wie für den Werbe-Teil sind die Unterschiede in den Hauptkategorien statistisch signifikant ($p < .01$ resp. $p < .05$). Auffällig ist, daß gerade im redaktionellen Teil die Unterschiede zwischen den Zeitschriftengruppen größer sind als im Werbe-Teil. Kann dies als Strategie der Zeitschriften interpretiert werden? Während die Untersuchung der Frage «Was?» gilt, entspricht eine solche Interpretation einer Antwort auf die Frage «Warum?», d. h. nach den Absichten des Senders. Auf dieses Problem wird weiter unten eingegangen.

Sehr viel komplexer, als man zunächst vermutet, ist die Festlegung der *inhaltsanalytischen Einheit*. Bevor dieser Begriff präzisiert wird, seien die wichtigsten Kriterien benannt, nach denen eine Festlegung erfolgen kann:

1. Zähleinheit: die kleinste Einheit, die berücksichtigt wird, z. B. Wort, Satz, Artikel, Sendung.
2. Erhebungseinheit: die Einheit, die das Element der Stichprobe bildet, z. B. Wörter, Themen/Sätze, Abschnitte, Artikel; Personen.
3. Aussageeinheit: die Einheit, auf die sich die Aussage resp. die Interpretation bezieht. Es sind meist aggregierte Zähl- und/oder Erhebungseinheiten.
4. Code: die Kategorien eines inhaltlichen Codes sind meist Begriffe, die Klassen von Wörtern oder Sätzen zusammenfassen.
5. Messung: Dimension, in der quantifiziert wird, z. B. Häufigkeit des Auftretens einer Kategorie, Dauer einer Sendung in Minuten, Flächenanteil einer Schlagzeile oder des Werbeteils gegenüber dem redaktionellen Teil.

In der erwähnten Arbeit von Trommsdorff sind Untersuchungs- und Erhebungseinheit identisch: eine Viertelseite einer Zeitschrift; die Aussageeinheit ist «Zeitschrift». Gemessen wurden die Häufigkeit des Auftretens der einzelnen Kategorien in den beiden genannten Dimensionen.

Die Inhaltsanalyse verlangt eine präzise Definition der Erhebungseinheit. Um Generalisierungen vornehmen zu können, muß die Relation dieser Erhebungseinheit zur Grundgesamtheit – wie bei der Erhebungseinheit «Personen» im Interview – in jeder Tabelle erkennbar sein. Dazu ist ein exakter Auswahlplan erforderlich (vgl. Abschnitt 5.10.5).

Bei der Wahl der Erhebungseinheit sollte man berücksichtigen, daß die Inhaltsanalyse besonders leicht die Möglichkeit bietet, die Variablen nach dem Schema von Lazarsfeld & Menzel (Abschnitt 2.4.6) zu klassifizieren. Da Wörter und Sätze jeweils in Kontexten auftreten, sind kontextuelle Analysen und Mehrebenen-Analysen gerade mit dieser Methode der Sozialforschung vergleichsweise leicht durchführbar. Die kontextuelle Auswertung des Materials (z. B. des Vokabulars einer Zeitung) nimmt der Methode jenen Atomismus, der notwendig auftritt, wenn einzelne Wörter die Zähl- und/oder Erhebungseinheit sind.

Auswertung. Ähnlich wie in der Studie von TROMMSDORF beschränken sich viele Inhaltsanalysen auf Häufigkeitstabellen von Wörtern, Sätzen oder von Einstellungen. Man kann alle Einheiten dabei als gleich wichtig betrachten oder nach der Position ihres Auftretens (Seite einer Zeitung, Zeitpunkt innerhalb einer Sendung) gewichten.

Interpretation. Welche Schlüsse können nun aus einer Inhaltsanalyse gezogen werden? Genauer: welche Hypothesen lassen sich mit einem hinreichenden Grad an Validität prüfen? Die Analyse bezieht sich ja nur auf ein Element des Kommunikationsmodells. Wo das Material unterschiedlichen Quellen entnommen ist, können die strukturellen Unterschiede, ausgewertet nach Häufigkeiten und/oder Intensitäten, auch auf die Quellen und deren Unterschiede bezogen werden. Ein solcher Unterschied liegt beispielsweise in der Studie von TROMMSDORFF vor: Sie untersucht die Strategien einzelner Frauenzeitschriften allein aufgrund von zweidimensionalen Häufigkeitstabellen (Kategorien nach redaktionellem und nach Werbe-Teil aufgeschlüsselt). Eine Korrelation der Kategorien in den beiden Dimensionen untereinander (Orientierung – Thema) wird nicht vorgenommen. Auch bleibt unberücksichtigt, daß die einzelnen Zeitschriften sehr unterschiedliche Auflagenhöhen haben. Selbst wenn solche zusätzlichen Auswertungen vorlägen: Könnte sie Aussagen über Absichten der Sender oder die Wirkung beim Empfänger machen? Prinzipiell unterscheidet sich das hier auftretende Problem nicht von dem bei der Beobachtung diskutierten: Kann man aus der räumlichen Distanz der Mitglieder einer Gruppe auf eine soziale Hierarchie in der Gruppe schließen?

Im Falle der Studie von TROMMSDORFF kann man davon ausgehen, daß Redaktionen aus den Leseranalysen eine hinreichend gute Kenntnis ihrer Leser haben, um die Inhalte der Zeitschriften auf sie auszurichten – was hier auf eine Verstärkung schichtspezifischer Ungleichheiten hinausläuft.

Rückschlüsse vom Material auf Elemente außerhalb des Materials sind jedoch bestenfalls plausibel. In seiner eingehenden methodologischen Analyse dreier Modelle des Schließens von der Nachricht auf den Sender zeigte KRIPPENDORFF (1969) die Unhaltbarkeit dieser Annahme. Belegt sind Aussagen erst dann, wenn zusätzliche Daten auch über die anderen Elemente des Kommunikationsprozesses vorliegen, auf die sich die Hypothesen beziehen. Das geschieht z. B. bei einem Schluß auf:

1. das Medium: Daten über die Art der Zeitung, deren ökonomische Verflechtungen, ihre Auflage, Zusammensetzung der Leser (wie bei TROMMSDORFF);
2. den Sender: Daten über dessen Status, affektiven Zustand, politische Absichten (bei Propagandastudien);
3. den Empfänger: Daten über dessen Einstellungen, Wohnort, Status, den situativen Kontext der Rezeption der Nachricht (z. B. bei Wirkungsanalysen von Schlagern oder eskapistischem Material).

Wie die Strategie der Frauenzeitschriften auf ihre Leser wirkt, ist aus der Analyse des Materials nicht zu erschließen. Ebensowenig beweist eine Inhaltsanalyse von Schlagertexten, daß jene die Hörer verdummen. Die Rezeption erfolgt unterschiedlich in den einzelnen Gruppen, der situative Kontext ist nicht bekannt; es ist nicht aus dem Material zu erschließen, welche Zeitschrift jemand noch außer der analysierten regelmäßig liest usw. Solche Effekte sind meist nur mit anderen Methoden meßbar, es sei denn, man nähme eine Inhaltsanalyse der Leserbriefe an eine Zeitschrift vor, unter der Annahme, die Leserbriefe und ihre Bewertung der Zeitschrift seien eine repräsentative Stichprobe aller Leser (was sehr unwahrscheinlich ist).

5.10.4. Varianten

Die neuere Entwicklung der Inhaltsanalyse geht seit den bahnbrechenden Arbeiten von Stone, Dunphy, Smith & Ogilvie (1966) vor allem in Richtung computer-gesteuerter Analysen. Im Prinzip handelt es sich um eine extreme Verfeinerung der einfachen Inhaltsanalyse, die durch drei Merkmale gekennzeichnet ist: ein Wörterbuch, die Eingabe des gesamten zu analysierenden Textes und den Vorteil, ohne manuelles Codieren und die sich daraus ergebenden Codierfehler zu arbeiten.

Während sonst der zu analysierende Text manuell nach einem Kategorienschema codiert wird, verlangt die *elektronische Inhaltsanalyse* zunächst die Erstellung eines Wörterbuchs. Alle Wörter einer Textart (z. B. des Sportteils, der politischen Nachrichten) oder, noch umfassender: möglichst verschiedener Textarten werden auf Lochkarten übertragen. Jedes Wort erhält zusätzlich eine Code-Zahl (tag), mit der es einer der Hauptkategorien für den manifesten Inhalt und einer oder mehrerer Nebenkategorien, z. B. für seine weiteren Bedeutungen, zugeordnet wird. Die Menge aller eingegebenen Wörter, tendenziell eine Art Wörterbuch der gesamten Sprache, wird anhand von Code-Zahlen nochmals auf die kleinere Menge eines hierarchischen Kategoriensystems abgebildet. Jedes Wort wird also nach mehreren Dimensionen codiert.

Der Vorteil der immensen Arbeit, ein Wörterbuch wie ein Kategoriensystem zu erstellen, liegt in der Flexibilität des einmal entwickelten Instruments. Je nach Umfang und Heterogenität des Ausgangsmaterials bei der Erstellung des Wörterbuchs sind folgende Vorteile gegeben:

1. Es können sehr unterschiedliche Texte eingegeben werden; es bedarf keines neuen Kategoriensystems für ein Forschungsproblem. Die inhaltsanalytische Forschung kommt damit dem Ziel zahlreicher Autoren nach Standard-Kategorien nahe. Die Texte werden vollständig auf elektronische Datenträger, zumeist Lochkarten, gespeichert.

2. Fehler durch mangelndes Codieren fallen fort; zudem ist eine enorme Zeitersparnis gegeben.
3. Der Rechner vergleicht den eingegebenen Text mit dem gespeicherten Wörterbuch. Alle Wörter, die er nicht anhand des Wörterbuchs identifizieren kann, werden extra ausgedruckt. Die elektronische Auswertung des eingegebenen Textes nach den Kategorien liefert, je nach Programm, einfache Häufigkeiten pro Kategorie oder mehrdimensionale Tabellen.
4. Die eingegebenen Wörter sind jederzeit wieder abrufbar, was den Informationsaustausch begünstigt und Sekundäranalysen ermöglicht.

Die vielfältigen Anwendungsmöglichkeiten der elektronischen Inhaltsanalyse demonstrieren die Beiträge im Band von STONE, DUNPHY, SMITH & OGILVIE (1966) und die Beiträge in GERBNER et al. (1969). Eine deutsche Parallele zum «General Inquirer» von STONE und Mitarbeitern ist das Hamburger Kommunikationssoziologische Wörterbuch (HKW), das im Seminar für Sozialwissenschaften an der Universität Hamburg von DEICHSEL (1973) und TIEMANN (1972) aus dem Material von Schlagzeilen entwickelt wurde. Es enthält 5200 Eintragungen, die nach 66 Erstkategorien und 20 Zweitkategorien codiert sind. Ein Auszug aus dem HKW, der zugleich auch die Logik des Vorgehens bei elektronischen Inhaltsanalysen näher erläutert, findet sich in Abbildung 10.

Die Vorteile dieser Form der Inhaltsanalyse sind unbestreitbar, auch wenn es jahrelanger Arbeit bedarf, um das erforderliche Wörterbuch zu erstellen. Auf zwei Nachteile sei nur hingewiesen: 1. Ebenso wie sich Fragen als Indikatoren verschiedener Begriffe verwenden lassen (vgl. Abschnitt 5.12), ist die Zuordnung der Wörter zu den Kategorien mehrdeutig. Daher entsteht das Problem, das Kategoriensystem zur Codierung der Wörter im Wörterbuch nicht für ein spezifisches Forschungsproblem zu entwickeln, sondern ihm eine Allgemeingültigkeit zu geben, die es erlaubt, das Kategoriensystem bei ganz unterschiedlichen Texten und Forschungsproblemen zu benutzen. 2. Der Preis einer solchen Einwort-Analyse ist der Atomismus des Vorgehens: das Kategoriensystem berücksichtigt hauptsächlich die denotativen Aspekte einzelner Wörter. Es ist außerordentlich schwierig, alle semantischen, geschweige denn syntaktischen und pragmatischen Aspekte einzubeziehen und zu codieren. Wichtiger noch: der Kontext eines Wortes geht auch bei dieser Form der Analyse nicht mit ein, es werden Informationen verschenkt, was unter Umständen zu Fehlinterpretationen führt. Einen Ansatz zur Reduktion von Mehrdeutigkeit durch Analyse des Wortkontextes bietet das (Computer-)Programm von STONE (1969) zur «Disambiguitäts»-Verringerung.

Abbildung 10: *Auszug aus dem HKW, Auflistung aller der «Erstkategorie 51» zugeordneten Wörter mit Codeziffern der Zweitkategorien* (DEICHSEL 1973, TIEMANN 1972)

KATEGORIE 51: FREUDE / ZUNEIGUNG

1	AMORE	51	75	91	96
2	AUFTRIEB	51			
3	BEREITSCHAFT	51			
4	BERUHIGT	51	96		
5	BERUHIGUNG	51	96		
6	BEWUNDERTE	51			
7	ERMUTIGT	51	75		
8	FEIERN	51	75	96	
9	FEIERT	51	75	96	
10	FREUDE	51	75	77	96
11	FROH	51	75	96	
12	GELIEBT	51	75	96	
13	GENUGTUUNG	51			
14	HURRA	51	75	96	
15	JUBEL	51	75	96	
16	JUBELSTURM	51	75	96	
17	LACHT	51			
18	LACHTE	51			
19	LACHTEN	51			
20	LIEBEND	51	75		
21	LIEBER	51			
22	LIEBES	51			
23	LIEBESGLÜCK	51	75	77	91
24	LIEBST	51			
25	LIEBTE	51	91		
26	LOCKT	51			
27	ORGIE	51	91		
28	RAUSCH	51	86	97	
29	RÜHMT	51	75		
30	TRIUMPH	51	75	96	98
31	TRIUMPHZUG	51	75	96	
32	VERLIEBTE	51	91	96	
33	WÜRDIGT	51	75		

Codeziffern der Zweitkategorien:

75 Positive Wertbezogenheit
77 Hoher Status
86 Institutioneller Bereich Medizin
91 Institutioneller Bereich Sexualität

96 Freude
97 Gefahr
98 Erfolg

Um eine differenziertere *Bewertung* und eine Analyse der *Intensität von Aussagen* vorzunehmen, gibt es einige andere Verfahren. Sie bauen jeweils auf anderen Untersuchungsplänen auf.

Q-Sort: Die Sätze eines Textes werden zerlegt, die Substantiva durch Buchstaben ersetzt (z. B. X hat nicht die Absicht, Handelsbeziehungen mit Y aufzunehmen). Eine Vielzahl solcher, verschiedenen Texten entnommenen Sätze wird Beurteilern vorgelegt, die sie nach einer neunstufigen Beurteilungsskala in einer vorgegebenen Dimension, z. B. Freundlichkeit, zu sortieren haben. Durch die Zuordnung der numerischen Werte zu den Sätzen und jener zu den Quellen wird auf die Einstellung der Quelle zu den Objekten in der gewählten Dimension, hier Freundlichkeit, geschlossen. Ein Beispiel für eine solche Analyse wäre, zu bestimmen, in welchem Maße die Ostverträge der Bundesregierung in Leitartikeln befürwortet werden. – Eine ausführliche Darstellung des Verfahrens findet sich bei North et al. (1963, Kapitel 4).

Von Osgood (1959, vgl. Bessler 1972, Abschnitt 4.2.4, North et al. 1963, Kapitel 6) stammt ein anderes inhaltsanalytisches Verfahren, um die Intensität von Aussagen zu messen: die Evaluative Assertion Analysis oder *Bewertungsanalyse*. Dieses relativ aufwendige Verfahren geht nicht von einzelnen Wörtern aus, sondern ebenfalls von Sätzen. Alle komplexen Sätze werden in eine der zwei folgenden Formen zerlegt und umformuliert:

A. Einstellungs-Objekt (EO_1) – verbales Bindeglied (v) – umgangssprachlicher Terminus (uT)

B. Einstellungs-Objekt (EO_1) – verbales Bindeglied (v) – Einstellungs-Objekt (EO_2)

Es wird die Intensität der Einstellung gemessen a) aufgrund der Richtung von v und von uT, ob sie verbindend (+) oder trennend (–), negativ oder positiv sind, und b) der Intensität von v und uT, indem man beiden jeweils die Werte 1, 2 oder 3 zuordnet. Die meisten Verben im Präsens erhalten ± 3, Hilfsverben ± 2, Verben, die nur eine hypothetische Beziehung herstellen, ± 1. Die Zuordnung der Werte 1, 2 und 3 bei den umgangssprachlichen Termini entspricht in etwa den Intensitäten extrem – mittel – schwach. Dieses Verfahren der Zerlegung und Auswertung wird in Übersicht 37 an einem Beispiel demonstriert. Die Transformation der Sätze erfolgt wiederum derart, daß die Einstellungsobjekte neutrale Buchstaben erhalten, um nicht die Codierung durch die Einstellung der Codierer zu den Objekten zu verzerren. Bei der Auswertung wird für jedes Einstellungsobjekt getrennt die Summe der Produkte (letzte Spalte der Tabelle) berechnet, und zwar für die Sätze vom Typ 1 wie vom Typ 2. Der Nenner in der Index-Formel dient der Normierung des Maßes auf Werte zwischen +3 und −3.

Übersicht 37: *Beispiel für das Vorgehen bei einer Bewertungsanalyse*

Textbeispiel: «Die Gewerkschaften kritisierten mutig die Haltung der Unternehmer als stabilitätsgefährdend. Daher erwägen die Gewerkschaften, deren Position sich zunehmend gestärkt habe, weitere Kampfmaßnahmen.»

Transformation:
1. Die Gewerkschaften kritisieren die Unternehmer. (B)
2. Die Gewerkschaften sind mutig. (A)
3. Die Unternehmer sind stabilitätsgefährdend. (A)
4. Die Position der Gewerkschaft hat sich zunehmend gestärkt. (A)
5. Die Gewerkschaften erwägen Kampfmaßnahmen. (A)

EO_1*	v	Wert	EO_2 oder uT	Wert	Produkt d. Werte
Die Gewerkschaften	kritisieren	− 3	die Unternehmer	− 3	+ 9
Die Gewerkschaften	sind	+ 3	mutig	− 3	− 9
Die Unternehmer	sind	+ 3	stabilitätsgefährdend	− 2	− 6
Die Gewerkschaften	sind zunehmend	+ 2	stärker	+ 3	+ 6
Die Gewerkschaften	erwägen	+ 2	Kampfmaßnahmen	+ 3	+ 6

* Abkürzungen siehe Text

Auswertung: $$\text{Bewertung } EO_1 = \frac{\sum_{i=1}^{n} v_i \cdot uT_i + \sum_{i=1}^{n} v_i\,(EO_2)}{\sum |v_i|}$$

$i_1, i_2, \ldots, i_n$ = Zahl der Sätze mit EO_1

Die Werte für die Einstellung gegenüber einem Objekt liegen zwischen + 3 und − 3.

Das Verfahren verlangt eine gute Schulung der Codierer, die die numerische Zuordnung vornehmen. Es ist aufwendig, aber gut brauchbar, um ein nicht zu umfangreiches Textmaterial auf die in ihm enthaltene Bewertung von Ereignissen, Personen oder Kollektiven zu untersuchen. Als Beispiel sei auf die Bewertungsanalyse der amerikanischen Präsidentschaftskandidaten in drei Nachrichtenmagazinen verwiesen (Westley et al. 1963).

Auf ein weiteres Verfahren, die *Kontingenzanalyse,* sei nur hingewiesen (Osgood 1959; vgl. Bessler 1972, Abschnitt 4.2.2, Mayntz, Holm & Hübner 1971, S. 164 ff.). Im Prinzip geht es darum, Einstellungen in den Aussagen eines Textes durch das gemeinsame Auftreten bestimmter Wörter in zuvor festgelegten Einheiten des Textes zu ermitteln.

Eine wichtige Variante der Inhaltsanalyse ist in der engen Verbindung zur Informationstheorie und *Informationsästhetik* zu sehen. Mit Modellen aus der Informationstheorie werden Informationsgehalt und -struktur von Zeichenkomplexen beschrieben, z. B. der Dichtung, von Bildern und Musikstücken. Es geht um quantitative Analysen von ästhetischen Objekten, deren Informationsgehalt, bezogen auf einen Maßstab, berechnet wird, z. B. das sozialisierte Zeichenrepertoire der Rezipienten oder das durchschnittliche Zeichenrepertoire anderer Komponisten, Dichter etc. (s. BENSE 1969, FUCKS 1968, MOLES 1971).

5.10.5. Stichprobe

Ähnlich kompliziert wie bei Studien mit der Methode der Beobachtung ist die Wahl des Stichprobenverfahrens bei einer Inhaltsanalyse. In den meisten Studien hat man mit mehrstufigen Auswahlplänen und mit Klumpenstichproben gearbeitet.

Die Auswahl der Elemente geschieht häufig in vier Stufen; dabei trifft man auf jeder Stufe eine Entscheidung über die Art des Materials (Dokumente, Bilder, Sendung) und über den Zeitpunkt seiner Entstehung.

Im ersten Schritt ist das *Universum* zu definieren, auf das hin die Aussagen generalisiert und aus dem eine Stichprobe gezogen werden soll. Das können sein: alle Sendungen des WDR im Jahre 1970, alle überregionalen Tageszeitungen der BRD 1972, alle politischen Dokumente der am Ersten Weltkrieg beteiligten Länder im Sommer 1914. Im nächsten Schritt ist eine *Auswahl der Materialien* zu treffen, z. B. jede n-te Sendung oder nur Musiksendungen, nur drei der überregionalen Tageszeitungen usw. Im folgenden Schritt wird eine *Auswahl aus diesen Materialien* getroffen, z. B. jede n-te Musiksendung, jede n-te Ausgabe der Zeitungen oder alle Sendungen an x Tagen des Jahres zu bestimmten Tageszeiten. Im letzten Schritt werden die *Einheiten der Untersuchung* gewonnen: die ersten und die letzten fünf Minuten einer Sendung, jeder fünfte Leitartikel, jeder Satz eines Leitartikels, jedes Wort eines Leitartikels etc.

Der Studie von TROMMSDORFF lag folgender Auswahlplan zugrunde: 1. Frauenzeitschriften in der BRD 1965; 2. Auswahl von sechs aus den neun möglichen, da die restlichen eher auf Schnittmuster spezialisiert waren; 3. von jeder Zeitschrift zwölf Ausgaben, jeweils die erste Ausgabe eines Monats (sofern die Zeitschriften nicht ohnehin monatlich erschienen); 4. Erhebungs- und Untersuchungseinheit: eine Viertelseite, insgesamt rund 48 000 Einheiten.

5.10.6. Pretest

Der Pretest einer Inhaltsanalyse richtet sich vor allem auf zwei Punkte: zum einen, ob die zunächst impressionistische Sammlung der Kategorien oder ihre Ableitung aus dem Forschungsproblem nun dem Material gerecht wird und eine Prüfung der Hypothesen erlaubt. Zum anderen, ob die Codier-Anweisungen und die Übereinstimmung der Codierer durch entsprechende Reliabilitätsmaße geprüft werden. Die einzelnen Punkte sind aufgeführt in Übersicht 38.

Übersicht 38: *Aufgaben des Pretests bei einer Inhaltsanalyse*

Umfang:	Einprozentige Stichprobe der geplanten Stichprobe von inhaltsanalytischen Erhebungseinheiten.
Legitimation	(falls Material nicht bereits zugänglich): Darstellung der Untersuchungsziele.
Erhebungs-situation:	Zeitpunkt für Analyse richtig gewählt? Material zugänglich oder noch in Herstellung (z. B. Zeitungen, Statistiken)?
Instrument:	Entspricht Untersuchungsplan den zu prüfenden Hypothesen? Sind die inhaltsanalytischen Einheiten eindeutig definiert? Kategorienschema anwendbar? Kategorienschema vollständig? Kategorienschema eindeutig in Zuordnungen? Differenzierung oder neue Kategorien erforderlich?
Stichprobe:	Material vollständig? Erhebungseinheiten abgrenzbar? Periodisierung der Erhebungseinheiten angemessen? Mehrstufiges Stichprobenverfahren, Klumpenstichprobe oder einfache Zufallsstichprobe?
Kontrollen:	Vor allem durch Codierung gleichen Materials durch verschiedene Codierer. Reliabilität berechnen.

5.10.7. Fehlerquellen

Die beiden hauptsächlichen Fehlerquellen bei inhaltsanalytischen Studien sind die Reliabilität der Codierer (da man meist mit mehreren arbeitet) und die Validität des Kategoriensystems einschließlich der darauf aufbauenden Aussagen.

Von den Codierern wird erwartet, daß sie ähnliche semantische Interpretationen der Wörter und Kategorien vornehmen. Die angestrebte Äquivalenz läßt sich einerseits durch Schulung, andererseits durch eine präzise Definition der Kategorien erreichen. Bei Kategorisierungen nach Intensität oder bei Bewertungsanalysen sollte die Einstellung der Codierer zum Objekt untersucht werden, um nicht zusätzliche Verzerrungen zu erhalten. Da beim Codierer Lerneffekte auftreten, kann man die ersten 10 Prozent des Materials nochmals codieren lassen, um diesen Effekt zu kontrollieren.

Nach den vorliegenden Erfahrungen ist die Reliabilität des Codierens um so geringer:

- je höher die Zahl der Kategorien ist,
- je weniger erschöpfend die Kategorien definiert sind,
- je mehr Bewertung des Kontextes erforderlich ist.

Sie variiert (Spiegelman, Terwilliger & Fearing 1953):

- mit der Mehrdeutigkeit des Materials,
- mit der Mehrdeutigkeit der Codieranweisungen,
- mit Fähigkeit und Training der Codierer.

Zum Training der Codierer geben BUDD, THORP & DONOHEW (1967, S. 52 ff.) ausführliche Hinweise.

Die Reliabilitätsmessungen haben die gleichen Formen wie die im Abschnitt 5.7.8 vorgeschlagenen. Man bedient sich der Einfachheit halber beim Vergleich zweier Codierer als Reliabilitätsmaß folgendes Quotienten: Anzahl der von beiden gleich codierten Wörter dividiert durch die Summe der von beiden insgesamt codierten Wörter. Kompliziertere Reliabilitätsmaße sind von KAPLAN & GOLDSEN (1949) und SCOTT (1955) entwickelt worden.

Die Validität der Studien beruht häufig nur auf ihrer Plausibilität. Es wurde bereits im Abschnitt 5.10.3 ausgeführt, daß die face-validity vor allem bei Studien über den latenten Inhalt von Kommunikationen unzureichend ist. Es bedarf entweder der Außenkriterien oder der Ableitung von Prognosen, um die Aussagen zu validieren. Eine Konstrukt-Validität wird nur in seltenen Fällen erreichbar sein (vgl. das Beispiel bei HOLSTI 1968, S. 662).

Für die Validierung durch Außenkriterien (concurrent validity) ist die Studie von HOLSTI & NORTH ein gutes Beispiel. Untersucht wurden die politischen Ereignisse im Sommer 1914 vor Beginn des Ersten Weltkrieges. Die Autoren gingen von der Annahme aus, nicht nur die politischen, sondern auch die finanziellen Eliten würden auf die sich zuspitzende Krise reagieren. Es wurden a) die Einstellung der politischen Eliten aufgrund von Dokumenten analysiert und b) finanzielle Transaktionen parallel zur politischen Entwicklung erhoben. Die Korrelation der Maße aus der Inhaltsanalyse mit den finanziellen Indizes betrug .90, womit die Validität der Aussagen der Inhaltsanalyse über den Verlauf der Krise an Hand von Außenkriterien geprüft war (vgl. HOLSTI 1969, S. 146 f.).

5.11. EXPERIMENT

5.11.1. Voraussetzungen

In der Umgangssprache versteht man unter Experiment Handlungen, durch die bestehende Bedingungen verändert werden, mit denen man etwas «ausprobiert» und nun abwartet, wie sich diese Veränderungen auswirken. In wissenschaftlichem Sprachgebrauch ist dieses Verständnis zu weit, da z. B. die Ungewißheit des Ausgangs Kennzeichen jeder Methode ist. Das wissenschaftliche Experiment kann definiert werden als «wiederholbare Beobachtungen unter kontrollierten Bedingungen, wobei eine (oder mehrere) unabhängige Variable(n) derartig manipuliert wird (werden), daß eine Überprüfungsmöglichkeit der zugrunde liegenden Hypothese (Behauptung eines Kausalzusammenhanges) in unterschiedlichen Situationen gegeben ist» (ZIMMERMANN 1972, S. 37).

Die Definition von ZIMMERMANN ist ein Versuch, die unterschiedlichen methodologischen Anforderungen zu berücksichtigen, denen ein Experiment unterliegt. (Die Anforderungen sind keineswegs in allen experimentellen Untersuchungen erfüllt, obgleich auch sie als Experimente bezeichnet werden.) Die Definition ist daher strenger im Vergleich zu anderen, etwa der gängigen, ein Experiment sei eine «Beobachtung unter kontrollierten Bedingungen». Sie hat zudem den Vorzug, sich nicht nur auf das Experiment als eine *spezielle Methode* der Sozialforschung anwenden zu lassen, sondern auch für das Experiment als eine spezifische *Form des Untersuchungsplanes* – ungeachtet der Methode – zu gelten.

Das Experiment gilt als die exakteste Form wissenschaftlicher Forschung, weil es folgende Vorteile bietet:

1. Kontrolle aller zur Hypothesenprüfung bedeutsamen Variablen.
2. Manipulation der Versuchsbedingungen, um den Einfluß einer oder mehrerer unabhängiger Variablen auf eine abhängige Variable festzustellen; Kausalanalyse.
3. Messung der Art des Zusammenhangs zwischen zwei Variablen, möglichst durch Angabe der mathematischen Funktion, die den Zusammenhang beschreibt.

Zu den Vorteilen des Experiments gehört auch, daß es nicht denkbar ist ohne eine enge Verbindung von Hypothesen, Untersuchungsplan und mathematisch-statistischer Auswertung – jener Verbindung, die für alle Methoden der Sozialforschung gefordert wird, hier aber in ihrer stringentesten Form auftritt.

Die Voraussetzungen, um die angeführten Vorteile exakter Hypothesenprüfung zu erreichen, liegen in der komplizierten methodologischen Struktur experimenteller Methodik. Die Kenntnis der wichtigsten Voraussetzungen ist zugleich ein Ausgangspunkt für die Frage, ob Experimente in der Soziologie möglich sind.

1. *Wiederholbarkeit:* Die experimentellen Bedingungen sollen nicht einmalig sein. Um zu prüfen, ob ein Film mit aggressiven Stimuli Personen aggressiver macht, werden zwei strukturell gleiche Personengruppen vor der Präsentation des Films auf den Grad ihrer momentanen Aggressivität hin untersucht. Der einen Gruppe wird dann ein Film über einen Boxkampf vorgeführt, der anderen Gruppe nicht. Nach der Vorführung des Films werden in beiden Gruppen nochmals Messungen des Grades der Aggressivität vorgenommen. Diese Erhebungssituation ist wiederholbar; fraglich ist, ob die Personen sich durch das Experiment so verändert haben, daß sie erst nach Wochen oder gar nicht mehr in einem solchen Experiment die gleichen Reaktionen zeigen, d. h. das Experiment zu den gleichen Ergebnissen führt. (Von denselben Ergebnissen zu sprechen wäre zu anspruchsvoll.) Nicht wiederholbar sind indessen die meisten makrosoziologischen Prozesse, z. B. eine veränderte politische Situation durch internationale Verträge oder soziale Veränderungen durch neue Gesetze.

2. *Kausalanalyse:* Das zentrale Problem des Experiments ist, die Beziehung zwischen den wenigen einbezogenen Variablen zu präzisieren, da es

darum geht, die Variation einer abhängigen Variablen durch eine oder mehrere unabhängige Variablen zu erklären. Im Experiment wird, um eine Kausalbeziehung zwischen unabhängigen und abhängigen Variablen zu prüfen, eine asymmetrische Beziehung vorausgesetzt. D. h., nach den in Abschnitt 2.5 aufgeführten Kriterien der Beziehungen zwischen Variablen: die Beziehung muß irreversibel sein; die Frage, ob es sich um eine hinreichende oder bedingte und notwendige oder substituierbare Beziehung handelt, bleibt dann im Experiment zu prüfen.

Um die Art der Kausalbeziehung zu prüfen, hat John Stuart MILL in seinem «System of Logic» fünf mögliche Formen kausaler Analyse entwickelt, von denen hier zwei besonders wichtig sind:

1. Methode der Übereinstimmung: ein Ereignis (abhängige Variable) tritt unter zwei Bedingungen auf. Unterscheiden sich diese Bedingungen bis auf eine Variable in allen anderen, d. h. sind alle restlichen Variablen unter der ersten Bedingung anwesend, unter der zweiten hingegen nicht, so ist die eine in beiden Bedingungen anwesende Variable die «Ursache» des Auftretens der abhängigen Variablen.
2. Methode der Differenz: In zwei Bedingungen tritt unter der ersten Bedingung ein Ereignis (abhängige Variable) auf, unter der zweiten Bedingung nicht. Sind die Bedingungen in ihren Variablen bis auf das Fehlen einer Variablen im zweiten Fall identisch, so gilt diese als «Ursache» für das Auftreten der abhängigen Variablen in der ersten Bedingung.

Die Logik von MILL auf die Analyse sozialwissenschaftlicher Experimente anzuwenden unterliegt drei erheblichen Einschränkungen:

1. MILL setzt eine deterministische Beziehung zwischen den Variablen voraus, die meisten sozialwissenschaftlichen Gesetzesaussagen sind aber statistische Gesetze (vgl. Abschnitt 2.2.1). Oft ist die unabhängige Variable X eine notwendige, aber nicht hinreichende Bedingung für das Auftreten der abhängigen Variablen Y.
2. MILL geht von dichotomen Variablen aus (tritt auf – tritt nicht auf), während die meisten Variablen in den Sozialwissenschaften mehrere Ausprägungen haben, z. B. Alter, Beruf, Grad der Aggressivität.
3. Die Kausalbeziehung muß nicht auf eine der einbezogenen Variablen, sondern kann auf eine nicht gemessene weitere Variable zurückgehen. Das führt zu der nächsten Voraussetzung, der Kontrolle der Bedingungen.

3. *Kontrolle der Bedingungen:* Die Kontrolle der zur Hypothesenprüfung relevanten Bedingungen des Experiments setzt voraus, explizite oder implizite Gesetzesaussagen über den Zusammenhang mehrerer Variablen anzuwenden. Solche Gesetzesaussagen sind erforderlich, um zu begründen: a) welche unabhängigen Variablen eine Variation der abhängigen Variablen hervorrufen können (Auswahl der Variablen); b) welche interaktiven Effekte und Kovarianzen unter den unabhängigen Variablen auftreten können. Muß der Forscher in dem unter (1) genannten Aggressionsexperiment auch die folgenden Variablen kontrollieren: Alter der Personen, Va-

riablen einer schichtspezifischen Form der Reaktion auf verbale und physische Aggression oder das Ausmaß, in dem bei den am Experiment beteiligten Personen durch aggressive Modelle im Fernsehen die kulturelle Norm (hier eine Brutalitätsschwelle) herabgesetzt ist?

Die Kontrolle der Bedingungen im Experiment ist demnach eine Funktion des Standes der Theorie einer Disziplin. Ein weiteres, gerade für soziologische Experimente wichtiges Argument nennt NAGEL (1961, S. 451): «Die Ausübung von Macht, um soziale Bedingungen entsprechend den experimentellen Zwecken zu modifizieren, ist eindeutig selbst eine soziale Variable.» Daß es dem Forscher gelingt, Personen in sein Labor zu holen und zur Mitarbeit zu bewegen, zehrt von dem Vertrauen in die Ethik, den Sinn und den Nutzen der Forschung – ebenso wie bei anderen Methoden. Darüber hinaus entsteht das Problem, daß sich weder eine Wirtschaftskrise noch die Reaktion von Menschen auf ein Feuer im Büro durch ein Experiment erzeugen lassen, sowohl aus Gründen der Macht wie denen der Ethik. Die Euthanasie-Experimente im nationalsozialistischen Deutschland zeigen jene Korruption wissenschaftlicher Ethik durch die Delegation von Macht an Wissenschaftler für ihre Experimente.

4. *Situationen:* Um kausale Beziehungen unter kontrollierten Bedingungen festzustellen, bedarf es einer definierten Experimentalsituation (Erhebungssituation). Der Forscher kann sie entweder herstellen oder aufsuchen, was vereinfacht der Unterscheidung von Laborexperiment und Feldexperiment entspricht.

5. *Ethik:* Ein weiteres Problem, das man den Voraussetzungen zuordnen muß, ist die Ethik der experimentellen Methode. In einigen Experimenten werden die Teilnehmer Ängsten ausgesetzt, sie sollen Elektroschocks verteilen oder werden mit eintönigen Aufgaben (z. B. lange Additionen) beschäftigt. In vielen Experimenten werden die Teilnehmer bewußt getäuscht, um die angezielten Reaktionen zu messen. Gerade um der angestrebten Authentizität der Experimentalsituation willen sind solche Manipulationen erforderlich. Das Problem der ethischen Legitimation verschärft sich noch durch die Anwendung experimenteller Methoden auf Gebiete wie Sexualität oder Drogenkonsum und allgemein bei allen Feldexperimenten (vgl. das Beispiel im Abschnitt 5.11.4).

Als minimale Anforderung an Experimente gilt, den Teilnehmern keinen Schaden zuzufügen, sie nachträglich über das Experiment aufzuklären und zu prüfen, ob das Experiment weitere Folgen für sie hatte. Einen generellen Code ethischer Regeln hat die American Psychological Association nach vierjähriger Forschung im Jahre 1971 vorgelegt. In ihm wird u. a. die Bezeichnung «Versuchsperson» durch «Teilnehmer» ersetzt, ein höherer Grad von Anonymität bei Beobachtungen gefordert, zu Studien geraten, die für die Teilnehmer eine «kompensatorische, nutzbringende Erfahrung» sein sollen, und schließlich die Verpflichtung der Psychologiestudenten, an Experimenten teilzunehmen, (etwas) eingeschränkt. In noch umfassenderer Weise dokumentiert die enorme Materialsammlung von Katz (1972) an Fällen aus allen Disziplinen die ethischen und juristischen Probleme des Experiments.

Die Probleme der Ethik sind letztlich nicht nur von der Chance der Teilnehmer, ein Experiment abzulehnen, oder von dem Verantwortungsbewußtsein des Versuchsleiters abhängig, sondern auch davon, ob das Vertrauen der Teilnehmer in eine Profession durch deren Ziele gerechtfertigt ist. Das emanzipatorische Potential der Wissenschaft, die Frage nach den Interessen der Betroffenen und die mögliche Praxis bilden die Bezugspunkte auch für experimentelle Forschung (vgl. hierzu Holzkamp 1970).

Aus der Schwierigkeit, in sozialwissenschaftlichen Untersuchungen alle genannten Voraussetzungen zu erfüllen, hat Nagel (1961, S. 450 f.) den Schluß gezogen, neben dem kontrollierten Experiment eine weniger strenge Form zuzulassen, die «kontrollierte Untersuchung». Sie hat eine ähnliche methodologische Struktur wie das Experiment, richtet sich ebenfalls darauf, empirisch Gesetze zu prüfen, verlangt aber weder eine Manipulation der Variablen durch den Forscher noch die Reproduzierbarkeit der Erhebungssituation. Nagel verweist in diesem Zusammenhang auf die Astronomie und die Astrophysik: Auch dort ist es nicht möglich, Variablen zu manipulieren und Erhebungssituationen herzustellen; das schließt aber eine kontrollierte Untersuchung der Planetenbahnen, die zu Gesetzesaussagen führt, nicht aus.

Experimentelle Verfahren sind ein zentraler Bestandteil der psychologischen und sozialpsychologischen Forschung, sehr selten hingegen einer der Soziologie. Hierfür gibt es zwei Erklärungen: die Voraussetzungen des Experiments sind in der Soziologie (und Ökonomie) nicht gegeben, und: der Entwicklungsstand der Disziplinen erlaubt noch keine so rigide Prüfung ihrer Theorien. Die erste Erklärung stellt sich bei näherer Prüfung methodologisch als unzutreffend heraus (Opp 1970 a).

Gegen Experimente in der Soziologie wird zumeist die Künstlichkeit der Experimentalsituation und die Komplexität der sozialen Realität angeführt. *Künstlichkeit* ist indessen kein notwendiges Kennzeichen von Experimenten; vielmehr läßt sich durch eine systematische Variation der Experimentalsituation und vor allem durch vergleichende Untersuchungen in Feldsituationen eine höhere Gültigkeit der Experimente erreichen (Opp 1970 a, S. 41 f.). Gegen das Argument der Künstlichkeit spricht ferner: Die Situation im Labor unterscheidet sich von der Situation im Feld nicht prinzipiell, sondern nur graduell, nämlich durch die Zahl der Restriktionen und die Art, wie gut die strukturellen Elemente des Feldes abgebildet sind. Einige Experimente lassen sich gar nicht mehr eindeutig der Trennung Labor – Feld zuordnen, wie z. B. das im Abschnitt 5.11.4 genannte von Clark III & Word (1970). Problematischer ist die Angemessenheit der Abbildung: Zu Recht bezweifeln Mayntz, Holm & Hübner (1971, S. 185), ob «das Lob des Experimentators oder der Gewinn von Pluspunkten, Spielmarken oder geringfügiger Geldbeträge für die Versuchspersonen [nicht] eine ganz andere (vermutlich geringere) Bedeutung besitzen als das Lob eines wirklichen Vorgesetzten, eine gute Examensnote oder eine Gehaltssteigerung». Dies zu entscheiden kann selbst Aufgabe von Experimenten oder Forschungen mit anderen Methoden sein.

Das zweite Hauptargument, die *Komplexität der sozialen Realität* (z. B. Siebel 1965, S. 185 ff.), ist kein spezieller Einwand gegen die Methode des Experiments, sondern auch gegen alle anderen Methoden der Sozialforschung, die doch gemeinhin von den Kritikern akzeptiert werden. Zudem läßt sich die Realität mit einer finiten Menge von Variablen (und Gesetzesaussagen) hinreichend beschreiben (Opp, 1970 a, S. 42 f.). Dieser Gegeneinwand von Opp ist methodologisch korrekt, nur praktisch häufig unzutreffend. Gerade um die Komplexität abzubilden, bedarf es entweder sehr komplizierter, multifaktorieller Untersuchungspläne oder eines außerordentlich langen Prozesses kumulativer Forschung aus Experimenten mit jeweils wenigen Variablen. Da der zweite Fall in der psychologischen und sozialpsychologischen Literatur überwiegt, entsteht dort die Schwierigkeit, die Einzelbefunde in eine Theorie größerer Allgemeinheit zu integrieren. Wie die lerntheoretische Forschung zeigt, ist das sehr wohl möglich. Hingegen haben die Forschungen zur Aggression und den Prozessen kognitiven Gleichgewichts resp. der kognitiven Dissonanz einen solchen Grad an Integration nicht erreicht – obgleich Soziologen gern die Theorie der kognitiven Dissonanz als Beispiel für eine entwickelte Theorie anführen. Zutreffender ist es, sowohl im Falle der Aggressions- wie der Dissonanzforschung von einer zunehmenden Differenzierung und Präzisierung der ursprünglichen theoretischen Begriffe zu sprechen. Dies hat zu einer Vielzahl von Experimenten geführt, die ihrerseits eine weitere Differenzierung der Variablen und Versuchsbedingungen nach sich zogen. Damit hat sich der Realitätsgehalt der Hypothesen erhöht; allerdings erschwert die Interdependenz von Problemen der Konzeptualisierung, der Meßverfahren und der Anforderungen experimenteller Exaktheit – trotz der hohen methodischen Standards – die theoretische Integration der Einzelergebnisse.

Das faktische Dilemma benannte Blalock (1973, S. 2) treffend:

«But, unfortunately, we sometimes believe (or at least act) as though extremely complex ‹real world› social systems can be studied as simply as laboratory situations. Of course we will know that this is not the case, but we collect and analyze our data as though it were! ... But if reality is complex, so must be our analyses. If there is any one thing that I have learned over the past dozen years or so, it is this fact. If, for example, a complex situation should require a model involving 30 variables reciprically interrelated in a complex causal model, then it is wrong to attempt to break them apart into sets of two or three variables unless very restrictive assumptions hold true.»

Will man im Rahmen einer um strenge Hypothesenprüfung bemühten soziologischen Forschung stärker als bisher mit experimentellen Verfahren arbeiten, so entstehen noch größere Probleme als z. B. in der Psychologie und Sozialpsychologie, die komplexen Variablenzusammenhänge nicht in zu engen Experimenten mit nur wenigen Variablen zu prüfen. Erschwerend wirkt sich außerdem die oftmals unpräzise Formulierung der Hypothesen aus (die zweite obengenannte Erklärung).

HOVLAND (1972) untersuchte einige Unterschiede in den Ergebnissen von Experimenten und Befragungen zur Massenkommunikationsforschung und zum Einstellungswandel. Er sieht in den Unterschieden keine Widersprüche, sondern führt sie auf verschiedene Bedingungen (Art der untersuchten Kommunikation, Art des kommunizierten Inhalts) zurück. Um einen höheren Grad an Integration und Validierung der Ergebnisse zu erreichen, plädiert er für komplexere experimentelle Untersuchungspläne, die sich an Hypothesen orientieren, die in Panel-Studien gewonnen wurden.

Die Verwendung von umfangreichen Kausalmodellen, von quasi-experimentellen Untersuchungsplänen, von fantasievollen Feldexperimenten und punktuellen Laborexperimenten dürfte die Möglichkeit bieten, jene Komplexität zu erhalten und gleichzeitig eine methodologisch und methodisch exakte Prüfung der Hypothesen zu erreichen.

5.11.2. Varianten

Das *Laborexperiment* wird von FESTINGER (1953, S. 137) definiert als ein Experiment, «in dem der Forscher eine Situation mit genau den Bedingungen schafft, die er haben möchte und in der er einige Variablen kontrolliert und andere verändert». Das Experiment soll eine möglichst vollständige Kontrolle aller unabhängigen Variablen unter Ausschluß aller störenden Einflüsse enthalten. Auch die Zuweisung der Teilnehmer zu den unterschiedlichen Versuchsbedingungen ist nur im Laborexperiment exakt zu erreichen. Daß ein «reines» Experiment allein aufgrund der Einflüsse des Versuchsleiters nicht möglich ist, dürfte inzwischen erwiesen sein (vgl. BREDENKAMP 1969, S. 335 ff.).

Es geht darum, auch seine Einflüsse zu kontrollieren. Umstritten ist, ob das Laborexperiment Situationen außerhalb des Labors abbilden soll, was z. B. FESTINGER (1953, S. 137) zugunsten der Reinheit des Experimentes ablehnt.

Demgegenüber ist das *Feldexperiment* nur durch die Authentizität der Erhebungssituation gekennzeichnet. Es ist «eine Untersuchung in einer realistischen Situation, in der eine oder mehrere Variablen vom Versuchsleiter manipuliert werden, so sorgfältig, wie es die Situation gestattet» (KERLINGER 1964, S. 382). Der zweite Teil des Satzes deutet bereits auf die Schwierigkeiten hin: Im Feldexperiment lassen sich faktisch nur ein

Teil der unabhängigen Variablen kontrollieren. Die Anfälligkeit des Feldexperiments gegen Störeinflüsse, nichteinbezogene Variablen und nichtantizipierte Konsequenzen ist größer als beim Laborexperiment. Der geringeren Exaktheit steht eine größere Realitätsnähe gegenüber: Es bietet den Vorteil, komplexe Interaktionen untersuchen zu können, außerdem stärkere Effekte der unabhängigen Variablen auf die abhängige zu erreichen.

Quasi-experimentelle Verfahren. Unter dieser Bezeichnung fassen CAMPBELL & STANLEY (1963, S. 206) alle experimentellen Untersuchungspläne zusammen, in denen nur Teile der Anforderungen an Labor- und Feldexperimente erfüllt sind. Der Forscher hat nur eine unvollständige Kontrolle über die experimentellen Bedingungen: Es fehlt eine zufällige Zuweisung der Teilnehmer auf die einzelnen Bedingungen, oder es besteht Unsicherheit über den Zeitpunkt der Erstmessung vor Einführung eines experimentellen Stimulus oder Unkenntnis über die Person, die die erste Messung vornahm. Die Autoren diskutieren zehn solcher quasi-experimentellen Untersuchungspläne, durch die auch unter eingeschränkten Bedingungen eine möglichst exakte Hypothesenprüfung zu erreichen ist. Diese Verfahren kommen dem Vorschlag NAGELS, der «kontrollierten Untersuchung», nahe; gerade für die soziologische Forschung sind sie bedeutsam. Im Rahmen dieser Einführung können nur zwei dieser Pläne (Abschnitt 5.11.4) kurz behandelt werden; ansonsten sei auf den genannten Text und die Darstellung bei ZIMMERMANN (1972) verwiesen.

Ex-Post-Facto-«Experiment». In dieser Form des «Experiments» wird eine Analyse vorliegenden Materials, z. B. von Daten aus einer Befragung oder Akten, vorgenommen, um den Einfluß eines früheren Ereignisses auf die Entwicklung der Personen zurückzuverfolgen.

So hat CHRISTIANSEN (zit. nach CHAPIN 1956, S. 238 ff.) die Hypothese «Je größer der Fortschritt eines Schülers an der Höheren Schule ist, desto größer wird der Grad seiner wirtschaftlichen Anpassung sein» an einer Stichprobe von rund 2000 Schülern aus dem Jahre 1926 ex post im Jahre 1935 untersucht. Aus den Akten war erkennbar, welche Schüler die Schule mit und welche sie ohne Abschlußzeugnis verlassen hatten. Die Schüler wurden, soweit noch erreichbar, aufgesucht und interviewt. Aus der Analyse der Daten der Interviews konnten aus beiden Gruppen von Schülern jeweils 145 ausgesucht werden, die sich in sechs Variablen gleich waren: Durchschnittsnoten, Beruf des Vaters, Alter, Geschlecht, sozialer Status der Nachbarschaft, Nationalität der Eltern. Der Vergleich der beiden Gruppen erbrachte, daß von der Kontrollgruppe vorzeitig Abgegangener 83 % seit dem Abgang ein gleich hohes oder höheres Gehalt bezogen (Indikator der wirtschaftlichen Anpassung), während es in der Experimentalgruppe der Absolventen 89 % waren – ein sehr geringer Unterschied also.

Hier wurde eine differenzierte Kontrolle der Variablen vorgenommen, um die Gruppen bis auf die abhängige Variable möglichst zu parallelisieren. Handelt es sich dabei um ein Experiment? – Entgegen GREENWOOD (1956, S. 182) muß dies verneint werden, da im strengen Sinne keine Kontrolle aller unabhängigen Variablen besteht und von nur *einer* Messung der Effekte ex post auf die Ursache (unabhängige Variable) geschlossen wird. ZIMMERMANN (1972, S. 186) spricht daher von einer «Anordnung». Dennoch ist diese Anordnung eine brauchbare und heuristisch wertvolle Form der Analyse von Variablen-Zusammenhängen.

Simulation. Reale Prozesse zu simulieren heißt, sie in einem Modell nachzuahmen. Aufgrund vorhandener Daten werden soziale Prozesse reproduziert, was unter der Voraussetzung, über eine möglichst exakte Kenntnis der Beziehungen zwischen den Variablen zu verfügen, eine systematische Variation der Effekte der unabhängigen Variablen auf die abhängige(n) Variable(n) ermöglicht. Im Bereich makrosoziologischer und makroökonomischer Forschung kann dies z. B. zur Stadt- oder Regionalplanung geschehen. Die Möglichkeiten zur Simulation sind vor allem durch die Verwendung von Computern gestiegen, wie die Beispiele in der ökonomischen Forschung zeigen. Methodologisch bietet die Simulation sich auch zur Prüfung von Modellen an, deren Variation durch Statistiken, z. B. Wirtschaftsstatistiken, extern validierbar ist. Sie erlaubt außerdem, die Gültigkeit des Modells vorausgesetzt, Optimierungsprobleme zu lösen, z. B. bei der Verteilung von Schulplätzen oder der Auswahl von Standorten (vgl. hierzu ABELSON 1968, GUETZKOW 1962, MEISSNER 1970).

Zu den Abwandlungen der experimentellen Methodik zählen auch *geplante Eingriffe* während einer Studie mit der Methode der Beobachtung, z. B. die Manipulation des Blickkontakts in einem therapeutischen Gespräch. Die enge Beziehung zwischen Beobachtung und Experiment sollte jedoch nicht zu einer Gleichsetzung beider Methoden führen, da es beim Experiment nicht um die Methode der Protokollierung, sondern um die methodologische Anlage der Untersuchung geht.

Ebenso sind geplante und kontrollierte Veränderungen des Feldes während einer teilnehmenden Beobachtung oder Interventionen im Rahmen einer Aktionsforschung Varianten der quasi-experimentellen Verfahren, wenngleich nur selten alle Anforderungen dieser Untersuchungspläne hinsichtlich der Kontrolle der Variablen erfüllbar sind.

Hingewiesen sei schließlich auf *Planspiele,* in denen Personen vorgegebene Positionen mit definierten und limitierten Handlungschancen zugeordnet werden. Das Ziel ist, komplexe soziale Strukturen abzubilden, um die Interaktionen der Personen zu studieren; darüber hinaus sollen sie selbst die Struktur und Zwänge der Situation erkennen können.

5.11.3. Anwendung

Laborexperimente sind bislang eine Domäne der psychologischen und sozialpsychologischen Forschung: Denk- und Wahrnehmungspsychologie, Prozesse interpersoneller Wahrnehmung, Entscheidungstheorie, Aggressionsforschung, lerntheoretische Forschungen oder Probleme der kognitiven Dissonanz sind fast ausschließlich in Laborexperimenten untersucht worden. Dies sind nur einige Beispiele aus der Vielzahl der Anwendungsmöglichkeiten des Laborexperiments. Einen ersten Einblick in die für einen Soziologen wichtigen Experimente bietet der instruktive Sammelband von IRLE (1969). Für die (seltenen) soziologischen Laborexperimente ist die partielle Abbildung einer militärischen Organisationsstruktur ein Beispiel (vgl. ZELDITCH 1961).

Daneben kann man eine Tendenz zu Feldexperimenten beobachten, z. B. in der Aggressionsforschung oder in Studien zur Produktivität in Gruppen oder der Effekte unterschiedlicher Führungsstile in Betrieben (vgl. FRENCH 1953). Gerade Organisationen und Institutionen wie Schule und Betrieb bieten vielfältige Möglichkeiten zu feldexperimenteller Forschung und zugleich die Chance, sie mit politischer Praxis zu verbinden.

Für die einzelnen quasi-experimentellen Verfahren geben, vor allem aus dem Bereich der pädagogischen Forschung, CAMPBELL & STANLEY (1963) zahlreiche Anwendungsbeispiele.

5.11.4. Vorgehen

Das Experiment setzt Hypothesen voraus, deren Variablen präzise definiert sind. Um die genaue Beziehung zwischen unabhängigen Variablen und abhängigen Variablen zu bestimmen, sind die Operationalisierungen normalerweise strenger als bei anderen Methoden der Sozialforschung, da sie in Laborexperimenten Teil der Konstruktion der Erhebungssituation sind. Soll die Geschwindigkeit der Aufgabenerfüllung einer Gruppe in Abhängigkeit von der Kommunikationsstruktur untersucht werden, so ist die Art der Aufgabe zu spezifizieren; die Struktur mag in der Trennung der Personen durch Kabinen bestehen, die in unterschiedlicher Weise, entsprechend den einzelnen Versuchsbedingungen, durch Kabel und Mikrophone miteinander verbunden sind, so daß immer nur einige Personen verbalen Kontakt zueinander haben.

Der zweite Schritt, in dem Beispiel bereits angedeutet, bezieht sich auf die Konstruktion der Experimentalsituation. Hierzu gehört auch die Anweisung, die der Versuchsleiter den Teilnehmern gibt.

Die Zahl der unabhängigen und abhängigen Variablen und ihre vermutete Beziehung bestimmen die Wahl des Untersuchungsplans (design) und seine statistische Auswertung. Hierfür sei auf die einschlägige Literatur verwiesen, z. B. CAMPBELL & STANLEY (1963), EDWARDS (1971), MITTENECKER (1964), WINER (1962), ZIMMERMANN (1972).

Um die Probleme experimenteller Methodik zumindest anzudeuten, seien *vier Untersuchungspläne* aufgeführt:

Versuchsplan 1.: M_1 X M_2

Die Effekte nur einer unabhängigen Variablen (X) auf eine abhängige Variable werden untersucht. CAMPBEL & STANLEY (1963, S. 177) rechnen diesen Plan zu den «vorexperimentellen», da sich die Differenzen zwischen den Messungen M_1 und M_2 nicht nur als Effekt von X erklären lassen, sondern u. a. auch auf historische Veränderungen zwischen den Zeitpunkten der Messung, Reifungsprozesse der Personen, Effekte der Erstmessung zurückgehen können. Da dieser Versuchsplan auch vielen Panel-Studien zugrunde liegt, gelten entsprechend diese Einwände gegen die Validität der Schlüsse.

Versuchsplan 2.: E : M_1 X M_2
K : M_3 M_4

Dieser «echte» und häufig verwendete Versuchsplan erlaubt, die Effekte der Zeit zu kontrollieren, indem zu gleichen Zeitpunkten wie in der Experimentalgruppe (E) auch Messungen bei einer Kontrollgruppe (K) vorgenommen werden. Hierdurch lassen sich z. B. die unter (1) genannten Fehlerquellen bis auf die Effekte der Erstmessung kontrollieren. Zur Auswertung dient meist der t-Test.

Versuchsplan 3.: Faktorieller Versuchsplan

	Y_1	Y_2
X_1	M_1	M_2
X_2	M_3	M_4

In diesem quasi-experimentellen Versuchsplan werden die Effekte zweier unabhängiger Variablen (X, Y) in je zwei Ausprägungen auf die abhängige Variable gleichzeitig untersucht. Die Messungen sollten möglichst zum gleichen Zeitpunkt vorgenommen werden, um Effekte der Zeit zu verhindern. Das mathematisch-statistische Modell der Auswertung ist zumeist die Varianzanalyse.

Versuchsplan 4.: M_1 M_2 M_3 M_4 X M_5 M_6 M_7 M_8

Eine abhängige Variable, z. B. die Frequenz des Fernsehens, wird periodisch gemessen sowohl vor der Einführung der unabhängigen Variablen, z. B. dem Kauf eines Farbfernsehers, wie später, um die Effekte der unabhängigen Variablen zu analysieren, im Beispiel die Veränderungen der Fernsehfrequenz. Auch die Analyse von Zeitreihen ist ein quasi-experimentelles Verfahren. Die Effekte der unabhängigen Variablen unterliegen mehreren Fehlerquellen, u. a. der rivalisierenden Erklärung durch historische Veränderungen oder reaktive Effekte aufgrund der wiederholten Messungen. – Die Auswertung erfolgt durch Signifikanz-Tests oder Extrapolation von Trends.

Ein zentrales Element der *Fehlerkontrolle* im Experiment ist die Aufteilung der Teilnehmer an den Versuchen auf die einzelnen Gruppen und Versuchsbedingungen. Das Ziel ist, möglichst Gruppen gleicher Merkmalsverteilung zu erhalten, um Gruppenmerkmale nicht mit den gewünschten Effekten der unabhängigen Variablen zu vermengen. Um die Gleichartigkeit der Gruppen zu gewährleisten, bedient man sich zweier Verfahren, die sich – vereinfacht – mit der Quota- und der Zufallsstichprobe vergleichen lassen:

1. Bei der *Parallelisierung* (matching) werden die Teilnehmer des Experiments derart auf die Experimental- und Kontrollgruppe aufgeteilt, daß entweder a) jeder Person in der Experimentalgruppe eine andere, hinsichtlich möglichst vieler Merkmale gleiche Person in der Kontrollgruppe entspricht (Ideal: jeweils eineiige Zwillinge), oder b) sich nicht die Individuen, so doch wenigstens die Verteilung der Merkmale in den beiden Gruppen insgesamt weitgehend gleichen (also die Randsummen der Tabelle mit den Merkmalen der Gruppenmitglieder). Die Parallelisierung setzt voraus, die bedeutsamen Variablen zu kennen, welche einen Effekt auf das Experiment haben könnten.

2. Da dies nur selten der Fall ist, sollte eine zufällige Verteilung der Personen auf die Experimental- und Kontrollgruppe resp. zusätzlich auf die einzelnen Versuchsbedingungen erfolgen. Durch diese *Randomisierung* wird eine maximale Zufallsstreuung der Variablen erreicht, die einen verzerrenden Einfluß auf die Ergebnisse haben könnten. Daher ist nach STANLEY & CAMPBELL (1963, S. 185) die Randomisierung in jedem Fall einer Parallelisierung vorzuziehen.

Probleme des Feldexperiments. Lassen sich die aufgeführten Elemente des Vorgehens auch auf Feldexperimente übertragen? – Methodologisch ist dies zu bejahen: Auch ein Feldexperiment verlangt, die Hypothesen präzise zu formulieren und die Beziehungen zwischen den Variablen anzugeben. Auch die unterschiedlichen Versuchspläne und zuletzt genannten Kontrollverfahren sind anwendbar.

Vorbehalte sollte man hinsichtlich der Möglichkeit haben, alle unabhängigen Variablen zu kontrollieren. Der Forscher hat a) meist nur Teilkenntnisse aller Variablen des Feldes, er kennt b) auch nicht ihre interaktiven Effekte, z. B. zwischen der Zahl der anwesenden Personen, ihrem sozialen Status und ihrem Alter, schließlich kann er c) nur einen Teil dieser Variablen manipulieren.

Mit der Komplexität der Erhebungssituation steigen die Schwierigkeiten, das Feldexperiment wird zur Feldstudie: Der Forscher kann nur noch eine Selektion von Bedingungen und Personen, nicht aber ihre Manipulation vornehmen. Besonders deutlich wird dies an Feldexperimenten in Gemeinden.

FRENCH (1953, S. 103) hat daher vorgeschlagen, sich in Feldexperimenten auf die Analyse der Haupteffekte der Variablen zu konzentrieren, also zunächst nur die stärksten Effekte der unabhängigen Variablen auf die abhängigen zu berücksichtigen, bevor man die Wechselwirkungen zwischen den unabhängigen Variablen untersucht. Ein weiteres Problem ist das Meßniveau: In der Mehrzahl der Fälle dürfte in Laborexperimenten eine höhere Skalenqualität zu erreichen sein, mithin auch eine differenziertere statistische Auswertung.

Um diese Schwierigkeiten zu verringern, empfiehlt sich folgendes Vorgehen:

1. Sorgfältige Auswahl der Erhebungssituation, explorative teilnehmende Beobachtung der prospektiven Situation, um Informationen zu erhalten, ob sich die Hypothesen angemessen prüfen und die Bedingungen kontrollieren lassen.
2. «Insulation» (French 1963, S. 117) der Situation vom Rest des Feldes, wodurch der Einfluß weiterer Variablen verringert werden soll. Ein gutes Beispiel ist die Erhebungssituation in der unten dargestellten Studie.
3. Nicht zu geringe Zahl von Experimenten; Replikation des Experiments in anderen Erhebungssituationen.
4. Versuch, mit Kontrollgruppen und Randomisierung zu arbeiten.
5. Verzicht auf Messungen zu Anfang des Experiments, z. B. durch Interviews mit den Teilnehmern, da sonst nur schwer kontrollierbare reaktive Effekte (Messung – Versuchsbedingung) auftreten.

Abschließend wird das experimentelle Vorgehen an einem Feldexperiment eingehend dargestellt. Dazu ist es erforderlich, zunächst die Forschungsrichtung, der das Experiment zugehört, zu beschreiben.

In dem angesehenen New Yorker Stadtteil Queens wurde an einem Aprilmorgen des Jahres 1964 die Krankenschwester Kitty Genovese überfallen und durch zahlreiche Messerstiche getötet. Der Vorfall dauerte 35 Minuten, auf die Hilfeschreie der Überfallenen geschah nichts. Untersuchungen ergaben, daß 38 Personen den Vorfall wenigstens zum Teil beobachtet oder bemerkt hatten, ohne daß eine von ihnen zu Hilfe gekommen wäre oder die Polizei benachrichtigt hätte.

Es handelt sich hier nicht um einen singulären Fall, sondern um ein eklatantes Beispiel unterlassener Hilfeleistung angesichts mehr oder minder großer Not und physischer Bedrohtheit anderer Bürger. Wie läßt sich diese Passivität der Augenzeugen erklären? Die Dimensionen des Problems kann man durch zahlreiche Fragen bezeichnen: Hat man Furcht, selbst verletzt zu werden? Scheuen die Augenzeugen das Risiko des Engagements? Ist die Vertrautheit mit brutalen Aktionen so groß, daß der Einzelfall untergeht oder nur noch voyeuristisch erlebt wird? Ist die unspezifische Richtung des Hilfeschreis ein Appell, für den sich in einer Großstadt niemand verantwortlich fühlt? Die unterschiedlichen Dimensionen, die zudem nicht unabhängig voneinander sind, deuten die Schwierigkeit einer Erklärung des Phänomens «unterlassene Hilfeleistung» durch Augenzeugen an. Eine exakte Erklärung hätte mit zahlreichen, zum Teil interdependenten Variablen zu arbeiten, die sich nur in einem komplexen Kausalmodell abbilden ließen, für das bislang jedoch die theoretische Vorarbeit fehlt. So ergeben sich unterschiedliche Teilprobleme, die experimentell jeweils Aspekte des Problems und seiner Erklärung untersuchen, z. B. die Hypothese von Milgram (1970) über das Verhalten von Großstädtern im Vergleich zu Bewohnern kleiner Orte, wobei Milgram den Begriff «Anonymität» durch «Überbelastung der kognitiven Kapazität» zu präzisieren sucht.

Aus der Untersuchung der Bedingungen, unter denen Hilfeleistungen unterbleiben, hat sich in den letzten Jahren eine sozialpsychologische Forschungsrichtung unter der Bezeichnung «bystander effect», übersetzbar als «Augenzeugen-Forschung», entwickelt. Dabei sind sowohl Labor- wie Feldexperimente angewendet worden, je nachdem, welche Dimension untersucht wurde und wie viele Variablen in den Untersuchungsplan eingingen.

So konnten LATANÉ & DARLEY (1970) zeigen, daß mit steigender Zahl der Augenzeugen die Wahrscheinlichkeit einer Hilfeleistung geringer wird. In einem Feldexperiment prüften ALTMANN et al. (1969, zit. nach MILGRAM 1970, S. 147) die Hypothese, daß Hilfeleistungen seltener in der Stadt als in kleinen Gemeinden gewährt werden. Die Versuchsleiter klingelten an Haustüren, baten dann, telefonieren zu dürfen, weil sie die Adresse eines Freundes in der Nähe verlegt hätten. Die Bereitschaft, jemandem Zutritt zur Wohnung zu gestatten, um zu telefonieren, war im Extremfall fünfmal größer in einer Kleinstadt als in Manhattan.

Die bisherige Forschung hat gezeigt, daß die Hilfeleistung unter anderem abhängig ist von der Art des Notfalls (z. B. Autopanne, Sturz eines Betrunkenen, epileptischer Anfall), der Direktheit des Kontakts zum Ereignis, dem Geschlecht und der Zahl der Augenzeugen sowie vor allem den Reaktionen der Augenzeugen als einem sozialen Verhaltensmodell für den Einzelnen zur Interpretation der Situation (CLARK III & WORD 1972, LATANÉ & DARLEY 1970). Wenngleich sich Teile des Problems in Laboratoriumssituationen abbilden lassen, ist doch das Feldexperiment angesichts der Komplexität des Problems und des bisherigen Wissensstandes das angemessenere experimentelle Verfahren. Ein weiteres Beispiel ist das Experiment von PILIAVIN & PILIAVIN (1972), das etwas ausführlicher diskutiert werden soll. Die Studien der Autoren (vgl. PILIAVIN, RODIN & PILIAVIN 1969) sind der Problemdimension «Risiko des Augenzeugen» zuzuordnen.

Die Autoren gingen von mehreren Hypothesen aus, die sie in einem zweistufigen Modell mit folgenden Annahmen verbanden: Die Beobachtung eines Notfalls führt zu physiologischer und emotionaler Erregung, die der Augenzeuge zu reduzieren sucht; dazu hat er vier Möglichkeiten: direkte Hilfe, indirekte Hilfe (Suche nach anderen), Nichtstun, Fortgehen. Hieraus leiten die Autoren drei Hypothesen ab:

«a) Mit zunehmender Erregung des Augenzeugen steigt die Wahrscheinlichkeit, daß er *eine* Reaktion zeigt.

b) Hält man den Grad der Erregung konstant, so steigt mit zunehmender Höhe der Kosten für die Unterlassung einer Hilfe die Wahrscheinlichkeit der Hilfe gegenüber dem Fortgehen.

c) Steigen die Kosten für eine Hilfeleistung, so sinkt die Wahrscheinlichkeit direkter Hilfe, es steigt die Wahrscheinlichkeit indirekter Hilfe oder des Fortgehens» (PILIAVIN & PILIAVIN 1972, S. 353).

In einem Feldexperiment sollten nun diese Hypothesen geprüft werden, wobei die Art des Notfalls (unabhängige Variable) kontrolliert und die Kosten der Hilfe (abhängige Variable) variiert wurden.

Untersuchungsplan: In einen U-Bahn-Wagen stiegen gleichzeitig vier Mitglieder des Forschungsteams: zwei Beobachter, ein «programmierter» Augenzeuge und ein «Opfer». Der erste Beobachter kam durch die mittlere Tür des Wagens und setzte sich auf einen Platz in der Mitte des Abteils, der zweite Beobachter und der programmierte Augenzeuge kamen durch eine Tür am Ende des Abteils und setzten sich auch dorthin. Als letzter kam durch die mittlere Tür das «Opfer», ein älterer männlicher Student, durchschnittlich aussehend, in den Wagen. Nach Anfahren des Zuges ging das «Opfer» an einem Stock von der Abteilmitte auf das Abteilende zu, an dem der programmierte Augenzeuge saß, und fiel direkt vor ihm zu Boden.

Variiert wurde nun die Art des Notfalls: In der einen Bedingung fiel das «Opfer» zu Boden (niedrige Kosten der Hilfe), in der zweiten kam zusätzlich etwas Blut aus seinem Mund (hohe Kosten der Hilfe). Die zweite Variation bestand in der Art des programmierten Augenzeugen: Er trug entweder die Kleidung eines Pfarrers (Annahme: Rolle des verallgemeinerten Helfers), die eines Arztes (Annahme: Rolle des spezialisierten Helfers) oder einen normalen Straßenanzug. Es handelt sich um eine Erhebungssituation mit insgesamt sechs verschiedenen Bedingungen; gemessen wurde jeweils die Zeit bis zur Hilfeleistung durch die Augenzeugen, die Zahl der Helfenden und die Art der Hilfe. Kam kein Augenzeuge dem «Opfer» zu Hilfe, bemühte sich der programmierte Augenzeuge um ihn; er geleitete ihn in der nächsten Station aus dem Wagen, wo auch die beiden Beobachter ausstiegen.

Die Feldexperimente wurden alle an einem Tag durchgeführt. Um nicht zu volle Züge zu haben, wurde die Zeit zwischen 15.30–16.30 Uhr und 17.30–18.30 Uhr gewählt. Die Fahrzeit der U-Bahn zwischen zwei Stationen betrug etwa drei Minuten. Kontrolliert wurde auch die Fahrtrichtung des Zuges und die Reihenfolge der beiden Bedingungen im Verhalten des Opfers.

Es traten eine Reihe nicht-antizipierter Konsequenzen in der Erhebungssituation auf: Verwicklungen mit der Polizei, Versuche der Augenzeugen, die Notbremse zu ziehen, die Gefahr einer Panik während einiger Versuche in der «Blut»-Bedingung. Zwei Versuche wurden völlig ausgeschieden, da eine Schwester in Tracht anwesend war. Diese Vorfälle zeigen nicht nur die experimentellen Schwierigkeiten, sondern auch die ethischen Probleme des Feldexperiments.

Von den insgesamt 40 Versuchen entfielen je die Hälfte auf die Bedingung «Kein Bluten des Opfers» und die Bedingung «Bluten des Opfers». Der programmierte Augenzeuge trug in 13 Fällen die Kleidung eines Arztes, in 12 die eines Pfarrers, in den restlichen 15 die eines normalen Passanten.

Die Ergebnisse in Tabelle 14 belegen, daß unter der «Blut»-Bedingung seltener Hilfe geleistet wurde und die Zahl der Helfer niedriger war als in der anderen Bedingung. Darüber hinaus bestand ein signifikanter Unterschied zwischen den beiden Bedingungen hinsichtlich der Zeit bis zur Hilfeleistung: vom Fall des «Opfers» bis zur Hilfe vergingen im Median (Punkt der Prozentverteilung, vor dem 50 Prozent aller Fälle liegen) in allen Bedingungen 12 Sekunden, nicht einbezogen indirekte Hilfe, wie das Angebot, Hilfe zu holen. Der Median der Reaktionszeit in der «Blut»-Bedingung lag bei 21,5 Sekunden, in der Bedingung ohne Blut bei nur 8,5 Sekunden. Nimmt man diese Ergebnisse zusammen, so hat sich die Hypothese bewährt, daß bei hohen Kosten der Hilfe die Hilfe seltener und langsamer erfolgt als in der weniger dramatischen Bedingung mit niedrigen Kosten.

Tabelle 14: *Art der Hilfe und Zahl der direkt Helfenden nach Versuchsbedingungen* (PILIAVIN & PILIAVIN 1972, S. 357)

Bedingung	keine Hilfe	nur indirekte Hilfe	Zahl der direkt Helfenden			Summe
			1	2	3 +	
«Opfer» blutend	4	3	3	4	6	20
«Opfer» nicht blutend	1	0	6	12	1	20

«Direkte Hilfe» kontra «indirekte Hilfe» + «keine Hilfe»: Fisher's Exact Probability Test (zweiseitige Fragestellung) p = .01. Für Zahl der direkt Helfenden (0, 1, 2, 3 +) $chi^2 = 13{,}1$, df = 3, $p < .01$.

Tabelle 15: *Median der Reaktionszeiten nach Versuchsbedingungen und Art des programmierten Augenzeugen* (PILIAVIN & PILIAVIN 1972, S. 358)

in Sekunden *

Bedingung	Art des programmierten Augenzeugen			Summe
	Arzt	Pfarrer	keiner	
«Opfer» blutend	60,00	20,50	18,00	21,50
n	7	6	7	20
«Opfer» nicht blutend	6,00	11,75	10,75	8,50
n	6	6	8	20

* keine Reaktion wurde als Reaktionszeit von 60 Sekunden berechnet.

Wie sich die Art des programmierten Augenzeugen auf das Verantwortungsbewußtsein der anderen Augenzeugen auswirkt, zeigt Tabelle 15. Obgleich hier Unterschiede in der Geschwindigkeit der Reaktion bestehen, sind diese zwischen den einzelnen programmierten Augenzeugen-Bedingungen nicht signifikant. Eine zweifache Varianzanalyse der Ergebnisse erbrachte, daß die einzig signifikante Quelle der Varianz der Ergebnisse die Variable «Blut» – «kein Blut» war. Hingegen erwiesen sich weder die Art des programmierten Augenzeugen noch interaktive Effekte zwischen Art des Augenzeugen und den «Blut» – «kein Blut»-Bedingungen als statistisch bedeutsam. Dennoch ist den Autoren zuzustimmen, wenn sie von einer «Diffusion der Verantwortung» (DARLEY & LATANÉ 1968) in der Versuchsbedingung «Blut» – «Arzt» sprechen, d. h. die Zuschauer entledigten sich der eigenen Verantwortung, weil eine Person anwesend war, von der man erwarten konnte, daß sie ihrer Verpflichtung zur Hilfe nachkommt.

Über diese Ergebnisse hinaus belegte die Studie eine signifikant höhere Zahl von Männern unter den Augenzeugen, die als erste zu Hilfe kamen; nicht bestätigen konnte sie die Hypothese, daß mit steigender Zahl von Augenzeugen auch die Hilfsbereitschaft sinkt.

Die relativ ausführliche Darstellung des Experiments veranschaulicht, welche Schwierigkeiten auftreten, wenn Hypothesen in einem strengen experimentellen Verfahren überprüft werden sollen. Dem Experiment liegt ein vergleichsweise einfacher Untersuchungsplan zugrunde (Nr. 4 unter den oben genannten). Wenige Variablen mit nur wenigen Ausprägungen wurden in einer entsprechend geringen Zahl von experimentellen Bedingungen untersucht. Diese und die anderen erwähnten Experimente zum Augenzeugen-Effekt bilden jeweils nur Teile des Problembereichs ab, bedürfen dazu aber z. T. bereits recht komplizierter Erhebungssituationen. Ein Vorteil des Experiments von PILIAVIN & PILIAVIN ist, daß die abhängige Variable auf einer Ratioskala gemessen werden konnte: Hilfsbereitschaft in Sekunden der Reaktion.

An den zitierten Feldexperimenten ist erkennbar, daß es sehr wohl möglich ist, alltägliche Situationen als Erhebungssituation zu nutzen, um in ihnen soziale Prozesse experimentell zu studieren. Dazu bedarf es sicherlich neben der theoretisch angemessenen Auswahl der Situationen auch einiger sozialer Fantasie. Schließlich sei nochmals betont, daß die Experimente jeweils Teile von Forschungsrichtungen und Teilprüfungen von Hypothesen darstellen, daher notwendig einer schrittweisen und kumulativen Forschung bedürfen, um nicht als Einzelbefunde ohne Bezug zu einer generellen Theorie zu bleiben.

5.11.5. Erhebungssituation

In der Erhebungs-, oder hier genauer: der Experimentalsituation, treten vor allem zwei Probleme auf: die reaktiven Effekte des Forschers auf die am Experiment beteiligten Personen und die reaktiven Effekte der Teilnehmer. Die Probleme sind denen im Interview ähnlich.

Einer der reaktiven Effekte ist die Erwartung des Forschers auf das Ergebnis der Untersuchung, der «experimenter bias», der sich in Studien mit allen Methoden nachweisen läßt. Von den zahlreichen Experimenten, die ROSENTHAL (1966) durchgeführt hat, sei nur eines angeführt: Einer Gruppe von Versuchsleitern, die Lernexperimente an Ratten vornehmen sollten, wurde gesagt, die Ratten, die sie erhalten hätten, seien durch Züchtung besonders klug, einer anderen Gruppe von Versuchsleitern wurde gesagt, ihre Ratten seien durch Züchtung besonders dumm. Obgleich kein Unterschied zwischen den beiden Rattenarten bestand, erzielten bei gleicher Versuchsanordnung die ersten Versuchsleiter signifikant bessere Lernerfolge bei ihren Ratten als die zweiten (Rosenthal 1963). Andere Experimente haben nachgewiesen, daß die Auswahl der Versuchsleiter nach Schicht, ethnischer Zugehörigkeit, Alter und Persönlichkeitsmerkmalen (z. B. Ängstlichkeit) von Einfluß auf die Ergebnisse des Experiments sind. Der Versuchsleiter ist selbst ein «Stimulusobjekt» (McGuigan 1963). Weiterhin sind das nonverbale Verhalten des Versuchsleiters und die Art seiner Anweisungen bedeutsam. Um die Effekte des Versuchsleiters zu kontrollieren, bieten sich u. a. veränderte Versuchspläne oder die Einsetzung eines Hilfsversuchsleiters an, der nicht über die Hypothesen des Experiments informiert ist.

Die Teilnehmer am Laborexperiment nehmen eine Interpretation der Situation vor. Sehen sie die Situation als real an, dann kann man auch schwerlich von einer Künstlichkeit des Experiments sprechen (Opp 1970 a). Teil dieser Interpretationen sind Überlegungen über den Zweck des Experiments. Die von den Teilnehmern vermutete Hypothese oder das Bemühen, sich an vermutete Erwartungen des Versuchsleiters anzupassen, ja überhaupt an dem Experiment teilzunehmen, sind unter der Bezeichnung «demand characteristics» zusammengefaßt worden. Zur Kontrolle dieser Effekte bietet sich u. a. an, die Teilnehmer über den wahren Zweck des Experiments durch Äußerung einer falschen Hypothese zu täuschen oder sie auf die Wissenschaftlichkeit des Experiments zu verpflichten (vgl. hierzu eingehend Zimmermann 1972, Kapitel 13).

5.11.6. Stichprobe

Unter Stichprobe soll nicht verstanden werden, wie die Teilnehmer durch Randomisierung den einzelnen Versuchsbedingungen zuzuordnen sind, sondern die Auswahl der am Experiment beteiligten Personen. In der Literatur zum Experiment ist häufig von einer «Zufallsauswahl der Versuchspersonen» die Rede. Eine Analyse der Stichproben, die tatsächlich in Laborexperimenten verwendet werden, zeigt jedoch nachgerade das Gegenteil: Wie am Beispiel im Abschnitt 3.4 belegt, handelt es sich selten um Zufallsauswahlen aus der Gesamtbevölkerung, sondern um bewußte Auswahlen aus einer Subpopulation, zumeist Studenten, oder gar um Personen, die sich freiwillig zur Teilnahme am Experiment gemeldet haben. Sofern man nicht unterstellt, die hier in Laborexperimenten an solchen Stichproben geprüften Hypothesen enthielten nur Variablen, die zum Beispiel schicht- und altersinvariant seien, fällt ein großer Teil soziologisch relevanter Variablen und situativer Effekte in die Gruppe der nicht-manipulierten unabhängigen Variablen. Da die genannte Annahme wohl kaum gerechtfertigt ist, bestehen erhebliche Zweifel an der Generalisierbarkeit der Ergebnisse auf andere als die jeweils untersuchten Gruppen, zumal Replikationen von Experimenten mit anderen sozialen Gruppen selten sind. Eine dieser Ausnahmen sind die Experimente von MILGRAM (1966) – was immer man sonst gegen sein Auswahlverfahren einwenden mag.

Warum die Forderung, exaktere Auswahlpläne zu verwenden, so schwer erfüllbar ist, geht aus den Voraussetzungen des Experiments hervor: 1. Es bedürfte selbst bei sukzessiv replizierenden Experimenten eines sehr aufwendigen Untersuchungsplans, um auch nur die wichtigsten demographischen Variablen neben den anderen unabhängigen Variablen zu kontrollieren. 2. Experimente sind aus ethischen Gründen auf jene Freiwilligkeit der Mitarbeit angewiesen, die auch alle anderen sozialwissenschaftlichen Methoden kennzeichnet. Stichprobentheoretischen Anforderungen angemessenere experimentelle Verfahren dürften eher in den Formen des Feldexperiments oder den quasi-experimentellen Untersuchungen mit Längsschnitt-Analysen zu sehen sein.

5.11.7. Pretest

Es ist fraglich, ob man bei experimentellen Verfahren überhaupt mit Pretests arbeiten kann, weil z. B. kein Instrument zu testen ist. Ein Pretest wird sich deshalb am ehesten auf die Erhebungssituation beziehen: auf die Künstlichkeit und die Reaktionen der Personen im Laborexperiment oder die Abgrenzbarkeit und Störeinflüsse beim Feldexperiment. (Auch in der zitierten Untersuchung über Hilfeleistungen von Augenzeugen wurde ein Pretest durchgeführt.) Schließlich ist bei Feldexperimenten zu prüfen, ob «die manipulierte Variable überhaupt einen Effekt auf die abhängige Variable hat» (ZIMMERMANN 1972, S. 196).

Übersicht 39 stellt nur einen Versuch dar, angesichts der Vielzahl experimenteller Untersuchungspläne einige Kriterien für einen Pretest zu entwickeln.

Übersicht 39: *Aufgaben des Pretests bei einem Experiment*

Umfang:	Für Laborexperimente ein Pretest, für Feldexperimente zwei bis drei Pretests.
Legitimation:	Erläuterung des Untersuchungsziels vor – soweit möglich – und nach dem Experiment. Haben die Teilnehmer eingewilligt?
Erhebungs-situation:	Zeitpunkt und Ort richtig gewählt? Verfassung der Personen? Situation vor dem Experiment? Verfassung und

	Situation nach dem Experiment? Reaktive Effekte des Forschers? Täuschung der Teilnehmer erforderlich? Realitätsgehalt des Laborexperiments für Teilnehmer? Läßt sich der geplante Ablauf durchführen? Sind die «Stimuli» eindeutig? Störfaktoren während des Experiments? Nichtantizipierte Konsequenzen? Hinreichende Unterschiede zwischen Experimental- und Kontrollgruppe? Kontrolle der Zuweisung durch Randomisierung möglich? Effekte der unabhängigen Variablen auf abhängige vorhanden?
Stichprobe:	Sind Experimental- und Kontrollgruppe dem Forschungsplan angemessen zusammengesetzt? Auf welche Grundgesamtheit kann generalisiert werden (Personen, Situationen, Verhaltensformen u. a.)? Mortalität der Stichprobe bei Messungen zu mehreren Zeitpunkten? Konsequenzen der Selbst-Selektivität der Stichprobe?
Kontrollen:	Befragung vor und nach dem Experiment. Aufzeichnung des Experiments durch Kamera oder Beobachter.

5.11.8. Fehlerquellen

Die Frage nach der Angemessenheit der Stichprobe und die Diskussion über die Künstlichkeit von Experimental-Situationen beziehen sich beide auf die Generalisierbarkeit der Ergebnisse. Wenn nur bestimmte Personen an Experimenten teilnehmen – für welche Gruppe der Bevölkerung stehen sie ein? Wenn das Experiment in einer weitestgehend kontrollierten Situation stattfindet – auf welche Situationen oder Variablen-Strukturen außerhalb des Labors sind die Ergebnisse übertragbar?

Um die Gültigkeit von Experimenten näher zu bestimmen, haben CAMPBELL & STANLEY (1963) die grundlegende Unterscheidung zwischen interner und externer Validität eingeführt. Die *interne Validität* bezieht sich auf die Eindeutigkeit der Messung im Experiment, ob also in den Untersuchungsplan oder die Erhebungssituation nicht weitere unkontrollierte Variablen eingegangen sind, die mit der Messung der Effekte der unabhängigen Variablen auf die abhängige Variable vermengt werden können. Eine ausführliche Darstellung der Effekte auf die interne Validität geben CAMPBELL & STANLEY; einige dieser Effekte wie historischer Wandel, Reifung oder Meßeffekte wurden bereits im Abschnitt 5.11.4 angeführt. Der Kontrolle dieser Fehler dienen u. a. die Randomisierung der Teilnehmer auf die einzelnen experimentellen Bedingungen. Die interne Validität der einzelnen Versuchspläne ist unterschiedlich gut, worauf ebenfalls im Abschnitt 5.11.4 hingewiesen wurde. Hieraus folgt auch, daß die interne Validität bei Feldexperimenten im allgemeinen niedriger und schwerer zu messen ist.

Die interne Validität ist eine notwendige Bedingung der *externen Validität.* Letztere bezieht sich auf die Generalisierbarkeit der Ergebnisse. Als

Verringerung der externen Validität können sich z. B. die reaktiven und interaktiven Effekte der Messung auswirken. So ist die externe Validität der aufgeführten Versuchspläne gering, sofern nicht zusätzliche Kriterien eingeführt werden. Im allgemeinen steigt die externe Validität der Laborexperimente mit der Zahl der Replikationen, der Repräsentativität der Versuchsleiter, Teilnehmer und der Nicht-Falsifikation der Hypothese bei unterschiedlichen Operationalisierungen (obgleich das wiederum zu der im Abschnitt 2.3 diskutierten Frage nach der Stichprobe aus einem Universum aller Items/Indikatoren führt). Aufgrund der Realitätsnähe wird dem Feldexperiment eine höhere externe Validität zugesprochen.

Eine ausführliche Darstellung der Validitätsprobleme experimenteller Methoden geben CAMPBELL & STANLEY (1963); verwiesen sei auch auf BREDENKAMP (1969, S. 354 ff.) und ZIMMERMANN (1972).

5.12. SEKUNDÄRANALYSE

5.12.1. Voraussetzungen

Die Sekundäranalyse ist eine Methode, bereits vorhandenes Material (Primärerhebung) unabhängig von dem ursprünglichen Zweck und Bezugsrahmen der Datensammlung auszuwerten.

Der Terminus wurde 1950 durch KENDALL & LAZARSFELD (1950) eingeführt, um das methodische Vorgehen zu kennzeichnen, das STOUFFER und Mitarbeiter in ihrer Studie «The American Soldier» anwendeten, als sie 300 Umfragen des War Department, Information and Education Division, erneut auswerteten. Andere Autoren haben die Termini «Re-Analyse» (z. B. KENDALL & LAZARSFELD 1950, RILEY 1963) oder «erweiterte Analyse» (HARDER 1969) vorgeschlagen; doch hat sich der Begriff Sekundäranalyse durchgesetzt. Die Methode ist sehr viel älter als der Begriff: ENGELS verwendete in seinem Bericht über «Die Lage der arbeitenden Klasse in England» aus dem Jahre 1845 u. a. häufiger Statistiken der vom britischen Innenministerium eingesetzten Poor Law Commission. DURKHEIM hat in seiner 1897 erschienenen Studie über Erscheinungsformen und Ursachen des Selbstmordes zusammen mit MAUSS über 26 000 Fälle analysiert.

Zwei Arten von Sekundäranalysen lassen sich aufgrund des Primärmaterials unterscheiden:

1. Sekundäranalysen von sozialwissenschaftlichen Erhebungen und Meinungsumfragen. Zu den Studien liegen auch Publikationen vor, in denen das Material interpretiert wurde.
2. Sekundäranalysen von demographisch-statistischem Material, z. B. amtlichen Statistiken: Volkszählung, Gebäude- und Wohnungszählung, Statistiken der Meldeämter, der Polizei, der Gesundheitsbehörden. Oder nicht-amtlichen Statistiken: Ortskrankenkasse, Versicherungen, Automobilclubs, Krankenhäuser, Betriebsstatistiken.

Das Material der Sekundäranalyse besteht bei beiden Arten vornehmlich aus Daten, die durch Interviews gewonnen wurden, da ja auch Volks- oder Gebäude- und Wohnungszählungen auf Interviews beruhen.

Die Möglichkeiten zur Sekundäranalyse haben sich in den letzten zwei Jahrzehnten sprungartig verbessert. Zur Planung, Verwaltung und zur politischen Entscheidung werden zunehmend mehr Statistiken der unter (2) genannten Art angelegt. Wichtiger noch ist, daß immer mehr Erhebungen in Datenarchiven und Datenbanken gespeichert werden.

Die Möglichkeiten der Sekundäranalyse sind untrennbar mit dem technischen Fortschritt in der elektronischen Datenverarbeitung verbunden. Das erste Institut dieser Art wurde 1950 in den USA gegründet: das Roper Public Opinion Research Center, Williams College, Williamstown, Massachusetts; es verfügt gegenwärtig über rund 6000 Studien. Das größte Institut in der BRD ist das Zentralarchiv für empirische Sozialforschung in Köln; dort sind über 500 Untersuchungen gespeichert. Insgesamt gab es bis 1967 40 solcher Datenarchive, die dem Council of Social Science Data Archives angeschlossen sind. Nicht erwähnt sind die zahlreichen nationalen und internationalen Datenarchive der einzelnen Behörden oder halbstaatlichen Organisationen. Diese Angaben vermitteln eine Vorstellung davon, wieviel Material der empirischen Sozialforschung gegenwärtig verfügbar ist.

Angesichts der ständig wachsenden Zahl von sozialwissenschaftlichen Untersuchungen, Meinungsumfragen und amtlichen wie halbamtlichen Statistiken erscheint es häufig sinnvoll, auf eigene Erhebungen zu verzichten, indem man auf vorhandene Untersuchungen zurückgreift und sie einer Sekundäranalyse unterzieht. Zumindest sollte man prüfen, ob sich nicht eine differenzierte eigene Primärerhebung durch eine Sekundäranalyse vorbereiten oder auf Teilprobleme beschränken läßt, während man den anderen Teil der Daten durch eine Sekundäranalyse gewinnt.

Eine Sekundäranalyse bietet erhebliche Vorteile:

1. Technische Vorteile: Einsparung der Zeit und Kosten für die Feldphase der Erhebung, der Fehlerkontrolle, der Codierung. Bei der Sekundäranalyse fallen hauptsächlich Zeit und Kosten für die Suche nach dem passenden Material, für die Bereinigung und Programmierung an.

Darüber hinaus bieten sich methodologisch und methodisch zahlreiche Möglichkeiten:

2. Verwendung mehrerer Untersuchungen (Datensätze), um ein komplexes Problem genauer zu untersuchen.
3. Zusammenlegen mehrerer repräsentativer Datensätze (Kumulation oder pooling), um in der jeweiligen Stichprobe sonst zu kleine Gruppen (z. B. Lehrlinge, Konfessionslose, politische Extrempositionen) zu vergrößern.
4. Zusammenlegen mehrerer Datensätze, um differenziertere Analysen nach mehr Variablen gleichzeitig vornehmen zu können.

5. Vergleich von Daten zu verschiedenen Zeitpunkten, um Analysen sozialen Wandels wie Trendanalysen, Panel-Studien oder Kohortenanalysen vorzunehmen.
6. Vergleich von Datensätzen aus mehreren Ländern, um interkulturelle Vergleiche vorzunehmen.
7. Aggregation von Daten unterschiedlicher Ebene (Gemeinde, Ortsteil, Person), um Mehrebenen-Analysen vorzunehmen.
8. Simulation von Prozessen durch Konstanthaltung bestimmter Variablen, Prüfung von Kausalmodellen.
9. Methodologische Analysen: Vergleich der in verschiedenen Studien verwendeten Indikatoren auf die erzielten Ergebnisse hin.
10. Methodische Analysen: Ausfallquoten nach Art der Stichprobe, Analyse der «Weiß-nicht»-Antworten etc.
11. Didaktik: Verwendung von Sekundäranalysen in der Lehre, zur kritischen Analyse von Forschungen oder um eigene Forschungen zu ermöglichen ohne den Aufwand eigener Erhebung; Analyse klassischer Studien (vgl. hierzu TREINEN 1970, sowie z. B. die Lehrprogramme zur politischen Wissenschaft von FLANIGAN & REPASS 1967, FOGELMAN & ZINGALE 1968).

Die Sekundäranalyse von sozialwissenschaftlichen Erhebungen und Statistiken ist gegenwärtig wohl die wichtigste Methode der Theoriebildung, insbesondere zu makrosoziologischen Prozessen. Bei der Anwendung der Methode treten im wesentlichen drei Probleme auf:

1. Die Daten müssen zugänglich sein. a) Man muß wissen, in welchem Archiv welche Untersuchungen geeignet sind. b) Nicht alle Untersuchungen werden auch an jeden Nachfrager herausgegeben; es gibt mehrere Grade der Zugänglichkeit des Materials, was mit den im Abschnitt 1.5 diskutierten Problemen des Datenschutzes zusammenhängt. Vor allem Behörden sind sehr zurückhaltend in der Weitergabe von Daten, was z. B. im Bereich der Stadtforschung wichtige Untersuchungen verhindert.
2. Die Sekundäranalyse verlangt einen genauen theoretischen Bezugsrahmen, um zielgerichtet nach Primärdaten suchen und sie auswählen zu können.
3. Der Sekundäranalytiker ist zugleich in der Hypothesenprüfung begrenzt durch die Qualität des vorgefundenen Materials, z. B. durch die Methode der Primärerhebung, die Stichprobe, die einbezogenen Variablen, die Codierungen sowie die Qualität und Gliederung einer amtlichen Statistik.

Das methodologische Bindeglied zwischen (2) und (3) ist die *Mehrdimensionalität der Indikatoren.* Je nach dem besonderen theoretischen Bezugssystem sind verschiedene Beziehungen der Indikatoren zu den theoretischen Begriffen möglich. So kann die Frage «Wie oft haben Sie sich in letzter Zeit mit Ihrem Nachbarn über Politik unterhalten?» verstanden werden als Indikator für (erstens) politisches Interesse oder (zweitens) den Grad der Integration in die Nachbarschaft (MITCHELL, zit. nach KLINGEMANN 1968, S. 164).

6.12.2. Varianten

Die wichtigsten Varianten der Methode ergeben sich bereits aus dem angeführten Katalog der Möglichkeiten, die die Methode bietet. Varianten sind dann nur noch in der Art zu sehen, wie eine Sekundäranalyse angelegt wird. Nach HYMAN (1972) sind es die Formen erstens der späteren Re-Analyse von Daten, die ein Forscher zuvor selbst erhoben hat (Semi-Sekundäranalyse); zweitens der Kombination von Sekundäranalyse und zusätzlicher eigener Primärerhebung; drittens der Sekundäranalyse fremder Daten. Das Verfahren, Daten unterschiedlicher Erhebungsform (z. B. statistische Materialien über die Zahl unehelicher Kinder und eigene Erhebungen über Heiratsalter und Kinderzahl) zu verbinden, wird record linkage genannt.

5.12.3. Anwendung

Wie der Katalog möglicher Untersuchungsrichtungen zeigt, ist die Sekundäranalyse ebenso vielfältig anwendbar wie die Methode der Primärerhebung (meist Interviews); sie bietet darüber hinaus vor allem die Chance, den theoretischen Bezugsrahmen zu erweitern, mit mehr Variablen zu arbeiten, die Zahl der Ebenen zu erhöhen oder gültigere Aussagen mit einem größeren Geltungsbereich zu machen.

Diese Methode ist in zahlreichen Forschungsbereichen angewendet worden, z. B. in Studien zum interkulturellen Vergleich (vgl. MERRITT & ROKKAN 1966), zur politischen Sozialisation in der Nachfolge der Studie von ALMOND & VERBA (1963), über Familienstruktur und Schulerfolge der Kinder, zur Erforschung des Wählerverhaltens wie z. B. bei Wahlprognosen oder den Bedingungen der politischen Affiliation (KEY 1961), zum Ausmaß der Rebellion in westlichen Gesellschaften (GURR 1970), zur Prüfung der Theorie der Statusinkonsistenz, zum Wandel sexueller Einstellungen (CHRISTENSEN 1963) oder in Studien aus dem großen Bereich ökologischer Analysen in der Stadt oder zum Wahlverhalten (vgl. DOGAN & ROKKAN 1969, THEODORSON 1961). Einen sehr guten Überblick über Sekundäranalysen, die auf sozialwissenschaftlichen Erhebungen beruhen, gibt HYMAN (1972). Diese knappe Aufzählung zeigt, daß die Sekundäranalyse die interdisziplinäre Forschung durch Integration von Ansätzen aus der Soziologie, der politischen Wissenschaft und der Ökonomie gefördert hat.

5.12.4. Vorgehen

Bei den zahlreichen Möglichkeiten der Sekundäranalyse, die zu unterschiedlichen Untersuchungsplänen führen, ist es schwierig, auch nur annähernd alle auftretenden Probleme zu behandeln. Im Rahmen dieser Einführung läßt sich daher nur ein grober Phasenablauf des methodischen Vorgehens geben; er wird an zwei Beispielen erläutert. Diese Phasen und Probleme der Sekundäranalyse sind in Übersicht 40 dargestellt.

1. Die Sekundäranalyse beginnt mit einer Formulierung des Problems und dem möglichen theoretischen Bezugsrahmen zu seiner Analyse. Die Hypothesen haben zunächst die Funktion, die Suche nach einem geeigneten Material zu strukturieren. Der Forscher gewinnt Kriterien für die Art der Daten, die erforderliche Stichprobe, die relevanten Variablen.

2. Die Suche nach einem geeigneten Material setzt die Kenntnis vorhandener Untersuchungen, Statistiken etc. voraus. Um dies zu erleichtern, haben sich die Datenarchive zunehmend dem Problem der Datenrückgewinnung (data retrieval) zugewendet. Es zeigte sich sehr bald, daß die Speicherung einer ständig wachsenden Zahl von Untersuchungen nicht ausreicht, da die Angabe des Themas der Studie, der Methoden, des Zeitpunktes der Erhebung, der Stichprobe u. a. zu undifferenziert für eine vollständige Nutzung des Archivs ist (vgl. SCHEUCH 1967 d, S. 659 f.). Gerade weil der Benutzer verschiedene Datensätze kumulieren kann, muß er Kategorien angeben. Er erhält dann einen Ausdruck, auf dem die Studien angegeben sind, die Themen oder Fragen der gesuchten Art enthalten. Die Informationen, die der Sekundäranalytiker benötigt, um eine oder mehrere Studien zur Prüfung seiner Hypothesen heranzuziehen, sind:

Thema
Methode
Instrumente
Stichprobe
Zeitpunkt der Erhebung
Variablen
Erhebungseinheit

Von einer dann ausgewählten und einbezogenen Untersuchung braucht er:

Datenträger (Lochkarten, Lochstreifen, Magnetplatte)
Fragebogen
Codeplan
Ausfallquote
Publikationen

3. Die wichtigste Phase ist die Analyse des nun ausgewählten Materials. Die ursprünglichen Hypothesen werden sich nicht ohne eine Modifikation durch das vorgefundene Material prüfen lassen. Der Sekundäranalytiker muß daher vergleichen, welche Begriffe und welche Variablen in der Primärerhebung dem theoretischen Bezugsrahmen angemessen und ob die nun vorgefundenen Variablen sich auch für seinen Bezugsrahmen eignen. Wer z. B. Intergenerationenmobilität untersuchen will, braucht Angaben über

Übersicht 40: *Phasen einer Sekundäranalyse*

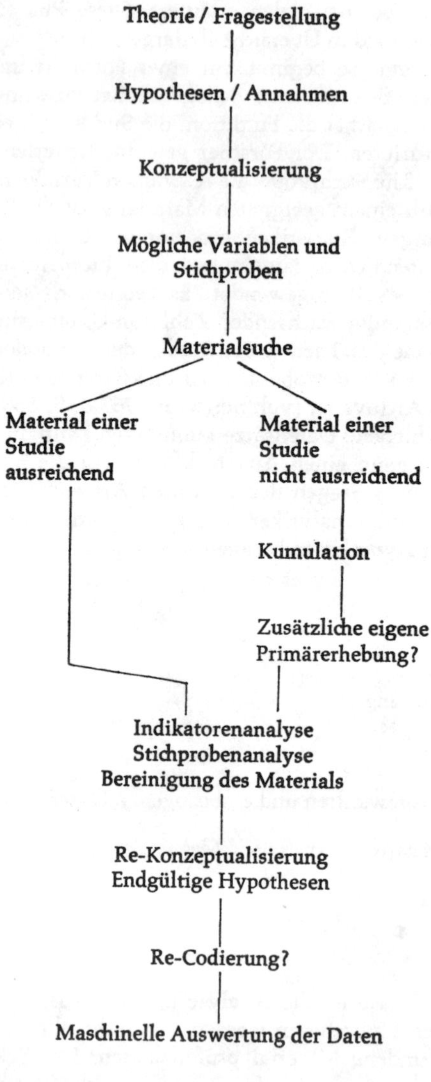

Beruf und Schulbildung nicht nur des Befragten, sondern auch seiner Eltern und Großeltern.

ZAPF (1969) verwendete eine sozialwissenschaftliche Untersuchung von Dortmund-Nord aus dem Jahr 1954 (MACKENSEN u. a. 1959), die ursprünglich als Nachbarschaftsstudie angelegt war, nun aber für die Autorin wichtig wurde, weil das Gebiet weitgehend die üblichen Kriterien der Sanierung erfüllt und die Autorin daher die Sozialstruktur und die Bindungen in diesem Gebiet für ihre Untersuchung von rückständigen Vierteln nutzen konnte.

HAMILTON (1965, 1968) prüfte auf der Basis mehrerer deutscher Studien, vor allem eines Gutachtens von SCHMÖLDERS über die Vermögensbildung von Arbeitnehmern aus dem Jahre 1959, die Hypothese, daß sich die Schichtgrenzen verwischt hätten und sich eine «nivellierte Mittelstandsgesellschaft» (SCHELSKY) entwickelt habe. Seine Ergebnisse, gewonnen durch eine sehr differenzierte Analyse des Materials, zeigen eindeutig, daß dies nicht der Fall ist, sondern sich vielmehr auch Arbeiter und Angestellte gleichen Einkommens z. B. in ihrem Konsumverhalten unterscheiden.

Während die Primäranalyse vom Begriff zu den Indikatoren vorgeht, ist es in der Sekundäranalyse umgekehrt: Der Forscher muß aufgrund der vorhandenen Indikatoren die Beziehung zu seinen Begriffen herstellen (vgl. HYMAN 1972, S. 23, 30 f.). Die Begründung für eine solche Äquivalenz der Indikatoren trotz des veränderten Bezugsrahmens ist selbst ein Stück Theoriebildung. Anderenfalls bleibt man auf der Stufe von impliziten Gesetzen stehen.

Dieses Problem trat besonders in der Studie von POOL, ABELSON & POPKIN (1964) auf, in der die Bedeutung der Variable «Konfession» für die Prognose des Wahlergebnisses von 1960 in den USA untersucht wurde. Die Autoren verwendeten für ihre Sekundäranalyse 65 verschiedene Umfragen aus den Jahren 1952–1960 mit insgesamt 130 000 Befragten. Um das politische Profil einzelner Gruppen zu ermitteln, bildeten die Autoren aus dem Material 480 Untergruppen, von denen jede einer bestimmten Kombination der Ausprägungen der Merkmale Region, Geschlecht, Parteiaffiliation, Religion, Gemeindegröße, sozio-ökonomischer Status und ethnische Zugehörigkeit entsprach. Diese 480 Gruppen wurden zu 15 Makrotypen zusammengefaßt. Um das politische Profil zu bestimmen, wurden 50 Indikatoren der politischen Einstellung verwendet. Da von diesen 50 Indikatoren in jeder Studie nur jeweils einige enthalten waren, blieb die Äquivalenz der Indikatoren zu prüfen. Eine Korrelation der Indikatoren über alle Individuen war aufgrund der Ungleichheit ihres Vorhandenseins in den einzelnen Studien nicht möglich; daher wählten die Autoren den – einzigen, wenn auch methodologisch problematischen – Weg, die Indikatoren über die 15 Makrogruppen zu korrelieren, um so Aussagen zur Äquivalenz machen zu können.

Die Probleme der Indikatoren-Äquivalenz sind leichter zu erkennen, wenn man sich der von KLINGEMANN & PAPPI (1969) entwickelten zweidimensionalen Klassifikation bedient (Übersicht 41).

Übersicht 41: *Klassifikation von Indikatoren-Problemen der Sekundäranalyse bei kumulierten Studien von ungleichen Erhebungszeitpunkten* (Klingemann & Pappi 1969, S. 17)

Konfiguration von Ereignissen / der Kultur	Frageformulierung	
	gleich	verschieden
gleich	1	2
verschieden	3	4

Während der Typ 1 im allgemeinen keine Probleme aufwirft und auch der Typ 2 durch Korrelationen und Hypothesen über Merkmalszusammenhänge relativ unproblematisch ist, treten bei den Typen 3 und 4 schwerer lösbare Probleme auf. Um in diesen Fällen eine Äquivalenz belegen zu können, bedarf es bewährter Hypothesen über Art und Ausmaß des sozialen Wandels und der Kovariation des Wandels in den einzelnen Bereichen, einschließlich der durch die Indikatoren erfaßten. Ein Beispiel: In der erwähnten Studie von Pool, Abelson & Popkin, die Umfragen aus verschiedenen Jahren einbezog, lautete eine Frage: «Do you like McCarthy?», was vor dessen Verweis durch den US-Senat als Indikator für Antikommunismus, danach als Indikator für etwas wie Vertrauen in den US-Senat zu interpretieren war.

Teil des Indikatorenproblems ist die Codierung der Variablen, die für die Hypothesen der Sekundäranalyse unzureichend oder bei kumulativen Studien ungleich sein kann, selbst bei so einfachen Variablen wie Einkommensklassen, Altersklassen, Familienstand (z. B. Geschiedene nicht ausgewiesen).

Die weiteren Schritte bei der Analyse des Materials beziehen sich auf den Zeitpunkt der Erhebung, wie Untersuchungseinheit (Haushalt, Person, Gebiet) oder die Art der Stichprobe (z. B. welche Personen oder Schichten, welches Auswahlverfahren).

Bei der Analyse des Materials stellen sich oft Begrenzungen in der Stichprobe heraus. Die meisten Umfragen erfassen nicht die Bevölkerung, die in Institutionen lebt (z. B. Studenten, Personen in Anstalten), so daß nach Schätzungen von Hyman 5 % der Bevölkerung gar nicht die Chance haben, in das Sample zu gelangen. Bei statistischen Materialien liegen der Gliederung des Materials häufig Ziele zugrunde, die eine Sekundäranalyse verhindern. Hierzu gehört eine unzureichende Auswertung nach mehreren Dimensionen (z. B. Ehescheidungen nicht nach Schicht oder nicht nach Gemeindegröße und Konfession gleichzeitig), oder das Material erfaßt nur bestimmte Personen, z. B. Straffällige oder Verurteilte, womit weder alle berücksichtigt werden, die Kontakte mit der Polizei hatten (vgl. die Ergebnisse der teilnehmenden Beobachtung von Black 1970), noch Dunkelziffern, z. B. bei Delikten der Wirtschaftskriminalität. Es entsteht eine delikt- und verfolgungsspezifische Statistik, in der die Unterschicht überrepräsentiert ist. Ein ähnliches Beispiel sind Statistiken über die Zahl der unehelichen Kinder.

4. Wo nur bestimmte Merkmale verglichen werden sollen, wird man eine Einengung des Materials vornehmen, indem alle nichtrelevanten Gruppen oder Gebiete aus dem Material ausgeschieden werden, z. B. bestimmte Altersgruppen oder bestimmte ethnische Gruppen. Legt man das Material von Erhebungen zu verschiedenen Zeitpunkten zusammen, so gilt als Regel, den Mittelwert zwischen den Erhebungszeitpunkten der Generalisierung der Aussagen zugrunde zu legen.

LUPRI (1972) untersuchte einige Hypothesen der Theorie der Statusinkonsistenz. Nach dieser auf LENSKI (1954, 1956) zurückgehenden Theorie zeigen Personen mit inkonsistentem Status (z. B. hohes Einkommen, niedriger Berufsstatus, hohe Schulbildung) den Wunsch nach politischen Veränderungen, Tendenzen zum Rechtsradikalismus, Neigen zu politischem Liberalismus, Streßsymptome. Die unterschiedlichen, z. T. widersprüchlichen Ergebnisse der Forschung zu diesem Problem beruhen auf unterschiedlichen Konzeptualisierungen und Meßverfahren; sie nötigen zu einer Differenzierung der Begriffe (wie bei BLINKERT, FÜLGRAFF & STEINMETZ 1972). Um insbesondere die Hypothese zu prüfen, hohe Statusinkonsistenz führe zu Rechtsradikalismus, bediente sich LUPRI einer DIVO-Umfrage vom August 1959, wenige Wochen vor der Bundestagswahl. Die Zahl nach einer einfachen Zufallsauswahl Befragten betrug 1782, davon wurden 529 wegen unvollständiger Angaben ausgeschieden, darunter auch Befragte, die auf die Frage nach der Partei, die sie wählen würden, mit «weiß nicht» geantwortet hatten. Um die kleine Zahl der NPD-Wähler in der Stichprobe zu erhöhen, wurden weitere 14 Umfragen aus dem gleichen Jahr kumuliert, aus ihnen alle Nicht-NPD-Wähler ausgeschieden, so daß nun 407 NPD-Wähler übrigblieben. Die Hypothese, statusinkonsistente Personen seien unter den NPD-Wählern besonders häufig vertreten, konnte nicht bestätigt werden. Ihr Anteil lag mit 32 % unter dem Durchschnitt aller Wähler (49 %) und weit unter den Wählern der FDP (62 %) und den politisch Apathischen (Indikator: Nicht-Wähler) mit 62 %.

5. Die Interdependenz von Hypothesenbildung und Analyse des Primärmaterials führt am Ende dieser Arbeitsschritte zu einer revidierten Konzeptualisierung der Studie und dann zu einem Untersuchungsplan, der bereits ein Auswahlplan ist.

Am Beispiel einer Sekundäranalyse statistischen Materials sei das Vorgehen nochmals erläutert. Im Rahmen der ökologischen Forschungstradition untersuchten DUNCAN & DUNCAN (1955) die Hypothese, daß sich soziale Ungleichheit, gemessen an der Schichtung der Berufsgruppen, auch räumlich niederschlägt, gemessen am Grad der Segregation der Berufsgruppen im Gebiet einer Stadt.

Zur Prüfung der Hypothese verwendeten sie demographisch-statistisches Zensusmaterial für das Kerngebiet Chicagos. Das Material, auf Lochkarten gespeichert, bezog sich auf 1178 Gebietsteile (census tracts), also auf eine noch kleinere Einheit als die Ortsteile einer Stadt in entsprechenden deutschen Statistiken.

Für jedes dieser Gebiete lagen Informationen über die Erwerbstätigkeit der männlichen Bevölkerung über 14 Jahre vor, klassifiziert nach acht Berufsgruppen, über deren Einkommen, Schulbildung und Miethöhe. Die Variable «soziale Ungleichheit» wurde gemessen durch die Rangordnung der acht Berufsgruppen, einer Rangordnung, die sich bereits in früheren Untersuchungen über soziale Schichtung bewährt hatte. Das Material wurde auf zwei Arten ausgewertet: einmal nach den einzelnen Gebietsteilen, zum anderen nach einer Klassifikation der Gebietsteile in fünf konzentrische Zonen etwa gleicher Entfernung von der Stadtmitte. Um nun die räumliche Segregation der Wohnstandorte zu messen, entwickelten die Autoren vier Indizes:

1. Index der Unähnlichkeit zur Messung der räumlichen Distanz zwischen je zwei Berufsgruppen.
2. Index der Segregation zur Messung der räumlichen Distanz zwischen einer Berufsgruppe und allen anderen Berufsgruppen.
3. Index der Konzentration niedriger Mieten zur Messung des Grades, in dem eine Berufsgruppe in einem Gebiet mit niedriger Miete wohnt. Dazu wurden die Gebietsteile nach dem Median der jeweils gezahlten Miete klassifiziert.
4. Index der Zentralisation: ähnlich wie in (3), nur wurden die Gebiete nun nach ihrer Distanz vom Stadtzentrum geordnet und nach den Zonen klassifiziert.

6. Um einen Einblick in die Art des statistischen Vorgehens zu geben, wird die Berechnung des ersten Index beschrieben. Für je zwei Berufsgruppen A und B wurde für alle Gebiete berechnet, wie groß der Anteil der Angehörigen einer Berufsgruppe, der in diesem Gebiet wohnte, war. In Tabelle 16 ist ein verkürztes Berechnungsbeispiel der Autoren wiedergegeben.

Tabelle 16: *Index der Unähnlichkeit zweier Berufsgruppen* (Duncan & Duncan 1955)

in Prozent

Gebietsteil	Berufsgruppe A	Berufsgruppe B	Differenz
1	10	15	5
2	20	15	5
3	40	25	15
4	30	45	15
	100	100	40

$$ID_{A-B} = \frac{\sum_{i=1}^{n} \text{diff.}}{2} = \frac{40}{2} = 20\,\%$$

Index of Dissimilarity
$i_1, i_2, \ldots, i_n$ = Gebietsteile
A, B, …, H = Berufsgruppe

Das Ergebnis im Beispiel besagt, daß 20 Prozent der Erwerbstätigen in der Berufsgruppe A in einem anderen Gebiet wohnen müßten, um ihre Verteilung im Stadtgebiet mit der der Berufsgruppe B gleich werden zu lassen. Der Index mißt das Ausmaß der Verdrängung einer Berufsgruppe.

Die Ergebnisse zeigen:

1. Es besteht eine Entsprechung von sozialer und räumlicher Distanz der Berufsgruppen. Je größer die soziale Distanz zwischen zwei Berufsgruppen ist, desto weiter entfernt sind ihre durchschnittlichen Wohnstandorte in der Stadt. Ausführlich gibt dies Tabelle 17 wieder.
2. Dieses Muster zeigt sich auch, wenn man die Berufe der Väter zugrunde legt, die Segregation der Schichten erhält sich demnach auch (und verstärkt sich noch) durch die intergenerationale Mobilität.
3. Je klarer der sozio-ökonomische Status einer Gruppe definiert ist, desto deutlicher ist auch die räumliche Segregation.
4. Je höher der sozio-ökonomische Status einer Berufsgruppe, desto seltener wohnt sie in einem Gebiet mit hoher Konzentration von niedrigen Mieten.
5. Von wenigen Ausnahmen abgesehen, gilt die Hypothese: Je höher der soziale Status einer Berufsgruppe, desto dezentralisierter ist ihr Wohnstandort; stark vergröbert: die Reichen wohnen an der Peripherie, die Arbeiter im Zentrum.

Diese Studie, die makrosoziologische Prozesse belegt, welche auch mikrosoziologisch in räumlichen Distanzen erkennbar sind (vgl. Abschnitt 5.8.3), gehört zu den grundlegenden der ökologischen Stadtforschung und hat zu zahlreichen weiteren Studien über die Segregation in Städten geführt, z. B. jüngst von DARROCH & MARSTON (1971).

Für die Analyse statistischer Materialien sei auf die ausführliche Darstellung der Methodologie und statistischen Verfahren demographischer Analyse bei BOGUE (1969, Kap. 5) verwiesen.

5.12.5. Fehlerquellen

Eine Fehlertheorie der Sekundäranalyse liegt nicht vor, wohl aber Hinweise auf einzelne Fehlerquellen.

Die Fehler der Primärerhebung, vor allem der Methode des Interviews, gehen in jede Sekundäranalyse ein. Es ist schwer abzuschätzen, ob sich durch die Kumulation von Material die Fehler verringern, die die einzelnen Primärerhebungen haben. Hinzu kommt, daß Fragen verglichen werden, die zumeist an unterschiedlichen Stellen des Fragebogens standen, in unter-

Tabelle 17: *Grad der Unähnlichkeit in der Verteilung der Wohnstandorte von acht Berufsgruppen über das Stadtgebiet in Chicago, nur erwerbstätige Männer, 1950* (DUNCAN & DUNCAN 1955)

	Indexwerte							
	Berufsgruppe							
Berufsgruppe	1.	2.	3.	4.	5.	6.	7.	8.
1. Professionen, Ingenieure u. ä.	–	13	15	28	35	44	41	54
2. Manager, Beamte, Selbständige		–	13	28	33	41	40	52
3. Vertreter			–	27	35	42	38	54
4. Büroberufe u. ä.				–	16	21	24	38
5. Handwerker, Facharbeiter					–	17	35	35
6. angelernte Arbeiter						–	26	25
7. Arbeiter in Dienstleistungsberufen							–	28
8. ungelernte Arbeiter								–

schiedlichen Zusammenhängen gestellt wurden. Auch die Zusammensetzung des Interviewerstabes oder die Differenzen in der Erhebungssituation werden selbst bei sorgfältigen Kontrollen kaum berücksichtigt werden können – will man nicht die Vorteile der Methode der Sekundäranalyse verlieren.

Unzureichend ist unser Wissen auch darüber, ob ein Instrument oder eine Frage zu verschiedenen Zeitpunkten die gleichen Effekte haben («instrumentation decay»). So ist diskutiert worden, ob sich die «Weiß-nicht»-Antworten als Indikator für die Effekte einer Frage in Trendstudien verwenden lassen. Offen ist, ob in Befragungen über Vorurteile die Befragten in allen Studien immer weniger Vorurteile äußern, als sie tatsächlich haben.

Besondere Schwierigkeiten stellen sich bei Studien des interkulturellen Vergleichs, z. B. in der Frageformulierung der Stichprobe und der Erhebungssituation (hierzu HEINTZ 1967).

Schließlich sei ein Fehler genannt, der in der Forschung mit Gebietseinheiten von Bedeutung ist: der ökologische Fehlschluß (ROBINSON 1950). Es ist eine Form des Fehlschlusses bei der Verwendung von aggregierten Daten; diese Fehler werden ausführlich bei HUMMELL (1972, Abschnitt 4.4) diskutiert. Der ökologische Fehlschluß besteht darin, von Zusammenhängen in Daten einer Aggregationsstufe auf Zusammenhänge in einer demgegenüber niedrigeren Aggregationsstufe zu schließen.

Ein Beispiel: Man will prüfen, ob Arbeiter stärker SPD wählen als andere Berufsgruppen. Für jedes Bundesland wird nun der Anteil der Arbeiter und der Anteil der SPD-Wähler berechnet. Dabei zeigt sich, daß mit steigendem Arbeiteranteil auch der Anteil der SPD-Stimmen steigt. Die Aussage lautet: Je höher der Anteil der Arbeiter, desto höher der Anteil der SPD-Wähler. Diese ökologische Korrelation wäre eine Teilprüfung der ursprünglichen Hypothese. Die Aussage «Arbeiter wählen stärker SPD als Nicht-Arbeiter» kann daraus nicht abgeleitet werden, da nun die Aussageeinheit kleiner wäre als die Erhebungseinheit. Man kann sich den Fehler durch eine einfache Überlegung klarmachen: Für jedes Bundesland liegt aus der Statistik nur vor, wieviel Prozent der Bevölkerung Arbeiter und wieviel Prozent Nicht-Arbeiter sind, sowie der Prozentsatz der Stimmen für die SPD und für die anderen Parteien. Es sind also nur die Randsummen der Verteilung bekannt, nicht aber die Werte in den einzelnen Zellen, z. B. wie viele Arbeiter FDP gewählt haben. Da sich aber aus den gleichen Randsummen zahlreiche verschiedene Besetzungen der Zellen bilden lassen, kann man nicht von der vorhandenen Verteilung der Randsummen auf das Verhalten der Individuen schließen. Eine genaue Prüfung der Hypothese ist demnach nicht durch eine Sekundäranalyse des hier gegebenen statistischen Materials möglich, sondern nur durch eine Sekundäranalyse z. B. von Wahlumfragen, die auf Individualdaten beruhen.

5.13. Forschungsstrategien

Unter Forschungsstrategien sind die Kombination mehrerer Methoden in einer Untersuchung, die Wiederholung einer Untersuchung bei der gleichen Stichprobe von Personen oder denselben Personen oder aber die Verbindung von Forschung und Praxis in einem Rückkopplungsprozeß zu verstehen. Von diesen Möglichkeiten ist auf die erste bereits in Abschn. 3.7 hingewiesen worden. Auf die anderen wird nachfolgend eingegangen, wobei die Darstellung nur als Hinweis auf die Möglichkeiten derart komplexer Strategien zu verstehen ist.

5.13.1. Panel-Verfahren

Ein außerordentlich wichtiges Gebiet soziologischer Forschung ist die Analyse sozialen Wandels. Dieser Wandel kann sich z. B. auf die Auswirkungen des Urbanisierungsprozesses in einem Entwicklungsland oder die Einführung eines neuen Schulsystems in einer hochindustralisierten Gesellschaft beziehen. Gerade dort tritt die Frage auf, ob sich soziale oder ökonomische Eingriffe (z. B. Bodenrecht) oder Veränderungen (z. B. Entstehen einer neuen Partei, politische Skandale, überproportional hohe Arbeitslosigkeit älterer Arbeitnehmer) auf einen oder mehrere Sektoren des sozialen Systems auswirken. Weiterhin: ob sie sich gleichzeitig oder ungleichzeitig auswirken, welche Gruppen davon betroffen sind, ob sie ihre Meinungen und ihr Verhalten ändern etc. In einem engeren Bezugsrahmen ist z. B. zu untersuchen, wie sich eine bestimmte Propaganda auf das Wahlergebnis auswirkt, welche Effekte eine kontroverse Sendung im Fernsehen hatte, oder: welche Ursachen (Bedingungskomplexe) für den Wandel religiöser Einstellungen und religiösen Verhaltens angegeben werden können.

Verfahren, um solche Veränderungen in der Zeit zu ermitteln, sind die *Folgestudie* und die *Panel-Studie*. Beide sind Längsschnitt-Untersuchungen. Da sie nur die zeitliche Verbindung von Erhebungen mit anderen Methoden darstellen, sollte man nicht von eigenständigen Methoden, sondern besser von Verfahren sprechen. Bei den angewendeten Methoden handelt es sich fast ausschließlich um Interviews; ein Beispiel für die Anwendung des Panel-Verfahrens in der Soziometrie gibt LEVENSON (1972).

Bei der Folge-Studie werden zu zwei oder mehr Zeitpunkten die gleichen Variablen mit der gleichen Methode an Personen erhoben, die durch jeweils neue Zufallsstichproben aus der gleichen Grundgesamtheit ermittelt wurden. Bei der Panel-Studie werden zu zwei oder mehr Zeitpunkten die gleichen Variablen mit der gleichen Methode an denselben Personen erhoben, die durch die erste Stichprobe ermittelt wurden. Trends und die Auswirkungen von bestimmten Ereignissen können durch ihre Effekte auf Personen analysiert werden.

Zunächst ein Beispiel für die Reichweite der Analysen in *Folge-Studien*. In einer Kohortenanalyse zweier Hamburger Jahrgänge (1941 und 1946), nach jeweils einfachen Zufallsstichproben ausgewählt und zu zwei Zeitpunkten (1964 und 1969) interviewt, sollten Hypothesen zum Zusammenhang von Alter, Generationsdynamik und sozialem Wandel (BUCHHOFER, FRIEDRICHS & LÜDTKE 1970) untersucht werden. Ein Ergebnis der Studie war, daß zwei Variablen, politische und sexuelle Einstellung, die 1964 nur eine sehr geringe Korrelation aufwiesen, im Jahre 1969 sehr hoch korrelierten: je politisch progressiver die Einstellung, desto freier die sexuelle. Da sich die Effekte der Zeit (1964–1969) als bedeutsamer erwiesen als z. B. Effekte des Alters (vom 23. zum 28. Lebensjahr), erscheint folgende Erklärung sinnvoll. Die von der APO und anderen Gruppen betonten sexualökonomischen Zusammenhänge sind auch in das Bewußtsein der Öffentlichkeit, zumindest dieser Jahrgänge, gedrungen. Eine weitere Analyse bestand nun darin, Hypothesen zu prüfen, die auf diese Transmission politischer Veränderungen in geäußerte Meinungen Einfluß haben könnten, z. B. daß mit steigender Schulbildung der politische Wandel stärker rezipiert wird. Eine Aufschlüsselung der Daten nach Schulbildung bestätigte dies: Je höher die Schulbildung, desto enger war der Zusammenhang von politischen und sexuellen Einstellungen (BUCHHOFER, FRIEDRICHS & LÜDTKE i. Vorb.).

Die Folge-Studie, in der jeweils neue repräsentative Stichproben (cross-sections) verglichen werden, kann hingegen nicht die Veränderungen einzelner Personen und die Richtung ihrer Veränderungen erkennbar machen. Die Unterschiede zwischen beiden Verfahren lassen sich an einem einfachen Beispiel zeigen, aus dem auch die Vorteile des Panel-Verfahrens hervorgehen. In einem Interview sei in einer Zufallsstichprobe von Hamburgern im August und im September danach gefragt worden, ob sie im Oktober zur Bundestagswahl gehen werden. In einem Fall zieht man zwei Zufallsstichproben (Folge-Studie), deren Ergebnisse Tab. 18 a wiedergibt, im anderen nur eine im August; dieselben Personen wurden dann im September wieder befragt (Panel-Studie), diese Ergebnisse stehen in Tab. 18 b.

Tabelle 18: *Wahlbereitschaft, Ergebnisse aufgrund einer Folge-Studie und einer Panel-Studie*

a) Folge-Studie

	August	September
Gehe zur Wahl	900	900
Gehe nicht zur Wahl	100	100
Σ	1000	1000

b) Panel-Studie

	September		
August	Gehe zur Wahl	Gehe nicht zur Wahl	Σ
Gehe zur Wahl	850 (1)	50 (2)	900
Gehe nicht zur Wahl	50 (3)	50 (4)	100
Σ	900	100	1000

Während die Ergebnisse der Folge-Studie nur zeigen, wie hoch die Wahlbereitschaft ist und daß sie zu beiden Zeitpunkten gleich groß ist, erbringt die Analyse der Panel-Daten zusätzlich eine interne Fluktuation: Ein Teil derer, die im August noch zur Urne gehen wollten, beabsichtigt das nun nicht mehr; dafür ist eine gleich große Zahl ehemals nicht Wahlwilliger dazu bereit. Die Diagonale in Tab. 18 b zeigt die Zahl der Wechsler. Da sie aus beiden Gruppen gleich groß ist, wird die Netto-Veränderung aus den Ergebnissen der Folge-Studie nicht erkennbar.

Das Ausmaß der *Fluktuation* (turnover) ergibt sich aus der Addition der

Spalten (2) und (3) in Tab. 18 b. Die Fluktuation sollte jedoch nicht aufgrund der absoluten Werte, sondern aufgrund relativer Häufigkeiten beschrieben werden, um ihr Ausmaß mit der Größe der Stichprobe in Beziehung zu setzen. Der *Netto-Wandel* (net change) ergibt sich aus der Differenz der Spalten (2)–(3).

Das Panel-Verfahren bietet gegenüber Trend-Analysen und Folge-Studien folgende Vorteile:

1. Analyse der Personen, die ihre Einstellungen und/oder ihr Verhalten änderten, statt bloßer Feststellung des Netto-Wandels.
2. Analyse der Richtung der Änderungen.
3. Analyse der Ursachen (Bedingungen) des Wandels in einzelnen Bereichen auf die Gleichzeitigkeit/Ungleichzeitigkeit des Wandels in verschiedenen Bereichen, auf die Interdependenz von Prozessen des Wandels.
4. Annäherung an experimentelle Verfahren durch eingehende Analyse der Bedingungen, die den Wandel verursachten.
5. Prüfung kausaler Modelle mit Zeit-Effekten.

Gerade der letzte Punkt ist für die Forschung bedeutsam, so selten auch noch Studien dieser Art sind. Das Panel-Verfahren erlaubt die Anwendung dynamischer Modelle der Sozialforschung, d. h. des Zusammenhangs von Variablen und der Veränderung dieses Zusammenhangs in der Zeit, eingehender, als es in dem obengenannten Beispiel in der Folge-Studie möglich ist.

So lassen sich auf Panel-Daten sowohl stochastische Modelle anwenden (HARDER 1973, Abschn. 4.1) als auch Kausal-Modelle überprüfen (CAMPBELL 1963, PELZ & ANDREWS 1964). Nur Analysen in der Zeit bieten die Möglichkeit, über kausale Modelle festzustellen, welches Verhalten durch welches andere bedingt ist, ob z. B. die Lektüre des «Kapitals» von MARX die Ursache für den Eintritt in einen fortschrittlichen politischen Studentenverband war oder umgekehrt.

Das Verfahren eignet sich besonders gut, um Effekte von bestimmten Ereignissen auf Personen zu prüfen, wie die Wirkung einer Artikelserie (z. B. zum § 218) auf die Leser einer Zeitung oder die Wirkung von Demonstrationen auf die Einstellung der Bevölkerung (um hier eine makrosoziologische Parallele zum Problem im Abschn. 5.9.1 zu geben). Um die tatsächlichen Wirkungen festzustellen, bedient man sich einer Kontrollgruppe, die diesem Reiz nicht ausgesetzt war, und untersucht sie gleichzeitig mit dem Panel. Angesichts dieser Möglichkeiten ist es kaum verwunderlich, daß die Wahlforschung sich sehr häufig des Panel-Verfahrens bedient hat, wenn es um die Prognose von Wahlergebnissen, das Wechselwählerverhalten oder um Meinungsänderungen vor und nach der Wahl geht. Eine grundlegende Studie dieser Art stammt von BERELSON, LAZARSFELD & MCPHEE (1954).

Um die Fluktuation zu erklären, kann man einerseits von Hypothesen über die Effekte einzelner Variablen ausgehen, z. B. historische Ereignisse, Besuch von Veranstaltungen, Mitgliedschaft in Organisationen, Bekanntsein mit Meinungsführern, und danach das Material weiter aufschlüsseln, indem Auswertungen, wie sie in Tab. 18 b wiedergegeben sind, nun nach einzelnen Variablen, z. B. Geschlecht, Alter, gesondert vorgenommen werden. Zum anderen können diese den Wandel induzierenden Variablen gefunden werden, wenn man im Interview die Personen fragt, ob sie bestimmte Veranstaltungen besucht haben, Mitglied in Vereinen sind etc., und das Material nach jenen Variablen weiter gliedert, bei denen Unterschiede zwischen fluktuierenden und nicht-fluktuierenden auftreten.

Ein weiterer, bereits von LAZARSFELD (1948, S. 405 f.) genannter Anwendungsbereich ist die Analyse von cross-pressures: Wie verhalten sich Personen, die gleichzeitig widersprüchlichen Einflüssen ausgesetzt sind, z. B. Jugendliche denen von Eltern und Altersgleichen, Arbeiter im Betriebsrat denen von Kollegen und der Unternehmer?

Wie jede Forschungsstrategie setzt auch das Panel-Verfahren die Konstanz der verwendeten Variablen, der Erhebungsbedingungen und der Erhebungssituation voraus. Zudem hat das Verfahren folgende *Nachteile:*

1. Mortalität der Stichprobe: Nicht alle Personen der ursprünglichen Stichprobe sind auch bei der zweiten oder weiteren Untersuchungen anzutreffen und/oder zur Mitarbeit bereit. Das Sample wird also mit jeder Erhebung kleiner, mithin unrepräsentativer.
2. Die Anonymität der Befragten ist nicht gesichert; auch Decknummern sind durchschaubare Hilfsmittel.
3. Durch das mehrfache Untersuchen, z. B. Interviewen, entsteht selbst ein Effekt, der eine mögliche Veränderung der Einstellungen der Betroffenen bewirkt. Um diesen Effekt zu messen, kann man mit einer dem Panel strukturell weitgehend ähnlichen Stichprobe von Personen als Kontrollgruppe arbeiten. Sie wird nur am Ende des Untersuchungszeitraums befragt. Das Ausmaß der Abweichungen ihrer Ergebnisse von denen des letzten Panels kann (soweit es nicht Stichprobenfehler sind) als Messung der Effekte des Re-Interviewens beim Panel interpretiert werden.

Reliabilität und Validität des Verfahrens (wie auch der Folge-Studie) sind nicht wesentlich verschieden von den Fehlern der jeweils angewendeten Methode, zumeist also des Interviews. Allerdings ist zu befürchten, daß sich Fehler der Stichprobe, der Erhebungssituation, des Codierens u. a. addieren, die Fehlervarianz also ebenfalls als Veränderung interpretiert wird.

Eine weiterführende Darstellung des Panel-Verfahrens geben MAYNTZ, HOLM & HÜBNER (1971, Kap. 7), NEHNEVAJSA (1967 a), ZEISEL (1957, Kapitel 10) sowie die Beiträge in LAZARSFELD & ROSENBERG (1955) und LAZARSFELD, PASANELLA & ROSENBERG (1972).

5.13.2. Aktionsforschung

«Die für die soziale Praxis erforderliche Forschung läßt sich am besten als eine Forschung im Dienste sozialer Unternehmungen und sozialer Technik kennzeichnen. Sie ist eine Art Tat-Forschung (action research), eine vergleichende Erforschung der Bedingungen und Wirkungen verschiedener Formen des sozialen Handelns und eine zu sozialem Handeln führende Forschung.»

Diese Sätze von LEWIN (1953, S. 280), einem der Begründer der Aktionsforschung, skizzieren sowohl den Ausgangspunkt der Aktionsforschung: praktische Teilnahme des Wissenschaftlers an der Lösung sozialer Probleme, als auch deren Problem: praktisch-politische Aktion mit exakter Forschung zu verbinden.

Die Aktionsforschung ist trotz des Rückbezugs auf LEWIN und einige neuere empirische Forschungsbeispiele nicht als einheitliche Strategie zu sehen. Die einzelnen Autoren, selbst noch innerhalb des Sammelbandes von HAAG, KRÜGER, SCHWÄRZEL & WILDT (1972), verwenden verschiedene Definitionen, akzentuieren unterschiedliche Elemente und schlagen verschiedene Vorgehensweisen vor. Eine stimmige Darstellung ist daher gar nicht möglich, sondern nur ein knapper Aufriß der Probleme. Hierzu gehört bereits die grundsätzliche Frage, ob diese Strategie überhaupt einer methodologischen Präzisierung zugänglich sein kann und sein sollte.

Über den Ausgangspunkt, daß der Wissenschaftler seine Isolation aufgibt, die Konsequenzen seiner Forschungsergebnisse aufnimmt und praktisch umsetzt, wie FAIRWEATHER (1967) schreibt, dürften sich immer mehr Soziologen einig sein. Auch HARTMANN (1970, S. 196) betont in seiner Diskussion des Theorie-Praxis-Problems, daß «eine große Zahl von Stimmen sich dafür ausspricht, daß die Hüter soziologischer Erkenntnisse über ein technisches Verhältnis zur Praxis hinausgehen möchten und urteilend, wertend, in den Gang der Dinge eingreifen sollten». Solchen Bemühungen kommt die steigende Zahl von Aufträgen an die Sozialwissenschaftler entgegen, an der Lösung sozialer Probleme mitzuwirken, wie im Abschn. 1.4 ausführlich dargestellt wurde. Gerade diese Chance der Mitarbeit ist aber noch unzureichend bestimmt, wenn sie nicht auch die Interessen der Betroffenen und Zugeständnisse zur Durchsetzung der Ergebnisse einschließt.

An eben diesem Punkt setzt die Aktionsforschung an. Sie ist

«eine Forschungsstrategie, durch die ein Forscher oder ein Forschungsteam in einem sozialen Beziehungsgefüge in Kooperation mit den betroffenen Personen aufgrund einer ersten Analyse Veränderungsprozesse in Gang setzt, beschreibt, kontrolliert und auf ihre Effektivität zur Lösung eines bestimmten Problems beurteilt. Produkt des Forschungsprozesses ist eine konkrete Veränderung in einem sozialen Beziehungsgefüge, die eine möglichst optimale Lösung des Problems für alle Betroffenen bedeutet» (PIEPER 1972, S. 100 f.).

Anwendungsbereiche einer solchen Strategie liegen in der Arbeit mit Bewohnern einer Neubausiedlung oder eines Sanierungsgebiets, dem Aufbau einer sozialtherapeutischen Anstalt, im Bereich der Vorschulerziehung, in der Lösung sozialer Konflikte in einem Jugendfreizeitheim, bei Konflikten zwischen verschiedenen ethnischen Gruppen oder der Integration von Gastarbeitern. In den letztgenannten Bereichen, der Lösung von Intergruppen-Konflikten, hatte noch LEWIN den Schwerpunkt der Aktionsforschung gesehen.

Nun kann die Attraktivität dieser Forschungsstrategie nicht über ihre Schwierigkeiten, ja Widersprüche hinwegtäuschen. Dies wird deutlicher, wenn man die Bedingungen und Ziele der Aktionsforschung in den Angaben zweier Publikationen näher betrachtet:

FAIRWEATHER (1967, S. 20):

«1. Die Definition eines dringenden sozialen Problems;

2. Feldbeobachtung zur Analyse der sozialen Parameter des Problems im gegenwärtigen Zustand;

3. Innovation neuer sozialer Subsysteme als verschiedene Möglichkeiten, das Problem zu lösen;

4. Entwurf experimenteller Konzepte zum Vergleich der Effizienz der einzelnen Subsysteme für die Problemlösung;

5. Integration der neuen Subsysteme in den ihnen zukommenden sozialen Rahmen, damit sie in ihrer natürlichen Umgebung evaluiert werden können;

6. Arbeit in den Subsystemen über einen längeren Zeitraum hin, um ausreichend Daten zu erhalten und Prozeßanalysen machen zu können;

7. Verantwortlichkeit der Wissenschaftler für die Mitglieder der Subsysteme;

8. multidisziplinärer Ansatz.»

KLÜVER & KRÜGER (1972, S. 76 f.):

«a) Die Problemauswahl und -definition geschieht nicht vorrangig aus dem Kontext wissenschaftlicher Erkenntnisziele, sonderen entsprechend konkreten gesellschaftlichen Bedürfnissen.

b) Das Forschungsziel besteht nicht ausschließlich darin, soziologische theoretische Aussagen zu überprüfen oder zu gewinnen, sondern darin, gleichzeitig praktisch verändernd in gesellschaftliche Zusammenhänge einzugreifen.

c) Die im Forschungsprozeß gewonnenen Daten werden nicht mehr als isolierte Daten ‹an sich› angesehen, sondern als Momente eines prozeßhaften Ablaufes interpretiert; sie gewinnen ihren Sinn auf der theoretischen Ebene dadurch, daß sie stets mit dem realen Prozeß als Gesamtheit zusammengedacht werden, und erhalten ihre Relevanz auf der praktischen Ebene als konstitutive Momente weiterer Prozeßabläufe.

d) Die als Problem aufgenommene soziale Situation wird als Gesamtheit – als soziales Feld – angesehen, aus der nicht aufgrund forschungsimmanenter Überlegungen einzelne Variablen isoliert werden können.

e) Die praktischen und theoretischen Ansprüche des action research verlangen vom Forscher eine zumindest vorübergehende Aufgabe der grundsätzlichen Distanz zum Forschungsobjekt zugunsten einer bewußt einflußnehmenden Haltung, die von teilnehmender Beobachtung bis zur aktiven Interaktion mit den Beteiligten reicht.

f) Entsprechend soll sich auch die Rolle der Befragten und Beobachteten verändern und ihr momentanes Selbstverständnis so festgelegt werden, daß sie zu Subjekten im Gesamtprozeß werden.»

Hieraus lassen sich einige Probleme der Aktionsforschung ableiten.

Ziele. Wenn der Forscher (resp. das Forschungsteam) die Ziele nicht setzt, sondern von den Betroffenen übernimmt, um deren Bedürfnisse durchzusetzen oder deren Diskriminierung aufzuheben, stellt sich die Frage, woher er diese Ziele kennt. Wieviel Information ist erforderlich, damit die Betroffenen ihre Bedürfnisse erkennen, ohne ihnen die vom Forscher gemeinten zu unterstellen? Wieviel Information brauchen sie, um sich alternativer Möglichkeiten bewußt zu werden? CARTER (1959) hat zu Recht darauf aufmerksam gemacht, daß Bürgergruppen Forschung auch initiieren können, um eine Problemlösung zu verhindern, «da man erst einmal forschen und die Ergebnisse abwarten müsse»; oder man gibt Forschungsaufträge, um bereits gefallene Entscheidungen zu legitimieren. Wessen Ziele sollen also z. B. in einer Gemeinde maßgeblich sein?

Wandel kontra Wissenschaftlichkeit. Wenn der Forscher, wie es mehrere Autoren betonen, ein «change agent» sein soll, der Innovationen und gesellschaftsverändernde Praxis gleichermaßen initiiert und durchsetzt – worauf gründen sich seine Maßnahmen? Arbeitet er im Sinne einer self-fulfilling prophecy, indem er das herstellt, was er evtl. mit einer Gruppe anderer für richtig hält, um dann aufgrund des Erfolgs zu sagen, es sei das Richtige? Mit anderen Worten: Es bleibt die Struktur der Begründung für den geplanten Wandel zu untersuchen, zumindest aber dessen Effekte. An diesem Punkt unterscheiden sich auch die nordamerikanischen Beiträge von den deutschen: Während die ersteren stärker die möglichst exakte Evaluation aller Schritte vor dem jeweils nächsten betonen, steht bei den deutschen Autoren eher die Aktion, gedeckt durch generelle gesellschaftliche Analysen, im Vordergrund.

Methodologie. Da die Sozialwissenschaft bislang zumeist nur auf probabilistische Aussagen zurückgreifen kann, ist jede Praxis erheblichen Unsicherheiten ausgesetzt. Die Aktionsforschung zieht hieraus den richtigen Schluß, sich 1. auf Experimente einzulassen, um so Hypothesen zu prüfen, oder 2. induktiv aus geplanten Veränderungen Hypothesen über Prozesse sozialen Wandels zu gewinnen und zudem 3. Planspiele, Entscheidungsspiele und Rollenspiele (HAAG 1972, S. 53) einzubeziehen. Damit ist indessen nur ein Hinweis auf die Methodologie der Aktionsforschung gegeben. Das viel schwierigere Problem ist, die unterschiedlich gewonnenen Aussagen aufeinander zu beziehen, die Indikatoren aus unterschiedlichen Methoden der Sozialforschung innerhalb eines Projekts zu verbinden, wobei dies doppelt erschwert wird, weil der Geltungsbereich der Aussagen auf das komplexe Handlungsfeld und auf Prozesse in der Zeit bezogen werden muß.

Methoden. Mehrere Autoren, u. a. CARTER (1959), HAAG (1972) sprechen davon, daß sich der Stellenwert der Methoden innerhalb der Aktionsforschung verändere. Der Hinweis, Methoden und Daten seien nunmehr als «Medien» (HAAG) anzusehen, ist wohl nur eine Metapher in Ermangelung präziser Angaben. Auch der Hinweis, sie seien nur als «Momente» des Gesamtprozesses zu interpretieren, führt nicht über die konventionelle Forschung hinaus, in der ebenfalls Sachverhalte durch Theorien möglichst großen Geltungsbereichs erklärt werden sollen.

Genauer geht es wohl um das Problem, ob die Aktionsforschung als ein weitgehend geplanter Zyklus von «normalen» Forschungsprojekten anzusehen ist. Bejaht man dies, so bedeutet «Stellenwert», daß z. B. in einem Aktionsforschungsprojekt wie dem Aufbau einer sozialtherapeutischen Anstalt eine Reihe von Arbeitsschritten geplant werden kann, zu deren Kontrolle Untersuchungen mit jeweils angemessenen Methoden der Sozialforschung durchgeführt werden. Dies kann z. B. sein, die Auswirkungen der Verlegung von Insassen aus dem traditionellen Strafvollzug in die neue Anstalt zu untersuchen oder an mehreren Gruppen zu prüfen, ob sich vorbereitende Gruppengespräche mit den künftigen Bewohnern noch vor deren Umzug in die neue Anstalt auf ihr Selbstwertgefühl, ihre Identität und Kooperationsfähigkeit positiv auswirken und so helfen, die Deformation durch den kustodialen Strafvollzug zu verringern, um einen abrupten Übergang in ihre neue Umgebung zu verhindern. Die Ergebnisse liefern die Grundlagen für die nächsten Schritte, genauer: die Auswahl der Menge wahrscheinlich angemessener Schritte aus der Menge als möglich antizipierter Schritte, hier z. B. intensive individuelle Beratung, gleichzeitig Verlegung einer Gruppe, die nach Ansicht der Behörde nicht gleichzeitig oder nicht gemeinsam hätte verlegt werden sollen, etc. (vgl. zum Projekt REHN & PONGRATZ 1972).

Die Evaluation dieser Schritte bildet dann a) eine zumindest partielle Überprüfung der Hypothesen, die dem Schritt zugrunde lagen, und b) die Entscheidungsgrundlage für die folgenden Schritte. Ob hierbei mit der Methode des Intensivinterviews, der teilnehmenden Beobachtung, der Gruppendiskussion, des Feldexperiments oder mit soziometrischen Verfahren untersucht wird, hängt von den Problemen ab; entscheidend ist, daß sich an der Anwendung der Methoden im Vergleich zu anderen Projekten nichts zu ändern braucht.

Der Unterschied liegt allerdings in der Planung der möglichen Abfolge der Aktionen, Interventionen und Untersuchungen. Wenngleich es dem Programm eines geplanten Wandels – und damit der Aktionsforschung – widerspräche, komplexe Handlungsprozesse in längeren Zeiträumen zu antizipieren, so bleibt es doch praktisch erforderlich, für eine Phase im voraus die möglichen Aktionen zu planen, somit auch die Forschungsinstrumente vorbereitet zu haben. Dann sind auch Veränderungen in den drei Ebenen möglich, die von Whyte & Hamilton (1965) in ihrer Studie über den geplanten Wandel in einem Betrieb herausgearbeitet wurden: die Veränderung der Organisationsstruktur, der interpersonellen Beziehungen und der Sanktionen (Belohnungen und Bestrafungen, Erfolgs- und Mißerfolgssymbole).

Vorgehen. Das Vorgehen, die Strategie, wird damit zum entscheidenden integrativen Element der politischen und wissenschaftlichen Anforderungen der Aktionsforschung. Es ist ein spiralförmiger Prozeß, dessen Grundstruktur bereits Lewin (1953, S. 283 ff.) beschrieben hat (s. Übersicht 42). Eine differenzierte Darstellung des Vorgehens bei *Interventions-Strategien* zur Veränderung einer Organisation und der Widerstände aufgrund der gegebenen Machtkonstellation gibt Argyris (1970, S. 70 ff.).

Übersicht 42: *Grundstrukturen der Phasen einer Aktionsforschung* (Lewin 1953)

ZIEL
|
GENERALPLAN
|
PLAN
|
AKTION
|
TATSACHENFINDUNG

Bewertung
Neue Einsichten
Planung des nächsten Schrittes
Änderung des Generalplans
|
GENERALPLAN'
|
PLAN'
|
AKTION'

Die vorliegenden Projektberichte, die auf Aktionsforschungen basieren, zeigen die außerordentlich hohen Anforderungen an die beteiligten Wissenschaftler und Betroffenen. Das Dilemma ist, angesichts politischer Probleme handeln zu müssen, aber nicht auf das erforderliche Wissen zurückgreifen und es gleichzeitig unter Zeitdruck auch nicht gewinnen zu können, also Entscheidungen unter Unsicherheit treffen zu müssen. Daher fällt die Entscheidung zwischen «Aktion» und «Forschung» de facto eher zugunsten einer um wissenschaftliche Legitimation bemühten Sozialarbeit als zugunsten wissenschaftlich strenger fundierter Aktion (vgl. hierzu auch FUCHS 1970/71, S. 12).

Die Projekte zeigen auch, daß die Lösung sozialer Probleme immer an die Grenzen des jeweiligen Feldes stößt, da z. B. ökonomisch bedingte Konflikte kapitalistischer Gesellschaften oder die ökonomische Macht von Wohnungsbaugesellschaften und deren Verflechtungen mit Politik und Administration sich nur bedingt in einem Teilbereich der Gesellschaft (z. B. einer neuen Siedlung) innerhalb der Aktionsforschung angehen lassen.

Diese strukturelle Begrenzung gilt indessen für alle sozialwissenschaftlichen Untersuchungen; sie wird hier nur an den praktisch-politischen Zwängen, denen sich der Forscher aussetzt, deutlicher erfahren.

Ein Fortschritt der Aktionsforschung zur kontrollierten Strategie ist von der Einbeziehung dynamischer Modelle zu erwarten. Das impliziert eine Verfeinerung der Phase der Bewertung im Sinne des Evaluation Research (WEISS 1972 a, 1972 b). Ein Programm, als Menge von Maßnahmen, wird in seinen Effekten zur Erreichung gesetzter Ziele (formuliert von einer oder mehreren Gruppen), also auf seine Nützlichkeit und Fruchtbarkeit hin untersucht. Dabei lassen sich zwei Arten der Evaluation unterscheiden: die formative, die den Beteiligten Informationen während des Programms zu seiner Verbesserung liefert, und die summative, die nach Abschluß des Programms Informationen und Ratschläge zu seiner Übernahme an am Projekt nicht Beteiligte liefert.

Voraussetzung ist, daß 1. die Ziele spezifiziert sind, 2. sie sich in meßbare Indikatoren der Zielerreichung umformulieren lassen, so daß 3. Daten für die Indikatoren bei Personen, die an dem Programm teilnahmen, und einer äquivalenten Gruppe, die nicht teilnahm, gesammelt werden können, um schließlich 4. die gesammelten Daten mit den Zielkriterien vergleichen zu können (WEISS 1972 a, S. 24 f.). Um diese komplizierten Bedingungen zu erfüllen, wird man sich insbesondere quasi-experimenteller Verfahren bedienen: Zeitreihenanalysen, Feldexperimente oder Experimente, deren Ergebnisse in kurzen Zeitintervallen ausgewertet werden.

6. AUSWERTUNG

Die Auswertung einer empirischen Untersuchung umfaßt hauptsächlich drei Schritte: die (nachträgliche) Codierung der Ereignisse, die Datenverarbeitung, oft auch als «Datenaufbereitung» bezeichnet, und die Interpretation. Der Begriff «Daten» bezeichnet die Produkte der Untersuchung in ihrer symbolischen Form; MAYNTZ, HOLM & HÜBNER (1971, S. 35) sprechen von «beobachtete(n) Merkmalsausprägungen auf Merkmalsdimensionen von Untersuchungseinheiten». Die gelegentliche Kritik, Sozialwissenschaftler sprächen von Daten statt von Menschen, ist daher Unfug, weil sie einen Kurzschluß unterstellt. Die Daten entstehen vielmehr in einem Prozeß, der von den Teilen des Forschungsplans (Konzeptualisierung und Untersuchungsplan) über die Feldphase der Erhebung zur Auswertung führt. Diese Sequenz läßt sich mit GALTUNG (1970, S. 27) folgendermaßen darstellen:

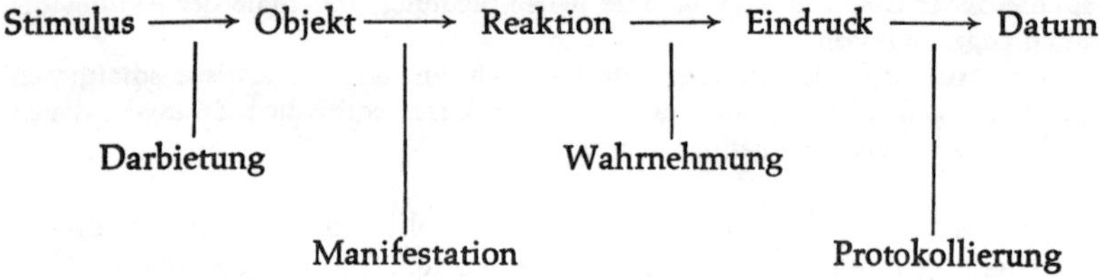

Hieran wird nochmals erkennbar, daß die Auswertung zwar eine späte Phase einer Untersuchung ist, deren Anlage jedoch bereits durch den Forschungsplan weitgehend festgelegt ist.

6.1. CODE-KONSTRUKTION

Bei allen Methoden der Sozialforschung tritt das Problem der Codierung oder «Verschlüsselung» auf. Hierauf wurde bereits bei der Darstellung einzelner Methoden hingewiesen, so bei den Formen der Befragung, der Beobachtung, der Inhalts- und Sekundäranalyse. Leider ist die Konstruktion von Codes ein Teil der Methodenlehre, über den vergleichsweise wenig geschrieben wurde. Auch die meisten einschlägigen Lehrbücher geben nur spärlich Auskunft. Wie man Codes anfertigt, gehört offenbar zu jener von FESTINGER & KATZ erwähnten «Folklore der Sozialforschung», die vom Meister auf den Schüler im Prozeß der Forschung tradiert wird. Diese Vernachlässigung steht in keinem Verhältnis zur Bedeutung der Codes; im Gegenteil, die Prinzipien der Code-Konstruktion sind neben der Stichprobentheorie ein wichtiges Element der Forschungslogik. Ihr Stellenwert ist nicht nur technisch-praktischer, sondern ebenso methodologischer Art.

Jede Codierung ist eine sprachliche Abbildung von Ereignissen. Die Kategorien des Codes sind die Ausprägungen einer Variablen, die ihrerseits Teil des Hypothesenkatalogs ist. Die verwendeten Kategorien sind letztlich die der Sprache des Forschers, nicht die der Betroffenen. Das bedeutet:

a) Man gibt die Kategorien des Forschers vor und läßt sie von den Betroffenen interpretieren (Befragung, Soziometrie); oder
b) man nimmt die Kategorien der Betroffenen und setzt auf diese die des Forschers auf (offene Fragen, Inhaltsanalyse); oder
c) man setzt auf beide die Kategorien des Forschers, da schon durch andere Forscher interpretierte Kategorien der Betroffenen vorliegen (Sekundäranalyse).

Der sprachliche Bezugsrahmen ist demnach vom Sinnzusammenhang Forscher – Betroffener unlösbar, der Code wird jedoch letztlich von den sprachlichen Konventionen der Wissenschaftler her konstruiert. Der individuellen Definition z. B. von «aggressiver Handlung» wird eine wissenschaftliche gegenübergestellt, die im angebbaren Zusammenhang zur individuellen stehen und sich zugleich eng an die Konventionen der Wissenschaft halten sollte. Jede wissenschaftliche Prognose ist daher auch eine Prüfung der semantischen und pragmatischen Sprachaspekte der Codierung. Diese sprachliche Beziehung wird dann noch komplizierter, wenn zwischen den Forscher und den Betroffenen weitere Personen treten, z. B. Interviewer oder Beobachter.

Dabei tritt die Gefahr einseitiger Abbildung der Ereignisse auf:

«Die dinghafte Methode postuliert das verdinglichte Bewußtsein ihrer Versuchspersonen. Erkundigt sich ein Fragebogen nach dem musikalischen Geschmack und stellt dabei die Kategorien ‹classical› und ‹popular› zur Auswahl, so hält er – mit Recht – dessen sich versichert, daß das erforschte Publikum nach diesen Kategorien hört ... Aber solange nicht die gesellschaftlichen Bedingungen derartiger Reaktionsformen mitgetroffen werden, bleibt der richtige Befund zugleich irreführend ...» (ADORNO 1962 a, S. 211).

So treffend diese Formulierung das Problem zeigt, so unzureichend bleibt der implizierte Vorwurf. Die Interpretation der Kategorien geschieht ja eben durch die Theorie, in der sowohl die einzelnen Kategorien des Codes, der Variablen wie die Variable überhaupt in einen systematischen Zusammenhang gestellt werden. Was nun die Kategorienbildung betrifft, so hängt es vom Forschungsziel ab, welche Variable mit welchen Ausprägungen gewählt wird: Für eine Untersuchung des musikalischen Geschmacks dürften die beiden obengenannten Kategorien wohl kaum ausreichen; es wäre sinnvoller zu fragen, mit welchen Kategorien die Betroffenen Musikstücke klassifizieren. Für eine Untersuchung des Werbeaufwands von Schallplattenfirmen hingegen mag die grobe Klassifikation ausreichen. Festzustellen, ob Personen «verdinglicht hören» (was immer das sein mag), ist das eine Problem, diesen Sachverhalt, sofern er überhaupt vorliegt, zu erklären, das andere. Die Wahl der Variablen und die Differenziertheit der Merkmalsausprägungen (des Codes) sind dabei die Bindeglieder für die angestrebte Differenzierung der Hypothesen und der Exaktheit ihrer Prüfung.

Die Codierung stellt einerseits eine Zuordnung der Ereignisse (z. B. Antworten, Gesten, Wörter) zu den Ausprägungen einer Variablen dar, eine *Klassifikation*. Zum anderen ist sie eine *Messung*: Der eindimensionalen Klassifikation entspricht eine bestimmte Skalenqualität; daher sind nur jeweils spezifische Arten und Modelle mathematisch-statistischer Auswertung den Variablen angemessen. In den Abschnitten 2.4.5 und 2.4.7 sind diese Zusammenhänge ausführlich behandelt.

Da die Codierung methodologisch eine Klassifikation ist, muß sie auch die im Abschn. 2.4.2 aufgeführten Anforderungen erfüllen:

1. Eindimensionalität,
2. Ausschließlichkeit der Merkmale,
3. Vollständigkeit.

Die Eindimensionalität ist nicht gegeben, wenn auf die Frage, wann eine Frau wieder erwerbstätig werden wolle, die zeitlichen Antworten (in ... Jahren/Monaten) mit den indirekt zeitlichen («bis mein Kind in die Schule geht») in *einen* Code genommen werden – sofern man sie nicht über Altersangaben für das Kind umrechnen kann. Die Ausschließlichkeit ist nicht gegeben, wenn ein Ereignis mehreren Kategorien des Codes zugeordnet werden kann. Die Vollständigkeit ist schließlich nicht gegeben, wenn der Code nur die Kategorien «Ja» – «Nein» enthält, jemand aber mit «Weiß nicht» antwortet. Dieser Fall tritt sehr häufig bei Listen oder Gründen auf, so daß man vorsorglich eine Kategorie «Anderes» oder «Sonstiges» in den Code nimmt.

Entfallen auf eine solche Residual-Kategorie mehr als 5 Prozent aller Antworten resp. Fälle, dann sollte man sie auflösen und präzisieren, indem man den unter «Sonstiges» eingeordneten *gleichen* Ereignissen eine eigene Kategorie gibt.

Ein Teil der Codierung bei der Befragung und Beobachtung ist – je nach Standardisierung des Instruments – vorgegeben. Die Codierung findet also im Feld statt, während des Fragens und Beobachtens. Den restlichen Teil, z. B. von offenen Fragen oder «offenen» Beobachtungen, nimmt man nach Abschluß der Feldphase der Untersuchung vor. Die nachträgliche Codierung geschieht, weil entweder selbst nach dem Pretest eine zu geringe Kenntnis der möglichen Ereignisse bestand, als man das Instrument entwickelte, oder weil es auf eine möglichst ausführliche Protokollierung der Antworten, Beobachtungen etc. ankam. Erst nach Abschluß der Feldphase werden die wichtigsten Teile des Materials analysiert und für sie Codes entwickelt. Typische Beispiele sind offene Gründe-Fragen in der Befragung, Schilderungen in der Beobachtung, Tagebuchaufzeichnungen in der teilnehmenden Beobachtung; bei Gruppendiskussionen wird wohl noch in den meisten Fällen der gesamte Code erst nach Abschluß der Feldphase erstellt.

Ist eine Feld-Codierung einer nachträglichen vorzuziehen? Grundsätzlich ja, allerdings liegen nicht genügend Berichte vor, um für alle Methoden genaue Regeln angeben zu können. Die meisten Untersuchungen beziehen sich auf die Befragung, speziell sogar nur auf das Interview. Wenn die Kategorien des Codes gut getestet sind, wird der Interviewer/Beobachter wenig Fehler in der Zuordnung der Ereignisse zu den Kategorien machen. Da solche Feldfehler später nicht mehr erkennbar sind, geht man ein Risiko ein. Es wird ausgeschlossen, wenn der Interviewer/Beobachter keine Codierung vornimmt, sondern jeweils nur die Antworten/Beobachtungen ausführlich protokolliert, wobei nun ein anderer Fehler, ebenfalls später nicht erkennbar, entsteht: Aus Zeitnot, Unaufmerksamkeit, Voreingenommenheit etc. notiert der Interviewer/Beobachter selektiv. Feldman, Hyman & Hart (1951) stellen fest, daß beide Verfahren zu gleichen Resultaten führen, da sich beide Male der Interviewer-Einfluß verzerrend auswirkt. Allerdings machen unerfahrene Interviewer mehr Fehler bei der Feldverschlüsselung als erfahrene. Was hier für das Interview untersucht wurde, dürfte auch für andere Methoden gelten. Man muß also zwischen zwei Fehlern abwägen. Da sich das Instrument durch den Pretest besser kontrollieren läßt, empfiehlt es sich, gute Codes zu entwickeln und nur bei wenigen Fragen/Beobachtungen auf eine Feldverschlüsselung zu verzichten.

Der *Umfang des Codes*, d. h. die Zahl der Kategorien, ist zum Teil davon abhängig, ob eine Variable viele oder wenige Ausprägungen zuläßt: Bei «Geschlecht» sind es nur zwei, bei «Alter», «Gründe» oder der Variablen «aggressive Handlungen» in einer inhaltsanalytischen Studie von Sportberichten können es sehr viele Kategorien sein. Wo eine starke Differenzierung möglich ist, und das trifft auf die Mehrzahl der Variablen zu, muß entschieden werden, wie viele Kategorien man wählen soll, z. B. für «Alter» acht bis zehn Altersklassen oder nur drei. Wenn es auch hierfür keine universellen Regeln gibt, so stehen doch mehrere Kriterien zur Verfügung, die die Entscheidungen einengen:

1. *Umfang der Stichprobe:* Bei einer kleinen Stichprobe lohnt es sich nicht, sehr differenzierte Codes zu machen, da die Zahl der Fälle pro Kategorie, insbesondere bei Kreuztabellen, zu klein wird. Zur Berechnung eignet sich Formel 9 im Abschn. 3.4.4, nur daß jetzt der Stichprobenumfang konstant gehalten, dafür die Zahl der Kategorien variiert wird.
2. *Zahl der Fälle:* Wenn das Forschungsziel einen differenzierten Code erfordert, um ein breites Spektrum von Möglichkeiten und das Ausmaß der tatsächlichen Differenziertheit der Ereignisse (Beobachtungen, Antworten, Wörter) zu erfassen, dann dürfte zunächst ein *deskriptiver* Code sinnvoll sein, der dann später

zu wenigen Kategorien zusammengefaßt wird.

3. *Zahl der Variablen:* Wenn ein Sachverhalt nur mit einer Variablen erfaßt wird (was methodologisch fragwürdig ist), wie in der Studie von MIDDLETON & PUTNEY im Abschn. 3.1, dann sollte der Code differenziert sein, um nicht noch durch zu grobe Kategorien die mögliche Differenziertheit zu unterschätzen. Sind es hingegen mehrere Variablen (Beispiel: politisches Interesse oder Arten der Aggression), kann der Code gröber sein und weniger Kategorien umfassen. Hierauf wurde bereits oben bei der Diskussion des Zitats von ADORNO hingewiesen.
4. *Art der Auswertung:* Fast alle Untersuchungen werden heute elektronisch ausgewertet, die Lochkarte ist der Datenträger. Dadurch entstehen mehr oder minder geringe Anforderungen an den Code. Dem Code einer Variablen sind ein oder mehrere Spalten der Lochkarte zugeordnet. Um den Tabellenausdruck nicht zu komplizieren, besteht die Tendenz, den Code in den meisten Fällen nur eine Spalte der Lochkarte, in wenigen zwei oder gar drei Spalten umfassen zu lassen. Das bedeutet, daß je nach Rechenprogramm in einer Spalte zehn bis zwölf Kategorien untergebracht werden können: zehn bei Verwendung nur der numerischen Zone der Lochkarte (0–9), zwei weitere, wenn man die Überlochzone hinzunimmt. Bei der Zusammenfassung zweier Spalten der Lochkarte für den Code werden die beiden Spalten maschinell als Einheit gelesen, jede Ziffer der numerischen Zone der einen Spalte wird mit jeder Ziffer der zweiten nachfolgenden kombiniert (00, 01, 02 . . ., 09), es gibt also maximal $10^2 = 100$ Kategorien. Mehr wird man wohl kaum zur Codierung einer Variablen benötigen.

Ein besonderes Problem stellt die Codierung von *Mehrfachnennungen* dar. Wer nach der Ausstattung von Haushalten mit technischen Apparaten fragt oder inhaltsanalytisch untersucht, ob in allen Teilen von Tageszeitungen Fotos verwendet werden, muß innerhalb des gleichen Codes mehrere Ankreuzungen machen. Der Code für das letztgenannte Beispiel würde lauten, vorausgesetzt, es werden nur Tageszeitungen einbezogen, die die genannten Teile haben:

0 keine Bilder
1 im politischen Teil
2 im lokalen Teil
3 im Wirtschaftsteil
4 im Sportteil
5 im Feuilleton
6 in sonstigen Teilen (z. B. Reiseteil, Modeteil).

Da alle Tageszeitungen in der BRD in mehreren Teilen Fotos enthalten, gibt es Mehrfachankreuzungen. Nun lassen viele elektronische Rechenprogramme keinen Code zu, bei dem mehrere Kategorien angekreuzt werden, weil dann entsprechend in der einen Lochkartenspalte, die dem Code dieser Variablen zugeordnet ist, auch mehrere Lochungen vorgenommen werden müssen, die Maschine diese jedoch nicht resp. nur falsch verarbeiten kann.

Man kann sich nun auf drei Arten behelfen: 1. Die Kategorien werden der Bedeutsamkeit nach angeordnet, von derjenigen, bei der ein Ereignis (Foto) vorliegt, wird nur die ranghöchste angekreuzt, ein Foto im politischen Teil «schlägt» also Fotos in allen anderen. Dieser Weg dürfte sich in dem Beispiel nicht empfehlen, bei Haushaltsgeräten unter Umständen eher. Es ist allein von den zu prüfenden Hypothesen abhängig, ob ein solches Vorgehen gerechtfertigt ist. Es setzt zudem voraus, daß der Code eine Ordinalskala darstellt und sich die Hypothese auf den Grad der Ausprägung der Variablen bezieht. 2. Man kann einen umfangreicheren Code entwickeln, der alle Kombinationen enthält. Er hätte folgende Form:

00	keine Bilder	07	polit. + lokal.
01	im politischen Teil	08	polit. + Wirtschaft
02	im lokalen Teil	09	polit. + Sport
03	im Wirtschaftsteil	.	
04	im Sportteil	.	
05	im Feuilleton	25	Wirtschaft,
06	in sonstigen Teilen		Sport + Feuilleton
	(z. B. Reise, Mode) usw.		

Das Vorgehen ist einfach, wenn es sich nur um drei Ausgangskategorien handelt, die sich mit allen Kombinationen in einem einspaltigen Code unterbringen lassen. In dem Beispiel jedoch gibt es 82 Kombinationen plus der sieben in der linken Spalte aufgeführten. Also ist dieser Weg bei mehr als vier Ausgangskategorien nicht mehr sinnvoll – es sei denn, es handelt sich um eine zentrale Variable in einer Studie mit sehr umfangreicher Stichprobe. So bleibt schließlich 3. der Weg, jedem der genannten Teile einen Code zu geben, so daß sich nun folgender Code-Plan ergibt:

Vorhandensein von Fotos	*politischer Teil*	*lokaler Teil*	
1 ja	0 entfällt	0 entfällt	usw.
2 nein	1 ja	1 ja	
	2 nein	2 nein	

Das «entfällt» ist erforderlich, um zu kennzeichnen, daß die Zeitung überhaupt keine Fotos enthält (Kategorie «2» im Code links außen). Je nach Hypothese könnte in diesen Code auch gleich die Zahl der Bilder codiert werden, die ein Teil enthält.

Übercode: Die Zusammenfassung einzelner Zeichen zu einem neuen übergeordneten mit eigenen Qualitäten heißt in der Informationstheorie «Superzeichen». Die Abbildung mehrerer Variablen auf einer neuen, eindimensionalen führt zu einem Index. Die gleiche methodologische Struktur hat die Bildung von Übercodes, die nichts anderes als ein Index ist. Um in einzelnen Kategorien mehrerer Codes enthaltene Informationen unter einem neuen Aspekt (der neuen Dimension) zusammenzufassen und damit zu reduzieren, bildet man einen neuen, den Übercode. Im Beispiel oben werden aus den einzelnen Codes bestimmte Kombinationen von Fotos in den Teilen zusammengefaßt zu einem neuen Code, z. B.:

0	keine Fotos	2	Fotos in allen Teilen
1	Fotos in allen Teilen außer Politik	3	andere Kombinationen

Dieser Code ist nicht mehr *deskriptiv*, er bildet in seinen Kategorien nicht mehr die Vielfalt der Ereignisse differenziert ab. Es ist vielmehr ein *analytischer* Code, durch seine spezifische selektive Zusammenfassung der Ereignisse gedacht, bestimmte Hypothesen zu prüfen, die sich in diesem Falle nur auf das Vorhandensein von Fotos im politischen Teil beziehen. Übercodes sind nicht nur zur Indexbildung sinnvoll, sondern auch, um bei einer eher explorativen Studie zunächst in der Feldphase die Differenziertheit der Ereignisse abzubilden, dann nachträglich in einer neuen Spalte eine Zusammenfassung der Kategorien vorzunehmen. Das hat den Vorteil, beide Formen der Merkmalsausprägungen, die differenzierte wie die zusammengefaßte, zur Verfügung zu haben (z. B. Berufe).

Code-Plan: Sind die Codes vollständig im Instrument aufgeführt, erübrigt sich ein Code-Plan. Da dies jedoch meist nicht der Fall ist, empfiehlt sich als Vorgehen bei fast allen Methoden der Sozialforschung eine Zusammenstellung der Codes in einem Code-Plan oder Code-Buch. Als praktikabel haben sich dabei die Formate A 4 oder A 5 erwiesen; jeder Code einer Variablen steht auf einem Blatt mit folgendem Aufbau:

Lochkarte + Spalte	Variable Nr.	Codezahl	Variable und Code
I/27	32		*Fotos im politischen Teil*
		0	entfällt
		1	vorhanden
		2	nicht vorhanden

An die Stelle der Variablen-Nummer kann auch die Nummer der Frage, des Beobachtungsinhalts etc. treten. So vorzugehen hat den Vorteil, rasch und übersichtlich zu arbeiten. Sind mehrere Codierer gleichzeitig beschäftigt, können Erklärungen zum Code oder zu einzelnen Kategorien auf das gleiche Blatt geschrieben werden, der Codierer kann Beispiele für Kategorien wie «Sonstiges» notieren, erforderliche Änderungen des Codes während des Codierprozesses lassen sich nachtragen.

Reliabilität: Wer mit mehreren Codierern arbeitet, sollte berücksichtigen, daß es auch hier darum geht, eine ähnliche Semantik untereinander zu entwickeln, da sonst unterschiedliche Zuordnungen der Ereignisse zu den

Kategorien auftreten. Nun ist es eine weitverbreitete Meinung, Codierfehler würden sich unter den einzelnen Codierern ausgleichen. Man geht davon aus, jeder Codierer mache andere Fehler. Dieser Annahme ist jedoch mit großer Skepsis zu begegnen.

So konnte HERBERGER (1963, S. 46 ff.) in einer Analyse der Codierfehler bei der Codierung von Berufsangaben in der Auswertung der Berufszählung von 1961 zeigen, daß die Übereinstimmung der Codierer nur 83 % betrug, da systematische Fehler in der Zuordnung der Berufe zu Berufsabteilungen (z. B. Handel und Verkehr, Handwerk) gemacht wurden. KAMMEYER & ROTH (1971) haben 64 Studenten Fragebögen ausfüllen und diese einen Monat später auch codieren lassen. Auf diese Weise konnte die Codierung mehrerer offener Fragen hinsichtlich der Übereinstimmung zwischen den Codierern, die ihre eigenen Fragebögen codierten, und den jeweils restlichen Codierern festgestellt werden. Die Übereinstimmung betrug z. B. bei der Variable «Beruf des Vaters» nur 70 %.

Solche geringen Übereinstimmungen sind häufiger berichtet worden. Sie stellen ein ständiges Problem vor allem bei der Inhaltsanalyse dar.

Auch die Codierer müssen also geschult und supervisiert werden. Der Vergleich der Zuordnung gleichen Materials (Fragebögen, Beobachtungsbögen, Diskussionsprotokolle, inhaltsanalytisches Material) von verschiedenen Codierern ist deshalb ein Teil der Reliabilitätsprüfung in jeder Untersuchung. Man läßt beispielsweise eine Stichprobe des Materials von mehreren Codierern codieren und stellt den Grad der Übereinstimmung für jedes Item fest. Ein Beispiel mit den entsprechenden Formeln für eine Reliabilitätsberechnung geben CRITTENDEN & HILL (1971). Die Inter-Coder-Reliabilität ist hoch bei Variablen wie Alter, niedrig bei längeren Beschreibungen oder den Antworten auf offene Fragen, aus denen spezifische Informationen herausgeholt und durch den Codierer bewertet werden müssen. Bevor nicht ein hohes Maß an Übereinstimmung gesichert ist, sollte man nicht mit der Auswertung der Untersuchung fortfahren.

6.2. Datenverarbeitung

An die Codierung der Ergebnisse einer Untersuchung schließt sich die technische Auswertung an. Sie erfolgt je nach Umfang der Untersuchung und den verfügbaren finanziellen und technischen Mitteln in mehreren Stufen, die in Übersicht 43 dargestellt sind. Hierzu nur einige Erläuterungen.

Wenn die Codierung abgeschlossen ist, können die Instrumente auf ihre Fehler und Konsistenz hin untersucht werden. Die Datenmatrix der einzelnen Untersuchungseinheit wird auf ihre Vollständigkeit und Vergleichbarkeit mit den restlichen Untersuchungseinheiten geprüft. Hierzu gehören: Fehlende Antworten oder Ankreuzungen im Fragebogen oder im Beobachtungsschema, eine zu geringe Zahl von Wahlen in einer soziometrischen Untersuchung, fehlende oder doppelte Ankreuzungen im Polaritätsprofil oder einer Skala u. ä. Das Material wird bereinigt, Fälle mit zu vielen Fehlern müssen ausgeschieden werden. Die *Konsistenz-Prüfung* besteht im internen Vergleich der Codierung, z. B. beim Interview: Ein Befragter gibt bei einer Frage an, er sei nicht berufstätig, bei einer anderen, er sei kaufmännischer Angestellter; bei einem anderen ist einmal angekreuzt, er sei ledig, ihm sind aber vom Interviewer auch die Fragen für Verheiratete gestellt worden; im Beobachtungsschema wird einmal die Größe der beobachteten Gruppe mit acht Personen angegeben, bei der Beschreibung ihrer räumlichen Distanzen zueinander werden aber nur sieben Personen aufgeführt. Das führt zu Rückfragen bei den Interviewern oder Beobachtern, bei den Codierern, unter Umständen bei den Betroffenen selber, sofern dies noch möglich ist. Oft kann man auch mit Hilfe anderer Punkte des Instrumentes die Widersprüche aufklären. Es erfolgt also eine Re-Codierung.

Übersicht 43: *Arbeitsschritte bei der elektronischen und manuellen Datenverarbeitung*

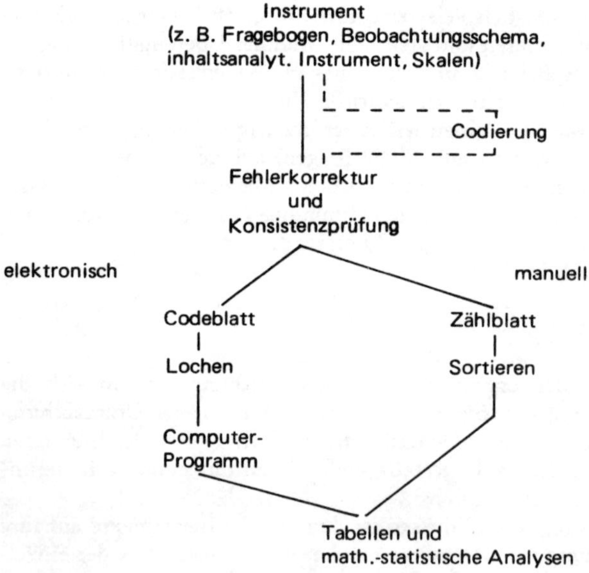

Im nächsten Schritt werden die Ergebnisse vom Instrument (technisch: Beleg) auf gesonderte *Codeblätter* (code sheets) übertragen. Wie Abb. 11 zeigt, handelt es sich dabei um gerasterte Blätter, auf denen in den Kästchen fortlaufend jeweils die Nummer der Lochkartenspalte einer Lochkarte steht. Im Beispiel umfaßt das Blatt zwei Lochkarten, also 2 x 80 Kästchen. In der ersten Spalte ist bereits die Nummer der Lochkarte eingetragen. In die folgenden Spalten wird man dann zumeist die Fall-Nummer eintragen. Für jeden Fall wird also eine der Zahl der Lochkarten entsprechende Zahl von Codeblättern benötigt. Die Symbole des Codes, zumeist nur Ziffern, werden (mit Bleistift, um Korrekturen zu ermöglichen) in die Kästchen eingetragen. Von den Codeblättern kann sehr leicht manuell abgelocht werden; in den meisten Fällen spart man beim Ablochen der Codeblätter jene Zeit, die zuvor zur Übertragung der Symbole auf die Codeblätter erforderlich war. Zudem ist die Fehlerquote geringer. Mit der Weiterentwicklung elektronischer Markierungsleser dürfte es in absehbarer Zeit möglich sein, auch direkt vom Codeblatt maschinell die Lochkarte stanzen zu lassen, so daß ein manuelles Lochen entfällt.

Eine Alternative zu dem eben genannten Vorgehen ist, die codierten Ereignisse direkt vom Beleg, dem Instrument, abzulochen. Das setzt aber ein entsprechend konzipiertes Instrument voraus; der Interview-Fragebogen in Abbildung 4 erfüllt diese Voraussetzung. Wo eine sehr gute grafische Übersichtlichkeit nicht gegeben ist, entstehen beim Ablochen vom Instrument zu viele Fehler; als Zwischenschritt sind Codeblätter erforderlich. Zudem lenken für den Lochenden «interessante» Angaben auf den Instrumenten vom Lochen ab, was die Fehlerquote erhöht.

Nur am Rande sei auf zwei notwendige Prüfungen hingewiesen: Die Übertragung der Symbole des Codes auf Codeblätter sollte stichprobenartig durch eine andere Person kontrolliert werden. Auch das manuelle Lochen ist um einen zweiten Arbeitsgang, das Prüflochen, zu ergänzen, um Lochfehler zu verringern.

Der letzte Schritt der Datenverarbeitung ist die elektronische Auswertung der Lochkarten. Hierfür stehen inzwischen sozialwissenschaftliche Programme wie das SPSS (Statistical Package for the Social Sciences), OSIRIS oder Teilprogramme in den einzelnen Instituten und Rechenzentren zur Verfügung. Eine Einführung in die Arbeitsweise solcher Programme geben die Darstellungen bei Allerbeck (1972) und Kriz (i. Vorb.). Nach dem Rechenprogramm sollte man sich vor dem Lochen, möglichst noch vor der Codierung, erkundigen, da in den einzelnen Programmen bestimmte Anforderungen an die Art des Ablochens gestellt werden. Diese Programme zur Datenverarbeitung erlauben, je nach Umfang, eine komfortable Auswertung der Daten. Mit nur relativ wenigen Programmanweisungen sind zahlreiche Schritte der Auswertung möglich, wie ein- und mehrdimensionale Kreuztabellen, Chi-Quadrat-Tests, Berechnung verschiedener Korrelationskoeffizienten, Faktoren- und Varianzanalysen, multiple Regressions-

Abbildung 11: *Codeblatt für zwei Lochkarten*

Untersuchung ....

1 **1**	2	3	4	5
11	12	13	14	15
21	22	23	24	25
31	32	33	34	35

6	7	8	9	10
16	17	18	19	20
26	27	28	29	30
36	37	38	39	40

41	42	43	44	45
51	52	53	54	55
61	62	63	64	65
71	72	73	74	75

46	47	48	49	50
56	57	58	59	60
66	67	68	69	70
76	77	78	79	80

1 **2**	2	3	4	5
11	12	13	14	15
21	22	23	24	25
31	32	33	34	35

6	7	8	9	10
16	17	18	19	20
26	27	28	29	30
36	37	38	39	40

41	42	43	44	45
51	52	53	54	55
61	62	63	64	65
71	72	73	74	75

46	47	48	49	50
56	57	58	59	60
66	67	68	69	70
76	77	78	79	80

koeffizienten u. a. Nur eines leisten die Programme nicht: Sie warnen den Benutzer nicht davor, auf schlecht erhobene Daten oder unzulängliche Skalenqualitäten mathematisch-statistische Modelle anzuwenden, die nicht gerechtfertigt sind. Es ist das Verdienst von KRIZ (1973), auf die Probleme, die bei einer unkritischen Verwendung statistischer Verfahren auftreten, ausführlich hingewiesen zu haben.

Aus vor-elektronischen Zeiten stammen zwei Formen der manuellen Auswertung: die *Randlochkarte* und das *Zählblatt*. Auf die letztgenannte sei kurz eingegangen, da sie bis heute ein brauchbares Mittel darstellt, ohne technische Ausrüstung rasch Auswertungen vorzunehmen, z. B. mit den Teilnehmern eines Kurses oder einer Tagung. Das ist möglich, wenn vier Voraussetzungen erfüllt sind:

1. kleine Stichproben (maximal ca. 70 Fälle),
2. wenige Variablen (maximal ca. 15),
3. jeweils nur wenige Ausprägungen der einzelnen Variablen (maximal ca. 6),
4. nur wenige mehrdimensionale Tabellen.

Das Zählblatt hat meistens das Format und die Stärke einer Postkarte; es ist großkariert und mit einem zusätzlichen Raster versehen (vgl. Abb. 12).

Abbildung 12: *Zählblatt*

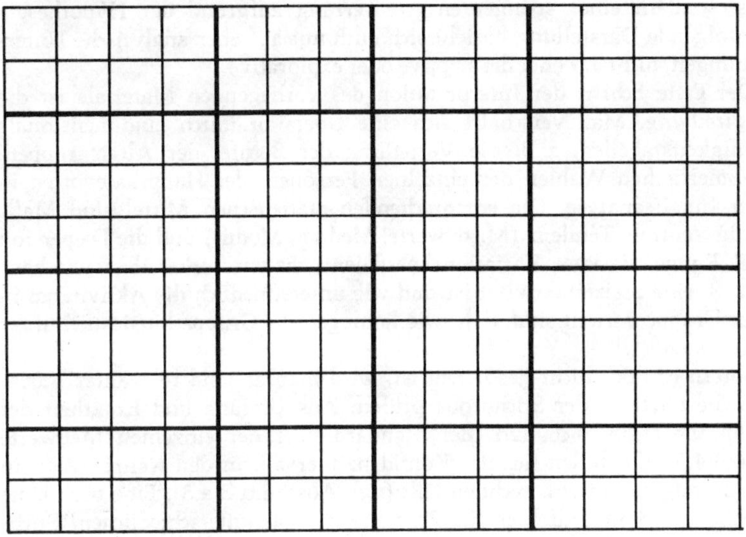

Der Raster dient der leichteren optischen Identifizierung der einzelnen Kästchen. In das Zählblatt werden wie beim Codeblatt die Symbole des Codes eingetragen; ein Kästchen entspricht einem Code. Durch einfaches Sortieren nach Ziffern pro Kästchen erhält man einfache Häufigkeitstabellen, durch zweifaches Sortieren zweidimensionale Kreuztabellen; es werden z. B. alle «1» im dritten Kästchen nach den Ziffern im sechsten Kästchen sortiert, dann alle «2» des dritten Kästchens nach den Ziffern im sechsten usw. Die Ergebnisse werden in Strichlisten festgehalten, können dann prozentuiert oder weiteren statistischen Operationen unterworfen werden, sofern dies dem Material angemessen ist.

6.3. Interpretation

Die Interpretation der Daten einer Untersuchung ist von zwei Aspekten abhängig: der verwendeten Methode und dem Forschungsplan. Die methodenspezifischen Formen der Auswertung sind an Beispielen in den Abschnitten zu den einzelnen Methoden bereits dargestellt. Daher werden hier nur noch einige generelle Probleme der Interpretation behandelt: Beschreibung, Analyse und Erklärung.

Je genauer der Forschungsplan in seiner Konzeptualisierung und seinem Untersuchungsplan ist, desto stärker sind auch die einzelnen Schritte der Interpretation festgelegt. Die Interpretation ist dann kein Akt des Probierens, sondern einer stringenten Auswertung aufgrund der Hypothesen. Die folgende Darstellung bezieht sich auch nur auf eher analytische Untersuchungen, nicht auf eher deskriptive oder explorative.

Der erste Schritt der Interpretation des vorliegenden Materials ist die *Beschreibung*. Man verschafft sich eine Übersicht durch eindimensionale Häufigkeitstabellen, z. B. die Verteilung der Berufe, der Altersgruppen, soziometrischen Wahlen der einzelnen Personen, der Hauptkategorien in einer Inhaltsanalyse. Die entsprechenden statistischen Mittel sind Maße für die zentrale Tendenz (Mittelwerte, Median, Modus) und die Dispersion (z. B. Range, Varianz, Variationskoeffizient). Es wird erkennbar, wie häufig z. B. eine Freizeitaktivität ist und wie unterschiedlich die Aktivitäten in einer Gruppe verteilt sind, d. h. wie homogen die Gruppe hinsichtlich ihrer Aktivitäten ist.

Sofern es noch nicht geschehen ist, wird man anhand relevanter Variablen die Qualität der Stichprobe prüfen. Aus Umfang und Exaktheit der Stichprobe ergibt sich auch der Standardfehler der einzelnen Meßwerte (vgl. 3.4.3), durch den sich das Konfidenzintervall für den wahren Wert in der Grundgesamtheit berechnen läßt (vgl. Abschnitt 3.4.3). Eine praktische Tabelle der Standardfehler für Prozentwerte bei unterschiedlichem Stichprobenumfang gibt Noelle-Neumann (1967, S. 109).

Der nächste Schritt ist die *Analyse* des Materials. Es werden mehrdimensionale Tabellen auf Zusammenhänge zwischen den Variablen untersucht. Die wichtigsten Operationen dabei sind:

1. Klärung der Art der Variablen und ihrer Beziehung (vgl. 2.5).
2. Festlegung des Signifikanzniveaus, bei dem eine Hypothese akzeptiert werden soll. Dabei entsteht das Problem, wie hoch das Signifikanzniveau anzusetzen ist. Wählt man ein niedriges Signifikanzniveau, so geht man das Risiko ein, die Nullhypothese (kein Zusammenhang der Variablen) zu verwerfen und die formulierte Alternativhypothese zu akzeptieren, obgleich in Wirklichkeit die Nullhypothese zutrifft (Fehler der 1. Art). Setzt man hingegen das Signifikanzniveau zu hoch an, dann geht man das Risiko ein, die formulierte Alternativhypothese zu verwerfen und die Nullhypothese zu akzeptieren, obgleich in Wirklichkeit doch ein Zusammenhang zwischen den Variablen besteht (Fehler 2. Art). Im allgemeinen wird in der soziologischen Forschung als niedrigstes Signifikanzniveau $p < .05$ gewählt.
3. Berechnung der Signifikanz der Unterschiede; die Wahl des statistischen Modells hängt von der Skalenqualität der Variablen ab. Im einfachsten Fall wählt man das Chi-Quadrat-Modell.
4. Berechnung von Korrelationskoeffizienten für die Enge des Zusammenhangs zwischen den Variablen. Die Wahl des Koeffizienten ist ebenfalls von der Skalenqualität der Variablen abhängig. (Hinweise hierzu gibt Übersicht 10 in Abschnitt 2.4.7.) Berechnung der Signifikanz des Korrelationskoeffizienten.

Vor allem bei zweidimensionalen Tabellen tritt die Schwierigkeit auf, den gefundenen Sachverhalt zu interpretieren. Es besteht zwischen der unabhängigen Variablen X und der abhängigen Variablen Y entweder kein oder ein von 0 verschiedener Zusammenhang. Bei dieser Feststellung stehenzubleiben ist aber unzureichend, weil durch die Einbeziehung einer dritten Variablen W eine veränderte Interpretation notwendig werden kann. Man wird daher die Partialkorrelationen für die drei Variablen berechnen, d. h. die Korrelation von jeweils zwei Variablen unter Konstanthalten der dritten. Die möglichen Ergebnisse zeigt Übersicht 44.

Übersicht 44: *Klassifikation der Effekte einer dritten Variablen auf die Korrelation zweier Variablen* (nach GALTUNG 1971, S. 410)

Ursprüngliche Korrelation	Partialkorrelationen: gleich, 0	Partialkorrelationen: gleich, nicht 0	Partialkorrelationen: unterschiedlich
0	Korrelation nicht durch dritte Variable verdeckt (1)	Korrelation durch dritte Variable verdeckt (2)	Begründung für fehlende Beziehung (3)
nicht 0	Scheinkorrelation (4)	Korrelation bleibt erhalten (5)	Spezifikation der Beziehung (6)

Aufschlußreich sind die beiden Fälle (3) und (6), in denen die Partialkorrelationen unterschiedlich sind, die dann bei Fehlen der ursprünglichen Korrelation zu einer Begründung des Fehlens führen.

Wenn ursprünglich eine Korrelation bestand, führt die unterschiedliche Partialkorrelation zu einer Spezifikation der Beziehung zwischen W, X und Y. Von besonderer Bedeutung ist die Scheinkorrelation (spurious correlation): X und Y korrelieren, doch nach Einführung einer dritten Variablen besteht diese Korrelation nicht mehr, weil z. B. W den anderen Variablen zeitlich voranging oder X beide bedingt. Ein bekanntes Beispiel ist der Zusammenhang von Geschlecht und Autounfällen: Frauen verursachen weniger Autounfälle als Männer. Untersucht man nun die Beziehung zusätzlich nach der Zahl der gefahrenen Kilometer, so haben Frauen und Männer eine gleich hohe Zahl von Unfällen – die Korrelation «verschwindet». Die ursprüngliche Beziehung von X und Y kann, wie die Übersicht zeigt, nur in den Fällen (1) und (5) ohne Modifikation interpretiert werden.

Auch in Tabellen mit mehr als zwei Dimensionen, also komplexen Zusammenhängen der Variablen, treten diese Interpretationsschwierigkeiten auf. In der bereits im Abschnitt 3.1 erwähnten Studie fanden MIDDLETON & PUTNEY (1963) eine lineare Beziehung zwischen der affektiven Nähe der Jugendlichen zu ihren Eltern und der Konformität mit den politischen Ansichten der Eltern. Die Beziehung war statistisch signifikant bis auf das Verhältnis männliche Jugendliche – Mutter (vgl. Tabelle 19). Um diese Inkonsistenz zu erklären, führten die Autoren als weitere Variable das Ausmaß des politischen Interesses des Vaters und der Mutter ein, mit der Begründung, die politische Rebellion der Jugendlichen bekomme auch dadurch einen Sinn, daß sie als Rebellion gegen die Eltern von Bedeutung ist.

Die Ergebnisse in Tabelle 20 belegen, wie wichtig es ist, diese zusätzliche Variable einzuführen. Die Interpretation lautet nun: Wenn die (hier untersuchten) Jugendlichen ihre Eltern als nicht politisch interessiert einschätzen, gibt es keine konsistente Beziehung zwischen affektiver Nähe zu den Eltern und politischer Rebellion. Schätzen die Jugendlichen hingegen ihre Eltern als politisch interessiert ein, dann besteht eine lineare, statistisch signifikante Abhängigkeit zwischen politischer Rebellion und affektiver Ferne der Jugendlichen von den Eltern.

Am Vorgehen der Autoren wird ein weiteres Problem der Interpretation erkennbar: die Begründung für die Wahl der zusätzlich eingeführten Variablen zu geben. Oft geschieht dies, wie hier, mit einem hohen Grad an Plausibilität. Exakter wäre es, eine im Forschungsplan enthaltene oder aus ihr abgeleitete Hypothese heranzuziehen. In Fällen, wo solche Hypothesen fehlen, werden auch eher diejenigen Variablen nicht erhoben worden sein, die man einführen könnte. Es sind dann mehrere, am vorliegenden Material nicht weiter prüfbare Erklärungen der Korrelation möglich.

Tabelle 19: *Rebellion gegen politische Position der Eltern nach affektiver Nähe zu den Eltern und Geschlecht; Studenten* (MIDDLETON & PUTNEY 1963)

Geschlecht/ affektive Nähe zu den Eltern	Prozent Rebellierender gegen politische Position des Elternteils *Vater* %	N	*Mutter* %	N
Männliche Studenten				
sehr nahe	46	210	46	311
ziemlich nahe	56	399	53	424
nicht sehr nahe oder feindselig	57	172	47	77
Weibliche Studenten				
sehr nahe	37	205	34	333
ziemlich nahe	43	249	41	211
nicht sehr nahe oder feindselig	50	130	49	61

Tabelle 20: *Rebellion gegen politische Position der Eltern nach affektiver Nähe zu den Eltern, nach Geschlecht und nach politischem Interesse der Eltern* (MIDDLETON & PUTNEY 1963)

Geschlecht/ affektive Nähe zu den Eltern	Prozent Rebellierender gegen politische Position des Elternteils: Vater an Politik interessiert %	N	Vater nicht an Politik interessiert %	N	Mutter an Politik interessiert %	N	Mutter nicht an Politik interessiert %	N
Männliche Studenten								
sehr nahe	44	165	53	45	50	165	40	146
ziemlich nahe	57	263	54	136	63	165	56	259
nicht sehr nahe oder feindselig	63	80	53	92	74	19	38	58
Weibliche Studenten								
sehr nahe	35	188	53	17	36	214	32	119
ziemlich nahe	44	193	38	56	40	108	42	103
nicht sehr nahe oder feindselig	58	76	39	54	50	22	49	39

In den Zusammenhang der Analyse von sehr niedrigen Korrelationen und nicht signifikanten Ergebnissen gehört der verbreitete Fehler, solche Ergebnisse gar nicht weiter zu verfolgen und sie auch nicht zu publizieren. Statt dessen wählt man nur signifikante Ergebnisse aus. Diese Tendenz ist auch in Aufsätzen psychologischer Zeitschriften zu bemerken, entweder, weil die Autoren nur signifikante Ergebnisse ausgewählt haben, oder die Herausgeber nur entsprechende Aufsätze auswählten (BREDENKAMP 1969, S. 339 f.). Ein solches Vorgehen ist aus zwei Gründen abzulehnen: 1. weil auch nicht-signifikante Ergebnisse oder fehlende Korrelationen zum Fortschritt der Erklärung eines Problems beitragen, und 2. weil bei einer genügend großen Zahl von Fällen und Variablen per Zufall bereits eine bestimmte Zahl von Tabellen mit signifikanten Ergebnissen entsteht, so daß bei Selektion nur der signifikanten Ergebnisse von einer theoriegeleiteten Hypothesenprüfung nicht mehr gesprochen werden kann (KRIZ 1973, S. 119).

Oftmals lassen sich aus anderen Untersuchungen, die auf umfangreichem Material basieren, wichtige Maßstäbe für die Analyse gewinnen. Wer die Ergebnisse von Gruppendiskussionen auswertet, die mit dem Beobachtungsschema von BALES protokolliert wurden, kann als Maßstab die Häufigkeitsverteilung für die einzelnen Kategorien heranziehen, die BALES (1956, S. 162) aufgrund von 23 000 Eintragungen gewonnen hat. Die Abweichung der gefundenen Häufigkeitsverteilung von der bei BALES gäbe dann wichtige Hinweise für Hypothesen über die Struktur der untersuchten Gruppen.

Die Analyse des Materials ist untrennbar von den mathematisch-statistischen Modellen, die eine exaktere und umfassendere Auswertung gestatten. Ihre angemessene Verwendung setzt voraus, 1. über Variablen mit möglichst hoher Skalenqualität zu verfügen und 2. die Modelle nicht nachträglich zu suchen, sondern bereits, aus der Konzeptualisierung abgeleitet, in den Untersuchungsplan aufgenommen zu haben. Für die statistische Auswertung wird auf die einschlägigen Lehrbücher verwiesen; hier seien nur einige der Modelle erwähnt. Die Faktorenanalyse (oder ähnliche Modelle) erlaubt es, Daten zu reduzieren. Aus der Matrix der Korrelation aller Variablen werden Dimensionen (Faktoren) extrahiert, die einen engen Zusammenhang zwischen mehreren Variablen beschreiben. Je stärker die Zusammenhänge zwischen den Variablen, desto größer ist die Zahl der Faktoren. Zu heuristischen Zwecken ist die Faktorenanalyse auch dann verwendet worden, wenn ihre statistischen Voraussetzungen nicht erfüllt waren, wenn z. B. mit Variablen auf nominalem Skalenniveau gerechnet wird. Die Folge ist meist eine Korrelationsmatrix mit niedrigen Korrelationskoeffizienten, was zu einer relativ großen Zahl von Faktoren führt; man überschätzt dann die wahre Zahl der Dimensionen im untersuchten Objektbereich. Auf der Analyse der Varianz der Variablen beruhen mehrere Modelle, wie die bereits erwähnte Varianzanalyse, die Faktorenanalyse und die Kontrastgruppenanalyse. Das letzte Modell besteht aus einer Zerlegung der Varianzen mehrerer Merkmale von Personen/Objekten, der Art, daß hinsichtlich einiger dichotomer Variablen immer homogenere Gruppen entstehen, in der einzelnen Gruppe also die Binnenvarianz der Merkmale möglichst gering ist (vgl. auch MAYNTZ, HOLM & HÜBNER 1971, S. 219; ein gutes Beispiel findet sich in der Studie von ZAPF 1969).

Bei der *Erklärung* der Ergebnisse, oder genauer: der Diskussion der Hypothesen aufgrund der Ergebnisse sollte man nochmals fragen, wie die Falsifikatoren definiert waren, welche Prozentwerte oder Korrelationen man als Falsifikation interpretiert (vgl. Abschnitt 2.2.2). Hierzu gehört auch der Vergleich zwischen den Indikatoren eines Begriffs. Will man z. B. Aussagen über die Abhängigkeit der Kohäsion einer Gruppe von ihrer Größe machen und hat man «Kohäsion» sowohl durch die Häufigkeit der Besuche der Mitglieder untereinander wie die Dauer der Besuche gemessen, dann wäre die Hypothese eher beizubehalten, wenn beide Indikatoren zu gleichen Resultaten geführt haben.

Den wenigsten Studien liegt ein Kausalmodell der Beziehungen zwischen den Variablen zugrunde, das getestet werden soll. Gerade bei einer Untersuchung mit zahlreichen Variablen stehen die einzelnen Ergebnisse, oft nicht einmal als Hypothesen formuliert, nebeneinander. Daher sollte man zumindest ex post versuchen, den Zusammenhang der Hauptvariablen zu formalisieren, um so anderen Forschern präzisere Ansatzpunkte für weitere Untersuchungen zu geben.

Das wichtigste Problem der Interpretation ist schließlich die Generalisierbarkeit der Ergebnisse. Sie hängt davon ab, ob sich die Hypothesen und der Untersuchungsplan auf eine generelle Theorie beziehen und nun ein definierbarer Teil der Theorie getestet wird. Je enger eine solche Beziehung ist, desto eher sind externe oder Konstrukt-Validität gegeben. Die Ergebnisse einer Studie über eine Neubausiedlung werden sich dann eher generalisieren lassen, wenn es bewährte Gesetzesaussagen darüber gibt, ob die Zusammensetzung der Bevölkerung oder die durchschnittliche Dauer des Wohnens in der Siedlung wichtige unabhängige Variablen sind, die zu einer entsprechenden Stichprobe und Auswahl der unabhängigen Variablen geführt haben. Je genauer diese Zusammenhänge belegt sind, desto eher kann von den Ergebnissen im untersuchten Gebiet auf strukturell, d. h. hinsichtlich der relevanten unabhängigen Variablen gleiche Gebiete geschlossen werden.

Jede Studie läßt Lücken der Interpretation, jede Studie führt zu neuen Problemen. Im Beispiel der Studie von MIDDLETON & PUTNEY wären es Erklärungen über die inkonsistente Beziehung zwischen politischer Rebellion und affektiver Nähe bei politisch desinteressierten Eltern. Entscheidend ist, ein Material nicht relativ wahllos auszuwerten, sondern die Untersuchung und ihre Interpretation in einem theoretischen Zusammenhang lokalisieren zu können: «Nichts ist praktischer als eine gute Theorie» (LEWIN).

7. PUBLIKATION

7.1. Allgemeine Hinweise

Die Abfassung eines Forschungsberichts stellt einen Kompromiß aus divergierenden Erwartungen an den Forscher dar: der «scientific community» auf objektive und vollständige Darlegung der Ergebnisse, der Betroffenen auf Schutz ihrer Anonymität und subjektiven Bedürfnisse und im Falle eines Auftraggebers auf Einhaltung der Verpflichtungen, die man ihm gegenüber eingegangen ist.

Die Verantwortung für den Bericht kann dem Forscher niemand abnehmen; auch die im Abschnitt 1.5 erwähnte professionelle Ethik gibt hierfür nur Anhaltspunkte. Gerade wo es sich um kleine Gemeinden oder spezielle Gruppen der Gesellschaft handelt, wird der Forscher ihre Bedürfnisse und Interessen wahren müssen, also ihre Anonymität sichern, auch wenn damit ein Teil der Ergebnisse nicht publiziert werden kann, um die Personen nicht identifizierbar zu machen und/oder sie nicht den Pressionen der Umwelt, der Gesellschaft oder des Staates auszusetzen.

Fichter & Kolb (1953, S. 548), die das Probem der ethischen Grenze eines soziologischen Berichts ausführlich diskutieren, haben zu Recht darauf hingewiesen, daß gerade die Standards der Objektivität, Integrität und menschlichen Würde, die die Wissenschaft leiten und zu deren Durchsetzung sie beitragen will, eben dann zerstört werden, wenn man die Interessen der Betroffenen durch Preisgabe ihrer Anonymität, Geheimnisse und Probleme bei der Abfassung des Forschungsberichts nicht berücksichtigt. – Im Grenzfall muß man auf eine Publikation verzichten und nur die Ergebnisse mit den Betroffenen diskutieren.

Von soziologischen Publikationen ist häufig gefordert worden, sie sollten keine «Fremdsprache» enthalten. Dieses Argument ist wenig einleuchtend, weil es unterstellt, Wissenschaft dürfe nicht fremdsprachlich sein –, oder aber die Soziologie nicht als Wissenschaft ansieht. Tatsächlich verfügt aber jede Wissenschaft über eine Fachsprache. Sie verwendet eine Vielzahl von Begriffen und technischen Ausdrücken, die definiert sind. Ihre Erläuterung wäre jedoch zu langwierig, weil man die jeweils subsumierten Erscheinungen aufzählen müßte. Kein Physiker würde «Energie» umständlich übersetzen, kein Volkswirt «Bruttosozialprodukt», es sei denn, die Art der Berechnung wäre zu präzisieren.

Die Verwirrung ist erst durch zweierlei entstanden: *Erstens* haben die Soziologen häufig sehr unterschiedlich ihre zentralen Begriffe definiert. *Zweitens* sind die Begriffe zum Teil der Alltagssprache entlehnt und erscheinen daher jedem Leser verständlich. Die Rezeption eines der Alltagssprache entlehnten Begriffes führt dann beim Leser zu Mißverständnissen, weil der Begriff innerhalb der Wissenschaft nun definiert ist und in einer engeren Bedeutung verwendet wird. Zudem ist oftmals unklar, für welche

Lesergruppe ein soziologisches Buch überhaupt geschrieben ist.

Sinnvoller wäre es daher, sich nach der *Zielgruppe* zu richten, also entweder für Fachkollegen, für eine halbfachliche Gruppe, z. B. Pädagogen, oder für den berühmten «gebildeten Laien» (wer immer das sein mag) zu schreiben. Je breiter die Gruppe, desto geringer ist ihr Vorwissen, und desto stärker muß die wissenschaftliche Sprache transformiert werden. Der Versuch gerade der Soziologen, für alle gleichzeitig zu schreiben, endet in unbefriedigenden Publikationen für jede Gruppe. Eine Studie über Sprache und Sozialisation ist nicht automatisch «gut», wenn sie von einem breiten Publikum rezipiert wird, wozu womöglich die Auflage des Buches als Indikator genommen wird, sondern nur dann, wenn sie wissenschaftlich so wichtig ist, daß sie von möglichst vielen Kollegen rezipiert wird und weitere Forschungen oder Diskussionen nach sich zieht. Darauf, daß die Ergebnisse auch transformiert werden, damit praktische politische Relevanz erhalten, wird man sich zunehmend verlassen können, wenn es einen Wissenschaftsjournalismus in den Sozialwissenschaften gibt, wie er in den Naturwissenschaften und Teilen der Sozialwissenschaften, z. B. der Ökonomie, bereits vorhanden ist.

Es empfiehlt sich ohnehin, die wichtigsten Ergebnisse nicht als Buch, sondern in der Form von *Aufsätzen in Fachzeitschriften* zu publizieren. Diese dürften das wichtigste Kommunikationsmedium in einer Disziplin sein. Allerdings hängt diese Tendenz zu Zeitschriftenartikeln vom Stand einer Wissenschaft ab.

Anhand der Zitate konnten LIN & NELSON (1969) zeigen, daß in drei bedeutenden soziologischen Fachzeitschriften (American Sociological Review, American Journal of Sociology, Social Forces) zu rund einem Drittel wiederum aus Zeitschriften zitiert wurde, während in der zum Vergleich herangezogenen naturwissenschaftlichen Zeitschrift Journal of the Optical Society of America die Zitate zu zwei Dritteln aus Fachzeitschriften stammten. Die Autoren sehen hierin eine Bestätigung der These von KUHN (1962, S. 20), daß Disziplinen, in denen sich ein festes Paradigma durchgesetzt hat, eher in Zeitschriften publizieren, Disziplinen ohne ein solches Paradigma eher in Büchern. (Als alternative Hypothese zur Erklärung des Unterschieds wird von den Autoren angeführt, daß bei den soziologischen Fachzeitschriften die Quote abgelehnter Arbeiten mit 45 % höher lag als bei der naturwissenschaftlichen Zeitschrift mit 6 %.)

Ein Zeitschriftenartikel sollte einen «Punkt» haben, d. h. einen engeren Sachverhalt belegen: eine oder nur wenige Hypothesen prüfen, die Begrenztheit früherer Artikel, z. B. aufgrund zu weniger Variablen oder eines zu engen theoretischen Bezugsrahmens, zeigen, eine Forschungsmethode verfeinern, einen neuen theoretischen Ansatz erläutern oder einen vorhandenen in einem neuen Zusammenhang anwenden, z. B. die Balance-Theorie auf das Verhalten von Richtern.

Für die Darstellung eines wissenschaftlichen Sachverhalts ist eine logische

Übersicht 45: *Kriterien zur Bewertung eines soziologischen Forschungsberichts* (ASA 1958)

	Mangelhaft	Substandard
Formulierung des Problems:		
1. Klarheit der Formulierung	Formulierung ist mehrdeutig, unklar, verzerrt, inkonsistent oder irrelevant für die Studie.	Problem muß aus unvollständiger oder unklarer Formulierung erschlossen werden.
2. Bedeutsamkeit des Problems	Kein Problem genannt, Problem ist bedeutungslos, unlösbar oder trivial.	Lösung des Problems würde für wenige Spezialisten wichtig sein.
3. Literaturbezug	Kein Literaturbezug auf frühere Arbeiten oder nicht korrekter Literaturbezug.	Literaturbezug unvollständig oder mit Irrtümern in Zitierung oder Interpretation behaftet.
Beschreibung der Methode:		
4. Angemessenheit der Methode	Problem kann mit dieser Methode nicht gelöst werden.	Nur eine versuchsweise oder Teillösung kann mit dieser Methode gewonnen werden.
5. Angemessenheit der Stichprobe oder des Feldes	Stichprobe ist zu klein, nicht passend, verzerrt oder hat unbekannte Verfahrensmerkmale.	Die einbezogenen Fälle sind sinnvoll, Ergebnisse können jedoch nicht übertragen werden.
6. Replizierbarkeit	Nicht replizierbar.	Grundsätzlich replizierbar, aber nicht im Detail.
Darstellung der Ergebnisse:		
7. Vollständigkeit	Relevante Resultate wurden vorenthalten oder ausgelassen.	Relevante Resultate werden zusammengefaßt gegeben.
8. Verständlichkeit	Resultate sind unvollständig oder rätselhaft.	Verständnis der Resultate erfordert spezielles Wissen oder spezielle Fähigkeiten.
9. Ertrag	Kein Beitrag zur Lösung des Problems.	Brauchbare Hinweise oder Vorschläge zur Lösung des Problems.
Interpretation:		
10. Exaktheit	Fehler in der Berechnung, Übertragung, Formulierung, Logik oder den Fakten nachweisbar.	Dem Verfahren ohnehin anhaftende, aber keine größeren Fehler nachweisbar.
11. Verzerrung	Deutliche Verzerrungen in der Darstellung der Ergebnisse und der Interpretation.	Einige Verzerrungen in der Interpretation, nicht aber in der Darstellung der Ergebnisse.
12. Nützlichkeit	Nicht nützlich.	Einfluß auf künftige Arbeiten in diesem Gebiet möglich.

	Standard	Hervorragend
Formulierung des Problems:		
1. Klarheit der Formulierung	Formulierung ist eindeutig und schließt präzise Beschreibung der Forschungsziele ein.	Formulierung ist eindeutig und enthält formulierte Hypothesen wie Bedingungen für ihre Prüfung.
2. Bedeutsamkeit des Problems	Lösung des Problems dürfte für viele Soziologen wichtig sein.	Lösung des Problems dürfte für die meisten Soziologen wichtig sein.
3. Literaturbezug	Literaturbezug ist einigermaßen vollständig.	Literaturbezug zeigt eingehend die Entwicklung des Forschungsproblems aus früheren Forschungsergebnissen.
Beschreibung der Methode:		
4. Angemessenheit der Methode	Lösung des Problems mit dieser Methode möglich, aber ungewiß.	Problem ist definitiv mit dieser Methode zu lösen.
5. Angemessenheit der Stichprobe oder des Feldes	Ergebnisse sind übertragbar mit Irrtümern beträchtlicher oder unbekannter Stärke.	Ergebnisse sind übertragbar mit bekannt kleinen Irrtümern, oder der gesamte Objektbereich wurde erfaßt.
6. Replizierbarkeit	Replizierbar auch in Einzelheiten mit Hilfe zusätzlicher Informationen durch den / die Verfasser.	Auch in Einzelheiten replizierbar aufgrund der vorliegenden Information.
Darstellung der Ergebnisse:		
7. Vollständigkeit	Relevante Ergebnisse werden dargestellt, teils in Einzelheiten, teils summarisch.	Relevante Ergebnisse werden in allen Einzelheiten gegeben.
8. Verständlichkeit	Eingehende Lektüre ist für das Verständnis notwendig.	Ergebnisse sind beim ersten sorgfältigen Lesen voll verständlich für ein durchschnittliches Mitglied der Profession.
9. Ertrag	Vermutliche Lösung des Problems.	Definitive Lösung des Problems.
Interpretation:		
10. Exaktheit	Fehler aufgrund der verwendeten Verfahren unwahrscheinlich. Keine Fehler erkennbar.	In das Verfahren wurden Exaktheitsprüfungen mit positivem Ergebnis einbezogen.
11. Verzerrung	Keine Verzerrungen erkennbar.	Verfahren enthielten erfolgreiche Vorsichtsmaßnahmen gegenüber Verzerrungen.
12. Nützlichkeit	Einfluß auf einige künftige Arbeiten in diesem Gebiet wahrscheinlich.	Einfluß auf alle künftigen Arbeiten in diesem Gebiet wahrscheinlich.

Gliederung erforderlich, die dem Leser eine klare und rasche Orientierung gibt, da die Darstellung im allgemeinen nicht einmal, sondern mehrfach gelesen wird, oft nach dem ersten Lesen noch einmal von hinten nach vorn, um die Stringenz der Schlußfolgerungen zu prüfen.

Nicht für alle Fälle geeignet, aber in vielen Fällen bewährt hat sich folgende Gliederung: Problem – Hypothesen – Methode – Ergebnisse – Diskussion. Dem Aufsatz wird eine Zusammenfassung (abstract) der wichtigsten Punkte vorangestellt. Diese Gliederung haben nur wenige Aufsätze in den deutschen, hingegen die meisten in den internationalen soziologischen Fachzeitschriften.

Für die *Abfassung* eignet sich ein Schema, das von der American Sociological Association (ASA 1958) entwickelt wurde, ursprünglich, um soziologische Forschungsberichte zu beurteilen. Es läßt sich gleichermaßen als Hilfe bei der Abfassung wie der Lektüre einer empirischen Studie verwenden. In Übersicht 45 ist dieses Schema wiedergegeben. In Übersicht 46 ist ein Schema enthalten, das die Kriterien der Beurteilung quantifizieren läßt. Mit Hilfe dieser Schemata wird man verhältnismäßig leicht die Schwächen eigener oder fremder Arbeiten überprüfen können. Wie aus dem Schema ersichtlich, setzt die Publikation einer Forschungsarbeit jenen Umsetzungsprozeß voraus, der in Kap. 3 beschrieben wurde: vom Interesse zur Konzeptualisierung des Problems, von der Konzeptualisierung zur Spezifikation eines angemessenen Untersuchungsplans. Je stärker die Arbeit an einen akzeptierten theoretischen Bezugsrahmen anknüpft, desto kürzer kann sie sein. Die erforderliche Länge verkürzt sich auch mit dem steigenden Grad der beim Leser zu erwartenden Kenntnisse; sie ist also bei der Zielgruppe «scientific community» am geringsten, bei jenen «gebildeten Laien» am höchsten.

Der erneute Verweis auf die Zielgruppe hat den Sinn, ein wesentliches Kriterium zur Abfassung der Arbeit zu finden. Ein Teil dessen, was die Publikation von Forschungsergebnissen enthalten soll, ist mit dem vagen Kriterium «Notwendigkeit der Sache» umschreibbar. Es ist das inhaltliche und methodologische Minimum. Freilich reicht dieses Kriterium nicht aus, die Auswahl des Materials, den Umfang und die Art der Darstellung festzulegen. Auch das obengenannte Bewertungsschema läßt diese Punkte offen. Man wird sich noch fragen müssen, welche Ziele man mit *dieser* Publikation (unter Umständen verfaßt man mehrere) erreichen will und für wen man diese Arbeit schreibt.

Jede Publikation verlangt im Vorwort oder in der Einleitung einen Hinweis, warum man dieses Thema bearbeitet hat, und weiterhin eine klare Formulierung des Problems, die mehr enthalten muß als eine Aufzählung der Autoren, die sich schon mit diesem Thema beschäftigt haben, oder dessen, was einem wichtig erscheint. An dieser Stelle wird jener zuvor erwähnte «Punkt» zu nennen sein, den die Arbeit haben soll. Um das zu erreichen, muß man vom Leser her denken, der fragen wird: Was will der

Übersicht 46: *Berechnungsvorschlag zum Bewertungsschema* (ASA 1958)

	Mangel-haft 0	Sub-standard 1	Standard 2	Hervor-ragend 3
Formulierung des Problems: 1. Klarheit der Formulierung				
2. Bedeutsamkeit des Problems				
3. Literaturbezug				
Beschreibung der Methode: 4. Angemessenheit der Methode				
5. Angemessenheit der Stichprobe / des Feldes				
6. Replizierbarkeit				
Darstellung der Ergebnisse: 7. Vollständigkeit				
8. Verständlichkeit				
9. Ertrag				
Interpretation: 10. Exaktheit				
11. Verzerrung				
12. Nützlichkeit				

Für jede Zeile ein Kreuz in eine Spalte. Die Summe der Kreuze pro Spalte mit der oben angegebenen Gewichtszahl (0, 1, 2 oder 3) multiplizieren, diese Werte dann addieren = Gesamtbewertung. Der Gesamtwert kann zwischen 0 und 36 liegen.

Autor untersuchen? Wie lautet genau die Fragestellung? Welchen theoretischen Stellenwert hat die Arbeit? Soll sie explorativ, deskriptiv sein oder Hypothesen testen? Welche Erklärungen, d. h. Gesetzesaussagen, werden verwendet? Worin liegt der innovative Wert der Studie?

Hierzu empfiehlt es sich, zuerst einen *vorläufigen Aufriß* der Arbeit zu schreiben, einen «outline», in dem man für die einzelnen Kapitel die wichtigsten Punkte und Aussagen formuliert. Daran erkennt man auch, ob sich die gewählte Gliederung durchhalten läßt, ob also die einzelnen Kapitel eine brauchbare Abgrenzung bilden und ob die Abfolge der Kapitel sinnvoll ist. Erst dann sollte man darangehen, die Arbeit zu schreiben (vgl. hierzu die Hinweise bei Hook & Gaver 1962, S. 46 ff.).

7.2. Tabellenaufbau

In empirischen Arbeiten, und nur um solche geht es hier, tritt regelmäßig die Schwierigkeit auf, wie der Ergebnisteil anzulegen ist. Die Daten liegen zusammengefaßt in Tabellen, Matrizen oder Diagrammen, z. B. mit Pfadkoeffizienten, vor. Wohin nun mit ihnen? – Hier haben sich drei Formen entwickelt:

1. alle relevanten Tabellen in den fortlaufenden Text einfügen;
2. alle Tabellen in einen Anhang, auf den dann an der jeweiligen Textstelle verwiesen wird;
3. wenige wichtige Tabellen in den fortlaufenden Text, den Rest in den Anhang.

Bei einer Zeitschriftenpublikation kommt nur die *erste* Form in Frage. Bei einer Buchveröffentlichung wird in der Mehrzahl der Fälle ebenfalls die erste Form gewählt: Sie macht die Argumentation im Text anhand der unmittelbar folgenden Tabellen leichter prüfbar. Im Prinzip verhält es sich ähnlich in allen Publikationen.

Der *zweite* Weg empfiehlt sich hauptsächlich in zwei Fällen: a) wenn die Publikation sich an ein heterogenes, aber überwiegend nicht-fachliches Publikum richtet; so kann der Laie den Text fortlaufend lesen, und der Fachmann, der die Argumentation auch anhand der Tabellen kontrollieren möchte, findet diese im Anhang vor; b) wenn der Tabellenteil für sich interpretierbar ist, der Text nur wichtige zusammenfassende Folgerungen bringt.

Die *dritte* Form schließlich findet sich seltener als die erste, aber häufiger als die zweite. Auch sie stellt einen Kompromiß im Hinblick auf unterschiedliche Zielgruppen dar. Ein Beispiel ist die Publikation «Bericht und Materialien zur Lage der Nation 1971» der Bundesregierung oder Blüchers «Generation der Unbefangenen»; bei letzterer Publikation ist der Tabellenteil als gesondertes Buch erschienen. Sinnvoll sind die zweite und die dritte Form dann, wenn im Material umfangreiche Gegenüberstellungen vorgenommen werden (wie z. B. im Bericht der Bundesregierung), der Fragebogen mit den einfachen Häufigkeiten wiedergegeben wird (z. B. Friedeburg 1953) oder spezielle Teile der Methode (Einstellungsskalen, Rechenprogramme etc.) aufgeführt werden. Ansonsten sollte man bei der Wahl bedenken, daß die zweite und dritte Form oft Kompromisse sind, um die eigene Unentschiedenheit über die Zielgruppe auf den Leser abzuwälzen.

Eine spezielle, nichtsdestoweniger wichtige Frage ist die nach der Funktion von Tabellen, Diagrammen etc. Sie sollen die Darstellung verkürzen, verdeutlichen und gleichzeitig dem Leser ein Minimum an Material geben, um die Schlüsse des Verfassers/der Verfasser zu prüfen.

Diese *Funktion «Kürze»* haben Tabellen nur dann, wenn sie im Text nicht erläutert werden, womöglich Prozentzahl für Prozentzahl. Was aus der Tabelle erkennbar ist, braucht im Text nur als Schlußfolgerung aufzutreten, es sei denn, man will einzelne, für die Argumentation besonders wichtige Zahlen hervorheben. Ein wissenschaftlicher Leser wird ohnehin die Tabellen *vor* der Interpretation durch den/die Verfasser lesen.

Die *Funktion «Klarheit»* erfüllen Tabellen nur dann, wenn Überschrift und Beschriftung der Tabelle so eindeutig sind, daß man nicht den Text konsultieren muß, um sie lesen und verstehen zu können. (Ausnahme: Sogenannte «Texttabellen», die nur wenige Zahlen enthalten und direkt in den laufenden Text eingefügt werden.) Auch gegen diese Forderung verstoßen viele Tabellen in wissenschaftlichen Publikationen. So steht als Überschrift «Häufigkeit des Kinobesuchs» ohne Vermerk, ob sich die Angabe auf absolute oder relative Werte bezieht. Oder der Leser findet in der Überschrift «Varianzanalyse», ohne zu wissen, ob eine einfache oder mehrfache Varianzanalyse gerechnet wurde und welche Variablen man einbezogen hat. Auch die Überschrift «Eheschließungen in der BRD 1970» ist unzureichend, wenn die Angabe fehlt, ob die Daten zur Basis die Zahl der Einwohner oder die Zahl der bestehenden Ehen haben. Zu einer richtigen Beschriftung gehört es auch, bei Unterstichproben aus dem Gesamtmaterial (z. B. nur berufstätiger Frauen aus einer Gesamtstichprobe von Frauen) bereits im Titel der Tabelle anzugeben, für welche Unterstichprobe die nachfolgenden Daten gelten. Musterbeispiele für den richtigen Aufbau von Tabellen sind die Veröffentlichungen des Statistischen Bundesamtes; z. B. sind die im Statistischen Jahrbuch abgedruckten Tabellen ohne jede Texterläuterung verständlich. (Weitere Tabellenbeispiele finden sich in den früheren Kapiteln dieses Buches, z. B. Abschn. 5.2.8.) Ein einfaches Beispiel:

Tabelle 21: *Schulbildung nach Parteimitgliedschaft, alle Befragten*

in Prozent

Parteimitgliedschaft	Höchster erreichter Schulabschluß		
	Volksschule	Mittlere Reife	Abitur
Mitglied			
kein Mitglied			
%	100	100	100
N			

Im Kopf der Tabelle steht die erstgenannte (unabhängige) Variable, in den Zeilen die «nach . . .»-Variable, hier die abhängige. Die Summe der Prozente wird auf die erstgenannte Variable oder die unabhängige (was hier zusammenfällt) berechnet. Die Aussage lautet dann: Von den Befragten mit Volksschulbildung gehören x % keiner Partei an, von den Befragten mit mittlerer Reife ... Darunter steht der Numerus N, also die Zahl der Befragten. Sollte eine Bezugsgruppe weniger als 25 Fälle umfassen, sind die Prozentwerte und die Bezugszahl in Klammern zu setzen. Dieses Schema läßt sich nicht immer durchhalten, da drucktechnische Überlegungen zu einer Umstellung der Tabelle zwingen; dennoch sollte man sich an diesen Aufbau halten. Am Fuß der Tabelle wird dann die Signifikanzberechnung, der Korrelationskoeffizient u. a. stehen.

Viele Ergebnisse lassen sich auch in Grafiken darstellen, die den Vorzug größerer Sinnfälligkeit haben – sofern es sich um nur wenige Daten handelt. Entsprechende Möglichkeiten werden hier nicht dargestellt; vielmehr wird auf das ausführlichere Buch von ZEISEL (1957) verwiesen.

Nur einige Beispiele seien gegeben:

1. Diagramme (Koordinatendarstellung, vor allem bei Zeit-Darstellungen)
2. Kreis (= 100 %) in Sektoren aufgeteilt.
3. Histogramme, Polygone, Summen-Polygone (vgl. hierzu KRIZ 1973).

7.3. KOLLEKTIVE PUBLIKATION

Zunehmend publizieren mehrere Autoren eine Arbeit gemeinsam, meist sind es zwei oder drei Verfasser. Dieser Trend zum «multiple authorship» gibt einen sozialen Sachverhalt wieder: Qualifizierte Forschung ist angesichts der Komplexität der Probleme, der umfangreichen Literatur und der methodologischen Anforderungen immer seltener von nur einer Person zu leisten. Zugleich nehmen die hierarchischen Tendenzen – teilweise erzwungen – in Forschungsgruppen ab, die Mitarbeiter sind nicht länger Zuarbeiter des Meisters, sondern auch in der Publikation gleichberechtigt.

Die kollektive Arbeit hat nicht nur die aus der Gruppendynamik bekannten Vorteile (z. B. Kreativität, bessere Bestimmungsleistungen), sondern entlastet auch den einzelnen. Seine Entwürfe behalten vorläufigen Charakter, er kann sich auf ihre Fortentwicklung und kritische Beurteilung durch die anderen Mitarbeiter verlassen und gewinnt damit an Spielraum. Das setzt allerdings einen hohen Grad von Integration der Gruppe, ein gemeinsames methodisches Selbstverständnis und gemeinsame Ziele voraus.

Angesichts solcher Anforderungen sind einige Hilfen für den Prozeß der kollektiven Erarbeitung des Manuskripts der Erwähnung wert. Zu diesem Zeitpunkt eines Forschungsprozesses, also kurz vor der Publikation, dürften Selbstverständigungsdiskussionen über die Arbeit nicht mehr geführt werden. Und: es sollte eine strenge Einhaltung der gegenseitig vereinbarten Termine (was selten gelingt) versucht werden. Gerade an dem Problem der Termineinhaltung zeigt sich, daß ein Merkmal der Stärke einer Gruppe, die Gleichheit der Mitglieder, auch eine Schwäche enthält: Keiner verfügt über negative Sanktionen, um den oder die anderen zu zwingen, Versprechungen einzuhalten. Der Zusammenhalt der Gruppe beruht auf der gemeinsamen Arbeit; hierauf kann man den anderen moralisch verpflichten, gleichzeitig aber nicht selbst aussteigen (was für die anderen wie für den Betreffenden eine negative Sanktion wäre).

Der Prozeß selbst durchläuft drei Stufen: 1. gemeinsame Absprache über eine Arbeitsteilung bei der Interpretation des Materials, 2. individuelle Rohfassungen der jeweiligen Teile des Manuskripts, 3. gemeinsame Revision der einzelnen Rohfassungen, (4. falls erforderlich: Individuelle Revision durch ein Mitglied der Gruppe, nicht notwendig durch den Verfasser der jeweiligen Rohfassung).

Wer einmal so gearbeitet hat, weiß, daß alles von der Intensität der Diskussionen in der ersten Phase abhängt. Anderenfalls entsteht ein hohes Maß an Rückfragen und Überschneidungen. Für den Gruppenprozeß sind in der ersten Phase die Argumente das zentrale Element, in der zweiten die Termineinhaltung, in der dritten die Solidarität gegenüber dem gemeinsamen Ziel. In dieser letzteren Phase nämlich werden die Grenzen des gegenwärtigen Sozialisationsprozesses erreicht: individuelle Vorstellungen (bis hin zu Fragen des Stils) kontra Unterordnung unter das einmal (vielleicht zu vage) entwickelte kollektive Ziel. Es treten verschärft jene psychischen Belastungen auf, über die in der Literatur zur Forschung und Teamarbeit nichts gesagt wird, obgleich sie ein konstitutiver Bestandteil kollektiven Arbeitens sind.

Schließlich sollte man berücksichtigen, daß Forschung nicht nur ein methodologischer, sondern auch ein sozialer Prozeß ist. Der Forscher ist den Einflüssen von Außenstehenden, die ihn mit seinem Gegenstand identifizieren, ausgesetzt. Wer über Homosexualität forscht, wird mit vorurteilsbelasteten Fragen konfrontiert, wie beispielsweise die Darstellung von WEINBERG & WILLIAMS (1973) zeigt. Er unterliegt durch Außenstehende und Kollegen Prozessen des «labeling», die auf sein eigenes Verhalten und seine Auffassung vom Untersuchungsgegenstand zurückwirken und die er reflektieren muß. Er unterliegt sozialen Kontrollen durch seine Mitforscher, eben den aus der Gruppendynamik bekannten Einflüssen. Hat er Auftraggeber, so werden diese besonders auf die Publikation einwirken wollen, und er wird für seine professionellen Standards und seine politischen Ziele streiten müssen.

Ein Beispiel ist der Bericht der Kommission über «Fernsehen und Aggression» in den USA. Von den umfangreichen ursprünglichen Darstellungen wurden zwei Kurzfassungen für die Öffentlichkeit und eine nochmals gekürzte Fassung für die Presse angefertigt. Durch den Einfluß derjenigen Mitglieder der Kommission, die den großen Fernsehanstalten angehörten, wurden die kritischen Aussagen (z. B. über den weitgehend belegten Zusammenhang von Aggression im Fernsehen und

Aggressionen bei zuschauenden Kindern) derartig aufgeweicht, daß in der kürzesten Fassung schließlich keiner dieser Zusammenhänge mehr genannt wurde. Daraufhin protestierten die wissenschaftlichen Mitglieder der Kommission, insbesondere einige Psychologen, öffentlich gegen die Manipulation der Ergebnisse in den beiden Kurzfassungen.

Die Methoden der empirischen Sozialforschung mögen weitgehend wertfrei sein; ohne die soziale Reflexion und politischen Intentionen des Forschers bleiben sie jedoch abstrakt. Auch das sollte aus einer Publikation erkennbar werden.

ÜBER DEN VERFASSER

JÜRGEN FRIEDRICHS: geb. 1938 in Berlin. Nach Abitur und Absolvierung einer kaufmännischen Lehre Studium der Soziologie, Psychologie, Philosophie und Volkswirtschaft zunächst in Berlin, dann in Hamburg. Seit 1964 Mitarbeiter der Forschungsstelle der Hochschule für Wirtschaft und Politik, Hamburg (HWP). Promotion zum Dr. phil. 1968 in Hamburg. Seit 1969 Wissenschaftlicher Assistent, ab 1974 Professor für Soziologie am Seminar für Sozialwissenschaften der Universität Hamburg. Hauptarbeitsgebiet ist neben Methodologie und Methoden die Stadtforschung.

Wichtigste Veröffentlichungen:

Werte und soziales Handeln. Tübingen 1968 / (Zusammen mit ELISABETH PFEIL u. a.) Die 23jährigen, Tübingen 1968 / (Zusammen mit BERND BUCHHOFER und HARTMUT LÜDTKE) Alter, Generationsdynamik und soziale Differenzierung, Kölner Zeitschrift für Soziologie und Sozialpsychologie 22, 1970 / (Zusammen mit HARTMUT LÜDTKE) Teilnehmende Beobachtung. Zur Grundlegung einer sozialwissenschaftlichen Methode empirischer Feldforschung, Weinheim–Basel 1971, zweite, erw. Aufl. 1973 / Teilnehmende Beobachtung abweichenden Verhaltens, Stuttgart 1973.

ANHANG: HILFSMITTEL

1. ZEITSCHRIFTEN MIT ABSTRACTS (Kurzzusammenfassungen) von AUFSÄTZEN, VORTRÄGEN ETC.
   Psychological Abstracts
   Sociological Abstracts
   Annual Review of Psychology. Palo Alto, Calif. (Berichte über Forschungsergebnisse nach Gebieten)

2. MEHR-JAHRESREGISTER EINIGER ZEITSCHRIFTEN (Beispiele)
   Am. Journal of Sociology: Cumulative Index Vols. 1–70 (1895–1965)
   Supplementary Index Vols. 71–75 (1965–1970)
   Am. Sociological Review: Index Vols. 1–25 (1936–1960)
   Index Vols. 26–30 (1961–1965)
   Index Vols. 31–35 (1966–1970)
   Kölner Zeitschrift für Soziologie und Sozialpsychologie: Gesamtregister Bde. 1–19 (1948/49–1967) (inkl. Sonderhefte)
   Social Forces: 50 Year-Index Vols. 1–50 (1921–1971)

3. INDIZES UND SKALEN: ÜBERSICHTEN
   BONJEAN, C. M., HILL, R. J. & MCLEMORE, S. D., 1967: Sociological Measurement. An Inventory of Scales and Indices. San Francisco.
   MILLER, D. C., 1970: Handbook of Research Design and Social Measurement. New York, 2. Aufl.
   RILEY, M. W., RILEY, J. W. JR. & TOBY, J., 1954: Sociological Studies in Scale Analysis: Applications, Theory, Procedures. New Brunswick, N. J.
   ROBINSON, J. P., RUSK, J. G. & HEAD, K. B., 1968: Measures of Political Attitudes.
   Appendix A: ROBINSON, J. P., ATHANASION, R. & HEAD, K. D., 1969: Measures of Occupational Attitudes and Occupational Characteristics.
   Appendix B: ROBINSON, J. P. & SHAVER, P. R., 1969: Measures of Social Psychological Attitudes.
   Ann Arbor, Michigan: University of Michigan, P.O. Box 1248.
   SHAW, M. E. & WRIGHT, J. M., 1968: Scales for the Measurement of Attitudes. New York.

4. STATISTISCHE UND DEMOGRAPHISCHE MATERIALIEN
   Statistisches Bundesamt, Wiesbaden (Hrsg.): Wirtschaft und Statistik (monatlich), Stuttgart – Mainz.
   Statistisches Bundesamt, Wiesbaden (Hrsg.): Statistisches Jahrbuch für die Bundesrepublik Deutschland, Stuttgart – Mainz.
   Ein Gesamtverzeichnis der Veröffentlichungen des Statistischen Bundesamtes ist erhältlich bei: W. Kohlhammer Verlag, 65 Mainz 42, Postfach 120.

Staatliche Zentralverwaltung für Statistik (Hrsg.): Statistisches Jahrbuch für die Deutsche Demokratische Republik. Berlin (Ost).

Deutscher Städtetag (Hrsg.): Statistisches Jahrbuch Deutscher Gemeinden. Braunschweig. (1.–28. Jahrgang: Statistisches Jahrbuch Deutscher Städte.)

Statistische Berichte und Zeitschriften der Statistischen Landesämter einzelner Großstädte, z. B.

Statistisches Landesamt Hamburg (Hrsg.): Hamburg in Zahlen (monatlich). Hamburg. –: Statistisches Jahrbuch. Freie und Hansestadt Hamburg. Hamburg.

United Nations (ed.): Demographic Yearbook. New York.

RUSSETT, B. M., ALKER, H. R., DEUTSCH, K. W. & LASSWELL, H. D., 1964: World Handbook of Political and Social Indicators. New Haven – London.

5. DOKUMENTATION LAUFENDER FORSCHUNGSARBEITEN

Es steigt die Zahl der Dokumentationen für Spezialgebiete, z. B. Städtebau und Raumforschung. Erwähnt seien nur zwei allgemeine Dokumentationen:

HERFURTH, M., JÜRES, E. A. & TEWES, P., 1971: Informationszentrum für sozialwissenschaftliche Forschung, Forschungsarbeiten 1970 in den Sozialwissenschaften. München-Pullach: Verlag Dokumentation.

HERZ, T. A., STEGEMANN, H. & WITTE, S., 1972: Universität Köln, Zentralarchiv für empirische Sozialforschung. Empirische Sozialforschung 1971. München-Pullach: Verlag Dokumentation.

6. ARCHIVIERTE UNTERSUCHUNGEN

Zentralarchiv für empirische Sozialforschung der Universität zu Köln.
5 Köln 41, Bachemer Straße 40.

BIBLIOGRAPHIE

Abkürzungen

AJS	American Journal of Sociology
ASR	American Sociological Review
JPSP	Journal of Personality and Social Psychology
KZfSS	Kölner Zeitschrift für Soziologie und Sozialpsychologie
PB	Psychological Bulletin
POQ	Public Opinion Quarterly
SF	Social Forces
SP	Social Problems

Abelson, R. P., 1968: Simulation of Social Behavior. In: Lindzey & Aronson 1968.

Adorno, T. W., 1957: Replik zu Peter R. Hofstätter, Zum «Gruppenexperiment» von F. Pollock. KZfSS 9, 105–117.

–, 1962 a: Soziologie und empirische Sozialforschung. In: M. Horkheimer & T. W. Adorno, Sociologica II. Frankfurt/M.

–, 1962 b: Zur Logik der Sozialwissenschaften. KZfSS 14, 249–263.

–, 1966: Negative Dialektik. Frankfurt/M.

–, & Dirks, W. (Hrsg.), 1956: Soziologische Exkurse. Frankfurt/M.

–, & Horkheimer, M., 1947: Dialektik der Aufklärung. Amsterdam.

– , et al., 1950: The Authoritarian Personality. New York.

Ahlberg, R., 1968: Entwicklungsprobleme der empirischen Sozialforschung in der UdSSR. Berlin.

Albert, H., 1964: Der Mythos der totalen Vernunft. KZfSS 16, 225–256.

–, 1966 a: Theorie und Prognose in den Sozialwissenschaften. In: Topitsch 1966.

–, 1966 b: Wertfreiheit als methodisches Prinzip. In: Topitsch 1966.

–, 1967: Probleme der Wissenschaftslehre in der Sozialforschung. In: König 1967 a.

–, 1971: Plädoyer für den Kritischen Rationalismus. München.

–, 1972 a: Theorie und Realität. Tübingen, 2. veränd. Aufl.

–, 1972 b: Theorien in den Sozialwissenschaften. In: Albert 1972 a.

Allerbeck, K. R., 1971: Soziale Bedingungen für studentischen Radikalismus. Diss. phil. Köln.

–, 1972: Datenverarbeitung in der empirischen Sozialforschung. Stuttgart.

Allport, G. W., Vernon, P. E. & Lindzey, G., 1960: A Study of Value. Boston, 3. veränd. Aufl.

Almond, G. A. & Verba, S., 1963: The Civic Culture. Boston.

Anastasi, A., 1966: Psychological Testing. New York, 2. Aufl.

Angell, R. C., 1951: The Social Integration of Selected American Cities. AJS 47, 575–592.

Anger, H., 1969: Befragung und Erhebung. In: Graumann 1969.

–, & Scherer, K. R., 1969: Psycholinguistische Anmerkungen zu gegenwärtigen Tendenzen in den deutschen Sozial- und Verhaltenswissenschaften. KZfSS 21, 147–153.

APA (American Psychological Association), 1954: Technical Recommendations for Psychological Tests and Diagnostic Techniques. PB 51, Suppl., 201–238.

Argyris, C., 1970: Intervention Theory and Method. Reading, Mass.

Arrington, R. E., 1937: An Important Implication of Time Sampling in Observational Studies of Behavior. AJS 43, 284–295.
van Arsdol, M. D., Camilleri, S. F. & Schmid, C. F., 1958: The Generality of Urban Social Area Indexes. ASR 23, 277–284.
ASA (American Sociological Association), 1958: Official Report. ASR 23, 691 bis 725.
Atteslander, P. u. a., 1969: Methoden der empirischen Sozialforschung. Berlin.
Ausubel, D. P. & Schiff, H. M., 1960: Some Intrapersonal and Interpersonal Determinants of Individual Differences in Sociempathic Ability Among Adolescents. In: Moreno et al. 1960.
Autorenkollektiv, 1970: Quantitative Methoden in der Soziologie. Berlin (Ost).
Autorenkollektiv Leipzig, 1968: Die Wissenschaft von der Wissenschaft. Berlin (Ost).
Backman, C. W., 1956: Sampling Mass Media Content: The Use of the Clustering Design. ASR 21, 729–733.
Bales, R. F., 1950: Interaction Process Analysis. New York.
–, 1956: Das Interaktiogramm. In: König 1956 b.
–, 1970: Personality and Interpersonal Behavior. New York.
Banaka, W. H., 1972: Training in Depth Interviewing. London.
Barker, R. G. & Wright, H. F., 1951: One Boy's Day: A Specimen Record of Behavior. New York.
Barton, A. H., 1955: The Concept of Property Space in Social Research. In: Lazarsfeld & Rosenberg 1955.
Bastin, G., 1967: Die Soziometrischen Methoden. Bern – Stuttgart.
Bauer, R. A. (ed.), 1966: Social Indicators. Massachusetts – London.
Becker, H. S., 1969: Problems of Inference and Proof in Participant Observation. In: McCall & Simmons 1969.
Becker, E., Herkommer, S. & Bergmann, J., 1967: Erziehung zur Anpassung. Schwalbach.
Bense, M., 1969: Einführung in die informationstheoretische Ästhetik. Reinbek.
Berelson, B., 1952: Content Analysis in Communication Research. Glencoe, Ill.
–, Lazarsfeld, P. F. & McPhee, W. N., 1954: Voting. Chicago.
Bergmann, G., 1966: Sinn und Unsinn des methodologischen Operationalismus. In: Topitsch 1966.
Berkowitz, W. R., 1970: Spectator Responses at Public War Demonstrations. JPSP 14, 305–311.
Bernard, J., 1967: Conflict as Research and Research as Conflict. In: Horowitz 1967 a.
Bessler, H., 1972: Aussagenanalyse. Düsseldorf, 2. durchges. Aufl.
Bettelheim, B., 1969: Obsolete Youth. Encounter 23, 29–42.
Bjerstedt, A., 1956: Interpretations of Sociometric Choice Status. Lund.
Biddle, B. J. & Thomas, E. J. (eds.), 1966: The Nature and History of Role Theory. In: B. J. Biddle & E. J. Thomas (eds.), Role Theory. New York.
Bingham, W. & Moore, B., 1959: How to Interview. New York.
Black, D. J., 1970: Production of Crime Rates. ASR 35, 733–748.
Blalock, H. M., 1964: Causal Inferences in Nonexperimental Research. Chapel Hill, N. C.
–, 1969: Theory Construction. Englewood Cliffs, N. J.
–, 1973: Thoughts on the Development of Sociology. ASA-Footnotes 1, S. 2.

–, & Blalock, A. B., 1968: Methodology in Social Research. New York.
Blinkert, B., Fülgraff, B. & Steinmetz, P., 1972: Statuskonsistenz, soziale Abweichung und das Interesse an Veränderungen der politischen Machtverhältnisse. KZfSS 24, 24–45.
Block, J. H., 1972: Generational Continuity and Discontinuity in the Understanding of Societal Rejection. JPSP 22, 333–345.
Blücher, V., 1966: Die Generation der Unbefangenen. Düsseldorf – Köln.
Blumer, H., 1967: Threats from Agency-Determined Research: The Case of Camelot. In: Horowitz 1967 a.
Boberach, H. (Hrsg.), 1968: Meldungen aus dem Reich. München.
Bönisch, S., 1970: Einige philosophisch-methodologische Fragen. In: W. Friedrich (Hrsg.), Methoden der marxistisch-leninistischen Sozialforschung. Berlin (Ost).
Bogardus, E. S., 1933: A Social Distance Scale. Sociology and Social Research 17, 265–271.
Bogue, D. J., 1969: Principles of Demography. New York.
Bohnen, A., 1972: Zur Kritik des modernen Empirismus. In: Albert 1972 a.
Booth, C., 1892–1897: Life and Labour of the People of London. London.
Borgatta, E. F. & Crowther, B., 1965: A Workbook for the Study of Social Interaction Process. Chicago.
Boustedt, O., 1960: Die Stadtregionen in der Bundesrepublik Deutschland. In: Stadtregionen in der Bundesrepublik Deutschland. Forsch. u. Sitz. Ber. d. Akademie für Raumforschung und Landesplanung, Bd. XIV. Bremen.
Braithwaite, R. B., 1953: Scientific Explanation. Cambridge.
Bratt, N., 1965: Gespräch und Behandlung in der sozialen Arbeit. Weinheim.
Bredenkamp, J., 1969: Experiment und Feldexperiment. In: Graumann 1969.
Bridgman, P. W., 1927: The Logic of Modern Physics. New York.
Bucher, R., Fritz, C. E. & Quarantelli, E. L., 1956: Tape Recorded Interviews in Social Research. ASR 21, 359–364.
Buchhofer, B., Friedrichs, J. & Lüdtke, H., 1970: Alter, Generationsdynamik und soziale Differenzierung. KZfSS 22, 300–334.
–, (i. Vorb.): Die jungen Erwachsenen. München.
Budd, R. W., Thorp, R. K. & Donohew, L., 1967: Content Analysis of Communications. London.
Bureau of Applied Social Research, 1956: Das qualitative Interview. In: König 1956 a.
Buss, A. H., 1961: The Psychology of Aggression. New York.
Campbell, D. T., 1958: Systematic Error on the Part of Human Links in Communication Systems. Information and Control 1, 334–369.
–, 1960: A Rationale for Weighting First, Second, and Third Sociometric Choices. In: Moreno et al. 1960.
–, 1963: From Description to Experimentation: Interpreting Trends as Quasi-Experiments. In: C. W. Harris (ed.), Problems in Measuring Change. Madison, Wis.
–, 1969: The Informant in Quantitative Research. In: McCall & Simmons 1969.
–, & Stanley, J. C., 1963: Experimental and Quasi-Experimental Designs for Research in Teaching. In: N. L. Gage (ed.), Handbook of Research in Teaching. Chicago.
Cannell, C. F. & Axelrod, M., 1956: The Respondent Reports on the Interview. AJS 62, 177–181.
–, & Kahn, R. L., 1968: Interviewing. In: Lindzey & Aronson 1968.

CAPLOW, T., 1956: The Dynamics of Information Interviewing. AJS 62, 165–171.
CARNAP, R., 1928: Der logische Aufbau der Welt. Berlin.
–, 1931 b: Die physikalische Sprache als Universalsprache der Wissenschaft. Erkenntnis 2.
–, 1932/33: Erwiderung auf E. Zilsel und K. Duncker. Erkenntnis 3.
–, 1953: Testability and Meaning. In: H. Feigl & M. Brodbeck (eds.), Readings in the Philosophy of Science. New York.
–, 1964: The Methodological Character of Theoretical Concepts. In: H. Feigl & M. Scriven (eds.), Minnesota Studies in the Philosophy of Science. Vol. I. Minneapolis, 5. Aufl.
–, & STEGMÜLLER, W., 1959: Induktive Logik und Wahrscheinlichkeit. Wien.
CARTER, G. W., 1959: Action Research. In: E. P. Harper & A. Dunham (eds.), Community Organization in Action. New York.
CARTWRIGHT, D. & ZANDER, A. (eds.), 1968: Group Dynamics. London, 3. Aufl.
CATTON, W. A., 1954: Exploring Techniques for Measuring Human Values. ASR 19, 49–55.
–, 1956: A Retest of the Measurability of Certain Human Values. ASR 21, 357 bis 359.
CHAPIN, F. S., 1928: A Quantitative Scale for Rating the Home and Social Environment of Middle Class Families in Urban Community. J. Educ. Psych. 19, 99–111.
–, 1956: Das Experiment in der soziologischen Forschung. In: König 1956 b.
CHERRY, C., 1963: Kommunikationsforschung – eine neue Wissenschaft. Frankfurt/M.
CHRISTENSEN, H. T., 1963: Child Spacing Analysis via Record-Linkage. Marriage and Family Living 25, 272–280.
CHRISTIE, R. & JAHODA, M. (eds.), 1954: Studies in the Scope and Method of «The Authoritarian Personality». New York.
CICOUREL, A. V., 1964: Method and Measurement in Sociology. Glencoe, Ill. (dt. Ausg.: Methode und Messung in der Soziologie. Frankfurt 1969).
CLARK III, R. D. & WORD, L. E., 1970: Why Don't Bystanders Help? JPSP 24, 392–400.
CLASTER, D. S. & SCHWARTZ, H., 1972: Strategies of Participation in Participant Observation. Sociological Methods & Research 1, 65–96.
COCHRAN, W. G., MOSTELLER, F. & TUKEY, J., 1953: Statistical Problems of the Kinsey Report. J. Am. Statist. Ass. 48, 673–716.
COHEN, M. R. & NAGEL, E., 1934: An Introduction to Logic and Scientific Method. New York.
COLEMAN, J. S., 1964: Introduction to Mathematical Sociology. Glencoe, Ill.
– et al., 1966: Equality of Educational Opportunity. Washington.
–, 1969: Relational Analysis: The Study of Social Organizations with Survey Methods. In: Etzioni 1969.
COOMBS, C. H., 1964: A Theory of Data. New York.
COUCH, A. & KENISTON, K., 1960: Yeasayers and Naysayers: Agreeing Response Set as a Personality Variable. J. Abn. Soc. Psychol. 60, 151–174.
v. CRANACH, M. & FRENZ, H.-G., 1969: Systematische Beobachtung. In: Graumann 1969.
CRISSWELL, J. H., 1960: The Measurement of Group Integration. In: Moreno et al. 1960.
CRITTENDEN, K. S. & HILL, R. J., 1971: Coding Reliability and Validity of Inter-

view Data. ASR 36, 1073–1080.
CRONBACH, L. J., 1970: Essentials of Psychological Testing. New York – London, 3. veränd. Aufl.
CRONBACH, L. J. & MEEHL, P. E., 1955: Construct Validity in Psychological Tests. PB 52, 281–302.
v. CUBE, F. & GUNZENHÄUSER, R., 1966: Über die Entropie von Gruppen. Quickborn.
DARLEY, J. M. & LATANÉ, B., 1968: Bystander Intervention in Emergencies: Diffusion of Responsibility. JPSP 6, 400–407.
DARROCH, A. G. & MARSTON, W. G., 1971: The Social Class Basis of Ethnic Residential Segregation: The Canadian Case. AJS 77, 491–510.
DAVIS, K., 1951: The Population of India and Pakistan. Princetown, N. J.
–, & GOLDEN, H. H., 1961: Urbanization and the Development of Pre-Industrial Areas. In: Hatt & Reiss 1961.
DAWES, R. M., 1972: Fundamentals of Attitude Measurement. New York.
DEAN, J. P. & WHYTE, W. F., 1969: How Do You Know If the Informant is Telling the Truth? In: McCall & Simmons 1969.
DE FLEUR, M. L., 1964: Occupational Roles as Portrayed on Television. POQ 28, 57–74.
DEICHSEL, A., 1973: Zur quantitativen Beobachtung sprachlichen Handelns. Diss. phil. Hamburg.
DEMING, W. E., 1950: Some Theory of Sampling. New York.
DENNIS, J., et al., 1968: Political Socialization to Democratic Orientations in Four Western Systems. Comparative Political Studies, I, 71–101.
DENZIN, N. K., 1970: The Research Act in Sociology. London.
DEXTER, L. A., 1956: Role-Relationships and Conceptions of Neutrality in Interviewing. AJS 62, 153–157.
DILLEHAY, R. C. & JERNIGAN, L. R., 1970: The Biased Questionnaire as an Instrument of Opinion Change. JPSP 15, 144–150.
DODD, S. C., 1950: How to Measure Values. Research Studies of the State College of Washington 18, 163–168.
DOGAN, M. & ROKKAN, S. (eds.), 1969: Quantitative Ecological Analysis in the Social Sciences. Cambridge, Mass.
DOHRENWEND, B. S., 1970: An Experimental Study of Directive Interviewing. POQ 34, 117–125.
DORNBUSCH, S. M. & HICKMAN, L. C., 1959: Other-Directedness in Consumer-Goods Advertising: A Test of Riesman's Historical Theory. SF 38, 99–102.
DOUGLAS, J. P. (ed.), 1970: Observations of Deviance. New York.
DUBIN, R., 1960: Parsons' Actor: Continuities in Social Theory. ASR 25, 457 bis 466.
DUMONT, R. G. & WILSON, W. J., 1967: Aspects of Concept Formation, Explication and Theory Construction in Sociology. ASR 32, 985–995.
DUNCAN, O. D., 1961: A Socioeconomic Index for All Occupations. In: A. J. Reiss, O. D. Duncan, P. K. Hatt & C. C. North, Occupations and Social Status. Glencoe, Ill.
DURKHEIM, E., 1897: Le Suicide. Paris (Engl. Ausg. Suicide. New York 1965).
–, 1961: Regeln der soziologischen Methode. Neuwied.
ECKHARDT, K. W. & SCHRINER, E. C., 1969: Familial Conflict, Adolescent Rebellion, and Political Expression. J. Marriage and Family 31, 494–499.

EDWARDS, A. L., 1957: Techniques of Attitude Scale Construction. New York.
–, 1971: Versuchsplanung in der psychologischen Forschung. Weinheim – Basel.
EDWARDS, A. M., 1937: Alphabetical Index of Occupations by Industries and Socio-Economic Groupings. Washington.
EISENSTADT, S. N., 1966: Von Generation zu Generation. München.
EMNID, 1954: Jugend zwischen 15 und 24. Bielefeld.
ENGELS, F., 1959: Herrn Eugen Dührings Umwälzung der Wissenschaft. Berlin (Ost).
ERBSLÖH, E., 1972: Interview. Stuttgart.
ERIKSON, K. T., 1967: A Comment on Disguised Observation in Sociology. SP 14, 366–373.
ESSER, A. H., 1969: Interactional Hierarchy and Power Structure on a Psychiatric Ward. Oxford.
ETZIONI, A. (ed.), 1969: A Sociological Reader on Complex Organizations. New York, 2. erw. Aufl.
FAIRWEATHER, G. W., 1967: Methods for Experimental Social Innovation. New York.
FEIGL, H., 1945: Operationism and Scientific Method. Psych. Rev. 52, 250–259.
FENDRICH, J. M., 1967: Perceived Reference Group Support: Racial Attitudes and Overt Behavior. ASR 32, 960–970; 33, 293.
FENLASON, A. F., FERGUSON, G. B. & ABRAHAMSON, A. C., 1962: Essentials in Interviewing. New York, 2. veränd. Aufl.
FESTINGER, L., 1953: Laboratory Experiments. In: Festinger & Katz 1953.
–, 1956: Laboratoriumsexperimente: Die Rolle der Gruppenzugehörigkeit. In: König 1956 b.
–, & KATZ, D. (eds.), 1953: Research Methods in the Behavioral Sciences. New York.
–, RIECKEN, H. & SCHACHTER, S. 1956: When Prophecy Fails. Minneapolis.
–, SCHACHTER, S. & BACK, K. 1955: Matrix Analysis of Group Structures. In: Lazarsfeld & Rosenberg 1955.
FEUER, L., 1969: The Conflict of Generations. New York.
FEYERABEND, P. K., 1968: Bemerkungen zur Geschichte und Systematik des Empirismus. In: P. Weingartner (Hrsg.), Grundfragen der Wissenschaft und ihre Wurzeln in der Metaphysik. Salzburg – München.
–, 1970: Consolations for the Specialist. In: Lakatos & Musgrave 1970.
FICHTER, J. H. & KOLB, W. L., 1953: Ethical Limitations on Sociological Reporting. ASR 18, 544–550.
FIRTH, R., 1936: We, the Tikopia. London.
–, 1959: Social Change in Tikopia. London.
FISHBEIN, M. (ed.), 1967: Attitude Theory and Measurement. New York.
FLANIGAN, W. & REPASS, D., 1967: Manual for the Political Behavior Laboratory. Minneapolis.
FOGELMAN, E. & ZINGALE, N., 1968: Manual for Comparative Politics Laboratory. Minneapolis.
FORBES, G. B. & GROMOLL, H. F., 1971: The Lost-Letter Technique as a Measure of Social Variables: Some Exploratory Findings. SF 50, 113–115.
FRENCH, J. R. P., 1953: Experiments in Field Settings. In: Festinger & Katz 1953.
–, 1956: Feldexperimente: Änderungen in der Gruppenproduktivität. In: König 1956 b.

v. Friedeburg, L., 1953: Umfrage in der Intimsphäre. Stuttgart.
Friedrich, W. (Hrsg.), 1970: Methoden der marxistisch-leninistischen Sozialforschung. Berlin (Ost).
Friedrichs, J., 1968: Werte und soziales Handeln. Tübingen.
–, 1970: Wissensvermittlung und Selbsterfahrung – Ein didaktischer Versuch zum Thema Sexualität. deutsche jugend 18, 276–284.
– (Hrsg.), 1973: Teilnehmende Beobachtung abweichenden Verhaltens. Stuttgart.
–, 1974: Situation als soziologische Erhebungseinheit. Zeitschrift für Soziologie 3, 44–53.
–, Dehm, G., Giegler, H., Schäfer, K. & Wurm, W., 1973: Resozialisierungsziele und Organisationsstruktur. Teilnehmende Beobachtung in einer Strafanstalt. In: Friedrichs 1973.
–, & Lüdtke, H., 1973: Teilnehmende Beobachtung. Einführung in die Feldforschung. Weinheim – Basel, 2. erw. Aufl.
–, & Pongratz, L., 1970: Soziale Erwartungen. Kriminolog. Journal 2, 233–258.
Fuchs, W., 1970/71: Empirische Sozialforschung als politische Aktion. Soziale Welt 21/22, 1–17.
Fucks, W., 1968: Nach allen Regeln der Kunst. Stuttgart.
Galtung, J., 1967: After Camelot. In: Horowitz 1967 a.
–, 1970: Theory and Methods in Social Research. London, 3. Aufl.
Geer, B., 1969: First Days in the Field. In: McCall & Simmons 1969.
George, A. L., 1959: Quantitative and Qualitative Approaches to Content Analysis. In: Pool 1959.
Gerbner, G. et al. (eds.), 1969: The Analysis of Communication Content. New York.
Gibbs, J. P., 1968: Further Observations on «Measures of Urbanization». SF 46, 400–405.
Gibbs, J. P. & Davis, K., 1958: Conventional Versus Metropolitan Data in the International Study of Urbanization. ASR 23, 505–514.
Giese, H. & Schmidt, G., 1968: Studenten-Sexualität. Reinbek.
Gold, R. L., 1969: Roles in Sociological Field Observations. In: McCall & Simmons 1969.
Goode, W. J. & Hatt, P. K., 1952: Methods in Social Research. New York.
–, 1956: Die schriftliche Befragung. In: König 1956 a.
Goodman, P., 1968: Eine Plauderstunde mit der Rüstungsindustrie. Kursbuch 14, 33–44.
Gorden, R. L., 1956: Dimensions of the Depth Interview. AJS 62, 158–164.
–, 1969: Interviewing. Strategy, Techniques and Tactics. Homewood, Ill.
Goslin, D. A. (ed.), 1969: Handbook of Socialization. Theory and Research. Chicago.
Gottschalk, L. A. (ed.), 1961: Comparative Linguistic Analysis of Two Psychotherapeutic Interviews. New York.
Grauer, G., 1973: Jugendfreizeitheime in der Krise. Weinheim – Basel.
Graumann, C. F. (Hrsg.), 1969: Sozialpsychologie. Handbuch der Psychologie, Bd. 7/I. Göttingen.
– (Hrsg.), 1972: Sozialpsychologie. Handbuch der Psychologie, Bd. 7/II. Göttingen.
Greenwood, E., 1956: Das Experiment in der Soziologie. In: König 1956 b.
Gronlund, N. E., 1955: Acquaintance Span and Sociometric Status. Sociometry 18, 62–68.

GUETZKOW, H. (ed.), 1962: Simulation in Social Science. Englewood Cliffs, N. J.
GUILFORD, S. P., 1956: Fundamental Statistics in Psychology and Education. New York, 3. Aufl.
GURR, T. R., 1970: Sources of Rebellion in Western Societies: Some Quantitative Evidence. The Annals 391, 128–144.
GUTTMAN, L., 1966: The Basis for Scalogram Analysis. In: Stouffer et al. 1966.
HAAG, F., 1971: Wohnungslose Familien in Notunterkünften. München.
–, 1972: Sozialforschung als Aktionsforschung. In: Haag u. a. 1972.
–, KRÜGER, H., SCHWÄRZEL, W. & WILDT, J. (Hrsg.), 1972: Aktionsforschung. München.
HABERMAS, J., 1963: Analytische Wissenschaftstheorie und Dialektik. In: Zeugnisse, Frankfurter Beiträge zur Soziologie, Bd. 14. Frankfurt/M.
–, 1967: Zur Logik der Sozialwissenschaften. Philosophische Rundschau, Beiheft 5. Tübingen.
–, 1968: Erkenntnis und Interesse. Frankfurt/M.
HAHN, E., 1968: Historischer Materialismus und marxistische Soziologie. Berlin (Ost).
HALL, E. T., 1963: A System for the Notation of Proxemic Behavior. American Anthropologist 65, 1003–1026.
HAMILTON, R. F., 1965: Affluence and the Worker: The West German Case. AJS 71, 144–152.
–, 1968: Einkommen und Klassenstruktur. KZfSS 20, 250–287.
HAMMOND, P. E. (ed.), 1964: Sociologists at Work. New York.
HANNAN, M. T., 1970: Problems of Aggregation and Disaggregation in Sociological Research. Chapel Hill.
HANSEN, M. H. & HURWITZ, W. N., 1946: The Problem of Nonresponse in Sample Surveys. J. Am. Statist. Ass. 41, 517–529.
HARDER, T., 1969: Werkzeug der Sozialforschung. Köln.
–, 1973: Dynamische Modelle in der Soziologie. Stuttgart.
HARTMANN, M., 1970: Empirische Sozialforschung. München.
HATT, P. K. & REISS, A. J. (eds.), 1957: Cities and Society. New York, 2. veränd. Aufl.
HEINTZ, P., 1967: Interkultureller Vergleich. In: König 1967 a.
HEISE, D. R., 1969: Problems in Path Analysis and Causal Inference. In: E. F. Borgatta & G. W. Bohrnstedt (eds.), Sociological Methodology 1969. San Francisco.
HEMPEL, C. G., 1952: Fundamentals in Concept Formation in Empirical Science. Chicago – London.
–, 1965: Aspects of Scientific Explanation. New York.
HERBERGER, L., 1963: Erwerbsstatistische Gliederungsgesichtspunkte in der Berufszählung von 1965. Allg. Statist. Archiv 47, 24–54.
HEYNS, R. W. & LIPPITT, R., 1954: Systematic Observational Techniques. In: Lindzey 1954.
HIRSCHI, T., 1969: Causes of Delinquency. Berkeley.
HÖHN, E. & SCHICK, C. P., 1954: Das Soziogramm. Stuttgart.
–, & SEIDEL, G., 1969: Soziometrie. In: Graumann 1969.
HOFSTÄTTER, P. R., 1952: Über Ähnlichkeit. Psyche 9, 54–80.
–, 1957: Zum «Gruppenexperiment» von F. Pollock. KZfSS 9, 97–105.
–, 1966: Einführung in die Sozialpsychologie. Stuttgart, 4. bearb. Aufl.

den Hollander, A. N. J., 1965: Soziale Beschreibung als Problem. KZfSS 17, 201–231.
Holm, K., 1970: Zuverlässigkeit von Skalen und Indizes. KZfSS 22, 356–386. Gültigkeit von Skalen und Indizes. KZfSS 22, 693–714.
Holsti, O. R., 1968: Content Analysis. In: Lindzey & Aronson 1968.
–, 1969: Content Analysis for the Social Sciences and Humanities. Reading, Mass.
Holzer, H., 1967: Illustrierte und Gesellschaft. Freiburg.
Holzkamp, K., 1970: Wissenschaftstheoretische Voraussetzungen kritisch-emanzipatorischer Psychologie. Z. f. Sozialpsychol. 1, 5–21, 109–141.
Homans, G. C., 1967: The Nature of Social Science. New York (dt. Was ist Sozialwissenschaft? Köln – Opladen 1969).
–, 1969: Theorie der sozialen Gruppe. Köln – Opladen, 4. Aufl.
Hook, L. & Gaver, M. V., 1963: The Research Paper. Englewood Cliffs, N. J., 2. Aufl.
Horowitz, I. L. (ed.), 1967 a: The Rise and Fall of Project Camelot. Cambridge, Mass.
–, 1967 b: The Rise and Fall of Project Camelot. In: Horowitz 1967 a.
–, 1967 c: Social Science and Public Policy: Implication of Modern Research. In: Horowitz 1967 a.
Horst, P., 1971: Messung und Vorhersage. Einführung in die psychologische Testtheorie. Weinheim – Basel – Berlin.
Hovland, C. I., 1972: Reconciling Conflicting Results Derived from Experimental and Survey Studies of Attitude Change. In: Lazarsfeld, Pasanella & Rosenberg 1972.
Hummell, H. J., 1972: Probleme der Mehrebenenanalyse, Stuttgart.
Humphreys, L., 1970: Tearoom Trade. London.
–, 1973: Toiletten-Geschäfte. In: Friedrichs 1973.
Hyman, H. et al., 1955: Interviewing in Social Research. Chicago, 2. Aufl.
–, 1957: Survey Design and Analysis. Glencoe, Ill., 2. Aufl.
–, 1959: Political Socialization. Glencoe, Ill.
Hyman, H. H., 1972: Secondary Analysis of Sample Surveys. New York.
Hyman, H. & Singer, E. (eds.), 1968: Readings in Reference Group Theory. New York.
Infratest, 1962: Jugend und Politik, Bd. I und II. München (als Manuskript vervielfältigt).
Irle, M. (Hrsg.), 1969: Texte aus der experimentellen Sozialpsychologie. Neuwied – Berlin.
Israel, J., 1972: Der Begriff Entfremdung. Reinbek.
Jaide, W., 1961: Eine neue Generation? München.
–, 1969: Junge Arbeiterinnen. München.
Jensen, G. F., 1972: Delinquency and Adolescent Self-Conception: A Study in the Personal Relevance of Infraction. SP 20, 84–103.
Jochimsen, R. & Simonis, U. E. (Hrsg.), 1970: Theorie und Praxis der Infrastruktur-Politik. Berlin.
Jopke, W., 1970: Grundlagen der Erkenntnis- und Gesellschaftstheorie Adornos und Horkheimers. In: J. H. v. Heiseler, R. Steigerwald & J. Schleifstein (Hrsg.), Die «Frankfurter Schule» im Lichte des Marxismus. Frankfurt/M.
Kagan, J. & Moss, H. A., 1962: Birth to Maturity. New York.
Kahn, R. L. & Cannell, C. F., 1957: The Dynamics of Interviewing. New York.

KAHN, R. & MANN, F., 1952: Developing Research Partnerships. J. Social Issues 8, 4–10.

KAMMEYER, K. C. W. & ROTH, J. A., 1971: Coding Responses to Open-Ended Questions. In: H. L. Costner (ed.), Sociological Methodology 1971. San Francisco.

KAPLAN, A., 1943: Content Analysis and the Theory of Signs. Philosophy of Science 10, 230–247.

–, 1964: The Conduct of Inquiry. San Francisco.

–, & GOLDSEN, J. M., 1949: The Reliability of Content Analysis Categories. In: Lasswell, Leites et al. 1949.

KARHAUSEN, M., 1972: Methodische Probleme des Datenschutzes bei der Analyse personenbezogener Umfragedaten. Referat vor der Methoden-Sektion der Deutschen Gesellschaft für Soziologie, Tagung in Mannheim.

KATZ, J., 1972: Experimentation with Human Beings. New York.

KELLERER, H., 1953: Theorie und Technik des Stichprobenverfahrens. München (Einzelschriften der Dt. Statist. Ges.), 2. Aufl.

VON KEMPSKI, J., 1972: Zur Logik der Ordnungsbegriffe besonders in den Sozialwissenschaften. In: Albert 1972 a.

KENDALL, P. L. & LAZARSFELD, P. F., 1970: Problems of Survey Analysis. In: R. K. Merton & P. F. Lazarsfeld (eds.), Continuities in Social Research. Glencoe, Ill.

KERLINGER, F. N., 1964: Foundations of Behavioral Research. New York.

KEY, V. O., 1961: Public Opinion and American Democracy. New York.

KINSEY, A. C., POMEROY, W. B. & MARTIN, C. E., 1964: Das sexuelle Verhalten des Mannes. Frankfurt/M.

–, & GEBHARD, P. H., 1965: Das sexuelle Verhalten der Frau. Frankfurt/M.

KISH, L., 1965: Survey Sampling. New York.

KISS, G., 1971: Marxismus als Soziologie. Reinbek.

KLAGES, H., 1968: Soziologie zwischen Wirklichkeit und Möglichkeit. Köln – Opladen.

KLAUS, G., 1968: Die Macht des Wortes. Berlin (Ost), 4. erw. Aufl.

KLEINING, G. & MOORE, H., 1968: Soziale Selbsteinstufung. KZfSS 20, 502–552.

KLIMA, R., 1969: Einige Widersprüche im Rollen-Set des Soziologen. In: B. Schäfers (Hrsg.), Thesen zur Kritik der Soziologie. Frankfurt/M.

–, 1972: Theoretical Pluralism, Methodological Dissention and the Role of the Sociologist: The West German Case. Soc. Science Information 11, 69–108.

KLINGEMANN, H. D., 1968: Sekundäranalyse: Eine Möglichkeit der Entwicklungsprozeßforschung. In: H.-C. Sponeck (Hrsg.), Methodische Probleme bei der Entwicklungsländerforschung mit besonderer Berücksichtigung der Stichprobenauswahl. Berlin.

–, & PAPPI, F. U., 1969: Innovations in Data Archiving. Manuskript eines Vortrages auf dem Kongreß für Sekundäranalyse. Köln.

KLÜVER, J. & KRÜGER, H., 1972: Aktionsforschung und soziologische Theorien. In: Haag u. a. 1972.

KNOP, E., 1967: Suggestions to Aid the Student in Systematic Interpretation and Analysis of Empirical Sociological Journal Presentations. The American Sociologist 2, 90–92.

KÖNIG, R. (Hrsg.), 1956 a: Das Interview. Praktische Sozialforschung, Bd. I. Köln.

–, (Hrsg.), 1956 b: Beobachtung und Experiment in der Sozialforschung. Praktische

Sozialforschung, Bd. II. Köln.
–, (Hrsg.), 1967 a: Handbuch der empirischen Sozialforschung. Band I. Stuttgart, 2. verb. Aufl.
–, 1967 b: Die Beobachtung. In: König 1967 a.
von Koolwijk, J., 1969: Unangenehme Fragen. KZfSS 21, 864–875.
Korch, H. u. a., 1972: Die wissenschaftliche Hypothese. Berlin (Ost).
Koschwitz, H., 1970: Zur Entwicklung der soziologischen Forschung und Wissenschaft in der Sowjetunion. KZfSS 22, 501–519.
Kracauer, S., 1952: The Challenge of Qualitative Content Analysis. POQ 16, 631–642.
Krasner, L., 1958: Studies of the Conditioning of Verbal Behavior. PB 55, 148 bis 170.
Krech, D., Crutchfield, R. S. & Ballachey, E. L., 1962: Individual in Society. New York.
Kreutz, H., 1970/71: Die tatsächliche Repräsentativität von soziologischen Befragungen. AIAS-Informationen, Heft 3/4, 242–263.
–, 1972: Soziologie der empirischen Sozialforschung. Stuttgart.
Krippendorff, K., 1969: Models of Message: Three Prototypes. In: Gerbner et al. 1969.
Kriz, J., 1968: Subjektive Wahrscheinlichkeiten und Entscheidungen. Diss. phil. Wien.
–, 1973: Statistik in den Sozialwissenschaften. Reinbek.
–, (i. Vorb.): Datenverarbeitung in den Sozialwissenschaften. Reinbek.
Kroeber, A. L. & Kluckhohn, C., 1952: Culture. A Critical Review of Concepts and Definitions. New York.
Kuhn, T. S., 1970: The Structure of Scientific Revolutions. Chicago, 2. Aufl.
Lakatos, I., 1970: Falsification and the Methodology of Scientific Research Programmes. In: Lakatos & Musgrave 1970.
–, & Musgrave, A. (eds.), 1970: Criticism and the Growth of Knowledge. Cambridge.
Land, K. C., 1969: Principles of Path Analysis. In: E. F. Borgatta & G. W. Bohrnstedt (eds.), Sociological Methodology 1969. San Francisco.
Lane, R. E., 1959: Fathers and Sons: Foundations of Political Beliefs. ASR 24, 502–511.
Lasswell, H. D., Leites, N. et al., 1949: The Language of Politics: Studies in Quantitative Semantics. New York.
–, Lerner, D. & Pool, I. de S., 1952: The Comparative Study of Symbols. Stanford.
Latané, B. & Darley, J. M., 1970: The Unresponsive Bystanders. New York.
Lattke, H., 1969: Das helfende Gespräch. Freiburg.
Lautmann, R., 1968: Wert und Norm. Köln – Opladen.
–, 1973: Teilnehmende Beobachtungen in der Strafjustiz. In: Friedrichs 1973.
Lazarsfeld, P. F., 1948: The Use of Panels in Social Research. Proceedings of the American Philosophical Society 42, 405–410.
–, 1944: The Controversy Over Detailed Interviews – An Offer for Negotiation. POQ 8, 38–60.
–, Berelson, B. & Gaudet, H., 1948: The People's Choice. New York.
–, & Henry, N. W., 1968: Latent Structure Analysis. New York.
–, & Menzel, H., 1969: On the Relation Between Individual and Collective Pro-

perties. In: Etzioni 1969.
–, PASANELLA, A. K. & ROSENBERG, M. (eds.), 1972: Continuities in the Language of Social Research. New York – London.
–, & ROSENBERG, M. (eds.), 1955: The Language of Social Research, New York.
–, SEWELL, W. H. & WILENSKY, H. L. (eds.), 1967: The Uses of Sociology. New York.
LENIN, W. I., 1970: Materialismus und Empiriokritizismus. Werke Bd. 14. Berlin.
LENSKI, G., 1954: Status-Crystallization: A Non-Vertical Dimension of Social Status. ASR 19, 405–413.
–, 1956: Political Participation and Status Crystallization. ASR 21, 458–464.
LESSING, H., 1969: Von der teilnehmenden zur beteiligten Beobachtung. In: Studienkreis für Tourismus e. V. (Hrsg.), Motive – Meinungen – Verhaltensweisen. Einige Ergebnisse und Probleme der psychologischen Tourismusforschung. Starnberg (vervielf. Manuskript).
LEVENSON, B., 1972: Sociometric Panels. In: Lazarsfeld, Pasanella & Rosenberg 1972.
LEVERKUS-BRÜNING, I., 1966: Die Meinungslosen. Berlin.
LEWIN, K., 1953: Die Lösung sozialer Konflikte. Bad Nauheim.
–, & LIPPITT, R., 1938: An Experimental Approach to the Study of Autocracy and Democracy. Sociometry 1, 292–300.
LEWIS, H. L., 1960: The Cuban Revolt Story: AP, UPI and 3 Papers. Journalism Quarterly 37, 573–578.
LIENERT, G. A., 1967: Testaufbau und Testanalyse. Weinheim – Berlin, 2. Aufl.
LIKERT, R., 1932: A Technique for the Measurement of Attitudes. Archives of Psychology, No. 140, 1–55.
LIN, N. & NELSON, C. E., 1969: Bibliographic Reference Patterns in Core Sociological Journals 1965–1966. The American Sociologist 4, 47–50.
LINDZEY, G. (ed.), 1954: Handbook of Social Psychology. Cambridge, Mass.
–, & ARONSON, E. (eds.), 1968: Handbook of Social Psychology. Vol. 2. Reading, Mass.
–, & BORGATTA, E., 1954: Sociometric Measurement. In: Lindzey 1954.
LITTLE, K. B., 1965: Personal Space. J. Exp. Soc. Psychol. 1, 237–247.
LITWAK, E., 1956: A Classification of Biased Questions. AJS 62, 182–186.
LONGWORTH, D. S., 1953: Use of a Mail Questionnaire. ASR 18, 310–313.
LÜDTKE, H., 1972: Jugendliche in organisierter Freizeit. Weinheim – Basel.
LUPRI, E., 1972: Statuskonsistenz und Rechtsradikalismus in der Bundesrepublik. KZfSS 24, 265–281.
LYMAN, S. M. & SCOTT, M. B., 1967: Territoriality: A Neglected Sociological Dimension. SP 15, 236–249.
MACCOBY, E. & MACCOBY, N., 1956: Das Interview: Ein Werkzeug der Sozialforschung. In: König 1956 a.
MACCOBY, E. E., MATTHEWS, R. E. & MORTON, A., 1954: Youth and Political Change. POQ 18, 23–29.
MANGOLD, W., 1960: Gegenstand und Methode des Gruppendiskussionsverfahrens. Frankfurt/M.
–, 1967: Gruppendiskussionen. In: König 1967 a.
MARPLAN, 1967: Basisstudie zur Situation der Jugend in Deutschland. Frankfurt/M. (Nicht im Buchhandel.)
MARX, K., 1966: Pariser Manuskripte. Reinbek.

–, 1960: Das Kapital. Bd. I. Berlin (Ost).
MASS-OBSERVATION (ed.), 1940: War Begins at Home. London.
–, 1943: War Factory. London.
MASTERMANN, M., 1970: The Nature of a Paradigm. In: Lakatos & Musgrave 1970.
MATARAZZO, J. D., 1965: The Interview. In: B. B. Wolman (ed.), Handbook of Clinical Psychology. New York.
–, HOLMAN, D. C. & WIENS, A. N., 1967: A Simple Measure of Interviewer and Interviewee Speech Durations. J. Psychol. 66, 7–14.
–, WIENS, A. N. & SASLOW, G., 1965: Studies of Interview Speech Behavior. In: L. Krasner & L. P. Ullmann (eds.), Research in Behavior Modification. New York.
MAYNTZ, R., HOLM, K. & HÜBNER, P., 1971: Einführung in die Methoden der empirischen Soziologie. Opladen, 2. erw. Aufl.
MCCALL, G. J., 1969: Data Quality Control in Participant Observation. In: McCall & Simmons 1969.
–, & SIMMONS, J. L. (eds.), 1969: Issues in Participant Observation. Reading, Mass.
MCGRATH, J. E. & ALTMANN, I., 1966: Small Group Research. New York.
MCGUIGAN, F. J., 1963: The Experimenter: A Neglected Stimulus Object. PB 60, 421–428.
MCKELLAR, P., 1962: The Method of Introspection. In: J. M. Scher (ed.), Theories of the Mind. New York.
MCKINNEY, J. C., 1966: Constructive Typology and Social Theory. New York.
–, 1969: Typification, Typologies, and Sociological Theory. SF 48, 1–12.
MEDLEY, D. M. & MITZEL, H. E., 1963: Measuring Classroom Behavior by Systematic Observation. In: N. L. Gage (ed.), Handbook of Research on Teaching. Chicago.
MEHRABIAN, A., 1969: Significance of Posture and Position in the Communication of Attitude and Status Relationships. PB 71, 359–372.
MEILI, R., 1965: Lehrbuch der psychologischen Diagnostik. Bern – Stuttgart, 5. Aufl.
MEISSNER, W., 1970: Zur Methodologie der Simulation. Z f. d. ges. Staatswiss. 126, 385–397.
MELBIN, M., 1954: An Interaction Recording Device for Participant Observers. Human Organization 13, 29–33.
MERTON, K., FISKE, M. & KENDALL, P., 1952: The Focused Interview. New York (Bureau of Applied Research Columbia University).
MERTON, R. K., 1957: Social Theory and Social Structure. Glencoe, Ill., 2. erw. Aufl.
– & KENDALL, P. L., 1955: The Focused Interview. In: Lazarsfeld & Rosenberg 1955.
METZLER, H., 1962: Methodologische Probleme marxistischer Gesellschaftsforschung. Dt. Z. f. Philosophie 7, 846–860.
MIDDLETON, R. & PUTNEY, S., 1963: Political Expression of Adolescent Rebellion. AJS 68, 527–535.
MILGRAM, S., 1963: Behavioral Study of Obedience. J. Abn. Soc. Psychol. 67, 371–378.
–, 1966: Some Conditions of Obedience and Disobedience to Authority. In: I. D.

Steiner & M. Fishbein (eds.), Current Studies in Social Psychology. New York.
–, 1969: Comment on «A Failure to Validate the Lost-Letter Technique». POQ 33, 263–264.
–, 1970: Das Erleben der Großstadt. Eine psychologische Analyse, Z. f. Sozialpsychol. 1, 142–152.
–, Mann, L. & Harter, S., 1965: The Lost-Letter Technique: A Tool of Social Research. POQ 29, 437–438.
Mittenecker, E., 1964: Planung und statistische Auswertung von Experimenten. Wien.
Moles, A., 1971: Informationstheorie und ästhetische Wahrnehmung. Köln.
Moreno, J. L. et al. (eds.), 1960: The Sociometry Reader. Glencoe, Ill.
–, 1967: Die Grundlagen der Soziometrie. Köln – Opladen, 2. erweiterte Auflage.
Morris, C., 1955: Signs, Language and Behavior. New York.
Morris, R. N., 1970: Multiple Correlation and Ordinally Scaled Data. SF 48, 299–311.
Morris, R. T., 1966: A Typology of Norms. In: B. J. Biddle & E. J. Thomas (eds.), Role Theory. New York.
Mouton, J. S., Blake, R. R. & Fruchter, B., 1955 a: The Reliability of Sociometric Measures. Sociometry 18, 7–48.
–, 1955 b: The Validity of Sociometric Measures. Sociometry 18, 181–206.
Narski, I. S., 1967: Positivismus in Vergangenheit und Gegenwart. Berlin (Ost).
Neal, A. G. & Rettig, S., 1967: On the Multidimensionality of Alienation. ASR 32, 54–64.
Nehnevajsa, J., 1967 a: Analyse von Panel-Befragungen. In: König 1967 a.
–, 1967 b: Soziometrie. In: König 1967 a.
Nelson, J. I. & Tallman, I., 1969: Local-Cosmopolitan Orientation of Political Conformity: A Specification of Parental Influence. AJS 75, 193–207.
Nisbet, R. A., 1967: Project Camelot and the Science of Man. In: Horowitz 1967 a.
Noelle-Neumann, E., 1963: Umfragen in der Massengesellschaft. Reinbek.
Nogee, P. & Levin, M., 1958: Some Determinants of Political Attitudes Among College Voters. POQ 22, 449–463.
North, R. C., Holsti, O. R., Zaninovich, M. G. & Zinnes, D. A., 1963: Content Analysis: A Handbook with Applications for the Study of International Crisis. Evanston, Ill.
Northway, M. L., 1960: A Method for Depicting Social Relationships Obtained by Sociometric Testing. In: Moreno et al. 1960.
Nuttin, J. M., 1966: Attitude Change After Rewarded Dissonant and Consonant «Forced Compliance». Intern. J. Psychol. 1, 39–57.
Oevermann, U., 1972: Sprache und soziale Herkunft. Frankfurt/M.
Opp, K.-D., 1970: Methodologie der Sozialwissenschaften. Reinbek.
–, 1970 a: The Experimental Method in the Social Sciences. Quantity and Quality 4, 39–54.
Osgood, C., 1952: The Nature and Measurement of Meaning. PB 49, 197–237.
Osgood, C. E., 1959: The Representational Model and Relevant Research Methods. In: Pool 1959.
Osgood, C., Suci, G. J. & Tannenbaum, P. H., 1957: The Measurement of Meaning. Urbana.

PARK, R. E., 1926: The Urban Community as a Spatial Pattern and a Moral Order. In: E. W. Burgess (ed.), The Urban Community. Chicago.
PARKE, R. D., EWALL, W. & SLABY, R. G., 1972: Hostile and Helpful Verbalizations as Regulators of Nonverbal Aggression. JPSP 23, 243–248.
PARSONS, T., 1954: Psychoanalysis and the Social Structure. In: T. Parsons, Essays in Sociological Theory. Glencoe, Ill. 2. erw. Aufl.
–, & SHILS, E. A., 1962: Values, Motives, and Systems of Action. In: T. Parsons & E. A. Shils (eds.), Toward a General Theory of Action. New York.
PAYNE, S. L., 1951: The Art of Asking Questions. Princetown.
PEAK, H., 1953: Problems of Objective Observation. In: Festinger & Katz 1953.
PELZ, D. C. & ANDREWS, F. M., 1964: Detecting Causal Priorities in Panel Study Data. ASR 29, 836–848.
PFANZAGL, J., 1968: Theory of Measurement. Würzburg – Wien.
PFEIL, E., 1959: Nachbarkreis und Verkehrskreis. In: R. Mackensen u. a., Daseinsformen in der Großstadt. Tübingen.
–, & FRIEDRICHS, J., 1965: Überlegungen zum Problem rollenbedinger Interviewantworten, Z. f. Markt- und Meinungsforschung 8, 1877–1884.
–, u. a., 1968: Die 23jährigen. Tübingen.
PIEPER, R., 1972: Aktionsforschung und Systemwissenschaften. In: Haag u. a. 1972.
PILIAVIN, J. A. & PILIAVIN, I. M.,, 1972: Effect of Blood on Reactions to a Victim. JPSP 23, 353–361.
PILIAVIN, I. M., RODIN, J. & PILIAVIN, J. A., 1969: Good Samaritanism: An Underground Phenomenon? JPSP 13, 289–299.
PIRKER, T., BRAUN, S., LUTZ, B. & HAMMELRATH, F., 1955: Arbeiter, Management, Mitbestimmung. Stuttgart – Düsseldorf.
PLANCK, U. u. a., 1969: Landjugend im sozialen Wandel. München.
POLITZ, A. & SIMMONS, W., 1949: An Attempt to Get the «Not At Homes» into the Sample without Callbacks. J. Am. Statist. Ass. 44, 9–31 u. 45 (1950), 136 bis 137.
POLK, K., 1969: Class, Strain and Rebellion Among Adolescents. SP 17, 214–224.
POLLOCK, F., 1955: Gruppenexperiment. Frankfurt/M.
POLSKY, N., 1969: Hustlers, Beats and Others. New York.
POOL, I. DE S. (ed.), 1959: Trends in Content Analysis. Urbana, Ill.
POPITZ, H., 1968: Über die Präventivwirkung des Nichtwissens. Tübingen.
POPPER, K. R., 1958: Die offene Gesellschaft und ihre Feinde. Bd. 2. Bern.
–, 1962: Die Logik der Sozialwissenschaften. KZfSS 14, 233–248.
–, 1963: Conjectures and Refutations. London.
–, 1965: Das Elend des Historizismus. Tübingen.
–, 1966 a: Logik der Forschung. Tübingen, 2. erw. Aufl.
–, 1966 b: Prognose und Prophetie in den Sozialwissenschaften. In: Topitsch 1966.
–, 1970: Normal Science and Its Dangers. In: Lakatos & Musgrave 1970.
–, 1972: Naturgesetze und theoretische Systeme. In: Albert 1972 a.
PORTES, A., 1971: On the Logic of Post-Factum Explanations: The Hypothesis of Lower-Class Frustration As the Cause of Leftist Radicalism. SF 50, 26–44.
PROCTOR, C. H. & LOOMIS, C. P., 1951: Analysis of Sociometric Data. In: M. Jahoda, M. Deutsch & S. W. Dodd (eds.), Research Methods in Social Relations. New York.
QUENSEL, S. & QUENSEL, E., 1970: Delinquenzbelastungsskalen für männliche

Jugendliche. KZfSS 22, 75–97.
Rehn, G. & Pongratz, L., 1972: Probleme der Zielfindung in einem Aktionsforschungsprojekt im Strafvollzug. In: Haag u. a. 1972.
Reinecke, H. P., 1967: Über Allgemein-Vorstellungen von der Musik. In: L. Finscher u. C. Mahling (Hrsg.): Festschrift Walter Wiora. Kassel.
Reiss, A. J., 1967: Studies in Crime and Law Enforcement in Major Metropolitan Areas. Field Studies III, Vol. 2. Washington D. C.
–, 1968: Police Brutality – Answer to Key Questions. Trans-action 5, 10–19.
–, 1971: Systematic Observation of Natural Social Phenomena. In: H. C. Costner (ed.), Sociological Methodology 1971. San Francisco.
Reiss, I. L., 1964: The Scaling of Premarital Sexual Permissiveness. J. Marriage Family 26, 188–198.
–, 1967: The Social Context of Premarital Sexual Permissiveness. New York.
Reschka, W., 1971: Das Interview als ein verbaler Interaktionsprozeß. KZfSS 23, 745–760.
Richardson, S. A., Dohrenwend, B. & Klein, D., 1965: Interviewing: Its Forms and Functions. New York.
Richter, H. J., 1971: Die Strategie schriftlicher Massenbefragungen. Bad Harzburg.
Ritsert, J., 1972: Inhaltsanalyse und Ideologiekritik. Frankfurt/M.
Robinson, W. S., 1950: Ecological Correlations and the Behavior of Individuals. ASR 15, 351–357.
Roede, H., 1968: Befrager und Befragte. Berlin (Ost).
Rogers, C. R., 1942: Counseling and Psychotherapy. Boston.
–, et al., 1967: The Therapeutic Relationship and Its Impact. London.
Roghmann, K., 1966: Dogmatismus und Autoritarismus. Meisenheim, Glan.
Rosenfeld, H. M., 1967: Nonverbal Reciprocation of Approval: an Experimental Analysis. J. Exp. Soc. Psychol. 3, 102–111.
Rosenmayr, L. & Kreutz, H., 1968: Eltern und Gleichaltrige als Faktoren sozialen Einflusses bei Jugendlichen und «jungen Erwachsenen». In: G. Wurzbacher (Hrsg.), Die Familie als Sozialisationsfaktor. Bd. III. Stuttgart.
Rosenthal, R., 1963: On the Social Psychology of the Psychological Experiment: The Experimenter's Hypothesis as Unintended Determinant of Experimental Results. American Scientist 51, 268–283.
–, 1966: Experimenter Effects in Behavioral Research. New York.
Sahlins, M., 1967: The Established Order: Do Not Fold, Spindle or Mutilate. In: Horowitz 1967 a.
Scheuch, E. K., 1967 a: Das Interview in der Sozialforschung. In: König 1967 a.
–, 1967 b: Auswahlverfahren in der Sozialforschung. In: König 1967 a.
–, 1967 c: Skalierungsverfahren in der Sozialforschung. In: König 1967 a.
–, 1967 d: Entwicklungsrichtungen bei der Analyse sozialwissenschaftlicher Daten. In: König 1967 a.
Scheuch, E. K. & Daheim, H., 1961: Sozialprestige und soziale Schichtung. In: D. V. Glass & R. König (Hrsg.), Soziale Schichtung und soziale Mobilität. Köln – Opladen.
Schlick, M., 1925: Allgemeine Erkenntnislehre. Berlin.
–, 1934: Über das Fundament der Erkenntnis. Erkenntnis 4.
Schrader, A., 1971: Einführung in die empirische Sozialforschung. Stuttgart.
Schraml, W., 1968: Ebenen des klinischen Interviews. In: K. J. Groffmann & K. H.

Wewetzer (Hrsg.), Person als Prozeß. Bern – Stuttgart.
SCHULENBERG, W., 1957: Ansatz und Wirksamkeit der Erwachsenenbildung. Stuttgart.
SCHUMAN, H., 1966: The Random Probe: A Technique for Evaluating the Validity of Closed Questions. ASR 31, 218–222.
SCHUMANN, K. F. & WINTER, G., 1973: Zur Analyse der Hauptverhandlung im Strafprozeß. In: Friedrichs 1973.
SCOTT, W. A., 1955: Reliability of Content Analysis: The Case of Nominal Scale Coding. POQ 19, 321–325.
SCOTT, W. A., 1959: Empirical Assessment of Values and Ideologies. ASR 24, 299–310.
SEWELL, W. H. & SHAH, V. P., 1968: Social Class, Parental Encouragement, and Educational Aspirations. AJS 73, 559–572.
SHERIF, M., 1951: A Preliminary Experimental Study of Intergroup Relations. In: J. H. Rohrer & M. Sherif (eds.), Social Psychology at the Crossroads. New York.
SHEVKY, E. & BELL, W., 1955: Social Area Analysis. Stanford.
SHOTLAND, R. L., BERGER, W. G. & FORSYTHE, R., 1970: A Validation of the Lost-Letter Technique. POQ 34, 278–281.
SIEBEL, W., 1965: Die Logik des Experiments in den Sozialwissenschaften. Berlin.
SIEGRIST, J., 1972: Erfahrungsstruktur und Konflikt bei stationären Patienten, Z. f. Soziologie 1, 271–280.
SIGUSCH, V. & SCHMIDT, G., 1970: Schüler-Sexualität. Hamburg (unveröffentlichtes Manuskript, erscheint demnächst).
SILBERMANN, A., 1967: Systematische Inhaltsanalyse. In: König 1967 a.
SIXTL, F., 1967: Meßmethoden der Psychologie. Weinheim.
SJOBERG, G. & NETT, R., 1968: A Methodology for Social Research. New York.
SODEUR, W., 1972: Wirkungen des Führungsverhaltens in kleinen Formalgruppen. Meisenheim, Glan.
–, 1973: Empirische Verfahren zur Klassifikation. Stuttgart.
SOMMER, R., 1967: Small Group Ecology. PB 67, 145–152.
–, & BECKER, F. D., 1969: Territorial Defense and the Good Neighbor. JPSP 11, 85–92.
SOMERS, R. H., 1962: A New Asymmetric Measure of Association for Ordinal Variables. ASR 27, 799–811.
SPIEGELMAN, M., TERWILLIGER, C. & FEARING, F., 1953: The Reliability of Agreement in Content Analysis. J. Social Psychol. 37, 175–187.
SPINNER, H. F., 1968: Theoretischer Pluralismus. Kommunikation 4, 181–203.
STANTON, H., BACK, K. W. & LITWAK, E., 1956: Role-Playing in Survey Research. AJS 62, 172–176.
STEGMANN, H., 1971: Die Bestimmung der Integration des Schülers in der Schulklasse. In: Vorwerg 1971.
STEGMÜLLER, W., 1969: Probleme und Resultate der Wissenschaftstheorie und Analytischen Philosophie. Bd. I: Wissenschaftliche Erklärung und Begründung. Berlin – Heidelberg – New York.
STEINZOR, B., 1950: The Spatial Factor in Face-to-Face Discussion Groups. J. Abn. Soc. Psychol. 45, 552–555.
STEMBER, H. & HYMAN, H., 1949: Interviewer Effects in the Classification of Responses. POQ 13, 669–682.

STEVENS, S. S. (ed.), 1951: Handbook of Experimental Psychology. New York.
STONE, P. J., 1969: Improved Quality of Content Analysis Categories: Computerized-Disambiguation Rules for High-Frequency English Words. In: Gerbner et al. 1969.
–, DUNPHY, D. C., SMITH, M. S. & OGILVIE, D. M., 1966: The General Inquirer: A Computer Approach to Content Analysis. Cambridge, Mass.
STOUFFER, S. et al., 1949: The American Soldier. Vol. I. Princetown, N. J.
– et al., 1966: Measurement and Prediction. New York.
STRUPP, H. H., 1968: Interviewing: Therapeutic Interviewing. In: D. L. Sills (ed.), International Encyclopedia of the Social Sciences. Vol. 8. New York.
STRZELEWICZ, W., RAAPKE, H.-D. & SCHULENBERG, W., 1966: Bildung und gesellschaftliches Bewußtsein. Stuttgart.
TAGUIRI, R., 1952: Relational Analysis: An Extension of Sociometric Method With Emphasis Upon Social Perception. Sociometry 15, 91–104.
–, KOGAN, N. & BRUNER, J. S., 1960: The Transparency of Interpersonal Choice. In: Moreno et al. 1960.
TAUSCH, R., 1968: Gesprächspsychotherapie. Göttingen.
TAUSCH, A.-M., BARTHEL, A., FITTKAU, B. & HÜBSCH, H., 1968: Variablen und Zusammenhänge der sozialen Interaktion in Kindergärten. Psychol. Rundschau 19, 267–279.
TEIGELER, P., 1968: Verständlichkeit und Wirksamkeit von Sprache und Text. Stuttgart.
THEODORSON, G. A. (ed.), 1961: Studies in Human Ecology. Evanston – New York.
THE RAND CORPORATION, 1955: A Million Digits with 100 000 Normal Deviates. Glencoe, Ill.
THOMAS, W. I. & ZNANIECKI, F., 1927: The Polish Peasant in Europe and America. 2 Vols. New York.
TIEMANN, R., 1972: Algorithmisierte Inhaltsanalyse. Diss. Phil. Hamburg.
TOOPS, H. A., 1934: Validating the Questionnaire Method. Personnel Research 2, 137–158.
TOPITSCH, E. (Hrsg.), 1966: Logik der Sozialwissenschaften. Köln – Berlin, 3. Aufl.
TREIBER, H., 1973: Wie man Soldaten macht. Düsseldorf.
TREINEN, H., 1970: Notes on an Experience With Secondary Analysis of Survey Data as a Teaching Device. Social Science Information 9, 123–132.
TRIANDIS, H. C. & TRIANDIS, L. M., 1966: Some Studies of Social Distance. In: I. D. Steiner & M. Fishbein (eds.), Current Studies in Social Psychology. New York.
TROMMSDORFF, G., 1969: Kommunikationsstrategie sechs Westdeutscher Frauenzeitschriften. KZfSS 21, 60–92.
VIDICH, A. J., 1955: Participant Observation and the Collection and Interpretation of Data. AJS 60, 354–360.
–, & SHAPIRO, G., 1969: A Comparison of Participant Observation and Survey Data. In: McCall & Simmons 1969.
VORWERG, M. (Hrsg.), 1971: Die Struktur des Kollektivs in sozialpsychologischer Sicht. Berlin (Ost).
WALDER, L. O., 1966: A Set of FORTRAN II Routines. Educ. Psychol. Measurem. 26, 175.
WARNER, W. L. et al., 1960: Social Class in America. New York.

WATRIN, C., 1972: Ökonomische Theorien und wirtschaftspolitisches Handeln. In: Albert 1972a.

WATSON, O. M. & GRAVES, T. D., 1966: Quantitative Research in Proxemic Behavior. American Anthropologist 68, 971–985.

WATZLAWICK, P., BEAVIN, J. H. & JACKSON, D. D., 1969: Menschliche Kommunikation. Bern – Stuttgart.

WAX, R. H., 1971: Doing Fieldwork. Chicago.

WEBB, E. J., CAMPBELL, D. T., SCHWARTZ, R. D. & SECHREST, L., 1966: Unobtrusive Measures: Nonreactive Research in the Social Sciences. Chicago. (dt.: Unkonventionelle Meßmethoden. Weinheim, i. Vorb.)

WEEDE, E., 1970: Zur Methode der kausalen Abhängigkeitsanalyse (Pfadanalyse) in der nicht-experimentellen Forschung. KZfSS 22, 532–550.

–, 1972: Zur Pfadanalyse: Neuere Entwicklungen, Verbesserungen, Ergänzungen. KZfSS 24, 101–117.

WEINBERG, M. S. & WILLIAMS, C. J., 1973: Soziale Beziehungen zu devianten Personen bei der Feldforschung. In: Friedrichs 1973.

WEICK, K. E., 1968: Systematic Observational Methods. In: Lindzey & Aronson 1968.

WEINGART, P., 1970: Selbststeuerung der Wissenschaft und staatliche Wissenschaftspolitik. KZfSS 22, 567–792.

WEISS, C. H., 1972 a: Evaluation Research. Englewood Cliffs, N. J.

–, (ed.), 1972 b: Evaluating Action Programs: Readings in Social Action and Education. Boston.

WERSIG, G., 1968: Inhaltsanalyse. Berlin.

WESTLEY, B. H. et al., 1963: The News Magazins and the 1960 Conventions. Journalism Quarterly 40, 525–531.

WHITE, R. & LIPPITT, R., 1968: Leader Behavior and Member Reaction in Three «Social Climates». In: D. Cartwright & A. Zander (eds.), Group Dynamics. London, 3. Aufl.

WHITEHEAD, A. N. & RUSSELL, B., 1960: Principia Mathematica. Cambridge.

WHYTE, W. F., 1961: Street Corner Society. Chicago, 6. Aufl.

–, & HAMILTON, E. L., 1965: Action Research for Management. Homewood, Ill.

WICKER, A. W., 1969: A Failure to Validate the Lost-Letter Technique. POQ 33, 260–262.

WIENS, A. N. et al., 1966: Can Interview Interaction Measures be Taken from Tape Recordings? J. Psychol. 63, 249–260.

WILDENMANN, R. & KAASE, M., 1968: Die unruhige Generation. Mannheim (als Manuskript vervielfältigt).

WILLENBORG, G., 1962: Autoritäre Persönlichkeitsstrukturen in Courths-Mahler-Romanen. KZfSS 14, 706–733.

WILLER, D. & WEBSTER, M. 1970: Theoretical Concepts and Observables. ASR 35, 748–757.

WILLIAMS, J. A., 1964: Interviewer-Respondent Interaction: A Study of Bias in the Information Interviews. Sociometry 27, 338–352.

WINER, B. J., 1962: Statistical Principles in Experimental Design. New York.

WISSENSCHAFTLICHER RAT für Soziologische Forschung in der DDR (Hrsg.), 1970: Soziologie im Sozialismus. Berlin (Ost).

WITTGENSTEIN, L., 1963: Tractatus Logico-Philosophicus. Schriften, Bd. I. Frankfurt/M.

ZAPF, K., 1969: Rückständige Viertel. Frankfurt/M.

ZAPF, W., 1972: Zur Messung der Lebensqualität. Z f. Soziologie 1, 353–376.

ZEISEL, H., 1957: Say it With Figures. New York, 4. verb. Aufl.

ZELDITCH, M., 1961: Can You Really Study an Army in the Laboratory? In: Etzioni 1969.

ZETTERBERG, H. L., 1965: On Theory and Verification in Sociology. Totowa, N. J.

–, 1967: Theorie, Forschung und Praxis in der Soziologie. In: König 1967 a.

ZIMMERMANN, E., 1972: Das Experiment in den Sozialwissenschaften. Stuttgart.

SACHREGISTER